国家出版基金项目
NATIONAL PUBLICATION FOUNDATION

國家出版基金項目

教育部哲學社會科學研究重大課題攻關項目

「十一五」「十二五」「十三五」國家重點圖書出版規劃項目·重大工程出版規劃

「十四五」國家重點出版物出版专項規劃項目·古籍出版規劃

國家社會科學基金重大項目
北京大學「九八五工程」重點項目

精華編一六七册
史部傳記類

儒藏

精華編

北京大學《儒藏》編纂與研究中心

《儒藏》精華編第一六七册

首席總編纂　季羡林

項目首席專家　湯一介

總編纂　湯一介　龐樸　孫欽善　安平秋（按年齡排序）

本册主編　張希清

《儒藏》精華編凡例

一、中國傳統文化以儒家思想爲中心。《儒藏》爲儒家經典和反映儒家思想、體現儒家經世做人原則的典籍的叢編。收書時限自先秦至清代結束。

二、《儒藏》精華編爲《儒藏》的一部分,選收《儒藏》中的精要書籍。

三、《儒藏》精華編所收書籍,包括傳世文獻和出土文獻。傳世文獻按《四庫全書總目》經史子集四部分類法分類,大類、小類基本參照《中國叢書綜録》和《中國古籍善本書目》,於個别處略作調整。凡單書已收入入選的個人叢書或全集者,僅存目録,並注明互見。出土文獻單列爲一個部類,原件以古文字書寫者一律收其釋文文本。韓國、日本、越南儒學者用漢文寫作的儒學著作,編爲海外文獻部類。

四、所收書籍的篇目卷次,一仍底本原貌,不選編,不改編,保持原書的完整性和獨立性。

五、對入選書籍進行簡要校勘。以對校爲主,確定内容完足、精確率高的版本爲底本,精選有校勘價值的版本爲校本。出校堅持少而精,以校正誤爲主,酌校異同。校記力求規範、精煉。

六、根據現行標點符號用法,結合古籍標點通例,進行規範化標點。專名號除書名號用角號(《》)外,其他一律省略。

七、對較長的篇章,根據文字内容,適當劃分段落。正文原已分段者,不作改動。千字以内的短文一般不分段。

八、各書卷端由整理者撰寫《校點説明》,簡要介紹作者生平、該書成書背景、主要内容及影響,以及整理時所確定的底本、校本(舉全稱後括注簡稱)及其他有關情況。重複出現的作者,其生平事蹟按出現順序前詳後略。

九、本書用繁體漢字豎排,小注一律排爲單行。

《儒藏》精華編第一六七册

史部傳記類

總録之屬

清儒學案卷六十五

天津徐世昌

堇浦學案

乾隆詞科諸人以著述顯者，不及康熙己未之盛。堇浦説經，裒然鉅編，注史長於考證，一時推爲博洽。直言被斥，氣節矯然，亦自足傳。述《堇浦學案》。

杭先生世駿

杭世駿，字大宗，別字堇浦，仁和人。少負異才，於學無所不貫。與同里厲鶚、陳兆崙諸名輩結讀書社。舉雍正癸卯鄉試，壬子受聘爲福建同考官。乾隆丙辰舉博學鴻詞，召試一等，授翰林院編修。校勘武英殿十三經、二十二史，纂修《三禮義疏》。先生博聞強識，口如懸河。時方侍郎苞方負重名，先生獨侃侃與辨，侍郎亦遜避之。有先達以經説相質，一覽曰：「某説見某書某集，拾唾何爲？」學子有請益者，問其所業，以一經對則以經詰之，以一史對則以史詰之。以此頗叢忌嫉。乾隆八年考選御史，試時務策，條上四事，中言「意見不可先設，畛域不可太分。滿洲才賢雖多，較之漢人僅十之三四，天下巡撫尚滿漢參半，總督則漢人無一焉，何内滿而外漢也？三江兩浙人材淵藪，邊隅之士間出者無幾，今則果於用邊省之人，不計其才，不計其操履，不計其資俸，而十年不調者皆江浙之人，豈非有意見、畛域」等語。高宗震怒，嚴斥下部議，革職，然後於督撫滿漢參用未嘗非隱納其言。又所論直省藩庫宜有餘款存留以備不虞，亦篤論。先生自削其稟，其語多不傳。罷歸後，自號秦亭老民，歷主廣州粵秀書院、揚州安定書院。在揚州最久，好獎借後生。晚歸里。乾隆三十七年卒，年七十六。先生著述繁富，爲丙辰詞科之冠。於經學著有《續禮記集説》一百卷，仿衛氏之例，自宋元明及清初遺佚之説，多賴以存。又《禮記質疑》二卷，《禮例》一卷，《石經考異》一卷。於史學著有《史記考異》七卷，《三國志補注》六卷，《漢書疏證》、《後漢書疏證》、《北齊書疏證》各若干卷，《補晉書傳贊》一卷，《諸史然疑》一卷。《金史補》蒐采甚富，未傳定本。他又有《續方言》二卷，《詞科掌録》十七卷，《詞科餘話》七卷，《蒜市雜記》一卷，《榕城詩話》三卷，《桂堂詩話》一卷，《漢書蒙拾》三卷，《後漢書蒙拾》二卷，《文選課虛》二卷，《兩浙經籍志》五卷，《續經籍考》《杭州府志》作《古今藝文志》。若干卷，《道古堂文集》四十六卷，《詩集》二十六卷。參《先正事略》、許宗彦撰別傳、《乾隆東華録》、《杭州府志》。

續禮記集説序

余成童後始從先師沈似裴先生受《禮經》，知有陳澔，不知有衛湜也。又十年，始得交鄭太史筠谷，筠谷贈以衛氏《集説》，窮日夜觀之，采葺雖廣，大約章句訓詁之學爲多。卓然敢與古人抗論者，惟陸農師一人而已。通籍後與修三《禮》，館吏以《禮記》中《學記》、《樂記》、《喪大記》、《玉藻》諸篇相屬。條例既定，所取資者，則衛氏之書也。

京師經學之書絶少，從《永樂大典》中有關于三《禮》者悉皆録出。二《禮》吾不得寓目，《禮記》則肆業及之。《禮記外傳》一書，唐人成伯璵所撰，海宇藏書家未之有也，然止於標列名目，如郊社、封禪之類，開葉文康《禮經會元》之先。較量長樂陳氏《禮書》，則長樂心精而辭綺矣。他無不經見之書。至元人之經疑，迂緩庸腐，無一語可以入經解，而《大典》中至有數千篇，益信經窟中可以樹一幟者之難也。明年奉兩師相命，詣文淵閣搜檢遺書，惟宋刻陳氏《禮書》差爲完善，餘皆殘闕，無可取擷。珠林玉府之藏，至是亦稍得其崖略已。在衛氏後者，宋儒莫如黄東發，《日鈔》中諸經皆本先儒，東發無特解也。元儒莫如吴草廬，《纂言》變亂篇次，妄分名目，乃經學之駢枝，非鄭、孔之正嫡也。廣陵宋氏有意駁經，京山郝氏居心難鄭，姑存其說爲迂儒化拘墟之見，而不能除文史刻深之習。宋元以後千喙雷同，得一岸然自露頭角者，如空谷之足音，跫然喜矣。國朝文教覃敷，安溪、高安兩元老潛心三《禮》，高安尤爲傑出。《纂言》中所附解者，非草廬所能頡頏。館中同事編養者，丹陽姜孝廉上均、宜興任宗丞啟運、仁和吴通守廷華，皆有撰述，悉取而備録之，賢于勝國諸儒遠矣。書成，比于衛氏減三分之二。不施論斷，仍衛例也。

禮例序

王荆公詆《春秋》爲斷爛朝報。余謂《春秋》之斷爛在月與日，而二百四十二年之事未嘗闕也。《禮經》經秦火，漢開獻書之路而不盡出。今所存者不止於斷爛而已，補之以三《春秋傳》而不足，補之以《春秋外傳》而不足，又補之以管、荀諸子及西漢諸儒所説者而仍不足，所謂存什一於千百也。《士禮》一十七篇，豈盡士禮哉？《大射》則天子之禮也，《聘》、《燕》則諸侯之禮也，《公食》則大夫之禮也。大事莫重于祭，而天子諸侯無祭禮；王事莫重于大饗，大饗有七，而其禮久亡。士有喪禮，而諸侯以上無喪禮；天子諸侯有覲、聘，而征伐無行師用兵之禮。舉其大端，其爲斷爛也多矣，況起居服食之末節乎？鄭衆、劉實撰《春秋例》，余以爲《春秋》可以無例，而《禮》則非例不能貫也。例何所取？吾於孔、賈二《疏》中刺取之。例立於此，凡鄭之註《士禮》，與鄭之註《周禮》者，可參觀而得也。例彰于彼，凡《士禮》之所不註，與《周禮》之所不註者，孔與賈自默會而明也。深於《禮》者，病《禮》之斷爛而思補其闕，承學之士，又病《禮》之繁富而不得其門。余特以例爲之階梯，而有志者即以津逮。《禮》無不歸之例，而天下亦無難治之經。編葺既竟，爲承學導之先路，禮堂寫定，傳諸其人，余猶斯志也。

石經考異序

《石經考異》者何？以補亭林顧氏之考也。蓋衆説之齟齬者，莫石經若矣。史傳異，地志異，碑刻異，唐宋元明諸家之辨證異，顧氏述矣而不詳，詳矣而不辨，予特引而疏通之。又自唐開成以後，其事少異，予特取而補綴之。文雖近創而義則實因，汲古之士其不以予爲勦説也夫！雍正十三年太歲在乙卯二月朔日書於抱經亭。

諸史然疑序

余年二十有五始有志乎史學。貧無全史，且購且讀，一日率盡一卷，人事膠擾，道塗奔走，祁寒盛暑，未嘗一日輟也。風雨閉門，深居無俚，則又倍之。閱五年而始畢功。又一年，而以《通鑑》參校，史外又益以舊聞，三千年之行事較然矣。於諸史中以意穿穴有得，則標舉其旨趣，前人所論不復論，前人所糾者亦不復糾也。《史》、《漢》考證，業有成書，斷自《後漢》，以迄六代、唐、宋以還，論之不勝其論，糾之亦不勝其糾也。劉昫《唐書》，趙上舍一清所贈，窮日夜觀之，重複錯繆，遠遜歐、宋，閒一論列，呫呫不勝其繁。聞吴興沈東甫徵士有《新》、《舊》合鈔一書，余未及見，恐有雷同，即蹈勦説之咎，藏諸篋衍，未敢出以示人。亭林顧氏廣稽博考，《日知録》中刊正《漢書》，尚有數條與三劉闇合者，知其未見《刊誤》也。以余弇陋，望亭林之門仞邈難窺測，況敢哆口而掎摭前史之疵病乎？句甬全祖望同里張熷貫串史事，爲余畏友，以是相質，而不以爲非。不忍捐棄，遂決意存之。舊業就荒，桑榆景迫。時過而後學，獨學而無友，二者交譏，吾業止於是矣。吾衰不能復進矣，悲夫！

兩浙經籍志序

雍正辛亥春，制府禮聘名碩，修浙省全志。予以謭劣，謬從諸老先生後，磨鉛濡卓，得與於編削之役。《經籍》一志，所創稾也。吾浙文獻甲天下，漢晉以還，經業彪炳，雖以齊梁雕刻藻繪之習，吾錢唐、東陽、武康諸儒者猶能以疏注聖籍顯聞於時。厥後派衍而支分，南方綴學之徒郁郁乎文，雲興霞蔚。今欲網羅放墜，成一家簿録，溯鄭、荀之發凡，變王、阮之體例，部分而件繫之。商榷源流，其難有二：不詳練人代之郡望，則甄綜必漏，望岱宗而迷白馬，遊赤水以喪玄珠，伐山未周，網材匪易。是謂疏略，其弊一。不統觀全史之鴻裁，則詮貫無次。劉歆列《孟子》於兵家，陽尼表佛道在史録。天吴紫鳳，顛倒其機杼；鹿馬玄黄，迷離於形似。是謂貤繆，其弊又一。惟予核丹篆之詡揚，逮虞初之諷誦，縉紳脞説，崔、張小文，審隅曲其可觀，雖詅癡而必録。閲月凡九，迺克成編。爲卷五，爲目五十有九，爲書一萬五千有奇。方之前志，訂訛補闕，其亦略備也已。無何，制府朝京局，事大變。狐憑虎以作威，蜮含沙而射影，檄取成書，妄生彈射，謂時令地理非史，天文律曆非子，食貨不宜別標寶貨器用，醫家不宜更分經方針灸，樹頤胲而插齒牙，沸吼吹脣，牢不可破。予援四代史志及《崇文》、昭德、莆田、鄱陽之書以證之，益復中其所畏。倡爲鴟張狼顧之談，以濟其鳶鶵腐鼠之嚇，謂聖天子稽古嚮學，將按籍而開獻書之路，封疆大吏慮不能盡應，以禪乙夜之覽，至或郢書燕説，記醜而博，貽曲學之譏，來求全之責。解之不能，爲累滋大。又或草莽之私史，孤憤之《離騷》，將吹毛以索疵，必傷桃而戒李。凡玆數説，轉丸飛鉗，恫疑虛喝。當局秉筆者舌撟頸縮，大有戒心，肆意塗逭，無復詮整。艾儒魁士之述作，以疑似而見删；家猷國獻之章程，因運移而并廢。續鳧斷鶴，取笑通人，今世所行本是也。予復移書中用事者，責其匡正大指，言經籍之設，所以補列傳闕漏，班固不爲馮商立傳，而《續史記》則志於《藝文》；劉昫不爲劉蜕立傳，而文泉子則志於《經籍》。諸餘史體，僂指不勝。反復申明，蓋將以救也。之人亦復牽於時勢，依回遷就，二三其德，是書遂不可復矣。嗚呼！余生孱敠，閧堂鬭穴，本所不關，因次舊稾，别本單行，聊述其顛末若此。若夫挾鼫鼠之能，擢象犀之策，俗監稱奇，求名不得，至有閭巷窮餓之儒，蠹簡沈淪，銘於心抱，發潛采隱，略有微長。然此皆取信於闔棺，不爲達士貢諛，亦不爲窮交標譽。德我者曰《春秋》，罪我者曰《春秋》，悠悠同異，吾何蕒焉！

文　集

尚書後案序

兩漢儒林各有師承，守家法者兢兢不敢踰尺寸，未有兼綜六藝，博學而詳説之者。北海鄭氏生於微言既絶之後，獨能窺尋四代之制度、虞夏商周之傳，伏生述之，鄭氏能言之也。箋《詩》注《禮》，具有成書。《春秋》則

《箴膏肓》、《發墨守》、《起廢疾》，顯然與何休爲難者，散見於賈、孔羣經義疏中，唐初猶未亡也。《易》則唐李鼎祚集之於前，宋王氏應麟裒之於後。《尚書》一經，世宗僞孔安國《傳》，鄭氏之注滅没於散亡之後，遂無有起而表章之者。是鄭氏諸經不亡而《尚書》獨闕也。光禄卿王君西莊，當世之能爲鄭學者也，戚然憂之，鑽研羣籍，爬羅剔抉，凡一言一字之出於鄭者悉甄而録之，勒成數萬言，使世知有鄭氏之注，并使世知有鄭氏之學而未已也。馬融，鄭所師也，馬之言鄭不盡從也。存馬之説，知鄭之不墨守家法也。王肅，難鄭者也。六天、喪服，難《禮》者疊出，

於《書》未數數然也。參王之説，存鄭之諍友也。孔《傳》後出，疑在魏晉之閒，孔嘗竊鄭，非鄭襲孔也。疏之與傳若禰之繼祖，而亦閒出鄭注，則孔穎達亦鄭之功臣也。爲鄭學當尊鄭氏，尊鄭氏則此四家者皆當退而處後，準諸魯兼四等附庸之例，别黑白而定一尊。此西莊論撰之微意也。其曰「後案」，何也？以經證經而經明，以四家證鄭而鄭益明。許慎臚五經異義而終之以謹案，案之所由昉也。其曰「後」，何也？前乎此者，鄭能彌馬融之違；後乎此者，王肅不能匡鄭氏之失。鄭注確而可循，若《春秋》之決事比，若老吏之已成事，言成於此而案立於彼，雖有異説可以增波助瀾，不得喧客奪主。西莊爲之推衍焉，由繹焉，講去其非而趨是則已矣。昔馬昭未嘗親受業鄭門，張融去鄭益遠，堅持其説以枝拄王學，西莊生又後於二人，其曰《後案》，其以是哉？余性識闇劣，讀經而不能疑，疑經而不能斷，卒業西莊之書，昭若發矇。姑以《緇衣》一篇插齒牙於五十九篇之中，可乎？古者策用漆書，久則剥蝕，《説命》爲「兑命」者，「言」蝕而「兑」存，故曰「兑命」也。《尹誥》爲「尹吉」者，「言」蝕而「告」存，「告」又蝕其上，故曰「尹吉」也。《君奭》「在昔上帝，❶周田觀文王之德」，「割」以蝕不全而訛爲「周」，「申」蝕其上下而爲「田」，「勸」蝕其左而訛爲「觀」。❷此猶以偏旁剥蝕而致異。同其讀法，則鄭有勝於孔者。《君牙》：「夏暑雨，小民惟曰怨。資冬祈寒，小民亦惟曰怨。」孔以「資」爲「咨」，鄭解「資」爲「至」，

❶「奭」，原作「牙」，今從陳校、沈梁校據乾隆四十一年刻光緒十四年汪曾唯修本《道古堂全集・文集》卷四及《禮記注疏》卷五五改。

❷「左」，據文義疑當作「右」。

屬下讀。以字義論，怨爲憤恨，咨爲嗟歎，怨深而咨淺，怨重而咨輕。人情先咨而後成怨，未有怨而以咨繼之者。以措辭論，上辭曰惟怨，下辭曰亦惟怨，上下相應，立言之體，《書》言雖古雖拙，不應聱牙若是。是皆孔穎達所未嘗采也。魏華父謂：「《緇衣》，公孫尼所作。」尼爲七十子之徒，縱使《傳》爲孔安國真本，亦已後一二百年，而何忽不加察也？閒嘗論儒術有顯晦，而鄭學爲尤甚。一顯於孫小同之輯《鄭志》，張逸、趙商、孫皓、炅模之問，崇精之答，當時著述之精藴，已發露無遺剩，所謂「禮堂寫定，傳諸其人」，此其時也。旋晦於王肅之難，旋顯於馬昭之申，再顯於貞觀之定從祀，再晦於嘉靖張孚敬之罷從祀。京山郝敬解《九經》，拾王肅之牙後也。吾師淳安方氏粲如輯鄭氏之言爲《拾瀋》，吴郡惠氏棟輯鄭注《尚書》，是皆爲鄭學者也，而其書不顯於世。緜緜延延，遞顯遞晦。西莊負振古之才，際經術昌明之會，竭三十年之精力，紹絶學於二千載之上，可不謂獨立不懼，踵賈、孔諸儒而遞興者乎？鄙人於鄭學無能爲役，慶鄭氏之有傳人，而又慶西莊之傳鄭氏此書，非余序而誰敘歟？惜方、惠二氏之不及見，反袂拭面，有餘慟焉。

洪範解序

天數五，而其極至九而止。以皇極爲中，合四方則爲五，加以四隅則爲九。猶後魏時議明堂者，或言五室，或言九室，其實一也。天有陰陽，而水火金木土生焉。鯀汩陳之而彝倫斁，禹錫九疇而攸叙。疇之次，一曰五行，則已該八疇之全體。漢興，劉向父子、許商皆以五行傳《洪範》，而究其極，爲孽，爲既，爲痾，爲祥眚，其於攸叙攸斁之旨深切著明矣，然猶未别其方位也。班固述之，以爲《河圖》、《雒書》相爲經緯，八卦九章相爲表裏，二語遂開後世圖學之漸，紛紜膠葛，不可究詰。康節之學本於希夷，以《河圖》爲十，《雒書》爲九。劉牧之學原於范諤昌，亦出於希夷，則又以《圖》九、《書》十立解，貤繆不足信，明矣。《圖》本於《易》，《易》以對待爲體，自天一以至地十，五位相得而各有合，治曆明時以至則壤成賦，以一始者必以十終。《書》亦本於《易》，《易》又以流行爲用，畫地則曰九州，治水則曰九川，封建則曰九服，壃田則曰九井，所以濟十之窮。《圖》爲《書》之體，《書》爲《圖》之用，不信然乎？演《洪範》者始於五，九其五則爲四十五，而言五十五者，繆也。猶畫卦者始於八，極於六十四，推而放之至於三百八十四，至於萬有一千五百二十而萬物之數終，此以《河圖》爲十之明效也。知《河圖》之爲偶，則知《雒書》之必用奇，其理同而用各異。即《範》中所陳六十五字，其目有九，逐句詮之，皆以奇立體。五行、五事、五紀、三德、庶徵，奇也。五福奇，六極偶，合之則仍奇也。惟八政爲偶而以皇極臨之，則偶之中仍有奇也。《雒書》以九爲數，劉歆所謂經緯表裏之說，洞若觀火，而何異說之紛紜不定哉？此直異端之逞其私智，不但於《書》不合，於《圖》亦不合也。烏程張明經拜颺，葮牆縮屋，研精經說。經說中多異同之論，而《洪範》爲尤甚，講去其非而趨是，則辯之宜亟也。拜颺《洪範解》一書，爲論者凡三十有五，畫圖者凡二十有二。先儒之説之可從者，引之以伸己說；先儒之圖之可疑者，闢之以正其訛。「純粹精也」，「明辨晳也」，以

《大傳》數言爲不易之旨，此拜颺之本志也。夫禹錫九疇，而後更千餘年而箕子明其義，又千餘年而向、歆父子條其災異，然猶止於五行、五事也。孔安國、鄭康成釋其文，然止於章句訓故也。又千餘年而邵康節、蔡元定始發其藴，然止於圖學也。子朱子《易學啟蒙》乃盡抉《圖》《書》之祕籥，而一洗從前支離蔓衍之習，而《範》疇之理始彰明較著於天下。拜颺生七百餘年之後，卓然私淑於子朱子而暢其所欲言，可不謂獨立不懼之士乎？拜颺昔嘗以文謁余於家居，别去十年而聞其死。又十餘年，而其弟雄度以其書來乞序。余老而耄，忘拜颺之所稱者，十曾不記其一二。遇故物而得新知，益我多矣。輒引而伸之，以爲其序。拜颺不作，孰能匡其失乎？其是與非，在雄度慎擇之而已。

韓氏經説序

説經者自孔子始，於《易》曰《説卦》，自言「吾説夏禮」。繼此則孟軻氏「不以文害辭，不以辭害志，以意逆志，是爲得之」。秦燔《詩》《書》，《易》以卜筮獨存，故漢初有古五子之説。漢武表章六經，諸儒皆守其師説，其説或數萬言，或多至數十萬言。許叔重撰《五經異義》，引《古尚書説》、歐陽、大、小夏侯氏説、《韓詩》説、《春秋》説、《公羊》説、《古毛》説，皆是物也。匡説《詩》解人頤，衡所説者齊《詩》也。秦延君説《堯典》二字至二萬言，説亦蔓矣，於經無當也。鄭康成師馬融，於《鄭志》中恒引先師之説，箋《詩》引公都子、孟仲子之説，於《儀禮》引舊説，注《周禮》引杜子春、鄭司農、鄭大夫之説，所據者禮器制度而已，名物象數而已，其爲説也較易。至其注《大學》、《中庸》支離蒙晦，幾不知心性爲何物。逮有宋，而河南兩程夫子出，「人生而静，天之性」，則以爲人生而静以上不容説，德産之致也精微，而其説至數百言而不止。新安子朱子出，宰我問鬼神之名，反覆辨難，而其理始明。故説經者人各異説，斷以程朱而其説始定。蕭山韓子南有生於西河毛氏之鄉，而性好説經。不肯拾毛氏之唾餘，虚心玩索，實事求是，歲月積而其説至曼衍而不可窮竟。《中庸》言慎獨，《大學》言誠意，前聖所未發，賈、馬、鄭、王所不能詮者也。南有折中於程、朱，佐之以公孫龍之奥衍，馭之以莊周之汗漫，卓然成一家之言，是於經術中特爲其難者也。西河氏既没，度無可與是正者，宿春涉江，乞余一序。余何知哉？知賈、馬、鄭、王之得失，而不能辨濂、洛、關、閩之淺深；知名物象數之根歷，而不能究天人理欲之幾微。一不得當，恐貽天下通經學古之儒之口實。其有所疑，亦還以質之南有而已。序其作書之意，推其立説之原，不啎齒牙，不樹頤領，此區區善於藏拙之私心也。

黄氏書録序

江寧黄俞邰氏蒐輯有明一代作者，詳述其爵里，門分類聚，比於唐宋《藝文志》之例。予披覽粗竟，竊歎俞邰用力之勤，而悲其志之不得試也。往者傅尚書維鱗編纂《明書》，標王守仁以勳武，列沈周、唐寅於方技，至鈔《文淵總目》以志《藝文》，三長之士，恒相顧而齒冷。既而横雲山人奉勅重編，始依俞邰本爲準的，特去其幽僻不傳與無卷帙、氏里可考者，稍詮整有史法。今之爲此志者既不屑蹈襲其舊，又不克詳考四代史志之源流，又不能悉知篇目存佚之數，更思恢張以所未備，并取前世之書而附益之，是何異秦延君注《堯典》，劉孔昭賦六合也。今夫蘭臺志漢，何嘗不因向、歆？然秦火之後，非此不彰。于志寧等編《隋書》，合《五代》以成《志》，匪特補《宋》、《齊》兩書之闕，且以定范曄以下不著經籍之非。史家自宋志藝文以後，遼金元以來，公私著撰，皆涣散而無統。不佞補輯《金史》，嘗次《藝文》爲一卷。遼、元二代，見於王圻《續通考》、焦竑《經籍志》者，又雜亂少體例。觀俞部所排比，自南宋以迄元末，皆以燦然大備，蓋其志直以《中經新簿》之責爲己任，爲有明二百七十載王、阮，惜乎其不得與於館閣之職也。辛酉春，不佞修《浙志·經籍》，需此書甚亟，當湖陸陸堂檢討嘗攜一册來，有經史而無子集。暨居京師，句甬全孝廉復攜五册見示，皆從史館録出，祇有明人，而缺南宋以後諸公，蓋爲明史起見，固未知俞部網羅四代之苦心矣。第神宗時，張萱、吴大山等重編内閣之目，他書多訛闕不可信，獨地理一類，詳核不支。俞部親見此書，乃獨不之采用，所挂漏者夥頤，爲不可解。因取所聞見者稍足成之，一則以備史職之考信，一則以完此書之缺遺，且慰俞部於九原也。

補史亭記

作亭者何？補史也。史何補？補《金史》也。杭子疏證《北齊書》既畢功，越明年，乃補《金史》。竊尋金起忽微，易木契爲文書，化部落爲郡縣，襟江帶海，翹九有而朝之，幾于混一。學者不察其終始，猥以僻陋在夷，記問聊略，蒙嘗惑焉。先人庇屋，積有餘材，營度後圃，規爲小亭，窗楹疏達，高明有融，乃徙先世所遺羣籍，凡有關涉中州文獻者悉置其處。廣榻長几，手目讎温，閒有開明，輒下籤記。風弸環而披帷，雨淋浪而濯屋，兀坐胝掌，鋭不自休。每嘉客時至，輒听然解頤，讓席割氈，虚襟斂手，佞顔卑辭，丐乞謄寫。歲月既多，卷帙遂衍，文成數萬，埒于前書。惟《天文》、《律曆》二志，尚闕焉未逮。其餘排纂，粗有成就。祭天射柳之風，弋鵞擱羊之俗，發祥于虎水，記命于河、汾，一百一十年閒，大略可覩矣。竊惟三史之成，皆總裁於鄭王脱脱。完顔之享祚不長于耶律也，何以《金》詳而《遼》略，天水之幅員不廣于女直也，何以《金》簡而《宋》繁？折中于二者之閒，則此爲獨善已。顧《世紀》不列楊割之創基，《列傳》不書楊朴之佐命，粘罕不傳獄底之書，兀术不載疾革之令。大房陵寢，厥有成圖；上京宮庭，得之攬轡。五行采獲《夸堅》，禮樂輿服引據《集禮》。族帳之鼇屯，國語之兜侏，苟有見聞，莫不附麗。其他事義，難可縷述。大概皇統以前，鋭於南圖，故鴟張而豨突。泰和以後，孱於北禦，故虎沈而鹿潛。閒嘗綜厥盛衰，加之揚搉。苑史家之鴻裁，程文林之春藻，旁推交通，義均歌哭。混同湯湯，長白巑巑，與綿古永無終極。偏方霸據之史，亦與之無終極。緊，余昧道懵學，長年濡首，詮材諷説，妄思附驥以傳，高明之士蓋不免乎齒冷矣。夫史事經緯宇宙，大則與日月齊明，小則與四時並茂。應、劉、徐、裴皆以讀書破萬，故能操百論以議三長之闕，而顔師古猶云：「多引雜説，攻擊本文，効矛盾之仇讎，乖粉澤之光潤。」以余逐蕪辭而疑正義，信脞説而排實録，非好而爲之，區區之衷，蓋亦有説。一則穿穴諸史可以饋貧，一則洞悉前載之去取，一則根括秉筆之來歷，搜株掘隱，叕瑕搴稂，甄括之苦心，與前修之椽筆可兼聽而齊觀，亦並行而不悖。亭之榜曰「補史」，用元裕之語也。裕之遭值仳離，自方野史，《壬辰》一編，蓋自悼其禾黍。余偷息化舒之世，名位不達，室無贏糧，堂有危齒，顧乃鑽故紙以乞靈，扇遊辭而逞辨，寶玉大弓，終非其有，比于裕之已爲，不哀而慼。而猶招搖市而過者，非如土龍乞雨，眩惑將來，或者古人疑謀勿蓄之義，發皇耳目，將在於斯。卷舌固聲，蓋棺何定？此其本志也。文學蓬轉，浮華空綺之士終同灰滅。而余以一亭，乃巋然而獨峙，千載之功，歸于彊力，愿終勉之，且自警也。

與江慎修書

自管子創「三分損益，上下相生」之説，以推律吕，於是京房、錢樂之之徒更相推衍，何承天議之於前，梁武帝護之於後。劉焯校定失其傳者千餘年，不謂足下竟能一暢其説，非精思密理，其能與於此乎？僕近爲《讀史匡謬》一書，凡後史證前史之非者，都爲一例。不自揣量，輒以足下所論議者，疏通《宋》、《隋》兩志之説，雖受伯宗攘善之過而無所於辭，足以驗僕之傾折矣。嘗謂度量衡之設，先王所以整齊天下之具，自魏、周、齊肆虐取於民之貪，古制遂以不復。管見中末一條云：「宋政和閒，作《大晟樂》，頒行律尺及斗斛秤新式，而民滋擾。」因謂：「聽民自爲行用，不必斤斤於法古。」此非篤論也。隋趙煚爲冀州刺史，爲銅斗鐵尺置於肆，而市遂絶姦詐。均一令也，豈趙煚行之而民便，政和行之獨不便歟？且後王之因循而不肯釐正者，亦自有故。徵米、徵絹、徵茶銅鹽鐵諸色之入，樂爲是度長、量大、權重而取之。

設令民閒自法古，公家自行意，上下異制，官
私異器，號令天下，閭井不無竊議。聽民之
便，將以自便也。吾故曰：「度量衡三者不
同，非聖王之治天下也，抑匪獨平物賈，禁奸
虣而已。」生人性命之源，莫大於醫方药劑。
裴頠言：「太醫權衡若差違，遂失神農、岐伯
之正。」藥物輕重，分量乖互，所可傷夭，爲害
尤深。摯虞駁陳勰議亦云：「今尺長於古
尺，樂府用之，律呂不合；史官用之，曆象失
官；醫署用之，孔穴乖錯。」由二公言之，晉
時所用，已與古不合，今則失之逾遠。方書
所謂方寸七等分末者，皆即民閒所行之衡
量，而劑其輕重，失毫釐而謬千里，其於起死
扶老之術，豈有濟乎？故禁是三器使復古
者，以益民，非厲民也。《王制》：「布帛不中
數，幅廣狹不中量，不粥於市。五尺童子適
市，而人莫之或欺。」今則埽鬻者無平心，競
爲姦巧以趨利；取民者無定制，務爲掊克以
剥下。官與私斗斛不同，關與市權衡不同。
澮詐僞之源，而頒畫一之教，將於三器乎爲
之嚆矢，豈得據政和施行之不善，而以爲口
實哉！立言足以垂世，善民成俗之責，足下
詎無意乎？既因鄉先生程君慄也之請，爲序
《律呂》在別紙，輒復以芻論少申鹽石之助，
庶足下引而教之，幸甚！

說緯

緯讖起於哀、平之際，而新莽用之，以竊
漢祚。中興之後，光武好之尤篤，多以決定
嫌疑，公卿擢用皆據讖文。又命薛漢、朱浮
等校定之。中元元年，竟令宣布天下。顯
宗、肅宗因相祖述，于是儒者爭學圖緯，兼復
附以妖言。中丞之官，掌有石室，以藏祕書
圖讖之屬。至董卓遷都關中，王允悉斂其要

者以從，于是乎赤伏符之數既盡，而内學之流衍，不與銅人钟簴而俱亡。吁，其可怪惑也已！秀水朱氏向有《説緯》一篇，多引洪適《隸釋》及後世碑刻，于范氏若不屑覶縷道，即謝承《書》及魚豢、張勃、陳壽、葛洪諸家所志亦有脱漏者。予因述而補之。其見于謝承《書》者，于李固則稱明于風角、星算、《河圖》、七緯，于王輔則稱傳《援神契》，于趙典則稱學孔子七經、《河圖》、《洛書》。朱氏但言姚浚、姜肱亦已疎矣。其見于范史者，于李守則云「初事劉歆，好星曆讖記」，李通父見通傳。于穰人蔡少公則云「頗學圖讖」，見《鄧晨傳》范贊所謂「李、鄧豪贍，舍家從讖」也。于薛漢則云「善説災異讖緯」，于郅惲則云「惲據經讖」，于蘇竟、翟酺則云「善圖緯」，于沛獻王輔則云「善説圖讖」，于鄭玄則云「博稽六藝，粗覽傳記，時睹祕書緯術之奥」，于申屠蟠則云「博貫五經，兼明圖緯」，于劉瑜則云「尤善圖讖、天文、曆算之術」，于謝夷吾則稱「推考星度，綜校圖録，探賾聖祕，觀變曆徵」，于郭鳳則云「亦好圖讖，善説災異吉凶占應」，于廖扶則云「尤明天文、讖緯、風角推步之術」，于公沙穆則云「尤鋭思《河》《洛》推步之術」，于樊英則云「善風角、星算、《河》《洛》、七緯，推步災異」，❶于韓説則云「尤善圖緯之學」，于法真則云「博通内外圖典」。《蜀志》引《三輔決録》注亦稱真少通五經，兼通讖緯。當時以此爲家學，世相授受。楊春卿善圖讖學，綈袠中有先祖所傳祕記，臨命戒子統修之。統從犍爲周循學習先法，又就同郡鄭伯山受《河》《洛書》及天文推步之術，作《家法章句》及《内讖》二卷解説。子厚，少學統業，精力思述，同郡任安、

❶「星」，原脱，今從沈深校據《後漢書》卷八二補。

董扶皆從之學，究極其術。《益都耆舊傳》亦云：❶「董扶事博士楊厚，究極圖讖。」劉瑜特詔召問災咎之徵，指事案經讖以對。子琬傳其學，明占候，能著災異。樊英著《易章句》，世名樊氏學，以圖緯教授。李郃善《河》《洛》風星，而子固傳之。馬融集諸生考論圖緯，而鄭玄宗之。魏朗則從博士郤仲信學《春秋》圖緯。牂牁尹珍從許慎、應奉受經書圖緯。其淵源如此。故樊儵與公卿雜定郊祠禮儀，以讖記正五經異説。曹褒受命撰次禮事，依準舊典，雜以五經讖記之文，賈逵摘讖互異三十餘事，其《左氏》與讖合者，光武寫其傳詁藏之。祕書見于章奏，則張純奏建辟雍，乃案七經讖、《明堂》圖；賈逵論曆引《考靈曜》、《命曆序》；曹充議封禪，引《河圖括地象》、《尚書璇璣鈐》；郎顗條便宜，據《易内傳》、注言《稽覽圖》。《詩汎歷樞》；楊賜對祥異禍福所在，亦引《稽覽圖》、《中孚經》及《春秋演孔圖》；謝弼上封事，引《援神契》；周舉陳災異，引《易傳》。注言《稽覽圖》。永元中，清河宋景遂以曆紀推言水災，而僞稱《洞視玉版曆》。有著述者，則若景鸞兼受《河》《洛》圖緯，以類相從，名爲《交集》；翟酺著《援神契鉤命解詁》十二篇；而鄭玄、宋均皆注七緯；玄注二禮，雜用《易》説、《孝經》説，皆緯也。則自東漢之世，朝廷之制作，家庭之講習，學校之師承，著撰之敷證，莫不以此爲圭臬者。惟桓譚以爲，其事雖有時合，譬猶卜數隻偶之類，且以「極言讖之非經」獲罪。而尹敏亦言：「讖書非聖人所作，其中多近鄙別字，頗類世俗之辭，恐疑誤後人。」張衡亦言：「圖緯虛妄，非聖人之法。」荀爽嘗作《辨

❶「都」，原作「部」，今從沈粱校改。

識》。之數人者，在范史中固皦皦乎超絶倫類矣。若夫張臻學兼内外，扈累吟咏内書，石德林篤好内事，徵和兼善内術，譙周兼及圖緯，王遠尤明天文、圖讖、《河》、《洛》之要，科禁内學，而吉茂匿不送官。蓋至三國之時，其風未息，當塗、典午之文，確然可徵。至使人君不修人事，而崇信推步，其于聖人不語怪之旨，即欲不謂之不顯然相畔而不可得也」。

附録

先生應考選御史，爲大學士徐文穆公所薦。直言忤旨，欲寘之法，文穆悉力營救，叩首額盡腫，乃得斥歸。許宗彦撰別傳。

先生以言事罷歸，沈文愨公送之，有句云：「鄰翁既雨談墻築，新婦初婚議竈炊。」深惜之也。既歸，益肆力于詩古文辭。兩浙文人自黄梨洲後，全謝山及先生兩人而已。先生有十子，自第八子賓仁外皆下世，諸孫零落殆盡。生平著述付剞劂者未及其半。王昶《蒲褐山房詩話》。

先生撰《六宗考》，自伏生以下諸家紛綸之説，皆賅而存之，以補劉昭、羅泌、馬端臨之闕。顧論而不議，取全謝山《經史問答》中語繫之末，以示折中其説。言《尚書》六宗即《左傳》六物，特出新意，爲前人所未道。許宗彦《鑑止水齋集·六宗説》。

先生與厲樊榭以《遼》、《金》兩史疏略，相約分撰，爲補其闕。厲氏成《遼史拾遺》，刊行。先生撰《金史補》，以「補史」名其亭。《乾隆杭州府志》云二十卷，《杭郡詩輯》僅載其《本紀》五卷。《杭州府志》、《杭郡詩輯》。

先生自言：「吾經學不如吴東壁，史學

不如全謝山，詩學不如厲樊榭。」而齊次風侍郎特嗜先生作，嘗集蘇詩及先生詩爲一卷，曰《蘇杭集句》。《先正事略》。

案：堇浦身後無傳狀，事實勿能詳，後人追紀之文惟見許宗彦撰别傳、洪亮吉撰《書遺事》、龔自珍撰《逸事狀》及《先正事略》，雜採諸家之言，異同牴牾。惟《東華録》據《實録》載「考試御史，所言忤旨，上諭斥責革職」爲可傳信。今採諸書之可信者，其傳聞不實之詞皆略之，以從矜慎。

堇浦交游

吴先生廷華

吴廷華，原名蘭芳，字中林，仁和人。康熙甲午舉人，内閣中書，歷官福建海防同知。乾隆初，薦修三《禮》，方侍郎苞、李侍郎紱並相契重，悉以考訂屬焉。委以三《禮》禮節四圖，檢諸儒舊圖增删補輯，多正敖氏之訛，十年乃成。初在福建時，穿穴注疏，著《三禮疑義》，至是數易其稾。以《儀禮》一書，叙次質直，自一字至十數字，句多奇零不整，且監本與《石經》各有脱誤，鄭注與賈疏不免轇轕，謂讀者之失有二：句讀不明，則句可移綴上下，往往賓主易位，東西乖方；章次不分，則禮之始終度數，與賓尸介紹、冠服、玉帛、牲牢、尊俎之陳，如滿屋散錢，毫無條貫。章句之不知，又何論義疏也？用是删繁取約，補脱勘訛，撰《章句》十七卷。一篇之中，畫其節目，一節之内，析其句讀。如《士冠禮》筮日戒賓，雖仍賈疏及《儀禮經傳通解》所分之次，而更按其節次分爲六章，筮日戒賓四節爲第一章，冠前之禮初加三加四節爲二章，正冠之禮禮子命字醴賓諸節爲三章，四章冠畢餘禮，令展帙者知某事在某禮之前，某事在某禮之後。十七篇節目，瞭如指掌。其訓釋多本鄭、賈箋疏，閒亦採他説，附案以發明之。《喪服》一篇，尤爲教孝要道，更加詳審。列朝服制亦兼附焉。此書行世，爲學《禮》者之階梯。《三禮疑義》諸書卷帙浩繁，未刊，振綺堂汪氏藏其稾，凡百數十卷。參《四庫全書提要》、子壽祺撰《儀禮章句跋》及嚴杰跋。

厲先生鶚

厲鶚，字太鴻，錢塘人。先世籍慈谿，以四明山樊榭名其居，因以自號。性耽閒静，勤於著述。康熙庚子舉人。乾隆初舉博學鴻詞，應試報罷。尋以縣令赴選，道經天津，留查氏水西莊，觴詠數月，竟不入京而返。久客揚州，馬氏玲瓏山館藏書最富，延主其家，數年盡探其祕籍。生平博洽羣書，尤熟於宋事。著《遼史拾遺》二十四卷，採摭之書凡三百餘種。又仿計敏夫例，爲《宋詩紀事》一百卷，《南宋院畫録》八卷。又與同社作《南宋雜事詩》七卷。考證詳明，足傳於後。又有《東城雜記》二卷，《湖船録》一卷。與查爲仁同箋注周密《絶妙好詞》七卷。詩與詞尤擅場。有《樊榭山房集》十卷，《續集》十卷，《文集》四卷，《集外詩》一卷，《詞》四卷，《游仙詩》三卷。參全祖望撰墓誌、《四庫全書提要》、《先正事略》。

遼史拾遺自序

《宋》、《遼》、《金》三史同修於元至正閒，秉筆者多一時名儒碩彦，而《宋史》失之繁，《遼史》失之簡，惟《金史》繁簡得中爲善。明雲閒王圻作《續文獻通考》，中所列遼事，條分件繫，不出正史。嘗病其陋，而歎遼之掌故淪亡也。蓋其開基朔漠，撫有燕、雲，制度、職官兼采漢制。自聖宗與宋盟好後，文物漸開，科舉日盛。意當日必有記注典章，可裨國史者。求之簿録家不少概見，即家集野乘亦散佚無傳。豈以書有厲禁，不得入中朝乎？抑金源初年尚武，雖滅遼，未遑收及圖籍乎？閒嘗取而覈之。遼之有國二百餘年，清泰閒滅兩大國，則用兵宜詳；澶淵、關南和議再修，則信誓宜詳；星軺往來，俱極華選，則聘遊宜詳。至如負義侯黄龍安置之年、天祚帝海上夾攻之事，高麗臣事、西夏跳梁，非摭他書，何以知其顛末邪？暇日輒爲甄録，自《本紀》外，《志》、《表》、《列傳》、《外紀》、《國語》，凡有援引，隨事補綴。猶以方域幽遐，風尚寥邈，采篇詠于山川，述碑碣于塔廟，短書小説，過而存之。亦得失之林，讀史者所宜考也。敢曰索隱？聊以拾遺。編次爲如干卷，以待博雅君子之删補焉。

文集

石經考異序

六經自遘秦火，或藏屋壁，或寘山崖，大義微言幾乎中絶。漢興，摭拾散佚，絶而復續，脱漏舛譌，往往而有。向、歆父子校之于前，伏無忌、劉騊駼、馬融、班固諸人校之于後，乃博士試甲乙科争第高下，至有行賂定蘭臺漆書經字以合私文者。于是熹平四年詔諸儒正五經文字，議郎蔡邕書丹刻石，立于太學門外，此石經之所自昉也。厥後魏正始，唐開成，孟蜀廣政，宋至和、嘉祐、紹興，俱仿前規，以示模式。歐陽子《集古録》所收金石文字最廣，獨遺唐石經不載。趙德甫《金石録》、洪景伯《隸釋》所載漢石經，僅殘缺遺字。晁子止取唐、蜀石本與後唐長興版本參校，著《石經考異》，其書不傳。本朝崑山亭林顧氏著《石經考》一編，自漢以後，異同始末，該而存之，可謂補前人之遺者也。吾友杭君堇浦補顧氏之遺而加詳，中參之以辨論，如五經、六經、七經之核其實，一字三字之定其歸，二十五碑四十八碑之析其數，堂東堂西之殊其列，自洛入鄴、自汴入燕之分其地。駮鴻都門學非太學，魏石經非邯鄲淳書。直發千古之蒙滯，皎然如揭白日，渙然如釋春冰。蓋綴緝既力，用思復精，足以剖芒釐，審同異，不獨爲顧氏之諍友，兼可上泝晁氏，大裨來學者已。書成，堇浦屬序于鶚，竟讀而歎曰：甚哉，著書之難也！范曄、楊衒之、魏收、魏徵諸家皆誤以漢石經爲三字，堇浦援據諸書而知一字之爲漢，三字之爲魏。請爲堇浦立一佐證，可乎？《公羊》昭二十五年，「齊侯唁公于野井，既哭，以人爲菑」。何休注云：「菑，周埒垣也。今大學辟雍作『側』字。」《儒林傳》：「休精研六經，世儒無及者。太尉陳蕃辟之，與參政事。蕃敗，乃作《春秋公羊解詁》，覃思不闚門十有七年。」按蕃誅于靈帝建寧元年，又七年爲熹平四年，始立石經，爾時休詁《公羊》未卒業，則辟雍所作「側」字，其爲石經隸字無疑。趙氏《金石録》亦云：「世所傳經書與漢石經不同者數百言，此蔡邕《石經》一字之佐證也。」《左氏》隱元年傳，仲子手文「爲魯夫人」，孔穎達《正義》云：「唐叔亦有文在手，曰虞。」隸書起于秦末，手文必非隸書。石經古文

「魯」作「𡴂」，「虞」作「㚇」，手文容或似之。按《晉書·衛恒傳》言魏正始中立古篆隸三字石經，《唐書·藝文志》有三字石經《左傳》古篆書十二卷，《正義》所引是古文一體，此正始《石經》三字之佐證也。鶚不敏，不足與于校讎之役，聊以斯言復堇浦，或者希左袒于斯編云爾。

漢西京無太學辨

《漢書·藝文志·禮》「《曲臺后倉》九篇」，如淳注曰：「行禮射於曲臺，后倉爲記，故名曰《曲臺記》。《漢官》曰：大射于曲臺。」晉灼曰：「天子射宮也。西京無太學，於此行禮。」《儒林傳》：「后倉説《禮》數萬言，號曰《后氏曲臺記》。」服虔注曰：「在曲臺校書著説，因以爲名。」師古曰：「曲臺殿在未央宮。」同一曲臺也，如、晉與服、顔其説互異。間取《漢書》及《三輔黄圖》覈之，而知晉灼「西京無太學」之説非也。《翼奉傳》：「孝文皇帝躬行節儉，未央宮獨有前殿曲臺。」《王尊傳》：「成帝正月行幸曲臺，臨饗，罷衛士。」是曲臺爲未央晏游之所，行禮習射當屬偶然，不得竟以射宮目之。武帝初，因竇太后好黄、老，非薄六經，學校未立。自董仲舒有興學之對，公孫弘有立博士弟子之請，元朔四年，迺下令禮官勸學之詔，太學之立，當即在此時。班氏《武紀贊》云：「興太學，修郊祀，改正朔，定曆數，協音律，作詩樂，建封禪，禮百神，紹周後。」夫此九事者，爲孝武一代美談，且以興學冠於修郊、改朔之首，其大書特書，爲何如耶？至成帝末，或言天子太學弟子少，於是增員三千人，此西京太學之炳然見於《儒林傳序》者。迺曲護晉氏之説者云：「本西京之初言之。」夫后倉以《詩》、《禮》授翼奉、蕭望之、匡衡，爲宣、元閒人，不應注《后氏曲臺記》援西京初以爲之説也。不特此也，《王襃傳》云：「益州刺史王襄，使襃作《中和》、《樂職》、《宣布詩》。時汜鄉侯何武爲僮子，在選中。久之，武等學長安，歌太學下，轉而上聞。」又《鮑宣傳》云：「宣坐距閉使者，下廷尉獄，博士弟子濟南王咸舉幡太學下。」夫曰「太學下」，則實有其地矣。鄱陽馬氏立學校之官，元未嘗有庠序之説，皆述晉灼而誤焉者也。徐天麟《西漢會要》云：「《三輔黄圖》：漢辟雍在長安西北七里。恐即王莽所立。」不知兒寬上武帝壽，已有「陛下發憤，合指天地，祖立明堂、辟雍」之言。河閒獻王來朝獻雅樂，對三雍宫。應劭注：「明堂、辟雍、靈臺也。」是辟雍武帝時已立之。徐氏又云：「《黄圖》：漢太學亦在長安西北七里。疑即辟雍。」蓋本蔡邕異名同事之論，不知漢制辟雍、太學自有兩地。觀世祖建武五年營起太學，中元元年初營明堂、辟雍、靈臺。辟雍爲天子養老、大射之所，太學爲博士弟子授業之所。西京立辟雍，雖未舉行養老射禮，而太學賢士之關，自昔已然，故《黄圖》在長安西北七里，與辟雍並峙，彰彰可據。師古注《漢書》多引《黄圖》以釋宫殿，特失援此條，爲晉灼刊誤耳。《記》云：「建國君民，教學爲先。」太學者，首善之區，風化之原也。漢承秦弊，學校廢黜。高祖過魯，以太牢祀孔子，以開尊崇聖道之端。至武帝雄材大略，始舉久廢之鉅典，毅然行之天下，學者靡然鄉風。此誠百代之宏規，後王之盛法也。如晉灼之云，則有善不書，班氏何以稱良史哉！

齊襄公復九世讎議

《春秋經》書「紀侯大去其國」，《公羊傳》以爲「賢齊襄公復九世之讎，故諱之而不書齊滅」。所謂九世之讎者，哀公烹乎周，紀侯譖之。烹哀公者，徐廣注《史·齊世家》云：「夷王。」鄭氏《詩譜》云：「懿王也。」或問其説之是非，請酌而議之曰：「復讎之義見于《禮經》者，父之讎弗與共戴天，兄弟之讎不反兵，未聞有九世也。即以世讎言之，止有五世，不應有九世。《周官·調人》云：『父之讎辟諸海外，兄弟之讎辟諸千里之外，從父兄弟之讎不同國。』賈公彦疏云：『此經略言，其不言者，皆以服約之。伯叔父母、姑姊妹、女子子在室及兄弟衆子，一與兄弟同。其祖父母、曾祖父母、高祖父母，其孫承後皆斬衰，皆與父同；其不承後者，祖與伯叔同，曾祖高祖齊衰三月，皆與從父兄弟同。自外不見者，據服爲斷也。』夫據服爲斷，親盡則服盡，服盡則讎盡，故許慎作《五經異義》云：『古《周禮》説復讎之義不過五世。』魯桓公爲齊襄公所殺，定公是桓公九世孫，孔子相定公，與齊侯會夾谷，是不復九世之讎也。《公羊》所云諸侯會聚之事，必稱先君以相接，齊、紀無説焉。不可以並立乎天下，其不然矣，其不然矣！凡經之所云讎者，皆是殺義。鄭注：『父者子之天，殺己之天。』紀侯但譖哀公，安必懿王之受而烹之？不得云紀侯殺之也。懿王受譖而烹之，則齊襄之讎應在莊王矣，天王其可讎乎？子胥入郢，撻平王之墓，《左氏》紀鄖公辛之言曰：『君討臣，誰敢讎之？君命，天也。』則《公羊》『父不受誅，子復讎』之義疎矣。乃子胥不聞其辱無極之屍，何有譖九世之祖，而怒其無罪之遠孫哉！且齊之政始衰於哀公，《齊風・雞鳴序》刺哀公之荒淫，《還序》刺哀公之好獵，外禽内色，未或不亡。當時于王室必有失朝覲貢獻之職者，而後紀侯之譖得入之。周德雖衰，哀公非不受誅。彼讎及九世云者，衡以推刃之説，其自相刺謬亦甚矣。紀、齊同姓國也，又嘗同盟于黄。前此，齊師遷紀郱、鄑、郚三邑，紀季以酅入于齊，齊侯之利其地也久矣。《穀梁傳》云：『紀侯賢而齊滅之。不言滅，而曰大去其國者，不使小人加乎君子。』董仲舒《繁露》亦云：『紀侯率一國之衆，以衛九世之主，襄公逐之不去，求之弗予，上下同心而俱死，故爲之大去。《春秋》賢死義且得衆心也。』《甫田》之詩刺襄公無禮義而求大功，不修德而求諸侯，是其事也。』滅同姓，無親也；滅同盟，無信也。襄公獸行，而賢其復九世之讎，此《公羊》之俗説，鍾元常所謂賣餅家者也。」

諸先生錦

諸錦，字襄七，號草廬，秀水人。雍正甲辰進士，改庶吉士，散館以知縣用，改就金華府教授。乾隆丙辰，舉博學鴻詞，授編修，與修三《禮》。典福建、山西鄉試，稱得士。官至左贊善，以老假歸。三十四年卒，年八十四。少孤家貧，無買書資，聞吴下書賈某愛客，嘗詣而讀之，後益浸淫典籍，博聞强識。著有《毛詩説》二卷，附《通論》九則，一以《小序》爲主，毛、鄭於《箋》、《疏》考核尤精。諸子而外，有佳説則采之，有奥義則通之，疏證旁通，時有新意。又著《饗禮補亡》一卷，以吴澄所補《儀禮經傳》諸篇獨缺饗禮，因據《周官》賓客之聯事而比次之，並取《左傳》、《禮記》中之事關饗禮者，逐條分注，閒加按語以申明之。其以經補經，體式天然，非雜就附會之比。又著《夏小正詁》一卷，專釋名物，亦多以經詁經。又有《周易觀象補義略》若干卷。稿藏於家。工詩，法山谷、後山，嘗輯浙中耆舊詩爲《國朝風雅》。自著有《絳趺閣詩》十一卷。參史傳、《鶴徵後録》、《饗禮補亡》洙蘭泰序。

齊先生召南別爲《息園學案》。

全先生祖望別爲《謝山學案》。

江先生永別爲《慎修學案》。

王先生鳴盛別爲《西莊學案》。

王先生昶別爲《蘭泉學案》。

清儒學案卷六十五終

清儒學案卷六十六

天津徐世昌

翠庭學案

閩中學派，安溪、梁村皆宗朱子。翠庭親受學於梁村，立朝建白多持大體，督學吴越，以理學維風化，不愧醇儒，閩、嶠後進多依歸焉。述《翠庭學案》。

雷先生鋐

雷鋐，字貫一，號翠庭，寧化人。少爲諸生時，肄業鼇峯書院，親受學於漳浦蔡文勤公。雍正癸卯舉於鄉。以合河孫文定公薦，授國子監學正。癸丑成進士，改庶吉士。高宗即位，召直上書房，授皇子讀。散館時因病未與試，特授編修。每進經史講義，必明辨安危治亂之幾，歸本於人主之一心，以推極於民生國計，反覆詳盡，無隱情。先後督江蘇、浙江學政，教士敦實行，去功利。每按臨，親與諸生講論不倦，衡文清正，一革舊習。累官至左副都御史，以母老乞養歸。乾隆二十五年，母喪未終，以勞毁卒，年六十四。先生平居，雍雍以和，不見喜愠之色。臨大節，則嶄然不可奪。在朝遇重臣無加禮，退接故交如布衣時。造次必於禮，而宏毅簡重，安舒自得，見者知爲粹然大儒也。謂李貫之得力「唤起截斷」四字。頻唤起真心，敬以直内之要也；每截斷思念，義以方外之本也。又謂朱子與何叔京云：「人心無形，出入不定，須就規矩繩墨上守定，使自内外帖服。」按此是講學第一要緊處，《小學》一書，所當服膺踐履。又謂一刻不持重便害德性，一刻不專一便荒本業，一刻不警惕便墮晏安。晏安溺志，則害德性，荒本業，不待言矣。又謂朱子《仁説》讀之既久，令人見得本體融通流貫處，功夫精切周徧處。蓋生理涵於心，爲心之德，而義禮智統是矣。故朱子一言以蔽之曰：「天地以生物爲心，而人各得天地生物之心以爲心也。」又謂孔子「性相近」之言實萬世言性之宗旨，孟子「性善」之言正是相近之實際。相近者，善之相近也。以萬物爲一體者，堯舜之仁也。今人乍見孺子入井而怵惕惻隱，可謂不與堯舜之仁相近乎？故曰性善也，擴而充之，人皆可以爲堯舜也。又謂道心即性也。人心之正，道心爲之主，即性宰乎氣也；人心之偏，道心之有蔽，即性汩於氣而失焉者也。非道心爲一心，人心又爲一心，是知謂心即性者非也，離心性而二之者亦非也。其立言篤實類此。又謂古人心最平，如孟子謂夷、惠隘與不恭，君子不由，而又謂其爲百世之師。後世如陸子静、王陽明、陳白沙論學術者必辨之，然其砥節礪行，以之鍼砭鄙俗，不亦百世之師耶？此尤見先生持論之平允。著有《讀書偶記》三卷，《四庫》採入儒家。《經笥堂集》三十五卷，同縣伊秉綬選刻百篇爲《文鈔》二卷。他又有《自恥録》、《校士偶存》、《聞見偶録》等書。參史傳、朱仕琇撰墓誌銘、彭啟豐撰墓誌銘、陰承功撰行狀、彭紹升撰事狀、《文獻徵存録》、《學案小識》、《四庫提要》。

文鈔

知行存養論

學以躬行蹈道爲務，豈曰吾徒知之而已

哉？世固有與之語先王之道，泛論人物之是非得失，井然不淆，其措之躬則遺且悖矣。此能知而不能行，究非真知也。語先王之道，泛論人物之是非得失，井然而不淆者，其知尚未昧也；措之躬則遺且悖焉，是其知已有物以蔽之也。使就其井然不淆者推而致之，不爲外物之所蔽，其本體之明，自不可得而昏。知吾身之所具五官百骸皆所以肖乎天地，則必克踐其形，乃不自安於塊然血肉之軀；知吾身之所接，父子之親、君臣之義、長幼之序、夫婦之别、朋友之信皆此天性流通，則必克盡其倫，乃不至漠然如秦越之人。今夫士人雖窘迫無聊，驅之爲穿窬，寧忍死而不爲，知之真故也。至於形之不踐，倫之不盡，則自溷於衆人，漫不加省，不自知如穿窬之可恥也。然則致知之道如何？人倫庶物之理皆具於心，非有出於性分之外，而不能無氣拘而物蔽。聖經賢傳皆載此理，以開牖後人之心思，即是以窮理驗之日用行事之實，則知心與理無内外之隔。吾心之知，自貫乎人倫庶物，而無顯微之閒。彼泛騖以求知，固易失於支離；憑臆以求知，更易入於冥悟。若使此心憧擾不寧，又何以爲致知之地哉！程子云：「非存心無以致知。」「致知在乎所養。」朱子云：「致知在乎所養。」此尊德性，道問學，爲千古聖學之標準也。

象山禪學考

世目象山爲禪學，以象山教人閉目静坐不讀書者，非也。《象山語録》多近禪，然未嘗言不讀書，亦罕静坐。惟詹阜民所記象山云：「學者能常閉目亦佳。」其《文集》中并「静坐」二字無之。其《與劉深甫》書云：「開卷讀書時，整冠肅容，平心定氣，訓詁章句苟能從容不迫而諷詠之，其理當自有彰彰者。」《與傅聖謨》云：「已知者力行以終之，未知者學問思辨以求之。」此與朱子教人無以異。雖然，象山謂有子之言爲支離，爲私智杜撰，言子貢非能知顏子。又云：「宰我、子貢、有若智足以知聖人，若責以大智，望之以真知聖人，非其任也。」尤可怪者，言子羔、曾子皆爲夫子所喜，於二人中尤屬意子羔，不幸前夫子而死。按《左傳》哀公十五年，孔子聞衛亂，曰：「柴也其來，由也死矣。」明年夏四月己丑，孔子卒。子羔後孔子而死，不待言，安有博學、審問、慎思、明辨者鹵莽滅裂至此哉？蓋象山所自得在「心即理」，見《與李宰》第二書。以此直接顏、曾，視子貢以下諸賢皆所不足。夫心即理，不必有人心、道心之分，達摩所謂「直指人心，見性成佛」也。惟其然，遂信心自是，憑臆武斷，無所顧忌。其《與張輔之》云：「吾有知乎哉？此理豈容有知哉？」《答楊敬仲》云：「未嘗用力而舊習釋然，此真善用力者也。」作《楊承奉即敬仲之父。墓碣》云：「顏回屢空，夫子所喜。必以所得填塞胸中，抑自苦耳！」《與似清》云：「何處轉不得法輪，何人續不得慧命？」宜乎傅子淵猖狂放肆。詩偈類釋子，象山最屬意，謂功罪不相掩，顏子堅竟變服削髮爲僧也。

陽明禪學考

儒者闢釋學，每以陸王並稱。曩竊疑之。象山論格物曰：「格，至也。與『窮』字、『究』字同義，皆研磨攷索以求其至耳。」陽明則曰：「致知格物，自來儒者相沿如此。象山不復致疑，此象山見得未精一也。」象山言：「爲學有講明，有踐履。《大學》致知格物，《中庸》學問思辨，《孟子》始條理者智之事，此講明也；《大學》誠意正心修身，《中庸》篤行之，《孟子》終條理者聖之事，此踐履也。」陽明則曰：「學問思辨便是行。」又曰：「良知之外更無知，致知之外更無學。」何其與象山互異？攷陽明之書，凡象山之合乎聖學者則盡反之，象山之近乎禪學者則力張之。愚作《象山禪學攷》，象山之學既舉其端矣。至陽明則直曰：「佛氏之本來面目，即聖門所謂良知。」又云：「無所住而生其心，佛氏曾有是言，未爲非也。」見《與陸元静書》。又云：「道一而已，仁者見之謂之仁，智者見之謂之智。釋氏之所以爲釋，老氏之所以爲老，百姓之日用而不知，皆是道也，曾有二乎？」見《與鄒謙之》書。此皆象山所未敢明目張膽言之者。然其根原則自象山以「心即理」爲心學，故陽明亦曰：「心即理也。學者學此心也，求者求此心也。」見《答顧東橋書》。謂「良知發見流行，光明圓瑩，見《與聶文蔚書》。❶不即佛氏之「净智妙圓，光明寂照」乎？嗚呼！指心即理，欲人反求諸心，宜無不可錮於氣稟，蔽於私見，必且師心自用，認欲爲理，其禍至不可究極。當時争大禮，如霍韜、席書、黄宗明、黄綰，皆從陽明講學者。陽明與霍兀厓即韜。書云：「曾辱大禮疏見示，時方在疚，心善其説。」又與黄誠甫即宗明。書云：「近得宗賢即綰。寄示禮疏，明甚。誠甫之議，當無不同。」論者斥霍、黄諸人迎合時局，以希富貴，而不知陽明實陰主之，蓋亦其良知以爲當若是耳。故曰：「象山如荀況，陽明似李斯。」

❶「文蔚」，原作「蔚文」，今據《王文成公全書》卷二乙正。

江寧試院示諸生

前者問諸生：「情，一也，《中庸》以喜怒哀樂言，《孟子》則以惻隱羞惡辭讓是非言，其不同何也？且《孟子》以仁義禮智爲性，以惻隱羞惡辭讓是非爲情。朱子註《太極圖説》則以仁與中爲用，義與正爲體，何也？」諸生答者離合各半。其合者亦因風簷寸晷，語焉不詳。今更與諸生言之：《中庸》之言渾而該，《孟子》之言析而明。夫未發之中，已發之和，非必大賢以上始有之。此言性情之德，以明道不可離之意，是就人人所有者言。人人皆有未發之中，已發之和，特不能操存省察以致之耳。夫未發之中，包仁義禮智之性；已發之和，即該惻隱羞惡辭讓是非之情。所謂知皆擴而充之，即是致中和。「致」字之註脚，操存省察乃能擴而充之。省察所以知擴充操存，又先一層，是愈説愈密耳。孟子因當時人利慾錮蔽已深，只就四端擴充上指點，未説到未發之中。他日言「存其心，養其性」，則該之矣。夫喜怒哀樂似兼人心、道心，《孟子》四端則專以道心之發見言，然而《中庸》不重言喜怒哀樂也，言喜怒哀樂之未發耳，言喜怒哀樂之中節耳。未發之中全是道心，中節則人心無非道心矣，且中節則喜怒哀樂無非惻隱羞惡辭讓是非之心可知矣。夫既以性情分體用，而朱子註《太極圖説》以仁與中屬動爲用，以義與正屬静爲體，此如言天道以元亨利貞爲體，春夏秋冬爲用。細分之，則元亨就發用言，利貞就斂藏言，故曰：「利貞者，性情也。」以《先天圖》言，震離兑乾屬發用，巽坎艮坤屬斂藏。邵子所謂坤、復之閒乃無極，即周子主静之意。以《後天圖》言，乾居西北以知大始，坎位正北爲萬物所歸，正主静之義。艮成終而成始，則由静而將動矣。邵子《先》《後天圖》，周子未之見，而其理具於《易》，有默契焉，故曰：「其揆一也。」

金壇試院示諸生

直指仁義禮智爲人性，實發自《孟子》，蓋《易·文言》言君子，《中庸》言至聖，未嘗統言人之性也。《孟子》就此指出人性之所以善，更指出惻隱羞惡辭讓是非之四端，真乃鑿破混沌，開闢屯蒙，發前聖所未發。而養氣之義猶次之。至加一「信」字爲五常。「五常」二字見《樂記》。五常爲仁義禮智信見董子《賢良策》，又見《白虎通》。五常配乎五行，確不可易。信貫乎仁義禮智之中，故端只可言四。至于静中無端可尋，或遂求之虛寂，謂「無善無惡心之體」，不知天地之元氣不息，人生之生理不滅。心如穀種，仁則其生之性，穀種中自具爲苗爲穗爲實之理，待其發而後見，不待其發而後知，此仁所以包乎義禮智也。乃不仁之人自戕其生理，并喪乎義禮智者，則氣稟既雜，物欲乘之，天理人欲判焉而相反。天理人欲亦見《樂記》：「人化物也者，滅天理而窮人欲者也。」其語甚精而密。此皆初學所耳聞目見，多忽而不察，故令諸生致思焉，更反身用力而自得之，庶不蹈于不仁之歸也夫！

湖州試院與諸生論《太極圖説》、《通書》

周子《太極圖説》、《通書》，朱子表章而發明之。既爲之註，又與陸象山辨論悉矣。今覘諸生體會親切何如，非欲别出意見也。愚竊謂二書當合爲《易通》一書。《太極圖説》爲首章，即如《中庸》之首章也。《中庸》

二章提出「時中」，周子二章提出「誠」字，其理一也。言性命之書無過《中庸》，宋五子得其精意而更互演繹之。讀《太極圖説》「真、精妙合，乾道成男，坤道成女」，天命謂性之理明矣。朱子註曰「天以陰陽五行化生萬物，氣以成形而理賦焉」，本此意也。「人得秀而最靈，形生神發，五性感動而善惡分」，此朱子所謂「性道雖同，而氣稟或異，故不能無過不及之差」也。「聖人定之以中正仁義而主静，立人極焉」，此所以有修道之教也。「君子修之吉」，朱子謂「君子之戒慎恐懼，所以修此而吉」，亦本《中庸》。又謂「敬則欲寡而理明，寡之又寡以至於無，則静虚動直而聖可學」，即引《通書》作註。凡《通書》中立誠、審幾、慎動而要於無欲，皆所以修之之功也。大抵《通書》無非發明《太極圖説》，猶《中庸》全書不出首章之義也。或曰：「周子原名《易通》，言《易》之書也。《易》之妙有外於時中者乎？」《易》統於《乾》、《坤》二卦，《坤》又統於《乾》。乾者，健行不息，誠之至也。故《中庸》、《易通》皆極言誠。至「無極」二字，後儒援引《老子》「復歸無極」之云用相疑難，殊不知周子正恐人馳心空寂，故曰：「無極非無也，無極而太極也。」至於體會親切，則有當湖陸先生《太極論》，在學者其服膺而勿失焉。

紹興試院與諸生論知行先後説

知行先後之説，《書》則「惟精惟一」，《易・文言》則學聚問辨，寬居仁行，《論語》則「博文約禮」，《大學》則格致誠正修，《中庸》則明善、誠身，《孟子》則知天事天，可謂井然分明矣。或以《易・文言》之「敬以直内，義以方外」、《中庸》之「尊德性，道問學」

爲行先於知者，非也。敬貫乎知行，義則有精義、集義之功。尊德性即敬以直内也，道問學即義以方外也。朱子《章句》雖分存心、致知，實以致知兼力行。盡精微、知新，知也；道中庸、崇禮，行也。顧或執姚江先行後知之説，謂「覽地輿圖而知山川城郭，非知也。必身造其域，而後山川之險易、城郭之廣狹可深信而不疑」。然非先問津而識塗，則適越而北轅矣，何由身造其域哉？毒藥之必不可食，穿窬之必不可爲，必食毒藥、爲穿窬而後知其不可，則晚矣。然則何爲而有先行後知之説？蓋有激於俗學口耳佔畢，仁義道德人人言之而無能真知而允蹈之故也。且知行亦非截然分先後，陳北溪謂「如目視足履」最切當。人豈有目不視而能履者哉，亦豈有坐視數千里外而後履者哉？朱子答吴晦叔書謂「就一事而觀之，則知之爲先，行之爲後，無可疑者。而合夫知之淺深、行之大小而言，則必先成乎小，而後馴致乎大」。諸生中有謂「知行中又各有先後」者，是也。顧或沿舊説，謂「曾子從行入，子貢從知入」者，又非也。曾子隨事精察而力行之，就《曾子問》一篇見曾子之精察，非朱子鑿空加以此語也。然則謂曾子先行後知，可乎？雖然，不知者蚩蚩之民，何責焉？吾人自謂講學而不能踐言，抱慙衾影，叢疚幽獨，可恥孰甚乎此？則當與諸生互相警覺者也。

嚴州試院與諸生論格致傳義

格物致知之義，程朱以前，則有司馬温公「捍禦外物而後能知至道」之説，朱子《或問》中辨之明矣；後乎程朱，則姚江王氏謂「格，正也。正其不正以歸於正也」。如其言，則必先致知而後能格物矣。且一格物，無所事誠意正心脩身之功矣。即遵守朱子之學者亦有以「知止」二節合「聽訟」節爲格致傳，不待更補之云。夫必知止而後得止，必知所先後乃可近道。必以「知本」爲《大學》之要，然於「格物」二字未有發明也。近來更有襲姚江之説者，謂：「即凡天下之物，莫不因其已知之理而益窮之，以求至乎其極，而後能誠意正心，則終身無誠正之日，徒使人日馳其心於浩渺紛賾之途，如浮海者之無津涯。」嗟乎！爲是言者，何其鹵莽而滅裂也！獨不曰人心之靈莫不有知乎？獨不曰因其已知之理而益窮之乎？夫人心之靈，莫切於孩提知愛，稍長知敬，即此愛敬之心，推致而擴充之，則仁之實事親是也，義之實從兄是也。且夫無欲害人之心，無穿窬之心，是人心莫不有知者也，充之則仁與義不可勝用。謂非推致其本心之明，以措之躬而施諸事乎？豈有必待數十年格物致知，而後誠意正心之理乎？朱子所謂「其用力之方，或考之事爲之著，或察之念慮之微，或求之文字之中，或索之講論之際」，可謂内外本末兼舉之矣。今舍其身心性情之德，人倫日用之要，而徒摘其「一草一木亦皆有理」之言，是孟子所謂「養其一指，而失其肩背」者也。嗟乎！後世之好爲妄議者，程子已言之矣，曰：「致知之要，當知至善之所在，如父止於慈，子止於孝之類。若不務此，而徒欲泛然以觀萬物之理，則吾恐其如大軍之遊騎，出太遠而無所歸也。」今約而言之，格物者，格此身心意以及天下國家之物；致知者，知所以誠意正心修身以齊家治國平天下而已矣。而知與意尤爲交關切要處，即意中可好可惡之物，格之而知其當好當惡，務決去而求必得之，則誠意之功也。夫豈有兩時兩事之可分哉！

東林書院示諸生

此地自龜山先生講學而後，至明季顧、高二先生崛起，風聲感召，四方響應，可謂一時之盛。及黨禁日酷，善類胥戕，而世事遂不可問。正人君子之興衰，其關係如此。夫顧、高諸先生所以卓立千古，其志超然于富貴利達之外，其講明踐履，探原握要，歷貧賤患難死生而如一，此之謂實學也。學者每視古人爲不可及，大率由於見小而欲速。閒有聰明才俊，躐取科名，學鮮根柢，行無矩矱，立身一敗，萬事瓦裂。即不然，亦碌碌無足齒數，老死牖下，豈不辜負此七尺之軀乎？學者見小欲速，每分舉業與道學爲二途，不知就今功令按實而求之，即道學也。童子覆試，必用《小學》，以《小學》立教，明倫敬身，爲一生樹立之基也。鄉試必用《孝經》、《性理》作論，以孝爲百行之首，《性理》一書所以發明四子書之精藴也。至若四子書在天地爲天地之元氣，在人身爲人身之元氣，體此以終身，喘息呼吸不可須臾離。試問此等書非舉業家所日相諷誦者乎？故曰：「按實而求之，即道學也。」豈別有一艱深不可造之境哉？所患者志不立而苟安流俗耳。諸生中不自菲薄者，愿振拔而奮興焉，則道南有嗣音矣。

道南祠之配享，必實有躬行心得之學，且於東林一脈有關涉則祀之，足以感發乎後人。顧、高以後，如劉蕺山、黄石齋、陳幾亭，可謂磊磊軒天地，而以孫北海廁其閒，何耶？北海學術雖謹守繩墨，而人品比孫夏峯相去霄壤。夏峯主姚江而不悖程朱，北海口述程朱而實爲姚江者所不齒。當日并祀王敬哉，更不知何故。至宋牧仲、許時菴于東林脩廢舉墜，當與歐陽東鳳、林宰、曾櫻三公大有造于東林者，按時代先後別祀一祠可也。其他尚有冒濫者，後之君子必公覈而釐正之。

答諸生問毛西河語

或問：「西河之言《易》也，謂《易》有五易，世第知兩易而不知三易。兩易者，一曰變易，爲陽變陰，陰變陽也。一曰交易，爲陰交乎陽，陽交乎陰也。此伏羲氏之《易》也。若夫三易，則一曰反易，謂相其順逆，審其向背而反見之。一曰對易，謂比其陰陽，絜其剛柔而對觀之。一曰移易，謂審其分聚，計其往來而推移而上下之。此三易者，文王、周公之爲《易》也。此可謂發前人之所未發乎？」曰：「非也。《易》之爲易，交易、變易盡之矣。其所謂反易、對易、移易，無非變易之極致也。其謂八卦爲乾坤之變易，六十四卦爲乾坤之交易，亦非也。有交易而後有變易，如人之夫婦交而後生男女也。三坤而變一陽謂之震，此即乾交乎坤，故能變此一陽也；三乾而變一陰謂之巽，此坤交乎乾，故能變此一陰也。其本《説卦》，謂先有乾坤而後有六子，『兼三才而兩之，故《易》六畫而成卦，八卦成列，因而重之成六十四卦』。此《易・繫傳》、《説卦》明言之。西河據以力詆邵子所傳於希夷之四圖，其言可謂辨矣。然邵子加一倍法，亦從『易有太極，是生兩儀，兩儀生四象，❶四象生八卦』之《繫傳》來。西河謂太極、兩儀、四象、八卦指揲筮言，非泛

❶「兩儀」，原脱，今據嘉慶十六年寧化伊氏秋水園刻本《經笥堂文鈔》卷下補。參沈梁校。

指天地之理，不知唯有理斯有氣、有象、有數，未有無理而生象數者。況其引崔璟云『捨一蓍爲太極，分之以象兩爲兩儀』，又引李氏《易解》『四十九數未分爲太極，分之爲陰陽』，不已自相矛盾乎？其力詆《河圖》、《洛書》，謂朱子載其文于《大易》之首。不知《河圖》、《洛書》及羲、文之圖皆在《啟蒙》，後人取以載于《易》書之首，西河于《本義》原文尚未及考也。其詆邵子之學得自陳希夷，則朱子明言《易》自孔子後諸儒不能傳受，而使方外得之流爲丹竈小術，至康節然後返之于《易》道，何待西河之嘵嘵也？至于『數往者順，爲已生之卦；知來者逆，爲未生之卦』，亦嘗竊疑其牽强。安溪李文貞公謂『邵子本意是自純陰純陽而順數之者，數往也；自一陰一陽而逆數之者，知來也』。變易之道，非逆數則象不顯，故下從雷風說到乾坤，即所謂逆數。西河謂『六子爲乾坤所生，而推卦逆易則六子可以先乾坤』，意亦相同，然只下節從雷風說到乾坤可通。若自《周易》全書論之，亦未見其以六子先乾坤。上經明從乾坤二卦說起，何以見其皆爲逆數乎？西河又謂『《周易》專以反易順逆爲對待，如順爲屯卦，逆之即爲蒙卦』。依其言，則一順一逆，亦何以見《易》皆爲逆數乎？竊疑『數往者順』，即知以藏往；『知來者逆』，即神以知來。《易》所以前民用，故爲逆數，此亦前人已有之說，似覺明白，然于《說卦》上下文不相承貫。余于易學未窺藩籬，姑存所疑以俟深于此道者質焉。」

或問：「西河以周子《太極圖說》加無極于太極之上，正墮二氏之見。其所謂無極皆出自《老》、《莊》、《參同契》諸書，何以辨之？」曰：「此朱子答陸子靜書已言之矣。

老子『復歸于無極』，無極乃無窮之義，如莊生『入無窮之門，以遊無極之野』云爾，非若周子所言之意也。且周子正恐人求無極于杳冥昏嘿之地，故曰『無極而太極』。蓋言無極非無也，正太極也，何以爲加無極于太極上也？且周子『太極動而生陽，静而生陰』，正見理能生氣。學者可默會太極生兩儀之妙。西河乃謂『未聞生陰陽而先有動静』，可謂拘泥之至矣。其曰『陽生于子而息于巳，陰生于午而息於亥』，夫人而知之。曰『陽自子至巳而六時動，陰自午至亥而六時静』，則雖愚者猶疑之。夫元亨誠之通，利貞誠之復，通復即動静之機，諒非愚者，可無疑矣。其所謂『息于巳』，『息于亥』，亦非也。陰陽有消長而無止息，陽生於子，豈亥時陰遂息乎？陰生于午，豈巳時陽遂息乎？宜乎其不知動静互根之義也。且夫動静大段分陰陽，細分之則陽有動静，陰亦有動静，即所謂陽中有陰陽，陰中亦有陰陽。此非至愚者亦知之。何乃引《易》之『乾則静專動直，坤則静翕動闢』以駁周子『不得以陰陽分動静』乎？且夫《易》言兩儀、四象、八卦，周子只言五行者，蓋以陰陽五行，造化生人生物之功用也。下遂説到人得其秀而最靈，歸于聖人之立極。此其立言各有不同也。至于『根』字、『真』字、『妙合』字，疑其言之同于二氏，而不察其理之實際，則亦可謂操戈入室矣。試思聖人定之以中正仁義，二氏有之乎？所謂主敬者，貞下起元之義，豈二氏可得假借乎？西河引唐宗作《華嚴疏序》，清涼國師爲註解，有云『天地未分謂之一氣，天道始分即有五運，形質已具謂之太極，轉變五氣遂成五會，有天道焉，有地道焉，有人道焉』，以爲《圖説》所本。試思其言之支離，與《圖説》不大相懸隔乎？至西河謂保合太和爲佛氏要旨，則西河曾髡髮爲僧，力爲彼家樹幟而已矣。」

附　録

先生鄉舉後，至京寓漳浦蔡文勤邸，不投公卿一刺，高安朱文端、合河孫文定皆禮先焉。孫公薦補國子監學正。登第後，朝考第一。朱公薦之，改庶常館。師方公苞尤心契，以第一流人相期許。陰承功撰行狀。

先生在上書房，自持嚴正。同直編修余棟丁憂，以皇太子薨，入京留侍。先生奏：「皇子侍學之人必明大義，篤倫理，方於學術情性有助。余棟父喪未葬，若隱忍行走，則講書至『宰我問三年』章，何以措口？於天下風化有關。」於是余得終制。同上。

先生官通政使時，丙寅二月，應詔陳言，略云：「上諭戒飭臺諫。諸臣處心積慮，不外名利二途，此我皇上裁成激勵，望其警惕猛省，以古之純臣爲法也。然似因一二臣之言行不符，遂概疑及臺諫諸臣，恐志欲建白者，形迹之閒近於博取虛譽，冀望陞轉，轉輾懷疑，徘徊中止。夫就臣子而言，不惟不可計利，并不可好名。而在朝廷樂聞讜言，不必疑其好名，并不必疑其計利。」又云：「孔子稱舜隱惡揚善，則知當舜之時亦不皆有善而無惡，惟舜隱之揚之，所以士嘉言罔攸伏，明目達聰，用成執兩用中之至治。」又云：「信任忠良練達之臣，屏絶諂諛容悦之習，不爲無事之游幸以增累，不耽無益之玩好以妨幾務。」奉硃批：「雷鋐此奏，朕嘉納之。前謂臺諫不外名利是圖，亦謂彼一時有此氣習耳，今則漸知省改矣。若夫大舜之隱惡揚善，固朕所日勉焉而未逮者也。」同上。

《讀書偶記》中論《易》者幾及其半，大致多本李光地，其論《禮》則多本方苞。一則其鄉先輩，一則其受業師也。《四庫全書提要》。

朱梅崖曰：「公之學以躬行爲主，以仁爲歸，以敬義爲門户，以人情事理爲權衡，以六經爲食餌，以文藝爲紳佩，以奬引天下之士爲藩牆。於邪正之界，流漸之潰，析之尤精，防之尤預。大要宗朱文公，而以薛文清、陸清獻二公之書爲譜牒。生平出處，按之固已無一不合於道；所爲文章，則皆本其躬行所得者。」朱仕琇撰《經笥堂文集序》。

翠庭交游

童先生能靈

童能靈，字龍儔，號寒泉，連城人。諸生。薦博學鴻詞不就，累舉優行，皆以母老辭。母年躋九旬，兄弟白髮，同居怡怡。居喪以禮，化及鄉人。翠庭與交二十餘年，服其著述皆從苦心力索而得。嘗過連城訪之，孤館寒燈，商訂舊學，時北風破壁，以草薦障之，歎其貧中有樂趣如此。晚主漳州芝山書院。乾隆十年卒，年六十有三。先生守程、朱家法，不踰尺寸。著《朱子爲學考》，謂專考朱子爲學次第，其閒淺深疏密異同曲折纖悉，逐年逐月皆有可見。即後學用心，實不出此一途。雖其爲朱子自悔處，亦必曾經一番細微體驗，方可見此理之實也。以此與陳氏《通辨》一書專爲朱、陸異同之論稍有別云。又謂：「朱子早晚異同之辨，大要數端：曰一貫忠恕，曰未發已發，曰太極動静，曰仁，曰心性，曰體用，曰理一分殊，曰空妙，曰實理，曰默識而存，曰循序而進是也。」逐段加以按語，分晰惟恐不明，體認惟恐不實。又著《理學疑問》，已刻者四卷：曰心，曰性，曰仁，曰情。其言心主人之神明，謂「神明之妙有三：曰神速，不疾而速，不行而至也。曰神通，貫幽明，通遠近，無所偏礙也。曰神變，應事接物，變化不測也。惟通故速，速亦是通，只是神通、神變而已」。言性主性即理，謂「性固是理，即須看得理之在人最爲親切，方見其爲人之性也。蓋人之生，氣聚而生也。氣之所以聚而生，則理爲之也」。其言仁主愛之理，謂「只囫圇說有此仁即有此愛，有此愛即從此仁發出，此猶含糊之見。必須將『愛』字與『理』字拆開看，如何是愛，如何是理；然後合攏看，『愛』字中如何見得有理，『理』字中如何見得有愛，方爲確解耳」。其言情主惻隱四端，初喜虛齋蔡氏四端即是喜怒哀樂之說，後謂「以惻隱屬哀，以羞惡屬怒，此處猶可通融看也。至論辭讓是非，則失其條理矣。須知孟子所謂四端者，蓋謂有此理則有此端，無此理必無此端，端之云者，其爲念最初，而其法甚微也。惟其最初，故不大著現，而微見端倪也。若轉一後念，便須著現，而不得謂之端矣」。他著有《周易剩義》、《樂律古義》、《河洛太極辨微》、《冠豸山堂集》。卒後祀鄉賢。連城正學始於宋丘起潛，盛於明童東皋，而張謦庵及先生繼之。張清恪撫閩時，建文溪書院，祀起潛、東皋。後增建五賢書院，祀宋五子，而以謦庵及先生配焉。參翠庭撰墓志、童積超撰墓志跋、《學案小識》。

陰先生承功

陰承功，字静夫，寧化人。敦行積學，言

動必謹。有問學者，先教以《小學》、《近思録》，論學必宗朱子。嘗爲文續昌黎《師説》，謂：「師以傳道爲本，惟受業、解惑之大者，乃所以傳道也。韓子之前，顔、曾、思、孟、有、閔、卜、言尚矣，而董、管、葛、王亦庶幾焉。韓子之後，周、程、張、朱尚矣，而蔡、黄、真、魏、何、王、金、許、許、竇、劉、吴、曹、薛、胡、羅、陳、魏、蔡、林，國朝若陸清獻、楊文定、蔡文勤亦庶幾焉。」卒後，其門人同縣伊秉綬刻其文集於揚州。與翠庭游，爲翠庭撰行狀。參《學案小識》。

文　集

主一無適論

程子謂「主一之謂敬，無適之謂一」，二句轉相解釋，朱子合而言之也。程子又謂「不拘思慮與應事者，皆要求一」，朱子謂「主一是專一，無事則湛然安静而不騖於動，有事則隨事應變而不及於他」，其義灼然明矣。今《四書明辨録》乃云：「一字是一箇天理，凡事主於天理而無私欲之適，是之謂敬事。」則設有數事於此，皆是天理，心方主於此事，亦無妨遽適於彼事乎？將意緒紛紜，主宰無定，何能照察事之條理曲折而合於理乎？其爲害於敬事之實功者甚矣。蓋雖數事並至，亦必權其緩急輕重，急者重者在所先，緩者輕者在所後，應畢一事，又及一事。身在於此，心亦在此，時時照察，然後所應各中其節。可云此皆天理，而雜然亂應哉？本文明曰敬事，則其敬亦就道國之事見之耳。如國之大事在祀與戎，當承祀之時，其心洞洞屬屬，惟主乎祀之一事而無適於戎；及即戎之時，其心戰戰兢兢，惟主乎戎之一事而無適於祀。斯爲主一無適耳。至細論之，則盥時心一於盥，薦時心一於薦，謀時心一於謀，戰時心一於戰，無非主一也。若夫存理遏欲，乃平時分别確守，何待至臨事始云爾也？道國之事皆天理所不容已，非私欲所可言。若主於好貨色，乃桀、紂、蹠、蹻之流放僻邪侈之事，烏足以擬道國哉？陽明《傳習録》：「好色則心在好色上，好貨則心在好貨上，可以爲主一乎？」此説蓋承襲其意，是即陽明之徒也。

學顔子所學論

自孟子以後，有記誦詞章之學，有異端虚無寂滅之學，有小人儒之學，有爲君子儒而誤者之學。學者不先定其所從，茫然自命爲學，譬如瞽之無相，倀倀乎其何之耶？此周子所以教人學顔子之所學也。夫顔子所學，以不遷怒，不貳過，三月不違仁示之的矣。學者誠如是而學焉，則不失爲真儒，而可以希賢矣。如是又進而不已焉，且可以希聖而希天也，豈非萬世學者所當從事乎？然學者誠欲造乎不遷、不貳、不違之域，果將何以施其功耶？夫子之教顔子也，曰「克己復禮」。顔子述夫子之教也，曰「博我以文，約我以禮」。此其所以造乎不遷、不貳、不違之域者也，則學顔子者可知已。蓋博文即《大學》格物致知也，約禮克復即誠意正心修身也。遡而上之，格致即《堯典》「惟精」，誠正修即謂「惟一」也。由是觀之，自古聖人固無異，學顔子之所學，真萬世學者所當從事矣。子朱子謂「俗儒之學，功倍《小學》而無用；異端之學，功過《大學》而無實」，豈欺我哉？乃陸、王二氏以扞外物爲格物，致良知爲致知，而謂讀書窮理爲支離，則凡所謂學於古訓，詢於芻蕘，多識前言往行，學聚問辨，行有餘力則以學文，多聞擇善，多見而識，博學、審問、慎思、明辨皆爲贅言矣。其未入異端，獨其外之人倫在耳。此爲君子儒而誤者也。若夫小人之儒，貌聖賢之貌，言聖賢之言，而制行則相反焉。依託朱子則詆陸王，依託陸王則詆朱子。及聲聞既馳，富貴既得，棄其所依託如土龍芻狗焉。嗚呼，此無忌憚之尤者也！皆由不知學顔子之所學也。

送伊墨卿會試序

學，所以學爲聖賢也。聖賢之學在於主敬窮理以致其中和焉。方其靜也，事物未接，寂然不動，無偏無倚，而知覺不昧，五性渾然，三才萬物之理莫不畢備，則爲有以致其中矣。及其動也，思慮始萌，七情乍發，應夫君臣父子夫婦昆弟朋友之倫，見乎視聽言貌衣食居遊之際，臨乎富貴貧賤造次顛沛之閒，莫不一一中其節而無稍紊焉，則爲有以致其和矣。然而此非因循荏苒所可幾也，必常戒懼慎獨，無事則心存於中，有事則心存於事。暇則精研乎經史子集，疑則質問於師友仁賢。其切於身心家國者，慎思明辨而無纖芥之淆，克己力行而無毫毛之僞，然後中和可致也。其用力之方，則子朱子答林伯和、陳師德書揭其樞要矣。

張先生甄陶

張甄陶，字希周，福清人。舉博學鴻詞，補試未及格，罷。高安朱文端公及方侍郎苞薦修三《禮》，辭未就，而請受業於方侍郎。乾隆乙丑成進士。廷試對策，極言時務，改庶吉士。散館授編修。尋改授廣東鶴山知縣。歷香山、新會、高要、揭陽，皆劇邑，所至有聲，時稱循吏。以憂去官。服闋，授雲南昆明縣，弗獲於上官，坐事免。主講五華書院，造就甚衆，尹閣學壯圖、錢通副澧皆出門下。復移主貴州貴山書院，課士有法。總督劉藻疏陳學行，詔加國子監司業銜。晚以病歸閩，主鼇峯書院，以經義導閩士，於是咸通漢唐注疏之學。在滇時著《經解》百餘卷，在粵效明吕坤《實政録》撰《學實政録》。參史傳。

翠庭從游

伊先生朝棟

伊朝棟，字用侯，寧化人。乾隆己丑進士，刑部主事，❶洊遷御史給事中，擢光禄寺少卿，歷通政司參議、鴻臚寺卿、光禄寺卿，以病乞休，就養子秉綬廣東惠州任所。會歸善、博羅姦民肇亂，提標兵與通，諱言之。秉綬請誅亂民，拂總督意，劾罷遣戍，而亂黨遂起。先生自以「嘗爲九卿，子屈可不伸，官弁縱兵通賊，不可不詰」具疏，將上，總督并劾先生，落職聽勘。亂益劇，總督倉猝自裁。詔使察勘，事得白，上乃加褒雪，起秉綬爲揚州知府。先生於嘉慶十二年卒於揚州，年七十九。先生持身耿介，自從翠庭游，究心儒先書，言動有榘矱。先後居喪，一用朱子《家禮》。相國蔡文恭曰：「居貧實樂，居喪實憂，吾見伊君而已。」居官皆由積資，自給事中以至爲卿出特擢，不由論薦。高宗嘗諭

❶ 此句上，沈梁校疑脱一「官」字。民國十五年鉛印本《寧化縣志》卷二〇本傳作「授」，光緒刻本《國朝御史題名》不分卷作「由」。

曰：「福建理學之邦，汝謹厚，守繩尺，朕所知也。」著有《南窗叢書》，多發先儒疑義。又《賜硯齋集》。子秉綬，字墨卿，乾隆己酉進士，由部郎出守，在惠州、揚州平亂賑災，皆多惠政。究心性命之學，屏絶聲色。少受學同縣陰静夫，於翠庭之學則得之庭訓。静夫遺集及翠庭《文鈔》並所刊行。著有《留春草堂集》。參《先正事略》、《經笥堂文鈔序》。

朱先生仕琇

朱仕琇，字梅崖，建寧人。年十五爲諸生，博通經傳諸子。嘗代人作書求文於翠庭，翠庭歎賞其「醇古沖澹，近古大家」。既而知出自先生，亟稱之，名始著。乾隆戊辰進士，改庶吉士，散館選山東夏津知縣，以足疾改福寧府教授。歸，主講鼇峯書院者十年。卒年六十六。先生治古文，自晚周以迄元明百餘家，究其利病，一以荀況、司馬遷、韓愈爲大宗。嘗與人論文云：「爲文在先高其志。其心有以自置，則吾心猶古人之心也，以觀古人之言猶吾言也。然後辨其是非焉，察其盈虧焉，究其誠僞焉，定其高下焉，如黑白之判於前矣。於是順其節次焉，還其訓詁焉，沈潛其義藴焉，調和其心氣焉，久則自然合之，又久則變化生之。於是文之高也如壘土之成臺，如鴻漸之在天，有莫知其所以然者。」著有《梅崖集》三十卷，《外集》八卷。參史傳。

文　集

道南講授序

安溪李遜齋先生著《道南講授》若干卷，

寄示請序。蓋學者稱濂洛關閩，閩學盛於朱氏，其倡之者龜山楊文靖公也。文靖出洛程氏兄弟之門，其歸閩也，伯子送之曰：「吾道南矣。」楊授羅文質公，羅授李文靖公，李授朱文公，此《道南講授》之所爲作也。蓋自宋理宗後，文公之書滿天下。迄明以朱註取士，則流傳益盛。天下語宋理學者曰五子，或曰六子，龜山尚不在是數。至羅氏、李氏，則幾以爲文公之師襄、萇弘，而漠然無與於道也。夫博學詳説以盡斯道之體，使天下學者有所據依，文公之功信偉矣。然其始去墨入儒以漸釋，其拘牽者何人之化也？「静坐以端大本，而以明分殊爲要」者，何人之旨也？故嘗譬諸閩學如作室然，洛二程氏所受廛者也，龜山廛券也，羅氏基界也，李氏大匠之圖也，文公則因以成室焉耳。其閒土木之良，版筑之堅，鏤雕之巧，金碧髹堊之設，則因事致美，而於其本制無損益焉。美其末而不察其本，世之學者非惑與？先生是書，採羅、李之説甚備，蓋所以開導學者之耳目切矣。至於附見己意，發揮宗旨，尤極詳明。學者非沈潛反復於是書，不足以識其用心之精也。先生早承家學，湛深經術，中年即謝官杜門，以味至道，故其造詣之邃如此。昔人稱羅文質不言而飲人以和，又稱李文靖如冰壺秋月，瑩絶瑕玷。仕琇嘗四謁先生於省會，德度凝粹，淵然穆然，莫窺其際。《詩》曰：「惟其有之，是以似之。」其先生之謂矣。

翠庭私淑

孟先生超然

孟超然，字朝舉，號瓶庵，閩縣人。乾隆

庚辰進士，改庶吉士，散館授兵部主事，累遷吏部郎中。典試廣西，督四川學政，廉正不阿，遇士有禮，蜀人爲立去思碑。使還，以親老告歸，年甫踰四十，遂不出，主講鼇峯書院。書院創自張清恪，而蔡文勤爲之長，相與講明正學。先生遠承其緒，立教以誠，士奮於學，論者謂「不啻文勤主講時」也。先生之學，以懲忿窒慾、遷善改過爲修身立命之門。嘗曰：「變化氣質當學吕成公，刻意自責當學吴聘君。」又曰：「談性命，則先儒之書已詳，不如歸諸實踐。博見聞，則將衰之年無及，不如返諸身心。」論楊龜山曰：「龜山得伊洛之正傳，開道南之先聲。然爲温州陳君、李子約、許德占、張進、孫龍圖諸墓志，往往述及釋氏之學，而贊之曰安，曰定静，無惑乎後之學者援儒入墨，紛紛不止也。」論明儒曰：「明講學家宗旨最多，王文成曰致良知，其徒羅近溪易之曰赤子良心，聶雙江曰歸寂，季彭山曰主宰，黄綰曰艮止，王心齋曰百姓日用，耿天臺曰常知，李見羅曰止修，耿楚倥曰不容已，唐一庵曰討真心，胡廬山曰無念，湛甘泉曰隨處體認天理。諸家各有語録，不可勝紀。要之，陳白沙『静中養出天倪』爲王氏之先驅，而焦竑、李贄之『佛學即聖學』亦王氏之極弊也。」又極論湛甘泉爲嚴分宜文集序之非。其嚴於辨學不苟阿如此。居喪時採《士喪禮》、《戴記》、《荀子》、司馬温公、程子、朱子説，正閩俗喪葬之失，爲《喪禮輯略》二卷。傷不葬其親者惑形家言以速禍，取《孟子》「揜之誠是」之語，輯自唐以來言葬，爲《誠是録》一卷。記檢身實踐之要，爲《焚香録》一卷。取《周易·復卦》之義歸之損、益二象，採先儒格言比類，爲《求復録》四卷。輯朱子與友朋弟子問答，以資規誨，爲《晚聞録》一卷。輯古今殺誡，爲《廣愛録》一卷。訓子孫，爲《家誡録》二卷。雜考經史，識遺佚，爲《避暑録》一卷。又《使粤日記》一卷，《使蜀日記》一卷，《文》、《詩集》若干卷。嘉慶二年卒，年六十有七。參《先正事略》、《學案小識》。

謝先生金鑾

謝金鑾，字退谷，侯官人。乾隆丙午舉人，歷官臺灣嘉義教諭。未冠即讀宋儒書，比長，畢力究心性之學，既復求之《易》、《詩》、《書》、《周官》、《禮記》。篤好胡東樵、顧復初、任荆溪、方望溪四家之書，謂其「可以修諸身而見諸用」。先生爲學鞭辟近裏，而出謀發慮，動徹機宜。在官雖職僅司鐸，地方有事，當道倚之，黌舍賴之，衆庶亦未嘗不感而服從之。著有《蛤仔難紀略》、《泉漳治法》、《退谷文集》，又有教士論學之書曰《教諭語》。參《先正事略》、《學案小識》、《教諭語》。

文集

復鄭六亭書

僕早歲蹉跎，中年潦倒，世事鹿鹿因循，無所成就。方未冠時即喜讀宋儒書，悦心性之語。比長，交陳恥齋先生，與語脗合，遂壹志於是。如所謂言誠，言敬，言主静，言慎獨、存養、求放心者，以爲大本在是也而竭力求之。實則於古今事變、日用常存之道一無所窺，徒用力於虚空之中，而不自知其躐等，以至顛倒瞶亂，竟成心疾。如是者凡十六七年，終不受其實益。年三十一，無可如何，始寬心讀書，涉獵於《詩》、《書》、《易》、《周官》、《禮記》，更數年，乃大悟前此之非。計其初自少年來居學齋，與童子均其功課，每日一本《四書》，未嘗閒斷，至參以經籍，久之覺有實效，日用行持閒，自省得於《四書》者爲多。蓋學者不志於聖賢則已，苟志於聖賢，未有能脱《四書》者。《論語》一部，此吾夫子之所以教人者，在《四書》中尤爲切實。計吾夫子生平之所以教人者，一曰忠信，一曰好學，二者盡之矣。蓋忠信則以日用實行爲憑，而無虚空高遠之説；好學則極倫常變態之跡，而無信己執一之求。故弟子大書特書曰：「子以四教，文行忠信。」言夫子之所教者如此而已。又曰：「十室之邑，必有忠信如某者焉，不如某之好學。」然則好學之事，詎不尤重歟？僕之所敬慕閣下，賦質忠信，殊絶於人也。兹誦來札，幾有必察邇言，沛然若決江河之意，是閣下於學問已得其大要也。斯道之望，將有屬矣。夫學以六經爲大端，孔子之所謂文也。學者以四子書爲綱，以六經爲輔，力講求焉，有得於心以之治己，有術以之治人。有術，是之謂經術，爲其可施於實用，而非訓詁鈔録者比也。此孔子所謂「博學於文」也。國家太平日久，士子力學者多。康熙閒，士大夫喜言心性之學，吾閩如李厚庵、蔡梁村、雷翠庭，其著者也。要其所執持以示後生者，亦一時風氣之所趨耳。然其時忠信篤學者已有如胡東樵其人。乾隆閒，經學大盛，顧其閒分際亦自不同，如顧復初、任荆溪、方望溪，其所求者皆有濟於實用，非明於古，闇於今，徒事章句訓解已也。此數子者博通注疏而有所領悟折中，使學者可以修諸身而見諸用，庶乎孔門之功臣矣。後有作者則不然，喜搜求古書以爲新博，愈古愈廢之說則以爲愈佳，將謂唐不如晉，晉不如漢，東漢又不如西漢，宋以下則鄙夷弗屑已矣。其於聖人之經也，不求其端，不訊其末，惟以鈔襲舊說爲尊古，以論辨折衷爲武斷。學雖博，以語修己致用之方則無術焉。此第謂之經學則可，不足以語經術也。若胡、顧、任、方四家，則可謂經術也已。僕於古經誠無所窺，然苟得餘年，則將卒業於四氏之書焉。故凡僕之言經學當時之所棄也，所以然者，欲不謬於力行忠信之旨已矣。閣下抱忠信之質，有志於力行，而以倫常爲急務。夫急力行，重倫常，二者皆忠信之事也。然而求諸孔子教人之旨，則所尤重者學而所尤先者文。蓋聖賢之學，一倫常盡之。閣下前書之言是也。然倫常之理至切至近、至平至易，而即至賾至隱、至繁至艱，不可以一時淺易之說概諸古今，亦不可以一己境遇之偏概諸天下。古今千簡萬牘，聖賢千言萬語，不能盡其情者，凡此力行之事，即凡此倫常之事也。故以倫常之故而有力行，以力行之故而有學問。博學於文者，所以致其知以爲力行者也。夫知者，明於目也；行者，健於足也：未有目無見而足能行者。自古言學，亦未有以行先於知者。一部《大學》工夫，致知格物已居其大半。誠意爲生死關頭，然意之不誠，咎在知之未致，其門逕昭然矣。然其道至廣而博，故貴實而不貴浮，貴切而不貴泛。僕謂本朝經術必以顧、胡、任、方四家爲先者，意在斯已。大約士凡不喜讀書，不事講求而空言力行，空言倫紀，空言心性與夫存誠、慎獨、主靜、存養者，不墮於空虛自守則必偏執冥行，語此失彼，有體無用。否則泛枝濫葉，揚粃簸糠，或者等身著作，鉛槧四馳；或者寸解戔戔，孤燈自守。凡茲所事，雖一生辛勤，皆不足以入聖人之道。何以驗之？觀於其行則弗信，試之實用則茫然也。吾輩向學已晚，讀書已遲。僕所願與閣下共謀讀書之法者，意在以四子書爲宗。不以四子書爲作文之具，而以爲倫常日用所資。切實以求，則廣之自通六經，約之無非實行。稱此以往，則近之可爲文行兼修之儒，漸而積之，必有體用合一之日，此聖賢之正軌也。若曰吾但以實行倫常爲要，經學文學皆不足恃，則所謂倫常日用者，別有簡易之一途，而六經不必存也，豈理也哉？與閣下交已十餘年，中間多以世故文字相往復，未有一日之暇從容論學者，茲以來書語及，故陳其崖略，唯高明有以教之。

再復鄭六亭書

曩者僕以來教有經術之言，謬爲論説，而獨有取於顧、胡、任、方四家者，蓋以四子之於讀經，皆汲汲於倫常日用，而非訓詁鈔録者也。然讀書之法又有當言者。古來書惟《易》、《詩》、《書》爲孔子所手定，與《大學》、《中庸》、《論語》、《孟子》數者爲極純粹耳。自後諸儒著述則不能無偏弊之處。卜子夏、左丘明親受業於孔子，其言尚有疵謬，況其下者乎？任荆溪之學《易》也，苦志力求，至於血氣散亂，神思喪失，昏不知人，七日乃蘇。此足見其由探索而有獲，而少脱然自得之趣者也。又此公生平讀書，必欲融會衆家，無所遺棄，故《洗心》首卷《圖説》太繁，而五十學《易》之解不無牽强，此其所偏也。若其卦爻註説，獨能徵求象數，使學者知聖人之立言，字字有所根據，而窮極事變，無一不切於倫常日用，此其所以爲難也。昔程《傳》以理訓《易》，朱子歸諸卜筮，其旨尤該。

然《易》之爲書，原本象數者也，善説《易》者必當不離於象數。惜乎古書淪亡，難於引據。任氏所徵，皆不失其正大，足爲《本義》之助，故僕謂學《易》者必有取乎此也。讀《洗心》者於其首卷《圖説》且姑置之，必言圖説，則又當讀胡東樵《易圖明辨》，勝於任氏多矣。至於《禮記》一書，雜取羣儒之著述，各有篇段。任氏以朱子有《大學章句》，遂取《禮記》而竄易編次之，甚至《郊特牲》一篇全逸題名，散附於他段。責以變亂古經之咎，復何辭焉？但任氏之意，實師朱子《儀禮經傳通解》，自爲成書，彙分簡帙，使修己力行之君子易於貫通焉。至其解義，則穿穴注疏，自悟指歸，上契前聖之心源，所謂天理爛熟者，豈依門傍户者所可比哉？學者觀其梳剔之明而得其會通之妙，則亂絲之治，條理井然，還考原文，昭然自在，豈以任氏而棄古本哉？《春秋》所以正倫常也，左氏記其事實，其功大矣。至其義例，則三《傳》皆私己見，胡氏又從而强辨之。數千年來，夫子本經不明於世，至今日而義理始可求也，顧氏之功，豈少哉？胡東樵《禹貢》與梅定九天文，並稱絶學，今與顧氏《地理表》合而讀之，中原扼要形勢了然於胸，豈非致用之一大端與？方望溪之釋《周官》，輒謂王莽、劉歆有所增竄，疑其所可疑，而悟其所難悟，微靈皋孰能之？四君子之讀經，皆聖人致知格物之法，大有功於倫常者也。夫讀書之益人也，如五穀三牲之致其養焉。然五穀有芒殼，而三牲有皮毛，善食者飽焉，而氣體以充，精力以富，芒殼皮毛不知其所以棄也。任氏《周易》之病，僅在《圖説》、《序言》。今揭其所短而攻之，而棄其所長，是猶見皮毛而惡三牲，指芒殼而訾五穀也。要之，近世君子多言經學，其能讀四君子之書者少矣。閣下以忠信爲本，以倫常日用爲重，能不致力於是哉？前書繁蕪而意有未盡，故復陳之。

退谷自警文

退谷嘗讀《易》之《繫辭》矣，其曰：「蓍之德圓而神，卦之德方以智，六爻之義，《易》以貢，聖人以此洗心，退藏於密。」曰：異哉，以聖人之德如彼，而其所以自處者如此！故夫子曰：「假我數年，卒以學《易》，可以無大過矣。」意在斯乎，意在斯乎！是故康節先生稱老子得《易》之體，張子房得《易》之用。雖其言之駁，而其旨可思矣。要惟上達之事，小子未之敢測，則且痛自刻責，書以自警也。曰：天下之理，進常不足，而退常有餘，故進而見者，不如退而藏；進而言者，不如退而默；進而求諸人，不如退而求諸己。汝能見人之善，胡不退而自修；汝能見人之惡，胡不退而自省？汝有誨人之言，不如退而自誨；汝有責人之事，不如退而自責。愛人不親，汝則退而反其所愛；治人不治，汝則退而反其所治。忿懥未可任，汝盍退以平其氣；是非未可定，汝曷退以思其詳？汝行既疏，惟退可以寡悔；汝言既易，惟退可以寡尤。汝自見其長，盍退而察焉，曰：「其實有之耶？其益求所進也？」汝自悔其罪，盍退而念焉，曰：「其勿忘矣，其奚以再蹈也？」吁嗟乎！喜好歡忻，惟退則見其所弊；功名富貴，惟退則見其無聊。責有所歸，汝速退以自量；道莫吾知，汝姑退以自娛。且夫虛而能容者莫若谷，深而難測者谷也，響而斯應者谷也。「皎皎白駒，在彼空谷」，其賢之所處乎？

清儒學案卷六十六終

清儒學案卷六十七

天津徐世昌

味經學案

味經《禮》學，網羅古今，折衷衆説，實竟朱子未竟之志。萃畢生之精力，亦由遭時得位，又獲嚶鳴切嗟之助。《四庫》著録，稱其元元本本，具有經緯，非剽竊餖飣，掛一漏萬者可比，較陳祥道等所作有過之無不及，洵可謂體大思精者矣。述《味經學案》。

秦先生蕙田

秦蕙田，字樹峰，一字樹澧，號味經，金匱人。祖松齡，順治乙未進士，康熙己未召試博學鴻詞，授左諭德。本生父道然，康熙己丑進士，由編修歷官禮科給事中，從宜興湯氏之錡學，著有《困知私記》、《明儒語要》、《泉南山人集》。雍正初，因舊在貝子允禟邸授讀，管邸事，牽連罷職，罰鍰鉅萬，久縶於獄。先生幼出爲季父易然後，至是傾産救父，未得釋。乾隆丙辰成一甲三名進士，授翰林院編修，入直南書房。上疏陳情，請革職効力，以贖父罪，高宗乃特赦之。母憂，歸。服闋，直上書房，歷侍講、庶子右通政、内閣學士、禮部侍郎。丁父憂，將届服闋，先命補原官，調刑部侍郎，擢工部尚書，調刑部尚書，協理算學館事務，兼理樂部大臣，署翰林院掌院學士，加太子太保。乾隆二十九年，以疾請罷。命回籍養痾，不開缺。卒於途，年六十三，謚文恭。先生少歷諸艱，以孝行稱。與同里顧棟高、吴鼎、吴鼐、龔燦、蔡德晉諸人爲讀經會。登朝後，退食則閉户著書。嘗言：「儒者舍經以談道，非道也；離經以求學，非學也。故以窮經爲主而不居講學之名。」歷佐禮部，筦刑部，皆以經義治事。其學尤深於《禮》。自少與同志考訂辨正，必求其是，筆録存之。及官秩宗，修《會典》，於歷代沿革源流益深考究。以徐氏乾學《讀禮通考》惟詳《喪葬》一門，而《周官·大宗伯》所列五禮之目，古經散亡，鮮能尋端竟委，乃因徐氏體例，增輯《吉》、《嘉》、《賓》、《軍》四禮，網羅衆説，成《五禮通考》。凡爲類七十有五，共二百六十二卷。以《樂律》附於《吉禮宗廟制度》之後，以天文、推步、《句股割圜》立《觀象授時》一題統之，以古今州國、都邑、山川、地名立《體國經野》一題統之，並載入《嘉禮》。蓋因周代六官總名曰禮。禮之用，精粗條貫，所賅本博也。每事彙自來諸儒之説爲之疏通解駁，又附歷代史志紀傳所載，使後來者可以坐言起行。書成，方恪敏觀承見而好之，同爲商訂，故並列名焉。少喜談《易》，謂「《易》者，象也。先儒詳於言理，略於言象」，撰《周易象義日箋》若干卷。又《味經窩集》二十八卷。參史傳、《先正事略》、《錫山秦氏文鈔》、《四庫全書提要》。

五禮通考

自序

蕙田性拙鈍，少讀書，不敢爲詞章淹博

之學。塾師授之經，循行數墨，恐恐然若失也。歲甲辰，年甫逾冠，偕同邑蔡學正宸錫、吴主事大年、學士尊彝兄弟爲讀經之會，相與謂三《禮》自秦漢諸儒抱殘守闕，《註疏》雜入讖緯，轇轕紛紜。《宋史》載子朱子當日常欲取《儀禮》、《周官》、二《戴記》爲本，編次朝廷、公卿大夫、士民之禮，盡取漢晉以下諸儒之説，考訂辨正，以爲當代之典。今觀所著《經傳通解》，❶繼以黄勉齋、楊信齋兩先生修述，究未足爲完書。是以三《禮》疑義至今猶蔀。迺於《禮經》之文，如郊祀、明堂、宗廟、禘嘗、饗宴、朝會、冠昏、賓祭、宫室、衣服、器用等，先之以經文之互見錯出足相印證者，繼之以《注疏》諸儒之牴牾訾議者，又益以唐宋以來專門名家之考論發明者，每一字一義，輒集百氏而諦審之。審之久，思之深，往往如入山得徑，榛蕪豁然，又如掘井逢源，溢然自出，然猶未敢自信也。半月一會，問者難者，辨者答者迴旋反覆，務期愜諸己，信諸人，而後乃筆之箋釋，存之考辨。如是者十有餘年，而裒然漸有成帙矣。丙辰通籍，供奉内廷，見聞所及，時加釐正。乙丑簡佐秩宗，奉命校閲禮書。時方纂修《會典》，天子以聖人之德，制作禮樂，百度聿新，蕙田職業攸司，源流沿革，不敢不益深考究。丁卯戊辰，治喪在籍，杜門讀《禮》，見崑山徐健庵先生《通考》，規模義例俱得朱子本意，惟《吉》、《嘉》、《賓》、《軍》四禮尚屬缺如。惜宸錫、大年相繼殂謝，乃與學士吴君尊彝陳舊篋，置鈔胥，發凡例，一依徐氏之本，並取向所考定者，分類排輯，補所未及。服闋後，再歷容

❶「通」，原作「經」，今據《儒藏》精華編六二册《五禮通考·自序》改。

臺，徧覽典章，日以增廣。適同學桐山、宜田、領軍見而好之，且許同訂。宜田受其世父望溪先生家學，夙精三《禮》，郵籤往來，多所啟發，并促早爲卒業，施之剞劂氏，以諗同志。德水盧君抱孫、元和宋君慤庭從而和之。戊寅，移長司寇，兼攝司空，事繁少暇，嘉定錢宮允曉徵實襄參校之役。辛巳冬，爰始竣事。凡爲門類七十有五，卷二百六十有二。自甲辰至是，閱寒暑三十有八，而年已六十矣。顧以蕙田之譾陋，遭遇聖明，復理舊業，以期無曠厥職而已。至於朱子之規模遺意，未知果有合焉？否也？是爲序。

凡　例

一、五禮之名肇自《虞書》，五禮之目著於《周官》。《大宗伯》曰吉凶軍賓嘉，《小宗伯》掌五禮之禁令與其用等。孔子曰：「周監於二代，郁郁乎文哉，吾從周。」所以經緯天地，宰制萬物，大矣至矣！自古禮散軼，漢儒掇拾於煨燼之餘，其傳於今者，惟《儀禮》十七篇，《周官》五篇。《考工記》一篇，文多殘闕；《禮記》四十九篇，刪自小戴；及所存《大戴禮》，間有制度可考，而純駁互見。附以《注疏》及魏晉諸家，人自爲説，益用紛歧。唐宋以來，惟杜氏佑《通典》、陳氏祥道《禮書》、朱子《儀禮經傳通解》、馬氏端臨《文獻通考》言禮頗詳。今案：《通解》所纂王朝邦國諸禮，合三《禮》諸經傳記薈萃補輯，規模精密，第專録《注疏》，亦未及史乘，且屬未成之書。《禮書》詳于名物，略于傳注。《通典》、《通考》雖網羅載籍，兼收令典，第五禮僅二書門類之一，未克窮端竟委，詳説反約。《宋史·禮志》載朱子嘗欲取《儀禮》、《周官》、二《戴記》爲本，編次朝廷公卿大夫士民之禮，盡取漢晉而下及唐諸儒之説，考訂辨正，以爲當代之典，未及成書。至近代崑山徐氏乾學著《讀禮通考》一百二十卷，古禮則倣《經傳通解》，兼採衆説，詳加折衷，歷代則一本正史，參以《通典》、《通考》廣爲搜集，庶幾朱子遺意。所闕經國善俗，厥功甚鉅。惜乎《吉》、《嘉》、《賓》、《軍》四禮屬草未就。是書因其體例，依《通典》五禮次第，編輯《吉禮》如干卷，《嘉禮》如干卷，《賓禮》如干卷，《軍禮》及《凶禮》之未備者如干卷。而《通解》内之《王朝禮》别爲條目，附于《嘉禮》。合徐書而《大宗伯》之五禮，古今沿革，本末源流，異同失得之故，咸有考焉。

一、考制必從其朔，法古貴知其意。而議禮之家，古稱聚訟，權衡審度，非可臆決。徐本於經文缺略、傳注糾紛之處，必詳悉考訂，定厥指歸。兹特兼收異説，并先儒辨論，附于各條之後，以備參稽。或並存闕疑，於治經之學，不無補裨。

一、杜氏、馬氏所載歷代史事，大概專據志書，而本紀、列傳不加搜採。然史家記事，彼此互見，且二十二史體例各殊，有詳于志而不登紀傳者，亦有散見紀傳而不登于志者。舉一廢一，不無掛漏。又其採輯之法，有時全載議論，一事而辨析千言，有時專提綱領，千言而括成一語，詳略不均，指歸無據。兹特徧採紀傳，參校志書，分次時代，詳加考核。凡諸議《禮》之文，務使異同並載，曲直具存，庶幾後之考者以詳其本末。

一、作者謂聖，述者謂明。聖則經，而賢則傳。《漢·藝文志》言《禮》者十三家，洎及魏晉，師傳弟受，抱殘守闕，厥功偉焉。至宋元諸大儒出，粹義微言，元宗統會，而議《禮》始有歸宿。兹編考訂，專以經傳爲權衡，謹輯《禮經》源流列於首簡。

一、歷代禮典，西京賈、董昌言，未遑制作。東都鋭意舉修，多雜讖緯。魏晉則僅傳《儀注》。逮梁天監中，五禮始有成書。唐《開元禮》出，而五禮之文大備。杜氏因之，參輯舊聞，作爲《通典》。馬氏續加增廣，纂入《通考》。元明各有《集禮》及《典章》、《會典》等書。班孟堅云：「王者必因前王之禮，順時施宜，有所損益。」夫子亦曰：「百世可知。」述《禮制因革》。

一、《吉禮》爲五禮之冠。《記》曰：「禮有五經，莫重於祭。」唐虞伯夷典三禮。《周官》大宗伯掌天神地祇人鬼之禮，第兩郊七廟遺文缺徵。《儀禮》所傳《特牲》、《少牢》，皆大夫士之祭，故《漢志》有「推士禮而致於天子」之譏。矧讖緯繁興，康成雜入經注，辨難滋起。如天帝有六，地祇爲二，明堂之五室九室，祈穀之建子建寅，禘郊不分，地社莫别。宗廟六祭，淆于禘祫分年；昭穆祧遷，紊于兄弟繼序。他如服冕、牲牢、樂舞、器數，歧説益紛。幾千年閒，廢興創革，往往莫之適從。兹編於經傳搜集無遺，冀以補綴萬一。至先儒論説及累朝奏議亦廣爲採取。較之《通典》、《通考》，詳略懸殊，卷帙亦獨多於他禮。

一、大宗伯三禮，馬氏《通考》以郊社宗廟統之，三者亦各自爲叙。然先農先蠶以人鬼而入郊社，六宗四類又不能確指爲何神。《經傳通解》增列百神一項，究不如《宗伯》三禮爲統括。今但以義類相從，未敢强分名目。

一、《儀禮》十七篇，依鄭注《嘉禮》居其七。《通典》從《開元禮》，以《大射》、《鄉射》屬《軍禮》，《宋史》仍屬《嘉禮》。夫古者射以觀德，貫革非所尚也，今從鄭氏。

一、《大宗伯》以賓禮親邦國。是時天下封建，故諸侯于天子有朝宗覲遇會同問視之禮，諸侯鄰國亦相朝聘。自罷侯置守，無復古儀。杜氏《通典》採摭古今，分爲四條。《通志》但存三恪二王後一則，《通考》竟全删去，以藩國朝貢附見於朝儀。今輯經文天子諸侯覲聘之禮以存古儀，録史傳藩國朝貢及遣使迎勞諸儀以昭近制，而士庶人相見禮終焉。

一、《儀禮》闕《軍禮》。《周官・大宗伯》以軍禮同邦國，曰大師大均大田大役大封。唐《開元禮》其儀二十有三，《通典》綜爲九條。今兼《通考》之例，爲類一十有九。

一、《大宗伯》以凶禮哀邦國之憂，其禮之別有五。《論語》曰：「所重：民食喪祭。」喪固凶禮一大端也，已詳徐氏《讀禮通考》。茲特以賑襘補其缺云。

一、經禮三百，《周官》六職所掌、《大》《小戴記》所載，廣大悉賅。《通考》將田賦、選舉、學校、職官、象緯、封建、輿地、王禮各爲一門，不入五禮。而朱子《經傳通解》俱編入《王朝禮》，最爲賅洽。今祖述《通解》，稍變體例，附於《嘉禮》之内。《易》曰：「嘉會足以合禮。」蓋言盛也。

一、五禮各門，經文之後，二十二史紀志列傳搜採頗廣。今附《通解・王朝禮》。各類經則照五禮條目詳加考證，史則第載沿革大端，以備參考。全文槩從摘略。

一、徐書上自王朝，下逮民俗，古禮今制，靡弗該載。是編六籍而外，後世典章始于秦漢，訖于前明。洪惟我朝聖聖相承，制度相明，日新富有。至于科條所頒，敬切訓行，高深莫贊。蕙田叨佐秩宗，疏陋是懼。

復理專門故業，略識源流，抑亦退食寢興，無忘匪懈云爾。

文集

經筵講義二篇

任賢勿貳去邪勿疑

臣案：平天下之道，首重用人。人品不同，賢與邪二者而已。用舍有定，任與去二者而已。其始貴有鑑別之識，灼然而不淆。其繼加以剛健之力，毅然而不惑。蓋賢與邪之判在心術，而心術之辨在公私。心術而果出於公歟，其氣象必有光明磊落之概，其行事必有平直正大之體。難進易退，爵禄非所戀也；矯枉過正，時議所弗徇也。潔己獨立而不藉聲援，竭忠盡愚而不避艱險。在大僚則以責難陳善爲恭，而不以趨走承順爲敬；在下位則以恪勤匪懈爲事，而不以營求干謁爲心。隱微幽獨之中，但知有愛君奉國，故曰公也。如心術而或出於私，其情狀必有掩飾閉藏之態，其行己專以圓熟軟媚爲工。始而患得，終而患失。脂韋諧俗而惟取模棱，因循緘默而但求保位。其幸而循資歷俸，以至大僚，則容悦固寵而全無建白；儻或淹滯下僚，則逢迎希冀而不憚卑汙。處心積慮，第知有身家名位，故曰私也。公與私之辨彰彰如此，而任之去之往往有未當者，則貳與疑之過也。夫賢者之事君也，議事則據理而不事揣摩，奉職則秉法而不容假借。如事在可行，縱破成例而不顧；如不可行，縱違成命而不辭。處唯唯諾諾之中，獨有謇謇諤諤之概。而奸邪之人惡其不便己也，遂委曲隱約以中傷之，不曰沽名則曰賣直，不曰歸過則曰攬權，日浸月潤，漸疏遠而不覺。甚且有不原其大節，而微疵小過，指摘交加，吏議亦隨其後者。此從來善人君子每不能久安於朝廷之上，皆貳之過也。彼邪人之保位者，方且反以是爲戒，苟同隨俗務爲彌縫，非之無非，刺之無刺。當利害得失之交，全不以民生國計爲念。其所輾轉躊躇者，不曰拂上意，則曰礙人情，調停之外無他長，承順之外無他術，日復一日，年復一年，貪營係戀而不去。雖人主穆清之中，時多鑒察，然以其小心無過也，則寬大以容之矣。以其備位年久也，則姑且以留之矣。不知職事已爲之漸廢，人心已爲之漸靡，風俗已爲之漸偷，紀綱已爲之漸弛，而其人享有禄位，方晏然自以爲得計，此則疑之説也。然則如之何而後可？亦曰惟誠而已矣。誠則不貳，剛則不疑。果能確知其賢而任之，開誠布公，推心置腹，與之斷大事而不疑其擅，與之圖密計而不患其私，與之進退人材而不嫌其黨，與之賞罰事權而不慮其專。有所言而裁之以理，無弗聽也。有所行而規之以成，無弗從也。有所忤而曲量其心，無弗恕也。有所薦而明試以功，無弗用也。光明洞達，表裏如一，則真意交孚，融洽膠固，雖欲稍自退諉而情有所不安，稍爲欺隱而心有所不忍矣。夫然後利有舉而必興，害有除而必去。朝廷之上寧復有委靡觀望之習，待人主之焦心勞思別求挽回轉移之法哉？至於陰邪之輩，一有覺察則立加罷斥，雖無大過，亦勒令退居，不使倖位，以妨賢路。如此，則賢安有不任，邪安有不去，天下安有不治者？此以誠爲體，以剛爲用之效也。夫以大舜之德、有虞之治，其存心豈復有不誠不剛？而益顧以是諄諄進戒者，實有見於誠之難盡，而剛之未易足也。是以《大學》釋平天下首重用人，而論用人則申言「見賢而不能舉，舉而不能先」之命，「見不善而不能退，退而不能遠」之過，即勿貳勿疑之説也而歸本於慎獨。然則欲任賢去邪以平天下，舍誠意正心將何以哉！

龍德而正中者也

臣謹案：聖賢之道，惟貴一中。唐虞首著執中之訓，人但知始自《尚書》，不知其源實出於《易》。《易》者，天地自然之法象，一卦三爻而二得中，重卦六爻而二五得中。乾爲君道，乃全卦之首，九二一爻以龍德居下卦之中，乃《易》卦三百八十四爻居中第一爻也。是以孔子於此特著明正中之義，以爲通卦之凡例。舉聖賢之心法治法一以貫之，由是而推之，全《易》六十四卦《彖傳》、《象傳》中，言中者凡五十有五，其不言者僅九卦而已。苟得乎中，雖《否》、《剥》亦吉；苟失乎中，雖《泰》、《復》亦凶。夫卦之吉凶莫甚於《否》、《剥》、《泰》、《復》，而中不中之得失相反乃若是。然則帝王御世，日理萬幾，其本精一之學，以用中於民者，豈易言哉？《孟子》曰：「執中無權，猶執一也。」夫權所以稱物之輕重，而大君之執中御物亦猶是焉。從來勢之所趨，畸輕畸重之弊，雖極治之朝，猶或不免。我皇上奉三出治，執兩用中。舉凡用人行政，皆一一權度而後行之，宜無有不中矣。然有本一善政而奉行稍未當，以致不合乎中者，亦有勢之所趣，不無輕重，而尚未全反以適於中者。即如貴粟重農，善政之先務也，購買倉儲，乘時豫備，良法美意莫過於此。然行之不力，歉歲固有米少之憂；行之未善，豐年亦有米貴之患。迺者直省大吏因倉儲未足，動支公帑，糴穀貯備，飛檄刻期，

舟車絡繹，羣集於江、廣産米之鄉。牙行藉
以爲奸，商販聞而戢迹。以致産米與待米之
鄉價皆踊貴，負擔小民日謀升斗於市，蠅頭
微利尤覺難堪。雖以今歲雨暘時若，可望豐
收，而外省米價猶未甚減。如下江之米，向
例以一兩爲平價者，今猶至一兩四五錢不
等。昔人謂穀貴傷民，良可念也。故現今秋
收以後，地方官不患其蓄聚之不力，而患其
調劑之未平。蓋恐行之太驟，爲之過急，遠
近各省同時購買，風聲所被，富户藉以居奇。
儻仍價值高昂，公私均有未便。蓋市易之
情，緩則平賤，急則騰貴，勢有固然。古有三
年餘一，九年餘三，以三十年之通制國用，積
漸致之，本非旦夕。況年歲既豐，米穀大裕，
流通之後，自見贏餘，縱使從容調劑，不出數
月之内，斷無遲誤之事乎？至於務本之民，
不外業户、佃户二種。業户輸賦，佃户交租，
分雖殊而情則一。乃始也患業户之侵陵，今
則憂佃户之抗欠。奇零小户，其勢本弱，一
遇强佃抗欠，其吞聲飲氣無可如何者，地方
官率漠然不顧，其田又非他人所敢承買也，
不得不減價以售之於佃而甘爲貧困無藉之
民。地方大吏不能深悉民隱，猶往往以抑業
户伸佃户爲請。雖抑而不行，然其意見之偏
大概可見。此臣竊謂奉行未得其平而難免
失中者也。至於設官分職，内外相維，體統
相制。在京之官，執法奉令，可以通達政
體；外省之吏，承流宣化，易於練察民情。
要之，政以治民，民爲政本，原無分别。況内
外之員，迭居互任，國有章程。故定例縣令
行取爲部曹，欲使習民事者司部務也。即考
選爲科道，欲使悉民隱者司言路也。科道、
部曹復出爲道府，欲使達政類者肅吏治也。
法制精詳，防維周密，但有兼資而互益，未容

分道以揚鑣，是以國家得有成材，而内外不分輕重。今行取之法雖行，而得缺甚少。部曹鮮習民事，處事不無偏蔽之虞；科道不悉民情，條奏但陳膚泛之語。六部，直省之綱維也。督撫之考成，章奏之得失，皆司員執掌，得操簡而議其是非，責任不小，而議者每以不勝任之郡守歸於部用。夫既不勝任，則有年老及疲軟與才力不及勒令休致之例在，乃以一郡之廢材歸於部用，毋乃輕重失倫乎？此勢之所趨有未盡，挽回而即合於中者也。臣侍直内廷，伏蒙聖製垂示，有曰：「彼民有隱情，孰爲達其意；或政有偏頗，孰爲防其弊？」恭讀之下，曷勝奮感？謹因説經之次，敬陳愚昧，伏維皇上睿鑒！

答顧復初司業論五禮通考書

承諭拙著《五禮通考》係絶大著作，不宜速成，務宜折衷至當，爲千古定論，足徵誨我之深。唯是尚有所疑，不得不臚列就正。來札有云「前書欲使經文之疑處都破，百家之障碍掃除，而又欲編輯漢以後之史册及稗官小説，罔有缺漏，但恐疑處、障礙即在此二項中，正宜斬斷，不使漫爲牽引，致碔砆與美玉雜揉。漢以後之君相俱係無識人，豈可與先聖制作並列一處，反致眼目不清？所宜破除者即此」云云。竊謂：《禮》爲經世鉅典，非可託之空言，正欲見之行事。《傳》曰：「禮以義起。」又曰：「三王不相襲禮。」程子謂：「聖人復出，必用今之衣冠器用而爲之節文。其所謂貴本而親用者，亦在時王斟酌之耳。」行禮不可全泥古，須視當時之風氣。朱子曰：「聖人有作，古禮未必盡用，須且是理會本原。」二先生之言，深合「禮以義起」之義，非可謂古則是，而後則非也。且古禮之存者寡矣。即僅有存者，殘編斷簡乃千百之什一，其不可行也久矣。衆説紛紜，觸手障礙，正須鉤摘而掃除之，則雲霧撥而青天出。若一切斬斷概置不録，則疑處何由而破，障礙何由而掃，先聖著作何由而明也？且漢唐以來之禮，即孔子所謂百世可知之禮，皆有天下者議禮制度考文之實而爲當代禮典所由出。特其沿革損益不能盡合古人者有之，而其不合之處正宜搜羅詳述，考訂折衷，以定其是非。此而不録，則世儒議禮，所謂損益可知者從何處下手？雖欲爲叔孫通之緜蕞而不可得矣。況尊論又云：「即如周公制禮，後世不必沿襲者儘多。禘禮及大饗、明堂，乃周公特創，從前部議，現已停止，何況漢以後之制作耶？如原廟及汾陰泰畤、河東后土，宜另立一項，别爲非禮之禮。又有三代正禮而近世難行者，如九廟昭穆明見於經文，自漢明帝遺詔藏主光武室中，後世遂爲同堂異室。明思宗欲立九廟，禮官以爲基地窄狹難容，勉强立之，及祭日止詣太祖及興獻二廟，不能遍詣行禮，踰年遂燬於火。此等處宜詳列原委，另著議論。」夫禘禮、明堂、大饗及九廟之不可行良是。但禘禮、明堂、大饗、九廟，皆先聖制作也；同堂異室及停止禘祭、大饗，後世之禮也。今既欲專載先聖著作而謂漢以後之君相不可並列一處，乃又謂詳列原委，另著議論，細繹來書，不幾前後矛盾而大相刺謬乎？不識使之何所適從也？尊論又謂：「此書切忌援引多而斷制少，典故多而發明少。如《禮書》總帳簿，讀者漫無别擇，甚無謂也。東海《通考》最無遺議，然尚嫌其太多。貪多務得，細大不捐，作文且不可，況《禮書》大制作耶？」竊謂：著述詳約，各有體裁。約者宜精，不精則不成其爲約矣；詳者宜不漏，漏則不成其爲詳矣。著書大忌不詳不約，猶之作文者不古不今，最爲害事。如尊見削去百家之言及後代事，止載經文，是經解之五禮彙纂，如現成之《儀禮經傳通解》是也。此書原屬未成，而朱子之本意正不止是。《宋史·禮志》載朱子嘗欲取《儀禮》、《周官》、二《戴記》爲本，復編次朝廷公卿大夫士民之禮，盡取漢晉而下及唐諸儒之説考訂辨正，以爲當代之典。《志》所言不爲無據。蕙何人斯，敢擬此例？惟是杜氏、馬氏曾爲之矣，竊倣其意，名曰《通考》。《通考》者，考三代以下之經文以立其本原，考三代以後之事迹而正其得失。本原者，得失之度量權衡也；得失者，本原之濫觴流極也。本原之不立，壞於《註疏》、百家之穿鑿附會，故積疑生障，必窮搜之，明辨之；得失之不正，紊於後代之私心杜撰，便利自私，至障錮成疑，必備載之，極論之。是故援引者斷制之所從出，斷制者援引之歸宿也。苟不援引，何從斷制？善援引者，正即援引而成斷制，非兩事也。孔子曰：「禮失而求諸野。」稗官小説，亦取其言之是，而助吾之斷制者耳。即不然，亦顯著其謬，明斥其非，不使如隱慝之潛滋，陰流其毒，以惑後世，而潛害吾之斷制者耳。如此，則援引愈多，而發明斷制亦因以詳備，然後疑處可破，障礙可除。先聖之制作乃獨伸其是，而尊於百世之上，豈漫無別擇而牽引之哉！夫議禮之宗每代難得一二人，而朝廷掌故每代難得一二書，竭力搜羅尚恐缺漏，矧可削之耶？若使希圖省事，但摘一二大端以爲口實，其餘並將斬斷，則源流本末罔然不知，即有所謂斷制者，亦必憑私忖度，罅隙百出，動輒罣礙而不足信。孔子曰：「文獻不足故也，足則吾能徵之。」《中庸》曰：「無徵不信。」徵者，援引也，典故也，先生何反言之耶？孟子曰：「博學而詳說之，將以反說約也。」貪多務得，細大不捐，不可以行文，而可以徵禮，或有然矣！古云：「議禮如聚訟。」如欲聽訟，由堂上而觀堂下，必使兩造具備，師聽五辭，五辭簡孚，而後正於五罰。若不聽其辭，窮其變態，得其真情，而遽以己意斷之，吾未見其明允也。此書頭緒既多，必須通貫全書，心細如髮，方可著眼。否則，一部十七史從何說起？今所託校讎者，惟淮陰吴山夫一人，幸麤稿俱已就理。而鈔胥僅有三人，不能多寫。乘此暇隙，依序詳校討論，删潤盡心而已，敢云著作哉！但恨卷帙大，道途遠，無由質證耳。

周易孔義序

前輩沈敬亭先生刻《周易孔義集說》成，郵以示蕙田，且曰：「吾兩人於是書有同懷，盍爲余弁一言？」蕙田憶雍正壬癸閒，在金陵志館，得見先生，知先生邃於《易》，因出所輯《象義日箋》相質，先生深以爲然。後蕙田登第，由翰林貳秩宗，方從事《五禮》，而先生以方伯入爲光禄卿，益治《易》不輟。每一過從，見先生書帙縱横，手鈔口講皆《易》也。又取蕙田《日箋》稿繕置案頭，多所採擇。功益勤而心益歉然。今先生歸田又五年，而《孔義集說》之刻始就。回視壬子初見先生論《易》時，已二十有餘年矣。先生之言曰：「學《易》者，不能舍卦爻辭以求《易》，即不能舍孔《傳》以解辭。」引高忠憲「即註即經，非夫子烏知《易》爲何語」之説，以爲至論。吁！學《易》之道，於斯盡矣。夫《易》於他經爲難讀，羲畫無言，文、周、孔有言而不盡言，諸儒千百家，家自爲言，故難讀也。然他經聖經而賢傳，《易》則聖經而聖傳，以經解畫，以傳解經，合則是而離則非，固不難讀也。羲畫有象至孔子而顯，文、周有辭至孔子而明。乾馬坤牛爲遠取近取之象，失得憂虞爲吉凶悔吝之象。而凡後人之爲飛伏，爲世應，爲納甲，爲卦象，爲卦變，非孔子之義，即非伏羲之象矣。危平、易傾，括之「懼以終始」之一言。而凡後人流于玄，雜于禪，牽以理學，附以史學，非孔子之義，即非文、周之辭矣。先儒云：「不可便以孔子之説爲文、周之説。」此亦言讀書之法耳。於文見其賾，必於義會其通，不然，六經之道同歸而四聖之《易》乃離之而不合，可乎哉？揚子雲云：「一鬨之市，必立之平；一卷之書，必立之師。」夫《易》説紛拏，奚止一鬨之市？以孔子爲師，庶乎有以立之平，而後之學《易》者可於是乎取則矣！是爲序。

味經日鈔自序

余少與蔡學正宸錫、吴水部大年、學士尊彝、龔布衣繩中爲讀經之會，人各治一經，裒集先儒經解，每經至千餘卷。遇疑難處則博綜羣言，旁參確證，默坐澄思，研究秒忽，窮日夜不少息。時耆然以解，則取異同錯出者考之，是非歧似者辨之，義理未發者説之，未可遽定者存之。每會以旬日。會則交相訂正，不蓄疑也；互爲録藏，無忘所能也。或古人先得我心者仍之，言不必自己出也。要以詳説反約歸于一是而已。

四十以後，部務之暇，輯《五禮通考》，宏綱細目，補殘綴闕，剖析益繁。積日手鈔成六十餘卷，曰《味經日鈔》。「味經」，乃里中讀書室名也。

附　録

先生年二十餘，父泉南先生去官下理。先生憂愁困頓，隨侍羈所，不廢治經，講求性命之理。蓋泉南先生私淑東林顧、高二公，日聞庭訓於憂患中，得力尤深也。諸洛《書味經窩圖後》。

先生與里中同志爲讀經會，朔望必集，各出疑義相質。如是者數年，成經説百餘卷。江陰楊文定公初未相識，聞其名，疏薦經明行修者七人，共教國子，先生與焉。是年遂登第，入翰林。《先正事略》、諸洛《書味經窩圖後》。

先生既通籍，朝廷赦書屢下，給諫公猶不得援例寬釋。乃伏闕陳情，乞以身贖，其略云：「臣本生父某，身罹重罪，已荷天恩曲宥。祇因催追銀兩，力不能完，仍行圈禁。迄今九載，年已八十，衰朽不堪。本年五六月内，侵染暑溼，瘧厲時作，寒熱交攻，奄奄一息，幾至瘐斃羈所。臣雖備員禁近，而還顧臣父老病拘幽，既無完解之期，又無久存之望，方寸昏迷，不能自主。不忍昧心竊禄，内慙名教。伏惟皇上矜慎庶獄，有一綫可原者，概予寬釋。當此聖明孝治之朝，更逢薄海祝網之日，惟有籲懇鴻慈，格外鑒宥。丐臣父八旬垂死之年，得終老牖下，臣願革去職銜，効力行間，以贖父罪。」疏入，遂有寬釋之詔。其未完銀，並豁免。由是給諫公優遊林下又十年。時與桐城方恪敏公並稱二孝，蓋恪敏每歲徒步省其父於戍所也。先生既得請，感泣誓以身報。上亦鑒其忠孝，有意大用矣。《先正事略》。

先生任學士時，陳科舉學校六則。在工部，疏言工程難易不同，司員每意存趨避，請用刑部掣籤均派例。在刑部執法平允，尤爲上所倚重。同僚或持異議，援引律例，必申其説乃已。遇僚屬嚬笑不苟，其賢者薦達之不遺餘力，莫不憚其嚴而服其公。同上。

先生撰《五禮通考》，博諮當時通儒，自方恪敏外，參校者有金匱吴氏鼎、德州盧氏見曾、元和宋氏宗元、嘉定錢氏大昕、王氏鳴盛、休寧戴氏震、仁和沈氏廷芳、吴江顧氏我鈞。其《吉禮》屬吴氏、盧氏、顧氏。《嘉禮》屬錢氏者，《昏》、《饗》、《燕》、《鄉飲酒》、《學》諸禮及《體國經野》、《設官分職》兩大類；屬王氏者，《射》、《巡狩》；屬戴氏者，《觀象授時》一大類。《賓禮》全屬錢氏。《軍禮》全屬王氏。《凶禮》屬錢氏、沈氏、吴氏、盧氏。惟宋氏所參校者十及八九。統校全書則屬諸山陽吴氏玉搢焉。青浦王氏昶亦預參校。而卷中未分注名氏。《五禮通考》、《先正事略》。

先生謂：「《詩》三百篇，古人皆被之管絃，漢魏以降始失其傳。然天籟之發，今猶古也，因欲以今曲歌古詩，庶協詩樂合一之旨。」又奏請刊正韻書，上命與武進劉文定公綸任其事。先生建議古韻二百六部，今併爲一百七韻。如元與魂痕當析爲二。殷韻宜併入真韻。上聲拯韻，去聲證韻，宜分出各自爲韻。又考定《四聲表》，兼採崑山顧氏、婺源江氏之説，欲通古音於等韻。時已遘疾，猶往復辨論不休。他若河渠、律算，下及醫方、堪輿、星命家言，皆泝流窮源，有體有用。《先正事略》。

曾滌生曰：「秦尚書纂《五禮通考》，舉

天下古今幽明萬事而一經之以禮，可謂體大而思精矣。」《聖哲畫象記》。

又曰：「秦氏《五禮通考》，自天文、地理、軍政、官制都萃其中，旁綜九流，細破無内，國藩私獨宗之。惜其食貨稍缺，嘗欲集鹽漕賦稅國用之經别爲一編，傅於秦書之次。非徒廣己於不可畔岸之域，先聖制禮之體之無所不賅，固如是也。」《芻論序》。

味經交游

吴先生鼒　别見《震滄學案》。

吴先生鼎　别見《震滄學案》。

顧先生棟高　别爲《震滄學案》。

龔先生燦　别見《□□學案》。

蔡先生德晉

蔡德晉，字宸錫，號敬齋，無錫人。雍正丙午舉人。乾隆初，楊文定名時領國子監，薦授學正。教士有法，遷工部司務。持躬廉介，俸薄，貧勿恤也。其學覃精三禮，合《儀禮》、《周禮》爲《禮經》，《周禮》以六官爲序，而《考工記》不冠以《冬官》；《儀禮》以五禮爲序，而闕軍禮；又補《逸禮》八篇，爲《禮經本義》三十九卷。《戴記》則删蕪去複，博採周秦兩漢之書及先聖格言之有關於禮者爲《禮傳本義》二十卷。又輯《通禮》五十六卷，積四十年，十易稾而後成。又著《詩經集義》十六卷。味經輯《五禮通考》，敬齋已先卒，深以不及商訂爲惜，書中數採其説焉。參《錫金合志》。

沈先生起元

沈起元，字子大，號敬亭，太倉人。康熙辛丑進士，翰林院編修。歷爲郡守監司，以廉名。官至光禄寺卿。晚主講山東濼源書院。著《周易孔義集説》二十卷，大旨以《十翼》爲孔子所手著，學《易》者必當以孔《傳》爲主。因取明高景逸《周易孔義》之名，别加纂集，於古今説《易》諸書無所偏主，惟合於孔《傳》者即取之。其篇次則仍依今本，以《彖傳》、《象傳》繫於今文之下。謂：「《易》亡不亡，不係於古本之復不復。王氏以傳附經，亦足以資觀覽。惟《大象傳》往往别自起義，《文言》則引伸觸類以闡《易》藴，皆無容附於本卦，故别出之。」前列之圖，一爲《八卦方位圖》，一爲《乾坤生六子圖》，一爲《因重圖》，皆據《繫辭》、《説卦》之文。至於《河圖》、《洛書》、先天後天方圓諸圖，則謂「此陳、邵之《易》，非孔子所本有，概從删薙，掃除紛紜轇轕之習」。又著《詩傳叶音考》三卷，有《敬亭集》。參《學案小識》。

文集

周易象義日箋序

余嘗訝學《易》者往往過爲高論，至於顯背孔子《十翼》而不恤也。《大傳》曰：「居則觀其象而玩其辭。」又曰：「易者，象也。象也者，像也。」故漢儒於象盡心焉。王輔嗣乃以象言爲筌蹄，則孔子所贊幾於贅矣。輔嗣固爲老莊者無怪，而儒家者競宗之，何歟？

且輔嗣猶曰：「言者所以明象，得象而忘言。」自先天之説起，則言可忘，無俟得象也。輔嗣猶曰：「象者所以存意，得意而忘象。」後儒置象弗考，則象可忘，無俟得意也。非從而甚之者歟？余自幼學《易》，然以應舉，故疑於心而不敢疑於手口也。雍正壬癸閒，晤今少司寇樹峯先生於金陵，示以所輯《象義日箋》，讀而歎曰：「漢魏詳於象而疏於義，宋儒精於義而略於象，均得半也。是其得《易》之全乎？」是時先生猶爲諸生，杜門窮經，僅逾弱冠，卓然爲老儒生。余心異之，遂與訂交。余方有志集諸家之説爲一書備觀玩，旋以外宦中輟。乾隆甲子，内轉京卿，得以暇治《易》，而先生已由詞館陟少宗伯，邸舍相望，晨夕過從，復乞先生《日箋》一書參互考訂，而余之《孔義集説》乃脱稿。是余之書，實先生之書始終之也。惟《日箋》於《繫辭》諸傳未及，余嘗勸先生續箋成書，而先生方輯《五禮考》，未暇及也。余之《集説》既得先生序，而先生且索余序其《日箋》，余笑謂：「此投我以瓊瑶，乃報以木桃，可乎？」余竊自歎治《易》卅年，粗得訓詁，謂從此可以學《易》，乃老將至而耄及之，未能知《易》也。邵子曰：「人能用《易》，乃爲知《易》。如孟子可謂善用《易》者也。」余觀先生立朝行己之際，殆所謂善用《易》者。能像象者也，非忘象者也。《日箋》之所用，余烏能測之？姑書此以爲報焉。

題水西書屋藏書目録後

凡百嗜好皆累心，惟書足以明心養心，而嗜者絶少。非惟聲色財利、官爵珍玩奪之，而舉業之奪彌甚。昔人以書治舉業，今人治舉業而廢書，余每爲之太息。余來主濼源書院講席，得周生永年，其文矯然，其氣凝然，百無嗜好，獨嗜書。歷下書不易得，生故貧，見其脱衣典質，務必得，得卒業乃已。今所藏經史子集二氏百家之書已數千卷，皆能言其義者。窺其志將盡致古今載籍以掇其精而嚌其胾，而不僅以多藏爲富。是豈惟齊魯之傑，吾吳號多文學之士，余猶將張生以厲之。雖然，生不嗜書則已，生既酷嗜，余則有進。生亦知書之不必富乎？亦知書之足爲心累乎？夫書者，載道之器，而道非堯、舜、禹、湯、文、武、周公、孔、孟之道，即吾身心之道也，非書無以識道，故書貴也。道一而已，六經四子可數言蔽之。至戰國，游士詭奇誣誕之説競作，以遏塞聖道，於是造物者惡之，假手秦政之火，不幸六經亦誤罹其毒。然漢興六經旋出，如日月之不可晦蝕，而諸叛道之書銷沈于灰燼者固已不知其幾，未嘗非一火之爲烈也。自漢迄今，乃又有訓詁之學，詞章之學，釋、老之學，術數之學，小説之學，書益漫汗無紀極。才智之士，馳騁游獵其中，以炫俗釣聲爲斯道害彌甚。程子「玩物喪志」之語，誠篤論也。世有好奢者，每食，羅珍錯，窮水陸，和百味，卒乃舉數臠，釂數卮，適醉飽而止。好遊者，足跡徧天下，歷五嶽，浮江河，搜台蕩之奇，探洞府之奥，倦而歸，敝廬數椽，以待風雨，足矣。故凡騁耳目之觀者，皆於我無與。不惟無與，皆足蕩精魄而縻歲月，識者惜之。昔昌黎之學，細大不捐，然自言學之二十餘年，始辨古書之正僞，白黑分矣，務去之，乃有得焉。蓋昌黎承漢、魏、六朝後，尋源潰潦，問塗榛莽，故別白之難如此。今幸生宋諸大儒後，古書之正僞犂然，顧猶取昌黎之所去以爲博乎？人生百年耳，天下之藝能不必兼也，古今作者辭章之優劣不足深辨也。唯道之求，以事吾身心之不暇，何書之富爲！生聞言，憮然瞿然翻然曰：「謹受夫子教。」遂抑首治經，書滿屋不爲泛涉。生今年二十有五，少於昌黎上宰相書時二年，極其所嗜而不誤所趨。余老矣，詎見其成之所底！因書所與言者，留其藏書之室，以堅其志。

方先生觀承

方觀承，字宜田，號問亭，桐城人，居江寧。祖登嶧，工部主事，父式濟，内閣中書，皆坐宗人孝標書案累，讁戍黑龍江。與兄觀永歲徒步至塞外營養，具知南北阨塞民情土俗。厲志爲學。平郡王福彭與語，奇之。雍正中王督師征準噶爾，辟爲記室。師旋，授内閣中書。舉博學鴻詞，未與試，直軍機處。乾隆中，累擢至直隸總督。在任歷二十年，乘輿歲有巡幸，往來供張。大軍累出征討，儲備精密，未嘗少缺，民無擾累。尤長於治河，永定、南北運、大清諸河，相時決機，前後數十疏，從之輒利，農田、水利、溝洫、賑卹諸政靡不舉。乾隆三十三年卒，謚恪敏。少師事族父望溪，得聞緒論。治經專三《禮》，條論古今因革。屬稾未就，見味經撰《五禮通考》，悉以畀之。又屬戴東原撰《直隸河渠書》，成而未刊。自著有《述本堂集》十八卷，《宜田彙稾》、《問亭集》及《雜記直隸事》凡數十卷。參《先正事略》、《桐城耆舊傳》。

文集

五禮通考序

三代以下，言《禮》者必折衷於朱子。朱

子論編纂禮書，宜以《春官》五禮爲之綱，顧自輯《儀禮經傳通解》，別以《家》、《鄉》、《邦國》、《王朝》爲次，雖亦具《嘉》、《賓》、《軍》三禮，而未科別其條。勉齋、信齋續以《喪》、《祭》之禮，始略備《吉》、《凶》二類，而又與前編體裁未能畫一，蓋亦稾本未成之書也。學者既不見先王之大全，中閒又無先儒衡定之成書，各以耳剽臆決，塗飾文具，所稱聖人緣情而制、因性而作者，豈如是乎？昔在京師時，伯父望溪先生奉詔纂修三《禮》，余數從講問。伯父告之曰：「禮者義之實，先王所以體性而達情也。學者能内考其性情以協諸進退揖讓、尊卑際會之節，始知三千三百莫不犂然曲當於人心，直可兼陳萬物而權衡之耳。」因以所著《喪禮或問》授余。既而閱崑山徐氏《讀禮通考》，乃知聖人立中制節，《或問》實揭其精微。若載《或問》於《喪禮》，補弔荒禬恤之制，則《凶禮》已全。因準是而師朱子輯禮本意，博采經傳子史，區爲《吉》、《嘉》、《賓》、《軍》四類，而彙成五禮全書，庶幾經世大典，可以信今而垂後也。吾友味經先生以博達之材粹於《禮經》。官秩宗，日侍内廷。值聖天子修明禮樂，乃益好學深思，研綜墳典，上自六經，下迄元明，凡郊廟禋祀、朝覲會同、師田行役、射鄉食饗、冠昏學校，名以類附，於是五禮條分縷析，皆可依類以求其義。先生向與伯父論《禮》，因屬余參其閒，非謂能折衷禮制也。凡先儒緒論，其合於經者，於人心必大洽適焉；其附會穿鑿，顯悖於經者，於人心必大剌謬焉。故曰：「禮者，羣義之文章。協諸義而協，則禮雖先王未之有，可以義斷也。」顧是書體大物博，先生積數十年搜討參伍，乃能較若畫一。余志所聞於父師者，特以示其涂徑，俾知名數雖繁，要以義理爲之準，斯得其門而入爾。無徒博觀於外而駭然以驚焉，可也。

盧先生見曾

盧見曾，字抱孫，號雅雨，德州人。康熙辛丑進士。初授四川洪雅知縣，歷官至兩淮鹽運使，以吏幹稱。前後兩官淮南，慕其鄉王文簡士禛風流文采，接納江浙文人惟恐不及。當時碩學如惠定宇、戴東原諸人皆爲上客。所刻《雅雨堂叢書》，於《尚書大傳》、《大戴禮記》、《乾鑿度》、《鄭氏易注》、李氏《易傳》、《戰國策》高誘《注》，並校訂精審。又補刊朱竹垞《經義考》。不第觴詠壇坫，稱盛一時也。自著有《出塞集》。參《湖海詩傳》、《揚州畫舫録》。

沈先生廷芳 別見《餘山學案》。

王先生昶 別爲《蘭泉學案》。

王先生鳴盛 別爲《西莊學案》。

錢先生大昕 別爲《潛研學案》。

戴先生震 別爲《東原學案》。

宋先生宗元

宋宗元，字慤庭，元和人。乾隆戊子舉人，歷官直隸按察司副使、天津清河道，内遷光禄寺少卿。乞養歸，筑網師園以奉親，建義莊以贍族，以行誼稱。味經輯《五禮通考》，多所贊助。參《蘇州府志》、《五禮通考序》。

吴先生玉搢

吴玉搢，字藉五，號山夫，江蘇山陽人。貢生。官鳳陽府訓導。精於小學，著《别雅》五卷，取字體之假借通用者各註所出，爲之辨證。通古籍之異同，疏後學之凝滯，猶可考見漢魏以前聲音文字之概，非俗儒剽竊之書所能仿佛也。又著有《説文引經考》、《六書述部叙考》、《金石存》、《山陽志遺》諸書。初爲盧雅雨幕客，後入京師，味經聘之助修《五禮通考》。成書蓋資其力。參史傳、《揚州畫舫録》。

清儒學案卷六十七終

清儒學案卷六十八

天津徐世昌

息園學案

息園詞科崛起，博洽冠時，尤深乙部輿地之學。《水道提綱》一書，允稱傑作。時值右文，校勘經史，敕編諸書多被倚任。石渠金匱，著作等身。堇浦所推爲不虚焉。述《息園學案》。

齊先生召南

齊召南，字次風，號瓊臺，晚號息園，天台人。幼稱神童，讀書過目不忘。年十六爲諸生。雍正己酉副貢。乾隆丙辰，召試博學鴻詞，改庶吉士，散館授檢討。大考擢中允，洊遷侍讀學士，入直上書房。歷充日講起居注官，武英殿校勘經史官，《一統志》、《明鑑綱目》、《會典》、《續文獻通考》纂修官。乾隆十三年，大考一等第一，擢内閣學士。未幾授禮部右侍郎，充《續文獻通考》館副總裁，特命勘定《通禮》。十四年，自圓明園退直，墜馬觸石，負重傷幾殆。詔遣蒙古醫療治病，閒陳情養母回籍。歷主紹興蕺山書院、杭州敷文書院講席凡十餘年，造士甚衆。晚以衰病歸里，會族人周華獻所著書於巡撫，中多非聖不法，罹重辟，族屬牽連，先生亦被逮，坐容隱罪。高宗諒其樸誠，始終保全，僅削職，得赦歸，卒於家，年六十有六。先生博學，無所不通，自天文律曆，以至山川險阻要隘，瞭如指掌。深知古今治亂得失，通習掌故。於經則通漢、唐以來諸家之郵，於史則兼涑水、紫陽之義法。各館纂校之事，總裁悉以倚任，書成經進，上邀嘉賞。《一統志》河南、山東、江蘇、安徽、福建、雲南六省皆其編輯，外藩屬國則所創稾；新撰《明史綱目前紀》二卷，神、光、熹三朝並出其手；武英殿分撰經史《考證》所成獨多，經則《尚書》、《禮記》、《春秋》三傳，史則《史記·功臣侯表》五卷、《漢書》百卷、《後漢書·郡國志》五卷、《隋書·律曆》《天文志》五卷、《舊唐書·律曆》《天文志》二卷。其尤爲時重者，所撰《水道提綱》二十八卷，以酈道元《水經注》詳北而略南，黄宗羲《今水經》又知南而不知北，乃作此書。以巨川爲綱，而以所會衆流爲目。大旨惟以今日水道爲主，不屑屑附會古蹟。大而河海，細而溪澗，溯源窮委，一鑒可悉。他著有《史漢功臣侯第考》一卷，《歷代帝王年表》三卷，《後漢公卿表》一卷，《寶綸堂文集》八卷，《詩集》六卷。參杭世駿撰墓志、秦瀛撰墓志、《四庫提要》。

水道提綱序

大地合水土爲體，居天正中。亦若人身然，山其筋骨而水其脈絡也。至静者山，静中有動，故爲幹爲枝，以一而萬，又以萬區界百川；至動者水，動中有静，故爲源爲委，以萬而一，又以一遍周六合。陰陽自相經緯，與日月星辰之麗天爲經緯者理氣協應。此地道承天，所以含萬物而化光也。志地有書，《九丘》尚矣。治水莫神於大禹，言地亦莫精於《禹貢》，以治水先委後源，則列叙九州疆域中高山大川。自濱海之冀、兖、青、徐、揚州，西迄梁、雍，以山自有幹與枝，水自有源與委，則總叙導山四列，導水九川，皆起雍、梁而東至於海，《詩》言：「既景乃岡，相其陰陽，觀其流泉。」古聖人體國經野，以建都邑，利農田，濟舟楫，設津梁，轉運阜財，襟帶險固，孰有不於水深究其本末者乎？自漢後地志日多，專言水者惟有《水經》及酈道元注。道元於西北諸水鉅細不遺，可謂精矣。後儒言水，或解《詩》、《書》、《春秋》，或釋《班志》，或於《寰宇》略撮梗概，或於郡邑各記方隅。其志存經濟者，於治河、防海、水利、守邊，博考古今，暢言得失，政理所係，援引雖多，不厭其繁雜。若夫志在藝文，情侈觀覽，或於神怪荒唐，遥續《山海》；或於洞天梵宇，揄揚仙佛，或於遊蹤偶及，逞異眩奇，形容文飾，祇足供詞賦採用以爲美談，從未有將中國所有巨瀆經流實在共聞共見，可筏可舟，不枯不涸，如《孟子》所言「原泉混混，放乎四海」者，用《水經》遺意，上法《禹貢》導川，總其大凡，芟除地志繁稱遠引、分名別號、附會穿鑿之陋，務使源委了然，展卷即得。此《水道提綱》所以紀載今日實有之脈絡。山川都邑並用今名，略識古蹟，取其質不取其文。如河經數徙，濟惟入河，漢有別支，江源非一，黑水未知誰是，積石原在羌中，前賢早有辨論，無煩復贅，取其實不取其虚也。蓋自古帝王功德之盛，莫如我朝；重熙累洽，治致昇平，幅員之廣，盡天所覆，亦莫如我朝。臣召南學識愚淺，自乾隆丙辰蒙恩擢入翰林，纂修《一統志》，伏睹聖祖御製輿圖，東西爲地經度，以占節氣後先，南北爲地緯度，以測辰極高下。漠北直過和林抵白哈海，西番遥窮拉藏至岡底斯。凡金沙、瀾滄、潞江、崑崙、青海之近在邊陲，黑龍、盧朐、松花、嫩尼、按出虎水、烏蘇里江之本屬内地者，源委秩如，已迥非從前史志所能稍及。而我皇上聖神文武，善繼善述，天威遐震，克奏膚功，踰流沙而開四鎮，蕩平伊犁回部，拓地至二萬里，西域並入版圖，濛汜咸受正朔，此豈漢唐元明盛時賓貢享王所能較量闊狹乎哉？即古稱唐虞協和萬邦，羲和所宅，章亥所步，伯益、夷堅所志，方斯蔑矣。臣初久在志館，考校圖籍，於直省外，又專輯外藩，蒙古屬國諸部，道里翔實，是以志成之後，亦嘗條其水道，惟圖無可據者闕之。及蒙恩告歸台山，杜門無事，養病餘暇，時檢篋中舊稾，次第編録，共成二十八卷。臣思爲萬國朝宗者君，爲萬川會同者海也。以一水論，發源爲綱，其納受支流爲目。以羣水論，巨瀆爲綱，餘皆爲目。如統域中以論，則會歸有極，惟海實爲綱中之綱。凡巨瀆能兼支流注海者，亦目中有綱，綱中有目耳。是以詮列次第，不依《水經》，冠以海水，自北而南，并取《禹貢》首冀次兖之意，内自盛京、鴨緑江口以西，而南，而西南，至合浦外；自雲南而西，而北，又自漠北阿爾太山、肯忒山而東至海；又自海而南，而西，而北，包朝鮮至遼陽，域中萬川，綱目畢列。至於葱嶺以西水入西海，印度水入南海，丁零、黠戛斯以北水入北海，前史或略記其地，以我朝之聲名洋溢，凡有血氣莫不尊親，則重譯慕思盡爲疆索，占測經緯，合寰瀛以成圖，臣固可執筆俟也。《禹貢》曰：「聲教訖于四海。」説者謂：「極言之，未可徵實。」然則自生民以來，久道化成，一統無外，能實有其盛，超越前古，其惟我大清也歟！

文　集

進呈尚書注疏考證後序

臣召南謹言：孔子序《書》，斷自唐堯，下訖襄王之世，歷年一千七百三十有四，得典、謨、訓、誥、誓、命百篇，古帝王繼天立極，敷政寧人之大經大法燦然具備，以傳學者。火於秦，復出於漢，百篇中蓋存者半，逸者半，伏生今文二十八篇，孔安國古文連伏生《書》共五十八篇是也。五十八篇之在漢世又顯者半，晦者半。古文上祕府，事寢不行，今文歐陽、大、小夏侯三家並立博士是也。三家經文又同者半，異者半，西京劉向合校文字，異者七百有餘，脱字數十，東京蔡邕等考定刻石大學是也。自漢及晉之東，古文復出，及齊梁缺簡復完，然天下行古文者半，不行者半，古文但行江左，河北猶守鄭康成注，至隋開皇始頒孔傳於學官是也。唐太宗詔孔穎達諸儒譔《五經正義》，於是《尚書》之説專用孔《傳》，而鄭《注》遂佚不行。説者謂：「注經家其出最後，其傳最遠。《尚書》有孔《傳》，猶《易》有費，《詩》有毛，《春秋》有左，《禮》有小戴。」不其然乎？顧自有《正義》以來，讀書家又信者半，疑者半。穎達同時有馬嘉運摭其疵，後時有王玄感糾其謬，然疑疏不疑傳也。至宋，疑傳者半矣，劉敞、王安石、程子、蘇軾考脱簡，訂句讀，每以新意解經，然疑傳不疑經也；至南宋，疑經者半矣，林之奇、吕祖謙倚《序》酌《傳》，猶不過略短從長。其酷信古文，恨不見百篇全經者，則有鄭樵；其力辨古文，疑孔傳一書皆僞者，則有吴棫。至元吴澄、明郝敬輩直謂《尚書》真者半，僞者半，自伏生二十八篇以外不可爲經，當留者半，删者半。此則不可不辨者也。古文平易淺近，較二十八篇之渾渾灝灝、噩噩，誠絶不相類。如較僞《泰誓》白魚赤烏之妄，僞百兩篇《豐刑》、《原命》之誣，其純其駁，固天地懸隔也。且其文變蝌蝌爲隸古，不無得失。其篇本《書序》以詮次，不無後先。其説採綴載籍，條貫成章，不無增減。遷就其閲世，自漢至晉不列庠序，後進通儒伏處巖穴者，或隨時補苴緣飾其閒，遂令虞、夏、商、周之文如出一手，雖朱子亦嘗疑之，而不能不奉爲經者，其言道粹然，不詭於正；其言治釐然，足爲後代準繩。《大禹謨》精一執中，上紹二《典》；府事歌叙，後起箕疇。《湯誥》言降衷、恒性，《仲虺》言制事制心，千古聖賢學問之淵源，功德之基本，具在古文，不可没也。如必尋瘢索垢，則今文以耄年記憶之餘，傳誦女子之口，音譌字别，在所不免。據《論語》、《孟子》有堯命舜、命契之辭，則《堯典》有缺文也。據《左傳》范燮、苑何忌所引，《大學傳》所述，則《康誥》有缺文也。《酒誥》之簡俄空，「夔曰」之文再見，《康誥》首簡乃言「作洛」，《梓材》終篇半以告君，果與孔門傳授經文一一符合乎哉？《月令》本自《吕覽》，《王制》明出漢儒，《戴記》雜採傳説，猶且尊爲《禮經》，獨於古文嘖有煩言，非持平之論也。且孔《傳》詁經，義質辭簡，雖有迂曲，要非若牟長、朱普、秦延君輩章句動至數十萬言之煩猥也，又非若馬、鄭諸儒動據《中候》、《璿璣鈐》、《考靈耀》諸緯之怪誕不經也。孔《疏》於制度典章徵引賅博，隨文剖析，時有折衷，如解《武成》謂簡編斷絶，經失其本；解《無逸》謂太甲稱祖，未知其然；解《皋陶謨》庶明勵翼，兼采王、鄭二家；解《泰誓》謂文王是追稱，非及身改正朔。至如據經正《史記》之違，據《傳》闕緯書之妄，有功聖經，實爲趙宋諸大儒道之先路。縱或曲護孔《傳》，義涉支離，善學者棄瑕録瑜，取舍各半，可矣。但記其過而忘其功，可乎哉？由斯以談，即疑《傳》疑《疏》，亦非持平之論也。蔡沈生諸儒後，又親承朱子緒言，竭其生平功力，以爲《集傳》，宜豪髮無憾矣。後人之論蔡《傳》猶不免於信者半疑者半，況孔《傳》作於前漢，孔《疏》作於唐初者哉！孟子曰：「遊於聖人之門者難爲言。」蓋即解釋聖經，而其難已如此。乾隆四年，奉敕校刊注疏，《尚書》二十卷，臣學健、臣浩、臣泰、臣九鎰、臣邦綏等，前後廣蒐善本，對讎是正，訂譌補缺，加之句讀，以付梓人。今年冬，臣召南奉敕再加審定，輯爲《考證》如干條，附各卷末。其無可證，雖疑不敢輒改，志慎也。

進呈春秋左傳注疏考證後序

臣謹言：傳《春秋》者三家，《左氏》立學官最後，然傳世久且益盛，迥非《公羊》、《穀梁》所能及。蓋作傳者親見策書，熟知掌故，説經雖略，而事實甚詳。爲例無多而史文賅洽。自惠公生隱、桓，下迄獲麟以後趙、魏、韓分晉以前，三百年中列國之世系遠近，王霸之先後盛衰，公卿士大夫之行事善惡、言論是非，會盟征伐，得失成敗，有本有原，瞭如指掌。學《春秋》者非此不足以考其顛末。夫豈師弟子口相講授，更歷數世，始著簡編，事涉傳聞，義多穿鑿者所可同日語哉？自漢及晉，二《傳》寖微。杜預博極羣書，自云《左》癖，以其生平精力萃於經傳，又承劉歆、賈逵、許淑、潁容、服虔諸儒後，尋端究緒，舍短取長，分傳附經，爲之《集解》。大而天官地理，細而名物典文，靡弗剖析淵微，敷暢旨趣。是以學《左氏》者稱丘明爲夫子素臣，即稱元凱爲丘明功臣。雖偏私黨護，閒有瑕疵，如崔靈恩、衛冀隆所難，劉炫所規，然亦猶夫范升摘《左氏》之違，何休祖李育之議，朽壞一撮，曾不足以輕重太山。此唐初詔孔穎達等撰疏，專用杜注《左傳》以解《春秋》，配《周易》、《尚書》、《毛詩》、《禮記》而爲五經者也。是書既卷帙浩繁，國子監本相承雕刻，譌舛滋廣，經傳字畫，時有異同，杜《注》亦時有遺脱，陸氏《釋文》及疏尤附麗失次，烏焉亥豕觸目紛綸，今幸奉敕校刊，臣等今將石經及舊本是正，疏所徵引載籍，各以本書校之。其書今世所無，字句即涉可疑，仍從舊本，不敢稍爲更易，以志慎也。至如先儒説經有關於《左氏》長短，補注有助於杜氏訓釋，他書引用有足與孔疏相發明者，亦隨事各附卷末，以備一經之考證。恭録進呈御覽，臣等無任戰汗屏營之至。

進呈春秋公羊注疏考證後序

臣謹案：《公羊疏》不知撰人姓名，其文與孔穎達《春秋正義》、楊士勛《穀梁疏》體式稍殊，發明甚少。國子監刊本較他經最多譌脱失次，經傳及注尚賴陸氏《釋文》可以考正，而《疏》所引《春秋》説，若《演孔圖》、《元命包》、《文耀鉤》、《運斗樞》、《感精符》、《合誠圖》、《考異郵》、《保乾圖》、《漢含孳》、《佐助期》、《握誠圖》、《潛潭巴》、《説題辭》之屬，其書之亡久矣，無可取證。竊嘗以爲，《公羊》一家，厥初極盛，傳世久而愈微。言《春秋》者，往往譏其妄誕不經。斯非《公羊》之過，何休注《公羊》之過也。夫《漢書》《春秋》之學，獨尊《公羊》微論，鄒、夾二家不足比並。即石渠議而《穀梁》興，《長義》上而《左氏》顯，師法授受，備有源流。然一則僅立學官，一則終缺博士。總覽四百年中，朝廷詔令所垂，士大夫奏議封章所引，乃至決事斷獄、定律據經，陰陽五行之占，世運五德之說，蓋莫不以《公羊》爲宗，是豈無所自哉！漢承秦後，道術散亡，至孝武慨然表章六經，適得大儒董仲舒以申其論，丞相公孫弘以揚其風，於是商高所口授，平、地、敢、壽所世傳，胡毋生所筆述者，著在令甲，炳若日星，雖前此有張蒼、賈誼傳古文之《左傳》，不能與並道齊鑣，同時有江公傳魯學之《穀梁》，亦不能與分門角立，固其勢然也。成、哀以降，僞讖繁興。洎乎東京，七緯遂與六經爭耀，而《公羊》一家又最號爲善讖。時俗所尚，通人莫悟其非，此何休《解詁》之作，所以縱横惑溺於緯書邪說，觸類引伸，至於閉户覃思，經十七年而始成也。夫有傳所以釋經，經或得傳而反晦；有注所以解傳，傳或因注而益紛，豈所謂羽翼聖言，闡揚道教者乎？後儒評三《傳》短長者多矣。若專論《公羊》則傳之於經也，功尚足以掩其過。惟注之於傳也，但見過不見功，何則？《公羊》經師之學，精於求例，而不知史文得於傳聞，而不核事實，又其視聖人過高，測聖人襃貶進退之意過遠過密，故論紀元，解閏月，稱祭仲，贊宋襄，予子反，賢叔術，衛輒可拒父，子胥當復讐，秦伯罃爲穆公，齊仲孫即慶父，紀因嫁女得侯，滕以朝桓黜爵，鄭詹甚佞，石惡惡人，宋以内娶三世無大夫，仲孫、何忌、魏曼多以譏二名去其一字，皆與事理不合。然於君臣大義，忠逆大防，固已十得六七焉，故曰「功足以掩其過」也。何休於黜周王魯，爲漢立制，變文從質，例月例時，爵列三等，區分三世，既不能執經以匡傳，又加之助傳以誣經。其最甚者，傳所本無，亦爲説以誣傳，遇卒葬則憑空周内，遇災異則穿鑿指陳，疑鬼疑神，不可究詰。傳文簡略，兼多闕疑，即有過當，要不至若是其妄誕不經也。故曰但見過不見功也。魏晉以後説《公羊》者益稀，王愆期父子、孔舒元所注久已散佚，而休之《解詁》竟得自名一家，垂於千古。非經傳之賴休注以明，實休注之幸託經傳以不朽耳。今奉敕校勘，於是書尤加詳審。凡書局所有各本，罔不對讎，正其脱譌；其無可證據者，有疑皆闕，存説於後；至如史傳所引，儒先所論有足爲是傳發明者，亦節録云。

進呈春秋穀梁注疏考證後序

臣謹案：《穀梁》一書，文清義約，與《左氏》、《公羊》並爲聖經羽翼。自石渠大議，博士聿興，五家偏傳，訓詁滋廣。晉范甯《集解》出，遂與何休、杜預鼎立，並垂後世。言《穀梁》家未有外於范注者也。鄭康成論三《傳》得失，獨稱《穀梁》長於經；王通論諸家注解，獨稱范甯有志《春秋》證聖經而誚衆傳，豈溢美歟？唐楊士勛疏雖稍膚淺，然於范注多所匡正。如桓十七年，蔡桓侯卒，疏謂三《傳》無文，注家各以意説。莊三十三年，祭叔來聘，疏不直言祭仲是名。三十一年，「齊侯來獻戎捷」兩載，則注及徐邈説。僖元年，公子友獲莒挐，譏范氏不信經傳。四年，許男新臣卒，直謂范注上下多違。哀十二年用田賦，引《孟子》以糾范注。較《左氏》、《公羊》義疏曲爲杜、何偏護附會者不同。蓋《穀梁》晚出，得監《左氏》、《公羊》之失，范寧又承諸儒之後，於是非爲稍公。宋晁説之已嘗論及。惟士勛疏平易近理，刊落曲説繁言，較各家疏亦爲文清義約，顧未有稱之者也。近世學《春秋》家以胡《傳》爲圭臬，即《左氏》亦僅以文辭習之，不求其釋經之義、發傳之由，況《公羊》、《穀梁》乎？況《公羊》、《穀梁》之注疏乎？然三《傳》具在學官，終如三辰上麗乾象，不可誣也。《穀梁》一家所恃以存者，僅賴有《注疏》發明，而監本舛譌最甚。如莊十三年經文脱「及其大夫仇牧」六字，十四年會於鄄，經文脱「宋公、衛侯」四字。又如桓公一卷，全脱陸氏《釋文》。其餘别風淮雨、三豕渡河之類，不可勝言。從前館閣所藏亦少善本。豈非以絶學孤經，時所罕尚，故校對不精乎？今奉敕重刊，廣蒐各本相校，是正文字。其無他書可證者概志闕疑。所有考證，類次附編各卷之末。恭繕寫進呈睿覽。臣等無任戰汗屏營之至！

進呈禮記注疏考證後序

臣齊召南謹言：《禮記》之列學官也，自鄭康成注行，遂配《儀禮》、《周官》稱三《禮》；自孔穎達疏行，遂配《周易》、《詩》、《書》、《春秋》稱五經。漢時稱五經者，《禮》惟高堂所傳，即《周官》不得比並。唐以後，《小戴》盛傳，二《禮》古經反俱不及。其故何邪？《記》本叢書也，撰録非一人，薈萃非一説，自孔門弟子，下逮秦漢諸儒所記，並採兼收，故雖不能有純無雜，然其大者如《大學》、《中庸》，廣博精微，明爲聖賢傳道之經訓；《曲禮》、《少儀》、《内則》，實小學之支流餘裔；《玉藻》、《郊特牲》、《文王世子》，實朝廟之文物典章也；《冠》、《昏》、《鄉飲》、《射》、《聘》、《燕》、《祭》諸義，《喪服小》、《大》、《雜記》、《服問》、《閒傳》、《曾子問》、《三年問》諸篇，既皆《儀禮》之解詁義疏；而《深衣》、《奔喪》、《投壺》則又古經之佚篇剩簡，可以補《儀禮》所不及者。《記》以兼收並採而純雜相半，亦以兼收並採而鉅細不遺。選言宏富，便於誦習，視《儀禮》難讀，《周官》不全，相去固有閒也。此《記》之以叢書得稱爲經也。康成，漢代大儒，兼通五經，尤精《禮》學。其於《記》也，廓馬融、盧植餘業，參以《儀禮》、《周官》異同，訂譌糾繆，索隱鉤深，導絶壑斷港於通川，闢榛莽崎嶇爲坦道，縷分條貫，厥功懋焉。雖或旁引緯書，時生異解，祫禘偏信魯禮，《王制》多指夏殷，五廟但守元、成，七祀惟據《祭法》。六天二地，王肅駁其違；配譽南郊，趙匡矯其失。譬則《明堂位》、《儒行》亦在《記》中，大醇小疵，瑕瑜自不相掩。至於《禮器制度》、先古遺文，本本原原，無非確有根據，故即以宋儒之好去古注以解經，獨於《禮》則墨守康成，亦步亦趨，不敢輕於置議。豈非天人性命之旨，可據理自騁其心思；名物象數之學，必不可憑虛以擬其形似乎哉？鄭注既精，孔氏與賈公彦等又承南北諸儒後，斟酌於熊、皇二家，討論修飾，委曲詳明，宜其書之垂久而不刊也。國子監十三經板歲久刓敝，譌謬相沿，《禮記》尤甚，《曾子問》、《禮運》、《禮器》各篇正義闕文實多。我皇上稽古右文，加意經籍，乾隆四年特命重刊以惠學者。在館諸臣徧蒐善本，再三讎對，是正文字，凡六年始付開雕。臣召南以讀《禮》家居，奉敕即加編輯校勘之説附各卷後。臣學識淺陋，不足窺測《禮》學之萬一，惟執見聞所及，取鄭氏所爲《儀禮》、《周官》二注以校此注之從違，取孔氏所爲各經正義以校此疏之得失。脱文衍字，略志本末；其無可據，概從闕疑。至儒先論辨有專爲《注疏》者，亦節録焉。謹撰《考證》六十三卷以仰塞明詔。臣召南謹識。

進呈前漢書考證後序

臣齊召南謹言：史之良首推遷、固，固才似若不及遷者，然其整齊一代之書，文贍事詳，與遷書異曲同工，要非後世史官所能及。故其書初成，學者即已莫不諷誦。服虔、應劭而下解釋音訓，不異注經。更魏晉至唐初，名家後先相望，而顔師古注折其衷，論者以比杜征南注《左傳》，稱爲班氏忠臣不謬也。自唐以前，書皆鈔寫，而校對極精，譌脱相承不過數處。其有板本，自宋淳化中命官分校三史始也。板本染印，日傳萬紙，於人甚便。人間摹刻以市易者滋多，彼此沿襲，校讎稍疏，輾轉失真，烏焉成馬。故書有板本而讀者甚易，亦自有板本而校者轉難，固其勢然也。以人人所共習之《漢書》，又經師古注釋，旨趣畢顯，校者似易爲力。乃自淳化歷景德、景祐、熙寧，百年之中，三經覆校，當時名儒碩學刁衎、晁迥、余靖、王洙所奏，刊正增損之條累百盈千，積成卷帙，三劉《刊誤》又別爲書，陳繹是正文字又在宋祁之後，亦足以徵善本難得。此北宋時已然矣，況自宋至明，刻本愈雜，學士家校讎之精遠不如北宋以前者哉？若國子監所存明人舊板，於顔注所引二十三家之説十删其五，於慶元本所附三劉、宋祁諸家之説十存其一，即本書正文字句亦多譌脱，則尤板本中至陋者已。夫古人撰述既博，不無失檢，紀表志傳或彼此乖違，郡國官名或後先錯出。如《高紀》書太上皇后，書丞相噲將兵，《文紀》書内史欒布，《景紀》書御史大夫青、翟，書三輔舉不如法者，《宣紀》書元康元年復高帝功臣後之類，此皆本書自誤，非關後人。至如《地理》、《溝洫》成文，酈元注《水經》特多援引；賈、馬、淵、雲辭賦，蕭統輯《文選》時有異同；《藝文志》言《儀禮》之經倒「十七」篇爲「七十」；《曆志》載積黍之數增「九十分」爲「一千」。孔穎達、賈公彦，並師古同時人，而所據書本各别，斯則傳寫失真之明驗也。衍文脱字，離句辨音，三劉於師古注銖較寸量，未嘗少假借焉。校古人書，義當如是爾。乾隆四年，奉敕校刊經史，於是書尤加詳慎。臣等既與諸臣徧蒐館閣所藏數十種，及本朝李光地、何焯所校，再三讎對，積歲彌時。凡監本脱漏，並據慶元舊本補闕訂譌，正其舛謬，以付開雕，稍還古人之舊。臣召南復奉敕編爲《考證》，謹採儒先論議關於是書，足以暢顔注所發明，刊三劉所未及者，條録以附於每卷云。臣齊召南謹識。

後漢公卿表序

《後漢書》初無表志，志則梁劉昭補之，表終闕如也。諸王、王子、侯功臣及外戚恩澤侯表終闕，於書無所損益。公卿表闕，則讀書者有餘憾焉，此余之所爲補也。自光武迄獻帝，凡爲太傅若而人，太尉、司徒、司空若而人，外戚爲大將軍諸將軍若而人，太常光禄勳以下九卿若而人，年經月緯，綜紀傳以著其略。吁！觀是表者，於後漢一代主之明暗，國之盛衰，人之賢否忠佞，事之得失成敗，可以鑒矣！

續方言序

揚子雲採集先代絶言，異國殊辭，爲《方言》十五卷。示張伯松，伯松曰：「垂日月不刊之文也。」余友杭堇浦採集注疏，旁及羣書，爲《續方言》四卷，余評之如伯松。堇浦駭爲過當，余曰：「不然。自書契既作，所謂垂日月不刊者，孰有過於聖人之經哉？《續方言》所載皆三代時及漢以前語，士讀經者必知其説而後可通其義。是廣卜子《爾雅》，補許慎《説文》也，殆附日月以不刊者邪？子雲《方言》雖亦古輶軒之使所有事，然惟一二附於經者，解經家必用之。非是類也，士固可束而不觀，較諸《太玄》，其爲覆瓿一耳。伯松贊以不刊，不亦諛乎？今夫聖人之經，則亦有所謂方言者矣。《書》有商《盤》、周《誥》；《詩》有十五《國風》；《禮》則名物器數，代各不同；《春秋》則名從主人，傳自爲説。然昆名元龜、六日不詹、終葵掉磬之解，伊緩矢台之稱，後世不得以方言目之，何也？聖人之經，日月也。日月千古不變其躔次，隨時改移者，雖變猶不變也。後世分至躔不同《堯典》，而《堯典》之文不刊；昏旦中星不同《月令》，而《月令》之文不刊；日無頻食，閏不必在歲末，而《春秋》頻食、閏月之文不刊，故凡附於經者，皆不刊也。堇浦以澹雅之材，沈鬱之志，鋭精於經，以其餘閒，把三寸弱豪，羣分類聚，使學者不待繙閲，而坐得漢以前謡俗語言之異，勤矣哉！

書楊農先先生周禮疑義後

《周禮》果周公作歟？吾怪其與周公之言不合也。《尚書·無逸篇》告成王以文王之事，曰「以庶邦惟正之供」，即《孟子》所謂「耕者九一，關市譏而不征，澤梁無禁」也。《立政篇》告成王曰「立政勿以憸人，其惟吉士用勱，相我國家」，即《大學傳》所謂「用仁人不畜聚斂之臣」也。《周禮》一書，則無一不與治岐之政相反，又且必以强禦掊克至惡極陋之憸人擢爲宰輔，而後可以勝其任。如《天官》、《地官》以財爲職，幾於無地不賦，無物不貢，無人不征。前聚鹿臺、鉅橋亡國之爲殃，後啟頭會、箕斂、告緡、平準一切厲民之虐政。至其言用財，必曰惟王及后世子不會，是導其君以逸樂盤遊，恣睢縱欲，舉其取盡錙銖者，徒供泥沙之用而已。苟稍循其法，天怒人怨，必致覆亡。稍有識者所不爲，而謂周公爲之歟？且《易》三百八十四爻之辭，周公所繫也。果如《周禮》孜孜於財利，則《剥》六四之「剥牀以膚」亦可云吉，《益》九五之「有孚惠我德」當反爲凶也；《屯》九五之「屯膏」不必言大貞凶，《豐》上六所云「豐屋蔀家」亦何致於三歲不覿乎哉？且使《天》《地》二官而孜孜於財利，則《師》上六不必設「開國承家，小人勿用」之戒，《解》六三言「負乘致寇」，《鼎》九四言「折足覆餗」，亦皆爲空言也。哀公時用田賦，孔子歎以不用周公舊典。若如《周禮》言利至析秋豪，豈止於田賦云爾乎？徵於《書》、於《易》、於《春秋》，則《周禮》非周公所作決然矣。因讀《疑義》，筆其説。

綱目館議

《綱目》館總裁官大學士伯臣鄂爾泰、臣張廷玉，尚書臣陳悳華等議，得《綱目》一書，垂憲萬世。文雖歸於簡要，而一代之事實必詳；體雖限於編年，而千古之名義必正。今奉敕纂修《明代綱目》，上接宋元，其條例一稟朱子，綱舉目張，眉陳指列，無可疑者。惟是事異前代，不可但拘舊文，若非斟酌變通，必致紀載失實。如侍郎周學健奏稱「明祖之興與宋祖迥異，宋祖戡亂致治，皆在即位之後，明祖起兵濠梁，定鼎江東，平陳友諒，平張士誠，平方國珍，暨頒定官制，設科取士，詳考律令諸政，皆在未即位以前。而《續綱目》所修《元順帝紀》，於明興諸事不覈不白。今《明紀綱目》既始自洪武元年，若於分注之下補叙前事，不特累幅難盡，且目之所載與綱不符，於編年之體未協。若竟略而不叙，則故明開國創垂之由缺然不彰於後世，大非史氏詳備之旨。而自洪武元年以後一切政治之沿革、事蹟之源流、臣工之黜陟，宜立綱陳目者，皆突出無根，亦大非《春秋》先事以起例」等語。臣等再三籌酌，此係開卷首條最宜詳審，若概略從前，既於本末不貫，若補叙煩冗，又與體裁不符。誠如周學健所奏，臣等所亟當議定以便編纂成書者也。但周學健奏中尚有未協之處，謹就臣等管見所及爲我皇上陳之。按：明太祖即位在戊申歲正月丁亥，實元順帝至正二十八年也。是時順帝尚在大都。至閏七月丙寅，徐達師抵通州，順帝始奔沙漠，則閏七月以前仍宜大書至正二十八年，而明太祖之大書洪武元年則斷自是年八月始，此一定不易之義也。應將周學健奏稱以明太祖洪武元年繼元至正二十七年之處毋庸議。又按：《宋元續綱目》成於成化十二年，其《順帝紀》本爲元作，事關天下，不得專言一國，故於明祖開創次第不過略書一二大端。其稱明祖爲「我太祖」，猶《春秋》稱魯侯爲「公」，朱子《綱目》稱宋祖爲「我太祖」也。史臣之辭，自合尊崇當代，何嫌何疑？且前人成書，後人何容輕改？「我太祖」爲明祖之處，毋庸議。又按：三代以下，得國正大，首推漢高，次即明祖。周學健謂明祖同符漢高，語誠有當，但其事有似同而實異者。漢高先入關而後滅楚，明祖先除張、陳二盜而後北定元都也。其稱吴國公、吴王，亦約略可爲沛公、漢王之比。但義帝立僅一年，後即楚漢争雄；《綱目》自應並注明祖至至正二十七年韓林兒卒始自稱吴元年，前此皆用林兒龍鳳年號，何得分注於至正年號之下？應將周學健奏稱「《順帝紀》内改書吴國公、吴王列於至正編年之下」之處毋庸議。臣等再三籌酌，《綱目》之體原倣《春秋左傳》，《左傳》有先經發傳之例，故於隱公首簡先叙惠公。又元儒金履祥因周威烈王二十二年以前事《綱目》未載，補作《前編》。有此二例可引，請皇上敕下史局，將元至正十五年明祖起兵以後，迄二十八年順帝未奔沙漠以前，另爲《前紀》，仍以至正編年至二十八年閏七月止，列於今所修《綱目》正文之前。其稱名稱吴國公，稱吴王，倣朱子書漢高之例，則一代開創之事實既詳，千古之名義亦正，既不輕改成書，且可變通舊例，似於傳世立教之意更爲慎重。臣等管見，是否可採，伏乞睿覽施行。謹議。本日奉旨：「甚是，依議行。」

禮部再駁請祀啟聖王元配施氏議

議得《史記》、《家語》並載孔子先世，而《史記》缺聖父原娶施氏一事。後世祀典必從《史記》之略而不從《家語》之詳者，《家語》雜出後人之手。《漢志》及《隋》、《唐》二志篇目不齊，蓋孔安國所撰者，其書早已失傳，即王肅本後世亦多同異。今所行肅古本並無施氏之文，而司馬貞《索隱》引《家語》有之，可知《家語》無定，《史記》足憑。數千年中，孔氏家廟專以聖母顔氏配食啟聖，非禮有闕，從史闕耳。今方苞奏，據《索隱》所引之《家語》以駁《史記》之非，又引雜書之《祖庭廣記》以證《索隱》所引《家語》之確，遂欲一旦以有無不可知之施氏躋聖母顔氏之右。臣等竊以爲史尚闕文，禮重變古，祀典至鉅，文廟至嚴，不可不慎也，謹以方苞所奏之謬爲我皇上陳之。據方苞奏稱「《家語》爲東漢時孔猛所出家藏書，至魏大儒王肅而顯」等語，謹按：《文獻通考》，孔子二十二代孫猛嘗受業於肅，肅從猛得此書。是猛爲肅弟子，而方苞誤以爲東漢人，考訂之疏，此不必辨。至稱子思未作《中庸》以前原有《家語》之書，則鑿矣。若有其書，如王肅所云「諸弟子自記其問」，則篇籍散佚久矣。即《漢志》所云二十七篇，尚未必皆七十子之舊，況肅所得於孔猛者乎？據孔衍言，則安國所自撰次也；據肅代安國序，則景帝時購藏祕府，至元封時安國從而編次者也。朱子謂「肅編古録雜記，其書多疵」，然非肅所自作，可謂定論。既曰編古録雜記矣，古録雜記所載其可盡信乎？又據方苞奏稱《闕里志》本《孔庭纂要》，假令施氏稍有疑似，何以自著於家乘而不之削等語，謹按：明李東陽《闕里志》於《本姓篇》曰：「叔梁公曰『有九女而無男』，是無子也。乃求婚顔氏，生孔子。」自注出《家語》，而並無施氏之文。於《尼山毓聖篇》曰「陬大夫娶魯施氏，生九女而無子」云云，自注出《祖庭廣記》。直書聖母顔氏於前者，信以傳信；附書施氏於後者，疑以傳疑。既爲他書所載，子孫安可不存其説？既爲史氏所闕，子孫又安忍遽立其祀？載於志與不列於祀，兩不相妨，蓋亦慎之至也。何嫌何疑，而必削其辭乎？又據方苞奏稱「孔氏家廟緣灑掃户孔末之亂，仁玉孤幼童昏，復立宗祊，始專祀顔氏而不及施氏，後遂蹈常襲故」等語，則可謂辭之遁矣。謹按：聖母專祀顔氏，所從來久遠。東漢永壽二年，《魯相韓勑碑》曰：「顏氏聖舅家居魯親里，聖族之親，禮所宜異，其復顏氏邑中繇發。」又建寧二年《魯相史晨碑》曰：「顏氏毓靈。」又曰：「假顏母井舍守吏四人。」當是時，葺廟展禮，蒐討遺蹟，孔氏子孫會者有五官掾暢、功曹史淮、守廟百石讚、副掾綱、尚書立、河東太守彪、處士裒等，皆列名碑陰。使果有前母施氏鑿鑿可據，魯相即無意講求，孔氏子孫必據情以請，不應復徭役、假守吏僅在顏氏一家。此固自漢以前，聖母專祀顏氏之明證也。《水經注》曰：「尼山東十一里有顏母廟。」又曰：「孔廟即夫子故宅，廟屋三間，夫子在西東向，顏母在中間南面，夫人隔東一間東向。」又曰：「廟西北二里有顏母廟，廟象猶嚴。」此又自漢以至後魏，聖母專祀顏氏之明證也。方苞乃謂不及施氏始於仁玉，不亦誣乎！且自唐天祐二年，灑掃户孔末作亂，距後唐長興二年復修廟祀，則仁玉年已二十餘矣，謂之「童昏」，無乃臆説。借使仁玉不諳舊儀，豈無一二老成，引典以争，竟至失墜？況自仁玉以後，孔氏亦多賢矣。如道輔、宗翰、宗旦、武仲、文仲輩，皆當世名臣碩彦，或嘗知曲阜，或嘗葺世系，或盛以文章學問發聞於時，獨不能根據《家語》及《索隱》增祀施氏以正近世祀典之舛譌，甘於蹈常襲故，如方苞所譏？此臣等之所不解者也。夫《家語》與《索隱》均非僻書也，而聖父之爵爲公爲王，聖母之封爲公夫人爲王夫人，而合祀於家廟也，自宋大中祥符以後，詔誥班班史策，夫誰不知？而宋元諸大儒並無有議及施氏之不得與封者。方苞乃謂歷代無由知其家廟無施氏之主，可乎？又據方苞奏稱「施氏與啟聖王相守至老，不得祔廟，不獨先師恝然心傷，先師母顏氏之心亦有歉然不得」等語，臣等前則斷以《史記》、漢碑，後則斷以《闕里志》世系祀典，知施氏有無，自屬傳疑，未有確據。而聖母顔氏，則史既稱合葬於防，後人又歷世崇祀於廟，更無復有可疑者。今方苞欲以影響有無之説遽躋俎豆，爲啟聖王增一配，爲至聖增一母，事不師古，萬一有無未定，姓氏稍譌，先師顧不怒然心傷，而先師母之心顧不歉然乎哉？至方苞奏云「配合謬妄」及原稿「伯魚之母」等語，恣肆背誕，此又臣等所不足與辨，亦不忍與辨者也。今衍聖公孔傳棨既據實覆稱家廟向來並無施氏牌位，而曲阜縣知縣孔某昧於支子不祭之分，不稟大宗，不俟廷議，冒請增祀，已屬不合。而方苞復溺於臆見，轉相附和，尚可謂明於大義者歟？又據方苞原稿云「請敕國學及天下郡縣學啟聖祠皆建施氏主」，方苞出身膠序，並不知學宮啟聖祠向來神牌不及聖母，其於耳目習聞習見之典禮漫不經心，而欲以一時淺見輕議數千年世守之祀，決其疑而訂其舛乎？臣等共同酌議，事關聖廟典禮，幽有神靈式憑，明係萬世評論。如使《家語》確有可信而不設主，則累朝聖裔皆爲罪人；若其稍有未確，而冒昧設主，則誣聖瀆禮，誰任其咎？與其輕議而涉疑，不若闕疑而致慎，應將方苞所奏增祀之處毋庸議。

答鄭侍講問

鄭問：「潞江即梁黑水，西洱河即此水否？」

答曰：「謹按：西洱河之上源亦曰黑水。河出浪穹縣北，南流逕縣東北，左受梅茨河、白沙河二水。又南瀦爲澤，逕縣東南，有鳳羽河自南來注之。又東南流逕鄧川，州北歧爲二。又南逕州東南合爲洱海。又南逕大理府城東，又南至下關折流而西，逕合江鋪西南，與西北來之漾濞水合，下流入瀾滄江。此其去潞江甚遠，發源甚近，可以指爲梁之南界，不可以爲雍之西界也。」

鄭問：「然則瀾滄即《禹貢》黑水乎？」

答曰：「瀾滄發源鹿石，即今西藏格爾吉匝噶那山，直河源西南四百餘里，直金沙江東流處南七百里，直金沙江南流處西百餘里。凡鹿石山以北之水皆流入金沙江。金沙自犂石發源，東流至河源西北之巴顏喀喇山，已二千餘里矣。夾江南北，皆層巒綿亙，雍州之黑水豈能越金沙踰重山而南乎哉！李元陽以瀾滄爲禹貢黑水，吾不信也。」

鄭問：「然則源流最遠莫如大金沙江，今拉藏所謂雅魯藏布江矣，可當禹貢黑水乎？」

答曰：「禹跡雖遠，不能度數千里窮荒之地，以爲雍、梁二州之界也，張機、黃貞元之辨核矣，按以地勢則不確。」

鄭問：「然則黑水不可考乎？」

答曰：「黑水之名以色，其委入南海，其流經雍、梁之間。今且以山川現在者，懸度古人之疆界。禹時西被於流沙，流沙自雍州西北，以至河源、金沙諸源之西，皆平沙數千里，不得云雍有流沙，梁無流沙也。今潞江水色深黑，本名烏江，在金沙之西，大金沙之東，源出藏地布喀池。池廣五百里，西北流爲厄爾几根池，又東北流爲衣達池，又東南流爲喀喇池，華言黑湖也。地廣百里，從池南流出爲喀喇烏蘇，華言黑水也。稍東北流，折而南，又東南逕怒夷界，亦曰怒江。又南入麗江府界，計自發源至此，三千餘里。又南逕野人界，又南逕永昌府及潞江安撫司境，又南逕緬甸國，又南入海。明《一統志》謂『源出雍望，輿圖西番之西，大流沙之南，湧出一澤，名曰嘉湖，南流爲潞江，即此水也』。但明時於番地不能詳悉。今按地經度，布喀池當西二十五度，其西南山外有大池周千餘里，積水不流，其西北山外即大沙海，有一河自西南而東北約七百餘里而止，土人曰雅勒蘭藏布河。河南有澤十餘，大者周百里，皆沙磧中渟瀠不涸，去布喀諸池不遠。此其爲《禹貢》黑水乎？布喀池直河源西南一千八百里，其東流折而向南之處曰索格薩馬橋，直河源西南僅七百里。雍州西境，包崑崙、積石，而西距流沙，不得云烏江非《禹貢》雍、梁二州界也。三危自古原無確證，爲地爲山爲水俱不可知。謂三危山在敦煌，則始於《水經》，而詳於《括地志》，然敦煌並無有水南流能越雪山而逕沙海者。《漢志》於《禹貢》某水某山一一明指，獨於黑水、三危不言何地，安知烏江所經之諸山，非即《禹貢》所名三危，而後世失之者歟？烏江在雍州西南，梁州正西，自三危以北屬雍，三危以南屬梁，亦可謂跨越二州之地矣。後世言雍州黑水必向酒泉、敦煌尋覓，亦知南隔河源諸山，斷不能越，則又有繞出河源之西，及伏地潛流之説。豈知敦煌之南即限以雪山，雪山先不能越，況能經流沙而繞出河源之西乎？河源不能越，況於金沙夾岸諸山，又在河源之西千里乎？水固有伏地潛流者，濟是也。《禹貢》於濟或伏或見，鑿鑿言之。於黑水不言其異，直曰導、曰至、曰入而已，何所見而以爲伏地潛流乎哉？潞江水色深黑，源遠流長，在大沙海之東，固不必遠求敦煌之有無黑水也。」

鄭問：「然則三危在敦煌，非歟？」

答曰：「孔傳第云『三危，西夷之山』耳。《水經》云：『三危山在敦煌縣南。』於是始有其地。漢敦煌郡，今沙州衛，即《左傳》所云『秦人迫逐姜戎之祖吾離於瓜州』，及『允姓之姦，居於瓜州也』者。杜元凱注亦云：『在敦煌。』《魏書》：『太平真君六年，討吐谷渾。杜豐追被囊，度三危，至雪山，生擒之。夫雪山在沙州南百餘里，西自噶思池之西，而南而東，綿亘沙州、安西、柳溝、靖逆之南，又東南統肅州、甘州、涼州之南，層巒矗漢，冬夏積雪不消，即古祁連山也。』依《魏書》，則三危山尚在雪山之北，而沙州近流沙西，即白龍堆西北望蒲昌海，已爲雍州最西之地。是以《括地志》直云：『三危山在敦煌南三十里，山有三峯，故曰三危，俗名卑羽山。』顏師古注《漢書》亦云『黑水出張掖雞山，南流至敦煌，過三危山，又南流而入於南海』也。按：張掖即今甘州。甘州諸水皆西北流，逕酒泉而北，入居延海，何嘗有一水西流逕酒泉，能越弱水、羌谷二河而西至敦煌者邪？云『南流至敦煌』尤誤之誤者也。今按嘉峪關外，西至噶思水，最大者曰布隆吉河，即《漢志》南藉端水也；曰黨水，即《漢志》氐置水也。布隆吉源發雪山之陰，北流而西，與黨河會，又西注於哈拉池，其長七百里。外此，雪山之北，爲川爲澤雖多，未有著名者。三危之山即可過雪山，連峯不斷，凡水泉出其北者無不北流，又何以越而南也？故謂敦煌有三危山，可也；謂敦煌三危即《禹貢》黑水所逕之三危，則不可也。」

鄭問：「漢時大夏、烏孫、大宛，今在何地？大宛是撒馬兒罕否？唐之波斯是漢條支否？今策妄庭即金微府否？」

答曰：「按烏孫即今策妄地。《漢書》云：『烏孫都赤谷城，東匈奴，西大宛，西北康居，南接城郭諸國。』策妄之西界或并有大宛、康居之地，所不可知。其庭則漢之烏孫，隋唐之西突厥也，而南跨天山以至鹽澤，由鹽澤西南以至于闐河之源，踰蔥嶺以西，蓋包有車師前後部，焉耆、龜兹、疏勒諸國之地，而南接于闐。自元以後，西域國土山川名號盡變古人之舊，難以臆斷。自大山大水自古不能轉移，今可爲證據者，一曰天山，亦名北山，又名白山、雪山。自蔥嶺而東，横亘疏勒、龜兹、焉耆、車師前王之北，而東盡於伊吾廬之東北，《唐書》所謂折羅漫山也。一曰蔥嶺河，東南注於鹽澤。鹽澤亦名蒲昌海，今之洛普池也。蔥嶺河，後魏曰計式水，今名海多河。此水經疏勒、龜兹、焉耆、車師前王之南。一曰于闐河，亦曰玉河，今之塔里母河也。源出葉爾欽山中，東北流幾三千里而與海多河會，又東注洛普池，即《漢書》所云鹽澤，水潛流地中，爲中國河源者也。一曰蔥嶺。自天山極西處與蔥嶺接，其嶺自極北而南而西南，幾三千里。凡嶺以東之水皆東流，會於鹽澤；嶺以西之水皆西流，注於西海。今蔥嶺之去西海，道里遠近不可知，而其水之西流一一可數也。海多河源之西北，有空濟塞色河，有昌馬河，發源嶺西，西流三百里而合爲衣里河。又西北二百里，有特克思河，自西南來會。又西北二百五十里，有大水自東來會，又西北百里，有大水自西南來會。又西北百五十里，有活羅郭思河自東北來會。又西北七百里，瀦爲吞七思池，池周二百里。此西流一水也。其南七百里有曲河，出嶺西，西北流屈屈而經瀚海，幾一千三百里。此西流二水也。其南七百里有搭拉河，自嶺西西北流約一千里，瀦爲西七勒里克池。此西流三水也。其南九百里，有特因多博河，自嶺西西流二百三十里。又衣楚他什河西流，與東來之厄塞滚河合，西北流四百里。其西百五十里有西拉河，自嶺北西北流四百五六十里。此西流之小水無數也。今策妄庭直土魯番城西北一千五百里，西北有河，自其南大山中北流，而東與西北來之波羅搭拉河合。又東瀦爲波羅搭拉池，池周百餘里，在庭東北三百里。而天山前之海多河，直庭前八百餘里。故曰漢烏孫，隋唐西突厥地也，在明爲亦力把力國之北，《明史》謂『北瓦剌，東火州，南于闐，西撒馬兒罕』是也。至撒馬兒罕，則又在于闐之西矣。

「漢大宛，今在策妄庭之西。按漢時出大宛之道，自車師前王庭，隨北山波河，西經焉耆，龜兹以至疏勒，踰葱嶺而西，即休循國，自休循西行九百二十里至大宛。是在策妄庭之西也。明之撒馬兒罕，是漢時罽賓國，在大宛之南，非大宛地也。

「漢大夏在大宛西南，爲大月氏所據，有五翖侯。後魏時諸部猶存。而吐呼羅國即古大夏地，故《唐書》曰吐火羅。魏吐呼羅居葱嶺西烏滸河之南，即古大夏地也。今在策妄庭之西南界。

「漢條支國近西海，於西域諸國爲極遠。前漢使者祇至烏弋山離，未有至條支者。後漢班超始遣甘英至其國，臨西海而還。《魏書》曰波斯國，即古條支。《隋書》曰波斯國，在達曷水之西，蘇藺城即條支故地。《唐書》曰波斯國西南皆瀕海是也。

「今策妄庭即唐之崑陵、濛池二都護府，平西突厥賀魯所置，策妄庭北之波羅河，當即多邏斯川，《唐書》所云直西州北千五百里者也。兼有安西都護及龜兹、焉耆、疏勒、毗沙四都督府地。在天山以南，于闐河以北，而西至葱嶺。至於金微都督府，原以僕固部置，則與堅昆、龜林相近，其地蓋在今喀爾喀西部，杭愛山之北，與鄂羅斯接境，不在西域也。計自杭愛山西南至策妄庭，尚相去三千餘里，而中隔瀚海焉。」

答阿侍郎問

阿問：「嘗踰哈密北天山，地名碑嶺，積雪中見斷碑，有唐貞觀字，此何碑也？問土人皆不知，《西域志》亦闕如也。」

答曰：「此唐侯君集平高昌紀功碑也。君集以貞觀十三年拜河道大總管伐高昌，十四年降其王麴文泰。《唐書》言君集刻石紀功而還。高昌尚在哈密西八百里，此則班師踰嶺時所刻矣。」

阿問：「據《元史》，都實始窮河源，在星宿海。然則自元以前並無至大崑崙者。神禹導河積石，固近在河州邪？」

答曰：「今河州西之積石，自後人名之，非禹所名也。大崑崙即古積石，在塞外二千餘里，其下即星宿海，漢時爲羌地，唐初爲吐谷渾地。段熲追羌行四十餘日，至河首積石山。侯君集隨李靖平吐谷渾，追至星宿川達柏海，北望積石山，觀河源之所出。劉元鼎使土蕃訪河源，得之於悶摩黎山，亦即大積石也。可知漢唐時已知河源，但自星宿以下，曲折次第，則都實爲詳悉耳。」

答楊學士問

楊問：「參合陂即今大同之天城否？統萬在河套内今何地？」

答曰：「按漢參合縣屬代郡，《水經注》敦水東逕參合縣故城南。敦水今在大同陽高縣南，東北流入天鎮縣，西入雁門水，則故城在陽高縣東北，天鎮縣西南也。而北魏始興之參合陂在天鎮縣邊外正黄旗察哈爾地，有兆哈河，南會諸水，從新平堡流入邊牆，曰東洋河，即古于延水也。參合陂與于延水相近，故天賜五年，如參合陂觀漁于延水也。

「赫連勃勃統萬城在黑水南，延奢水之北，今河套鄂爾多斯右翼界内有大澤，蒙古名喀喇烏蘇，華言黑水也。延奢水今曰石羔川河，蒙古名額渾圖，東南流入邊牆，爲榆林無定河。延奢水北是統萬故地也，西距寧夏，南距榆林，俱不相遠。」

楊問：「狼居胥山在今何地？浚稽山今屬何部落？天山今出口甚近，即此天山，抑別有天山邪？」

答曰：「狼居胥山當在大同，直北度漠，爲今喀爾喀東路之大山，霍去病出代二千餘里，與左賢王戰，封此山，禪姑衍，臨瀚海而還。是匈奴東界山也。今地圖謂賀蘭山之北，河套、白塔之西，爲古狼居胥山，誤矣。豈有兵出代郡，反沿邊而西，以至朔方北地之境乎？狼居胥山今不可考，所可知者，在漠北喀爾喀之東路耳。

「浚稽山在今喀爾喀中路鄂爾昆河之南，直漢朔方北二千里，直居延塞北三十日行。以趙破奴及李陵戰處爲證，則翁金河即龍勒水，翁金之北杭亦哈馬勒山，即浚稽山矣。

「天山塞外處處皆有，凡蒙古名滕噶里阿林及翁公阿林者，皆天山也。其最近者，歸化城東北之天山，然此乃古陰山耳。漢天漢四年，莽通將四萬騎出酒泉千餘里，至天山。又《西域傳》卑陸、蒲類、且彌、劫國，皆依天山而都，此古天山也，在匈奴西南，其南爲車師、焉耆、龜兹、疏勒諸國，亦曰白山，亦曰雪山，亦曰北山，又曰伊吾北山。蓋西自葱嶺綿亘而東，以盡於伊吾廬之東北，長數千里。

今哈密城之北，巴里坤池之南，層峯疊嶂，西接土魯番，又西入準噶爾界，古天山也。」

楊問：「哈密是伊吾盧地，前漢何名？漢敦煌今何地？玉門、陽關何在？」

答曰：「哈密即伊吾盧地，舊志已詳。此地前漢尚屬匈奴，故其通西域之道，由玉門、陽關而北，向車師爲北道。車師前王庭固在哈密西一千二百里也。後漢永平中始取其地，於是匈奴益弱，威不足以制西域。後世通西域者，皆自酒泉、敦煌北至伊吾，自伊吾西至車師前庭，路尤至便。《後漢書》謂伊吾、高昌爲制西域之要地，然哉！漢敦煌今沙州衛，是布隆吉河南，北哈拉池以東，皆古郡地也。玉門關在沙州西北三百餘里，陽關在西三百餘里，由此而西爲噶思池，即古鄯善諸國。由此西北爲洛普池，即古蒲昌海，所云鹽澤者矣。」

楊問：「疏勒諸國，今爲回回所居否？」

答曰：「今土魯番地全係回回，其西皆屬策妄，亦回回之民居半。又西南至于闐河之源，有葉爾欽國，則人皆回回矣。南懷仁《坤輿外紀》稱西南有回回大國，理或然歟？」

附　録

先生宏搜博覽，記性過人。上於寧古塔得古鏡，未詳款式，問朝臣，莫有對者。先生引證書史，羅縷具奏。上大悦，顧左右曰：「是不愧博學鴻詞矣。」袁枚撰墓志。

國家疆域恢宏，烏喇巴哈俱置侯尉，又新開伊犂，諸臣奉使者輒詣齊侍郎問路，公與一册，數萬里外若掌上羅紋，或問曾出塞乎？曰：「未也，不過讀《漢書》熟耳。」同上。

先生具異稟，目炯炯，能矚一二十里許。

嘗登杭州鳳皇山，視隔江西興渡人，歷歷可辨。又嘗於山頂指雲起處掘地得奇石，皆似古篆籀，名曰天然圖書，爲文銘之。秦瀛撰墓志。

先生撰《水道提綱》，始於《一統志》纂修時，同館前輩楊農先、王次山兩公謂：「天文、地理之書，愈久愈詳，惟水道未有全書。酈道元《水經注》徵引雖博雅，而疏漏踳駁亦復不免。於今而欲成一大書，非君莫屬。」先生旬日構就《海》之一則，兩前輩斂袵歎服。積十餘年反覆攷訂，而後出全書以示人。阮學濬撰《水道提綱序》。

《一統志》總裁宗伯溧陽任公，凡勘定諸纂修分輯書俱委之先生。同時總裁一鉅公素負盛名，傲很不相下，一日忽踵門，舉外藩蒙古屬國書再拜屬之先生，蓋東海徐尚書原稿所未備，而檔册譯語多不可曉，文人學士所未載筆，無可依據。先生迺按内府圖籍，獨創爲之。其圖縱横數丈，列之中庭地上，扶服諦審，默識會通。他人所五色目迷者，先生一覽無遺，可見其天姿絶異之一端矣。同上。

息園家學

齊先生世南

齊世南，字□□，❶息園之弟。乾隆丁卯舉人。受學於兄。著有《尚書集解》，息園序之曰：「《書》罹秦火最酷，漢初僅得二十八篇於伏生口授。當武帝表章六經，而孔安國所上壁中古文又適際巫蠱之事，抑而不行，

❶「□□」，嘉慶刻本《兩浙輶軒録補遺》卷五作「英風」。

東晉始出。至唐作《正義》，始與今文合頒在學官。《注疏》雖行，後儒或疑古文非真，孔傳亦僞，訾孔疏多未精。嗚呼！《書》缺有閒矣，尚有二十八篇之傳，於舊又有古文數十篇。辭雖平淺，理無駁雜，即云後人纂集旁書以當古訓，可法可戒，實有關於治道，何必齗齗辨難，如議禮家同聚訟，論樂家争元聲哉？朱子嘗折衷諸儒，蔡九峯本爲《集傳》，視《注疏》已精矣。然馬廷鸞之《會編》、余芑舒之《讀蔡傳疑》、程直方之《辨正》、程葆舒之《訂誤》、陳師凱之《旁通》、王天與之《纂傳》、王充耘之《管見》，匡救瑕疵，即隨其後。此足見窮經至難，卷軸愈積而疑誤愈滋也。余嘗思之，窮經者使能用古人立教大義融會貫通，不蹈俗學流弊，則經雖殘闕，二帝三王致治之本末具存，天不變道亦不變，修己治人各充其量，豈有難知而難行者歟？必謂生千載後，能補完古人已缺之經，即聖神無所用力。如謂讀古人書能自體於視聽言動日用倫常，即在庸愚皆可以自奮於好學力行，知恥以盡其材，復其性而施之於事爲。予家弟世南自撰《尚書集解》以課子弟，離經辨志，簡而明；知類通達，近而遠。説本朱、蔡，兼採《注疏》以後諸儒所長，俾讀《書》者如讀《論》、《孟》、《大學》、《中庸》，味如菽粟，用如布帛，不可斯須去也。余嘉其志，是爲序。」參《實綸堂文集》。

息園交游

余先生蕭客 別見《研谿學案》。

沈先生廷芳 別見《餘山學案》。

楊先生椿 別見《震滄學案》。

杭先生世駿 別爲《堇浦學案》。

周先生春 別見《耕崖學案》。

汪先生師韓

汪師韓，字韓門，錢塘人。雍正癸丑進士，改庶吉士，授編修。乾隆元年直起居注，記注之有協修，自先生始。張文敏公照爲武英殿總裁，薦先生校勘經史。八年，充湖南學政，降調，旋被薦入上書房，復授編修。未幾落職，主蓮池書院講席。三十九年，將南歸而卒，年六十八。先生少從望溪游，得古文義法。中年以後，壹意窮經，尤邃於《易》。其論《雜卦》曰：「《雜卦傳》乃孔子之《易》也。所以稱《傳》者，以卦之序有可變，而《易》之卦不可移。夫上經三十卦而下經三十四卦，卦既不齊，且數其陰陽之畫，上經陽爻八十六，陰爻九十四，下經陽爻一百六，陰爻九十八，爻更不齊。自先儒發明反對之義，上下經各十八卦，合爲三十六，其義至當。上十八卦陽爻五十二，陰爻五十六；下十八卦陽爻五十六，陰爻五十二，其畫又適相準。今若以三十六卦之例例《雜卦》，則上自《咸》、《恒》以前僅十七卦，下自《涣》、《節》以後乃十九卦，卦既不敵，其上陽爻四十二，陰爻六十，其下陽爻六十六，陰爻四十八，更參差矣。惟以六十四卦之義求之，則上三十二卦，下亦三十二卦，卦相當也。上陽爻七十八，陰爻一百十四；下陽爻百十四，陰爻七十八，又相準也。《周易》以六十四卦因重之義示人，而寓其整齊之數於三十六卦反對之中。《雜卦》以三十六卦反對之義示人，而寓其整齊之數於六十四卦因重之内。此孔子之《易》所以與文王之《易》異而同者歟？」所著有《觀象居易傳箋》十二卷，《孝經約義》一卷，《文選理學權輿》八卷，《韓門綴學》五卷、《續》一卷，《談書録》一卷，《詩學纂問》一卷，《上湖分類文編》十卷、《補鈔》二卷，《上湖紀歲詩編》四卷、《續》一卷，《孫文志疑》十卷，《蘇詩選評箋釋》六卷。又有《詩四家故訓》四卷，《春秋三傳注解補正》六卷，《語孟注疏辨異》二卷，《坦橋脞説》十二卷，《平于南雅》一卷，《清暉小識》一卷，並佚。參史傳、《杭州府志》、《觀象居易傳箋》、《上湖紀歲詩編》。

文選理學權輿序

總集自晉有之，而無以「選」名者。梁昭明太子采自周訖梁百三十餘家之文爲《文選》，至唐而盛行。杜詩曰：「熟精《文選》理。」《舊唐書》列《文選》學於《儒林傳》，李善之注獨傳。據李匡義《資暇録》，則李注有初注、覆注、三注、四注，並爲世傳鈔，其定本則奉進於高宗顯慶三年。逮玄宗開元六年，❶有李延祚者更集吕延濟、劉良、張詵、吕尚、李周翰五臣之注上之，以非斥李注，而實皆竊取李氏未定之本，識者鄙之。李注精博，學者萃畢生之力，尋繹無盡。宋士子有云：

❶「玄」，原避清聖祖玄曄諱作「元」，今回改。下同，不一一出校。

「《文選》爛，秀才半。」此蘇易簡《雙字類要》、王若《選腴》等書所由作也。余嘗取《選》注以類別爲八門，末則綴以鄙説。八門者，一曰撰人。唐常寶鼎撰《文選著作人名》，其書不可得見，顧其名字、爵里及著作之意，《選》注已詳，所未悉者，史岑、王康琚二人耳。今考周四家，秦一家，漢、後漢各十七家，季漢、吴各一家，魏十五家，晉四十六家，宋十三家，齊六家，梁九家，更有無名氏之詩二十三篇，但於各人之下，分隸所撰篇目，取便檢觀。二曰書目。注所引書，新舊《唐書》已多不載，至馬氏《經籍考》十存一二耳。若經之三十六緯，史之晉十八家，每一雒誦，時獲異聞。其中四部之録，諸經傳訓且一百餘，小學三十七，緯候圖讖七十八，正史、雜史、人物、别傳、譜牒、地理、雜術藝，凡史之類幾及三百。諸子之類百二十，兵書二十，道釋經論三十二。若所引詔、表、箋、啟、詩、賦、頌、贊、箴、銘、七、連珠、序、論、碑、誄、哀詞、弔、祭文、雜文集，幾及八百。其即入選之文，互引者不與焉。三曰舊注。凡舊作注者二十四人，及不知名者所注，賦十四，詩十七，楚詞十七，設論、符命各一，連珠五十，李氏皆標明某注，不似後人之攘爲己有也。若《藉田》、《西征》，則雖有舊注不取；而亦有無注者二篇，則《尚書》、《左傳》之序是也。四曰訂誤。李氏每以注訂行文使事之誤，又因文以訂他書之誤，或《選》自誤，及别本誤者，其類四十有七焉。五曰補闕。《選》内脱落之句，删節之文，互異之本，李氏補者有五焉。六曰辨論。史有不載之事，文有率成之篇，一事而説有數端，兩説而義可並取，李氏一一辨其得失，約四十有三條。七曰未詳。以李氏之浩博，而所未詳者且百有十四，至五臣補以臆度之詞，適形其陋矣。然若《七發》之大宅，《西征賦》之三敗，後人間有補其闕者，彙成一卷，安知不有盡爲沿討者耶？八曰評論。後儒之論《選》及注者，在唐已有李濟翁、丘光庭，宋以後若蘇子瞻、洪景盧、王伯厚、楊升庵、方密之、顧寧人諸家，多者踰百條，或數十條，少者一二條。閒有記憶未全者，客遊無書，且先提其要，以俟他時補綴。至余於讀《選》時，或見注有徵引之未當，闕遺之欲補，未敢妄信，思就正於有道，謂之質疑，現已得若干條。後有所見，更續增焉。就此九者，附舊注於《書目》，附補闕於《訂誤》，而分《評論》爲三，《質疑》爲二，共成十卷。竊念昭明撰《文選》，復撰《古今詩苑英華》，而《英華》無傳。與李氏同以《選》學教授者，曹憲、許淹、公孫羅並作音義，而皆不傳。《文選》之傳，未必不藉李注以傳也。余愧不能如宋景文之手鈔三過，故雖自少用功於此，而以云「熟」且「爛」，則迄於老而未能。往在京師聞有何義門氏勘本，借觀不獲，未知與余所録同異得失若何也。余亦惟自惜其勞，且志其媿，而因以舉示後來，如將窮《選》理，通《選》學也，其以是爲權輿，可乎？

韓門綴學

天地之數大衍之數

天地之數五十有五，而大衍之數祇有五十，先儒解者不一。朱子謂「《河圖》、《洛書》之中數皆五，衍之而各極其數，則合爲五十矣」。安溪李氏推明其義曰：「《河圖》積數五十五，《洛書》積數四十五。《河圖》羸五，數之體也；《洛書》虚五，數之用也。大衍酌《河》、《洛》之數之中，而兼體用之理之備。」其説精矣。若諸儒所言，則有謂十日十二辰二十八宿凡五十，其一不用者，天之生氣，此《乾鑿度》及漢京房之説也；謂太極、兩儀、日月、四時、五行、十二月、二十四氣凡五十，太極即北辰，居位不動，而用四十九，此漢馬融之説也；謂卦名有六爻，六八四十八，加《乾》、《坤》二用，凡用五十，初九潛龍勿用，故四十九，此漢荀爽之説也；謂五十有五減六而用四十九，其六以象六卦之數，此魏董遇、吴姚信之説也；謂五十有五，以五行氣通，凡五行減五，大衍又減一，故四十九，此漢鄭康成、唐李鼎祚之説也；謂艮少陽數三，坎中陽數五，震長陽數七，乾老陽數九，兑少陰數二，離中陰數十，巽長陰數八，坤老陰數六，總有五十，而不取天數一，地數四者，此唐崔憬之説也；謂太極生兩儀，則陽儀一，陰儀二，衍而爲三，兩儀生四象，則太陽一，少陰二，少陽三，太陰四，衍而爲十，四象生八卦，則乾一、兑二、離三、震四、巽五、坎六、艮七、坤八，衍而爲三十六，通太極之一，是爲五十，太極者，數之所自起，而非數也，故虚之，此宋咸之説，而近儒汪琬取之者也；謂蓍法天地必以五行運於中，大耦則五十，小奇則五也，若舉大去小，盈奇虚耦，則小奇之五，大耦之一，皆盈而不用，此北魏關朗之説也；謂木東、金西、火南、水北、土居中央，四方自爲生數，各并中央之土以爲成數，土止五數，不須更待合五行爲五十，則大衍數也，取四十九者，用也，此宋沈括之説也；謂一二三四五以生數自乘，乘之爲五十有六，而一無乘爲五十五，一三五七九以奇數自倍倍之爲五十，而一無倍爲四十九者，此宋羅泌之説也。以上諸説，皆紛紜委曲，而詞或失之過。又有謂「演天地之數，所賴者五十，其用四十有九，則其一不用也」，此漢王弼之説，而齊顧歡與之相同者也；謂天一居尊不動，天五退藏于密，其用四十九者，此宋劉牧之説也；謂惟四十九乃得三十六、二十四、二十八、三十二之策，非四十九則不可得，此宋郭忠孝之説也；謂去其五以爲大衍之數，非去也，十其五則五者在其中矣，此宋王宗傳之説也。以上諸説，皆約略含胡，而詞又失之不及。竊思揲卦用蓍，《史記》曰：「蓍百莖共一根，《埤雅》謂蓍千歲三百莖，此乃希有之物。五十者用其半也。」何以用其半？《易》曰：「蓍之德圓而神圓。」謂蓍數七，七七四十九，用止此耳，故置其一，其一本無用也。其事淺而易見，諸儒深求之而反致支離。然則大衍之數與天地之數各自爲數，何必牽併以爲言？又況《河圖》五十五，《洛書》四十五，合之正得百莖之蓍數哉！

文集

干祫解

《禮・大傳》曰：「王者禘其祖之所自出，以其祖配之。諸侯及其太祖。大夫士有大事省于其君，干祫及其高祖。」先儒之解，或以上及高祖爲干，或以大夫不得祫而祫爲干，是皆以廟制大夫三、適士二，無高祖廟故也。程子謂：「雖三廟、一廟以至祭寢，皆得祭及高祖。」若以大夫士祭高祖爲干，何以庶人祭及高祖反不謂之干乎？且庶人祭及高祖可竟自致祭，而大夫士顧嫌於僭，必待有大功見察於君，乃得非常之賜乎？若謂祫非大夫所敢行，彼其平時已祀四親矣，雖三廟分祭而如庶人止有一寢者，其與合食何别？又豈庶人之合反隆於大夫士之分乎？準情度理，皆不可通。竊嘗論之，大夫不敢祖諸侯，其諸侯之子爲大夫者，必俟五世斯爲高祖。方其始封，高曾祖考皆諸侯，再世則高曾祖皆諸侯，三世則高曾皆諸侯，四世則高祖諸侯，而大夫之三廟於三世始備，始封既正太祖之位矣，四世則始封爲高祖，五世而昭穆之廟有高祖，六世而昭廟之高祖乃祧，已祧者更無合食之事，惟在始封四世以内，曾不得祀備四親，於是乃有干祫。祀者國之大事，廟未備而欲祀諸侯之祖，是以謂之大事。大事不當作大功解也。「省」如後世書奏不省之省，謂請命而君許之，不當謂有功見省也。其名祫，而其實則惟四世，然則大夫士安得有祫哉？顧何以亦謂之祫也？《公羊傳》曰：「大事者何？大祫也。」毁廟之主陳於太祖，未毁廟之主皆升合食於太祖，故爲大事。大夫之家未嘗有諸侯之主，則其祭宜若禘之設虚位，而以太祖配。至干祫時，亦設高祖虚位於太祖之廟，而太祖在昭穆之列。太祖且在昭穆，豈太祖以下可各居其廟乎？是必升而合焉。故擬於祫而亦謂之大事也。其曰「及」者，謂自高祖以下所不敢祭者皆得干焉。然祇以高祖爲限，非比諸侯之祫。自諸侯太祖以下，累世皆得合食也。其兼士言者，諸侯嫡子爲大夫，其庶子固爲士者，苟在五世以内，其禮應同。惟是干祫僅見《大傳》，他無可證。古史所傳，絶無干祫之一事，可知此屬變禮，猶之魯賜重祭，載在《明堂位》及《祭統》，先儒多謂成、康必無此賜。其後鄭祀厲王，三桓祭桓公，皆云君賜，皆非禮也。大夫而僭諸侯，是叔季事耳，而豈真爲周公之制與孔子之言歟？

唐宋毁廟論

唐高祖追謚四親，曰宣簡公，曰懿王，曰太祖景皇帝，曰世祖元皇帝。太宗時增弘農府君及高祖爲六室。高宗祧弘農，中宗祧宣簡，而元宗復之，并謚曰獻祖，又謚懿王曰懿祖，立爲九廟。代宗祧獻祖、懿祖，德宗祧元皇帝，且遷獻、懿二祖於德明興聖廟，而正景皇帝之位，此唐之尊太祖而遷其上世二祖於别廟者也。宋藝祖追王僖、順、翼、宣四祖，及後仁宗祔廟存僖祖以備七室，神宗治平四年祧僖祖，熙寧六年又復僖祖爲始祖而祧順祖，哲宗祧翼祖，徽宗祧宣祖，至崇寧三年立九廟，又復翼、宣二祖，高宗祧翼祖，寧宗并祧僖、宣二祖，别建四祖殿，而正太祖之位，此宋之尊太祖而遷其上世四祖於别殿者也。當唐貞元閒，韓文公禘祫議欲以獻祖居第一室，而懿祖遷於夾室，此二句本朱子《韓文考異》。曰：「景皇帝雖太祖也，其於獻、懿則子孫也。當禘祫之時，獻祖宜居東向之位，景皇帝宜從昭穆之列。」朱子歎其禮樂精深，蓋諸儒所不及，可爲萬世之通法。宋熙寧閒，王安石議奉僖祖尊爲始祖，程子聞之，謂安石所見高於世俗之儒。後孝宗將升祔，趙汝愚議祧僖、宣二祖，朱子在講筵獨入議狀，條其不可。韓、朱之議，當時皆不行，後人因惡安石，并毁程、朱以及韓子。夫韓、程、朱三子豈不知唐獻、宋僖不足以擬契、稷哉！夫亦以獻、僖爲始祖，則夾室乃獻、僖之夾室也；若無始祖，則夾室乃太祖之夾室。今以其尊於太祖者下就太祖之室，固非理也；以其尊於太祖，因别立廟，而廢其合食，亦非情也。唐、宋既無可比契、稷之祖，則即以所追王之最尊者爲始祖。假使周無后稷，要不得以大王、王季下就文、武之祧，亦必不別廟以奉太王、王季，使不得在祫享之列也。後儒但見開創之君當爲太祖，而不念別祀之非禮，則是開創之君，其身後正位爲太祖，即不得與父祖會食，此其居心亦不仁甚矣！或曰：唐許敬宗、宋韓維皆謂今廟與古異，同堂異室，西方爲上，遷主於西夾之中，仍處尊位。然此獨太祖始正位之世則然耳，其後子孫遞遷於此，則子孫又居太祖之上矣，其可乎？至韓子議尊獻祖而不及弘農者，蓋自高宗已祧弘農，弘農原不在武、德追王之列，是以玄宗九廟亦始獻祖，而況已毀于亂哉？馬貴與謂朱子膠柱鼓瑟，竊以爲過矣。近日作《五禮通考》者，謂夏祖禹，殷祖契，周祖稷，皆是始封于夏、于商、于邰之君，以有國爲有功，不專以德而已。此欲以證唐獻、宋僖之不足爲始祖也。夫唐之爲唐，乃因景帝在後周時追封唐國公，由是元帝及高祖皆襲唐公，唐景帝之廟號太祖，豈不正與古合乎？或曰：「馬氏曰：『《注疏》謂異姓始封爲諸侯者及非別子而始爵爲大夫者，本身即得立五廟、三廟。』不知此五廟、三廟之主遷于何所？」余妄擬始封爵者，廟雖立而虛其太祖之位，若《禮緯》所謂夏四廟，至子孫五；殷五廟，至子孫六；周六廟，至子孫七者。或又如後世之別立祧廟以藏先代之主，至太祖以後乃藏夾室，時享尊太祖，祫祭尊先祖。然亦必早立廟於始祧之時，不當俟之數傳之後，所謂「喪事即遠，有毀無立」也。惜乎經闕其文，即馬氏亦但能疑而莫能斷也。

與友論講學書

足下以書院之師宜講明性命誠敬之學，庶有當於古人講學之意。竊謂此非可以空談也。漢儒講授以傳經爲業，故漢學雖或失之支離，而無有不通經者。宋大儒探索微言，推原於太極太虛，致功於存誠主敬，一一躬行而實踐之，故其立身行己不必取譽於人，立朝理民自然著有實效。後世之講學者不然，往往有書束高閣，行無檢束，而高自位置而無忌憚者。昔孔門傳經之賢，莫如子貢、子夏。子貢曰：「夫子之文章可得而聞也，夫子之言性與天道不可得而聞也。」子夏曰：「大德不踰闲，小德出入可也。」若自後儒論之，則性與天道可得而聞而文章不可得而聞，小德不可出入而大德踰闲可也，不亦悖乎？僕於學徒，惟語以立品行顧人恥笑，而不强之以高遠難能之事。時人多不講求書理，所習本經外，未嘗更讀他經。塾師專以記誦舊文、取便鈔襲爲傳授，而一時英俊之聰明盡爲所窒塞，心竊慨焉。先其至易簡者，教之讀四書，教之讀經。四書在逐句而體味之也，經在逐字而講明之也，性命誠敬之學即在其中矣。詎敢以讀書爲玩物喪志，而訓詁可以不明，詞義可以不貫，虛立宗旨以表異，但與人爲學之講，而於其身先忘乎德之修者哉？足下又謂道學失真，宜立説著書以著道統，則尤驚疑而不知所對。夫道學之名何昉乎？蓋起於宋之鄭丙、陳賈、林栗、姚愈諸人，設爲此名，以詆毁朱子。其時博士葉適嘗痛切言之矣。立《道學傳》於《儒林》之前，《宋史》創例，《宋史》之無識也。後人因之有稱道學先生者，自謂儒林不能及之。孔子曰「志於道」，曰「志於學」，曰「學以致其道」。學者，學道也，寧別有所謂道學乎？聖賢之學，未有不由躬行而能有心得者。孔子與顔子論仁，曰：「非禮勿視，非禮勿聽，非禮勿言，非禮勿動。」曾子自省曰：

「爲人謀而不忠乎？與朋友交而不信乎？傳不習乎？」自其所不爲者言之，故《孟子》曰：「人有不爲也，而後可以有爲。」此孔門之教也。孟子言性善，必驗之於無欲害人，無穿窬，乍見孺子入井與夫嘑爾蹴爾之事。曾有不求克己而空言復禮，離人與朋友而空言忠信，於事一無感觸而空言知性者耶？每見士大夫晚年之弊，無過兩端。談道學者，不讀書之狐假也；談禪悟者，無品行之兔脱也。苟遇禄利之途，不覺暴露其本衷，不得不委折掩護以曲爲解。「子罕言利，與命與仁」，而何世儒以命與仁與利同其噂噂而沓沓乎？以云著書，世儒之勦説雷同者何限？初不似東漢之内學外學、唐之《文選》學猶待用功也。僕所親炙於當代之賢者，若臨川李氏穆堂、興縣孫氏懿齋、桐城方氏望溪，皆自讀書有得，故所見或大戾於古人，而亦實有高出於古人者，其無勦説、無雷同則同也。有明以來，多以漫罵陸王爲正學矣。君子教人如醫之用藥，必視其病之所在而藥之。昔陸子講「君子喻於義」章，聞者至於泣下。後世學者獨患於義利見不分曉，紛紛然以機變之巧爲師承，以庸惡陋劣之習爲友輔，而但角勝負於口耳，則其爲詆諆與崇奉，唯之與阿，相去幾何哉？又近人莫不宗尚安溪李氏。安溪誠爲一代大儒，顧後學不審其窮經之所致力者何在而但盜竊其言之與舊解異者，人信之，則並没安溪之名而冒爲己之所獨得；或不信之，則明尊安溪以表其説有自來，而莫之敢指。學問之陋，莫陋於此矣。此僅足欺一時之空疏不學者，而謂天下皆淺見寡聞之士乎？嗟乎，皋比絳帳，孔、孟無其事也；良知慎獨，程、朱無此名也！誠懼夫名存而實亡，事具而道不在也。況如僕者，奔走衣食，所口講而指畫不能離乎制舉業之學，是晉摯虞所謂淺學之師、暫學之師耳，而靦焉講學云乎哉？

附　録

孫頤谷曰：「上湖先生，近代之劉貢父、王厚齋也。其所著《文選理學權輿》，余求之積年，始讀而録其副。觀自叙云『復有所見，更續增焉』，其書之未成可知。志祖不揆檮昧，補輯評論一卷，復以潘稼堂、何義門、錢圓沙三家各有勘本而先生俱未之見，因爲研覈參攷，别撰《文選攷異》四卷、《選注補正》四卷，皆以補先生之質疑也。」孫志祖《文選理學權輿序》。

息園私淑

宋先生世犖

宋世犖，字卣勛，臨海人。乾隆戊申舉人，官陝西扶風縣知縣，裁革苛斂，以廉名教。匪初定，扶風民有持齋爲怨家所訐者，大府飛檄，至捕而鞫之，皆良民，釋勿顧。罷歸，覃求經訓，熟於諧聲假借之例，著《周禮故書疏證》六卷，《儀禮古今文疏證》二卷。他著有《确山駢文》四卷，《紅杏軒詩鈔》十七卷。又輯刊鄉郡文獻爲《台州叢書》。參繆荃孫撰《儒學傳稾》、《台州叢書》。

清儒學案卷六十八終

清儒學案卷六十九

天津徐世昌

謝山學案上

謝山爲學，私淑南雷，精治經史，博極羣書。尤熟於明事，凡永樂靖難，忠賢璫禍，東林始末，唐、桂遺聞，皆能抉其隱微。平生留意鄉邦文獻，於明季里人之死難者，必爲之辨誣徵實，作碑志銘傳，以存其人。數百年來，浙東學派以重根柢、尚志節爲主，南雷開其先，萬氏繼之，全氏又繼之，風氣綿延，迄今弗替，其效遠矣。述《謝山學案》。

全先生祖望

全祖望，字紹衣，一字謝山，鄞縣人。四歲就塾，受四子書、諸經，便能粗解章句。八歲於諸經外兼讀《通鑑》、《通考》諸書。十四歲補諸生。十六歲能爲古文，討論經史，證明掌故。雍正七年充選貢，次年入京師，上方望溪侍郎書，論《喪禮或問》，侍郎異之。旋舉順天鄉試，李穆堂侍郎見其文曰：「此深寧、東發後一人也。」乾隆丙辰薦舉博學鴻詞。是春會試，先成進士，改庶吉士，不再與試。時桐城張文和當國，與李侍郎不相能，並惡先生，先生又不往見。二年散館，寘之最下等，歸班以知縣用，遂不復出。方詞科諸人未集，李侍郎以問先生，爲疏記四十餘人，侍郎歎曰：「使廟堂復前代通榜之例，君亦奚慚韓退之哉？」先生性伉直，既歸，貧且病，饔飧不給。人有所餽，弗受。先後遘父母喪，服闋，吏部催赴選，有司以爲請。先生謂：「二服並及，當服五十四月。今雖遵例除服，而心喪有未盡。」辭之。有《心喪劄子》答鄞令。其實先生本無意出山也。主蕺山、端谿書院講席，爲士林仰重。二十年卒於家，年五十有一。先生爲學淵博無涯涘，於書靡不貫串。在翰林與李侍郎共借《永樂大典》讀之。《大典》共二萬二千七百七十七卷，取所流傳於世者置之，近世所無而不關大義者亦不録，但取欲見而不可得者，分其例爲五，一經，二史，三志乘，四氏族，五藝文，每日各盡二十卷。時開《明史》館，復爲書六通移之，先論《藝文》，次論《表》，次論《忠義》、《隱逸》兩列傳，皆以其言爲韙。生平服膺南雷，南雷表章明季忠節諸人，先生益廣修枌社掌故、桑海遺聞以益之，詳盡而覈實，可當續史。南雷《宋元學案》甫創草稾，先生爲之編次序目，蒐采輯補，編成百卷。又七校《水經注》，三箋《困學紀聞》，皆足見其汲古之深。又答弟子董秉純、張炳、蔣學鏞、盧鎬等所問經史疑義，録爲《經史問答》十卷。晚年定文稾，删其十七，爲《鮚埼亭文集》五十卷，史夢蛟所刻僅三十八卷，跋謂「疑傳鈔多闕」。又《外編》五十卷，乃董秉純所編。二種與《經史答問》及詩集合印，今所通行。又著有《讀易别録》、《孔子弟子姓名表》、《漢書地理志稽疑》、《公車徵士小録》、《續甬上耆舊詩》、《天一閣碑目》、《句餘土音》諸書。參史傳、《年譜》。

文集

辨錢尚書争孟子事

秀水朱檢討彝尊嘗以錢尚書争孟子事

爲虚，特懸疑太祖不至武斷如此而已。同里萬隱君斯選攷之，則更密矣。萬氏之言曰：「《南太常寺志》及《翰林故牘》載洪武五年國子監將丁祭，上曰：『孟子不必配享。』其年臘月，上曰：『孟子有功先聖，今後仍復之。』是孟子固嘗罷享，然不因公言而復，一疑也。《典故輯遺》載上讀《孟子》，怪其對君不遜，怒曰：『使此老在今日，寧得免耶？』時將丁祭，遂命罷配享。明日，司天奏文星暗，上曰：『殆孟子故耶？』命復之。是孟子幾至罷享，亦不因公言而復，二疑也。《實録》命修《孟子節文》在洪武二十七年，嘉靖《寧波府志》載之二十三年，即果如《府志》之年，而公以四年卒於壽州，亦不及修《節文》之事，三疑也。成化《府志》不載，至嘉靖《府志》始見之，四疑也。」萬氏所疑如此，則尚書事宜若不足信者。然是説也，成化楊氏之《志》不載而天順黄氏之《志》則載之，謂《南山僉事》。黄氏集中且有詩以紀其烈，故其孫作《閒中今古録》亦載之。黄氏生洪武，是猶去尚書不遠，且成化《府志》雖不特載公傳，而未嘗不載黄氏之詩，則亦自可互見。李氏《四明文獻志》亦載之，是皆出於嘉靖張氏《志》之前，未可盡以爲誣也。以吾攷之，罷配享與修《節文》原屬兩事。罷配享在二年，卧棺絶粒以争之者，公也。修《節文》在二十七年，力詆劉三吾爲佞臣以争之者，連江孫芝也。而天順黄氏之《志》系公事於二年，是已。而并修《節文》亦連舉之，是混後事於前事。嘉靖《志》則以罷配享屬之二十三年，是混前事於後事，不知兩案之爲兩人也。《太常志》諸書以二十年爲五年，猶嘉靖《志》以二十七年爲二十三年也。諸書不載公諫，猶孫芝之事亦僅見於國史，惟疑而他書不載也。蓋史事固有當參考而始完者。若竟以爲無有，則黄氏非欺人者。至若太祖之武斷則不必諱，亦非後人所能諱也。近見錢氏家傳，謂公卒於二十七年，意欲與《實録》相應，則又誤矣。

漢會稽三都尉分部録

漢會稽三都尉分部不甚了了，自吳《會稽典録》以下，異同紛出。鄱陽洪文惠公雖辨之，然尚未覈也，作《漢會稽三都尉分部録》。前漢會稽之境，西部治錢唐，東部治鄞，而東部不見於《班志》，幸《宋志》見之。兩越既平，增置回浦、冶二縣，而以南部治回浦。東漢既分郡，畫江爲界，則置西部於太末，而東部治章安，南部治侯官，本自劃然。李宗諤《圖經》謂文帝時都尉治山陰，元狩中始移錢唐。然則漢初衹一都尉治山陰，其後分爲東西部，乃移山陰之治於錢唐，而以山陰隸鄞爲東部，足以補《班志》之遺。若《通典》謂前漢西部已在婺女，即太末。則大誤也。獨回浦、冶二縣最爲舊史所混亂。《班志》於冶縣云「本閩越地」，以見回浦縣爲甌越地也。《晉太康記》章安縣本鄞縣南之回浦鄉，漢章帝立。今由象山以至台州之臨海一帶，正值鄞之南土，是前漢之回浦，而東漢改名爲章安者。洪文惠謂回浦在西漢已置縣，不應是時尚稱曰鄉。不知分合升降各有其時，蓋省縣入鄞而爲鄉，章帝又置爲縣耳。蓋前漢時立二縣，原以統兩越遺民，回浦在鄞南以統甌越，冶又在回浦之南以統閩越，而南部治回浦以臨之。自司馬彪誤以章安爲冶，而張勃遂以東漢之臨海、即章安。侯官二尉皆冶所分。沈約、劉昭疑不能決，《通典》竟以勃言爲據。夫使章安即冶，而自章安以至侯官皆冶所分，則前漢之回浦所涖何土，不僅如六朝空荒諸縣有土無民也，故文惠以爲《續志》有闕文。當云章安故回浦，侯官故治，則於地理之沿革得之矣。按今會稽第十四縣曰「東部侯國」，乃誤文，蓋原文是「東侯官」三字，見沈《志》。「東侯官」之名始見此。《吴地記》云：「漢以東甌爲回浦，光武名章安。」此可以證章安之爲回浦也。《晉志》云：「東冶，後漢改爲侯官。」此可以證侯官之爲治也。《圖經》既知章安本是回浦，而謂前漢之東部已治冶，則亦因沈約《志》中以章安爲東部，故有此譌。文惠又疑前漢回浦恐非南部，不知東部在鄞，則南部當在回浦，至東漢畫江爲界，而後東部徙章安耳。《太平寰宇記》於臨海則謂本回浦，而後漢改爲章安，是已。於永嘉又謂本冶，而後漢改爲章安，何其自相背戾乎？是皆由《續志》、沈《志》而誤也。然愚考《會稽典録》引朱育云：「元鼎五年除東越，因以其地爲治，❶并屬會稽而立東部，後徙章安。陽朔元年，又徙治鄞，又徙句章。」則其誤在司馬彪之前矣。夫東部之治鄞，當在回浦未闢之先。既誤以回浦爲治，又誤以回浦之南部爲東部，而東部之鄞反自治徙，真無稽也。至今奉化、象山之閒有鄉名回浦，蓋漢之舊也。何物毛生妄争以爲蕭山之西境，則益誕妄之尤。欲取《前志》、《續志》、《晉太康志》、《宋志》、《吴録》、《吴地記》、《太平寰宇記》、《隸釋》等書盡抹殺之，減去二千年來會稽之一縣，以成其鄉里之私，蓋不必置喙者。

昆明池考

昆明池在昆明，滇池在滇，本屬二水。吾以輿地考之，昆明爲今雲南之大理府，滇

❶ 「治」，原作「冶」，今據《三國志》卷五七注改。

爲今雲南府。滇自楚莊蹻之後世爲國王，即以池名其國。而昆明之屬無君長，又爲滇徼外之蠻。漢之通西南夷也，本求身毒國以達大夏，於是發使滇國，滇王爲之求道，以隔昆明，閉漢，使不得通。武帝聞而怒，欲討之。聞其地有昆明池，乃於長安西南作昆明池以習水戰。迨兩越既定，滇王舉國内附，而昆明卒不通。郭昌將兵擊之，無功而還。自漢至隋，永昌諸夷相率隸郡縣，獨昆明未附。《通鑑》唐武德四年，昆瀰遣使内附。昆瀰即昆明也。時有西瀰河蠻、東瀰河蠻，通名昆瀰。是昆明之當在今大理無疑。乃《史》、《漢》《西南夷傳》、《三輔黄圖》皆曰昆明有滇池，武帝象之於長安。則今雲南府之滇池，亘古以來未有移也。昆明尚在其西南，相去九百里，而忽接而言之，遂使今雲南府之首縣即以昆明名，誤矣。且以事情言之，滇王未嘗得罪於漢，漢無故圖其地理而欲伐之，無是理也。以軍行之道言之，漢若欲伐昆明，乃去其國千里，豈能遠致昆明之師而戰於滇？更必不可信之説也。予疑此久矣，但未得其證以實之。偶讀杜岐公《通典》曰：「西洱河一名昆瀰川，漢武帝象其形，鑿之以習水戰，非滇池也。古有昆瀰國，亦以此名。」然後恍然。蓋今滇雲全省之水，其最險厄爲迤東西之要者，莫如西洱河，即古葉榆水之北出者，自浪穹縣罷谷山匯諸流，合點蒼山十八川而爲巨浸，《水經注》謂諸葛丞相戰於榆水之南是也。史萬歲擊南寧，渡西洱河，破三十餘部；韋仁壽將兵五百，循西洱河開地千里；梁建方破松外蠻，奇兵奄至西洱河東西，蠻驚懼請降；鮮于仲通、李宓皆以十萬之師覆於洱河。是洱河者，大理一道之湯池也。昆明恃此水負固以阻漢使，故漢欲摹其水道於京師，使士習之，而卒無如之何也。若滇池則不然，史言其源深廣而流淺狹，四面平敞，雖方三百里之廣，然昔人有事於南中，未有以爲戰地者，而況乎武帝之所欲討者非滇也？予又考唐嶲州都督劉伯英上疏，言松外諸蠻暫服亟叛，請擊之西洱河，天竺道可通也。天竺即古之身毒。伯英之言，猶是漢人自昆明通道之故智，則洱河之爲昆明，無可疑者。滇南自蒙氏歸唐，而後其與吐蕃争者，亦唯昆明。異牟尋既取昆明，遂食鹽池，徙洱河七種蠻。吐蕃以兵八萬屯昆明，争之，韋皋圍之，不能克，則昆明之險可知也。若高宗時，唐九徵擊吐蕃於姚、嶲，虜以鐵絙梁漾、濞二水，通西珥蠻，筑城戍之。九徵毁絙夷城，建鐵柱於滇池以紀功。其所云滇池，亦指洱河，蓋襲《史》、《漢》之譌。九徵戰勝於大理，不應建柱於千里而遥之滇池。獨怪自遷、固以來，其訛相襲，雖有岐公之言，莫據之以正舊史。元段世之答梁王曰：「若欲修好，當待昆明池作西洱河。」豈知夫西洱河之本爲昆明池也？作《昆明池考》。

蘇子瞻曰：「南詔有西珥河，即牂柯江，河形如月抱珥，故名。」愚以爲昆明轉而爲昆瀰，昆瀰分而爲東、西瀰，瀰又轉而爲洱，此語音之迭，更非象形也。以爲牂柯，則更非矣。宋人自大渡畫界而後，不知天南事跡之詳故耳。

戡黎説答東潛

所示西伯戡黎之説，敬聞之。東潛才氣極高，又有圖籍足以佐之，故應一時無抗手者，然而微嫌其好立異也。夫先儒豈不讀《左傳》，竟不知東方之别有黎國乎？然而文王則固西伯也，西伯則專征賜履祇在西方之國，而謂兵力所加，不難集矢於淮徐之閒，則侵東伯之任矣。是故文王伐密、伐崇不過河北，至於戡黎，則已渡河而東矣，然而猶屬西方之國也。唯其已渡河而東，故祖伊懼而奔告，而況渡孟津，越朝歌，逕從事於東方，其可乎？東濳巧於立言，以爲黎已叛紂，故文王爲紂討之，則又大不然。據《左傳》謂東夷之叛紂也，以黎之蒐，則是東夷叛，非黎叛也。紂尚能整其六師以蒐於黎，其無待於西伯之戡，明矣。若謂紂之力已不足以及黎而待文王之戡之，乃戡之而東夷仍叛，則西伯之力亦不足以加於東夷，而服事之至德衰矣！況文王爲紂戡黎，是正紂之所仗也，何以祖伊從而恐之而殷從而咎之？此雖欲斡旋而善爲之詞，而勢必不能者也。若夫東方之黎，本無確地，所當闕之。東濳欲以齊之犂丘當之，則益非。愚之所敢信者，大抵解經而好異，必爲經之累。敢言之。

喪主喪孤辨

喪無二孤，是不易之禮也。孔子之答曾子，以爲季康子之過，是非孔子之言也。衛靈公弔桓子喪，而魯哀公爲之主，是即《喪服小記》所云「諸侯弔於異國之臣，則其君爲主」者，是喪主也，非喪孤也。禮固有尊長爲喪主而喪孤弗豫者，此之謂也。豈有哀公而爲季氏喪孤者？是妄人之言也。康子之過，以其但應哭踊，不應拜稽。謂之誤行喪主之禮可也，謂之非喪孤不可也。而謂今之二孤自此始，則誣矣。吾故以爲非孔子之言。

姑姊妹夫喪主辨

《雜記》：「姑姊妹夫死而無兄弟，使其

族人主喪；妻黨雖親，弗主。」其説是也。婦人外戚必得同姓之屬爲主也。其云：「無族，則前後家，東西家。又無，則里尹主之。」無謬也。吕坤謂：「外戚之親尚有服，鄰里於死者何有焉？是拂情也。」故萬斯同謂：「下文或人之説，妻黨主之而附於夫黨者，當爲正禮。」按朱子已謂「從其宜而祀之别室，未爲不可」，則固無可疑矣。顧炎武謂「聖人已豫防後世有如王莽、楊堅之徒者，自天子至庶人一也」，則附會之甚。若以竄奪言之，兄弟未嘗無此輩也，族人亦未嘗無此輩也，即非親非黨之臣下，亦未嘗無此輩也，防之且不勝防，將若之何！

子夏易傳跋尾

《子夏易傳》，唐開元中曾詔列於學宫，同帖正經，以試多士。劉知幾争之曰：「《漢·藝文志》《易》十三家，無《子夏傳》。至《七録》始有《子夏傳》六卷，或曰韓嬰作，或曰丁寬作。然據《漢志》，《韓易》二篇，《丁易》八篇，求其符會，事殊隳刺，豈非後來假憑前哲？必欲行用，深以爲疑。」詔下儒臣集議，司馬貞等以爲，《七略》有《子夏傳》不行已久。荀勖《中經簿》四卷，《隋志》梁時六卷，今二卷，則錯謬多矣。王儉《七志》引《七略》云：「《易傳》子夏二篇，韓氏作。」而今題載薛虞記，祕庫有之。傳文指趣質略，無益後學。於是停止帖經。然則今所行十一卷固屬贋本，即《七略》以來之書亦依託耳。孫坦《周易析藴》欲以漢之杜子夏當之，《書録解題》謂其無據。夫曰韓、曰丁、曰薛，其見於前人著録者尚難審定，況臆度耶？十一卷之顛末已見於納蘭成氏之跋，余故追溯其舊本而略記之，并取《釋文》、《正義》、《集解》所引附列之，因以笑張弧之疏略焉。

《釋文》引《子夏傳》爲今本所無者凡三十四條：

《乾》亢，極也。

《屯》如，辭也。　乘馬之乘音繩。

班如，相牽不進貌。

《訟》眚，妖祥曰眚。

《比》地得水而柔，水得地而流，故曰比。

《小畜》孿作戀，思也。　幾作近。

《履》愬愬，恐懼貌。

《泰》翩翩作篇篇。

《大有》彭作旁。

《謙》謙作嗛，謙也。

《豫》盱作紆。　簪，疾也。

《噬嗑》胏作脯。

《賁》束帛五匹爲束。三玄二纁象陰陽。　戔戔作殘殘。

《復》傷害曰災。妖祥曰眚。

《頤》拂作弗。輔，弼也。　逐逐作攸攸。《字林》云：「攸當爲逐。」

《習坎》寘作湜。

《離》戚作嘁。

《遯》肥，饒裕也。

《晉》鼫作碩。

《明夷》夷於之夷作睇。　拯作抍。

《姤》柅作鑈。　包瓜之包作苞。

《困》徐徐作荼荼，内不定之意。

《井》甃，修治也。

《豐》沛作芾，小也。　沬作昧，星之小者。

《渙》拯作抍，取也。

《既濟》茀作髴。　繻作襦。　袽作茹。

《正義》引《子夏傳》：

《易》雖分爲上下二篇，未有「經」字。「經」字是後人所加。

《集解》引《子夏傳》：

《師》　丈人作大人。

《比》　地得水而柔，水得土而流，比之象也。夫凶者生乎乖争，今既親比，故云比吉也。

按：《正義》、《集解》所引，今本亦無之。

《中興書目》云：「陸德明《釋文》所引，與今本閒有合者，若《比》云『水得地而流，地得水而柔』，今本作『地得水而澤，水藏地而安』，但小異耳。其《釋文》有而今本無者，蓋後人附益者多也。」

朱震曰：「孟喜、京房之學，槩見於一行所集，大要皆自子夏所出。」

按：此又真以爲子夏作者，姑録之以備異聞。

讀林簡肅公周易集解

崑山徐尚書健菴開雕林黄中《周易集解》，或告之曰：「是非糾朱子者耶？」尚書懼，亟斧之。其所見隘矣。竹垞旁援勉齋祭文以雪黄中之冤。予謂黄中立朝，風節卓絶，其論朱子，激於一時之勝心，不過如東坡之排伊川耳。後世不聞因伊川之争而置東坡於惇、卞之閒，安得因朱、林之争而以黄中與陳賈、胡紘同傳？是固不待勉齋之文而雪也。若其説《易》，則實有近於支離者。黄中謂一卦皆含八卦，謂之八象。如《屯》則初震，二坤，三、四爲艮、坎，三艮，四坤，五、上爲震、坎。《蒙》則初坎，二震，三、四爲坤、艮，三坎，四艮，五、上爲坤、震。其前四卦以兩正體兼兩互體也，其後四卦以兩反對兼兩互體也。夫於反對之中尚欲求互，則屯即爲蒙，蒙即爲屯，終何所别？是所謂鹿旁求麞，麞旁求鹿者也，無惑乎朱子之斥其説也。黄中又謂八卦皆互相包以爲六畫，每卦取一互體，留一互體，一卦取上互，則一卦取下互。如《乾》包《坤》則爲《損》、《益》，《坤》包《乾》則爲《咸》、《恒》。一卦包三十二卦，八卦得二百五十六卦。是其説於《易》之經傳全無所預。且同一互也，或取以致用，或留以植體，則又何也？是朱子之所未辨，而南雷黄氏以爲「當日必因其不足辨而置之」者也。更有異者，黄中主張三代不改夏正之説，而謂十月乾亥不得言《坤》，正月句萌不得言《泰》，三月微陽不得言《壯》。《舜典》仲冬巡北岳不得言「后不省方」，因謂正月爲《復》，二月爲《臨》，則豈有三代不改時，不改月，而反能改陰陽之氣，直以六月爲《乾》者？且謂至日閉關，焉知非夏至？何以任情强辨一至此歟？厚齋馮氏反謂足破千古之惑，則好奇之過也。黄中之書，今所傳者皆無圖，獨楊止菴傳《易考》中有之。止菴蓋猶得盡見其書，而今止存《集解》一種矣，故撮止菴所傳者附之，以見其書之本有可斥，非果朱子之力能詘之也。黄中之人不當以其糾朱子而遽黜，至其書則正不必以其有異於朱子而反稱之，是吾持平之論也。予又讀後村所作黄中次子行知墓銘，其中述行知言黄中爲兵部侍郎，方負殊眷，而朱子亦有重名，當事皆不喜之。適二人論《易》相撑拄，知其皆剛而不肯相下，遂亦除朱子兵部以鬭之，果以不咸皆去。時臺中胡晉臣最助朱子，周益公則相也。及光皇龍飛，周策免，胡出臺，黄中方次對，深以二人之去爲惜，亦見其無成心矣。行知説《詩》極宗朱子，謂其佳處，聖人不易。

然則當時兵部之争别有本末，黄中固未嘗終執迷，而其子亦不守門户之見，後人可以釋然矣。

黄棃洲易學象數論書後

姚江黄徵君《易學象數論》六卷，上自《圖》、《書》九十之混，變卦、互卦之異同，旁推交通，雖以納甲、納音、世應、軌革之法，莫不搜其原本，抉其譌謬，可爲經學中希有之書也。徵君謂「《河圖》在《顧命》與大訓並陳，則是皆《書》也。使如後世所云，則爲龍馬之遺蜕歟，抑庖犧之稾本歟？不知『天垂象，見吉凶』，所謂『仰觀天文』；『河出《圖》，洛出《書》』，所謂『俯察地理』。《圖》、《書》即今之圖經黄册，其以河、洛名者，以其爲天下之中也」。此其説可謂百世不易之論。蓋嘗與學者言之，皆大驚，莫能信，固難以口舌争。徵君之言發源自薛艮齋。艮齋謂「自來緯候諸家所謂九篇六篇者，亦原以爲地學之書」。苟其是者，不可以緯候而廢也。《春秋命歷序》曰：「《河圖》，帝王之階，圖載江河山川州界之分野，後禹壇於河，受《龍圖》，作《握河紀》，歷虞、夏、商咸亦受焉。」《尚書中候》曰：「禹自臨河受《圖》。」注云：「《括地象》也。」《尚書刑德放》曰：「禹得《括地象圖》，堯以爲司空。」《河圖玉版》曰：「禹觀於河，始受《圖》，言治水之意。」李淳風《乙巳占》，其中引《洛書》，以《禹貢》之二十八山分配二十八宿分野。夫其所謂「壇河而受，臨河而得」，實龍馬之説所由起也，而所指則猶主方輿之圖。自有以五行生成之數附於「天一地二」之文，并以九宫太乙之數爲九疇者，而并緯書而失之。蓋惟《圖》、《書》爲地理，故王者之迹既熄，諸侯吞噬，山川之出入職方不知，貢賦之多寡地官莫問。聖人「河不出《圖》」之歎，至以比之鳳鳥。不然，馬毛之旋，既有據之以作《易》者矣。即其浮河再出，亦雷同之陳迹，夫子猶思見之，豈得别爲一《易》乎？《禮器》成於漢儒，誤解《論語》，而又依傍緯書，於是以河出《馬圖》爲瑞，是則歐陽公辨之矣。南昌萬編修孺廬嘗曰：「大禹治水，乃有《河圖》；周公營洛，始有《洛書》。故作《顧命》時，《洛書》新出，尚未得與《河圖》并登東序。」是又疏證之最精者。今人徒泥於河出、洛出之文，以爲此必沿河溯洛而得之者，真解經之固也。同里李桐曰：「《尚書》出孔壁，《儀禮》出淹中，不必皆有符瑞。」諒哉！徵君於《易》，遠覽千古，一洗前輩之支離，而尤有功於《易》者，此論也。若其談總象，予頗多以爲不然者，則别見於予説《易》之書。

跋黄梨洲孟子解

梨洲所解《孟子》一卷，名曰《師説》，以蕺山已有《大學統義》、《中庸慎獨義》、《論語學案》，惟《孟子》無成著，故補之也。梨洲於書無所不通，而解經尤能闢前輩傳注之訛。然亦有失之荒唐者，如指浙東之握登山、歷山、姚江、姚丘以爲舜居東夷之注是，乃前世地志笑柄，反謂顧野王「餘姚，舜後支庶所封」語爲妄；其解畢、郢，則宗孫疏以爲楚地，不可解也。

孔子正名論

蘇右丞謂：「靈公之死，衛人立公子郢，而郢不可，乃立輒。使輒知禮，必辭；辭而不獲，必逃。輒逃郢立，則名正矣，雖以拒蒯聵可也。雖然，孔子爲政，豈將廢輒而立郢耶？其亦將教輒避位而納父耳。蒯聵得罪於父，然於其入也，《春秋》以世子稱之。非世子而以世子名，以其子得立，成其爲世子也。若輒避位納父，是世子爲君也，而名亦正矣。」其後胡侍郎謂：「孔子爲政，必當告於天子、方伯，命公子郢而立之。」

子全子曰：「右丞何以知蒯聵之非世子？若本非世子而孔子可以世子稱之，則本爲世子而亦可不以世子目之。宋儒説《春秋》多如此，乃大亂之道也。孔子以世子稱蒯聵，則其嘗爲靈公所立，無疑矣。觀《左傳》累稱爲太子，固有明文矣。不特此也，其出亡之後，靈公雖怒而未嘗廢之也，又無疑矣。觀《左傳》靈公欲立公子郢，而郢辭，則靈公有廢之意而不果，又有明文矣。世豈有其子得嗣爲諸侯，而其父遂不必有所受而稱爲世子之禮。右丞之説，真無稽之談也。惟蒯聵嘗爲靈公所立，未嘗爲靈公所廢，特以得罪而出亡，則聞喪而奔赴，衛人所不可拒也。蒯聵之歸有名，而衛人之拒無名也。然而衛人方自以爲有名，則以蒯聵得罪於父也。夫蒯聵欲殺南子，其處人倫之閒未盡其道則有之，而其心則可原也。雖以此得罪於父，而當在未減之條者也。況靈公前此嘗立之，而其後又未嘗聲其罪而廢之，則衛人欲追探靈公之意而廢之，於義有未安也。故蒯聵之歸有名，而衛人之拒無名也。況諸侯之子得罪於父而仍歸者，亦不一矣。晉之亂也，夷吾奔屈，重耳奔蒲。及奚齊、卓子之死，夷吾兄弟相繼而歸，不聞以得罪而晉人拒之也。然則於蒯聵何尤焉？故孔子之正名也，但正其世子之名而已。既爲世子，則衛人所不可拒也。且使蒯聵不得爲世子，則衛人何所見而立輒？其立輒也，固以其爲世子所出而立之也。天下有世子而不應嗣位者乎？侍郎之説亦未爲斟酌盡善之道，孔子爲政必不出於此也。」

亡吴論

春秋之季，吴國天下莫强焉。及其亡也，忽諸世之尤之者，以爲會稽之成一也，艾陵之師二也，黄池之會三也。向微是者，吴當遂霸天下。然此皆自事之已形者言之，而非其元氣之所由削，福命之所由傾。夫吴之亡，始於通晉，成於入楚，而其搆怨於越則由此兩事而起，固不待其子之身有嚭同之佞、員聖之誅，而識者方知之也。且吴建國於江淮之閒，其疆隅不足當楚之半。以形勢言，則大江之與長淮，楚皆踞其上流，江東四戰之地，不足與之争衡，是以自壽夢以前俯首而附楚者，非特其風會未開，抑且勢不得不然。晉霸既衰，思出奇策以制楚，巫臣又藉手以洩私忿。其通吴於晉者，非能確然謂吴之必可以制楚，以爲即令不果勝，而楚之一歲七奔命，已大病矣。夫吴之一往而無厭也，其亦何所止竟？得志於楚則必并加於晉，其後齊盟争長之事可驗也。然晉自趙文子當國，而後偷安視息以自延，特利其目前之爲助而不暇遠慮於吴之即楚也。而楚亦不幸而適在中替之日，當國如子重、子反、子瑕之徒皆庸材，是以吴得起而乘之。齊桓之謀楚也，蓋亦嘗用徐矣，輔之以江、黄、道、柏而不克也。當時之徐，未必下於吴也，前後之楚不同也。然以累世强大之楚，植根已固，即令不競，豈能猝亡其國？而諸蠻視吴，素屬等夷，其中必有倔强而不相下者，斯越禍之所生也。楚不可猝亡，又生與國之患，則吴之國危。吴之國危，其勢固非中原救援所能及，是則輕其社稷之計而受人發縱指示之愚，以結歡於鞭長不及之地，失策未有如是之甚者。且兵者凶器，聖人不得已而用之，故黷武者，造物之所忌也。吴自諸樊以至王僚，無不好戰，疆埸之閒，連年角鬭，江淮而東，前此所未有也。玉帛外竭，干戈近訌，民力幾何而不困也？强水師爲車戰，違地利也。凡若此者，皆吴人墮於巫臣之計而不自知。且吴亦第見平王暮年，信用囊瓦、費無極、鄢將師，幾於尸居餘氣，以爲可亡之會，不知大臣自左司馬戌而下，猶有人焉；又三公子皆賢者君子，是以知楚之未易翦也。隨人、陳人守舊盟而不寒，豈果忘平日見淩之怨？覘國者其審矣。故當是時，非以王者之師臨之，必不足以亡楚。夫王者之師何如？當囊瓦臨陣之際，宣其脅留列侯、殺害忠臣之罪，正告於楚之三軍，以及其近郊遠郊之民，則楚人自瓦解而倒戈。繼遣一介，上告天子及中原諸國，宣其累世憑陵諸夏之罪，或許以反其侵地，或許以繼絶，九縣之封盡還其故，則小國向風，牛酒日至；爲伯州犂、伍奢、郤宛發喪，收諸亂臣之族，付諸理官，慰安楚之公室，安堵無恐，禮其士之賢者，則楚人將反爲吾用。於是分兵歸吴，以備不虞；休士於楚，以鎮新國，則秦人必不敢出。而數年之後，入朝周室，一匡天下，大業可得而成矣。七國之時，樂毅入齊，蓋頗有其風焉，而惜乎其用未竟也。今觀於吴，則反是，逞其封豕長蛇之習，恣其倒行逆施之狀，決漳水以灌紀南，決赤湖以灌郢，則民其魚矣。夫槩王與子山争處令尹之宫，則草野之遭汙辱，又可知矣。楚人上之則痛心於廟社之荼毒，下之則切齒於家室之播蕩，即無秦人，吴亦安得有楚卒之内變起外援，至踉蹌而去，所得不償所失？夫得失之不相償，猶之可也，而過此以往，楚人之讐雖百世不解，豈不懼哉？不於其身，必於其子孫，固罔或不亡矣。況自晉人以吳困楚，而楚人即以越窺吳。昭公五年，越大夫常壽過始以師會楚伐吳。圉陽之役，❶越遣大夫胥犴勞之，公子倉歸乘舟師而從之，其固相結也如此。三十二年，吳始用師於越。而是役也，越遂乘虛入吳。夫吳既素有不快於越，而入郢之時全不爲備，是亦可以見其疏矣。卒之檇李之役，反隕其身，以致貽患於其子。其後句踐興師，申包胥實在焉，則楚自遷鄀而還，雖不以一矢修怨於吳，而吳實亡於楚也。嗟夫！天道好還，故禍機之倚伏如轉轂焉，可不懼哉？或曰：「若吳當會稽之時不許句踐之成，豈能復爲後患？而跨三江五湖之固，亦不遽至於亡。」予曰：「不然。吳不滅越固亡，即滅越亦亡。夫闔閭父子，皆好勝而不顧其後者。使其晏然而有越，則將以爲天下皆莫吾若，其進而與中原争衡，不待其事之畢也。是時中原遽衰，固不能摧吳之鋒，然而商、魯之溝，荼、墨之壘，逞其雄心虐民，以用楚人復仇之師，將起而議其後，百粵宗支之處甌閩者從中應之，此其亡亦不出二十年以後也。」或曰：「然則如之何而可？」曰：「夫差之報仇，是固不可以已者也。既取越而有之，慄慄危懼，撫諸小國，結好中原，其庶可以免乎？雖然，吳以崛起之國，窮兵以犯鬼神之怒，求其保泰而持盈也，吾有以知其不能。故曰吳之亡，自壽夢以後啟之，至闔閭而極，夫差乃天之所假手者耳。」

❶「圉」，原作「圄」，今從沈粱校據《左傳注疏》卷五一改。

越句踐論

以吴之强也，而句踐於覆亡之餘，生聚教訓而沼之，是荆楚所弗能。古今之論復讐者，孰有光於斯？自是而反諸侯之侵地，遂以稱長於上國，誠偉矣！然其晚年功業稍衰，何也？曰：「是可以見持盈之難也。范蠡之言曰：『句踐之爲人，可與患難，不可與安樂。』以是知其量亦易荒也。彼夫差之初政，蓋刻苦自勵矣，卒以報越。及其功成，何一往而不克自持也？句踐雖不至如此之甚，然以沼吴之後，夷考其所爲，非前日比。太宰嚭者，亡吴之臣子也，句踐信而任之。其欲納魯哀公而不克，出於嚭之受賂，句踐尚可爲國乎？吾觀范蠡之去也，殆有見於嚭之見用而飄然而避之也。文種之死也，必嚭惡而殺之也。洩庸以下諸公之不復見也，必皆爲嚭所抑也。太史公謂誅嚭者，謬矣。爲國莫大乎用人，即此一端，其餘皆可知也。鄧艾平蜀而赦黄皓，君子知其不終，况從而用之乎？迹其遠騖上國，於魯、於衛、於邾逞其雄心，而淮泗之閒終弗能有，是皆亡吴之遺而句踐襲之，其幸而不亡者幾希。嗟乎！晉之衰也，南方之霸凡三出。楚雖久争中國，然至靈王始得專主諸侯之盟，恣睢暴戾，遂以自殞。繼楚者吴，其横行更甚焉，故其亡也愈慘。越則稍戢，故無覆滅之禍，而其不克終霸，要亦侈心爲之也。或以爲種不死，蠡不去，夾輔霸業，必不至於此而已。予以爲種不死，蠡不去，當輔之以廓大其國，而必不教以圖霸。蓋遠處三江五湖之閒，鞭雖長而不及，欲博主盟之空名而耗其國以從之，智者所不爲也。况重之以戮功臣，信壬人，則其衰也固宜。」

諸葛孔明入蜀論

眉山蘇氏曰：「孔明棄荊州而入蜀，吾知其無能爲。」子全子曰：「謬哉，蘇氏之言也！荊州之爲江左重也，誰不知之？雖然，由西北以取東南，則荊州爲要，得荊州而江南不可保；由東南以取西北，則荊州其地也。當是時，曹氏據中原之形勝，十有其九，由荊州以取襄陽，不過得宛、洛，其地四戰即得之，江南亦不能以兵守之。儻謂由荊州以窺武關，撼長安，則甚難，桓温之攻苻氏是也。蜀之爲土也，嵯峨天險，宜不過自守之區，而爲長安之背，高祖嘗用之以取三秦。以長安之固，豈蜀之所能爭？而長安有事，則蜀之力能爲患。昭烈之入蜀，長安十部甫歸曹氏，張魯未亡，正關中可取之機也。其時欲制曹氏，當以蜀中窺長安爲正兵，而游軍從荊州以綴宛、洛。故周瑜爲孫權畫策，急以取劉璋，并張魯，結馬超爲上。甘寧亦主其議。而孫權謂使曹氏得蜀，荊州必危。英雄之所見審矣。不然，孫氏方捷於荊，何不徑由江陵北向，而顧爲此迂圖哉？其後孫氏不能得蜀，故終吴之世不能得志於魏。況孔明曷嘗棄荊也？荊州本非劉氏之有，而江左君臣亦無推心劉氏之誠，吕蒙之徒日相窺伺，夫人又從中主之。古無借人之地足以成王業者，此孔明得蜀之後，所以不欲裁抑法正也。吾則謂孔明之失，正在不能棄荊以起孫氏之釁，而蜀遂以之不振。何也？孔明隆中之策，本欲兼荊、蜀以爲家。有蜀又有荊，兩軍並出，良爲可恃。然孫氏既索荊，則其勢已與劉氏分。況荊本孫氏所取，今據之而不返，其曲蓋有歸矣，何若慨然以荊州還之孫氏，則鄰好尚可保，而以全力由漢中以撓長安，彼十部之餘必有響應者。況馬超以宿將正在蜀，即不能盡得長安，而要之長安必危。孫氏既得荆，亦必進而圖襄陽，則曹氏之勢大分矣。曹氏知兵，故其棄漢中也，急徙武都氐於天水，誠懼漢之撓長安也。計不出此，乃使前將軍日結怨於吴，而浪用兵於魏，卒不聞漢中之一甲一矢應之於西，以相犄角也。不但西師寂然，而荆軍之出，疾呼夷陵、上庸之援，竟亦不至也，可以謂之知兵乎？劉封固庸材，然孔明何不見及此也？夫得宛、洛之地千里，不如長安之一郡一縣也，何其瞀歟？迨白帝之役，趙雲亦謂『當急據河、渭上流，以圖關東，不當從事荆、吴』，則荆州之不必力争也明矣。或曰：『前將軍之出師也，魏人將遷都以避之，宛、洛震動，何子過之深也？』曰：『魏人恐其挾天子而去，故欲遷以避之。遷帝也，非遷都也。魏人之都在鄴不在許，即使漢人得許，亦未能窺鄴也。而況徐晃已至，宛城之内應已平，前將軍之兵已折，即無糜芳輩，亦敗而歸耳。然即襄陽可得，許都可至，挾天子以攻曹氏，而彼以幽、冀之地自固，亦不能挾其頸而笞其背，不如得長安之爲萬全也。是説也，蜀人廖立蓋嘗言之，而蘇氏未之知耳。』或曰：『然則襄、鄧不足恃，而宋之南，李忠定諸公皆欲都之，何也？』曰：『爲其近汴梁也。宋人不甚争長安，以逼於西夏耳，則勢必由襄、鄧以入宛、洛矣，言各有所主也。』」

李習之論

伊洛諸儒未出以前，其能以扶持正道爲事，不雜異端者，祇推韓、李、歐三君子。説者謂其皆因文見道。夫當波靡流極之世，而有人焉，獨自任以斯道之重，斯即因文而見，安得謂非中流之一柱哉？乃韓、歐已祀文廟，獨不及習之，則尚論者之闕也。習之之學未嘗盡本於退之，或者不察，竟以爲韓門籍、湜之流。蓋退之實欲致之於門下，特習之不屈耳。習之之妻，退之兄子也，然其呼退之爲兄，則尚不肯以後輩之禮自居，而況師之云乎？自秦漢以來，《大學》、《中庸》雜入《禮記》之中，千有餘年無人得其藩籬，而首見及之者，韓、李也。退之作《原道》，實闡正心誠意之旨，以推本之於《大學》；而習之論《復性》，則專以羽翼《中庸》。觀其發明至誠盡性之道，自孟子推之子思，自子思推之孔子，而超然有以見夫顏子三月不違仁之心，一若并荀、揚而不屑道者，故朱子亦以有本領、有思量稱之。至《去佛齋文》，則其所以衛道者尤嚴。嗟乎！伊、洛高弟平日自詡以爲直接道統者多矣，然其晚年也，有與東林僧常總游者，有尼出入其門者，有日誦《光明經》一過者，其視因文見道之習之得無有慙色焉？孟子稱能言「距楊墨者聖人之徒」，然則孟子而在，不將亟進習之於上座哉？至其《平賦》，則《周禮》之精意也，得此意而善用之，《睢》、《麟》之盛可復也。蓋習之有體有用，具見於《復性》、《平賦》二書。《文中子》之書流傳已久，獨習之嗤其似《太公家教》。吾於是而知習之所得，蓋未可以尋常窺也。退之文字之交徧天下，至其解《論語》、解《孟子》，則習之一人而已。後世以習之之文稍遜退之，而并其有功於聖門者而掩之，惡乎可？歐公之於唐人，並稱韓、李，而其慕習之也，尚在退之之上。然其所以慕之者，祇於不作《哀二鳥賦》而止，而反謂其《復性書》不過《中庸》之義疏，則尚未爲知其本者。惟葉石林、宋潛溪所以論習之最當，而近人罕信之。是皆因文見道之言誤之也。或謂習之言道，而其言未純於道；闢佛，而其言時或染於佛。此亦本之朱子。嗚呼，苛矣！是不過習之學力稍未至而遽短之，可乎？《唐書》於習子學術概略不書，反言其累仕不得顯官，佛鬱無所發。見宰相李逢吉面斥其過失，逢吉詭不校，習之恚懼移病，爲有司論罷。夫逢吉之媢克，誰人不曉？習之而欲得顯官耶，必不敢斥逢吉；既斥之矣，寧復有顯官在其意中者？且習之而懼逢吉耶，亦不敢斥逢吉；既斥之矣，抑復何懼之有？是蓋當時朋黨小人誣善失實之詞，而史臣誤采之者，雖以荆公之識，不能盡諒，此事異矣！今因論從祀而牽連及之，并以糾舊史之謬云。

漢經師論

或有問於予者曰：「漢之經師多矣，説者謂其徒明章句，而無得於聖賢之大道，故自董仲舒、劉向外，儒者無稱焉。程子稍有取於毛萇，然則三人而已。」曰：「是何言歟？漢人值儒林之草昧，未極其精粹則有之。然自文、景而後，或以宿德重望爲一時重，或以經世務見用，或以大節，或以清名，多出其中，子蓋未之知也。夫漢興，張蒼首定律曆，荀子之徒也。治《左氏》。賈生通禮樂，明王道。從張蒼受《左氏》。文翁興學校。本傳言其通《春秋》，不見《儒林》。丁寬輔梁孝王，將兵距吴。治《易》。申培面折武帝，以爲治不在多言。《魯詩》。轅固斥公孫丞相以曲學阿世。《齊詩》。韓嬰議事分明，雖董子不能難。《韓詩》。胡毋生，則董子著書稱其德。《公羊氏》。

兒寬醇雅有餘。《尚書》。王陽著名昌邑藩邸；通五經，兼《騶氏傳》。其子駿爲御史大夫，有名；《易》。其孫崇能潔身避莽，非世其學者乎？龔遂之剛毅，不見《儒林》，但載本傳，曰明經。大夏侯之敢言，《尚書》。魏相實平霍氏之亂，治《易》，不見《儒林》，但載本傳。蓋寬饒之剛正，韓嬰《易》。嚴彭祖不肯屈身以取宰相，《公羊氏》。歐陽地餘不肯受賻物以傷廉，《尚書》。召信臣之豈弟，不見《儒林》，但載本傳，曰明經。于定國之寬仁，本傳但云《春秋》。蕭望之之堂堂爲社稷臣，《齊詩》、《魯論》。薛廣德之犯顔阻駕，《魯詩》。鄭寬中之雋才，《尚書》。疏廣之知止知足，《公羊氏》。韋賢之守正持重，《魯詩》。其子玄成之讓爵，朱雲廷折張禹，《易》。亦見本傳，不見《儒林》。平當不羨侯封，《尚書》。王嘉則蕭望之其亞也。本傳但云明經，不見《儒林》。丁、傅、王氏之亂，何武、《易》。不見《儒林》，但載本傳。師丹、《齊詩》。彭宣、《易》、《論語》。龔勝、《尚書》。鮑宣，《尚書》。皆中流之砥柱。龔舍潔身早去，《魯詩》。梅福風節尤高，穀梁氏。邴丹著清名，養志自修，《易》。而馮野王兄弟各占一經，始則見忌王鳳，終死新莽。馮野王《詩》，馮逡《易》，馮立《春秋》，馮參《書》，俱見本傳。蓋經師之與國相終始如此，可不謂之盛乎？授受既多，亦誠不能無主父偃、匡衡、張禹、五鹿充宗、孔光、馬宫之徒。然諸公爲漢生色，則已足矣；如路温舒、王式、黄霸、張敞、孫寶，則稍次焉，吾弗備述也。

三家易學同源論

今世之説經者曰：「《易》之晦也，圖、緯於京、孟，黄、老於王、韓，皆無當於《易》。」其説似也。豈知圖緯之學本以老莊爲體，老莊之學即以圖緯爲用？自諸家言《易》以來，但知其門户之分，而不知其門户之合。今夫漢唐之言五行者，未有不依託黄帝者也。黄帝，道家所援以爲祖者也。則是圖緯之所自出，即黄老也。蓋世之所謂清淨虚無者，原非盡忘世者也。其本心固欲以方寸運量天下無窮之變，而又不能有聖人洗心退藏、知來藏往之量，故高妙其説，以爲齊死生、輕去就者，矯也，而實則時欲出而一試。其試之也，則必以陰陽消長之説，而又恐世之疑其支離而難通也，則又必返之玄奥之窟，以見其言之未可輕議，而使人神其術而不疑，是以計然之書實爲壬遁之祖，范蠡輩用之，而《陰符》之説入於道家，此其證也。雖然，其流傳於後世，則有不同。嚴君平、魏伯陽、葛稚川之徒，以黄老治圖緯者也；管公明之徒，以圖緯治黄老者也。以黄老治圖緯者，其人多屬遯世之徒，其學但以之默觀時變而不肯輕於自見，故常安；以圖緯治黄老者，其人多屬用世之徒，急求售其説，故常得其道以亡身。是則其流别也，而要其無當於《易》則同。是以黄老家玄牝谷神之旨流爲神仙，而圖緯候氣直日之術亦流爲神仙。蓋神仙有道亦有法，道其體也，法其用也。玄牝、谷神之旨，其道也；候氣直日之術，其法也。得其道，未有可遺其法者，求其一而失其一，則神仙不可得成。京、孟之説《易》，專於法；王、韓之説《易》，專於道；兼而有之，則康節也。康節作《皇極經世》，稱老子以爲得《易》之體，蓋《皇極》所以推步元會者，本緯學也，故追而溯之。然其實五千言所有，特可以言《皇極》推步之體，而不可以言《易》之體。王、韓之《易》行，而儒者轉思京、焦；康節之《易》行，而儒者轉思王、韓：所謂耳食者也。豈知三家之門户同出於一宗，不過改易其旂幟而出之耳，果有異乎哉！吾觀康節之生平，蓋純乎黄老者也，而著書則圖緯居多，是殆善集二家之長者耶？所以其立言也尤精，而世之信之也尤篤。

周程學統論

《明道先生傳》在《哲宗實録》中，乃范學士冲作，《伊川先生傳》在《徽宗實録》中，乃洪學士邁作。並云「從學周子」，兩朝史局所據，恐亦不衹吕芝閣《東見録》一書。但言二程子未嘗師周子者，則汪玉山已有之。玉山之師爲張子韶、喻子才，淵源不遠，而乃以南安問道，不過如張子之於范文正公，是當時固成疑案矣。雖然，觀明道之自言曰：「自再見茂叔，吟風弄月以歸，有吾與點也之意。」則非於周子竟無所得者。《明道行狀》雖謂其泛濫於諸家，出入於佛、老者幾十年，反求諸六經，而後得之，而要其慨然求道之志，得於茂叔之所聞者，亦不能没其自也。侯仲良見周子三日而還，伊川驚曰：「非從茂叔來耶？」則未嘗不心折之矣。然則謂二程子雖少師周子，而長而能得不傳之祕者不盡由於周子可也。謂周子竟非其師，則過也。若《遺書》中直稱周子之字，則吾疑以爲門人之詞。蓋因其師平日有獨得遺經之言，故遂欲略周子而過之也。朱子之學，自溯其得力於延平。至於籍溪、屏山、白水，則皆以爲嘗從之游而未得其要者，然未嘗不執弟子之禮。周子即非師，固大中公之友也，而直稱其字，若非門人之詞，則直二程子之失也。周子所得其在聖門幾幾顔子之風。二程子之所以未盡其藴者，蓋其問學在慶曆六年，周子即以是歲遷秩而去，追隨不甚久也。潘興嗣志墓，其不及二程子之從游者亦以此。

張宣公謂《太極圖》出於二程子之手受，此固攷之不詳；而或因窮禪客之語致疑議於周子，則又不知紀録之不盡足憑也。若夫周子之言，其足以羽翼六經而大有功於後學者，莫粹於《通書》四十篇。而無極之真，原於道家者流，必非周子之作。斯則不易之論，正未可以表章於朱子而墨守之也。

律吕空積忽微論

《漢志》曰：「黄鐘爲宫，則太簇、姑洗、林鐘、南吕皆以正聲應，無有忽微，不復與他律爲役者，同心一統之義也。非黄鐘而他律，雖當其月自宫者，則其應和之律有空積忽微，不得其正。此黄鐘至尊，無與並也。」此其解見於西山《律吕新書》。西山謂黄鐘爲宫，所用七聲皆正律，無空積忽微；自林鐘而下則有半律，自蕤賓而下則有變律，皆有空積忽微。西山蓋以半律、變律皆屬正律之餘，遂欲以之當空積忽微。然以「空積忽微」四字之詁求之，則西山之解疑其不然。空積者，空圍所容之積實也，所謂管長一寸，圍容九分者也。忽微，則其所容不能盈寸盈分者，奇零而難求，故曰忽微。然則正律之中，不必皆無忽微也。故惟黄鐘爲宫，則黄鐘長九寸，積七百二十九分；太簇長八寸，積六百四十八分；姑洗長七寸一分，積五百七十六分；林鐘長六寸，積四百八十六分；南吕長五寸三分，積四百三十二分，其空積皆無忽微，所以見黄鐘之尊也。自南吕而應鐘，其長四寸六分有奇，則其積三百七十八分有奇，而忽微生矣。或曰：「此特以五聲之旋宫言之耳。若依《國語》，加二變爲七，則黄鐘之宫及於應鐘、蕤賓，雖黄鐘爲宫，其空積亦未嘗無忽微也。」曰：「變宫、變徵之目雖見《國語》，而古人旋宮之法未嘗用之，故《班志》言旋宮止五聲，《禮運》孔疏言旋宮亦止五聲，是可見古之樂不以二變入旋宮也。八十四調之説至杜佑始詳。自佑以前，如京房造執始、去滅之名，公孫崇上役黄鐘之正律，其説雖皆未協，然其止於六十調則同也，以是知旋宮之無二變也。西山未審於此，故并空積忽微之詁而失之。」

亞聖廟配享議上

亞聖廟兩廡配享之位，乃宋政和五年所定，今鄒縣廟中栗主因之。但當時太常諸臣未嘗一一攷覈，奉行疏忽，遂多棼錯。亞聖弟子，其確然見於正經者甚少，如咸丘蒙、陳臻之徒，《正義》以爲有所問於孟子者，即知爲弟子也，是固已在影響之閒，若其中有大不可信者。按陸德明《序録》謂高子受《詩》於子夏，稽之《毛傳·絲衣·小序》與《孟子》「小弁」章所述，則其人原以《詩》學有聲者。夫子夏爲魏文侯師，高子及游其門，是孟子之前輩也，所以有高叟之稱。邠卿不知何據，以爲弟子，《正義》遂謂其嘗學爲《詩》而不通，是塞其心之一端，以證邠卿嚮道未堅之語。夫山徑茅塞或出於鏃厲之辭，未可以定其爲及門，而古人稱謂最嚴，豈有以長老之名加之弟子者乎？邠卿以告子爲弟子，愚觀論性諸章，岸然獨立門户，必非登堂著録者。至浩生不害，則祇曰齊人而已，《正義》因其同名曰不害也，始疑浩生即告子之字，然尚未敢堅其説。古無以字冠於名之上連舉而稱之者，故《正義》亦自覺其難通而依違言之，乃祀典竟爲合并以成其謬。夫即以浩生之於孟子亦不過偶爾答問，乃今直以告子當之，而豈知兩人皆不可以言弟子乎？又一舛也。盆成括之見於《晏子》，以爲孔子門人，是固郢書之説，邠卿則曰「嘗欲學於孟子」，夫欲學則未學也；曹交之請假館，亦欲學者流也，《正義》遂以爲弟子，亦無稽之言耳。其爲前儒所已及者，如以季孫子叔並預贈祀，此出於注疏之謬，自朱子改正以來，相傳前代曾經罷享，特以沿襲未革。義烏吴萊更補一人，蓋滕更也。若以孔廟之例言之，則政和封爵在今日已不當用，宜改從先賢之稱而去高子以下五人，補入滕更。夫嶧山俎豆，世載有司，其討論亦不容緩者。因具書所見，以質之當世知禮之君子。

亞聖廟配享議中

亞聖廟十八弟子配祀之下，附以漢揚雄、唐韓愈，斯蓋出於孟氏子孫所私祀。其始尚別奉他室，後遂列之廡下。明初去揚雄。愚謂漢儒少有知孟子者，而雄首爲之注，則節取其功而祭之，宜亦古禮所有。而或其書出於後世之所因託，則又非愚之所能定也。《宋史·藝文志》有四家《孟子注》：揚雄、韓愈、李翱，其一熙時子。注、疏趙、孫兩家皆有表章遺文之功，雖其言未盡醇要，其人自卓然不背於道，其當祀於廡下，無可疑者。若自東都以來，程曾有《章句》，見《後漢書·儒林傳》；高誘有《正孟章句》，見《玉海》；鄭玄有《注》七卷，劉熙有《注》七卷，綦母邃有《注》九卷，見《隋書·經籍志》；陸善經有《注》七卷，見《唐書·藝文志》；李翱有《注》，見《崇文總目》；劉軻有《翼孟》，見《白氏長慶集》。其作音釋者二家，則丁公著、張鎰，斯皆於絶學有功，即其書已不傳，未知其醇駁如何，而要當使附之廟食者也。林慎思知尊孟子，其所見固出王充、馮休輩一等，況其以殉節著，蓋不媿儒林者。然其謂公孫丑、萬章之徒不足以傳孟子之言，而必自從而續之。孟子之文豈可續哉？是又河、汾之僭已。皮日休、强至、賈同皆嘗箋釋《孟子》，而其詳不可得聞。种放有《表孟子》上下十二篇。總之，伊、洛以前，能尊孟子者，皆知言仁義而距異端者也。日休死於吴、越，唐史之誣不足信，其從祀可無嫌。況自韓愈而後，尊孟子者，日休之言最力。宋則范祖禹、孔武仲、吴安詩、豐稷、吕希哲，所謂五臣者也。若王安石、許允成、蘇轍、王令、楊時、尹焞、張九成、張栻、陳耆卿之傳注，皆合登附於廟。而余允文、陸筠則尤有功者也。其伊川、横渠、晦翁三公不當在廡下，宜援孔廟典禮，於樂正之次附以昌黎，❶而三公次之，是亦不易之論也。

亞聖廟配享議下

今亞聖廟配享先儒有孔道輔，詢之孟氏，以爲亦明初事。其後又有錢唐。按道輔知兖州，始訪亞聖之墓，立祠其旁，故祀之以報其功，是則非古所有也。配享之禮，當取其傳經明道者列之，而其他不預焉。孔子廟中，不聞其祀梅福也。如以道輔之功，則所祀者亦未備。熙、豐閒，荆公素愛《孟子》，列於科舉。元祐變法，將去之，范純仁曰：「孟子之書，如《春秋》之在六經，不可去也。」遂止。是其一言之力亦大矣。晁説之拾疑孟之緒餘，請去《孟子》於講筵，而胡舜陟争之，亦衛經之最著也。推崇《孟子》之議，始於常

❶「之」，原誤重，今據嘉慶十六年刻本《鮚埼亭集外編》卷三九删其一。

秩，曾孝寬則請加公爵，程振則請增廟祀，陸長愈則請正位次，席旦則請補石經，王言恭以鄭厚之詆孟而請毁其書，吴萊以亞聖莫盛於孟子，斥史遷之妄，而别爲之傳，并及其弟子。儻以道輔準之，皆當有列於廟者也。然如舜陟則有附秦檜之嫌，秩亦清議所不予，從祀之，其可乎？明劉三吾作《孟子節文》，而孫芝上疏力争，詆三吾爲佞臣，以視錢唐，又前有光而後有輝也。然欲登之兩廡，究於禮未合。無已則自道輔而下至孫芝，奉之别室，庶於禮爲稍安。至栗主書道輔爲司空，按本傳則官中丞，以争程琳事出知鄆州，道卒，仁宗特贈侍郎，司空不知誰所加。此近日祝史之謬，所亟當改正也。

前漢經師從祀議

開元二十二賢從祀之舉，昔人議之者多矣。是後更進迭出，愚皆不盡以爲當也。夫謂當秦人絶學之後，不可無以報諸儒修經之功，雖其人生平或無可攷，而要當引而進之。此其説良是也。然此爲草昧初開言之，蓋在高、惠之閒，皆以故博士授弟子者。當斯之時，遺經之不絶如綫，椎輪以爲大輅之始，其從祀宜也。自是而降，經師稍稍接踵以出，如宗法所云别子。夫有爲之前者，詎可無爲之後者？特當於其名家之中，擇其言行之不詭於道者而從祀焉。此爲授受淵源言之，文、景、武之閒者是也。以後則經術大昌，誠不但以師傳門户爲足有功於聖門，必有躬行經術以承學統，而後許之，宣、元以後是也。吾於三輩人物之中，合而計之，得十有餘人焉。《易》則田何，《書》則伏勝，《詩》則浮丘伯、毛亨，《春秋左氏》則張蒼，《禮》則高堂生。此六人者爲一輩。其時《書》則古文未出,《詩》則《齊》、《韓》未名家,《春秋》則《公》、《穀》未名家,《禮》則《周禮》、《禮記》未出也。田何之大宗爲丁寬,其别出爲費直。《書》則孔安國出,而補伏勝之闕。浮丘伯之大宗爲申培,毛亨之大宗爲毛萇,而轅固以《齊》,韓嬰以《韓》。張蒼之大宗爲賈誼,而胡毋子都、董仲舒以《公羊》,江公以《穀梁》。高堂生之大宗爲后蒼,而河閒獻王以《周禮》。蓋經於是乎備矣。丁寬以儒生而有將才,誠非墨守章句者。賈生明禮樂,言王道,當文帝時,以一儒獨起,尤爲有功。申、轅正論不撓,毛萇深得聖賢之意,河閒獻王言必合道,大雅不羣,胡毋子都則董子所尊,韓嬰雖董子不能難,孔安國則克傳其家學。惟費直、江公、后蒼無言行可紀耳。此十三人者爲一輩。蓋漢二百年經學所以盛者,諸公之力也。若集諸經之大成,而其人精忠有大節,爲一代儒林之玉振者,則惟劉向。斯皆其必當從祀者。開元禮臣不知精審,而妄以戴聖、何休奪席,不亦謬乎?愚嘗謂西漢儒林盛於東漢,即其人亦多卓犖可傳。東京自賈逵、鄭康成、盧植而外,無足取者。夫前茅之功過於後勁,而况後之本不如前也!世有君子儻以予言爲不謬矣。

唐經師從祀議

唐之經學可謂衰矣。初年尚有河、汾教育之餘風,能以經術立言。自後詩賦日盛,而經學之衰日復一日,稍有講明其際者,不能以中流之一壺挽末俗。然使無此數人,則經學將遂爲啞鐘,是亦不可不稍存其學派也。今世從祀孔穎達,其實穎達生平大節有玷聖門,故愚嘗欲黜之,而進陸德明,以其大節也。其三百年中,有爲兼通五經之學者,陸氏而後，曰褚無量，曰馬懷素，曰王玄感，曰元行冲。專門名家之學，《三禮》則魏文貞公徵，其後有成伯璵；《易》則李鼎祚、蔡廣成；《春秋》則啖助、趙匡；《詩》則施士丐。斯數人者，猶能守先聖之緒言以傳之後，雖其言未必醇，而不爲無功於經。言乎其人，則文貞不可尚矣。褚氏、馬氏、王氏、元氏皆名臣，而施氏見稱於韓子，雖所得或淺，要皆賢者。成氏、李氏、蔡氏、啖氏、趙氏，其書尚存，多爲後學所采，則亦不可泯其勞矣。韓子同時，李習之尤當從祀。其復性、闢佛之言，大爲韓子之助。宋人深求而詆之，未爲平允。晦翁、同父之争，其抑揚祇在漢唐之學問功名。然漢唐誠不足以望古人，而天之未喪斯文，際時之厄，亦不得不於駁雜之中求稍可寄者而寄之。故同父之説固過恕，晦翁之説亦過苛，此愚所以有唐經師之議也。説者謂唐之經師存亡繼絶之功不足以望漢人，其明道又不足以望宋人，故從祀不及。愚因記所見，以俟論定。

尊經閣祀典議

自經師二十二人之從祀，進退不一，而儒者各持其論。有爲責備之辭者，以爲非有得於聖人之道則不得爲聖人之徒。今宫牆數仞之中，而僅以章句之流預其閒，非所以尊道統也。有爲忠厚之辭者，以爲當世衰道微之日，遺經不絶如綫，而有能兢兢呵護以待後之學者，雖其人不無可議，而祀不容廢也。是二説者，皆是也而未盡。蓋傳經之功固大，而自商瞿子木以來，夫豈二十二人所能盡也？今貞觀之所舉，則固已偏而不咸。若使盡列之先賢之下，則又夫人而知其不可也。是原不能不核其人之生平定之矣。乃即以二十二人核之，而其生平已多不能有當於聖人，所以有退祀之於其鄉者，有竟黜其祀者。雖然，彼其抱殘守缺之勞，似未合竟屏之里社之閒，況其并或䎟然去之也。愚嘗折衷於兩家之平，以爲今天下皆有先聖廟，廟旁皆有尊經閣，登斯閣者，以敬學尊師之意修追遠報本之文，則諸君子俎豆之地於斯爲合。蓋以尊經而遂及傳經之祀，則凡當年之得載於箋疏，得見於《儒林》者，無不可也。不特《春秋》之鄒、夾，《詩》之齊、魯、韓，以暨北宫、司馬、仲梁諸子，固所當預；即以其人或未醇，甚至若張禹、何晏、劉炫、邢昺者，皆可存也。何也？節取其功而録之，固不可與坐聖人之廡下者同年而語，則稍恕焉而非濫。夫如是，將經師之允升者無所遺憾，而兩家之聚訟可息。若其學行粹然如董仲舒、鄭玄之徒應從祀者，則固兩列之而無嫌也。

雖然，古之祭祀莫不有配。是舉也，當各以其鄉先正之有功於經學者配之。即以吾鄉而言，唐以前未有師，宋宣和以後，陳文介公經學始著，而於是王茂剛以《易》，曹粹中以《詩》，高抑崇、高元之以《春秋》，鄭剛中以《周禮》，迨至慈湖、廣平兩先生而四明之經學始盛，深寧、東發兩先生而四明之經學始大備。其餘專門之學，如南塘、積齋遺書至今流傳。皆吾鄉百世不祧者也。彼秦、漢以來，經師遠矣。尋墜緒之茫茫，作弟子之矜式，取而配之，斯先王之禮意，而非予一人之私言也。予持此論已久，會吾鄉學宫新落，持節觀察西涼孫公今好禮者也，因語及之，謂是固天下可通行之禮，而不妨竊舉於一方。孫公欣然許焉，而予爲議以上之。

請復服内生子律議

唐宋以來，俱嚴服内生子之禁。明太祖著《孝慈録》，詆爲不近人情，遂削其律。太祖因寵一妃，令其子爲三年喪，竟舉古禮牽連廢棄，可謂陷人不孝者矣。人子居喪之制，所謂衰麻者，特其文耳，惟有實以維之，而後文有所寄。後世天性澆薄，諒闇之禮如飲酒食肉，皆形迹所易掩，即不可問。至於舉子一事，則以令甲之威爲之防範。蓋禮之所窮，刑以輔之，此正一綫之遺，人道所以不絶。今并去之，則其離禽獸者幾希。且以禮而言，則一切飲酒食肉猶或可以少寬，而獨嚴於御内者，桐城方閣學嘗謂：「家庭杯箸之間，對粱肉而淒然念其所生，斯在常人亦或有之，若御内而不忘哀，未之有也。」是以《雜記》「堊室之内，非時見乎母也不入門」，然則三年之中苟非有哭奠之事，不得與婦相見，明矣。其但言堊室者，蓋舉遠以概近，而閣學以聖人不忍以不肖待人，當夫枕塊寢苫，豈有漫無人心一至此者！迨至小祥之後，日月漸邁，而不得不皇皇然慮之矣。斯其言尤足以警當世而使之泣下者也。當時左右重臣如劉文成公、宋文憲公，俱一代碩儒，乃不能引古誼以力争，反爲之依阿排纂，用相傅會，故吾鄉萬處士斯同以爲長君之惡，夜氣俱亡，蓋亦有激而言，非過論矣。在昔宋文帝以居廬中生逆劭，諱而不宣，即位三年而後舉之。説者以爲異日商臣之酷，本於沴氣所鍾。雖其言未必果然，然孝子之後必有孝子，則反是以思，固無足怪。愚又讀明晉江黄相國《國史》，唯疑言明世廟時，太子於康妃服中生子，世廟問諸輔曰：「禮臣得無有言？」或據《孝慈録》言其無害。則是以天子之尊，猶知其不可而嫌之，豈若今世以爲習有之事，恬然無忌，是直去律之害，中於人者深也。近見邸鈔載晉撫石公糾屬將縱欲忘親一案，已奉嚴旨訊治。夫以四百年來內外彈事之所未見，而一旦舉而行之，是可以見天子孝治之隆能出天下於耳聾目瞶之餘，而封疆大吏之所以範其下者，不可謂非朝陽之鳳也。然愚尚恐窮鄉僻社之民未能周知，不若復取舊律詔之天下。按舊律在服內生子者，並合免所居之一官；其無官者徒一年，若未發自首亦原。夫必自首而後原之，則稍知自好者將有所恥而不敢犯，是真厚風俗之先務也。明太祖以爲如舊律，恐人民生理之罷。是殆與喪亂之世禁寡婦之不嫁者同，曾謂開國之君竟出此哉？

請攷正承重服制議

《喪服小記》：「祖父卒，而后爲祖母後者三年。」鄭康成曰：「祖父在，則其服如父在爲母也。」古人於父母之服概稱三年之喪，而父在祇爲母杖期，非敢獨薄於母，蓋以吾父之所以喪吾母者不過於期，使子之服不除，恐傷厥考之心，故服從父，而心喪仍以三年。惟父亦達子之志，必三年而後娶。然則子之不敢申其喪者，即父之不忍遂其娶。周公禮意之精，原可垂之百世而不惑也。歷朝改制以來，禮從其厚，已成不易之條，而適孫承重猶然。《喪服小記》所云，其於畫一之旨未合。說者以爲，《孝慈録》之作，原別有爲，非真有見於禮之當然，故當時議禮諸臣亦不復推廣而講明之，其信然歟？則是後人之所當釐定也。至若康熙二十七年，吏部議得陝西藍田縣知縣鄧士英祖母馬氏病故，以其祖父在，不許丁艱。則竊更有疑者。夫居三年之喪之與去官，是兩事也。既爲父之嫡，則即令厭於祖在，不爲三年之喪，而不可以不去官。彼思爲後者，祖父在而爲祖母，其與父在而爲母同也。古人父在爲母亦期年，其亦可以不去官乎？彼漢、晉人於旁親期功之赴猶然駿奔，甚至友生且行其禮，而本朝亦許臣下於本生父母、繼母、隨嫁母俱得給假治喪，奈何以所後之祖母而反不然哉？然愚嘗考朱子有曰：「祖在父亡，祖母死亦承重。」詳玩朱子之言，則似亦因當日之不承重，而特舉而言之也。然則因不爲三年之喪，而遂誤認以爲不承重，而廢去官之禮者，其失蓋自宋已然，不始於近世也。楊次公誌評事劉暉墓，稱其喪祖母時，雖有諸叔援古誼以嫡孫解官承重，以爲篤厚。而李敬子以祖母之喪，援劉暉事爲請，許之，范蜀公以爲賢。然當時反有咎之者，以爲祇當從衆。則朱子之前，雖祖父亡，而爲祖母持服者蓋亦寡矣。臣子奪情，不得持服，是必有不得已之故。今假口於祖在，不爲三年之喪，而竟晏然居官，是自奪其情也。夫以古人著禮之意而言，不惟其文惟其實，即令爲三年之喪而實不至，亦何當於禮？然以國家一定之制而言，則似不容有參錯者。愚故以爲直當改定舊禮，不問祖父在否，皆行三年之喪。是在前儒俞汝言已嘗論之，非愚一人之私言也。

奉方望溪前輩書

甬東後學全祖望再拜頓首靈皋先生前輩足下：束髮以來，仰慕盛名，南北道遠，不得一御元禮。茲來京師，峨嵋天半，幸一望見，從此塵山霧海，有所指歸，幸先生其弗棄。按《檀弓》曰：「殷朝而殯於祖，周朝而遂葬。」注疏家引以爲殷殯祖廟、周殯路寢之據，因有殷尚質故於廟，周尚文故於寢之説，言之確鑿。但攷之《左氏》僖八年與襄四年，皆有不殯於廟之語，而皆以爲降禮，則苟非貶黜，似未有不殯於廟者。杜元凱、孔仲達曰：「所謂不殯廟者，非果殯在廟也，臨葬時必以殯宫朝廟。今貶黜者，禮宜從殺，不復行朝廟禮耳。」夫以周禮論，則朝之與殯，截然兩大節目，而乃以不殯廟爲不朝廟，似未可信。考鄭康成《志》答趙商一條，亦嘗及此，然疑竇終不解。載考之《大戴禮·諸侯遷廟篇》曰：「成廟將遷之新廟，君玄服，從者皆玄服。至於廟，祝曰：『孝嗣侯某，敢以嘉幣告於皇考某侯，成廟將徙，敢告。』君有司以次出廟門。至於新廟。」夫所謂至於廟、出廟門者，所殯之廟也；所謂新廟者，所祔之廟也。更與《左氏》相爲證合。於是近世有謂三代殯宫皆在祖廟。蓋廟中之堂，乃先祖出享帝時栖神之所，死者之柩難以直據其所，故不得已而降在庭階之閒。若夫路寢，則直殯中堂，何嫌何疑？而階上陳尸，階下行禮，生時負牖，死乃降之偪仄之區，顯背禮文。其爲《儀禮》之訛無疑。然愚仍有所未信者。殷禮無徵，姑且置之弗論。若周禮，則方大斂時，絞衿衾冒雖已畢具，然尸尚在牀也。迨舉尸而下於棺，舉棺而載諸輴，菆則周之，屋則塗之，是曰殯禮。今曰殯當在廟，則廟在寢東，非咫尺所可到，此纍然之尸，何物舉之而至廟耶？而且所殯之廟，其始祖之廟耶？其皇考之廟耶？其所祔之廟耶？夫倚廬堊室，以衛殯宫，殯而在廟，則居喪之制所有，七月五月之期，皆將在廟中耶？何以絶無明證也？已乃思曰：「嘻！《左氏》所謂廟，即《儀禮》所謂寢也。」以人道則曰寢，親言之也；以神道則曰廟，尊言之也。考《尚書·顧命篇》：「諸侯出廟門俟。」《傳》曰：「廟門者，路寢門，殯之所處，故曰廟也。」蔡《傳》同。《喪大記》「甸人所徹廟之西北扉」，《疏》曰：「謂正寢爲廟，神之也。」《喪服小記》「無事不辟廟門」，《注》曰：「廟，殯宮也。」《問喪》「祭之宗廟以鬼享之」，《疏》曰：「謂虞祭於殯宮，神之所在，故稱宗廟。」《士虞禮》「側享於廟門外之右東面」，《注》曰：「鬼神所在則曰廟，尊言之。」《雜記》「至於廟門」，《注》曰：「廟，所殯宮。」然則廟即寢也。《儀禮》、《左傳》之言，異而同也。是以明堂九室，其中亦曰太廟。夫明堂，天子所居，何以忽與都宮一例並稱？及見陳用之曰「以其秋冬大饗在焉故也」。古者鬼神所在皆謂之廟，然則又何異於殯宮？總之夏后氏之阼階，殷之兩楹，周之西階，皆於正寢，即殷人所謂「朝而殯於祖」者，亦謂於下棺後，便以柩朝廟而殯於廟中。周則直至葬時，始有朝廟一節。是其禮之所以不同，非謂殷之殯廟如下殤之舁尸而就殮也。若《左傳》晉文公薨而次日即殯曲沃，《檀弓》孔子殯母於五父之衢，則皆末世變禮。晉以兵革之事，務急葬以臨戎，亦自知其非禮，故諱其名而曰殯。若孔子，則以不知父墓，出萬不得已之舉。是其所謂殯者，直如後世權厝之禮在三月以後者。但以未能純乎葬禮，而謂之殯，是則別是一例，先生以爲何如？

奉望谿先生論喪禮或問劄子

閣下《喪禮或問》，議論之精醇、文筆之雅健，直駕西漢石渠諸公之上，此經學中所僅有也。獨有一節，尚不能無請者。《禮記》曰：「士之子爲大夫，則其父弗能主也，使其子主之。無子則爲之置後。」此自方性夫以來固嘗疑其謬，閣下直以爲野人之語，則愚恐其猶別有説也。天子、諸侯之所重者統，則嗣其統者始主其喪；大夫之所重者宗，則嗣其宗者始主其喪。且夫大夫之死，其君自聞赴以至大殮凡三臨之；庀喪具者既有家衆，而君又遣大宗人、小宗人、卜人以相其事。故謂大夫之子主喪者，即以大夫之服服之。雖其説未必可信，而要其所行，則爲大夫之家之禮。夫大夫之長子寧能保其他日之不爲士，而要不能不以大夫之家之禮行之。蓋國必大夫而後有宗，有宗則其子之賢者固有嗣爲大夫之勢，即不賢者亦尚可邀世禄以長其宗。此宗法之所以重，而主其宗者與俱重焉。當其時，臨之者君，相之者國之大臣，趨走之者家衆。使主喪者不以大夫之禮將事，則褻其君而自夷於微者之列以替其宗，而其行之也，則已隱然示以傳家之重，而望之以象賢，故其父弗能主也。論者競以齊疏之服自天子達，則衰裳不當有貴賤之殊。愚以爲，衰裳之分，其升數固未必然，而要其大夫之家之喪則自有大夫之禮，不必以升數一節泥之也。請以近世之禮言之。宗法則已廢矣，然位至開府以上者，其死也，天子或爲之賜祭葬，贈官贈謚。則其以謝表上者，必其子也，無子則其爲後之子也，其父雖在不預也。惟其父亦位開府者，則得自爲陳謝，非常例也。蓋後世之宗法雖亡，而有廕襲之例，是猶古者世官世禄之遺，故其父雖能以子貴，而禮不自達於君，其又何疑於古大夫之禮？然則大夫喪禮所以別於士者，其大綱正在此。是故士不得祔於大夫，而大夫得祔於士，不以己之貴陵其親也，先王所以中人子之情也。大夫之適子以大夫之禮主喪，而其父不得預，不以己之私褻其君也，先王所以重宗子之寄也。此其禮原並行而不悖，諸家乃謂「如此，則舜果可以臣瞍」。夫使舜不幸先瞍而死，則其喪固當商均主之，無預於瞍，而非臣父之謂也。檮昧之見，願閣下更有以教之。

與鄭筠谷宫贊論嗣君承重服制帖

昨見所駁《日知録》諸條目，皆中寧人先生之失。至於所引朱子議寧宗承重一節，則愚竊以爲無可非者，而執事過有疑於《鄭志》之説。執事謂「父在而服斬，是死其父也」，夫天子、諸侯之孝，原與士大夫不同，故有適子者無適孫，而或不幸而適子有不能承襲者，如廢疾不任事。則國統所在不得不傳之子，統之所在，服即在焉。使以父在而服斬爲死其父，則先當以父在而承統爲篡其父。寧宗之受禪也，固以光宗不能執三年之喪故也。當日假退閒之御筆以行之，奉憲聖之明旨以定之，告於九廟，令於四方者，則首以三年之喪屬之寧宗，雖其後光宗康復，自行重服於宫中，此亦當然之禮。然不過一人之私，而非可以當爲後之責也。而謂寧宗得藉口於此而除服，則此後大祥之祭，光宗既不能出而主其事，而寧宗之服又除，居然以吉禮行之，是以已承之重而欲棄之，以已傳之重而欲還之，其可謂之禮歟？蓋以父不能執三年之喪而子代之，是正爲子者不喪匕鬯之義也。使以死其父爲嫌，則反絶其祖矣。夫絶其祖，則真死其父矣。況是説亦非《鄭志》創言之也。《中庸》期之喪達乎大夫，則天子諸侯絶期矣。彼天子諸侯明明有父在，而傳統者則父在而服斬可知也。使如胡紘之言，則《中庸》亦誤也。故《鄭志》答趙商但舉「天子諸侯之服皆斬」一語答之，而其義已了然。朱子當時亦失記《中庸》之文，遂直以爲康成之所斷耳。嘗謂慶元大臣於此事行之未爲盡善，蓋當受禪時原應援禮文「廢疾承重」一條載入詔中，然吾讀水心擬詔有曰「病無嘗藥之人，崩乏居喪之主」，則已明及之，而趙忠定公以言之過直，芟而不用，至使後此之盈廷聚訟，則所謂自取紛争者也。執事之意固主於厚，然寧人先生所據，禮也，故敢爲執事陳之。

清儒學案卷六十九終

清儒學案卷七十

天津徐世昌

謝山學案下

文集

移明史館帖子一

横雲山人撰《明藝文志稿》，專收有明一代之書，其簡净似爲可喜。然古人於藝文一門，必綜彙歷代所有，不以重複繁冗爲嫌者，蓋古今四部之存亡所由見焉。班氏於《春秋》諸傳，以騶氏之無師，夾氏之無書，尚登諸册，愍古學之失傳也；《師曠》六篇顯然爲後人因託，不敢輕去，闕所疑也。是以王子邕《家語》之非舊本，師古必注之《漢志》之下。而歐公謂《水經》作於郭璞，正不嫌與《隋志》異同。《漢志》所有，至隋而佚其半。《隋志》所有，至唐而佚其半。其卷數或校前志而少，則書之闕可知；或校前志而多，即未必僞，要其書之攙改失真可知。漢以《七畧》爲本，隋以《七志》、《七録》，唐以《開元書目》，宋以《崇文》、《中興》兩書目，天下圖籍至繁，豈無逸出於山林草澤之間？而必以内府所藏核之，防作僞也。世道降而人心壞，雖在翰墨，俱思舞詐以聳一時。漢之百兩《尚書》，宋之《三墳》，在前代已不少，而明尤甚。前輩議明《文淵閣書目》不詳撰人姓氏，不詳卷帙，其爲荒畧，固無可辭。然正、嘉之間，有僞作正始石經者，託言中祕所得而不知其爲書目之所無，其妄立見，則雖荒畧，亦自可寶矣。即如崔氏《十六國春秋》晁公武所未見，馬氏《通攷》已去其目，而有明中葉綴集成書，出於秀水項氏，斯亦不可不詳者也。常熟錢尚書言内府尚有吴謝承《後漢書》，其友曾裔雲及見之，後爲德清方少師取去。斯言吾未之敢信。而閻徵君言曾見之於太原，爲明永樂間刻本。信或有之，必僞書也。蕭山毛檢討所引《經典釋文》皆稱舊本，又不知其爲誰氏之藏也。姚江黄徵君有宋薛居正《五代史》，不戒於火，近人有詭言其書尚在者，及詳詰之則窮矣。年運而往，贋本乘之，徵文不足，徵獻不足，後輩之無識者必相驚以爲是羽陵、西陽中物也。下走於此，有憂患焉，而不自知其爲杞人之固，故竊謂「前史之例有未合者」，此也。況《藝文》自宋以後，俱無恙也。劉宋《符瑞》等篇，遠溯於周、漢；楊隋《食貨》諸作，旁及於梁、陳。古人宏雅不羣之材，大都以述舊聞、補逸事爲尚。今姑弗及於唐、宋以前，而即以完顔、蒙古兩朝，其登天禄、入石渠者不知幾何，棄而不録，得毋爲諸史家所笑也？然攷《明史·藝文》，原志出自黄徵君俞邰，雖變舊史之例，而於《遼》、《金》、《元》諸卷帙，猶仿《宋》、《隋》二志之例，附書於後，南宋書籍之未登於史者，亦備列焉。横雲又從而去之，而益簡矣。今文淵閣前後所修書目具在，所當疏通證明匡謬補遺之處，此固秉史筆者之事。秣陵焦氏之書，原爲國史起見，然其序謂「以大内之書歸之四部」，而實則與三館之目全不相符。又其舛戾極多，不可用也。其文淵閣之所無，而見於各家書目者附録於後，此在前史諸志固有成例，如《漢》、《唐》二志，凡爲内府所本有而不可以登於正史，或本無而增入者，一一注明於下，以志慎也。

倘如横雲山人所作，則此等義例一切滅裂殆盡矣。班氏而後，言《藝文》者莫善於隋。歐公《唐志》亦佳。紊亂而無章者，無若《宋》也。軼《唐》、《宋》而侔《漢》、《隋》，是在史局諸公爲之。

移明史館帖子二

藝文不當專收本代之書，幸不以愚言爲妄。然即以本代之書言之，亦大費攷證也。《新唐書·藝文志》，凡前代所已有不復措一辭者，以《漢》、《隋》兩家在耳。其於三唐圖籍，必畧及其大意。而官書更備，凡撰述、覆審、删正之人皆詳載焉。是故於《永徽禮》則著許敬宗、李義府擅去國恤之謬，以歎大臣不學無術，爲典禮無徵之自。於《開元禮》則載張説不敢輕改《禮記》之議，以嘉其存古之功。於《則天實録》具書爲劉知幾、吴競所重修，而知直筆之所由存。於《六典》據實言李林甫所上，而知《會要》以爲張九齡者，蓋惡小人之名而去之。是皆有係於一代之事，而不徒以該洽爲博。至於別集之下，雖以明經及第，幕府微僚，旁及通人德士，皆爲詳其邑里，紀其行事，使後世讀是書者，得有所據，以補列傳之所不備。而丹陽十八詩人連名載於包融之末，擬之附傳。其中載丘爲之居喪，可以見當時牧守惠養老臣之禮；滕珦之乞休，可以見當時職官給券還鄉之禮典。則遺文藉此不墜，斯豈僅書目而已者！有明一代，藝文極繁，然《太祖實録》已爲楊士奇芟改失實。至纂修《書傳會選》諸臣姓名，因其中有殉讓帝難者，盡削去之，則文籍之不足憑如此。馮涿州再相，奮筆改《熹廟實録》，而劉若愚《酌中志》或去其黑頭，爰立《伎倆》一卷，以爲之諱，則篇第之不足憑如此。是皆本志所當嚴覈者也。先儒之著不備見，竊鈔舊書以爲《大全》。《通鑑》未有成編，遽就所見以續《綱目》，畧舉其意，以見一時儒臣之概，可也。《蒙存》、《淺達》實爲講章濫觴，非經解也。《小山》、《天臺》諸集，兼及經藝，又非復《文鑑》所録之舊體也。是又風會之變，不可不加別白者也。或疑如此或過於繁，不知但準《唐志》之例，固非若馬氏《通攷》之盈篇接幅也。或又疑草野孤行之本，未可登於正史，然觀《唐志》，則熊執易之《化統》，西川帥武元衡欲寫進而不果者，亦在焉，以是知覈之而無僞者，皆不妨於著録也。特是采摭既多，宜防疏漏，如《漢志》莊悤奇、嚴助之駁文。然則旁搜博采而又弗令遺誤以資後人之譏彈，則庶幾乎其可矣。

移明史館帖子三

史之有表，歷代不必相沿，要隨其時之所有而作。如東漢之《宦者侯表》，唐之《方鎮年表》，遼之《外戚世表》，此皆歷代所無而本史必不可少者也。祇《屬國表》則世多以爲契丹起幽、雲之地，統領諸藩，故特詳其撰述，似爲歷代所無，庸而不知古今皆應有之。蓋屬國之爲中國重，甚矣。其興廢傳襲，瑣屑之跡，雖有列傳可攷，而眉目非表不著。又其中有交推而旁見者，尤必於表觀之，請以往事爲準。漢武謀通西域，以斷匈奴右臂，而於是乎有夜郎、昆明之師。其後三十六國既附，漠北遂以衰弱。然至新莽之世，匈奴中振，西域復阻。班定遠之得成功者，再值兩單于之亂，不能與漢爭西顧也。豈知西域定而東胡熾，烏丸、鮮卑遂至虎視袁、曹之閒，舉足左右中原，倚爲輕重。是故匈奴內徙，鮮卑北據，兩者皆爲六朝之累。唐之軍威所以能及百濟、渤海而遥者，以突厥既滅也。開元之末，吐番、回紇盛於西北，蒙詔盛於西南。安、朱之亂，頗仗西北兩番同仇之力，然自是遂爲國患，鳳翔、涇原之師防秋，無一歲寧。南詔雖時拒命，不甚爲中土憂。乃大中以還，河、湟反爲職方所有，而卒之搆兵，以釀龐、黄之禍，亡唐室者反在蒙詔。夫立乎百世之下，執遺文墜簡以觀往事，蛛絲馬綫正於原委棼錯之中求其要領，然苟得一表以標舉之，則展卷歷歷在目矣。有明一代，初則王保保未靖，頻勞出塞之師。其後榆木川之喪、土木之狩、陽和之困，九重旰食，不一而足。而朝鮮之易姓、交趾之頻失、倭人之内犯，是皆東南大案，所當特書者也。滇、粤亡而投緬甸，閩、甌失而竄東寧，以視夫延禧之餘歷、大石之殘疆，約畧相同。而日本乞師，安南假道，其與求援高麗，通使回鶻之舉，又無不酷肖者。斯皆當依《遼表》之例，爲之附録。其他荒遠諸國，則自三保太監下西洋以後多有至者，不過書其貢獻之期，而亦原不必詳也。且夫有明疆埸，其既得而復棄者，朵顔之三衛也；有自棄以貽患者，受降城之遺址也；有暫開而復廢者，東江之四島也。廟算邊防，俱得括之於表，夫豈徒夸《王會》之浮文哉？遼、金三史，世人多置之「自《鄶》以下無譏」之列，豈知其中體例固自有可采者，乃任耳而棄目，豈不惜夫？

移明史館帖子四

《遼史》於《屬國》之外，又有《部族》一表。諸國所以識其大者，諸部所以識其小者，大小雖有不同，然但取其有關於一代之故，則某所謂隨其時之所有而作之者也。西南黎、犵、狑、猺、獞、獠之種，大昆小叟隨地險爲都聚，蓋亦四裔之未成國者。然而南中諸郡拒命，則諸葛不敢北征；山越爲梗，孫吴爲之旰食；冼夫人累世立保障之功，而彭士然亦仗節於十國，不可以其小而忽之也。攷之前史，多附入《四裔傳》中，蓋以其類相從。有明循蒙古之制，置宣慰、安撫、招討、長官四司，其始皆隸驗封，以布政使領之；其後半領武選，以都指揮使主之，蓋取文武相維之意。三百年來，史册所書洞主酋長之事頗與諸國相等，始於麓川之役，而漸且相踵而起，甚至於勤樞輔，戕撫鎮，瞰省會，震動半壁。八百、老撾朝貢竟絶，播州水西憔而克之，以是知三宣六慰撫馭之難也。迨至國命寄於蝸角，魯陽之戈更能幾時？黔國世鎮之亡也，以定洲之亂也；緬甸援師之絶也，以孟定之攜也。有明末造，宗祀之殲，未嘗不于土司有累焉。其中勤王殉節如秦良玉、龍在田輩亦多有之，皆前史所希聞也。秀水朱竹垞檢討以其事之關於明者繁，乃請别作《土司傳》，不復附之外國之末，謂其「雖非純屬，然已就羈縻，乃引而近之」也。土官蠻觸之争大抵起於世襲，或有司失所以治之，遂成禍端。而前史謂「蜀中土司有事多主勦，黔中土司有事多主撫」，封疆之議多右蜀，廟堂之議多右黔，是又關其域内軍力之强弱、一時財賦之豐歉而出之者，推之西南諸省可概見矣。愚故欲仿《遼史·部族》之例，别爲立表，取前人所著《西南土司簿録》諸種以爲稾本。亦有始末簡畧，但須具之於表，不必傳者，兼足爲全史去蕪文之一節。觀《唐書》於羈縻諸州以其頻經喪亂，雖不能詳，亦附之《地志》，則顛末完具者，其立表寧過焉。

移明史館帖子五

《宋史》分《道學》於《儒林》，臨川禮部若士非之。國朝修《明史》，黄徵君梨洲移書史局，復申其説，而朱檢討竹垞因合并之，可謂不易之論。惟是《隱逸》一傳，歷代未有能言其失者。少讀《世説》所載向長、禽慶之語，愛其高潔，以爲是冥飛之孤鳳也。及攷其軼事，則皆不仕新室而逃者，然後知其所謂「富不如貧，貴不如賤」，蓋皆有所託以長往，而非遺世者流也。范《史》不知其旨，遂與逢萌俱歸《逸民》。於是後之作史者凡遇陶潛、周續之、宗炳之徒，皆依其例，不知其判然兩途也。向使諸君子遭逢盛世，固不甘以土室繩牀終老。而滄海揚塵，新王改步，獨以麻衣苴履章皇草澤之間，則西臺之血何必不與萇弘同碧，晞髮、白石之吟何必不與《采薇》同哀？使必以一死一生遂歧其人而二之，是論世者之無見也。且士之報國，原自各有分限，未嘗概以一死期之。東澗湯氏謂：「淵明不事異代之節，與子房五世相韓之義同，既不爲狙擊震動之舉，又時無漢祖者可託以行其志，故每寄情於首山、易水之間，可以深悲其遇。」斯真善言淵明之心者。倘謂非殺身不可以言忠，則是伯夷、商容亦尚有慙德也。蓋不知其人，當聽其言，抗節不仕之徒雖其憂讒畏譏，嗛嗛不敢自盡，而鬱結淒楚之思有不能自已者。至若一丘一壑寄託於《蠱》之上九，其神本怡，則其辭自曠也。是不過山澤之臞，而豈可同年而語哉？《唐書》入甄濟、司空圖於《卓行》，蓋以宋景文之有學，尚泥舊例如此。夫譙玄、李業之歸於《獨行》，亦范《史》之謬，後世不必以爲準也。

《卓行》之傳非不佳，而二公非元德秀、陽城之伍，儗人固各有其倫矣。惟《宋史·忠義傳序》有云：「世變淪胥，晦迹冥遁，能以貞厲，保厥初心，抑又其次，以類附從。」斯真發前人未發之蒙。然而列傳十卷，仍祇及死綏仗節諸君，未嘗載謝翺、鄭思肖隻字。如靖康時之褚承亮，誓不仕金，而祇列之《隱逸》，則又何也？夫惟歐公以死節、死事立傳，則不能及生者。若概以忠義之例言之，則凡不仕二姓者皆其人也。前輩萬季野處士嘗輯宋季《忠義録》附入《遺民》四卷，論者韙之。因念興朝應運，亳社爲墟，而一二吞聲喪職之徒，紀甲子，哭庚申，表獨行，吟老婦，如汪渢、徐枋輩，不可謂陽春之松柏無預於歲寒也。幸生不諱之時，闡潛表微，於今爲盛，而使苦心亮節不得表見於班管，甚者如劉遺民孫郃竟爲史臣之所遺，是後死者之媿也。博討於《忠義》、《卓行》、《隱逸》之科，而歸之於至是，顧進不佞而教之，幸甚幸甚！

移明史館帖子六

《忠義列傳》宜列抗節不仕者於後，愚固已言之矣。兹偶與客語靈壽傅氏《明書》，謂其中尚有一例可采者，從斷代爲史以來，無以因國死事之臣入易姓之史者，有之自《晉書》之嵇康始。深寧以爲中散義不仕晉，甘以身殉。今使《晉書》有其傳，是中散之恥也。斯言足以扶宇宙之元氣。作《宋史》者有見於此，乃援歐公《五代史·中唐六臣傳》之例而反用之，作《周三臣傳》一卷於末，以明瞠眼諸公之節。是蓋歐、揭之徒巧於位置，故其傳立而不能以深寧之論加之。《元史》於殉難臣僚業已專傳哀然，可無原父第二等文字之誚。而其仗節於順帝遜位之後，尚有多人。史稾成於洪武之初，多失不録，如擴廓不當與張、李同傳，陳友定不當與張、陳同傳，是猶其顯焉者。至伯顏子中之拒命，則太祖所欲致之而不得者也。戴良之被囚，則太祖所欲奪之而不能者也。蔡子英之遜荒，則太祖所欲留之而不敢强者也。王冕以兵死，永福山道士以刎死，葉蘭以不受薦死，原吉製壙銘以待盡，鐵厓書李黼榜進士以志懷。李一初序《青陽集》，恨不得效一障之用；而丁鶴年宣光綸旅之望，至死不衰；淮張亡後，張憲變姓名傭於僧寺。要之，皆非明臣也。太祖當干戈草昧之際，即能以扶持名義爲念。觀其于擴廓守節，歎賞不置，以爲天下奇男子。大哉王言！所以培一代忠臣義士之澤，而不轉盼而有壬午之家難，諸臣之駢首者甘心於十族之逮、瓜蔓之鈔，以至甲申失守，殘山剩水，奉四藩而不替，皆此一語啟之。然則附《元遺臣傳》於《明史》，亦太祖之所許也。傅氏之書譾劣，不爲著述家所稱，其補元臣亦未備，要其所見則佳耳。

與陳時夏外翰論通鑑前後君年號帖

僕少時見司馬温公《與范内翰論通鑑帖》，凡年號皆以後來者爲定，如唐高祖武德元年則正月，便不稱隋煬帝義寧三年；唐玄宗先天元年正月，便不稱睿宗景雲三年；梁太祖開平元年正月，便不稱唐哀宗天祐四年。僕以爲，史家紀載當取簡捷，固是不易。但皆以後來爲定，則竊以爲未盡然者。大抵前王後王之會祇應據實書之，不當以特筆進退其間。倘必以後統前，則次第之間，或以君而蓋於其臣，父而蓋於其子，❶祖而蓋於其

❶「於其」，原倒，今據《鮚埼亭集外編》卷四三乙正。

孫，兄而蓋於其弟，是非惇典庸禮之旨也。又況所標於上者已是新主之年，所列於下者尚屬前世之事，於名於實均似有所不合。及見朱子《綱目凡例》有曰：「如漢建安二十五年十月，魏始稱帝，改元黄初，而《通鑑》是年之首，即爲魏黄初。又章武二年五月，後主即位，改元建興，而《通鑑目録舉要》是年之首即稱建興。凡若此類，非惟失於事實，而於君臣父子之教所害尤大。」始知前人已有先我言者。但《綱目》雖多所改正，而於中歲改元，無關事義者，仍依《通鑑》之舊。鄙見以爲，一書當有定例。今或以前爲主，或以後爲主，似乎紊亂。故於古今通史年表，概以前統後，而分注其後來之年號於下，固與温公大左，然不敢以大儒之書苟附和也。《春秋》定公以六月即位，而正月即已紀元，則以昭公在去年已逝，預紀無所戾，非後世之比也。先生以爲可否？

新舊五代史本末寄趙谷林

梁、唐、晉、漢、周之書，薛居正所纂者，當時謂之《新編五代史》，見於《宋太祖本紀》。歐陽兖公書出，則謂薛本爲《五代史》，而歐公爲《新五代史》，見於洪景盧、馬端臨所稱。近讀《永樂大典》，則凡其引用《五代史》者，皆歐公本，而引薛本者曰《新修五代史》，蓋沿最初之名也。薛本在國初梨洲先生尚有之，仁和吴志伊檢討著《十國春秋》曾借之而未得。南雷一水一火之後，遺籍不存百一。予從其後人求之，不可得矣。近有捃摭《册府元龜》、《資治通鑑》中語成一編，託言南雷故物，是麻沙坊市書賈之習氣也。因吾友趙五谷林來問，書其本末以貽之。

答史雪汀問十六國春秋書

來問崔鴻《十六國春秋》一書，此舍閒所無者。前年曾從徐思沐家借看一過，係明萬曆閒刊本，然並非崔氏舊璧，請得以原委言之。當十六國時，僞史最多，其著者有若和苞《漢趙記》、田融《石趙記》并《鄴都記》、杜輔《前燕記》、董統《後燕書》、申秀《燕史》、高閭《燕志》、封懿《燕書》、范亨《燕書》、崔逞《燕紀》、王景暉《南燕録》、張謐《前燕録》、常璩《蜀李書》、索綏《涼春秋》、劉慶《涼記》、張諮《涼記》、索暉《涼書》、劉昞《涼書》、裴景仁《前秦記》、姚和都《後秦記》、段龜龍《西涼記》、高謙之《北涼書》、宗欽《西秦記》、韓顯宗《北燕記》，崔氏盡取而裁定之，勒爲百卷，外別有《年表》一卷、《序例》一卷，在後魏永安中頒行，而諸史並絀。《北史》鴻本傳曰：「鴻經綜既廣，多有違謬。如太祖天興二年，❶姚興改號弘始，❷而鴻以爲在元年；太宗永興二年，慕容超擒於廣固，而鴻又以爲在元年；太常二年，姚泓敗於長安，而鴻亦以爲在元年。如此之類，多係不攷。」《北魏書》同。司馬温公《通鑑》薈萃諸書，其記南北朝事，除晉、宋諸正史外，以崔氏《十六國春秋》、蕭氏《三十國春秋》爲多。但晁説之述温公語，謂當日所見疑非原本，而鄱陽馬氏《通攷・經籍攷》中不列是書，則在宋時已鮮傳者。乃有明中葉以來，居然有雕本百卷行世。一二好學者以其久没不見，視爲拱璧。

❶「天」，原作「元」，今從陳校據《魏書》卷六七、《北史》卷四四改。

❷「興」，原作「泓」，今從陳校據《魏書》卷六七、《北史》卷四四及《鮚埼亭集外編》卷四三改。「弘」，《北史》卷四四作「鴻」。

若以愚觀之，則直近人撮拾成書，駕託崔氏，并非宋時所有也。宋龔穎《運曆圖》載前涼張寔改元永安，張茂改元永元，張重華改元永樂，張祚改元和平，張天錫改元太清，張大豫改元鳳皇，謂出鴻書。晁公武曰：「《晉史》張軌世襲涼州，但稱愍帝建興正朔。其閒惟張祚篡竊，改建興四十二年爲和平元年。祚誅後，復奉穆帝升平之朔。不知穎何所據。或云出崔氏書。崔書久不傳於世，莫能攷也。」愚以今本對之，並無此事。温公《通鑑攷異》引鴻《年表》，則當是時《年表》必尚未失，而今本並無有。又本傳稱鴻書皆有贊序評論，在《通鑑》亦多引之，今本但取《通鑑》所引，附注傳尾，尚得謂非贋本耶？孔毅甫謂從古史法，兩人一事，必曰語在某人傳。《晉書》王隱諫祖約弈棋一節，兩傳俱出，爲文煩複，是乃史法紊亂之濫觴。若在崔氏今本，有同一事而三四見者，況其列傳大都寥寥數行，不載生卒，不叙職官，東塗西抹，痕迹宛然，是不辨而自見者，古今無此史例也。然且傖父不學，所有坊間《漢魏叢書》再取今本芟之，百不存一，則即係崔氏舊本，經此刊除，已不足觀，況其爲僞書乎？從古有好著僞書人物，如葛稚川《西京雜記》、柳子厚《龍城録》，都屬後人假託，然究之遇有目者必不可掩，可謂徒費心力。

答臨川先生問湯氏宋史帖子

明季重修《宋史》者三家：臨川湯禮部若士，祥符王侍郎損仲，崑山顧樞部寧人也。臨川《宋史》，手自丹黄塗乙，尚未脱稾。長興潘侍郎昭度撫贛得之，延諸名人，足成其書。東鄉艾千子、晉江曾弗人、新建徐巨源皆預焉。網羅宋代野史至十餘簏。功既不就，其後攜歸吴興。則是書不特閣下西江之文獻也，亦於吾鄉有臭味焉。是時祥符所修亦歸昭度，然兩家皆多排纂之功，而臨川爲佳。其書自本紀志表皆有更定，而列傳體例之最善者，如合《道學》於《儒林》，梨洲先生論《明史》不當分立《道學傳》本此。歸嘉定誤國諸臣於《姦佞》，列濮、秀、榮三嗣王獨爲一卷以别羣宗，《宋史》不爲榮王立傳。皆屬百世不易之論。至五閏禪代遺臣之碌碌者多芟，建炎以後名臣多補，庶幾《宋史》之善本焉。甲申以後，石門吕及甫壻於潘氏，是書遂歸及甫。姚江黄梨洲徵君以講學往來浙西，及甫請徵君爲之卒業，徵君欣然許之。及甫因取其中所改曆志請正，并約盡出其十餘簏之野史。成言未果，及甫下世，其從子無黨攜入京師，將即據其草本開雕。無黨又逝，新城王尚書阮亭僅得鈔其目録。故嘗謂是書若經黄徵君之手，則可以竟成一代之史；即得無黨刊其草本，則流傳亦易，而無如天皆有以敗之。花山馬氏者，無黨姻家，故是書旋歸花山。未幾時，花山之書散佚四出，海寧沈氏得之。歲在卯辰之間，某在杭，聞沈氏以是書求售於仁和趙上舍谷林，亟往閲其大概，力勸收之而不果。壬子之冬，晤沈氏諸郎於京師，叩以是書存亡，則言已歸太倉金氏矣。然是書累易其主，所存僅《本紀》、《列傳》，而其十餘簏之野史則不知流落何所，可爲長歎息者也。是書在吴下多誤以爲祥符之本。以昔所聞，則自石門而花山者，確然係臨川底稾，黄徵君之言可按也。某少讀《宋史》，歎其自建炎南遷，荒謬滿紙，欲得臨川書以爲藍本，或更爲拾遺補闕於其間，荏苒風塵，此志未遂。今倘得遣人向太倉求鈔副本，則尤斯文之幸也。寧人改修《宋史》，聞其草本已有九十餘册，乃其晚年之作，身後歸徐尚書健菴，今亦不可問矣。著書難，傳之尤難，言之曷禁憫然？

奉臨川先生帖子一

讀閣下朱、陸諸編，攷古最核，持辨最長。在不知者或疑其過於申陸，而知者以爲未嘗有損於尊朱也。愚攷會同朱、陸之説，今世皆以爲發源於東山趙氏，然不自東山始也。袁清容云：「陸子與朱子生同時，仕同朝，其辨争者，朋友麗澤之益，書牘具在。不百餘年，異黨之説，深文巧闘。淳祐中，番陽湯中民合朱、陸之説，至其猶子端明文清公漢益闡同之，足以補兩家之未備。」是會同朱、陸之最先者一也。清容又云：「廣信龔君霆松發憤爲朱、陸異同，舉要於四書，集陸子及其學者所講授，俾來者有攷。」是元人之會同朱、陸者，然亦在東山之前。二湯爲淳祐間巨子，使其書存，必有可觀。龔氏之書，不知何等，今皆無矣。雖然四百年來争此案者更勝迭負，愚以爲皆非知道者也。清容嘗云：「朱子門人，當寶慶、紹定間，不敢以師之所傳爲别録，以黄公勉齋在也。勉齋既殁，夸多務廣，《語録》、《語類》争出，而二家之矛盾始大行。」清容生平不甚知學，顧斯言不特可以定朱子門人之案，并可以定陸子門人之案。朱子之門人孰如勉齋？顧門户異同，從不出勉齋之口。抑且當勉齋之存，使人不敢競門户，則必欲排陸以申朱者，非真有得於朱可知。推此以觀陸子之門人亦然。舒公廣平之在陸氏，猶朱子之有勉齋也。聞人有詆朱子者，廣平輒戒以不可輕議。則必欲排朱以申陸者，非真有得於陸可知。夫聖學莫重於躬行，而立言究不免於有偏。朱、陸之學，皆躬行之學也，其立言之偏，後人采其醇而畧其疵，斯真能會同朱、陸者也。若徒拘文牽義，嘵嘵然逞其輸攻墨守之長，是代爲朱、陸充詞命之使，即令一屈一伸，於躬行乎何預？雖然，原諸人之意，欲爲朱、陸紹真傳也。不知使勉齋、廣平而在，將厭惡之不暇，必不引而進之共學之列，則亦徒自苦矣。明儒申東山之緒者共推篁墩。而又有督學金溪王蕢弘齋著《陸子心學録》，在嘉靖初年，閣下之鄉老也。又有侍郎李堂堇山，四明人也。《陸子粹言》則出自臨海王敬所之手，是亦所當著録者也。

奉臨川先生帖子二

蒙示《陸子學譜》，其中搜羅潛逸，較姚江黄徵君《學案》數倍過之，後世追原道脈者，可以無憾。陸子之教大行於浙河以東，顧一時稱祭酒者，必首四明四先生。慈湖之祭徐文忠公誼也，❶自言其見陸子，實因文忠之力。水心作《文忠墓志》，言「公以悟爲宗，懸解朗徹，近取日用之内，爲學者開示。修證所緣，至於形廢心死，神視氣聽，如靜中震霆，冥外朗日，無不洗然自以爲有得也」。此文忠有合於陸學之實録，而《宋史》畧而不書。今得閣下表而出之，善已。然文忠之爲陸學固也，其竟爲陸氏弟子，則書傳未有明文。東發《黄氏日鈔》謂「文忠見陸子《天地之性人爲貴論》，因令慈湖師陸子」，與慈湖祭文合，然則文忠未嘗師陸子矣。而《年譜》有文忠侍學之語，恐未可據。古人師弟之間，相從不苟，故有展轉私淑而不害其爲弟

❶「文忠」，陳校：據《宋史》卷三九七本傳及《宋元學案》卷六一，徐誼謚「忠文」。下同，不一一出校。

子者，如胡文定公之於大小程子，乃私淑之楊、謝諸公之學，又李文惠公之於朱子，是也；有及相隨從討論而不得置之弟子者，如譙定之於程門，又陳止齋入太學，所得於東萊、南軒爲多，然兩先生皆莫能以止齋爲及門，是也。閣下於徐文忠公而下，牽連書蔡文懿公幼學、吕太府祖儉、項龍圖安世、戴文端公溪，皆爲陸子弟子，則愚不能無疑焉。浙學於南宋爲極盛，然自東萊卒後，則大愚守其兄之學爲一家，葉、蔡宗止齋以紹薛、鄭之學爲一家，遂與同甫之學鼎立，皆左袒非朱，右袒非陸，而自爲門庭者。故大愚與朱子書且有「江西學術全無根柢」之言，而朱子非之。蔡行之曾見陸子，有問答，見《年譜》。然行之爲鄭監嶽壻，少即從監嶽之兄敷文講學，而止齋乃敷文高弟，故行之復從止齋。今觀行之所著書，大率在古人經制治術講求，終其身固未嘗名他師也。肖望亦爲其鄉里之學，項平甫來往於朱、陸之間，然未嘗偏有所師。要未有確然從陸子者。倘以陸子集中嘗有切磋鏃厲之語，遂謂楊、袁之徒侣焉，則譜系紊而宗傳混，適所以爲陸學之累也。愚竊悚然懼之。至若羅文恭公點、劉少保伯正、李參政性傳、楊漕使楫俱以集中偶有過從，而遽爲著録，并列文恭之子爲再傳之徒，愚皆未敢以爲然。蓋此乃作《考亭淵源録》者之失。凡係朱子同時講學之人，行輩稍次輒稱爲弟子，其意欲以夸其門牆之盛，而不知此諸儒所不受，亦朱子所不敢居也。前日於講席中數及南軒弟子至趙方，閣下以爲趙方未必可指爲受業。某今日之言，亦即閣下之意也。伏惟閣下之書，將以衍絶學而徵微言，其所係非小，愿得獻其芹曝之愚，而不以爲妄否乎？豐宅之名有俊，鄞人，清敏公稷之裔，有贖孤女事，見趙葵《行營雜録》。鄭溥之即鄭湜，閩人，慶元黨籍之魁。諸葛誠之名千能，會稽人。陳蕃叟即陳武，乃止齋從弟，亦黨籍中人也。其顛末有別紙詳之，而俱非陸子之徒。餘者未能盡知，容續考得，再奉函丈，不備。

奉臨川先生帖子三

昨竊讀《陸子學譜》，其於劉通判淳叟遺事，尚似有未備者。《撫州府志》言：「淳叟以隆興通判卒官，而或傳其晚年嘗爲僧。」觀陸子與止齋書言其「冒暑歸自臨江，病痢，踰旬不起，可哀。此郎年來避遠師友，倒行逆施，極可悼念。春夏之間，某近抵城闉，見其卧病，方將俟其有瘳，大振拔之，不謂遂成長往」。然則《府志》卒官之説似諱其事而爲之辭者，不然，何以有歸病城闉之語也？朱子亦謂：「淳叟不意變常至此。某向往奏事時來相見，極口説陸子静之學大謬。某因詰之云：『若子静學術，自當付之公論，公何得如此説他？』此亦見他質薄，然其初間深信之，畢竟自家不知人。」然則淳叟先已叛陸子之學，後乃歸佛乘耳。攷淳叟年十七即爲陸子弟子，始師庸齋，繼師復齋，其於槐堂講席之誼最深，故朱子責之以薄也。朱子又言：「向年過江西，與子壽對語，淳叟獨去後面角頭坐，都不管，學道家打坐。某斥之曰：『便是某與陸丈言不足聽，亦有數年之長，何故作怪？』」愚嘗謂陸子之教學者，諄諄以親師取友爲事，且令人從事於九容，而弟子輩多反之，雖以高足若傅子淵，俱有未免。斯所以累與朱子相左，要不可謂非弟子之失傳也。陸子嘗論門下之士，以爲淳叟知過最早。今觀草廬所作《井齋藁集序》稱淳叟天資超特，人物偉然，而深悲其早達，不得久於親師，有微詞焉，則其叛教亦早也。淳叟之叛，《隆興事蹟》不著，而朱子《論治三史事》云：「淳叟太掀揭，故生事。」是即陸子所云「淳叟事殊駭聽，以爲後生客氣」者也。淳叟與陳教授正己爲莫逆交，正己初學於陸子，已而學於同甫，已而又學於東萊，最後亦與淳叟同學佛。然朱子謂「當淳叟用功時過於正己，故及其狼狽也甚於正己」，則以淳叟直爲僧，而正己不過學其學也。淳叟初爲誠齋所薦，得預於六十人之列，稱其立朝敢言，風節固非苟然，孰意其末造之遷喬入谷一至於此！是又與石應之、曹立之諸君之以意見不同，而更學於他人者，不可同年而語。竊謂本傳似不應畧此一節也。

奉臨川先生帖子四

讀《陸子學譜》至《趙與籌袁韶傳》，心有疑焉。四先生之講學，吾甬、句東無不從之游者，故其中不無非種之苗。慈湖弟子則有史丞相彌遠及與籌，絜齋弟子則有袁參政韶。即史嵩之亦嘗與和仲講學。閣下《學譜》於史氏二相不録，而趙、袁則哀然大書。但與籌少年，慈湖所以許可者甚備，觀其因求師之故，自苕、霅遷居從學，是慕道誠勇矣。自其尹臨安以後，則大改素行，而本傳紀之不詳。蓋《宋史》自嘉定以後，凡蠹國諸臣之傳皆缺畧不備，顧與籌本末在全史中猶可參攷而見。當史嵩之起復，舉朝攻之。是年正月，侍御史劉漢弼卒，四月右丞相杜範卒，六月右史徐元杰卒，物論沸騰。直學士院程公許請究其事，不報。與籌奏乞置獄天府，帝從之。公許繳奏，言與籌乃嵩之死黨，乞改送大理寺，命臺臣董之，乃詔殿中侍御史鄭寀改治，而寀亦史黨，事竟不白。嵩之終喪，正言李昴英、殿中侍御史章琰、監察御史黄師雍復連疏攻之，而昴英痛劾與籌至於牽裾極言，師雍又以葉閶乃與籌腹心，與徐霖繼言之，於是昴英、琰去國。鄭寀引周坦、葉大有、陳垓入臺，盡擠師雍等。是嵩之實爲黨魁，而與籌又附嵩之之魁，不特吴正肅公論沈炎爲與籌爪牙腹心，甘爲搏擊已也。本傳言其「所至急於財利，幾於聚斂之臣」。閣下疑其事無所徵。按淳祐六年正月置國用，所以與籌爲提領官。九年九月，詔與籌提領户部財用，置新倉，積貯百二十萬石，淳祐倉許辟官四人。十一月，詔與籌提領國用，以資政殿學士領浙西安撫使，已而歷守紹興、平江、建康三府，皆兼發運屯田等使。開慶元年二月以觀文殿學士知揚州，兼知鎮江，又帶總領財賦之任。與籌之以計臣自見，又何所疑？其後嵩之死灰已熠，賈似道日張，與籌復黨沈炎以斥吴潛，遂釀似道滔天之禍。斯雖欲爲之辭而不能者也。其一時所相與協德者，鄭寀、周坦、陳垓、沈炎之倫，莫非宵人，則與籌之生平可知矣。吾鄉自元延祐、至正以至明成化舊志并滎陽、南山文獻諸録，皆不爲與籌作傳。至《嘉靖志》始有之，時則其裔孫有爲達官者故也。與籌元籍青田，永樂《處州府志》有與籌傳，亦言其善理財以佐國用，而又言其尹京善發擿，有趙廣漢之風。愚謂宋季之臨安，亦豈可以廣漢之治治之者？不過借此以恣其聚斂之威而已。至袁韶本傳不詳其過，而卷末總論以爲時相私人；其見於諸家奏疏者，皆指以爲彌遠之黨，似皆不當爲之諱者也。且大儒之門下不必竟無不肖，前之則有朱子之傅伯壽，又前之則有楊文靖公之陸棠，又前之則有程子之邢恕，與其進不與其退，斯亦聖賢之所無如何也。閣下以其爲慈湖之徒而爲之辭，可以無庸矣。《宋史》於陸子之學，推尊未嘗不至，四先生後如融堂、蒙齋輩，皆追溯其淵源而稱美之，豈獨於與籌、韶而周内焉？況與籌、韶乃吾四明先正，寧敢故爲深刻之論？然公議不可泯也。與籌之謚見於本紀，故傳畧之，亦非《宋史》之闕文也。

奉臨川先生帖子五

荷來諭，以愚前所攷大愚吕氏官明州歲月，誤會《宋史》之文。因謂本傳止稱監倉，將上，會祖謙卒。部法半年不上者爲違年。祖儉必欲終期喪，特詔改一年爲限，終更赴銓，改調夔州。是大愚始終未赴明也。即朱徽公與滕德粹書，特以其有監倉之命，故并及之。愚重加攷索，竊以爲不然。深寧王氏作《四明七觀》，載大愚爲司倉，去倉中淫祠，是顯然有宦蹟可稽。及攷大愚束王季和詩云：「晁景迂大觀庚寅冬爲四明船場，後七十有餘年，某適以倉氏之職至此間，而王兄季和亦來作景迂官，相與訪問舊蹟，尚猶可攷。偶成數語，柬季和并呈叔晦。」其詩有曰：「鄞江舊有船司空，小江晚望江之東。朅來海頭四閱月，塵埃滿袖生氍毹。」是大愚初至明之作，其時慈湖方參佐浙西帥幕，廣平教授徽州，絜齋以德粹同年進士尉江陰，獨叔晦以國正家居，故往還者不及三君。其《遊候濤山記》曰：「壬寅之冬，逐禄海東，距海六十里，友人潘端叔主定海簿，相約偕遊，未果。今年夏四月，端叔因謝子暢自臨安至，會於太白、鄮山之閒，刻日康炳道兄弟會於王季和家，炳道名文虎，弟蔚道名文豹，皆東萊弟子。李叔潤、方居敬、史丞相之幼子開叔、楊希度偕行。舒元英亦與其徒諸葛生來。」東萊卒於辛丑，大愚以壬寅冬之官，正合期喪服滿之期。元英則廣平弟也，其題慈溪龍虎軒詩云：「年來世路轉蹉跎，正大中庸論愈多。出本無心歸亦好，何須胸次自干戈。」似屬大愚將去明之作。然則本傳所謂「終更赴銓」者，乃監倉考滿，別有新命，而非謂期喪之闋，蒙上文而言之也。況大愚之赴銓也，本傳言平園方爲丞相，招之不往。《宰輔表》平園自西樞入中書，在淳熙丁未春二月，而朱子答大愚書有曰：「對班在何時？今日既難説話，而疏遠尤難，且只收斂人主心念是第一義題。」注：「在丁未冬十一月。」是大愚之赴任以壬寅，其去官以丁未，首尾六年。若德粹成進士即東萊卒之歲，釋褐尉鄞者五年，始遷鄂州教授，則及見大愚矣。斯事於先賢本屬末節，不足深攷，但在吾鄉文獻頗有關係，故復爲縷陳之。

水經湛水篇帖子柬東潛

《水經》第六卷，自汾水以至晉水，皆異源而同入於汾以達河者也。顧獨强附湛水於其末，其爲錯簡無疑矣。乃即本篇中，道元亦深疑之，勉爲疏釋而後悟，曰：「原經所注，斯乃洎川之所由，非湛水之閒關也。是經之誤證耳。」自是以後，雖善讀《水經》如國初胡、黄、顧、閻諸老，至是篇亦復未有折衷。但所謂洎川者，道元既實有所指矣，而求之是書，洎川安在？即旁攷經傳，皆無是川，則道元果安所指？予反覆思之，洎川者，湨川也，湨訛而爲洎，洎又省而爲洎，而聲又近是，則道元所謂字讀俱變者也。何以知其爲湨川也？道元於《濟水篇》中及湨矣，曰：「湨水出原城西北原山。又東南，湿溝水注之，水出軹縣西南山下，北流，東轉入軹縣故城中，又屈而北流，出軹郭。又東北流，注於湨。」是即此經所云「湛水出河内軹縣西北山」者也。蓋必湛水所出之處，原與湨水相近，故混也。《濟水篇》曰：「湨水又東逕波縣故城北。」是即此經所云「湛水又東過波縣之北」者也。又曰：「湨水東南逕安國城東，又南逕毋辟邑西。」是即此經所云「又東過毋辟邑南」者也。道元故從而正之曰：「斯乃湨川之所由，非湛水之閒關也。」又曰：「湨水又南注於河。」是即此經所云「又東南當平陰縣之東北，南入於河」者也。豈意遞誤遞變，遂成「汨」字，而莫有悟而正之者乎？然則何以强附之《汾水》之末也？曰：「《湨水》一篇，作經者蓋以類次之《濟水》之後，在第九卷《清水》之前。夫《清水》卷中皆河内之水，則湨水亦其氣類也。而傳寫者忽移之《濟水》之前，遂廁於第六卷《晉水》之後，而不知其蹤跡具在《濟水》注中也。不然道元明言其爲汨川所由，而讀盡《水經》四十卷杳然無所謂汨川者，亦可怪矣。道元能指其誤，而不知後之人之更誤也。得余言，應見賞於千古耳。」

水經潞水篇帖子柬東潛

《職方》冀州之川曰漳，其浸曰汾、潞。《漢書·地理志》上黨郡長子縣鹿谷山，濁漳水所出，東至鄴入清漳。上黨郡沾縣大黽谷，清漳水所出，東北至邑城入大河，❶過郡五，行千六百八十里，冀州川。其於汾水，則

❶「邑」，原作「阜」，今從沈梁校據《漢書》卷二八上改。

亦大書爲冀州浸矣，而潞水獨不著其地，不知其何以脱遺也。康成之説《職方》則曰：「潞出歸德。」賈公彦曰：「歸德，郡名。」攷之漢無歸德郡之目。師古亦曰：「潞出歸德。」按《地理志》北地郡歸德縣有洛水，是雍州浸，非潞水也。康成、師古亦未嘗明言潞之爲洛。然舍洛水則歸德無水矣，將毋誤認洛爲潞，豈非輿地中一笑枋乎？夫使潞水果出秦之北地，則必歷鄜、坊，度同、華，如泲之伏流，過河而後入晉，其源遠而且阻。秦、晉間無此水道也，所以漢人曾無一道及之者。然則所謂潞水者，究安所指？善長引闞駰《十三州志》之言，以爲濁漳水即潞水。其説甚合，故李衛公亦取之。蓋潞之以水氏國也，可無疑也。近舍赤狄，而遠求諸北地義渠所出道梗絶不相接之水，可謂瞶瞶。而潞子之都，適在濁漳水之發軔，善長以爲「更無大川可以當之」者，是也。然善長之言甚畧。予意自壺關水一帶皆屬潞水之上流，其下流則直接蒼溪水一帶而止。其在春秋則自黎、邢二國故封，以至甲氏、留吁之屬，接乎銅鞮之沁水，皆屬潞水之所浸也。然則衡、漳二水，清者爲川，濁者爲浸，《禹貢》之不及潞水也，其在衡、漳中已包舉之矣。康成説《職方》大段疏畧，善長此條足采入《周禮注》中。同時劉昭注《續志》，亦言濁漳之爲潞，引《上黨記》以證之，乃知是説由來已久。然昭又旁及於曹魏泃河鑿渠之役，則大謬矣。蓋此乃涑、易閒晚出之支流，非古潞水。杜佑不審而采之，所當糾正者也。

水經列葭水帖子柬東潛

列葭水一名長蘆水，一名長蘆淫水，實即絳水之别目，而其在衡、漳支流中最大。

今本《水經·濁漳》、《清漳》二篇缺失最甚，則列葭津瀆所宜旁攷諸書以補綴之。《漢志》廣平國南和縣列葭水東入虒，《隋志》亦有虒水，然不詳。按許氏《説文》虒水出趙國襄國東入渪，許氏曰禺聲，而顔師古以爲藕聲，顧祖禹曰顒聲。宜從許氏。渪水亦出趙國襄國之西山，東北入浸，❶是即今本《漢志》譌爲渠水者也。渠、渪同聲而譌耳。浸水出魏郡武安東北入呼沱。《漢志》同。《漢志》則襄國別有蓼水、馮水，東至朝平入渪。又有中丘之渚水，東至張入渪。是皆列葭水道可以牽連疏通證明，而不當聽其脱落散漫無稽者矣。乃《太平寰宇記》所引酈《注》則皆有之，以是知足本之所具者多也。其曰南和縣有虒水，今本譌「虒」作「使」。一名鴛鴦水，即《魏都賦》中所云「鴛鴦交谷」者也。曰渪水出襄國，曰蓼水入渪，曰中丘有蓬鵲之山，則渚水也。曰漳水，亦兼有浸水之目。蓋皆與諸書互相貫穿，雖完文不得見，而猶幸其蛛絲馬綫之可尋也。虒水至鄭州之高角城，裹城角而過，故又稱裹角水。而渪水即今内丘之百泉水，酈氏以爲一名澧水，蓼水一名達活水，皆今《注》所脱落也。長蘆之目，百世未湮，則攷古者不應㪅置也，明矣。

水經渚水帖子柬東潛

《漢志》常山郡中丘縣蓬山長谷，渚水所出，東至張入渪。《説文》亦云：「渚水出常山中丘蓬山長谷，入渪。」今本酈《注》渪水僅得一見，而渚水則竟無之。至《漢志》常山郡元氏縣沮水首受中丘西山窮泉谷水，東至堂

❶「西山東北」，原作「西東北山」，今從沈梁校據《説文解字》卷一一上改。

陽入河，則益茫然不知所攷。蓋濁漳、清漳二水之屬，其不可問者多矣。說者因謂陵谷變遷，莫可蹤跡，而不知其水尚在也。中丘，今順德之内丘也。《太平寰宇記》引舊本酈《注》，中丘有蓬鵲之山，今其地之山固巍然，是《漢志》所謂蓬山長谷者也。舊本酈《注》又載其龍騰、鶴渡諸山水，今《内丘圖經》亦載之，則舊本固自有西山諸水之原委。蓋蓬鵲諸山綿延數百里，隨地異名，直接太行，通謂之西山。而水亦分道以出，長谷、窮泉谷皆其一也。故内丘至今有渚水，一名礦水，而張縣之地今并入任縣，有曰渚陽，則渚水之陽也。《晉書》段疾、陸眷爲王浚攻石勒，屯於渚陽，至今稱爲渚鄉。是蓋其自張入湡之道，然則渚水固無恙耶？乃胡梅磵注《通鑑》亦不能詳渚陽之爲渚水，而泛以洲渚之水解之，則其時所見之酈注已多闕漏，殆與今本不甚相懸也。若元氏之沮水，則自漢以來杳無可證。近人作《元氏志》者，亦不能攷索及此。及讀郭氏《山海經》注，方知沮水乃泜水之訛。何以知之？郭氏曰：「今泜水出中丘西山窮泉谷。」則知《漢志》誤以「泜」爲「沮」，原非别有沮水也。千年誤字，爲之一豁。其說别見予《漢書地志稽疑》中。

水經斯洨水帖子柬東潛

斯洨水之與洨水不可溷也。《漢志》太原郡上艾縣綿曼水，東至蒲吾，入虖沱。常山郡蒲吾縣太白渠水首受綿曼水，東南至下曲陽入斯洨。真定國綿曼縣斯洨水首受太白渠水，東至鄡入河。此斯洨水之源流也。《山經》泜水出房子縣敦輿山之陰，而《漢志》常山郡石邑縣井陘山，洨水所出，東南至廮陶入泜。《山經》泜水東流注於彭水。此洨水之源流也。今世《水經》非足本，《濁漳》、《清漳》二篇脱失尤甚。《斯洨水》之附於篇中，尚幸詳悉，而《洨水》則無之，猶幸《太平寰宇記》所引舊本酈注足以存其一綫。愚攷斯洨水與洨水並行於常山、鉅鹿之間，首尾亦時相貫輸，而卒之各自爲水。酈善長曰：「綿曼水逕樂陽右，合井陘山水，世謂之鹿泉水，逕陳餘壘，而又東注綿曼水。」夫陳餘壘即泜水也，故顧氏《方輿紀要》引舊本酈注云：「泜水即井陘山水。」是斯洨上流之與泜通者。善長又曰：「斯洨水分於和城，曰百尺溝，其水入於泜湖。」是斯洨下流之與泜通者，然皆其津渚之分支。及泜水東至瘿陶，而洨水與石濟水之出自贊皇者同入之，而石濟水之分支則彭水也，泜水又合洨水東注之。其時斯洨已東至鄡入漳矣。蓋其與洨水終不可溷者如此。若《太平寰宇記》之誤以「洨」爲「汶」，傳寫之謬也。《古今注》云：「永平十年，作常山呼沱河，用太白渠水以通漕，亦謂之蒲吾渠。」蓋用斯洨水者也。其至善長之時，稱爲故瀆，則已廢而不用。而《長編》咸平五年，河北漕臣景望，開鎮州南河入洨水，至趙州以利漕，則用洨水者也。

水經雍水帖子柬東潛

灉、沮，兖州水也。《爾雅》「水自河出爲灉」，則稍可通融，其地不必專指兖州之灉而言。夫兖州之灉亦至今無能言其地者，然要其序於雷澤之下，則可意而得也。故孔傳以爲二水同入於澤，鄭注以爲二水相觸而入於澤，孔疏亦同於傳。康成又欲破《職方》「盧維」之「維」以爲「灉」，用當兖州之一浸。而杜岐公終守《漢志》之説，不肯從魏王泰《括地志》以二水在雷澤西北平地中。《元和郡縣志》則曰「在雷澤縣西北十四里」。雖其說未必實，要之不敢舍雷澤而他求，則皆同矣。惟許氏《說文》曰：「河灉水在宋。」又曰：「汳水出陳留浚儀陰溝，至蒙爲灉水，東入汝。」❶於是有附之者，以爲梁之睢即沮也。灉之下流爲沮，實一水也。斯其說非不工，然浚儀有渠，所謂商魯之溝，出自黄池盟主之役。以是當《禹貢》之灉，恐《禹貢》不受也。豈意熟於水道如善長，忽取以當左馮翊之雍水乎？則五尺之童謬不至此，故曰以《爾雅》之灉解雍水可通也，以《尚書》之灉解雍水必不可通也。善長之序雷澤詳矣，而竟以互受通稱之説移灉而西，是非人所及料也。足下其將何説以爲善長起兹廢疾焉？

水經滻水篇帖子柬東潛

《漢志》詳於水道，師古又善爲之釋文，如圜水之本爲圁水，慎水之本爲滇水，皆大有功者。乃京兆南陵縣之下，沂水出藍田谷，北至霸陵入霸水。霸水亦出藍田谷，入渭。師古曰：「沂，先歷翻。」則「沂」字而涅聲。歷攷諸書，未聞霸上有沂水也。因質之爲地理之學者，亦莫能證其目。或曰：「沂者，涅之通也。涅水亦出藍田，西逕嶢關，而復會於霸。今世多以省文作泥，其音之轉爲涅。」是説也，迂迴曲折以求之，予未之敢信。且《漢志》泥水出北地郡郁郅縣北蠻中，則其來遠矣，而於六書又絶無據。乃近以解《水經》之故，取其《滻水篇》讀之，則再引《地志》之文，直曰滻水，而非沂水，乃知六朝舊本固滻水也。夫玄霸素滻，古以二水齊稱，而漢家列之命祀，所謂長水者也。是在《地志》例

❶「汝」，《說文》卷一一上作「泗」，參陳校。

必並書。而涅水之以青涅軍得名於史，其出稍晚矣。況善長生於師古之前，專門治《水經》之學，其引《漢志》最審，寧復有可疑哉？或曰：「然則師古寧漫然無徵乎？」曰：善長所見之本，諒非師古所能争矣。且師古雖爲班固功臣，而亦時有失檢之語。即以水道一節言之，大渡之有涐水，明見於許叔重之《説文》，乃《漢志》累經傳鈔之後，破「涐」爲「渽」，而師古亦遂從而實之，前輩嘗糾之矣。然則滍之爲沂，亦其例也。

水經夏肥水帖子柬東潛

夏肥水在淮北，導源於沛郡之城父，南至下蔡入淮；肥水在淮南，導源於九江之成德，北至壽春入淮。其入淮有南北之分，而夾岸適對，故淮人至今以東西二肥河目之，原非謂夏肥水能伏流潛達與肥合也。若合肥又在壽春之東二百餘里，乃九江之肥所經由，其於沛郡之夏肥水風馬牛不相及也。應劭乃曰：「夏水出城父東南，至此與淮合，故曰合肥。」闞駰亦曰：「夏水至此合爲肥。」則沛郡之水，既能伏流潛達，又能引而長之，以至於芍陂之閒，真異事也。於是善長疑之，以爲夏肥水無通肥水之理，曲爲之説，謂肥水之同源而出者尚有施水，已各分流，注於巢湖。若夏水暴漲則復合，故以名其水。然則沛郡之夏肥水得自爲川，而九江亦不礙於夏肥水之目，斯固騎郵之支詞。雖然，是説也善長亦自有見於夏肥之出自沛郡者，更無踰淮而東之理而别爲之説也。而其下又曰：「施水出自城父，至於九江。」則可怪已極。夫肥與施同源者也，肥出九江，而施獨發於踰淮之沛郡，則自背其説矣。夏肥出沛郡，不能踰淮，而施何以獨能之？則又自背其説矣。然則沛郡有夏肥水者二矣，是其欲調停應、闞之謬，而墮於大悖者也。而胡梅磵附和之，何也？夫《淮水篇》中善長於沛郡之夏肥別有詮次，源流了然，正自不錯。其曰：「淮水於壽陽西北，肥水注之；淮水又北，夏肥水注之。」水上承沙水，即杜預所謂夷田在濮水者。沙水、濮水、夏肥水互舉通稱，然則夏肥水者，莨蕩渠之支流也。濁河清濟，皆有津逮，不止一淮而已也。苟知夏肥之出自莨蕩，諒無有以九江之水溷而列之者。顧不知善長何以前後舛戾若此。足下於是書力爲護法沙門者也，必將以爲誤文，或後人補綴之失，有足代之解嘲者，其幸有以語我也。

水經播冢山帖子柬東潛

《水經》之末，歷數《禹貢》山川澤地所在。其第四十五條曰：「播冢山在弘農盧氏縣南。」道元注曰：「穀水出其北林。」是自亂其例之言。《禹貢》之山，未有所謂播冢也；《禹貢》之水，未有所謂穀也。朱中尉解之曰：「是蓋引《山經》之文也。」吾亦固知其爲《山經》之文，然豈可以充《禹貢》之乏乎？且《山經》何獨引此一條也？既而思之曰：「是非舊本之文也。」太史公作《禹本紀》，然不敢稍以之攙入《禹貢》一語，而謂作《水經》者乃補綴一至此乎？夫經文當云「熊耳山在弘農盧氏縣南」，注文當云「洛水出其西」，如是則合乎《禹貢》矣。或曰據《漢志》，則洛水出上洛，其出熊耳者，伊水也。曰《禹貢》係熊耳於洛，必非苟然，殆猶導河之於積石也。況《地説》以熊耳之山爲地門，其望尊矣，固不必以《漢志》疑《禹貢》也。且是卷於《禹貢》所導之水，河、濟、淮、江、漢、黑、弱、渭已志其八，不應獨遺熊耳之洛，明矣。是必舊本脱去「熊耳、洛」數字，好事之人偶讀《山經》，自以爲博，因奮筆以有此誤也。然而元祐重行開雕，以至於今，竟未有言及之者，則校讐之疏甚矣哉！

附　録

先生十六歲始應鄉試，至行省，以古文謁查初白先生，初白謂萬九沙太史曰：「此劉原父之儔也。」年譜。

浙江修《通志》，先生謂翁洲六大忠臣當立傳，乃作武進吴尚書、上海朱尚書、鍾祥李尚書三狀，張相國、劉安詳、董給事三志移之。同上。

先生初見江陰楊文定，稱之曰博，而勉以爲有用之學。先生謙言以東萊、止齋之學朱子尚議之，何敢言博？文定曰：「但見及此則進矣。」同上。

泰陵配天禮成，先生獻《大禮賦》，靈皐先生曰：「筆力弗逮杜，然語語本經術，典核矜重，則杜微媿拉雜矣。」同上。

紹興守杜甲延主蕺山書院，始設奠於劉宗周影堂，議定從祀諸弟子。初課諸生以經義，繼以策問、詩古文。條約既嚴，甲乙無少貸。越人始而大譁，已而帖然。一月之後，從者雲集，學舍至不能容。逾年，以主人微失禮，固辭歸。諸生蔡紹基等來寧波請曰：「今學舍滿五百人，請先生一過講堂。五百人者以六鎰爲贄，千金可立致，豈傷先生之廉乎？」先生呵之曰：「是何言歟？夫吾之不往，以太守之失禮也，禮豈千金所可貨乎？」復主粤東端溪書院，行釋奠禮，祀白沙以下二十有一人，從前未有之典也。同上。

嘉慶二十年，邑人士建祠祀明忠臣錢肅樂、張煌言，以祖望能論撰二人殉國之事，祔祀焉。王宗炎撰祠記。

杭大宗曰：「全紹衣撰《詞科擬進帖子》，援據精核，爲召試諸人所不及。」參《詞科餘話》。

阮研經曰：「嘗謂經學、史才、詞科三者，得一足傳，而祖望兼之。其《經史問答》，實足以繼古賢，啟後學，與顧炎武《日知録》相埒。」《揅經室集》。

李越縵曰：「全氏服膺宋儒，而覃精攷据文獻之學，蓋承其鄉厚齋王氏嫡傳，於漢注唐疏揅穴極深。如《漢經師論》、《前漢經師從祀議》、《唐經師從祀議》、《尊經閣祀典議》、《原緯》諸篇，皆極有功於經學。《漢經師論》尤爲諸儒干城。而《荊公周禮新義題詞》、《陳用之論語解序》、《王昭禹周禮詳解跋》等篇，謂荊公解經最有孔、鄭諸公家法，因力欲存王氏一家之學。其《禮記輯注序》、《跋衛櫟齋禮記集説》，深慨於陳澔之陋學，而以衛氏之書不列學官爲惜。《跋夏柯山尚書解》，極以明代專用蔡傳爲非。《讀吴艸廬儀禮纂言》，謂艸廬此書本於朱子，然四十九篇流傳既久，不宜擅爲割裂顛倒。諸所論列，其於古學真能篤信謹守者矣。其《左氏謚説》一篇，卓識通議，遠出顧震滄《春秋謚法攷》之上。集中餘文，辨正名物，創通大義者尚多。至另刻《讀易別録》一書，剖析精嚴，尤《易》義之橐籥。余輯《國朝儒林小志》，惟載漢學名家，雖姚惜抱、程棉莊、程魚門、翁覃谿諸公自名古學者皆不列入，而獨取先生，固不僅以《經史問答》一書也。」《越縵堂日記》。

又曰：「謝山於《宋元學案》致力甚深。

其節録諸家語録文集，皆能擇其精要。所附録者，翦裁尤具苦心，或參互以見其人，或節取以存其槩，使純疵不掩，本末咸賅，真奇書也。梨洲原本不過十之三四，其子耒史百家。所續亦屬寥寥，然起例凡發，大綱已具。謝山以專門之學，極力成之，故較《明儒學案》倍爲可觀。所譔序録八十九首，犀分燭照，要言不煩，宋儒升降源流，大略皆具，學者尤不可以不讀。」同上。

謝山弟子

董先生秉純

董秉純，字抑儒，一字小鈍，鄞縣人。受業謝山先生，好談政治，謝山目爲有用之才。乾隆癸酉拔貢，需次京師，久之補廣西那地土州州判。那地本猺獞雜處，雍正八年始立漢官。先生蒞任，禁躧歌鬼師，刬除毒草，集鄉耆，講鄉約，俗爲之變。禾收歲歉，勸兼種二麥，民賴以生。洩水筑隄，民賴以安。生員不滿十人，童子應試者僅三人。詢之，則以應考者惟官目子弟得與，百姓不得列焉。乃力陳上官，破格招徠，生童始衆。歷權天河縣、上思州事，擢甘肅秦安知縣，並有治績。以疾歸里。謝山文内外集皆所編定。又倣萬氏述《黄氏世譜》以冠《南雷集》，作《全氏世譜》，撰《年譜》一卷。參《四明談助》、行狀、《鮚埼亭外集跋》。

盧先生鎬

盧鎬，字配京，號月船，鄞縣人。少奇穎，偕同里楊爾音游。好蒐討僻書奇字。未幾棄去，從史榮研究經史，既又執贄謝山先生門下。謝山每歲客游，假大江南北藏書家鈔本，捆載至數百册而返。先生與諸同學遞閱之，五行並下，一日可盡數卷。參蔣學鏞撰墓志、全祖望撰《范鵬穿中柱文》。

蔣先生學鏞

蔣學鏞，字聲始，號樗庵，鄞縣人。乾隆辛卯舉人。與謝山先生爲中表弟，事之最早。精勤刻苦，無所不窺，爲謝山入室弟子。萬氏史學冠海内。萬氏殁，全氏得其傳；全氏殁，先生得其傳。尤粹於經，嘗取衛湜《禮記集説》，薈粹諸家，爲之援據考定。其立説不徇宋，亦不媚漢，將成一家言，爲學官式。已積成巨軸，而心氣悴竭，下注兩足心，血漉漉出，怔忡大發。醫者駭，以爲五官必廢其一乃可生。既而兩耳遂廢聽，以至終身，時年方四十也。其後所著巨軸，卒以事爲當事者取去，先生終身恨之。古文好王荆公詩，慕柳州、東坡，尤嚴法度，不肯肆爲馳騁。性狷甚，遇不可意，雖從學之士，揮之若仇。縣令郭文誌以孝廉方正舉之，辭曰：「余老且病，安能遠至杭州，折節於諸大吏之門耶？」阮文達兩至鄞，不得一見，益以是高之。嘗與《鄞志》局論不合，辭去，乃自著《鄞志稿》若干卷藏於家。參《四明談助》、黄定文撰《樗庵存稿序》、《定香亭筆談》。

樗庵弟子

黄先生定文

黄定文，字仲友，號東井，鄞縣人。乾隆

丁酉舉人。從學於蔣樗庵氏、盧月船氏，得謝山之傳，有經世志。官清遠知縣，歷移繁劇，政績卓然。陞揚州同知，調署徐州、松江、常州同知，並有治行，事具縣志。尋乞病歸，家居十餘年。邑中建旌忠廟祀明季忠義士，開濬城河，遇有公事，必審其可否，力任之。又與同時諸老會於所居息圃，以詩文自適。卒年八十一。參行狀。

謝山交游

李先生紱 別爲《穆堂學案》。

方先生苞 別爲《望溪學案》。

惠先生士奇 別見《研谿學案》。

萬先生經 別見《鄞縣二萬學案》。

沈先生彤 別爲《果堂學案》。

杭先生世駿 別爲《堇浦學案》。

厲先生鶚 別見《堇浦學案》。

萬先生承蒼 別見《穆堂學案》。

沈先生炳震

沈炳震，字寅馭，號東甫，歸安人。少淬厲於學，籍學官後，日有名。省試八，不遇，遂謝舉子業，專攻經史。讀九經，排比鉤稽，因文字之異同，究訓詁之得失，撰《九經辨字瀆蒙》十二卷。尤精三禮。嘗擬彙作《三禮異同》，附以諸家之説，積稾盈篋笥，未寫定清本。讀史以新舊《唐書》互有詳略疏密，合而爲一，補闕正譌，交相爲用，是正義例，移易篇第，錯綜貫串，連絡補苴，積十數年乃成，名曰《新舊唐書合鈔》，凡二百六十卷，又《訂譌》十二卷。雍正中，攜以游京師，會開博學鴻詞科，太倉王詹事奕清舉先生名應詔。乾隆元年召試，未與選。歸，踰年卒，年五十九。後嘉興錢侍郎陳羣以《合鈔》奏上，會武英殿校刻經史，分校《唐書》者多采先生説入考證中。他所著有《廿一史四譜》、《歷代帝系紀元歌》、《井魚聽編》、《唐詩金粉》、《增默齋集》。參史傳、全祖望撰墓誌銘、沈德潛撰傳、《文獻徵存録》、《先正事略》。

廿一史四譜例

歷代之史，列於學官，所以表徵盛衰，殷鑒興廢者也。讀史者用以考政治之得失、人物之臧否，❶論世之備識焉。若但校其命意疏密，遺辭繁簡，亦已末矣。是譜掎摭更爲瑣細，特以無意義之可尋求、文詞之可聯綴者類之，以備記憶，其於讀史猶河漢也。

《四譜》所列，一据史文，史所不載，不敢妄書，懼失實也。其在《春秋左氏傳》者亦概不闌入，不敢援經以入史也。

《紀元》、《宰執》、《謚法》三譜，各一縱一横，以資檢核。唯《封爵譜》，地既不一，爵復列五，故以地爲綱，不更復譜。

❶「臧」，原作「藏」，今據文義改。

《紀元譜》前代袁氏有《彙編》之輯，近則四明萬氏有《甲子會考》。萬氏專書甲子，意不在紀元；袁氏考核頗疏，正史翻多滲挂，稗官時復闌入。是譜發凡，大致本諸袁氏，而補其漏，删其譌焉。

《紀元》昉自漢武，後世遂爲不易之制。然類取嘉名，貽譏重複，故乾德之對，重熙之易，《博物》稱之。至乃離析其文，分合其字，或以火德而議水旁，或以體元而疑山壓，縱復偶中，亦同瞽史，君子無取焉。然偶見史書者，亦備書之，寧慎重云。

古者封建有分土無分民，魯、衛、齊、宋因地立號。漢魏以後，王公升降以户爲差，已非古者分土之制。蓋但有空名，已無其地。更或徒取美號，康襄簡肅絶類乎謚。至元魏復創假爵以酬功，唐室更有別封以任子，則幾於動階恩蔭矣。然既已開國，不得不存其虛號，故自王公以迄鄉亭，爵以等列。春秋侯伯次於漢魏王公之後，蓋以爵不以時也。

《記》曰「加地進律」，又曰「君絀以爵」，是古者五等本有黜陟。然春秋之世，未聞伯進而侯，侯進而公，唯郑人因齊桓而進子，杞侯以時王而黜伯，要皆不易其本封之國。後世既無分地，由子男而遞至王公，爵既屢進，地亦數易，幾如遷官轉秩矣。《譜》之所列，各要其終之封號，次第而進，庶易於檢核云。

唐宋《禮志》孔門七十二賢各有封爵，或由子而伯，或由伯而侯，雖事屬異代，亦據進封例備書之，以識襃崇之意焉。

漢之三公，猶唐之三省；唐之三省，即宋之兩府。但唐之三公不同於漢，宋之尚書、門下兩省不同於唐，然權以時輕，名仍舊貫。至有明太祖盡去三省之長，而約略留其屬，名雖偶同，已全非漢、唐建官本意。此古今官制一大升降也。故備識各史設官源流，用資考索。

歷代宰執，各以時序。然西漢韋、平，六朝王、謝，唐之八蕭，宋之諸吕，至今豔稱之，故復從姓類序，以見高門洪族鼎貴一時，簪笏之榮，搢紳之美，古今亦不數見耳。

古者南郊請謚，稱天以誄。帝王之謚，一而已矣。自唐以後，頌盛德而揚豐功，臣下擬進，重文稱美。由宋迄明，累至十餘字，同於尊號。此古今質文之異也。各史帝謚列於紀首，未免散而無紀。庸會之以便參稽，故首列廟號，次及追尊，次及后妃，而後據《史記》周公謚法，前後鱗次臚陳。《史記》不載者，則據《通志》所載次列於後。《通志》所無，則序其時之前後，附於末焉。

易名之典，人臣至榮。然人不一類，謚不一格，所謂「大行受大名，細行受細名」也。休文以後，及乎明允、漁仲，各有成書，然要皆臚列謚法，不譜其人。今以謚爲綱，以人爲目，雖曰後世錫謚有褒無貶，而賢奸眉次，臧否錯陳，或名浮於實，或實戾乎名，千秋公論，美謚益形其醜，固不必三等以定優劣，而尚論之旨存焉矣。

古來賢聖如日月麗天，終古常照，固不藉易名以增其美。然異代褒崇，帝王盛典，故比干褒謚於唐，姬公加謚於宋，亦備載之，以見百世聞風具徵懿好。

附録

《九經辨字瀆蒙》第一卷爲經典重文，如「褫」字翩翩、坎坎。第二卷爲經無重文，如「褫」字「豬」字。第三卷爲經典傳譌，如《文言傳》

「重剛而不中」，「重」字《本義》疑衍；《象傳》「履霜堅冰」，《魏志》作「初六履霜」。第四卷、第五卷爲經典傳異，以注疏本列於上，以石經不同者列於下，其諸書援引異文亦併附著。第六卷爲經典通借，如「君子以順德」，王肅本作「愼」；❶「磐桓利居貞」，「磐」，《釋文》「一本作盤」。第七卷、第八卷、第九卷爲先儒異讀，如《易》「大人造也」，「造」，劉歆引作「聚」；「君子體仁」，「仁」，董遇本作「信」。第十卷爲同音異義，如「象」本訓「豕走」，《易》之「象」則訓爲「斷」；「毒」本訓「害」，王弼注《師卦》「毒天下」訓爲「役」，然其音不改。第十一卷爲易音易義，如「元亨」之「亨」，在「王用亨於岐山」則讀「饗」；「乾坤」之「乾」，在《噬嗑》「乾胏」則讀「干」，併其音而改之。併附異字同義，如《易》之「鼫鼠」即《詩》之「碩鼠」，《易》之「臲卼」即《書》之「杌隉」。第十二卷則注解傳述人，全録陸德明釋文所載。《四庫全書提要》。

《新舊唐書合鈔》：《本紀》二十四，《志》五十六，《表》二十，《列傳》一百六十，凡二百六十卷。《本紀》以《舊書》爲主，分注《新書》。諸志《禮儀》、《音樂》《舊書》分爲二，《新書》合一爲《禮樂志》，《合鈔》仍分爲《禮志》、《樂志》。《禮志》一二三四五六從《舊書》，七八九十十一從《新書》，增十二，即《舊書》第七。《曆志》一二五六從《舊書》，三四七八九從《新書》。增《天文》，一主《舊書》，二三主《新書》。《地理》、《五行》以《新書》爲主，分注《舊書》。《舊書》無《選舉》、《儀衛》、《兵》三志，從《新書》增。《新書》以《儀衛》次

❶「王」上，乾隆武英殿刻本《四庫全書總目》卷三三有「順」字。參陳校。

《禮志》、《合鈔》退《輿服》下。《食貨》一二從《舊書》，三從《新書》增，而兩書之《志》備矣。《舊書》無《表》，從《新書》補《宰相》、《方鎮》、《宗室世系》三表。《方鎮表》中，補拜罷承襲諸節目。《新書·宰相世系表》别爲《訂譌》二十卷，不列於目，以其徒滋舛譌，無補全書也。諸《列傳》，《舊書》無《公主》，補入，次《后妃》後。他補傳：《后妃》二，《宗室》二，《列傳》四十九，《宦官》四，《良吏》四，《忠義》六，《孝友》十四，《儒學》十五，《文苑》八，《方技》二，《隱逸》五，《列女》二十二，《叛臣》一。諸傳又有附見者，凡二百六十五人。《后妃傳》不取武后，《新書》所載附入舊紀。舊傳楊朝晟、王求禮皆重出，删其一。新傳有史大奈、泉男生，移大奈入《西突厥》，男生入《高麗》。《新書》所增外夷諸傳皆補入，而兩書之人備矣。丁子復《新舊唐書合鈔跋》。

案：是書當時雖已進呈，初未板行。至道光中，海寧查氏付刻，嘉興丁子復任校勘，又爲《考異》一卷附書後。

沈歸愚曰：「東甫性仁孝，考卒官舍，櫬舁歸奉堂皇。衆以俗忌沮之，卒排衆議。既葬，廬居盡哀，君子謂之知禮。敬愛昆弟，老年彌篤。待友以誠，無面背言。生平不問生産，明是非之分，屹然山立。或樵蘇不繼，而中懷和藹，暖然如春。綜其行誼，俱能不愧古人者。」沈德潛撰傳。

吴五亭曰：「東甫爲人落落穆穆，乍見似深中難測，久輒服其誠坦，咸恨締交之已晚。意所不可，必盡言無顧，即其人面頰發赤，猶未已。及談論偶合，齗齗終席無怠色。性篤友誼，不靳倒橐，而貧窶自守極介介。嘗歎淵明風最高，不樂爲五斗折腰，獨不解其叩門乞米一語。晚游淮幕，值寒甚，解羊裘豹褥贈好友。中途感寒疾，家人輩竊笑，而東甫不惜也。」吴斯洺撰傳。

謝山從游

趙先生一清

趙一清，字誠夫，號東潛，仁和人。國子監生。少學於謝山先生，從事根柢之學。酈道元《水經注》傳寫舛譌，其來已久，諸家藏本互有校讐，而大旨不甚相遠。歐陽玄、王禕諸人但稱經注混淆而已。謝山得先世舊聞，謂道元注中有注，本雙行夾寫，今混作大字，幾不可辨。先生因從其説，辨驗文義，離析其注中之注，以大字細字分别書之，使語不相離，而文仍相屬。又《唐六典》注稱桑欽所引天下之水百三十七，江、河在焉，今本所列僅一百十六水。考《崇文總目》載《水經注》三十五卷，蓋宋代已佚其五卷，今本乃後人離析篇帙以合原數，此二十一水即在所佚之中。先生證以本注，雜採他籍，❶得滏、洺、滹沱、派、滋、伊、瀍、澗、洛、豐、涇、汭、渠、獲、洙、滁、日南、黑弱十八水，於濼水下分濼餘水。又考驗本經，如清漳水、濁漳水、大遼水、小遼水皆原分爲二，共得二十一水，與《六典》注原數相符，著《水經注釋》四十卷。又取朱謀瑋《箋》，隨讀隨正，遺漏者補其缺，紕繆者正其訛，鱗次櫛比，各具本元，成《水經注刊誤》十二卷。蓋據以較正者凡四十家，其中如二顧、二黄、閻諸本均未寫定，止就原稾迻録，用力之勤如此。惟與戴東原注本頗多相類，致啟疑竇，迄鮮定論。方總督

❶ 「採」，原作「授」，今據《清史稿》卷四八五改。

觀承嘗言：「先生撰《直隸河渠志》一百三十一卷，後東原删爲一百二卷，蓋趙草創而戴删改云。」又著有《東潛詩文稾》。參史傳。

文集

辨正漢書地理志

葯君弟有《校正漢書地理志》一卷，屬余詳覈。余衰廢健忘，家藏圖籍一旦散亡，無能爲役。乙夜挑鐙讐勘，記憶所及，書以復之，曰：「坊刻删脱太甚，惟明汪文盛槧本稍善，毛氏汲古閣次之。若陳明卿評點，抑又下矣，然而未可輕也。汝南鮦陽，孟康『音紂紅反』，汲古閣本『□音紂』，何超《晉書音義》同。不知紂紅反之爲鮦也。《説文》鮦，直龍反。陸德明《經典釋文》云：「鮦，孟康音紂紅反，又音童，或音直勇反。」❶山陽平樂包水東北至沛入泗，包爲泡省文，汲古閣作『淮』，不知泡水之即清水，與泗合流者也。《水經注》作「苞水」。二者皆陳氏之善，一字之功，豈淺鮮哉！《漢書》之誤由來已久，如弘農新安，《禹貢》『澗水所出』，闞駰以爲淵水；河東郡，莽曰『兆隊』，《水經注》以爲洮陽。南郡臨沮，《禹貢》南條荆山在東北，《水經注》以爲東條。沛郡鄲縣，莽曰『單城』，《水經注》以爲留城。宋祁因此誤。鬱林領方墧水，師古曰『墧音橋』，亦作嶠，庾仲初云『水出萌渚嶠』，乃酈道元曰《地理志》云領方縣而有橋水，而當作南，謂南橋水也』。此是何據？若夫洙水入泗，而以爲入池，於延水入治，而以爲入沽，道元特起而糾正之，則六朝以前本之誤也。雉，衡山之澧水，至郾

❶「勇」，原作「曾」，今據乾隆五十九年小山堂刻本《東潛文稿》卷下改。

入汝，今曰郾，師古音『屋』；桂陽之洭水，今曰匯，師古音『胡賄反』；南安之涐水，今曰涐，師古音『哉』，則唐本之誤也。亦有避諱而非誤者。信都南宫，《水經注》『莽曰序中』，隋人諱忠，故今曰序下。西河穀羅武澤在西北，後漢建武二十八年詔南匈奴徙居西河美稷之虎澤，唐人諱虎，故今曰武澤也。若夫直路沮水是滬水，南陽比陽是泚陽，益縣王莽曰『探陽』是探湯，武功淮水祠是雍水祠，中宿洭浦官是洭浦關。而平原郡之阿陽，《孝成趙皇后傳》云『屬陽阿主家』，師古曰『陽阿，平原之縣也』。《寰宇記》曰『阿陽，漢魏以下卻改爲陽阿』。天水郡之冀縣，《説文》云『天水有驥縣』。廣陽國之薊縣，《説文》云：『周封黄帝之後於鄚，从邑，契聲，上谷有鄚縣。』章懷《後漢書》注亦云。『巴郡之墊江，《説文》作褺，从衣不从土』，孟康曰『音重疊之疊』。習俗害真，莫明古訓也。且班固普載巨君改易郡縣之名，獨缺滎陽之祈隊、《莽傳》云：「以陳留以西付祈隊。」祈隊故滎陽，是陳留已無復爲郡矣。天水之阿陽、《志》云：「天水郡，莽曰填戎。」而《水經注》云：「成紀縣，王莽之阿陽郡治。」漢天水郡別有阿陽縣也。上郡之增山、西河有增山縣，莽改上郡爲增山，以馬員爲連率。員字季主，馬援之兄，見《後漢書·馬援傳》。鉅鹿之和成。一作「禾成」，在下曲陽，見《東觀記》。亦作「和戎」，莽又改常山鄗爲禾成亭。而翼平連率田況則北海之支郡，莽改北海壽光曰翼平。夙夜連率韓博則東萊之支郡，莽改東萊不夜曰夙夜。其孫功崇伯宗莽故同穀城郡，❶則東郡之支郡，師古曰：「同者，宗所封一同之地。」莽改茌平曰功崇，臨邑曰穀城亭，皆東郡之縣也。所謂大郡至分爲五者也。不特此也，莽既更長沙國曰填

❶「伯」，《漢書》卷九九下作「公」。參沈梁校。

鑾矣，又有長沙連率馮英，既更九江郡曰延平矣，又有九江連率賈萌，豈史家追改耶？既更越嶲曰集嶲矣，又以任貴爲領戎大尹守之，是官與郡異。《莽傳》云：『以益歲以南付新平。新平，故淮陽。』蘇林曰：『陳留圉縣，莽改曰益歲。』而《志》又缺也。《莽傳》又云：『分三輔爲六尉郡。』又云：『常安西都曰六鄉，衆縣曰六尉。義陽東都曰六州，衆縣曰六隊。』今《志》僅有六隊，而六尉之名不見，見於《黄圖》，《莽傳》亦有之。京尉、師尉、翊尉、光尉、扶尉、列尉是。而汝南郡且分爲賞都尉，殆因其臨曾封賞都侯，故尊其稱耶？蜀都、廣都置就都大尹，《志》不書，惟廣都縣下云莽曰就都亭，東郡既書莽曰治亭，濮陽復曰治亭，何也？凡此失誤之彰明較著者，非有深思篤信之士，未易與之揆其顛末，索其瑕瘢。善乎，先友張南漪曰『人不熟於地理，不可以讀史』！余至今誦之。葯君年力富强，因是以津造，或庶幾焉。」

三十年前，聞吴中義門何氏有《校正漢書》，後歸邗江馬半查叢書樓插架。今年春，於許蒔庭案上見此書摹本，假《地理志》一册，與葯君本參異同，義門果勤於佔畢哉！而未盡善也。如沛郡酇縣，蘇林音「多寒反」，而云「宋祁據《宋書》曰應作留」。夫「酇」何乃破而爲「留」也？沈約《索虜傳》云：「步尼公進軍清東，屯留城。」❶此《春秋傳》侵宋吕、留之留，漢縣屬楚國。若沛郡之酇縣，王莽改之曰單城者也。汝南鮦陽，孟康音「紂紅反」，本不錯，反依師古注抹「紅反」二字。《高帝紀》鮦陽，顔云「音紅」，❷蓋假借字」，實

❶「屯」，《宋書》卷七〇作「至」。參沈梁校。

❷「紅」，據《漢書・高帝紀》作「紂」，或從孟康音「紂紅反」。

誤耳。平原阿陽，本不錯，反引《外戚傳》改爲陽阿。陽阿，上黨之縣，非平原也。南郡夷道，應劭曰「夷水出巫」，本不錯，反引宋祁曰「巫下當添『山』字」，則後巫縣「夷水東至夷道入江」之文何以稱焉？千乘博昌時水東北至鉅定入馬車瀆，本不錯，反改爲博水，齊地無博水也。博昌，臣瓚所謂「取其嘉名」，闞駰所謂「縣處勢平」者也。犍爲漢陽山閫谷，漢水所出，東至鼈入延，❶本不錯，反改爲入江。此別一漢水，自入延江耳，非《禹貢》之漢水也。雁門泩陶，孟康音汪，本不錯，反改音「枉」。北地歸德，本不錯，反云「據宋本無『德』字」，此與程大昌《雍録》以洛水出北歸德同一笑柄也。上郡高望、望松俱云「北部都尉治」，❷本不錯，反云「不應設兩北部都尉，必有一誤」。例以分蜀郡西部置都尉，一治旄牛主外羌，一治青衣主漢民，何嘗不是兩西部都尉乎？丹陽黝縣漸江水出南蠻夷中，本不錯，反引羅愿《新安小志》，云「『蠻中』乃『率山』之訛，仍衍『夷』字」。彼中撰志者久已造爲「率山」、「率水」之殊目以自誣，何爲拾其餘唾乎？馮翊連勺❸，如淳曰「音輦酌」，❹而以爲師古音此。如敦煌效穀下注，今誤增「師古曰」三字，不知皆非小顔音釋也。金城允吾、允街注並云莽曰修遠，遂疑一郡不應二縣同名，而云：「允吾下『修』字，監本半刻爲合，豈飭字耶？」不知允街莽曰「修遠亭」，與允吾有別，故酈道元云「莽置西

❶「鼈」，原作「鼇」，今從沈梁校據《漢書》卷二八及《東潛文稿》卷下改。

❷下「望」字，原作「高」，今從沈梁校據《漢書》卷二八下及《東潛文稿》卷下改。

❸「連」，《漢書》卷二八上作「蓮」。參沈梁校。

❹「淳」，原作「湻」，今從沈梁校據《漢書》卷二八上及《東潛文稿》卷下改。

海郡而筑五縣焉」。五縣，謂修遠即允吾，❶興武即浩亹，罕虜即令居，順礫即白石，監羌即臨羌，是爲五縣。可知以允街爲亭，而與王縣殊科也。九江合肥，應劭曰「夏水出父城東南」，知引《水經注》改爲城父是矣，而不知夏水之爲夏肥水也，沛郡城父所謂夏肥水東南至下蔡入淮者也。以上諸條，或起義門於九原，亦無辭以辨也。

余既摘録何校本之誤，改《班書》以復於葯君矣，葯君曰：「尚有班固原誤，及顔師古繆説，並近代傳刻之訛，未經何氏校正，幸爲我搜討，願受教。」余曰：「唯唯。」乃研思殫精，得若干條，疏記如左。太原廣武河主賈屋山在北。「河主」是「句注」之誤。上黨沾縣大黽谷，❷清漳水所出，東北至邑成入大河。「黽」是「曌」之誤，古「要」字也；「邑成」是「阜成」之誤。潁川周承休，侯國，元帝置，元始二年更名鄭公。《説文》「邟，潁川縣」也。漢潁川郡有周承休，侯國，元始二年更名曰邟，音元。後漢黄瓊、袁紹皆封邟鄉侯。「鄭」是「邟」之誤。汝南細陽，師古曰「居細水之陽」，《説文》是泅水；博陽，莽曰樂家，《水經注》、《三國志》、《晉書》俱作樂嘉。南陽舞陰中陰山，瀙水所出，東至蔡入汝。《水經注》引《説文》是中陽山，蔡是上蔡。魯陽，酈道元云「王莽之魯山」，今《志》無是文。山陽湖陵，《禹貢》「浮於泗、淮，通於河」，水在南。應劭曰：「《尚書》一名湖。」《説文》引古文是「浮於淮、泗，達於菏」，則「一名湖」之湖，亦是「菏」字之誤，蓋仲瑗引《尚書》「菏」字以證本文「河」之當作「菏」也。橐，莽曰高

❶「允」，原作「元」，今據《東潛文稿》卷下改。
❷「沾」，原作「沽」，今從沈湅校據《漢書》卷二八上及《東潛文稿》卷下改。

平。臣瓚曰：「音拓。」《高祖功臣表》稾祖侯陳鍇，師古音公老反。一《表》一《志》，自相背馳而不悟。平樂淮水東北至泲入泗。「淮水」是「泡水」，「至泲」是「至沛」之誤。濟陰定陶，《禹貢》「陶丘在西南」。陶丘亭，《水經注》云「陶丘亭在南」，脱二字。沛郡鄲縣，孟康曰「音多」。據《周緤傳》，蘇林「音多寒反」，脱二字。洨，莽曰「育成，一作有成」，此是「肴城」之誤。鉅鹿郼，師古「音苦么反」。「郼」是「鄡」之誤。真定國緜蔓下，❶及章懷《後漢書》注可證。新市，莽曰市樂，《水經注》是樂市。常山元氏，沮水東至堂陽入黄河。沮水，《山經》是泜水。「黄河」是「横河」之誤。即楨漳也。❷代郡鹵城下有「從河」，此楨從之楨。中丘諸水東至張邑入蜀。「諸水」是「渚水」，「入蜀」是「入漯」之誤。南行唐牛飲山白陸谷，《説文》是白陘谷。清河靈縣，莽曰播，《水經注》是播亭，落「亭」字。厝縣，應劭曰：「安帝以孝德皇后葬於厝，改曰甘陵。」孝德皇即清河孝王慶，安帝即位，追尊曰孝德皇。皇妣，左氏曰孝德后，此多「后」字。涿郡良鄉，垣水南東至陽鄉入桃，是「東南」之誤。平原郡平原有篤馬河，東北入海，五百六十里。是「行五百六十里」，落「行」字。千乘博昌，博水東北至鉅定入馬車瀆，幽州寖。《周禮·職方》幽州其浸菑、時，「博」，蓋「時」之誤。濟南，縣十四，二曰鄒平，三曰臺，《續郡國志》可證。後人誤截鄒爲一縣，平臺爲一縣，《齊乘》遂以臺、平臺爲二縣，《日知録》已正其失。泰山蓋縣，臨樂子山，《水經注》無「子」字。桃山，莽曰襄魯。《外

❶「蔓」，《漢書》卷二八下作「曼」。參沈梁校。
❷「楨」，《東潛文稿》卷下作「横」，注内下二「楨」字同。

戚恩澤侯表》有褒魯節侯，公子寬以周公世魯，頃公玄孫之玄孫，元始元年封，以奉周祀，蓋莽所爲也。「襄魯」是「褒魯」之誤。北海石鄉，注云：「一作正鄉。」别本作「止鄉」。此是下文上鄉之錯簡也。瑯邪柜縣，根艾水，《水經注》作柜艾水。析泉，析泉水北至莫入淮，「莫」是「箕」之誤，「淮」即「濰」之「濰」，作「淮」，省文耳。東海下邳，萬嶧山在西。《郡國志》下邳有葛嶧山，本嶧陽，「萬」是「葛」之誤。兩海曲，一屬琅邪，云有鹽官；一屬東海，云莽曰東海亭。《續志》廣陵郡海西，故屬東海。《功臣表》武帝封李廣利爲海西侯，然則琅邪是也，東海非也。兩平曲，一莽曰平端，一莽曰端平，不應二縣同名，同在一郡。莽改端平之平曲，似是「曲平」之誤。臨淮盱眙，莽曰武匡，《水經注》是匡武。會稽郡回浦，南部都尉治。毛奇齡《蕭山縣志刊誤》曰「南部」當是「東部」之誤。西部治錢塘，與東部對。丹陽郡縣十七，今數之得十六，蓋缺句容一縣。桂陽郡桂陽，匯水，《説文》是滙水，即湟水，又作「洭」，轉作「桂」也。漢中安陽，在谷水出北，是左谷水之誤。武陵佷山，孟康曰：「音恒，出藥草。」恒山，《水經注》引孟説，恒山下有「今世以銀爲音也」，脱七字。蜀郡郫縣，《禹貢》江沱在西，東入大江。南郡枝江亦云：「江沱出西，東入江。」《水經注》兩引《志》文，俱云「西南」，落「南」字。湔氐道，江水所出，東南至江都入海，過郡七，行二千六百六十里。胡渭曰：「今江水所過，於漢爲蜀郡、犍爲、巴郡、南郡、長沙、江夏、豫章、廬江、丹陽、會稽、廣陵，凡十郡一國，而《志》云『過郡七』，蓋江都在江北，據北岸言之，故不數南岸之長沙、豫章、丹陽、會稽，通計得八千三百餘里也。」汶江，司馬彪、酈道元俱作汶江道。縣有蠻夷謂之道。又旄牛，酈注《水經》亦有「道」字。益州牧靡南山臘，❶涂水所出，《水經注》是南山臘谷，涂水所出，落「谷」字。金城枹罕，應劭曰：「故罕羌侯邑也。」顧祖禹曰：「故罕當作故枹罕。」落「枹」字。河關，脱「宣帝神爵二年置」。破羌，宣帝神爵二年置，上脱「應劭曰」三字。觀酈道元所引可見。又河水行塞外，東北入塞内，至章武入海，過郡十六，行九千四百里。胡渭曰：「《水經注》黎陽以上，河水所過，有金城、天水、武威、安定、北地、朔方、五原、雲中、定襄、雁門、西河、上郡、河東、馮翊、河南、河内凡十六郡。黎陽以下，大河故瀆所過，有魏郡、東郡、清河、平原、信都、勃海又六郡。共二十二郡。」今云「過郡十六」，殊不可曉。酒泉禄福，《郡國志》是福禄，《三國志・龐淯傳》云：「禄福長尹嘉。」則後漢本有禄福之稱矣。上郡高奴，有洧水，可爇，《水經注》「有洧水，肥可爇」，落「肥」字。朔方渠搜，莽曰溝搜，《水經注》是溝搜亭，落「亭」字。五原南興，是南輿之誤。成宜，中部都尉治原高，西部都尉治田辟。「高」是「亭」之誤，「辟」即「壁」也。原亭、田辟並邊障名。雁門陰館，莽曰富代，《水經注》是富藏。代郡當城，闞駰曰：「當桓都城。」《水經注》引應劭曰：「當桓都山築城。」桓都，山名也，落「山築」二字。且如，于延水東至寧入沽。是東至廣寧入治，治即㶟水也。下「平舒，祁夷水至桑乾入沽」誤同。鹵城，虖池河東至參合入虖池別，是「東至參户入虖池別河」，「合」是「户」之誤，落「河」字。上谷軍都，溫餘水

❶ 「牧」，《漢書》卷二八上作「收」。參沈梁校。

是灅餘水，此「温」字沿訛之始，章懷《後漢書》注因之。漁陽厗溪，孟康曰：「厗音題，字或作蹏。」《郡國志》是傂奚。白檀，洫水出北蠻夷。師古曰：「洫音呼鵙反。」此水是濡水。《水經》濡水從塞外來，即今灤河。灤，乃官切。酈道元引此注亦作「洫」，其誤久矣。滑鹽，應劭曰：「明帝更名鹽。」《水經注》是鹽田，落「田」字。日南比景，闞駰曰：「比讀如蔭庇之庇。景在己下，言爲身所庇也。」吴仁傑曰：「《考古編》云：『《舊唐志》景州北景縣，晉將灌邃破林邑，五月五日，即其地立表，表在北，日景在南，故郡名日南，縣名北景。』與《志》異。」趙國邯鄲，張晏曰：「邯鄲山在東城下。單，盡也。城郭从邑，故加邑云。」《水經注》引晏説無「鄲」字。章懷《後漢書》注亦云：「邯，山名。鄲，盡也。邯山至此而盡也。」多「鄲」字。襄國，西山，渠水所出，《説文》是渪水，「渠」即「渪」之誤。廣平國斥漳，應劭曰：「漳水出治。」《水經》清漳水出上黨沾縣。「治」即「沾」之誤。中山國北平，徐水東至高陽入博。又有盧水，亦至高陽入河。《水經注》引《志》云：「北平縣有沈水，東入河。」今本無之。陸成，《田叔傳》云：❶「趙陘城人也。」陸城是陘城之誤。信都國，應劭曰：「明帝更名樂安。」據《郡國志》、《水經注》所記，「安」是「成」之誤。河閒國弓高，莽曰樂成。莽改樂成爲陸信，弓高爲樂成亭，落「亭」字。膠東國下密三石山祠，「石」是「户」之誤。魯國卞縣，泗水西南至方與，入沛，「沛」是「泲」之誤。長沙國攸，《王子侯表》「長沙定王子攸輿侯則」，❷《索

❶「田」，原脱，今從陳校據《漢書》卷三七補。
❷「輿」，原作「與」，今據《東潛文稿》卷下改。

隱》曰：「今長沙有攸縣，本名攸輿乎？」凡此皆無以辨之。平原有濕陰縣，《水經注》更有漯陽縣，莽曰巨武，伏琛所謂北漯陰也。❶有樓虛縣，《水經注》更有陽虛縣，《史記·倉公傳》作陽虛。引《志》曰：「陽虛，平原之隸縣也。」文帝封悼惠王子將閭，光武封馬武，皆爲侯國。陳留有平陸縣，東京罷爲尉氏縣之陵樹鄉。《陳留風俗傳》云：『陵樹鄉，故平陸縣也。』」今《志》陳留領縣十七，而無平陸。《水經注》曰：「《漢書》昭帝元鳳六年，封張安世爲富平侯，國在陳留，別邑在魏郡。《陳留風俗傳》曰：『陳留尉氏縣安陵鄉，故富平縣也。』」是乃安世所合矣。而陳留又無富平。平原富平，應劭曰：「明帝更名厭次。」《高祖功臣表》有「厭次侯爰類」，酈道元云：「是知厭次舊名，明帝復故耳。」此因張延壽徙封，故襲陳留之舊稱，改平原之新邑，而平原又無厭次。東郡清，應劭曰：「章帝更名樂平。」《高帝功臣表》有「清簡侯室中同」是已。而高后封衛無擇爲樂平侯，則已改清爲樂平。其後宣帝又以封霍山爲侯國，《表》云東郡，可知樂平即清也，蓋已不始於章帝，而東郡又無樂平。《水經注》曰：「大河故瀆逕修縣故城東，又北逕安陵縣西，本修縣之安陵鄉也。《地理風俗記》曰：『修縣東四十里有安陵鄉，故縣也。』」而《志》無安陵。又曰：「屯氏別河又東北逕東武縣故城東。應劭曰：『東武城東北三十里有陵鄉，故縣也。』」而《志》無陵鄉。又曰：「過水又東逕大棘城南，故鄢之大棘鄉也。又東逕安平縣故城南。《陳留風俗傳》曰：『大棘鄉，故安平縣

❶「琛」，原作「深」，今從沈粱校據《水經注校證》卷五及《東潛文稿》卷下改。

也。』」而《志》無安平。又曰：「《十三州志》云：『遼東屬國都尉治昌遼道。』」《續志》：「昌遼，故天遼，屬遼西。」而《志》無天遼。《平帝紀》：「元始二年罷安定呼沲苑，❶以爲安民縣，起官寺市里。」師古曰：「中山之安定。」《志》屬鉅鹿。酈道元以屬隴右，非也。而《志》又無安民。《曹參傳》：「將兵守景陵。」孟康曰：「縣名。」而《志》無景陵。《濟北貞王傳》：「國除，爲北安縣，屬泰山郡。」而《志》無北安。《王式傳》：「東平新桃人也。」而《志》無新桃。《路溫舒傳》：「舉孝廉，爲山邑丞。」蘇林曰：「縣名，屬常山。」《王子侯表》有「山原侯國，齊孝王子」。《表》在勃海，而《志》無「山」之目。《劉屈氂傳》及《表》皆云「封澎侯」。師古曰：❷「澎音彭，東海縣也。」《高祖功臣表》有「彭簡侯秦同」。《王子侯表》有「彭侯疆，城陽頃王子」。《表》在東海，而《志》無「彭」之目。范史《光武帝紀》：「於是招新市、平林兵。」章懷注云：「新市，縣，屬江夏郡。」《續志》謂之「南新市」，酈道元云「分安陸立」，而《志》無新市。盧江郡分注之金蘭縣，鉅鹿堂陽之訾分經縣，此班固自言之，而《志》又無其目。王吸之封信武，董赤之封節氏，劉福之封繚嫈，張路之封幾，趙敬肅王之封襄嚵，《索隱》皆曰「縣名」。又曰：「《侯表》，凡《漢志》闕者，或尋廢，故《志》不載。」而山陽之郜成也，沛郡之敬丘也，涿郡之良鄉也，千乘之平安也，齊郡之平廣也，北海之饒、石鄉、上鄉、新成、羊石也，琅邪之柔、慎鄉也，臨淮之樂陵也，桂陽之陰

❶「沲」，《漢書》卷一二作「池」。參沈梁校。《集韻》謂同。
❷「師」上，原衍「師古曰澎侯」五字，今從沈梁校據《漢書》卷一五上及《東潛文稿》卷下删。

山也，廣平國之陽臺也，皆云侯國，而《侯表》無之。其已立郡縣而後罷者，武帝開建東方，元朔元年，東夷薉君南閭等降，以其地爲蒼海郡。三年罷。故《食貨志》云：「彭吴穿穢貊、朝鮮，置滄海郡。」《史記·張良世家》云：「東見倉海君。」如淳曰：「秦郡縣無倉海。或曰東夷君長。」張守節曰：「太史公時已降爲郡，因書之。」元封三年，朝鮮降，以其地爲樂浪、玄菟、臨屯、真番郡。❶臣瓚曰：「《茂陵書》臨屯郡治東暆，去長安六千一百三十里，十五縣；真番郡治霅，去長安七千六百四十里，十五縣。」徐廣曰：「遼東有番汗縣。」疑即真番。《昭帝紀》云：「始元五年，罷真番郡。」而臨屯之罷，據范史《東夷傳》亦在是年。武帝又開建南方，置南海、蒼梧、鬱林、合浦、交趾、九真、日南、儋耳、珠厓九郡。臣瓚曰：「《茂陵書》珠厓治瞫都，去長安七千三百一十四里。儋耳去長安七千三百六十八里，領縣五。」元帝世，儋耳前廢，珠厓繼罷，按《方輿紀要》珠厓郡有瑇瑁、苟中、紫貝等縣，儋耳郡有儋耳、至來、九德等縣，皆漢縣也。今廣東瓊州府崖州、儋州是其境。而《志》一不及之。《高帝紀》五年，「以長沙、豫章、象郡、桂林、南海立番君芮爲長沙王」。臣瓚曰：「《茂陵書》象郡治臨塵，去長安萬七千五百里。」而《志》惟云「日南郡，故秦象郡，武帝元鼎六年開，更名」而已。臨塵後屬鬱林，日南則治西捲。《昭帝紀》「元鳳五年，罷象郡，分屬鬱林、牂牁」是也。蜀郡，《范史·莋都夷傳》云：❷「元鼎六年，以爲沈黎郡。天漢四年，并蜀爲西部，置西

❶「菟」，原作「莬」，今從沈梁校據《漢書》卷六及《東潛文稿》卷下改。

❷「莋都」，原作「都郁」，今從沈梁校據《後漢書》卷八六改。

部都尉，❶一居旄牛，主徼外夷，一居青衣，主漢民。」《華陽國志》同。武帝元封四年，分蜀郡北部置汶山郡，宣帝地節中廢，而《志》又不及之。會稽郡，錢塘，西部都尉治；回浦，南部都尉治。《三國志》引《會稽典録》朱育對濮陽興問云：「元鼎五年，除東越，因以其地爲治，并屬於此，而立東部都尉，後徙章安。」《續志》會稽郡下云：「東部侯國。」《虞翻傳》亦云：「張紘爲會稽東部都尉。」孫亮太平二年，始以會稽東部爲臨海郡。沈約《宋書・州郡志》曰：「前漢都尉治，後漢分會稽爲吴郡，疑是都尉徙治章安。」又云：「建安本閩、越，秦立爲閩中郡，漢爲冶縣，屬會稽，後分冶地爲會稽東南二部都尉，東部臨海是也，南部建安是也。」而《志》又不及之。若夫宋地下云：「今之沛、梁、山陽、濟陰、東平，及東郡之須昌、壽張，皆宋分也。」於魯地下又云：「東平、須昌、壽張皆在濟東，屬魯，非宋分也。當考。」顧炎武曰：「此並存異説以備攷，當小注於下，而誤連書者也。」東萊曲成陽邱山，治水所出，南至沂入海。酈道元以爲琅邪臨沂也。老友全祖望曰：「治水當是沽水。」《左傳》所謂姑、尤以西，杜預曰：「姑水、尤水皆在城陽郡東南入海。」《方輿紀要》云：「姑，大沽水也。尤，小姑水也。」沂亦非臨沂，此水不應越淮、濟二千餘里之地而入海，乃是計斤之誤。《地形志》長廣有沽水，《郡國志》葛盧有尤涉亭，（後漢省計斤入黔陬，析置葛盧，❷皆東萊屬縣。）足以明之矣。腄縣注云：「有之罘山祠，居山上，聲洋丹水所出。」丹東北入海之疑義，終莫之明

❶「西部」，《後漢書》卷八六作「兩」。參沈梁校。

❷「析」，原作「村」，今據《東潛文稿》卷下改。

也。《志》文多誤。丹水出琅邪朱虚縣凡山，此又一丹水。《水經注》失去東萊一郡之水，故無可攷。今登州府栖霞縣即漢腄縣地，有清洋河出翠屏山，折而東入福山縣界，北入於海。或云：「清洋即聲洋也。聲、清音近致訛。」又曰：「清陽，《齊乘》云『清陽城對之罘山臨清陽水』，即《漢志》所云聲陽水出之罘山者也。」蜀郡郫縣，《禹貢》江沱在西，東入大江。汶江下云：「江沱在西南，東入江。」夫郫江、檢江，秦李冰作以堰，闕江流；汶江之沱，又開明所鑿，豈禹迹乎？武威郡，故匈奴休屠王地，太初四年開。酒泉郡，太初元年開。《武帝紀》云：「元狩二年置武威、酒泉郡。」《功臣表》昆邪以元狩二年降，三年封濕陰侯，則置郡之年，宜以《紀》爲是。張掖郡，太初元年開。敦煌郡，後元年分酒泉置。《武帝紀》云：「元鼎六年，分武威、酒泉爲張掖、敦煌。」則二郡建置之年，亦《紀》是而《志》非。淮陽國，高帝十一年置，明帝更名陳國。《水經注》陳城内有漢相王君造四縣邸碑云「唯兹陳國，故名淮陽郡」云云，是郡與國又異也。金城郡，莽曰西海。《王莽傳》莽遣平憲等持金幣誘羌豪獻先零之地以爲西海郡，非改金城爲西海也。濟陰郡，故梁國，景帝中六年分爲濟陰國，宣帝甘露二年更名定陶。然則何時改爲濟陰郡乎？魯國，故秦薛郡，高后元年爲魯國。高后以城陽爲魯國，不以薛。其時薛屬楚山陽，成武有楚丘亭，齊桓公所城，遷衛文公於此。此《春秋》戎伐凡伯之地，爲戎州己氏邑，非衛封也。衛封在東郡之白馬。今開州滑縣東有楚丘城。丹陽郡，丹陽，楚之先熊繹所封，十八世，文王徙郢。熊繹所封之丹陽在南郡枝江。酈道元云：「尋吴、楚悠隔，繿縷荆山，無容遠在吴境，是爲非也。」後總序云：「南得涿郡之易、容城、范陽、北新城。」北新城屬中山國，後漢改隸涿郡，此皆班固之誤。前總序引《職方》冀州浸曰汾、潞，師古曰：「潞出歸德。」蓋誤以潞爲洛，潞即濁漳也。魏郡元城既引應劭曰「魏武侯公子元食邑於此，因而遂氏焉」，常山元氏又引闞駰云「趙公子元之封邑」。按：《史記》趙成王十一年城元氏。洪邁曰：「二邑命名不應相似如此。」真定國之肥纍，班固曰「故肥子國」是也，而泰山之肥成，引應劭曰「肥子國」，遼西之肥如，又引應劭曰「肥子奔燕，燕封於此」，容齋亦疑其誤。北海營陵，師古曰：「臨淄、營陵，皆營丘地。」此蓋因班固分注有「或曰營丘」之文而謟附之，❶然淄水實不逕營陵也。瓡，晉灼曰：❷「《漢注》作報。」師古曰：「瓡即執字。」皆非也。《東平王傳》作瓡，有狐音。河東狐讘，《表》作瓡讘，《索隱》曰：「即狐字。」雲中北輿，師古引闞駰曰：「廣陵有輿，故此加北。」酈道元以爲：「疑太疏遠，五原有南輿，❸故此加北。」桂陽二山，應劭曰：「今陰山也。」師古曰：「下自有陰山。應説非也。」東京省陽山入陰山，故仲瑗云然。《王嘉傳》云：「爲南陵丞。」師古曰：「縣名，屬宣城。」王應麟曰：「漢時焉得有宣城郡？此是京兆之南陵。南陵，薄太后陵也。文帝置。」宣城郡之南陵，《括地志》云「梁置，治赭圻城」，則又小顔之誤。至於京兆南陵沂水之音「先歷反」，酈道元以滻水當之。夫沂、滻字形既别，與「先歷反」之音又爽。此必沂水之即涅水，「沂」字近析，「先歷反」者，析也，行間斷爛，後人或

❶「謟」，原作「謅」，今據《東潛文稿》卷下改。
❷「晉」，原作「音」，今據《漢書》卷八〇改。
❸「輿」，《漢書》卷二八下作「輿」。參沈梁校。

見别本有以沂爲析者，遂實以先歷反之音。若師古，不應如是之憒憒也。余之稱説，實非盡無稽。義門有言，書不經劉向、揚雄之手，孰與之辨正哉！誰乎堪此者？

附　録

先生《水經注釋》參校諸家云：全氏祖望七校本。四明全謝山翰林取諸本手校于篁菴，謂道元注中有注，本雙行夾寫，今混作大字，幾不可辨。蓋述其先世舊聞。斯言也，予深然之，河、洛、濟、渭、沔、江諸篇經注混淆，卧病中忽悟其義，馳書三千里至京師告予。予初聞之，通夜不寐，竟通其説，悉改正。今秋下榻春艸園之西樓，各出印證，宛然符契，舉酒大笑，因爲製序焉。又書參校諸家後云：「以上諸本，予悉取之與明南州朱謀瑋中尉《箋》相參證，録其長而舍其短。第見聞有限，頗懷生晚之歎，觀者幸弗哂其陋也。古老傳言，馮祭酒夢禎以經注混淆，間用朱墨分乙，其本惜未之見。」原文。

案：東潛更正經注，世以與戴東原校本相同，遂滋疑論。東潛於經注混淆，及注中有注，自述所得，語止於此。段懋堂與梁耀北書，謂東原條舉義例，東潛不將何以互改之故詳於《自序》，及分注，及《附録》，及《朱箋刊誤》。然東潛亦未始不自言，惟不若東原之特立三例更爲明確。東潛補二十一水，亦但識於目録之後，不見於序例，蓋其著書之體然也。

王益吾曰：「乾隆中，裒集《永樂大典》，就所引《水經注》排比鉤稽，武英殿聚珍板印行，出戴震東原之手。戴氏自有刊本行世，以乾隆三十九年校上。而趙氏之書先成於乾隆十九年，至五十一年始謀鋟板，流布反在官本之後。世罕覯《大典》原文，見戴校與趙悉合，疑爲弋取。然書中增補删改多至七千餘字，既著之案語中，其訂正各條明注本文之下，並非盡出《大典》，亦未嘗隱而不言。趙氏覃精極思，旁搜廣證，合契古籍，情理宜然。諸家聚訟，若段玉裁懋堂、魏源默深、張穆石舟各執一詞，存而不論可也。」《序例》。

方恪敏觀承爲直隸總督，聘先生修《直隸河渠水利書》，既具稿，復延戴氏震要删之。未竟，方卒於官。周元理代爲總督，延余氏蕭客足成之，而未及刻。嘉慶中，吴江王氏履泰得其稿，删改爲《畿輔安瀾志》上之，武英殿刻行。史傳。

段懋堂曰：「戴東原師卒，遺書皆歸曲阜孔户部葓谷繼涵。《直隸河渠書》二十四册，吾師之子中孚攜至蘇州，屬余校定，此嘉慶十五年二月也。余披讀往復，見其書繁重纖悉，因思吾師惟戊子年在恪敏處，一年内何以能成書之多至此？每與李松雲太守言，此必有底稿，斷非出戴師一人之手也。是年冬，杭州何夢華元錫來言，《直隸河渠書》乃趙東潛作，於戴先生無涉。余以二十四册者示之，彼趙氏之書尚多一倍，不止此也。余曰：『吾故疑一年之内不能成書至百二十卷之多。今足下云趙書乃更倍此，然則趙爲草創，而戴爲删定乎？』十六年二月，松雲以葆巖制府札相示，夢華已將趙本鈔送葆巖。葆巖問：『趙氏作此書可有證據？』余謂趙氏爲此書，惟《汪韓門集·保定旅懷詩》道及之，然其書稿藏於家，固確然可信。至吾師之書，余親聞吾師説撰此書吾師親筆。戊子，余應方制府之請，寓保定蓮花池園内。適河間同知黄君尋灤河源至，皆可據證。夢華乃云『此書無預戴氏』，非確語也。松雲云：『東原先生非攘竊人書者。若非東原大爲删潤，斷不鈔其副本，自稱己書。蓋趙草創而戴删潤，必矣。』所見正與余合。今者二公之書固當並存，趙名《直隸河渠水利書》，吾師曰《直隸河渠書》，則『水利』二字，吾師所删，以『河渠』足以包之也。趙本一百三十二卷，吾師一百二卷，則卷數較少者三十，吾師所删也。趙本始衛河，終唐河；戴本始衛河，終陡河、灤河，則其次第之大不同也。戴於灤河一卷未成，夢華説趙灤河十一卷，則可補戴書成完璧矣。」懋堂又有《致方葆巖書》，言趙書灤河六卷。《經韻樓集》。

東甫家學

沈先生炳巽

沈炳巽，字繹旃，號權齋，東甫弟。讀《水經》，據嘉靖閒黄省曾刻本，以己意爲釐正，偏檢《史記》、《漢書》志表及諸史志録，其文字異同者附諸家考訂之説，凡州縣沿革則悉以今名釋焉，歷九年，成書四十卷，名曰《水經注集釋訂訛》。他所著有《雪漁文存》、《雪漁詩略續》、《唐詩話》、《全宋詩話》。弟炳謙，字幼牧，號勞山，與東甫同舉博學鴻詞。工詩，羣從倡酬，極一時之盛。參沈德潛撰傳、《詞科掌録》、《文獻徵存録》。

謝山私淑

王先生梓材

王梓材，字楚材，號腰軒，鄞縣人。道光甲午優貢，以教習期滿，出宰廣東，署樂會縣，尋卒於官。少好治經，融會漢宋諸儒之説而求其是。尤究心音韻及六書之學，嘗謂古人以此爲小學，人人童而習之，今則訛謬不可究詰。生平勤著述，以南雷所撰《宋元學案》未及成編，乃搜索其子百家及謝山所嘗補輯者而增訂之。慈谿馮氏雲濠、道州何氏紹基並爲刊行。别成《宋元學案補遺》百卷。又以謝山嘗七校《水經注》無定本，先生得其遺稿，重加釐正。闕佚者，取趙氏一清所引全氏語及《鮚埼亭集》中題跋以補之，書始燦然可觀。平定張氏穆爲覆校，刊入《楊氏叢書》。又依酈注作《水道表》，見者多稱許之。其於諸經各有箋釋，彙之爲《解經録》。他撰著十餘種，皆精審可傳於世。古文曰《樸學齋文鈔》，詩曰《北游賸語》，卷帙不多，亦足見根柢云。參《運甓齋稿》。

清儒學案卷七十終

清儒學案卷七十一

天津徐世昌

惺齋學案

惺齋學宗程、朱，窮研經史，務深入，有心得。兼綜天文曆法、算術音律之學，世但取其演句股之書列諸疇人，則其尤著者也。述《惺齋學案》。

王先生元啟

王元啟，字宋賢，號惺齋，嘉興人。乾隆辛未進士，授知縣。發福建即用，權知將樂，僅三月而罷。在官釐訟獄，禁蒱博，設十家牌，立排糶之法，禁質庫重利，濬溝渠，修橋梁道路，凡諸實政，悉殫心力爲之。復議平鹽價，鹺客心害其法，爲蜚語聞於大府，遂被黜。其將去也，民有訟未決者，力請決。先生出聽之，自晝徹夜，至旦而事畢，則代者至矣。羈管待質，民訟言其枉，爭爲奔走。久之，事白，出主書院。在福建則延平之道南、仙遊之金石、邵平之樵川、順昌之華陽，河南則衛輝之崇本，山東則濟南之濼源、蒿庵，曹州之重華，於其鄉則鎮海之鯤池。前後掌講席三十年，所成就之士以學行、文藝科目著顯著者數千百人。先生爲學，以宋五子爲宗。其考古也，一本於論世知人之識，確乎有以辨其真僞，而精心密察，爬梳抉摘，不使有片言隻字之疑訛。嘗曰：「我無他長，惟好學深思，心知其意而已。」治經尤精於《易》，有講義。治四書亦有講義，《大學》先成。治《史》、《漢》，合諸本校正。於《史記·律》、《曆》、《天官》三書，《漢書·律曆志》有正譌。爲文宗昌黎，有《讀韓記疑》。治天算，有《曆法記疑》、《句股衍》、《角度衍》、《九章雜論》。而《句股衍》一書因繁求簡，尤爲疇人家所重。書分甲乙丙三集，甲通論術原及開平方法，爲句股因積張本。次論立方，次論和數開立方。乙爲相求法之綱要。丙又即相求法逐則分析其義。通爲九卷。他若《韓非子》，歐、曾、王諸集，孫可之文，錢文子《補漢兵志》諸書，各爲校正平注，孳孳矻矻，至老不倦。疾將革，猶補注《易·下經》，至《既濟》止。易簣前一日，呼子改定《韓集記疑·順宗實録》條中二字。卒年七十有三。《易》、《大學》講義、《史漢正譌》及考定先師廟制諸文，合爲《惺齋雜著》。其詩文爲《祇平居士集》。參史傳、《疇人傳》、翁方綱撰墓志銘、張士元書事。

校正史記月表

《史記·月表》因秦楚之際世短變繁，難以年計，故十八王皆以始王之月爲一月。其先已立國，如趙歇、齊市、燕廣、魏豹、韓成，止承前月爲數，并不書一月，蓋以歷月多少，别其享國之久近，非謂始王之月，每歲必改稱一月也。今《表》于丙申建卯之月，西楚、衡山、九江、雍、燕五王皆書二年一月，前此二世一統書年。子嬰爲王即不書年，惟義帝曾爲天下共王，故于爲懷王之十三月書年，即帝位之寅月書年，至丙申十月被弒即不書年。十月之朔，義帝猶在，漢未一統，亦不書年，似乖史法。且以一月代正月則不辭，謂五國獨改卯月爲歲始則非實。又張耳以十一月王趙，英布以七月王淮南，歲以十一月、七月爲一月，稱名尤不順。惟漢封韓王信在二年十一月，是年有後九月，適足十二月之數，故于漢三年十月特書二年一月，較爲近理，然已不免自亂其例。故今于俗本所書二年一月悉改十三，三年一月悉改二十五，庶不謬史公本旨。他若二世二年九月，齊表，「田假走楚」下，有「楚趨齊救趙。田榮以假故，不肯」，十二字，當列後九月「楚殺假乃出兵」之上，今列前九月乙未。十二月楚表八月下當有「諸侯尊懷王爲義帝」八字，今列義帝元年一月下，是爲錯簡。其錯簡之重出者，若二世二年十二月「陳涉死」，楚、魏二表並列三年端月。齊表多添「項羽怨田榮，分齊爲三國」十字。是年六月，趙表添「張耳從楚西入關」七字。是皆後文之錯見於前者。漢王出滎陽在三年六月，表於四年四月復書之，是前文之複衍於後者，又加乙未。十二月，齊表「項羽怨榮」下衍「殺之」二字。漢三年十月，趙表「漢滅歇」下衍「立張耳」三字。英布王淮南，張耳王趙，皆在漢之四年，五年正月復衍「淮南國」、「趙國」等字，悉宜刪去。至脱文譌字及舊注舛謬處，則隨事釐正，不能殫述。若夫諸表經緯之度，前後不同，隨時分合，史公具有深意。如《世表》以世爲經，然自黄帝以下有顓、佶、堯、舜、夏、殷、周諸屬爲緯，則兼列縱横二格；自帝泄以下有經無緯，則至殷代帝辛之亡，凡更三十八帝，止用縱格直書，至周武王伐殷，又有魯、齊等十一國爲緯，則仍列縱横二格。然而王朝所占分數獨寬，取其便于紀事，故不與諸國一例。《六國年表》始皇既并天下，更無他國可書，則其後皆用直書。《月表》前列秦、楚、項、趙、齊、漢、燕、魏、韓九國，其後項羽立十八王，並義帝、西楚凡二十。今表義帝下別餘一空格，總計橫格二十一。考漢表河南下留一空格，爲漢五年別置長沙國地。史表但取格中有空即書，故列長沙于河南屬漢爲郡之後，其説別見《漢興以來諸侯年表》。或欲用《十二侯表》之例，燕下虚列一格，爲後吴壽夢以下作地，亦得多添格數，似非史公本意。又自田榮擊殺田市、田安之後，三齊當并一格。欣、翳降漢，臧荼殺廣之後，須滅去塞、翟、遼東三格。義帝既滅，楚、項當并一格。殺邯虜豹之後，雍、魏二格須滅去。三年十月之後，常山、代二格須滅去。十二月後，并須滅去九江一格。張耳王趙，當并趙、代爲一格。擊殺田廣之後，并須滅去三齊。至二月王信，仍并三齊爲一格。五年十二月後，滅去臨江一格。正月韓信徙楚，漢并三秦、三齊，通七國爲一格。凡此總期無失史公本指，要于原次無更。惟九江改封淮南，衡山爲其屬郡，中間不宜間以臨江一國；三秦并漢，塞、翟最先，不宜爲雍所隔。考前項梁之起在武臣王趙之後，表取楚、項地比，易合爲一，特爲先項後趙。今倣其意，列九江于衡山之上，降雍于塞、翟之下，當亦史公所許。因見後代史表字數必拘一例，首行既定，後雖有經無緯，亦必局書一格之中，以致曳白累幅，觀者厭之。余于《三代世表》、《六國年表》見史公翦裁鎔鑄隨宜變化之方。《月表》前半分楚爲四，分齊爲三，關中爲四；分燕爲二，分魏爲殷，分韓爲河南，其由少分多之法，史公蓋自言之。後半獨不能由多改少，是謂不充其類，輒意爲斟定如左。舊本傳刻甚多，今故不復重列，止録考定今文。世有好學深思之士，當不至罪其妄作。

句股衍總序

句股弦相求之法，❶參以和、較，得七十八則。立表測量，又得求高、求深、求遠三則。重表亦然。求句股中函之數，則又有冪積之數，容員、容方及容縱方之數，彼此相求，又得二十三則。由句股推之，以至不成句股之形，亦可化而爲句股。此中裁截之法猶不與焉，其術亦繁矣哉！舊算書簡略不備者無論。詳者復錯雜無緒，而於疑難諸法往往取徑太迂，運思太拙，閱之反亂人意。嘗試意爲區別，使各以類從，定爲相求法百有八則，録諸别紙，擬於暇時依次研求，創爲新法，以曉學者，多事卒卒未能。甲申秋仲，卧病重華書院，一切筆墨之緣都絶。思理前緒，遂得一一盡通其故。其中運思布算時比舊法爲直截，而舊法亦不敢没，則附見焉以資參考。至以中函積數與弦之所和、所較相求而得句股弦之正數，其法爲舊算書所不載，今亦竊擬一法以附於後。又别創截弦分兩及補句求股、補股求句二法，以該西術三角之算，使學者知《周髀》一經，於術無所不該。後人淺爲涉獵，不能旁推交通以盡其變，故使西術得出而争勝。其實西術亦本《周髀》，不能越其範圍之外也。書成，總凡百十四則，名之曰《句股衍》。使從游之士録而傳之，雖無關窮理之大要，以之啟誘童蒙，亦未必非小學之一助云。

❶「弦」，原作「衍」，今據嘉慶十七年王尚繩恭壽堂刻《祗平居士集》卷一改。

文集

與沈鷗江論句股書

來諭索弟新著算術，既乏鈔胥，又稿本塗乙處多，非明於此術者傳寫必多舛戾，故不能奉寄，恐虚來意。輒就句股一門，撮其大要，略爲足下陳之。欲求句股，必先學開方法。方有正方、縱方之異。縱方則以修廣之和、較數開之。其次則求四率比例，有三率求四率之法，有二率求三率之法，又有一率求三率之法。知此，即可以求句股弦各無零數之法。以三率之中率爲主，倍中率爲股，首末二率相減爲句，相加爲弦。依此衍之，得句股略例十數則。然後以句股弦爲正數，兩數相加爲和數，相減爲較數。又有弦與句股三數加減之和、較數。三數相加減，弟名之爲兼三和較。凡正數、和數、較數各三，兼三和較數各二，共十三數。十三數中，隨舉兩數，即可求句股弦全數。凡得相求法七十八則，與中函積數相求，又得一十六則，統凡九十四則。而其中容方、容員，及截弦分兩與夫立表測量，又有單表、重表之法，猶不與焉，蓋其法亦繁矣哉！今取相求法九十四則分十二目，今又增衍至百三十二則。臚叙別紙呈覽，庶幾所謂「智者觀其象詞則思過半矣」。其次則求截弦分兩之法，是謂一句股分兩句股之術。一句股分兩句股，即可以知不成句股亦可以分兩句股。不成句股分兩句股，即西法三角算術所由名，弟則總以句股該之。其法取大小兩句股形，小股與句同數者合爲一形，即爲不成句股之形，分之爲兩，則所謂中垂綫者，即小矩之股，大矩之句。以此衍之，又得不成句股略例二十餘則。於此求之，又得合形分兩、削形求全二法。合形分兩，則有正合形截隅分兩、反合形截中分兩、偏合形截邊分兩之法。削形求全，則有削去正矩、削去偏矩之殊。偏矩中又有淺削深削之分。知此，則平句股之學盡此矣。平句股外，尚有弧句股法，更非筆舌所能盡，姑俟異日奉白可耳。凡此，雖本舊法，而分條析目及入手前後之次第，悉出弟之新意。其標題名目及運思布算，多有不循其舊，自以臆定者，更有舊法所不設而以意補入者。承下問諄諄，數千里手書遠及，不敢不獻其愚。其他非相見不能盡。

附　録

先生撰《史記正譌》，自序曰：「余考定《史記》，皆仍其原文，别加識别。如闕文用《左氏春秋》、《戰國策》、《漢書》補入者用朱書。三書之所不載，則用《穆天子傳》例，爲□以空其處；譌字則於字外加□，復朱書本字於下；衍字則用側書，仍於字外加□，以别於註。又《史記》自兩漢時未有訓釋，讀者往往以己意記注，傳寫攙入正文，誤升爲大字，遂使文體割裂，首尾不貫。今用孔穎達諸經《正義》之例，於後儒傳注雖用正書，縮爲小字，使不與正文相混。」《史記正譌》。

《史記·律書》上九、商八、羽七、角六、宫五、徵九，《索隱》即謂此文似數錯，未暇研覈，其後注家皆未得解。先生謂：「上者宫也，不言宫而言上者，蒙上文『上生』爲義。明乎『上』之爲宫也，雖指黄鐘一律，實則六十調之通例。商八以下，言律管長短之度，當云羽七、角六、徵五。『宫』字誤，『徵九』二字衍。」又云：「上生、下生，諸説不同。《史》

不云宫九、商八，而曰上九、商八，上即宫之别名。就五聲二變中較其律管之最長者，無逾於宫，故名之曰上。宫既爲上，則徵、羽爲下，而商、角之爲上又可知。」上生之義古無明訓，獨此文「上九」一言蒙上「上生」爲辭，乃其的解。一言而足息群紛，尤徵史筆，爲特表而出之。同上。

《天官書》先生析爲七章：一、經星，二、五緯，三、二曜，四、異星，五、雲氣，六、候歲，七、總論。自題略曰：「此書叙周天列宿，於其句圜隨兑之形、前後向背之勢，縱横指畫，宛列目前；又無一語爲近今人所能道者，決其爲史公親筆無疑。中叙五緯，宜備列其行度疾徐，以備後人之考驗。今顧不爾者，《天官書》前無所承，史公首創爲之，不能如後代測驗之詳，故但約舉大綱，以存占候之舊。其的然知爲史公手筆者，每章不過數語而已。後之讀史者勦入各家星曆之書以附其後，故其文茅葦塞望，觀者厭之。然其中亦有不忍盡割者，稍取其勁質奥雅，義可研究者，仍作大書；其餘直寫星經，無所發明者，概從小字書之，庶讀者無厭其煩焉。」同上。

先生詳稽典制，尤重於祭禮，定於冬至祭始遷之祖，歲暮兼及已祧之主。吴江陸朗夫聞之，以爲祭逾四代，有違禮制。先生迭書申辨，務申己意。又時有毁瘗祧主者，先生不謂然，作兩論力辨之，言甚切至。又嘗詳考古今先師廟制，次爲《歷代廟學聖賢位次》、《配享從祀殿廡》諸篇。乾隆二十三年高宗幸曲阜，將赴山左上之而未行，刻附《雜著》後，又次入集中。《祇平居士集》。

先生曰：「韓子《原道篇》謂道必合仁義言之，自孟子後無人敢作此語，而後儒學孟子者反譏之；其《答侯生書》以反身而誠釋聖人踐形之義，自周子《通書》未出以前無人能作此語，而後儒學周子者又往往於韓子多微辭。竊謂善學孟、周者無如伊川程子，伊川於漢後諸儒皆不滿，獨不敢苟疵韓子，謂韓子晚年文字未可易視，蓋其所契者深矣。余幼讀韓文，見後儒妄肆譏評，心竊非之，研求五十餘年，始知韓子之學上承孟子，下開周子者如是。」同上。

先生文宗昌黎，撰《讀韓記疑》。又據其詩，考定德、順、憲、穆四朝行事及公一生遭際經歷，爲附録一卷，以補洪氏《年譜》所未備。於宋推歐陽氏，於明推歸氏。有所述作，不失尺寸。與友朋論文，書尺往復數千言，守先民矩矱維謹。同上。

先生宰將樂，在官僅三月。將樂山縣，民浮險競利而輕生，又好蒱博。山深林密，盜賊竊發。先生視事，已迫歲暮，先出教風諭，乃於城内外擇地，設壯丁巡邏。夜分，躬步行檢察，遇小鬭立懲，盜竊私博蹤跡，驗問皆獲之，民遂無犯禁者。故事，米貴勸富民糶積粟，久而弊生，上富、次富、里長意爲低昂。限期畫地以糶，先生令諸大户互報，餘米以糶盡爲度，米少者不强，四門通糶不限方隅。其始升米值錢二十四，尋減至十五。故事，斂税必次年五月畢收。先生選廉幹持印信分往各鄉就徵，吏洗手奉法，民皆歡輸，帀月而畢。先生用法不苛，但持之以信，不肯二三。其區處公私，精力能推行之，民無不感戴。張士元書事。

惺齋交游

萬先生光泰

萬光泰，字循初，秀水人。乾隆元年薦

舉博學鴻詞，是年舉於鄉。先生才思富贍，讀書穿穴經傳，詣極精微，於小學音韻皆有所得。其卓然獨絶者，爲天算之學。上自經史，以至明之三曆，駁正龐迪我、利瑪竇之說，布算了了，識者歎其神妙。梁詩正續修《通考》，延先生董其事。卒年三十九。所著有《轉注緒言》、《漢音存正》、《遂初堂類音辨》、《柘坡居士集》。參史傳。

附　録

惺齋曰：「亡友萬光泰循初最精音韻之學，然自謂達心而拙於口，屢索余代爲疏解。頃余被罪幽居，偶憶初入京師，得國書讀之，頗略曉其聲類分合之故，因追爲之解如右。今人讀侵、覃以下諸音與真、文相混，讀國書可知其有別。又如《緑衣》詩以風叶心，《招魂》亂以楓叶心，朱子《楚詞辨證》中頗有論說，今國書風與心南同列一音。又詩以儀叶何，以施叶磋，《禮記》以且訓祖，今韻魚虞中畬塗等字時或錯見歌麻第一字頭，又可知古韻本自相通也，惜無由與同學故人一相質證。又歎循初今日遂已無此日月，而余視息尺寸之區，亦日以槁死爲虞，不覺掩卷茫然，百感交集也。」王元啟《國書解書後》。

清儒學案卷七十一終

清儒學案卷七十二

天津徐世昌

抱經學案

抱經奉父師之教，爲勞餘山再傳弟子，後乃以考訂校讎名。其學博采衆説，擇善而從，往往折衷於義理，此其異於揭漢學之幟以排擯宋儒者。述《抱經學案》。

盧先生文弨

盧文弨，字紹弓，一字檠齋，晚號抱經。餘姚人，遷居杭州。父存心，爲勞餘山史弟子，語見《餘山學案》。母，馮山公景女也。先生生而穎異，承庭訓，又濡染外家餘緒。長爲桑弢甫調元壻，遂師焉。故學具有原本。乾隆戊午舉順天鄉試，考授内閣中書。壬申成一甲三名進士，授翰林院編修，直南書房，累遷侍讀學士。典廣東鄉試，督湖南學政，以條陳學政事不當左遷，乞養歸。歷主江浙書院講席，以經術教士，士望歸之，風氣爲之一變。乾隆六十年卒，年七十九。先生篤於内行，服膺宋儒，潛心漢學，實事求是，精校讎之學。所校《逸周書》、《孟子音義》、《荀子》、《吕氏春秋》、《韓詩外傳》、《賈誼新書》、《春秋繁露》、《方言》、《白虎通》、《獨斷》、《經典釋文》諸善本，鏤板惠學者。又苦鏤板難多，則合經史子集如《經典釋文》例，摘字注之，名曰《群書拾補》，凡三十八種以行世。所自著書，有《儀禮注疏詳校》十七卷，《鍾山札記》四卷，《龍城札記》三卷，《廣雅釋天已下注》二卷，《抱經堂文集》三十四卷，皆使學者諟正，積非蓄疑涣釋。其言曰：「唐人之爲義疏也本單行，不與經注合。單行經注，唐以後尚多善本。自宋附疏於經注，而所附之經注非必孔、賈諸人所據之本也，則兩相齟齬矣。南宋後又附《經典釋文》於注、疏間，而陸氏所據之經注，又非孔、賈諸人所據也，則齟齬更多矣。淺人必比而同之，則彼此互改，多失其真。幸有改之不盡以滋其齟齬，啟人考覈者，故《注疏》、《釋文》合刻似便而非古法也。」其讀書特識類此。金壇段氏懋堂稱爲不磨之論云。參段玉裁撰墓志、江藩《漢學師承記》、繆荃孫《儒學傳稿》。

文集

儀禮注疏詳校自序

乾隆庚申之歲，吾師桑弢甫先生講學於湖上之南屏，秀水盛庸三世佐。實從之遊，余館於城中，不能與共學，而往還恒數焉。見其手《儀禮》一經，萆衆解而研辨之，於其節次亦時有更易。以其所爲説質於先生，定而後各條疏於經文之下。余見而好之，亦欲從事於斯，而家無此書，遂輟不爲。庸三以戊辰成進士，余時亦在京師，因索其向所著，則已裒然成書，因得縱觀焉。歎其精鑿，實有出於昔人之上者。顧其文繁，力不能倩人鈔録。庸三既得滇南縣令缺，旋出京。蓋余之於此經，其萌芽實於是乎始，後更無有人相爲提唱者，則亦遂已。庚子入京，晤程蕺園太史晉芳。言於此經已得十一家之本，將爲之甄綜而疏通之，則又躍躍然以喜。是時余年六十有四，距庚申已四十年，稍得見諸家之本，往往有因傳寫之譌誤，而遂以訾鄭、賈之失者。於是發憤先爲《注疏》校一善本，已録成書矣。既而所見更廣，知鄭、賈之説實有違錯，凡後人所駁正，信有證據，知非憑臆以蘄勝於前人也，因復亟取而件繫之。向之訂譌正誤，在於字句之閒，其益猶淺。今之糾謬釋疑，尤爲天地閒不可少之議論，則余書亦庶幾不僅爲張淳、毛居正之流亞乎？夫前人有失，後人知而正之，宜也。若其辭氣之閒有不當過於亢厲者，此則微爲削之。今定書之總名，惟曰《儀禮注疏詳校》，不加以辨駁之辭，若是，庶無得罪於先賢乎？庸三之書，名曰《集解》。滇之大吏委以解銅，至儀徵而卒，遂無從更見其書。此書中僅載一兩條，猶是昔年之簡録者也。蕺園相晤之明年，余至山西，旋聞其卒於秦中，所欲爲者，殆亦未就。獨余以不肖軀尚留世閒，今年已七十有九矣。回憶南屏初見是書時，去之五十餘年，而始得成是編，不可謂非幸也已！

群書拾補小引

文弨於世閒技藝一無所能。童時喜鈔書，少長漸喜校書。在中書日，主北平黄崑圃先生家，退直之暇，兹事不廢也。其長君雲門時爲侍御史，謂余曰：「人之讀書，求己有益耳。若子所爲，書并受益矣。」余灑然知其匪譽而實諷也。友人有講求性命之學者，復謂余「此所爲玩物喪志者也，子何好焉」？斯兩言也，一則微而婉，一則簡而嚴，余受之皆未嘗咈也。意亦怦怦有動於中，輟之遂覺闕然有所失。斯實性之所近，終不可以復反。自壯至老，積累漸多，嘗舉數册付之剞劂氏矣。年家子梁曜北語余曰：「所校之書，勢不能皆流通于世，其藏之久，不免朽蠹之患，則一生之精神虚擲既可惜，而謬本流傳後來亦無從取正，雖自有餘，奚裨焉？意莫若先舉缺文斷簡譌繆尤甚者，摘録以傳諸人，則以傳一書之力，分而傳數書，費省而功倍，宜若可爲也。」余感其言，就余力所能，友朋所助，次第出之，名曰《群書拾補》。雖然，即一書之譌而欲悉爲標舉之，又復累幅難罄，約之又約，余懷終未快也。然余手校之書，將來必有散於人間者，則雖無益於己，寧不少有益於人乎？後有與余同好者，而且能公諸世，庶余之勤爲不虚也已。

重雕經典釋文緣起

此書雕版行於海内者，止崑山徐氏《通志堂經解》中有之。宋雕本不可見，其影鈔者尚閒儲於藏書家，余借以校對，則宋本之譌脱反更甚焉。當徐氏梓入《經解》時，其撲塵掃葉，誠不爲無功。然有宋本是而或不得其意，因而誤改者亦所不免。且今之所貴於宋本者，謂經屢寫則必不逮前時也。然書之失真，亦每由於宋人。宋人每好逞臆見而改舊文，如陸氏雖吴産，而其所裒輯前人之音則不盡吴産也。乃毛居正著《六經正誤》一書，譏陸氏偏於土音，因輒取他字以易之。後人信其説，遽以改本書矣。又凡切音有音和亦有類隔，陸氏在當時或用類隔，未嘗不可以得聲，而後人疑其不諧，亦復私爲改易。《注疏》本多有之，幸本書尚無恙，然其浸淫以疑惑後人者不少矣。古來所傳經典類非一本，陸氏所見與賈、孔諸人所見本不盡同。今取陸氏書附於《注疏》本中，非强彼以就此，即强此以就彼，欲省兩讀，翻致兩傷。又本書中如《孝經》、《論語》、《爾雅》多以校者之詞羼入之，今雖不遽删削，唯略爲之間隔，使有辨焉。唐人經典多不全用《説文》，陸氏意在隨時，不取駭俗。此書中閒亦引許氏以正流俗之非，而不能畫一信從，且有以俗字作正文，而以正體爲附注者。至其點畫之閒亦每失正，觀唐人《石經》及《五經文字》所載，皆是習相沿用，今亦仍而不革，庶乎不損本真。然於六朝人所用甚鄙俗字，陸氏固未嘗闌入也。余念此書闡經訓之菑畬，導後人以涂徑，洗專己守殘之陋，匯博學詳説之資，先儒之精藴賴以留，俗本之譌文賴以正，實天地閒不可無之書也。而年來流傳漸少，學者不能盡見，因爲之手校重雕。第以遲暮之年，精力慮有不周，刻成猶再三校，目幾爲之昬，弗恤也。其文舊皆連屬，今審其可離者離之，以便觀者。書中是非及今所因革，以嘗所聞於師友者别爲《考證》，附於當卷之後，不以殽亂本書。

校刻白虎通序

乾隆丁酉之秋，故人子陽湖莊葆琛見余於鍾山講舍，攜有所校《白虎通》本。此書譌謬相沿久矣，葆琛始爲之條理而是正之，厥功甚偉。因亟就案頭所有之本傳録其上。舟車南北，時用自隨，并思與海内學者共之。在杭州楷寫一本，留於友人所。在太原又寫一本，所校時有增益。後又寫一本寄曲阜桂未谷。今年家居，長夏無事，決意爲此書發雕。復與二三友人嚴加考覈，信合古人所云「校書如讎」之恉。凡所改正，咸有據依，於是元明以來譌謬之相沿者，幾十去八九焉。梓將畢工，海寧吴槎客又示余小字舊刻本，其《情性篇》足以正後人竄改之失，蓋南宋以前本也。與其餘異同皆於補遺中具之。此書流傳年久，閒有不可知者，闕之。然要亦無幾矣。因撮其略，爲之説曰：「事必師古，而古人又誰師哉？道之大原出於天，古人凡事必求其端於天。釋《尚書》者於稽古有異説，余以爲稽考古道，古道即天也，天何言哉！稽考古道，是乃堯之所以同於天也。古之聖人，凡命一名，制一事，曷嘗不本之於陰陽，參之於五行，原其始以要其終，窮則變，變而通則久，其有不知而作者乎？必無是也。讀是書，可以見天人之不相離，而凡萬變之相嬗乎前，無一非出於自然者，曾私智小慧之可得與其閒哉！顧説之不免有歧者，何也？天體至大，仁者見仁，知者見知，昭昭之天，何莫非天！當時天子雖稱制臨決，而亦不偏主一解，以盡繩衆家之説，此猶吾夫子多聞見而擇之識之之意云爾。世有善讀者，則此書之爲益也大矣。儻泥其偏端，掩其全美，而輒加以輕詆，夫豈可哉！若夫是書之緣起，與歷代相傳卷帙異同之數，則具見於葆琛之所爲考，余又奚贅！」

重校方言序

《方言》至今日而始有善本，則吾友休寧戴太史東原氏之爲也。義難通而有可通者通之，有可證明者臚而列之。正譌字二百八十一，補脱二十七，删衍字十七。自宋以來，諸刻洵無出其右者。乾隆庚子，余至京師，得交歸安丁孝廉小雅氏，始受其本讀之。小雅於此書采獲裨益之功最多，戴氏猶有不能盡載者。因出其鈔集衆家校本凡三四，細書密札，戢孴行閒，或取名刺餘紙反覆書之，其已聯綴者如百衲衣，其散庋書内者紛紛如落葉，勤亦至矣。以余爲尚能讀此書也，悉舉以畀余。余因以考戴氏之書，覺其當增正者尚有也。劉歆求《方言》入《録》，子雲不與，故《藝文志》無之，乃班氏於雄本傳舉其所著書亦闕《方言》，世不能無疑。考常璩《華陽國志》載雄書，凡《太玄》、《法言》、《訓纂》、《州箴》、《反離騷》皆與傳同，而不及四賦，乃云「典莫正於《爾雅》，作《方言》」，此最爲明證。應劭而下稱引日益多，而是書遂大著。其卷數則歆書中云十五卷，郭景純序亦云三五之篇。隋唐以下《志》皆云十三卷，并合與遺脱不可知，然定在郭注之後。《宋志》又云十四卷，當因劉歆書與雄答書向附在簡末者亦别爲卷，而并數之也。雄識古文奇字，嘗作《訓纂篇》，今不傳。趙宋時，書學生亦令習《方言》，則《方言》中字其傳授必有自。如家**鄦赤齊**傳畧之類，凡舊所傳本皆然，考之漢隸，亦有證據，正不必執《説文》之體以盡易之。又其中有錯簡兩條，亦尚有字當在上條之末而誤置下條之首，及不當連而連者，有過信他書輒改本文者，注及音義又有遺者、誤改者。余以管見合之丁君校本，復改正百廿有餘條，具著其説，可覆案也。郭氏注《爾雅》三卷外，又有《音》一卷，則知此書之音，亦必不與注相雜厠。後人取便讀者遂併合之，以郭音古雅難曉，又附益以近人所音。如《通志》載有吴良輔《方言釋音》一卷，此書當有捃摭及之者。余欲使注自爲注，仿劉昭注補《續漢志》之例，進郭注爲大字，而音則仍爲小字，雖未必即還景純之舊觀，然要使有辨焉爾。至集各家説，及文弨之説，上又加圓圍以隔之。戴書已行世，故唯録其切要者。舊本又有云「字一作某」者，疑出於黿公武子止。案黿《讀書志》云：「予傳《方言》本於蜀中，後用國子監刊行本校之，多所是正。其疑者兩著之。」據斯言，則知爲鼂氏所加無疑也。予嘉丁君之績，而惜其不登館閣，書成不得載名於簡末，世無知焉。又其所緝綜者，紛綸參錯，不易整比，久久將就散失，不愈可惜乎！故以餘閒，爲成就之如此。丁君名杰，今已成進士，待學博士闕於杭州，其學實不在戴太史下云。

新校説苑序

漢禁中先有《説苑》一書，而子政爲之校讐奏上，號曰《新苑》。余向閲《文獻通考》，疑《新苑》爲《説苑》之譌。及後得宋本，此書前有子政所上奏云：「臣向所校中書《説苑》、《雜事》及向書、民間書互校讐，分别次序，除去與《新序》復重者，更造新事十萬言以上，凡二十篇七百八十四章，號曰《新苑》，皆可觀。」然後知余向之所疑爲妄也。宋本自勝近世所行本，然亦多錯誤。今取他書互證之，其灼然斷在不疑者，則就改本文，而注其先所譌者於下，使後來者有所考。若疑者、兩通者，則但注其下而已。此書之言治術略備矣，人主得此，亦足以爲治矣。其中傅會淺陋者誠不能盡無，然非有害於治道也。宋曾南豐譏其「不能擇其所學，以盡乎道之精微」。夫向之所事何主，而可以精微語之哉？昔郢人有遺燕相書者，誤書舉燭。燕相得之，以爲欲其舉賢，賢者所以爲光明也，於是任用賢者，而燕國大治。以此觀之，雖其傅會淺陋者，誠善用之，安在不可以爲治？而況其大經大法、格言正論之比比而是哉？蓋公曰：「爲治不在多言，顧力行何如耳。」諒夫若南豐氏者，可謂好爲高論而不切於事情。吾不知此書之外，曾之所謂精微者何等也？牛溲馬勃，良醫兼收而待用焉。今必曰空青鍾乳也，不當其疾，轉以速死。故夫南豐之言，不足以病子政也。顧西漢之末，外戚方盛而宗室疏遠，至不合得給事朝省，子政忼慨奏陳，載在史册。今其書乃云：「秦信同姓以王，其衰也非易同姓也，而身死國亡。故王者之治天下在于行法，不在于信同姓。」斯言也，不幾於以水濟水乎？蓋亦先所有者，已以同姓之嫌，轉不得而私削之，削之恐小人益得以行其讒慝也。且以秦爲信同姓亦未然。此書第六卷中有蘧伯玉得罪於衛君一條，他本皆脱去，唯宋本有之。又按《禮運》正義云：「《説苑》凡能字皆爲而字。」余求之殊不多見，蓋爲後人輒改者多矣。校讐既訖，略書其所見如此。

重校經史題辭

余家無藏書，經史皆不具。少時貿貿，不知學有本末，費日力鈔諸子、《國策》、《楚辭》及唐宋近人詩文，皆細字小本滿一篋，經則《周禮》、《爾雅》亦嘗節録《注疏》一過，餘經及諸史未之及也。洎官中書，始一意經史。去冬卒業，《周易》、《史記》以未見内府新校本爲缺然。今割俸之所入，先購得數種，冀以次觀其全焉。官事隙，即展卷讀之。此書經通人學士校讐，比他本爲善，然卷帙既多，校者不一手，其中亦不免一二譌脱。余非敢索瘢指瑕，陵掩前人，顯自標異。然竊惟書之傳於世相嬗也，遠者不可得而見，見其近者。今世見宋本者曾幾人？惟明世本通行耳。後之君子亦當有并不及見明世所刻者。余故復取諸本與新本校其異同。

其譌謬顯然，則倣《六經正誤》之例爲一書；其參錯難明，則倣《韓文考異》之例爲一書。毛氏汲古閣本大段可觀，至於小小疵纇，亦易尋求，諸本中要以此爲勝。今所據依，多在於斯。小學浸廢，六書失真，點畫形誤，不可偏舉，聊從略焉。誠知千慮一得，無足重輕，庶幾來者得有所考云。

周易注疏輯正題辭

余有志欲校經書之誤，蓋三十年於茲矣。乾隆己亥，友人示余日本國人山井鼎所爲《七經孟子考文》一書，歎彼海外小邦，猶有能讀書者，頗得吾中國舊本，及宋代梓本，前明公私所梓復三四本，合以參校，其議論亦有可採。然猶憾其於古本、宋本之譌誤者不能盡加別擇，因始發憤爲之删訂，先自《周易》始，亦既有成編矣。庚子之秋，在京師又見嘉善浦氏鏜所纂《十三經注疏正字》八十一卷，於同年大興翁祕校覃溪所假歸讀之，喜不自禁，誠不意垂老之年，忽得見此大觀，更喜吾中國之有人，其見聞更廣，其智慮更周，自不患不遠出乎其上。雖然，彼亦何可廢也？余欲兼取所長，略其所短，乃復取吾所校《周易》，重爲整頓，以成此書，名之曰《周易注疏輯正》。《正字》於郭京、范諤昌之說亦有取焉，余謂其皆出於私智穿鑿而無所用，故一切刊去。若漢以來諸儒傳授之本，字句各異，已見於《釋文》者，今亦不録。惟《釋文》本有與此書異者著焉。唐宋人語之近理者，雖於注疏未盡合，亦閒見一二焉。如欲考經文之異同，則自有前明何氏楷所著《古周易訂詁》，在學者自求之可耳。毛氏汲古閣所梓，大抵多善本，而《周易》一書獨於正義破碎割裂，條繫於有注之下，致有大謬戾者。蓋《正義》本自爲一書，後人始附於經注之下，故毛氏標書名曰《周易兼義》，明乎向者之未嘗兼也。此亦當出自宋人，而未免失之鹵莽。《正字》亦未見宋時佳本，故語亦不能全是，此則今之官本爲近古也。《周易》舊本獨不載《釋文》於經注閒，可無竄易遷就之弊，今就通志堂梓本併爲校之。輔嗣《略例》，余案頭祇有官本，亦就校之。噫！余非敢自詡所見出《正字》、《考文》上也，既覩兩家之美，合之而美始完。其有未及，更以愚管參之。夫校書以正誤也，而粗略者或反以不誤爲誤。《考文》於古本、宋本之異同，不擇是非而盡載之，此在少知文義者或不肯如此。然今讀之，往往有義似難通而前後參證不覺涣然者，則正以其不持擇之故，乃得留其本真於後世也。既再脱稿，遂書其端云。

書春秋繁露目録後

案此書之大恉在乎仁義，仁義本乎陰陽，陽居大夏而陰居大冬，見天之任德不任刑也。又言「除穢不待時，如天之殺物不待秋」，則董子之論固非倚於一偏者。其《重政》篇云：「聖人所欲説，在於説仁義而理之。不然，傳於衆辭，觀於衆物，説不急之言而以惑後進者，君子之所甚惡也。」即此可知其立言之本意矣。我皇上新考試詞臣，取仲舒語「以仁安人，以義正我」命題，臣竊仰窺聖德聖治固已與天地同流，與陰陽協撰矣，而於是書猶有取爾，況在學者，其曷可以不讀？向者苦其脱爛，乃今而快覩全書，尤爲深幸。臣服習有年，見其以天證人，析理斷事，實切於養德養身之要，而凡出治之原、郊祀之典，用人之方、弭災之術，無所不備。即其正名辨制，委曲詳盡，亦始入學者所必當研究也。謹就二三學人覆加考核，合資雕版，用廣其傳，冀無負朝廷昌明正學、嘉惠士林之至意。至書中如《考功》、《爵國》等篇，尚有不可强通者在，以詒夫好學深思之士，或能明其説焉。

孟子注疏校本書後

趙邠卿注《孟子》，今所傳監本、汲古閣本，凡與疏相連者多被增損，失趙注之舊矣。趙氏於每一章後皆有章指，作疏者徑削去之，仍取其辭置於疏首而又不盡用也，獨於章指所用事辭，往往於疏内具釋之。然則何以知章指爲作疏人所去也？其於「恥之於人大矣」章具著之矣。云：「凡於趙注有所要者，雖於文段不録，然於事未嘗敢棄之而不明。」是以疏内釋章指之語者不一而足。當館閣校刻經文時，於此書未嘗前後契勘，於是見注無其文而疏乃爲之具釋者，則疑以爲衍文。或又以爲他書誤入於此，或徑删去之，或雖删而仍録其疏於《考證》中。乃亦有疑今所傳趙注之不全者。衆論差互，皆不知有「章指」二字之名目也。乾隆辛巳，余從吴友朱文游奂。處借得毛斧季所臨吴匏菴校本，乃始見所爲章指者，獨於末卷缺如也。後見余仲林蕭客。所纂《五經鉤沈》，亦復如是。更後乃聞有何仲子校本，則所缺者獨完，求之累歲不獲。今江都汪容甫乃始以其録自何本者借余，遂得補録，以成完書。計今年丙申上距辛巳十六年矣，及老眼猶明，得還漢人舊觀，豈不大快也哉？更有《孟子篇叙》，亦出趙氏，世知之者蓋鮮。余意欲先鈔《篇叙》，與章指孤行而注之，爲後人增損者亦不可不復其舊。

誠得好古而有力者合而梓之，則尤爲善之善已。疏非孫宣公所撰，而假託其名。宣公有《音義序》，作疏者即略改數語便以爲《正義序》，此尤爲作僞之明驗。昔人譏其疏陋不足觀，非過論也。

書荀子後

曩余於乾隆四年以事羈餘姚，寓周巷景氏東白樓中，抽架上有楊倞注《荀子》一書，遂手鈔之，爲巾箱本。諸子自老、莊外，唯此爲得之最先也。世之譏荀子者，徒以其言性惡耳。然其本意則欲人之矯不善而之乎善，其教在禮，其功在學。性微而難知，唯孟子爲能即其端以溯其本原，此與性道教合一之義無少異矣。然而亦言忍性，則固氣質之性也。又曰：「性也，有命焉，君子不謂性也。」則在孟子時固有執氣質以爲性者。荀子不尊信子思、孟子之説而但習聞夫世俗之言，遂不能爲探本窮原之論。然其少異於衆人者，衆人以氣質爲性而欲遂之，荀子則以氣質爲性而欲矯之耳。且即以氣質言，亦不可專謂之惡。善人忠信固質之美者，聖人亦謂其不可不學，學禮不徒爲矯僞之具，明矣。荀子知夫青與藍、冰與水之相因也，而不悟夫性與學之相成也，抑何其明於此而暗於彼哉？然其中多格言至論，不可廢也。余後得版本不甚精，曾以他本校一過。今年得影鈔大字宋本，後有劉向校録奏一篇并其篇目，在未經楊氏改易之先。最後兩行，一題將仕郎守祕書省著作佐郎充御史臺主簿臣王子韶同校，一題朝奉郎尚書兵部員外郎知制誥上騎都尉賜紫金魚袋臣吕夏卿重校。此當在宋英宗時奉勑校定者。寫極工楷，而譌錯亦復不少，然以校俗閒本，則此本字句尚未經改竄。余亟取以正余本之誤，蓋十有八九焉。向嘗疑王深寧《詩考》引《荀子》與今本多不合，至是始釋然，知王氏所見之本即此未經後人改竄之本也。《議兵》篇有「而順暴得勇力之屬」句，❶注雖依文爲解，然相其文勢，似不當爾。江都汪容甫謂其上有脱文，下有「爲之化而愿」、「爲之化而公」等語，則此亦當是「爲之化而順」，其上文則無由知之矣。宋本分章處俱提行，於《大略》篇獨否，此則當倣前例爲之離絶者也。歲月如流，迴憶三十八年前事，若在夢境，而白髮明鐙，手此一編，摩挲探討，不自意得見善本，疑若有鬼神爲之賜，抑何幸歟！

書校本賈誼新書後

《新書》非賈生所自爲也，乃習於賈生者萃其言以成此書耳。猶夫《管子》、《晏子》非管、晏之所自爲，然其規模節目之閒，要非無所本而能憑空撰造者。篇中有懷王問於賈君之語，誼豈以賈君自稱也哉？《過秦論》史遷全録其文，《治安策》見班固書者乃一篇，此離而爲四五。後人以此爲是賈生平日所草創，豈其然歟？《脩政語》稱引黄帝、顓、嚳、堯、舜之辭，非後人所能僞撰，《容經》、《道德説》等篇辭義典雅，魏、晉人決不能爲，吾故曰是習於賈生者萃而爲之，其去賈生之世不大相遼絶，可知也。此乃《漢魏叢書》中本。近借得前明兩刻本，一是弘治乙丑吴郡沈頡刻本，校者爲毛斧季；又一刻本雖無沈頡名，而其實即是沈本，爲之校者吴元恭也。兩校皆據宋本是正。今觀宋本科段字句有絶佳者，而譌脱處亦致不少，兩君一無持擇，

❶「得」，《荀子集解》卷一〇作「悍」。參沈梁校。

疏矣。又有明正德年一刻本，題爲《賈子》，與宋本相出入。有欽遠猷者，合郴陽何燕泉本、長沙本、武陵本而爲之審定，以去非從是，其勤甚矣，而義亦不能盡得。其閒有爲後人出己意增竄者，誦之頗似順口，而實非也。余殫旬日之勞，合三本以校是書，其不可讀者不及十之一焉，有所因則易見功也。宋以前所增竄者，疑亦不少，此則不敢去，恐其踢穅及米也。捨宋本而從別本者著之，意有疑者亦著之。若專輒而改舊所傳，則吾豈敢！

與錢辛楣論熊方後漢書年表書

文弨拜白辛楣先生閣下：友朋來自金陵者，咸云閣下之於僕曲相推飾，人有異論輒拄其口，使不得發。此自是謙德厚道之所形，聞之彌用自愧。閣下品如金玉，學如淵海，國之儀表，士之楷模。得師若此，允無閒然，深爲一方士子幸矣。讀大作《熊方後漢書年表序》，校正精核，指摘彌復切當，源流異同之故，數言瞭然於後，復丁寧於元文之未可輕改。此不欲没著書者緝綜之勞，而并慮後人紛更之失，致揜其前美。誠凡傳述舊人文字者皆當若是，即僕向來持論亦然。然於此書反覆考核，瑕釁甚多，若遽流傳，深恐疑誤學人，有不得不與閣下商之者。如前表於侯封之下，閒係以所在郡邑之名，此自是當時文簿可徵，確乎不謬。今若欲仿斯例，自當求之本傳。如《濟北惠王壽傳》云「分太山郡爲國」，則當係以太山，而熊氏則署云兖州。又《河閒孝王開傳》云「封樂成、勃海、涿郡爲國」，則當並係三郡之名，而熊氏則署云冀州。夫州之爲境也遼矣，今不切指其所封之地，而舉一州以相函，蓋何所當乎？且考章懷注中引據舊書，亦自有明係所屬者。如武邑侯耿植，注云屬信都，而熊氏署云安平；不其侯伏湛，注云屬琅邪，而熊氏署云東萊。蓋熊氏但知以《續漢書·郡國志》爲據，而不知事實之有不符也。其最不可通者，如淮陽王玄之下署云陳州，即《郡國志》並無此州名，閣下知其誤而省去州字。若以愚見揆之，「陳」字亦不可留。蓋淮陽之在前漢本爲國，後漢章帝章和二年始改爲陳國。今玄之封在光武時，以斯知其不可也。至於鄉亭之侯，但當係其本縣。其鄉亭之名固有與縣名同者，不可混也。范書中有明著其爲某縣之鄉侯者，如抗徐之爲烏程東鄉侯，楊茂之爲烏傷新陽鄉侯。烏程、烏傷皆會稽屬也，二人所封皆其縣之鄉也。今熊氏於《異姓諸侯表》，一則但書東鄉侯抗徐，不係以烏程而係以南陽，蓋誤以爲南陽之東鄉縣也；一則兼書烏傷新陽鄉侯楊茂，下係以會稽，又係以汝南，是又誤以茂曾爲兩縣之侯也。夫既明曰鄉侯，而可曰縣侯乎？即二人之體例亦自不畫一。愚以爲不若并州郡而盡去之，亦未見其必不可已也。蠡吾侯翼一段，閣下校勘極細，足以正熊氏之謬，然猶以爲當仍其舊，愚意頗似有所未安。蓋翼爲河閒孝王開之子，出後平原懷王勝，建光元年貶爲都鄉侯，遣還河閒。則此以後事仍當以翼係於河閒之下，本末方得具明。所受蠡吾之封，則父開請分國以與之者也。於後其子爲桓帝，追尊翼與開而不及勝，以非所承也。即後桓帝封兄顧爲平原王，但云奉翼後，不云紹封，熊氏之云紹封者妄也。使桓帝以其父終爲勝後，而以其兄紹封，則桓帝獨非勝之孫乎？而追尊顧何以不在此而在彼也。夫倫類典禮所關匪細，後人將於此置喙焉，而可輕徇乎？至若始封之君當列於首，其追尊者止當於注中附見，不得以冠始封之上。乃齊武王縯、魯哀王仲皆非始封也。建武二年，封縯子章爲太原王，興爲魯王，以興嗣仲，二王乃始封也。熊氏一則書太原，哀王章嗣。夫嗣者，嗣王也。史不載先封縯爲太原王，何嗣之有？於興則書曰紹封。考建武十五年方追謚縯爲齊武王，仲爲魯哀王，皆依其子之封也，而熊氏之所謂嗣與紹者，非其率意妄造者乎？又魯王興後徙封北海，子孫訖於漢末不改。若依《前書》之例，雖有始封，而以後之定名爲準，則此當大書北海靖王興冠首，庶乎得之。異姓如壽張敬侯樊重非始封，亦不當冠首，以於實事皆不合故也。更甚有謬者，《異姓諸侯表》中有桃鄉侯福、當塗鄉侯亢，熊氏既皆明注云以任城王安母弟封，而又係其下云姓闕文。夫任城王安者，東平憲王蒼之孫也。福與亢亦憲王孫行也，而乃不知其姓，置之於《異姓表》中，使後人舉而正之，則吾輩亦當與熊氏分過矣。又有安衆侯劉宣，即安衆侯劉崇之從弟襲封爲侯者。又慎靖侯劉隆，本傳明云南陽宗室，而熊氏並置之異姓，其用意不可曉也。盧芳於建武十六年封代王，以其稱武帝曾孫，則不能不載之於同姓，但於注中明著其詐，亦自不没其實，不宜徑削之也。他如濩澤侯鄧鯉、曲成侯劉建，皆光武時封，見《寒朗傳》，而熊氏並遺之。若按章懷注所引及《水經注》、《唐宰相世系表》，亦尚有可補者。至其世系相承，位置殊舛，如魯哀王之曾孫一行，凡敬王睦之子如威如毅，皆綴於其叔父之下，此類更不可枚舉。若一切因循，不但爲無用之書，反慮其足以惑亂視聽。質之鮑君，其意亦欲仍舊，而附駁正於其左，如《集解》、《索隱》注《史記》之例，既完然爲熊氏之書，而又不以其誤誤後人，洵兩得也。但如同姓入異姓之類，不識可改歸否？閣下尚有以明教之。

與王懷祖庶常論校正大戴禮記書

讀所校《大戴禮記》，凡與諸書相出入者並折衷之以求其是，足以破注家望文生義之陋。然舊注之失誠不當依違，但全棄之則又有可惜者。若改定正文而與注絶不相應，亦似未可，不若且仍正文之舊而作案語繫於下，使知他書之文固有勝於此之所傳者。觀漢魏以上書，每有一事至四五見，而傳聞互異，讀者皆當用此法以治之，相形而不相掩，斯善矣。此書尚有管見所及，欲請正者。如《夏小正》「五月，初昏，大火中，種黍菽糜」。傳云：「大火者，星家諱改。也。星中，種黍菽糜時也。」竊意經於「種黍」句絶，「菽糜」當作「菽糜」。下所以云「菽糜已在經中，又言之」也。其傳之「菽糜」當爲衍文。蓋「星中可以種黍」，見於《尚書考靈耀》及《尚書大傳》等書，所言相同。若菽，則非五月所種，不可以「種黍、菽」連讀而去「糜」字，傳此處於「菽糜」蓋無釋也。或云：當作「初昏大火中，種黍。大火者，星也。星中，種黍之時也」。下以「菽糜」二字作經，以「記時也」三字作傳。亦可備一説。《保傅篇》「工誦正諫」，「正」當如《詩》「正大夫離居」之「正」，蓋大夫之長也，故注於此句下先釋「工誦」，即云「大夫諫之以義」，後於瞽史并釋「正諫」也，似不必依《漢書》、《白虎通》改正諫爲箴諫，及增「大夫進諫」一句。古人作文，亦知避就之法，未必疊用兩諫字爲句也。又「行雖有死不能相爲」，《漢書》作「行有雖死不能相爲」，竊意此較《漢書》爲勝，蓋「有死」二字是成文。《左氏傳》「有死無二」，「有死而已」，此類不一。作「行雖有死」，語勢較健，似不當反改從《漢書》也。《曾子事父母篇》中有云：「諫而不用，行之如由己。」足下疑此語有誤。此不必致疑也。行之者，從之也，從父母之過，如己實爲之，而非出於父母之本意然，所謂「引慝」也。《少閒篇》「君曰足，臣恐其不足。君曰不足」，此下脱一句，方本補「臣恐其足」四字，竊所未安，前者已略論之矣。蓋君曰足，則有過於自信之意，而臣之進辭也當婉，故可以云「恐」也。若君曰不足，則但謙讓未皇而已，其臣之進辭也當決，施「恐」字則爲不當。故注於上二句云：「未足而君謂足，則臣恐未足，告以不足也。」於下二句云：「實足可行而君曰不足，則臣云足，所謂可不也。」一有「恐」字，一無「恐」字，注可謂善體語意矣。此愚向所以欲補以「臣則云足」四字也，然不敢即入正文，附見之而已。方本專輒改易古字古語，多不可信。注中引《詩・節南山》但稱《節》，《左氏》昭二年季武子賦《節》之卒章，已有此例矣。若伏之與服，本可通用，《本命篇》「婦人伏於人也」即其證。采地之采本作菜音，《注疏》中多有作菜地者，不可謂誤。《文王官人篇》「醉言悴也」，「言」疑是「猶」之誤。《少閒篇》注「言有可同不可同也」，「不可」二字疑誤倒，足下其爲我更審之。既觀足下所校本，因并求官本觀之，其中復有鄙意所未愜者。以東原之博雅精細，與衆人共事，乃亦不能盡其長邪？曩日曾共校此書，其中是者亦棄而不録，何邪？今摘其當更定者數條於左，與足下共商搉之。

《夏小正》：「來降燕乃睇。」傳云：「百鳥皆曰巢，突穴又謂之室，何也？操泥而就家，入人内也。」案語云：「突穴即燕之所爲，似穴而突出者也。入人或作人入，今從闕本。」文弨案：「皆曰巢」下，本作：「室，穴也。與之室何也？」蓋經「乃睇」下必本有「室」字，故傳作如是解。今乃從別本作突穴，而所釋者頗失之於鄙俚，大不可解。「與之室」作與字爲古，與猶許也，不當改作謂。下當作「操泥而就家人，句。入内也」。家人猶今言常人家耳。哀四年《左傳》：公孫翩逐蔡昭侯而射之，入于家人以卒。《漢書》中類此者尤多。云入内，正以足「與之室」之義，若作「操泥而就家」，語頗不足。既言家，又言人，參錯複疊，亦不成文理，似不當從闕本。竊疑「室穴也」亦當本是「室内也」，與末句正相應。穴與内形近致誤。

「菽糜已在經中，又言之，是何也？時食矩關而記之。」案語云：「上『初昏大火中』説曰『星家諱改。中，種黍菽糜時也』。謂種黍與菽糜二事，皆以星中爲候。此民事之常，記星中則二事自見，故云已在經中。又言之，非經重出此文也。矩當爲巨。夏時以菽爲糜，乃時食之大關。」文弨案：上文「大火中」下，本有「種黍菽糜」四字，或脱去耳。今仍其脱而又曲爲之説。君子之於幽也不言，審經文本無「菽糜」，而鑿言之，云「已在經中」，斷無是理。以星中見種黍之候，容可通，以種黍必當在此月也。以星中見菽糜之候，將非此月即無菽糜者乎？「食矩」本作「食短」，「關」本作「閔」。是月也，舊穀行盡，新穀未升，農民於此時常苦食短，故以菽爲糜，菽以佐食之不足，非常食也，何大之有？記言「啜菽飲水」，史言「半菽不飽」，菽是穀之粗者，故用以爲況耳。《小正》閔而記之，故辭之重如此。然則上文本有「菽麋」二字明甚。下「隕麋角」亦再見。若「食巨關」，從未見他書有引用者，於複舉之意亦不顯。

《保傅篇》：「有司齊肅。」案語云：「各本譌作『參夙』，今據《李彪傳》改正。」文弨案：「參」乃「厽」字之譌，今即作齊，亦無不可。唯「夙」字斷不可改「肅」。注云：「齊夙謂三月朝也。」夙訓爲早，與朝義合。若齊肅而直訓爲三月朝，不太遠乎？

「燕度地計衆。」案語云：「度各本譌作支，今從方本。」文弨案：「度」本作「支」，故注云「支猶計也。後世尚有度支之官」。若正文本是「度地」，則是常辭，可不加注。即注，亦當以度量爲義，不當轉以「計」字相比況，蓋「計」字之義不顯於「度」字故也。此亦失之。

《曾子制言中》：「無忽忽于賤。」案語云：「忽忽，各本譌作勿勿，據《立事篇》『君子終身守此勿勿』，注云『勿勿猶勉勉』，今從方本。」文弨案：《立事篇》「君子終身守此悒悒」，「君子終身守此憚憚」，與所舉「勿勿」凡三言，此篇言「君子無悒悒於貧，無勿勿於賤，無憚憚於不聞」，正與前三言其辭同，其所指則異。前則憂其所當憂，勉其所當勉者，故曰「終身守之」。若貧賤則在天，不聞則在人，於君子何與而何所憂焉，而何所勉焉？今獨改「勿勿」爲「忽忽」，殊不可通。

《曾子天圓篇》：「龍非風不舉，龜非火不形。家諱改。鳳非梧不棲，麟非藪不止。」案語云：「各本脱此十字，今從《永樂大典》本。」文弨案：此好事者妄增入也。

本文「龍非風不舉，龜非火不形」下即接云：「此皆陰陽之際也。」注云：「龜龍爲陰，風火爲陽，陰陽會也。」今以鳳麟梧藪閒其中，其於陰陽之義何所當乎？此之謬妄，顯然易見，奈何信之？

《武王踐阼篇》：「王齊三日，端冕奉書而入，負屏而立。」案語云：「各本作『王端冕，師尚父亦端冕。』《學記》疏云：『師尚父亦端冕，《大戴禮》無此文，鄭所加也。』」文弨案：唐人所見《大戴禮》偶脱此一句，遽斷以爲鄭所加，於文義全不考究，竟似王奉書而入，負屏而立，與下言「王下堂，南面而立」皆成齟齬。果古本脱去而鄭增成之，亦當從鄭。況漢人所見本在前，唐人所見本在後，烏知鄭之時必無此一語乎？曩時但以《學記》正義之説附於後，於本文卻不敢遽删，不知何以不見從也？

「以仁得之，以不仁守之，其量十世。」案語云：「各本『以不仁得之，以仁守之』，今從《禮記疏》。」文弨案：「以不仁得之，以仁守之」，正所謂逆取而順守也。若創業之君既能以仁得天下，安有忽反而爲不仁者？如有之，則始之仁也亦僞耳，可曰以仁得之哉？且未見夫開創不仁之主之可以待至十世者也。不斷之以理而惟誤書之是信，夫豈可哉？

《衞將軍文子篇》：「終日言，不在尤之内。」注：「在尤之外。」案語云：「此四字各本譌作正文，今從方本。」文弨案：《立事篇》亦有此語，無「在尤之外」四字。今以爲衍文可，以爲申殷勤亦可，唯以爲注則大不可。鄉學究作此語以曉童蒙尚不爾，況作注乎？

《勸學篇》：「於越、戎貉之子。」文弨案：舊本「於越」並作「于越」，《荀子》作「干越」，字形相近。前不依《荀子》而仍作「于越」者，以《漢書・貨殖傳》云「戎翟之與于越不相入」，孟康曰：「于越，南方越名也。」師古曰：「于，發語聲也。于越猶句吴也。」皆作「于」字。若《荀子》之作「干越」，《莊子》、《淮南》亦有之。説者或以爲漢餘汗等地，是干亦音寒，然則各仍其本文可矣。今以《春秋》有「於越入吴」，遂改「于」爲「於」，所謂知其一不知其二也。凡舊本作「於」者，官書普改爲「于」，獨此又改舊「于」字作「於」。

《文王官人篇》：「志殷而湥。」注：「殷，盛也。湥蓋深也。」文弨案：舊本作「志殷如浚」，注：「浚蓋深字。」今檢字書無浚字，或古有之，而字書失載，要爲傳寫已久，故注有此語。抑或校書者所加，後來誤併入注中。今既改正文作湥字矣，湥與深有古今之分，實則一字，作注者寧此之不知，而猶疑其辭曰「湥蓋深也」邪？竊以爲當作：「案語云：『湥，舊本作浚。注末有『浚蓋深也』四字，或校書者之辭。』」斯爲得之。而與如古通用，今並從方本改易矣。

他如《四代篇》「睪然」，睪即「臯」字，亦見《莊》、《列》、《荀子》，今誤作「罣」。《朝事篇》不補「侯伯於中等，子男於下等」二語，亦不加案，皆不可曉。偷墮、懈墮即是「惰」字，乃以爲謁。其他脱句《武王踐阼》脱「於户爲銘焉」。脱字，「公冠，立於席北」，脱「北」字。及注中脱誤之處，非本校者之失，固可以共諒也。

與丁小疋論校正方言書

《方言》一書，戴君《疏證》已詳，愚非敢掩以爲己有也。然《疏證》之與《校正》，其詳略體例微當不同，亦因其中尚有未盡者，欲以愚見增成之，故别鈔一編。今不能即寄，聊舉一二，乞足下審正之。大凡昔人援引古書，不盡皆如本文，故校正群籍，自當先從本書相傳舊本爲定。況未有彫板以前，一書而所傳各異者，殆不可以偏舉。今或但據注書家所引之文便以爲是，疑未可也。如卷一内「延，長也」，又云：「延、永，長也。凡施於年者謂之延，施於衆長謂之永。」案：「延，長也」已見於上，似可不必復出。蓋此自爲下文，各見其義，故先並舉之於上。揆以文法，斷當如是；考之宋本，亦無不同。今或但舉李善注稽康《養生論》引作「延，年長也」，便謂此書作「延，永長也」爲誤。夫善此注特檃括「施於年者謂之延」意耳，《爾雅疏》始誤以爲即《方言》本文。此不可以「稺，年小也」相比例。夫使云「延，年長也」，下即當云「永，衆長也」而後可。不然，兩句復沓，於文義殊未安。《方言》此語亦祇大判而言，其實通用處正多也。又卷二「秦、晉曰靡」，注：「靡，細好也。」亦因李善注引作「靡靡」，遂補一「靡」字，不知善但順兩賦之成文耳。《長門賦》：「夫靡靡而無窮。」《魯靈光殿賦》：「何弘麗之靡靡。」今必强此注以從彼，拘矣。且王逸注《招魂》云：「靡，緻也。」李善注《文賦》引薛君《韓詩章句》曰：「靡，好也。」皆以一字爲訓，而義正相同。故凡此類皆不敢從正文。如卷六：「掩、索，取也。或曰狙。」注：「狙，伺也。」宋本如此，不誤。俗本始誤作狙。今因卷十有「相取也」，❶音相黎，遂移彼以易此。不知狙伺而取，正與掩取義同。又「閻笘，開也」，因《廣雅》笘作苫，遂從之。夫苫之訓開，他書未見，竊疑當是苫字。苫蓋雖皆所以覆屋，而蓋亦可以爲户扇，見《荀子·宥坐篇》「九蓋皆繼」楊倞注。又案《説文》：「蓋，苫也。」《周禮·夏官·圉師》「茨牆則翦闔」，康成注：「闔，苫也。」然則苫與蓋、闔義皆同，而此則訓爲開。夫字固有反覆相訓者。余以爲與其從「苦」字之無義，不若定從「苫」字，此因形近致誤耳。又「厲，卬，爲也」，亦從《廣雅》改「卬」爲「印」。夫印之訓爲，亦未經見。而卬與昂通，激昂正振作有爲之意，不可因曹憲音爲於信反，遽棄《方言》而從之也。又卷十「誺，不知也」，「誺音癡眩」。戴本改作「𧫷」，引《玉篇》「𧫷，不知也，丑脂、丑利二切。誺同上。又力代切，誤也」。戴謂「以六書諧聲考之，𧫷從言桼聲，可入脂、至二韻。誺從言來聲，應入代韻，不得入脂、至韻」，作誺非也。竊以爲不然。姑無論古讀來爲梨，常與思協。即與癡同一部，如《素問》云「恬澹虚無，真氣從之，精神内守，病安從來」；又漢《柏梁臺詩》武帝云「日月星辰和四時」，梁王云「驂駕駟馬從梁來」；又《廣韻》從來之字如棶、庲、倈，皆與釐同紐，並在之部。今必謂從來得聲者應入代韻，其可乎？卷十一「蠅，東齊謂之羋」，俗本「羊」誤作「羋」。❷案：蠅似黽，其聲蓋與閔相近。楚姓之羋，其聲亦相近，故注以此類皆不宜別立名，是也。今若作牛羊之羊，雖與蠅亦

❶「相」，原作「担」，今據嘉慶三年刻《抱經堂文集》卷二〇改。參沈梁校。

❷「羊」，原誤作「羋」，今據《抱經堂文集》卷二〇改。下四「羊」字同。

一聲之轉，而究不若蠅芈之轉之尤切。況蠅，微蟲也；羊，家畜也，皆有定名矣，而云蠅亦可呼羊，羊亦可呼蠅，不亂名乎？而反譏郭氏，何也？卷十二「嫣娗，嫚也」，舊本「嫚」作「嫪」，乃俗「僈」字，舊音薄丹反。注云：「爤僈、健狡也。」雖與今之爛漫義不相近，而其音正同，顧乃改「僈」作「僞」，讀爲「爛煸」，有何據乎？又「蒔，殖立也」。以殖爲誤，云：「當從曹毅之本作『植』。」案：《周語》云：「以殖義方。」韋昭云：「殖，立也。」與此訓正合。即《左氏》襄卅年《傳》鄭輿人之誦，「殖」與「嗣」協。《釋文》「殖，是吏反」，與「蒔」聲亦相近，何必植之爲是而殖之爲非乎？至注中之字，如卷三「軫，戾也」注：「相了戾也。」案：軫與紾同，了有樛曲之義，作了戾方切「紾」字義。考《酉陽雜俎》云：「野牛高丈餘，其頭似鹿，其角了戾，長一丈，白毛，尾似鹿，出西域。」正與《考工記》「老牛之角紾而昔」義合。又《導引經》云：「叉手項上，左右自了戾不息，復三。」又字亦作「繚戾」。劉向《九歎》云：「繚戾宛轉，阻相薄兮。」《詩·魏風·葛屨》毛傳云：「糾糾猶繚繚。」朱子即以繚戾釋之，於古義有合也。今又因李善《文選注》之誤字而改作「乖戾」，則與正文「戾也」之義殊遠，并注中一「相」字亦賸矣。楊倞注《荀子·修身篇》云：「擊戾猶了戾也。」宋本、世德堂本俱作「了戾」，不誤。元時本誤「了」爲「子」，今俗閒本亦改爲「乖戾」矣。卷九「矛骹細如鴈脛者，謂之鶴厀」，注：「今江東呼爲鈴釘。」案：《説文》「鈴」字下云：「令丁也。」《方言》俗本皆作「鈴釘」，尚仍其誤。卷十一「姑𧎀謂之强蛘」，注：「建平人呼芈子。」芈即蛘也。足下謂强蛘當讀强芈，良是。乃俗閒本並誤作「羊」，即姓也。《爾雅疏》又因誤本而改作

「芈」，楚姓也。唯陳隅園《方言類聚》本作「芊」，即蛘也。且明其説云：「今吴會閒通呼爲芊子，作即姓者誤。」是皆當改正也。卷十三「姚、娧，好也」，注：「謂姅悦也。」正與卷一「好或曰姅」，注言「姅容也」合。俗本誤作「謂姅悦也」。夫姅變，婦人污也，其誤甚顯，不當猶仍之。又「憚、怛，惡也」，注：「怛懹，亦惡難也。」俗本「懹」並誤「懷」。案：卷七「憎、懹，憚也，陳曰懹」，今據以改正。至於舊來之音，有出郭氏者，亦有後人附益者，其所音閒與今世所讀不同，如謾之有莫錢反凡兩見，豈可删乎？「抱娩，耦也」，卷二。俗誤作「抱勉」，音追萬反。一作「嬔」。又於「耦也」注下有「音赴」二字，戴本乃移「音赴」於「抱」字下。案：「抱」一作「菢」，同音暴，後云「房報反，江東呼蓝乃音央富反」，則「抱」字本不音「赴」。「勉」字宋本作「娩」，從女，免聲。《廣韻》與赴同一紐，乃《玉篇》音爲孚萬切，産娩也。又出「嬔」字，云「同上」。案：産免，俗始加女作娩，與婉娩之字混。《玉篇》於「娩」字音無遠、亡辯二切，若從兔，則與孚萬之音迥異，只當音「嬔」下爲得之，故今少有更易。又案：正文「耦也」與抱、娩義不近，疑有錯簡。或是敵耦也，故注云「耦亦匹」，互見其義耳。「抱娩」下或有「孚也」字，孚亦音赴，故臆測如是，然無左證，未敢即以爲然也。又蠲有圭音，《詩》「吉蠲爲饎」，《三家詩》作「吉圭爲饎」是也。舊本音涓，下誤作「又一圭反」，乃「又一音圭」之譌耳。見卷三。又，「蟒，南楚之外謂之蟅蟒」下，宋本「蟅音近詐，亦呼蚝蛨」。卷十一。《玉篇》「蚝蛨，蟅蟒蟲也」，正相合。俗本《方言》誤作「吒陌」。此必當改正。又下「舂黍謂之蚤蝑」，注：「江東呼蚝蛨。」舊本皆不誤。《廣韻》「蚝」字下云「蚝蛒蟲」，「蛒」字下亦同。今必據《詩釋文》而改爲「蚝蜢」，似可不必。文弨又竊疑上蟒一條並不指食苗之蟲。郭注云：「蟒即蝗也。」蓋即依《爾雅》「蟒，王蛇」生義，故於「蝷蟒」下云「亦呼蚝蛒」，加一「亦」字，亦春黍之呼蚝蛒也。於「或謂之䗙蟅」，音滕而不音特，意亦可見。但於「宋、魏之閒謂之蚮」，尚未有左證。然舊亦音貸，不音特。蛇之文固有如玳瑁者，當因此名之耳。此須足下爲更審正之。又「抒、瘱，解也」，卷十二。舊本「抒」音抒井，誤也。宋本作「抒渫」。考之《廣韻》，「抒，渫水」，俗作「浮」，則「渫」乃「渫」之誤字。若「抒井」，義甚僻。《詩·大雅·生民篇》毛《傳》云：「揄，抒臼也。」胡不引此爲音？故知亦必非抒井也。至正文之義，亦尚有可通者，如卷十三「魏，能也」。案《周書·謚法解》「克威捷行曰魏，克威惠禮曰魏」，此非「魏」訓爲「能」之證乎？又：「懼，病也。」案凡人性怯者多苦畏，非「懼」即「病」之訓乎？且「懼」又可轉爲「癯」，亦病容也。又：「擷、隓，壞也。」案《太玄經·度》之次三：「小度差差，大攋之階。」測曰：小度之差，大度傾也。」范望注云：「事之骫攋，故傾危也。」此非擷訓爲壞之證乎？但彼「攋」字從木，字書所無，定傳寫誤耳。又「賦，臧也」，臧當作古「藏」字，訓賦斂所以爲收藏也。至於字畫亦有不可盡依《說文》者，如「蛾、孎」，卷一。《說文》嬴从女，嬴省聲，遂據以改「孎」作「嬴」。案：嬴乃力爲切，音不近，或當是嬴省。《說文》於「嬴」字云「從貝，嬴聲」；「贏」字下云「或曰獸名，象形，闕。郎果切」。郎果之音本不出於許氏，贏音訓本有闕，或元有盈音，未可知也。故與其作「孎」，不若徑從《說文》

作「鸁」爲猶愈矣。又「餳謂之餦餭」，卷十三。《説文》止有「餳」字，从食，易聲，徐盈切，遂從之。案：劉熙《釋名》：「餳，洋也，煮米消爛洋洋然也。」此諧聲爲釋，不更出从昜之「鍚」字。《廣雅》本亦然。陸德明音《周禮·小師·注》云：「餳，辭盈反。李音唐。」是一字有兩讀。今謂辭盈反者，當从易音。唐者，當从昜，於古未有聞也。又如「罨」字不當改爲「罨」。古字少，一字可兩三用。《漢書·律志》、《地理志》「遷」字亦省作「罨」可證也。「冡」字不當改作「寂」，「鬽」字不當改作「齘」。漢人作隸，已不能如篆法之嚴，此等字縱出自魏、晉以下，然相傳已久，在今日不猶有古意乎？至郭《注》引書，微與本文不同，亦不可改也。如引《外傳》「余病殢矣」，本書「殢」作「喙」；引《漢書》「初陵之墲」，本書「墲」作「橅」，此皆不改，獨引《左傳》「餬予口於四方」，則改「予」從本書作「其」字。此或郭公偶爾誤記，或因與昭七年《傳》「饘於是，鬻於是，以餬余口」文相涉致誤。此類古人多所不免，正不必爲之彌縫也。余又疑正文卷一「碩、沈、巨、濯、訏、敦、夏、于，大也。齊、宋之閒曰巨曰碩」下，便當接以「陳、鄭之閒曰敦」至「于通語也」止。中閒「凡物盛多謂之寇」四十九字，當别是一條。足下細審之，以爲然否？戴君通人，在日文弨敬之愛之，情好甚摯。今此書若無戴君理之於前，使文弨專其事，紕繆當益多，決不止於此區區數條而已。今戴君已没，寧忍爲之吹毛索瘢乎？然念古書流傳既久，其考訂必非一人精力所能盡。戴書之善者已盡取之而著之矣，安知他人所見不又有出於文弨所見之外者乎？願足下先爲吾斷其是非焉。如有新得，乞即録示是望。

附録

先生事親孝謹，年七十三喪繼母猶盡禮，與弟韶音友愛，篤於師友之誼，皆鄉邦所共信者。段玉裁撰墓志。

先生好校書，終身未嘗廢。年雖耄，孳孳無怠。昧爽而起，繙閲點勘，朱墨並作，几閒無置茗盌處。篝燈至夜半，而後即安。官俸脯脩所入，不治生産，僅以購書。聞有舊本，必借鈔之；聞有善説，必謹録之。一策之閒，分别迻寫諸本之乖異，字細而必工，抱經堂藏書數萬卷皆是也。同上。

先生撰《儀禮詳校》，謂鄭注亦不能全是，後儒掎摭確然有當者，以小字綴於下。賈疏本多謇澀，傳寫彌復滋譌，朱子《通解》或潤色其辭，或增成其義，有採用者必明注其下，俾不至全失本文。宋元以來，至同時諸賢有所發明者，輒一稱引及之。嚴元照頗致譏焉，然先生校書不墨守一家，不專主一説，惟善之從，冀以求經指，便後學，其指趣然也。《儀禮詳校》。

先生自序《鍾山札記》曰：「少受父師之訓，朝夕啟牖，得有微明。長而從四方學士大夫游，獲聞其緒論，增長我之智識良不淺。昔人云勝讀十年書，豈虚語哉？故隨所得輒録之，不辭竊取之誚，幸免攘善之失，不忍辛苦纂集之復爲煙飛灰蓋也。飢寒不恤，而剞劂是務。傳聞於未聞之者，當不視爲無用之言、不急之辯而棄之。」其《龍城札記》，則先生殁後始刻者。二書所記，泰半引他人之説，自序明言之。《鍾山札記》、《龍城札記》。

翁覃谿曰：「今之學者，稍窺漢人厓際，輒薄宋儒爲迂腐，甚者且專以攻程朱爲事。

虞道園有言，此特文其猖狂不學以欺人而已矣。抱經題跋諸篇，謂世人於朱子，因一二未安而遂并議其全，又於安生詆諆如郭宗昌者，則昌言排之。宜其校正古今，虚公矜慎，而不蹈流俗之弊也。」《送盧抱經南歸序》。

繆藝風曰：「自來校讐之學，漢則劉向、揚雄，宋則梁燾、鄭穆，而校記之流傳於世者，亦止《荀子考異》、《文選同異》。至有清一代，凡舊書皆有校記。盧氏校書，參合各本，擇善而從，頗引他書改本書，而不專主一説，故嚴元照詆其《儀禮詳校》，顧廣圻譏其《釋文考證》。後黄丕烈影宋刻書，遂主依樣上板，不易一筆，各本同異，另編於後。兩家各有宗旨，亦互相補苴云。」《儒學傳稿》。

抱經弟子

臧先生庸 別見《玉林學案》。

李先生兆洛 別爲《養一學案》。

丁先生履恒

丁履恒，字若士，一字道久，號東心，武進人。嘉慶辛酉拔貢。戊辰召試，充文穎館謄録，授贛榆縣教諭，遷山東肥城縣知縣。在官有聲績，以憂歸，卒。先生學兼漢宋，必求有得於心，不務立門户。著《春秋公羊例》、《左氏通義》、《毛詩名物志》、《説文諧聲類編》、《思賢閣集》。參《武進陽湖合志》。

抱經交游

秦先生蕙田別爲《味經學案》。

翁先生方綱別爲《覃谿學案》。❶

錢先生大昕別爲《潛研學案》。

戴先生震別爲《東原學案》。

王先生念孫別爲《石臞學案》。

汪先生中別爲《容甫學案》。

梁先生玉繩別爲《錢塘二梁學案》。

孫先生志祖別爲《頤谷學案》。

丁先生杰

丁杰，原名錦鴻，字升衢，號小山，又號小疋，歸安人。乾隆辛丑進士，官寧波府教授。純孝篤誠，嘗走滇南迎父柩歸葬。家貧，不能得書，就書肆中讀。肆力經史，旁及《説文》、音韻、算數。初至都，適四庫館開，任事者延之佐校，遂與抱經及朱笥河、戴東原、金檠齋、程易疇諸人相講習。其學長於校讎，與抱經尤相似。得一書，必審定句讀，博稽他本同異。於《大戴禮》用功尤深，著有《大戴禮記繹》。謂「《易》鄭注久佚，宋王應

---

❶ 按，翁氏實見《蘇齋學案》。參沈梁校。

麟裒輯成書，惠氏棟復有增入。審視兩本，多羼入鄭氏《乾鑿度注》。又《漢書》注所云鄭氏，即注《漢書》之人，非康成」。乃刊其譌，定其是，復摘補其所未備，著《周易鄭注後定》凡十二卷。又有《小西山房文集》。嘉慶十二年卒，年七十。先生考證精覈，爲時所推。胡氏渭《禹貢錐指》號爲絶業，摘其誤甚多。嘗謂「緯書移河爲界在齊吕填閼八流以自廣。河患之棘，由九河堙廢，而害始於齊。管仲能臣，决不自貽伊戚。班固叙《溝洫志》云：『商竭周移，秦決南涯，自兹距漢，北亡八支。』則九河之塞當在秦、楚之際矣」。又謂「惠氏棟《尚書大傳》輯本疏舛，如『鮮度作荆，以詰四方』，誤讀《困學紀聞》，此謬之甚者。《五行傳》文不類，讀《後漢書》注始知誤連《皇覽》。然何以合併爲一，亦不可曉。最後讀黄佐《六藝流别》，則此節全載其中，乃知惠氏又因黄而誤也」。其爲人校定刊行之書，曰《毛詩草木蟲魚鳥獸疏》、《方言》、《漢隸字原》、《復古編》、《困學紀聞補箋》、《字林考逸》、《蘇詩補注》等書。子授經、傳經，皆能世其家學，有「雙丁」之目。授經，字湘士，嘉慶戊午優貢，佐嚴鐵橋可均成校《説文長編》甲乙丙三編。參許宗彦撰傳、繆荃孫《儒學傳稿》、《湖州府志》。

附録

先生嘗與翁覃谿補正朱竹垞《經義考》，序年月，博采見聞，以相證合。翁撰傳。

與許宗彦闡繹《墨子》上下經，大有端緒。《文獻徵存録》。

《方言》善本始於戴氏，先生采獲禆益最多。抱經《重校方言序》。

先生嘗言字母三十六字，不可增併，不可顛倒。見端知邦非精照爲孤清，不可增濁聲也；疑泥孃明微來日爲孤濁，不可增清聲也。非即邦之輕脣，不可併於敷；微即明之輕脣，不可併於奉。影爲曉之深喉，喻爲匣之深喉，曉匣影喻不可顛倒爲影曉喻匣也。許撰傳。

趙先生曦明

趙曦明，初名大潤，易名肅，晚復更名曦明，字敬夫，江陰人。諸生。居近瞰江山，因以爲號。性剛直持正，博覽好古，不自表襮。抱經主江陰暨陽書院，一見傾倒，遂爲莫逆交。及移講席鍾山，招以相佐，校抱經藏書幾徧。著有《讀書一得》六十卷，其體例與《黄氏日鈔》相近。注《陶徵士集》及徐、庾、温、李、羅昭諫等集。晚注《顔氏家訓》六卷。抱經爲傳之。詩文集外，又有《桑梓見聞録》八卷。卒年八十有三。參抱經所撰《瞰江山人傳》。

附　録

先生注《顔氏家訓》甫脱稿而病歿。抱經爲之序曰：「敬夫先生方嚴有氣骨，與余游處十餘年。八十外，就鍾山講舍，取宋本《顔氏家訓》爲之注。余奪於他事，不暇相佐也。又甚惜其勞，謂姑置易明者可乎？先生曰：『此將以教後生小子也。人即甚英敏，不能於就傳成童之年，聖經賢傳舉能成誦，況於歷代之事蹟乎？吾欲世之教子弟者，既令其通曉大義，又引之使略涉載籍之津涯，明古今之治亂，識流品之邪正，他日依類以求，其於用力也差省。』書成未幾，而先生捐館矣。余感疇昔周旋之雅，又重先生啟迪後人之意，烏可以無傳？翻然變余前日尚簡之見，而更爲之加詳，以從先生之志。則是書也，匪直顔氏之訓，亦即趙先生之訓也。」《抱經堂集》。

清儒學案卷七十二終

清儒學案卷七十三

天津徐世昌

方耕學案上

方耕於六經皆有撰述，深造自得，不斤斤分别漢宋，但期融通聖奥，歸諸至當。在乾隆諸儒中實别爲一派。家學流傳，薫陶者衆。猶子述祖及外孫劉逢禄、宋翔鳳輩，皆湛深經術，卓然成家，其淵源蓋有自也。述《方耕學案》。

莊先生存與

莊存與，字方耕，號養恬，武進人。乾隆乙丑一甲二名進士，授編修。以大考擢侍講，官至禮部左侍郎。歷任湖南、順天、山東學政，典湖北、浙江鄉試各二次，均得士稱盛。充天文算法總裁官及樂部大臣，先後直上書房、南書房垂四十年，以年老休致。五十三年卒，年七十。生平踐履篤實，於六經皆能闡發奥旨，不專事箋注，而獨得先聖微言大義於語言文字之外。《易》則貫串羣經，雖旁涉天官、分野、氣候，而非如漢宋諸儒之專衍術數，比附史事；《尚書》則不分今古文文字異同，而剖析疑義，深得夫子序《書》、孟子論世之意；《詩》則詳於變雅，發揮大義，多可陳之講筵；《春秋》則主公羊、董子，雖略采左氏、穀梁氏及宋元諸儒之説，而非如何劭公所譏「倍經任意，反傳違戾」；《周官》則博考載籍有道術之文，爲之補其亡闕，俾能取法致用；樂則譜其聲，論其理，足補《樂經》之闕；《四書説》敷暢本旨，可作考亭争友，而非如姚江王氏、蕭山毛氏之自闢門户，輕肆詆誥也。而要於《春秋》爲最深。所學與當時講論或枘鑿不相入，故所撰述皆祕不示人。通其學者，僅門人邵晉涵、孔廣森及子孫數人而已。著有《彖傳論》一卷，《彖象論》一卷，《繫辭傳論》附《序卦傳論》二卷，《八卦觀象解》二卷，《卦氣解》一卷，《尚書既見》三卷，《尚書説》一卷，《毛詩説》四卷，《周官記》五卷，《周官説》五卷，《春秋正辭》十一卷，《春秋舉例》一卷，《春秋要指》一卷，《樂説》二卷，《四書説》一卷，統名曰《味經齋遺書》。又有《味經齋文稾》若干卷。參史傳、《味經齋遺書》阮元序、《莊述祖傳》、《武陽縣志》。

卦氣解

卦氣始《中孚》，終於《頤》，渾蓋之象，包括始終也。《乾》辟巳，《坤》辟亥，攝提方也；《巽》候申，《艮》候亥，日月會也。《巽》後而《艮》先，天行有進退也。先卯中而《晉》，後酉中而《明夷》，歲之晝夜也。《晉》近而《明夷》遠，勸賞畏刑之義也。晝漏幾中而《益》，夜漏幾中而《損》，盛衰之始也。《解》正春分，物不解則不散；《賁》正秋分，物不飾則不斂。辰始《豫》，雷出地；戌始《歸妹》，雷保蟄蟲，知之者曰《歸妹》，不知者必以爲《隨》。《隨》之爲言，其將出也。巳中《小畜》，玉衡建也；亥中《噬嗑》，大辰繫日而將見也。火始昏見而《震》在地上，火始晨見而《震》在《離》上。《震》，卯也。卯，大火之次也。百穀仰膏雨，則木上有水而爲《井》。霜隕水涸，則澤无水而爲《困》。收攤畢而獻功，《既濟》也；「天地閉」，「水火不交」，《未濟》也，且以嗣往歲興來歲也。日南至四十有五日而啟，故反《中孚》爲《小過》；日北至四十有五日而閉，故反《咸》而爲《恒》。《蹇》先《頤》，《屯》次《復》，艱難之義，以相天地也。且三男之卦也，「開物成務」，男事也。《家人》先《井》，《鼎》次《姤》，柔順之則，時出佐陽也。且三女之卦也，「無攸遂，在中饋」，女事也。《復》爲剛長，《姤》曰「女壯」，其以類從乎？《井》，養也；《頤》，養也。陰陽之際，義莫大乎養也。百蟲作，蠶事興，而蟲皿爲《蠱》；耒耜出，耕者舉足，而施生爲《益》。享帝王之吉，祈農之祀與？雷出於地，雨絶於天，《訟》、《豫》之相因也。王政時變，火以救疾，故客火爲《旅》，治火爲《革》，突爲《家人》，爨爲《鼎》，燧爲《睽》，災燔爲《豐》，夏丙明爲《大有》，秋清明爲《同人》，房心伏爲《噬嗑》，恒星見爲《賁》，出東爲《晉》，入西爲《明夷》，明火爲《既濟》，鄉晨之暉爲《未濟》。初夏改火，民咸從之，《旅》也。季春出火，民咸從之，《革》也。水土演而民用，潦方盛則無有障塞，《師》、《比》之反而相受也由此。時有大旱，《小畜》之「密雲不雨」也；時有霖雨，《節》之「中正以通」也。陽之汗以天地之雨名之，陽之氣以天地之疾風名之，則《渙》汗之出而不反也。淵泉動，《屯》也。冰泮，《蒙》也。雲升，《需》也。龍出泉，《解》也。天降時雨，《訟》也。通瀆於四海，《師》也。絡脈通潤下而不竭，《比》也。抱甕而汲，以濟艱食，《井》也。蕩瑕穢而潔之，《渙》也。露甘以繁，《節》也。霜肅而殺，

《困》也。水始冰，《既濟》也。雪未澤，《未濟》也。塗未滌，《蹇》也。發聲以往，《震》則居悔；收聲以後，《震》則居貞。《小過》在悔，就生氣也；《歸妹》在悔，殆歸魂也。屈於上爲《歸妹》，主於内爲《无妄》，生生之謂也。正月必雷，雷不必聞，唯雉爲必聞之。益其雉之聞，以震乎金，伏於火，剛蟲不搏，則《履》虎之「不咥人」也。鳥獸未成，故「田無禽」，始殺而嘗，故「獲三品」。《萃》用大牲，童牛、豶豕，實用以祀，則犧牲告備，具於天子，時也。陽月之物，常爲反生，枯楊非乎？定之方中，利以作室，棟隆非乎？婦功成則有行，農桑起則殺禮，《既濟》婦在塗也。《蒙》之吉「納婦」，《漸》之吉「女歸」，婚姻之義備焉。建正於丑，雞鳴爲朔，而色尚白，《升》之象也。《坤》其正，《巽》其朔，而色亦巽也。王者之正，皆曰三朝，《升》之所以爲元亨也。《艮》者，時也。《連山》之《易》，實爲夏時孟月之吉，宜有《艮》焉。孟春，《小過》也。孟夏，《旅》也。《咸》宜爲孟秋而以《恒》，《蹇》宜爲孟冬而以《艮》。《恒》者，《咸》之反也。亥者，《艮》始，且先天位也，《艮》居孟冬，義遠矣哉！《咸》之爲夏日至也，因於《艮》也，《艮》居西北矣。咸池在亥，非《咸》乎？朱鳥在亥，非《賁》乎？蒼龍出泉而爲《解》，朱鳥在山則爲《賁》。天五潢，舍西北則爲《咸》，舍東南而爲《中孚》。天畢上轐，五車下軫，不觀於象，孰知《中孚》之反於《咸》也？大火在亥，宜爲《小過》，易之則爲《頤》；玄枵在亥，宜爲《蹇》，以乾則爲《需》。西北，天位也，「位乎天位以正中也」。《坎》、《離》、《震》、《兑》之臨西北，皆有取乎象云爾。北斗爲天綱，《乾》爲魁，《巽》爲杓，杓以治外，魁以治内，《小畜》之象也。斗建巳也，雲漢爲地紀，《艮》其首，《坤》其尾，首下地而潛，尾行天而見，《謙》之象也。斗建丑也，日加酉而昴見於午，《睽》之象也，《離》、《兑》不交也。月弦於角、亢，則《巽》、《坎》之交而爲《井》乎？天根見而水涸，《无妄》之象也。是主疫，則无妄之疾乎？日歸於西，起明於東；月歸於東，起明於西。東西相從而不已，是故《震》、《兑》者日月之門，賓主之位，夫婦之别也。日出於卯，月闕以隨，則《兑》、《震》之配而爲《隨》乎？《小畜》之《需》曰「月幾望」，《需》之《井》曰「利用恒」。《恒》，弦也，《井》弦而《需》望也。月之望也行遲，既望則魄生於右而遡日也疾，《需》、《隨》之所以相受也。月，魄也；魄，《兑》也。其明，魂也；魂，《震》也。《隨》之息，魂魄交也。不交，則爲《歸妹》。息止，斯魂魄離，「君子以永終知敝」，修身以俟之而已矣。不死之説，妄之大者也。《歸妹》之以《无妄》受也，言魂氣之必歸於天也，且言人道之以父子嬗爲一身，而非有二也。鬼神之德，誠也，無常享，享於克誠也。「送魂而往，迎精而返，必誠必信，勿之有悔焉耳矣」，《无妄》之謂也。是故魂氣歸於天，《无妄》也；形魄歸於地，《臨》也。哭泣之哀，以爲恒化，不知鬼神之情狀，則云爾也。始死之復，《復》也，魂降而反也。生死畢，而鬼事始已。夫體魄未藏，魂恒依焉。既葬，則依子孫以爲歸者也。葬之不可以不時也，且必以制，《大過》也，安體魄於地之户也。亢龍絶氣，多藏金玉，則《夬》之「終有凶」乎？古有展墓之禮焉，日次於大陵，則今皆行之，惡其傷之也。《井》其坎乎，《賁》其封乎？祔於墓，祔於廟，《萃》也，父子祖孫一氣也。鋪筵設同几，夫婦之精氣合也。《臨》之易爲《萃》，《无妄》之易爲《大壯》，樂以迎來，哀以送往之志與？《坎》，月也，《艮》納丙。《蹇》，月消丙也。《坎》，律也，《艮》在寅。《蒙》，太簇律也。律述氣而月行天，外内之象也。《蒙》，師道也。古者樂正司業，是以於《蒙》著律焉。夫自遂古以及今兹，自京師以迄四海，非聲曷以相授受乎？是不可不正之以律也。《泰》，益上則爲《損》；《否》，益下則爲《益》。《泰》次《益》，《否》次《損》，中衍以《漸》，何也？《益》上則「擊」，《漸》上則「不可亂」。天地之交以《漸》，而況人乎？夫《漸》之天地猶否也，而其人則交。致天地之和者，人也。人受天地之中以生，寅之中，人之中也。自寅之戌，《乾》皆在焉。陽氣之位，寅而見，戌而入也。初於《泰》，中於《乾》，終於《无妄》，明天道也；以配始，以繼終，明王之敬其妻子也有道矣。《巽》之位，《乾》之對，《乾》至尊而《巽》至卑。《小畜》之先《乾》也，爲之引而不敢適也。夫《乾》辟之辟也。九五，《乾》之《大有》也。天之權在日，「大明終始」，三百八十四爻之綱紀繫焉。《大有》之次《乾》也以此。夏三月巳中以往，卦無《坤》焉，冬三月卦無《乾》焉。《坤》始於《否》，迄於《比》。《比》，《大有》之對也，陽居尊位，爲五陰主，則亦《乾》之次也，故以先《小畜》也。若夫一陰之爲五陽主也，莫卑於《姤》，而「女壯」矣；莫岌岌於《夬》，而「乘剛」矣。得位則《小畜》，得位、得中則《同人》，得尊位大中則《大有》。不得位，不得中者，《履》也。爻不當而卦則得其所矣，《兑》進則爲《乾》疑者也，上天下澤，辨之至也。辨莫辨乎《履》，和莫和乎《履》，蓋暑過中而猶未退也。陽常居大夏，而以生育長養爲事，自《夬》至《同人》，皆盛德氣也。《履》爲基而《謙》爲柄，《謙》爲權而《履》爲繩，中央司下土，北方司冬，寒暑之則乎？《艮》，寒也。《兑》，暑也。《艮》，日之舍也。《兑》，月之行也。日月運行，一寒一暑，暑融於天，寒藏於地。《謙》之光明是曰謀，而時寒若；《履》之光明是曰晢，而時燠若，《謙》有《坎》而《履》有《離》也。夫陰之居大冬也，一陽爲五陰主，惟《復》與《謙》，《復》動而《謙》止。止于外爲《剥》，止于内爲《謙》，積於空虚不用之處，斯明徵已預也。《師》、《比》也，居陽盛之時，以爲佐而從焉。散之使不積，則莫能「疑於陽」者也。陽可聚也，陰不可使積也，藏於虚而已矣。

自《中孚》迄《井》，陽爻八十九，陰爻九十一，共一百八十，當半歲實。其在《晉》以前，陽爻三十八；《解》以後，陽爻五十一。曆日在春分前則少，在春分後則多之象也。自《咸》迄《頤》，陽爻九十一，陰爻八十九，共一百八十，當半歲實。其在《大畜》以前，陽爻五十四；《賁》以後，陽爻三十七。曆日在秋分前則多，在秋分後則少之象也。陽爻多則陰爻少，象行度之縮焉；陽爻少則陰爻多，象行度之盈焉。自《解》至《大畜》，陽爻一百有五，陰爻七十五，晝永而夜短也；自《賁》迄《晉》，陽爻七十五，陰爻一百有五，晝短而夜永也。二至相距，陰爻陽爻不正九十，而多一少一者，何也？曰：吾以是知歲實之有消長也。《坎》、《離》、《震》、《兑》居四正以候分至，二十四畫以統一歲之氣實；❶兩《乾》、《坤》之爻以當一歲之晝夜；《中孚》以逮于《頤》，實皆《乾》、《坤》之爻三百六十，以當期之日，《坎》、《離》、《震》、《兑》小成之卦十二畫，以當氣盈朔虚，其候之也，則卦直

❶「畫」，原作「晝」，今據文義及下文諸文例改。

六日有七分焉，而四卦不用。

辟卦十二，《乾》、《坤》之爻各三十六；侯卦十二，《屯》、《小過》、《需》、《豫》、《旅》、《大有》、《鼎》、《恒》、《巽》、《歸妹》、《艮》、《未濟》。《乾》、《坤》之爻各三十六，凡百四十有四畫，合《坤》之策。辟治天下，侯治一國，皆君道也；辟以序而侯以錯，讓於辟也，臣道也。公卦十二，《中孚》、《升》、《漸》、《解》、《革》、《小畜》、《咸》、《履》、《損》、《賁》、《困》、《大過》。《乾》爻四十一，《坤》爻三十一，有師保之誼焉。卿卦十二，《睽》、《益》、《晉》、《蠱》、《比》、《井》、《渙》、《同人》、《大畜》、《明夷》、《噬嗑》、《頤》。《乾》爻三十五，《坤》爻三十七，讓于侯也。大夫卦十二，《謙》、《蒙》、《隨》、《訟》、《師》、《家人》、《豐》、《節》、《萃》、《无妄》、《既濟》、《蹇》。《乾》爻三十二，《坤》爻四十，讓于卿也。公、卿、大夫凡二百一十有六畫，合《乾》之策也。

周官記

冬官司空記自序

《周官》禮經六篇，遭暴秦滅學，《司空》篇亡。漢興，購千金不得，記録《考工》以備大數。自是以來，《考工記》上繫《冬官》而《司空》之典遂亡矣。《尚書·帝典》曰「伯禹作司空」，《禹貢》叙九州山川詳矣，乃其興事傅功之法則莫得而言也。逸《書》有《汩作》、《九共》、《稾飫》，而成湯時司空咎單作《明居》，言釐土宅民之事，悉亡滅，不可推校，則《周官·司空》之典復安所表見乎？民之初生，不可得而知也。聖人之作，自包犧氏王天下，略見於《易·大傳》。歷神農、黄帝，爰及堯、舜，制器尚象，備物致用，然後飲食、宫室、器械、衣服皆有法度，所以養生送死，要于極愛敬之心，著上下之辨而已。制禮上物不過十二，自上以下，降殺以兩，以是爲天之大數也。堯遭洪水，不遑寧處，茅茨土階，葛衣鹿裘，飯土簋，啜土鉶，樂土鼓、葦籥，伊耆氏之作也，憂深思遠甚矣。有虞繼之而上陶，夏后繼之而上匠，卑宫室，盡力乎溝洫，損而有孚，二簋可享，益以元吉，用爲大作，明德之隆也。有夏既衰，棄稷弗務，事典于是始廢。湯有天下，稱禹之德而誓諸侯曰：「古禹、皋陶久勞于外，四瀆既修，萬民乃有居。」曰：「諸侯羣后毋不有功于民，勤力乃事。」《書》又曰：「無從匪彝，無即慆淫。」《詩》曰：「勿予禍適，稼穡匪解。」懼後世王侯淫縱其心而汩棄百度，兢兢如此也。武王數紂之罪曰：「惟宫室、臺榭、陂池、侈服，以殘害于爾萬姓。」又曰：「作奇技淫巧以悦婦人。」喪德所由，昭然著明矣。周之先公，世修后稷、公劉之業，文、武有明德，周公定宗禮，以詔後嗣子孫。及穆王而廣肆其心，祈招作歌。宣王承厲王之烈，更宫室寢廟如制度而稱中興。下迨釐王，變文、武之制，峻宫室，侈輿馬，而卒不可振。靈王、景王，違諫而鑄大泉，作無射，壅穀、洛。痛乎太子晉之言興亡也！天子僭天，諸侯僭天子，大夫僭諸侯，設兩觀，乘大路，朱干玉戚，臺門旅樹，鏤簋朱紘，養生泰奢，奉終泰厚。君不陳藝，臣不信度，天下蕩然矣。司空之籍尚藏故府，法家拂士將以王法争之，聖制議之未能決。然以自恣適己也，故浸淫澌滅，剗去其跡，除之獨盡，非一日之積也。卒于天地失常，山川易位，鬼神不饗，民死無告訴，神聖胄裔，汩焉無祀，禍至此烈矣。蓋事典之始壞也，民則勤于財；其中也勤于力；其甚也勤于食。民勤于食，而六府三事隳矣。遂乃築長城，治馳道，穿驪山，興阿房，身危子殺，厥孫不嗣，豈不哀哉？《書》曰：「德惟善政，政在養民。」又曰：「每歲孟春，遒人以木鐸徇于路，官師相規，工執藝事以諫。」仁哉明哉！夏王之作司空，周公之建事典也，其道甚著，萬世卒不廢，安可泯没哉？《儀禮》十七篇有經復有記，蓋書缺簡脱，而賢者陳誦所聞。及宋劉敞爲《士相見》、《公食大夫》作義，皆效往古之辭，斯學者之成法也。謹采《尚書》、《國語》及博聞有道術之文，宣究其意，爲《司空》作記，以附于書闕有間之義。

冬官司空記

大司空掌建邦之五法以佐王富邦國。以五數制萬事之紀，以六律正萬事之本，以五度揆萬事之度，以五量齊萬事之量，以五權均萬事之衡。執四器之法以奠上下四方，一曰規以爲員，二曰矩以爲方，三曰準以爲平，四曰繩以爲直，以象天位，以察地紀，以辨民事。以平水之法定萬民之居，崇九山，決九川，陂九澤，殖九藪，宅九隩，通四海。以平土之法成萬民之事，六尺爲步，步百爲畝，畝百爲夫，夫三爲屋，屋三爲井，井十爲通，通十爲成，成十爲終，終十爲同，同十爲封，封十爲畿，以是爲法，而辨其高下之等。以三幣之法阜萬民之財，一曰上幣，二曰中幣，三曰下幣，以時權其重輕而行之。以公旬之法任萬民之力，凡民可任者豐年三日，中年二日，凶年一日，以時致民而用之，治其施舍。以共工之法利萬民之器，一曰土工，二曰金工，三曰石工，四曰木工，五曰獸工，六曰草工。正月之吉，始和布事於邦國都鄙。乃縣事象之法於象魏，使萬民觀事象，挾日而斂之。乃執度以掌建國之法，王國以十二爲節，王宮居九之一。王有三朝，國有三市，乃建宗廟社稷，乃設官府，乃置倉廩廄庫，乃分里居。營軍壘于王門，兆壇壝于王郊，明堂以饗上帝、布大政，靈臺以觀象，辟雝以養士，耤田以訓農。凡垣墉、門闕、堂陛、牖户皆有數制。凡建邦國，諸公以九爲節，侯伯以七爲節，子男以五爲節，凡造都邑，大都參國之一，中五之一，小九之一。以是爲法而上下之。

小司空掌建國之位，以體王國而經其野。掌其數制，以時叙其繕修之政事。王城方十有二里，十有二門，九經九緯，王宮當中經。南曰皋門，其內爲外朝，百官府在焉；其內曰庫門，庫廄在焉；其內爲王宮，四門八次八舍。南曰雉門，外設兩觀，左宗廟，右社稷。應門之內爲治朝，九室在其庭。其內曰路門，其內曰燕朝，其內曰五寢，天子居之；統上文。其內曰北宮，正寢一，燕寢五，王后居之，九室在其後。立五郊以事天，祀昊天上帝于圜丘，祀五帝于明堂，祈穀于東郊，大雩于北郊，大饗于西郊。立兩社以事地，方丘在內，王社在耤。立七廟以事先王，曰太廟，曰祖廟，曰宗廟，曰三佋，曰三穆。立四類以事日月星辰，曰王宮，曰夜明，曰泰昭，曰坎壇，曰幽宗，曰雩宗。立四望以事五嶽四瀆，曰泰室，曰泰岱，曰泰華，曰恒山，曰衡山，曰河，曰江，曰淮，曰濟。立五學以正民德，曰成均，曰上庠，曰東序，曰瞽宗，曰辟雝。立三市以阜民財，曰大市，曰朝市，曰夕市。乃經國野而底其遠邇，五十里曰近郊，又五十里曰遠郊，二百里曰甸，三百里曰稍，四百里曰縣，五百里曰畺。十有二關，郊有六鄉，甸有六遂，皆制其地域而溝封之。

匠師掌土功之法。凡建王國，方十二

里，旁三門。諸侯大國方九里，九門；次國方七里，七門；小國方五里，五門。郭倍其城有奇，望之以眡其勢，景之以正其面，然後卜之，卜之吉然後營之。因地以制其形，因人以設其守。先期出役法於有司，及位成巡而敂之。既事，受其圖而藏之。凡建王國，司空以王命服五服，諸侯會同於王國，協其謀，賦其功，受命而退。及期，各使其命卿帥徒庶以致於司馬，入其書於司徒，而遂受役於司空。始之徵也，率其大數，以地之遠近、田之多少爲之法而行之。不用命，有常刑。及受功，以難易爲之等，分地而叙之，有司巡之。既事，書功罪以詔誅賞。諸侯遷國，侯伯以告於王，合諸侯而謀之。王官以王命莅其事，上公監大國，卿監次國，大夫監小國，附庸則告諸侯伯，歲終入其書。王大封則戒其方之諸侯賦其功，使公卿監焉。凡造都鄙，大都不過參國之一，中五之一，小九之一，卿監焉。在侯國，君與卿謀之，大夫莅焉，必入其書於王，不時者罪之。大都以名通者，告於侯伯。其大者，王官尹焉，謂之版尹。

凡任民，國中自七尺以及六十，野自六尺以及六十有五，皆征之。其舍者，國中貴者、賢者、能者、服公事者、老者、疾者皆舍，以歲時入其書。凡施舍，八十者一子不從政，九十者其家不從政，廢疾非人不養者一人不從政，父母之喪三年不從政，齊衰大功之喪三月不從政，將徙於諸侯三月不從政，自諸侯來徙家期不從政。凡任民，歲不過三日。馬牛車輦之力征亦如之。凡邦中之事，任民之在邦中者不足則及近郊，不足則及遠郊，道遠無過百里。四郊無事，上其布於國，有司以當邦中之直，甸稍縣都亦如之，不以近民役遠事。凡修城郭宫室，治道路溝洫，必以時。營丘壠必以度。凡罪人役於司空者，任之事，食之食，予之任器。凡大役，司空度用民之數以授司徒，鄉師率民而至於役所，牛馬車輦版築皆具。匠師執度以奠，其民各於其地之叙，執鼛鼓以令役。旦明，鄉師建旗物於其次，乃鼓三鼓，民皆趨役。將食，三鼓鳴鐃偃旗，民皆就食。既食，建旗如初，乃鼓就役如初。及昏，三鼓鳴鐃偃旗，民皆就舍。凡舍，以車輦爲營衛，進退皆有什伍以稽其役事，司馬治之。卒役，司徒食民，各於州之叙。土功，龍見而畢，務戒事也；火見而致用，水昏正而栽，日至而畢。

凡爲圖，分州以定域，量廣輪也；設畿以置服，殊遠近也；表山川以爲之經，究端委也；建邦國以爲之緯，攷因革也；書土田以立計，阜衣食也；奠虞衡以明禁，蓄材用也；紀井邑都鄙以爲富，審虚實也；營城郭溝洫以爲固，察修廢也。開關梁，除道路，以知通塞。引之表旗，著之制令，以禁侵奪。於是乎測望以凖之，分率以定之，軌度以同之，揆日以正之，物土以等之，候氣以齊之，分星以驗之，嘉名以命之，五色以章之，司徒、司空以詔于王而天下治矣。

凡度山，舉名以統之，升高以望之，因所見以爲屬。測其遠近之距而書其四至，量其谷廣與其隴高，辨其小大物，爲之厲而爲之守禁。知其可居可食者，蔓山斤斧得入焉九而當一，汎山斤斧得入焉十而當一。凡林麓則表其木，圍而度之，皆有厲禁，斤斧得入焉五而當一。凡衡川，必辨其原，記所經所會所入，察泉原雨澤之恒數以知其所受，測高下迂直之定勢以知其所寫，約畎澮谿谷之常分以知其所留，别水之清濁重輕以知所毁。

物土之剛柔虚實以知所固。害則使去，利則使阜。流水網罟得入焉五而當一，淺水鎌纏得入焉九而當一。凡鳩澤必環以陂，制其流，毋使疾寫。勢隆于川，則大川毋入。度其廣輪，辨其水藏與其藪，準其水以爲之門，疏數當水之隧，疾毋使竭，緩毋使塞。鍾其水，豐其物，網罟得入焉五而當一，藪鎌纏得入焉九而當一。凡辨丘陵，觀流水以準高下，量伏泉以知燥濕，物之以封邑，使高毋近旱而水用足，下毋近水而溝防省。凡度墳衍，必循水而行之，高下相閒，乃異其名，縱眂其前後，横眂其内外，外綱者防之，内綱者溝之。凡原隰，以方制之，以山川溝涂爲之界而表其距，高下相受，乃異其制。以地勢眂水勢，相順也疏其原，毋使并行；相逆也分其流，毋使壹入。自丘陵以下，辨其可食者，物之以待政。地不可食者，山之無木者，涸澤地無草木者，樊棘雜處民不得入焉，皆百而當一。凡原隰、墳衍、丘陵之高下之率，十仞見水不大潦，五尺見水不大旱。十一仞見水輕征，十分去二、三，二則去三，四則去四，五則去半，比之于山。五尺見水，十分去一，四則去二，三則去三，二則去四。三尺見水，比之于澤。比山者，唐以瀦水而禦旱；比澤者，圍以止水而禦潦，是謂高下之則。

誦曰：治地之法，先其正方，山川道路，是以爲疆。地爲山川道路所限，不能方平如圖，然就其一界之中，必有可以取方者。在先之者，將以爲治地之本，以立正户而設鄉遂，此即《孟子》所謂「請野九一而助」，其下即曰「鄉田同井」。又曰：「方里而井，井九百畝。」先儒以鄉遂用貢田，不井授，與經相駁。小則曰邑，四井。大則曰都，四縣。必有奇零，相輔成圖，或邑或都，四旁近大界之所，不能無奇零。繪都邑之圖，必得此相輔，然後相接也。雖奇勿棄，雖零勿并。愚棃其幓，智挈其領，奇零之地以授奇零之户，升降還授，其通變宜民全在此，如用兵八陣之有握奇也。愚者不知，或棄或并，如布帛不全而槷其幓；智者知之，如衣裘既成而挈其領。方無恒制，地爲之師，東西南北，徑遂溝涂，小大無常，眂地所容，徑遂溝涂，由水所向。其大數則如《遂人》、《匠人》所列。高勿如阪，下勿如陂，一夫之田，治令極平。高田下田，悉歸法度。準諸流水，俾澤乃居，土平則易澤。農循厥畔，焉有越思。盡力治田，疆畔不修，甽遂不利，水土不平，荒穢不除，黍稷不茂，則功不舍。方者爲典，以方禦奇，田自登于邑以上，經界既正，振古爲常，恐民之惑也。若夫奇零之輔于旁者，一彼一此，不爲典要，恐法之窮也。欲定其方，謹察其旁。天有所犯，民有所更，山陵川澤，天所犯也；道路易居，民所更也。侵尋變易，則地將失其常。爾必予之，毋敢或争。將制方法，必畫有餘之地，使其勢不侵我，然後立爲定界。勿貪膏壤，迫近其所，與彼争地也。爾始弗揆，爾定則毁。既定而毁，乃亂乃悖。爾惟戒兹，敬布厥利。

治野之法：方里而井，井九百畝，其閒爲遂凡九，廣二尺，深二尺，長終百畝，識以表而相通也，是達於溝。徑亦如之，而達於畛。井十爲通，一里者十，爲夫者九十，其遂如夫之數。通十爲成，成方十里，一里者百，爲夫者九百。其閒爲溝凡九十，廣四尺，深四尺，長終一井，則別異之，是達於洫。畛亦如之，而達於涂。成十爲終，十里者十，一里者千，爲夫者九千。其閒爲洫凡九十，廣八尺，深八尺，別以溝入而達諸澮。涂亦如之，乃達於路。終十爲同，同方百里，十里者百，一里者萬，爲夫者九萬。其閒爲澮凡九十，廣二尋，深二仞，長終百井，則別異之，是達於川。道亦如之，乃達於路。南其畝，東其遂。遂東溝南，洫東澮南，遂上有徑相順也，遂首有徑相午也。一同百里，澮九十，洫九百，溝九千，遂九萬，長終百井，是維一成，有洫入焉。終十井乃一通，而有溝入焉。終一井是爲三夫，有遂入焉。終百畝乃一夫，而居田首，其實皆相通也。夫以别之，爲治遂也。其謂之閒，東西相佐助，防相毁也。溝别以井，故曰井閒。洫相通也，故曰成閒。澮亦如之。爲通爲終，經不之著，言方體也。澮、洫、溝、遂，數九而止，明其閒也。

凡治地，平地畮而畝，下地列而畝，阪地區而畝。畝登于夫，夫必有遂，遂必有徑，以正經界，而禁民之侵軼。凡治地，邑多田少，五十而助；田多邑少，百畝而徹。家五人以上，授上田如一夫之制，不及五人，受餘夫之制。公田毋過什一，宅征毋過九一。山澤之農，以其物當邦賦之政令者，以是爲法。凡工商居農民五分之二，貢其物亦如之。

凡定民居，立國以爲端，正其四疆，設其四郊，内則鄉遂，外則都鄙，地之遠近，田之多少，夫家之衆寡，大川之隩，廣谷之隧，阻險之經，道路之輳，以其方舉書之，以其域區畫之，乃廣其邑，而時城之。大邑萬室，中千室，小毋下百室，以九九制之。城有四門，涂四達，中之衢設其市。二十五家爲里，里有閭，閭側有塾，設庠于東方，立社于西方。南門之外有圃，以習射聚衆庶。北門之外，民之墓域在焉，以族葬。凡市朝道巷門閭以貍步，因其地而制之。度其城而奠其守，分其人民以序，更道巷皆有職焉。夾道之室，迭以除道。制宅之法，前端有門，左牛牧，右藏稼器，中之室以守。涂當門隧，夾涂以爲圃。室之制如門，後室如正室。或爲之臺，以望以藏貨財。四週有牆，牆下有徑，徑相通也。樹之以桑，環諸後室之後。鑿牆以棲雞豕。牢在門隅，以法授地。有司爲之圖，而懸于門閭，使築室者攷焉。其廬如宅。八家同井，舍當其中，皆相屬焉。面築場，背植桑，有井有爨，以便田事，有蔬有果，以盡地利。輔邑之田受倍，宅而無廬。

凡治田，爲之列以舍水，爲之徑以經地，爲之畛以辨井。井爲之溝以蕩水，爲之唐以瀦水。井十而通一溝，謂之通，每井别異之，以均水而傅衆力。九溝而注一洫，謂之成，每溝入則别異之。九洫而注一澮，謂之終，每洫入則别異之。九澮而胥達于川，謂之同。洫有涂，澮有道，川有路，制之以貍步。表之以眡其勢，景之以眡其面，然後度之，度之然後植之。矩之以爲方，規之以爲員，準之以爲平，繩之以爲直，合之以爲偶，析之以爲奇。高與高疇，下與下疇，正則爲正，迤則爲餘。封之，樹之，圖之，版著之，碑約之，明神藏之。天府毋逆，天常毋絶，地紀必因人情，乃可以致理。

后稷掌農之政令，以草物辨十有二壤之名：茅爲上，萑次之，薜次之，蕭次之，莽次之，蔞次之，藋次之，葦次之，蒲次之，莧次之，虋次之，葉爲下。以土物物土宜而知其種：上土三十，物種十有二，曰粟土，曰沃土，曰位土，曰蘟土，曰壤土，曰浮土；中土三十，物種十有二，曰忞土，曰纑土，曰壏土，曰剽土，曰沙土，曰塥土；下土三十，物種十有二，曰猶土，曰弛土，曰殖土，曰觳土，曰鳧土，曰桀土，皆有五色。以次九州之土而制九等：度山林，鳩藪澤，辨京陵，表淳鹵，數疆潦，規偃瀦，町原防，牧濕皋，井衍沃。春啟蟄，祈穀于上帝，詔王躬耕、帝耤，先期戒農用；及耤，涖陳耤禮，省功省民，遂戒命其旅曰：「徇乃舍于東郊，協農耕事，播五種。」夏，龍見乃雩，令時耘時穫。秋，始殺則嘗，大穫于耤，如耕之事。廩于神倉，令民納禾稼，出斂法，佐家宰，舉五穀之要。冬，閉蟄則大烝，休老農，贊家宰，制邦用。歲終，令民出五種，合耦，修耒耜，具田器，興來歲之宜。

農正掌正農時，紀農功，厚農利，贍農用，糾農禁，以佐后稷。正月之吉，受時令于太史，頒之於鄉、遂、都、鄙之吏。農事作，令于羣有司曰：「無或敢求利於其官，以干農功。」佐司徒，以地域比校其民之衆寡，協功而紀之。及事之殷，令鄉之學士及其商賈百工，凡技食之民，皆與于功三日。野亦如之。詔王春省耕，秋省斂，賙其難厄，平其典積，豐年斂之，凶年散之。教民樹百果百蔬，字六畜，務蠶績織紝，以贍百用。凡事不以時，不以法及有相侵害者，正之；不用命，以野刑誅之。小刑憲罰，中刑徇罰，大刑扑罰。其附于刑者，歸于士。

農師掌教耕稼耨穫之宜，以殖百穀。耕有三時，春時以啟蟄，夏時以日至，秋時以氣分。耕有三節，俶耕而萌，乃載之，以待澤而三之。菖始生，發疆土；杏始華，菑弱土。彊則疾耰之，散其塊。弱則藺之踐之。耕有三禁，春而先時，則土歷適不保澤，不及時則剛；秋暵而耕則堅垎；冬泄氣則燥。稼有九種，一曰稷，二曰黍，三曰秫，四曰稌，五曰麻，六曰菽，七曰荏菽，八曰來，九曰牟。歲種而藏之，時至而螽之、暴之、漬之，以其物乃播。鳥中以稷，火中以黍菽，虛中以麥。乃辨穜稑之種，以禦時災。耨有五紀，苗始生則鏃之，薄者囁之，出壠則深之，雨而隴暴白背也。則耰之，苗高尺則鋒之。穡有六道，麥爲首種，黍次麥，稷次黍，麻次稷，菽次麻，稌次菽。熟則穫，乾則積。凡此六法者，正歲作秩叙，以時布之。歲終行積，令民無敢不斂，乃祭天之司禄，而獻穀數于王。田畯各掌其田之耕耨之令，以役農師，平其衆庶，稽其功事，勸而贊之。及穫，辨其禾之數。盈握曰秉，四秉曰筥，十筥曰稯，十稯曰秅。蜡則饗農以息之，國祈年于田祖則爲尸，掌去昆蟲及禽獸之害國稼者。若勞農，則掌行酒食而命之釂。

嗇夫掌守其封域社稷之壝，各率其野之衆庶，祀其田主，以報先嗇。司嗇蜡則黄衣黄冠草笠而至於其所，救日月之眚，聞鼓聲，擊柝而馳，帥其衆庶，環壝以走，如鼓之節。諸侯入覲爲末擯，受辭於賓之介而謁諸天子。諸侯遣于廟，以嗇事戒之。

正工掌百工之政令，以世事教百工，以居肆鳩百工，以式法正百工，以財齎會工事，以省試辨工能，以既稟勸工業。以六法正邦器，一曰尚象，二曰正度，三曰辨制，四曰致功，五曰禁淫，六曰去僞。正歲賦邦事於百工，以時稽其功緒，同其巧拙，乃獻素獻成，辨其物與其苦良，以功名攷之。月終則均其稍食，歲終則會其財齎。凡五器之用等，以九儀之法爲之禁而糾之，不用法者誅之。禁作奇技淫巧者、僞飾者、變易制度者，以司寇之辟正之。諸臣之有分器賜器者則書其貳。王巡守殷國，頒五器之式法於邦國諸侯，糾其犯禁者。邦國之獻器，辨而楬之，入於内府。大喪既殯，致材與明器，掌其式法及遣廞器。及葬，涖藏器。三公六卿之喪，有賜器，禁明器之不以法者。師役，則叙百工之事及其行，掌其政令。

工師各掌其工之式法，辨其材，審其象與其度，以時正其水火之齊而和之。攻木之工七，輪、輿、弓、廬、匠、車、梓。攻金之工六，築、冶、梟、㮚、段、桃。攻皮之工五，函、鮑、韗、韋、裘。設色之工五，畫、繢、鍾、筐、㡛。刮摩之工五，玉、楖、雕、矢、磬。搏埴之工二，陶、旊。工各居其肆以治事。令於百工，曰：「毋悖於法，失於時；毋或作爲淫巧，以蕩上心。」等其工而授之材，以辨器而制其食。食以其工，工以其器，器以其材。振邦工之廢財，以通百工之事而贊之。四時變國水火，以熾工事。孟冬獻功陳器，蜡則饗工以息之。凡爲工者受法焉。

凡邦器辨其用，一曰祭器，二曰賓器，三曰服器，四曰樂器，五曰戎器，六曰射器，七曰燕器，八曰農器，九曰喪器，各以其物受而頒之於有司，以四代之名象，辨邦器之法，以待祭祀。賓客亦如之。掌獻器釁器，以歲時數邦器，受職幣之敝器，頒諸百工，使治之更之。祭器則埋之。歲終，則會其器之入出而致事。

凡成器則爲之銘，天子令德，諸侯言時計功，大夫稱伐，良兵良器皆書其年月日焉。物勒工名，以待攷而誅賞。詔百工以藝事諫。

司里掌國中四郊甸稍都鄙之宅里，以功勞班爵，爲次第之法而行之。庶人之宅制，在邑者二畝有半，公田之廬，二畝有半。凡新甿無征役，則以廬旅之，皆在邑表。有地域溝樹之國地，有司稽其出入往來者，其長居者乃賦之宅，授田若職而事之，皆於甸地之公邑，凡司里者受法焉。國有土功之戒令，受征役者期焉，各於其地之叙，有司致之。民有孝子、順孫、義夫、節婦，爲善可法者，表其里居。凡臣妾繫於主不授宅。

司商掌名姓之族而叙之，受法於太史，別生分類，以設居方；辨其姓，使無失其土宜。凡隸臣妾，識於丹書，庶人不與齒。以詔媒氏，辨其良賤，别其婚媾，不用法者離之。凡臣妾，毋受田於王畿。以任農戰之事者，其在軍，則以輂輦從重車，有功者幣賞之，不與六軍之士齒。

遒人掌司鐸，凡文事用木鐸，武事用金鐸。正月孟春，百官萬民觀法于象魏，徇以木鐸，曰：「官師相規，工執藝事以諫。其或不共，邦有常刑。」仲春，奮木鐸以令兆民，曰：「雷將發聲，有不戒其容止者，生子不備，必有凶災。」孟冬之月，受聲詩于適四方使者，辨妖祥于謡風，聽臚言于市閒，謗議于路，獻諸天子。内史職之樂師肄焉，佐鄉師，徇四時，徵令之有常者，禁急徵暴。于鄉邑之有司慢令、留令、虧令、益令皆有誅，以木鐸徇之。其在軍壘，則徇之金鐸。

舟虞掌王之乘舟，受法于匠師，辨其名與其用，設其飾，以司馬之法爲之戒令。營衛行列，辨其舟之形制而授其乘之者。以陸行三十里爲舟行之舍，舍則前後爲屯，善相其水勢、地勢而設軍壘焉，疾風甚雨弗能憚也。其行也，舟爲裏，車爲表，相輔以進止。川上有路，遠者無過千步。王涉大川，造舟爲梁；不可，則方舟設濟；不可，則衆其楫濯而皆維之，溯洄溯游，皆順其宜而度之，均其上下之津以登陸，令各如其乘舟之叙。不用命，有常刑。以鼓鐸鐃鐲節其行，六師皆應焉。凡道路之達于天下者，辨其大川、中川、小川，以時設其舟梁之政，叙而比之，誅不用命者。國有故，則發梁藏舟，以止行者，掌飛江天船之法以待軍事。

春秋正辭叙目

存與讀趙先生汸《春秋屬辭》而善之，輒

不自量，爲檃括其條，正列其義，更名曰《正辭》，備遺忘也。以尊聖尚賢，信古而不亂，或庶幾焉。叙曰：

大哉受命！釗我至聖，弗庸踐於位，皇惟饗德，乃配天地。正奉天辭弟一。

王者承天以撫萬邦，爲生民共主。嗟嗟周德，光於文、武。亦越既東，元命永固。永固在下，諸侯以僭，大夫陪隸，用貴治賤，挈諸王者。正天子辭弟二。

於乎厚哉！周公光大，成文、武德，勞謙不伐，萬民不服。元子在東，有典有册，欲觀周道，舍魯奚適？聖人無我，曰父母國。正内辭弟三。

三王之道，仁義爲大，假之以爲功，乃救罪不暇。一匡天下，實惟桓公；晉文繼之，亦惟在王功。曰正曰譎，一奪一予。楚莊、晉悼，彼何足數？正二伯辭弟四。

自天地生民以來，神聖有攸，經緯於是焉在。聖所貴，貴其民，循厥理。惟庶邦君，以厥臣續大命，孳孳其無殆，黜乃心，毋底罪。正諸夏辭弟五。

蕩蕩覆載，聖則無私，疇不即工，聖其念之。明明時夏，懿德所經，頑嚚聾昧，乃狄之行，於乎慎哉！正外辭弟六。

若之何弗弔？天不享佑，罔愛於居圉多辟，罔克究於永祀，侵戎虐我黎服，潰潰靡所止。聖乃欽底罰於有辭，以差厥罪，俾寅念於天嗣天民，越指疆土。明哉明哉，天伐章哉！正禁暴辭弟七。

噫嘻！皐女民以生，其女曷克生生？女怙於口實，乃惟怙於天德。於乎！德卒喪多罪，顯聞於上，遏之絶之，乃殄滅之。殄靡有遺，民乃其蘇。時乃敬明於聖之志，匪憮用怒，尚隱哉其懼。正誅亂辭弟八。

聖秉道垂文辭，惟義之訓，愍事之違。匪從惟從，匪述惟述，折厥衷見天則。正傳疑辭弟九。

春秋舉例

《春秋》貴賤不嫌同號，美惡不嫌同辭。《公羊》隱七年「滕侯卒」傳。

何休曰：「貴賤不嫌者，通用號稱也。若齊亦稱侯，滕亦稱侯；微者亦稱人，貶亦稱人，皆有起文。」竊謂若王子虎卒，王子猛卒，亦貴賤不嫌也。何休曰：「若繼體君稱即位，繼弑君亦稱即位，皆有起文。」竊謂若秦伯使術來聘，吳子使札來聘，美也；楚子使椒來聘，惡也。人皆知之，故使同辭以起問者。又若子般弑亦稱卒，子野毁亦稱卒，則以閔公不言即位異之。宣公亦言即位，昭公亦言即位，則子卒不日以異之。《春秋》之文，信如四時。又若莊公二年「王姬歸于齊」，❶齊襄也；十一年「王姬歸于齊」，齊桓也。一無惡，一有惡，則以「單伯逆王姬」、「築王姬之館于外」見之。又以後之徒言歸也，而見「逆」與「築館」之爲起文，詳略互相明，以使不嫌也。又若諸侯篡國亦書入，「天王入于成周」亦書入，傳曰不嫌，亦其義也。又若不能乎朝亦言來，不與其朝亦言來，則其人不嫌也。又若我無君不稱使，「齊高子來盟」是也；「宋司馬華孫來盟」亦不稱使，則其主不嫌也。又若諸侯卒，正書葬。篡不明去葬，嫌也；篡明者書葬，不嫌也。篡已明而不書葬，重于篡也；篡不

❶「二年」，按事見元年。參沈梁校。

明而書塟，因其事也。齊景公之篡也，以書「齊慶封來奔」見之；宋文公之篡也，以書「諸侯會于扈」見之。齊惠公、鄭襄公、晉悼公皆不見篡，徒以不書弑君之塟，則知其不討賊矣，篡亦見之矣。衛宣公受國于討賊之後，嫌于非篡，則書「立」以明之。晉成公以賊復見，亦嫌于應受國，則去「塟」以明之。齊惠、鄭襄、晉悼、齊景皆晉成公比也，然與不篡者同辭，而書塟以起問者，明義法也。又若殺大夫稱國稱名同辭矣，乃如晉殺先穀，衛殺孔達，其事不同，則孔達有起文以異之；陳殺洩冶，晉殺三郤，其事不同，則洩冶有起文以異之；鄭殺申侯，齊殺國佐，鄭殺公子黑，其事亦不同，皆無起文，則去塟以明殺無罪，書塟以明殺有罪，亦異之。又若晉殺三郤亦稱國，晉殺胥童亦稱國，則與君弑同月而先書以大異之。又若「晉侯殺其世子申生」，「宋公殺其世子痤」，則不書塟，以明晉侯之志乎殺以異之。

《春秋》辭繁而不殺者，正也。《公羊》僖二十二年戰泓傳。

竊謂若救邢、城邢再言齊師、宋師；又若侵曹、伐衛，再言晉侯；又若首止無中事，而復舉諸侯。

一事而再見者，先目而後凡也。❶《公羊》僖五年「盟首戴」傳。

竊謂若葵丘先會後盟；新城之役，先伐後救；温之會，先會後圍許。

《春秋》見者不復見也。《公羊》哀三年桓僖宮災傳。

何休曰「作楚宮不書」是也。竊謂書

---

❶「先」，《公羊注疏》卷一〇作「前」。參沈梁校。

「墮郈」，不書「城郈」，亦是也。「立武宮」書者，嫌于不毀也；「城費」書者，季首惡也。

見罪惡也。

《春秋》不待貶絶而罪惡見者，不貶絶以見罪惡也。

竊謂凡書外弑君、殺君世子、叛人之類是也。

貶絶然後罪惡見者，貶絶以見罪惡也。《公羊》昭元年會號傳。

竊謂内弑君、殺子諱不見，則貶絶以見其與乎故也。及凡言貶絶者皆是。

擇其重者而譏焉。《公羊》莊四年「狩禚」傳。

竊謂若諸侯不享覲，不可勝譏，則書「公如齊」於上，書「大夫如京師」于下，而月「如齊」，以異之。又若諸侯不奔喪會葬，不可勝譏，則書「公子遂如晉葬晉襄公」，書「叔孫得臣如京師，辛丑葬襄王」，日以異之。書「十有二月甲寅天王崩，乙未楚子昭卒」，不以日先後爲叙，以大異之。

貶必于其重者。《公羊》僖元年夫人喪歸傳。

竊謂若仲遂卒于垂，卒而削公子；叔孫得臣卒，卒而去其日，皆終事也。無駭終其身不氏，翬終隱之篇不稱公子，以其見于經罕矣。意如執而致，致而後去族，其重者不可得貶絶，則因事而見之。

譏始。疾始。《公羊》隱二年、四年傳。

竊謂若喪不三年不勝譏，則自閔公始，書「吉禘于莊公」。妾母爲夫人不勝譏，則自成風始。一以宗廟臨之而後貶，亦所謂「于其重者」。一以外之，弗夫人而見正。王再不稱天，以大異之。

書之重，辭之複，嗚呼，不可不察，其中必有美者焉。

竊謂美者，因其行事而加王心焉之謂也。若《僖公》之篇，書一時不雨者三；又若《文公》之篇，歷時而不雨若是者三；《昭公》之篇，「公如晉」而復者五；又若伯姬歸于宋，書「納幣」，書「來媵」，書「致女」，異于他女之歸者；又若書「許遷」者四；又若《莊公》之篇，三書築臺；又若《定公》之篇，書齊、衛次者三。

春秋要指

《春秋》以辭成象，以象垂法，示天下後世以聖心之極。觀其辭，必以聖人之心存之。史不能究，游、夏不能主，是故善説《春秋》者，止諸至聖之法而已矣。公羊子曰：「王者孰謂？謂文王也。」其諸君子樂道堯、舜之道與？無或執一辭以爲見聖，無或放一辭而不至於聖，推見至隱，懷之爲難，違之斯已難。得其起問，又得其應問，則幾無難。應而不本其所起，見爲附也；起而不達其所以應，見爲惑也。《詩》曰「唐棣之華，偏其反而」，《春秋》之辭，其起人之問，有如此也。執一者不知問，無權者不能應，子曰：「未之思也，夫何遠之有？」其亦可以求所應問而得之矣。

《春秋》之辭，文有不再襲，事有不再見，明之至也。事若可類，以類索其別；文若可貫，以貫異其條。聖法已畢，則人事雖博，所不存也。

《春秋》詳内略外，詳尊略卑，詳重略輕，詳近略遠，詳大略小，詳變略常，詳正略否。

《春秋》之義，不可書則辟之，不忍書則隱之，不足書則去之，不勝書則省之。辭有據正，則不當書者皆書其可書，以見其所不可書。辭有詭正，而書者皆隱其所大不忍，辟其所大不可，而後目其所常不忍、常不可也。辭若可去、可省而書者，常人之所輕，聖人之所重。

《春秋》非記事之史，不書多於書，以所不書知所書，以所書知所不書。

《春秋》治亂必表其微，所謂禮禁未然之前也。凡所書者，有所表也，是故《春秋》無空文。

《春秋》書天人外内之事，有主書以立教也，然後多連而博貫之，則王道備矣。

《春秋》博列國之載，因魯史以約文。於所不審則義不可斷，皆削之而不書。書則斷之者，斷則審之者，故曰「《春秋》之信史也」。存闕文而不益實，其所不削也。不審其事則去之，不審其文則存之，傳之萬世而不可亂也。

《春秋》之辭，禮不備，則雖有事焉而不書。

《春秋》辭異則指異。事異而辭同，則以事見之，事不見則文以起之，嫌者使異，不嫌使同。

《春秋》歷數十年之事以一辭約之。有歲記一事則不以他事雜之，有歷歲記一事則不以小事亂之。

《春秋》緣本録末，有兼存之義，有半見之文。

《春秋》記事以義爲從，則不以日先後叙。

《春秋》之辭，斷十二公之策而列之，則十二公之行狀莫不著也。辭有屨於一公之策書者，有屨於一年之策書者。有曠而不志者，有曠而一志者。不可不察也。

《春秋》志天事必以尊嚴之辭承之，志災

異皆以前後事求之。異不在大，於事有明徵乃志之，徵之不明則不存也。人莫之省則不見也，患其褻之也。志分土近者詳，遠者略，見經世之志，然九州之域、四裔之防具矣。梁山、沙麓皆河之記也，河宗、岱宗以三望著之。星表北斗，次表大辰，其他則凡之矣。

《春秋》志天子之大夫，上下列其等，戚疏異其分，父子之恩、長幼之序，靡不畢見。以三公兼官，惟志冢宰爾。諸侯之臣，雖內大夫不稱其官。官之志，惟宋爾。

《春秋》志會盟，有重章以見義，有一書以斷義。志會，在列者不悉書；志兵，同役者不悉書。以常所書知所偶書，以偶所書知常所不書。志聘，有褒有譏，有喜有戚，有惡有抑，有係乎其君，有係乎其臣，皆以前後事起之。小國未有志聘者，小國大夫常不書故也。大國未有志朝者，雖然，嘗書「齊侯來獻戎捷」矣，衛侯會葬，鄭伯拜盟，齊侯來逆共姬，皆見於傳。魯有禘樂，賓祭用之。二百四十二年，大侯之來接於我者蓋有之矣，《春秋》不書也。齊、晉、楚書「公如」，舍齊、晉、楚未有書「公如」者，非無往也，往不書也。內大夫無如秦者，如吴者，非不往也，往不書也。舍牟、邾大夫無如小國者，大夫常不如小國也。舍滕大夫無會葬小國之君者，大夫常不會小國之君葬也。以不書推所書，故曰凡所書者，有所表也。舍宿男，微國未有書卒者。若須句，若顓臾，若任，若牟，皆宿之倫而無一書者，可以知所書之必有指矣。須句子來奔見於傳，而《春秋》不書。豈不見公哉？然則「邾子益來奔」，其有義乎，其無義乎？

《春秋》志卒葬，聖人以送死爲大事。爲人君父言之，則所以善吾生者，乃所以善吾死也；爲臣子言之，親喪固所自盡也，而必盡之於禮，然後爲忠孝之至矣。

《春秋》志城邑，時不時悉書之矣。然而有所不書者焉，則非一義一法可以概。凡城之志也，凡城之志皆譏也，而所譏不同；凡盟皆惡之，而所惡不同；凡兵皆不義，而輕重各有主；凡奔皆重其禍，而邪正各有偶。苟一義一法足以斷其凡，則無可凡皆削而不書。《春秋》非記事之史也，所以約文而示義也，是故有單辭，有兩辭，有複辭，有衆辭。衆辭可凡而不可凡也，複辭可要而不可要也；兩辭備矣，可益而不可益也；單辭明矣，可殊異而不可殊也。故曰游夏不能贊一辭。

《春秋》志亂獄，必有辭以誅之，未有或但已者也。如有一人不正其罪，則説不師古而失其傳。

《春秋》之辭，於所尊則致其嚴，於所親則致其愛，於所哀則致其戚，於所痛則致其重，於所善則致其喜，於所賢則致其美，於所危則致其憂，於所賤則致其辨，於所惡則致其尤，於所誅則致其法，於所矜則致其疑，莫不見乎辭。微乎微乎！不見其迹，索而得之。有憤焉，有樂焉，致五至而行三無，以横於天下，其《春秋》之志乎？

陳氏《後傳》曰：「稱人者，討賊之辭，苟能討，雖微者予之異。邦人書，夷狄書，皆予之也。苟不能討，則雖四國之大夫伐宋，不書其人；苟不討而疑于討，則雖十二國之君伐齊，不書伐。」竊謂苟與乎故，則晉惠公之殺里克、丕鄭父，衛獻公之殺甯喜，皆稱國以殺，而不去其大夫。苟身爲大逆，則楚子虔之殺蔡侯，般殺齊慶封，書誘、書執，因其討賊，而文一施之。苟不於其國，雖殺之，如南宮長萬、公子慶父，不書殺，因不書葬，不足予乎其討賊也。苟於其在位而殺之以自爲，如楚公子棄疾，則比不去公子，而棄疾以當上之辭言之。苟成之爲君而又殺焉，則且以弑書，若齊人殺商人，稱弑其君也。苟釋首惡而殺其黨，如公孫姓、公孫霍，則稱國以殺，而不去其大夫。惟純乎大義如衛人者，得討賊之正矣。于濮，非譏衛人之失賊也，予陳人之得賊也。雖于義不純，雍廩報其虐而不以爲出于私，楚子入陳而不以爲肆其詐，即以蔡人之欲立其出，寧正躍之爲篡，而不奪蔡人之能討也。嗚呼！若衛人，誠討賊之善者也。然而立晉則且陷其君以篡焉。立之爲言篡辭也，所謂于其嫌得者見不得也。雖不予討，若宋人亦庶乎其善者也。書「宋萬出奔陳」，罪陳人之受賊，不罪宋人之失賊。公子慶父亦然，書奔莒，罪莒人也；不書殺，因不書葬，疑若加以不討賊之辭，而宋桓、魯僖皆無篡辭焉。此不可不察，亦惟二君不篡，亦惟二君尚能由己爲先君討賊，《春秋》不以宋、魯爲無臣子也，予之而辭有詳略。州吁月，無知不月；州吁地，陳佗不地。蔡人不若陳人之公，齊人不若衛人之正，不予而辭有善惡。宋公、魯侯能繼先君，宋則以不書殺子游見其善，我則以褒高子盟而著立僖公之美，皆善辭也。夫立僖公與立晉何異？實與者，齊桓存亡國之功；實不與者，大夫專廢置，君之罪也。若其文則皆不與矣，無王命焉爾。宋先代之後，立而後請之，無傷也。其與賊同志者，皆著其與賊同惡也，寧第不予哉？虔也，棄疾也，賊也，誅之而後已。夷吾也，公子元也，篡也，當廢。術也再入，亦盜國也，當廢。蔡之執政有失賊之罪。辰之奔不徒罪吴也，姓、霍之殺稱大夫，見蔡人不能正辰之罪而聽之出也。陳公子招，賊也，歸罪于過而殺之，而不以當上之辭言之，以衆殺大夫之辭言之者，招之罪已明，過之罪未明，稱人以殺之然後明，稱國以殺之猶不明也。如以當上之辭言之，則過疑于召伯、毛伯，無以知其爲招之徒矣。然不去其大夫者，不予陳人也，且見其爲招之殺之也。若公子比之罪已明矣，而公子棄疾以當上之辭言之，則不僅見其爲比之徒，且見其實爲謀主，而虔之賊矣，非聖人誰能修之？

國不可以無受貴受命也，無受則簒。公羊子之義，納入立皆簒也，何休氏傳之矣，允哉！允哉！君位，姦之伺也，是故《春秋》於生死授受之際盡其防焉。衛人立晉，首正之矣。夫討賊莫善乎衛人，然而晉之爲簒也有三義焉。桓公有子，不當廢也，且不請于天子，而人自立之也。此義著《春秋》之諸侯，其能解免于簒者希矣！然而安寧無事，亦略之而已，所謂不勝譏則譏其重者。莫不善于不討賊而有其國，則簒之重者也。與聞乎故而即乎其位，則弑君之賊而已矣。殺其君之子而即之，亦弑也。先君以道終，己不宜立，而立乎其位，雖無納入立之文，皆簒也。先君以道終，己在外，而入其國，即其位，不宜立固簒也，宜立而不請于天子亦簒也，有輕重焉爾。雖大其弗克納，而納者之不義必著焉。不討賊而有其國，若晉侯黑臀是也，無納入立之文，則不書葬以見之，雖逆之于周，宜若有天子之命，然無辭以言其非簒，不討賊故也。討賊之義大矣。不討賊之罪重矣。齊侯元不討商人之賊，鄭伯堅不討夷之賊，晉侯周不討州蒲之賊，鄭伯嘉不討髡頑之賊，齊侯杵臼不討光之賊，皆視此矣。與聞乎故而即于其位，宋公鮑是也。杵臼之賊非他人，實鮑也。殺其君之子而即之，齊侯潘是也。文不見乎《春秋》，則不書薨以見之。子叔姬爲昭公夫人，魯不會其薨哉，知聖人削之也。先君以道終，已不宜立，而即乎其位，雖無納入立之文，篡也，曹伯負芻是也。書執，以見其篡；書歸自京師，以見子臧宜立而能讓國。則以曹伯爲宜歸也，歸莫善于歸自京師矣。先君以道終，已不當立而入其國，即其位，雖無納入立之文，亦篡也，晉侯重耳是也。不書入，爲文公諱，本惡也。宜立而不請于天子，齊侯昭是也。不書納，不書入，見其宜立也。以宋主戰而書救齊，見宋襄公之陷人于篡也。納而弗克納者，捷菑是也。著晉人之非義，而後大其能改之，然而不書晉趙盾，不可書也。諸侯不可以專廢置諸侯，大夫其可以專廢置諸侯乎？大夫而專廢置諸侯，而又可以大其弗克納乎？故避之也。先君不以道終，國無君，已不宜立，而入其國，即其位，則書入，齊小白是也。宜立而不請于天子，則書納，公伐齊納糾是也。于其殺之則稱子，見糾之宜立也。然其爲篡則均焉，以爲是兄弟争國而已矣。能爲先君討賊，已不宜立，而即之，陳侯躍是也。篡也，則不書薨以見之。《春秋》不以躍利在得國，而奪蔡人討賊之義，亦不以蔡人既克討賊，而原陳侯躍之爲篡。道如日月，並行而不相悖。不能爲先君討賊，已雖宜立，而入其國，即其位，而逸其賊，則志乎得國而已，莒去疾是也。書入書自，以莒去疾爲無恩于先君，徒兄弟争國而已，篡也。自齊，齊有罪焉爾，以爲曾不若蔡人之殺陳佗也。然而去疾不書奔，不與聞乎故也，非弒也，篡也。逐君之子而立爲君，突歸于鄭是也。不書入，于其出奔也則名之，見其爲篡也。何以不書入？挈乎蔡仲也，罪蔡仲也。何以不書立？非仲所欲立也，罪宋人也。何以不書納？突不求立，仲不聽宋，宋人烏能納之哉！書曰：「宋人執鄭祭仲，突歸于鄭。」見三罪之鈞也。鄭忽不稱爵，見其爲子也，而不稱子，《春秋》伯子男一也。忽以出奔而後絶，非既絶而後奔也，故曰辭無所貶，非無所貶也。左氏曰：「公侯曰子。」且將言世子，則不可得先言子。曷先不言世子？君在稱世子，既葬則稱子。曷終言世子？言忽爲君之微也，宜爲君，而自喪之。逐一君，立一君，成乎爲君者，蔡侯東國是也。篡也不書莝，以見之一君出，一君立，未成乎爲君。然而宜立，且有天子之命焉，讓而不即乎其位，衛叔武是也。書曰：「衛子以天子之命立之也。」其不曰侯而曰子，成其爲讓而賢之也。不書其殺，爲賢者諱也。先君以道終，己在外，國有君，以己之宜立，因賊臣而入其國，即其位，弑其君，齊陽生是也。書入不書弑，見其宜立而不以不宜立者君之也。然而以篡言者，違父命也。然而不書陽生弑者，斷其罪于陳乞也。陳乞亂，齊景公以乞爲能立其所愛，而不知乞能殺其所愛，是故以荼爲乞之君也。陽生以乞爲能授我以國，而不知其實盜我之國，己實未嘗有國也。陽生烏能篡，乞使之篡也，其又可以乞之弑爲陽生之弑乎哉！彼志乎記事者，且曰陳乞不弑也，陽生實殺安孺子。先君以道終，己在外，國宜有君，因國人送己而求入焉，卒亦不克納，則雖不宜立，而罪不在公子也，逆之者罪也，納之者罪也，不受者無罪。斷逆者之罪于先蔑，而不罪趙盾，始雖主乎逆之，後實主乎不受之，盾以反正自名焉。然而盾之爲臣，康公之爲君，謀國不臧，輕用民死，以晉人爲主乎？是戰敗秦而不言秦之敗，見趙盾之殃晉民而已，而專廢置君之罪見矣。晉實以詐覆秦師，而不言取，見秦康公之殃其民而已，而納不宜納之罪亦見矣。于公子雍無誅焉，故不見秦之納也；于先蔑有誅焉，故見蔑之奔也。晉人且不義先蔑，而況君子之于趙盾乎？

附　録

先生性方鯁。爲講官日，上御文華殿，同官者將事上起講。儀畢矣，先生奏：「講章有舛誤，臣意不爾也。」因進，琅琅盡其指，上爲少留，頷之。龔自珍撰神道碑。

先生幼誦六經，尤長於《書》。奉封公教傳山右閻氏之緒學。既成進士，閻氏所廓清已信於海内，江左束髮子弟皆知助閻氏。言官、學臣則議上言於朝，重寫二十八篇於學官，考官命題，學僮諷《書》，僞《書》毋得與。將上矣，先生以翰林學士直上書房，獨曰：「辨古籍真僞，爲術淺且近，且天下學僮盡明之矣。古籍墜湮什之八，頗藉僞《書》存者什之二。《大禹謨》廢，人心道心之旨、殺不辜寧失不經之道亡矣。《大甲》廢，儉德永圖之訓墜矣。《仲虺之誥》廢，謂人莫己若之誡亡矣。《説命》廢，股肱良臣啟沃之誼喪矣。《旅獒》廢，不寶異物、賤用物之誡亡矣。《冏命》廢，左右前後皆正人之美失矣。今數言幸而存，皆聖人之真言，言尤疴癢關後世。宜貶須臾之道以授肄業者。」著《尚書既見》，數數稱《禹謨》、《虺誥》、《伊訓》，而晉代剟拾百一，功罪且互見。先生是書頗爲承學者詬病，而古文竟獲仍學官不廢。同上。

董晉卿曰：「先生未嘗以理學自鳴世，是以無聞焉。其彌甥劉逢禄作《公羊釋例》，精密無耦，以爲其源自先生。其孫綬甲刻其著《易説》以示余，其爲説以孟氏六日七分爲經，以司馬遷、班固《天官》、《曆》、《律》各書志爲緯，其爲文辯而精，醇而肆，旨遠而義近，舉大而不遺小，能言諸儒所不能言。不知者以爲乾隆閒經學之别流，而知者以爲乾隆閒經學之巨匯也。方乾隆時，學者莫不由《説文》、《爾雅》而入，醰深於漢經師之言，而無溷以游雜。其門人爲之，莫不以門户自守，深疾宋以後之空言。而實學恣肆如是者哉？」《易説序》。

魏默深曰：「先生以經學傳成親王於上書房十有餘年，講幄敷陳，茹吐道誼，子姓録其書若干卷。沕乎董江都之對天人，粹乎匡丞相之明禮制，鬱乎劉中壘之陳今古，未嘗支離釽析，世之爲漢學者罕稱道之。烏虖！公所爲真漢學者庶其在是，所異於世之漢學者庶其在是！」《莊少宗伯遺書序》。

清儒學案卷七十三終

清儒學案卷七十四

天津徐世昌

方耕學案中

方耕家學

莊先生述祖

莊述祖，字葆琛，所居室曰珍藝宧，學者稱珍藝先生。父培因爲方耕弟。乾隆甲戌一甲一名進士，官翰林院侍講學士。先生十歲而孤，從世父游，潛心經術。乾隆庚子成進士，選山東昌樂縣知縣。調補濰縣，明暢吏治，刑獄得中，豪猾斂迹。署曹州府桃源同知，以母老乞養歸。嘉慶二十一年卒，年六十七。其爲學原本家法，研求精密，於世儒所不經意者，覃思獨闢，洞見本末。五經皆有撰述，而於《尚書》、《毛詩》、《夏小正》攷證尤勤。並校訂《尚書大傳》、《逸周書》、《白虎通義》諸書，凡舛句訛字，佚文脱簡，易次换第，草薙腋補，咸有證據。又深通六書之學，於古籀文字、轉注諧聲及《説文》偏旁條例亦皆疏通而證明之。晚年嘗爲口號曰：「慣看模黏字，耑攻穿鑿文。」蓋紀實也。生平著書甚富，其刊行者有《尚書今古文考證》七卷，《毛詩考證》四卷，《毛詩周頌口義》三卷，《夏小正經傳考釋》十卷，《五經小學述》二卷，《歷代載籍足徵録》一卷，《白虎通義考》一卷，《輯白虎通義闕文》一卷，《説文古籀疏證目》一卷，《石鼓然疑》一卷，《弟子職集解》一卷，《漢鐃歌句解》一卷，《珍藝宧文鈔》七卷，《珍藝宧詩鈔》二卷。其外尚有《詩紀長編》一卷，《樂記廣義》一卷，《左傳補注》一卷，《穀梁考異》二卷，《論語集解別記》二卷，《五經疑義》一卷，《説文古籀疏證》二十五卷，《説文諧聲考》一卷，《説文轉注》一卷，《鐘鼎彝器釋文》一卷，《聲字類苑》一卷，《史記決疑》五卷，《天官書補考》一卷，及校定《尚書大傳》、《逸周書》、《孔子世家》、《列女傳》等書，皆藏於家。參史傳、李兆洛撰傳、宋翔鳳撰行狀。

夏小正經傳考釋自序

《夏小正》經、傳之分，自宋傅崧卿始。《隋·經籍志》《夏小正》一卷，戴德撰，與《大戴禮記》十三卷別行。傅崧卿得其本於關澮，校以集賢所藏《大戴禮》，以爲《小正》夏書，德所撰傳爾，謂之《夏小正戴氏傳》。其實不然。《夏小正》於《別録》當屬《明堂陰陽》，禮家録之，謂之《禮記》，非戴氏作也。太史公曰：「孔子正《夏時》，學者多傳《夏小正》。」蓋孔子得夏四時之書而正之，是爲《夏時》，其傳爲《夏小正》。自漢以來，不詳其所授受。崧卿僅得一錯譌舊帙，獨參考慎擇而釐析之，誠異於俗學所爲。閒誤以經爲傳，以傳爲經，疑傳之失本指，終莫能有所是正，然賴以知古經猶幸未泯滅，不得概視爲傳記之書。彼其表章之功，顧又何可少哉！《禮運記》云：「孔子曰：『我欲觀夏道，是故之杞，而不足徵也，吾得《夏時》焉。我欲觀殷道，是故之宋，而不足徵也，吾得《坤乾》焉。《坤乾》之義，《夏時》之等，吾以是觀之。』」鄭康成以爲其書存者有《小正》、《歸藏》。

《隋・經籍志》云：「《歸藏》，漢初已亡。」《晉中經》有之，惟載卜筮，不似聖人之旨。孔穎達亦謂《歸藏》僞妄之書。《隋志》：「《歸藏》十三卷，晉太尉參軍薛貞注。」宋《中興書目》有《初經》、《齊母》、《本著》三篇，今佚。是孔子所以觀夏、殷之道者，其幸而僅存於今，惟《夏小正》而已。世所傳《夏小正》既傳寫失真，今以古文大小篆校正其經文，共四百六十三字，定爲《夏時》，而《夏小正》以爲傳，考其異同，釋其義例，名曰《明堂陰陽夏小正經傳考釋》。《大戴禮》盧辯注，《周書》本傳云：「盧辯字景宣，范陽涿人。博通經籍，爲太學博士。以《大戴禮》未有解詁，乃注之。其兄景裕謂曰：『昔侍中注《小戴》，今爾注《大戴》，庶纂前修矣。』累遷尚書右僕射。進位大將軍。卒謚曰獻。」《北史》同。《北史・儒林傳》云：「永熙中，孝武釋奠於國學，又於顯陽殿詔中書舍人盧景宣講《大戴禮・夏小正》篇。」《魏書》同。王應麟《困學紀聞》云：「《大戴禮》，盧辯注，非鄭氏。朱文公引《明堂》篇鄭氏注云『法龜文』，未考《北史》也。」《夏小正》闕不具。闕澮本有注并音，傅崧卿所云舊注是也，亦閒見於它書所引。今以某本某書注别之，未敢質爲盧注也。傅崧卿，字子駿，山陰人。宋政和中爲考功員外郎。林靈素作《神霄録》，公卿以下羣造其廬拜受，崧卿與李綱、曾幾移疾不行，爲所譖，出爲蒲圻縣丞。後官至給事中。見王應麟《困學紀聞》，及《宋史・曾幾傳》。崧卿自序題宣和辛丑，蓋謫蒲圻時作也。重其掇遺經於廢墜之餘，以扶絶學，故備論其世云。

序二

述祖少失學，長習進士業。及舉於禮部，退歸後，乃求所以闕古人之學。莫得其階，不能自已，始從事於漢人所謂小學家者。先治許氏《說文解字》，稍稍識所附古文，以爲此李斯未改三代之制以前，倉、籀遺文留什一於千百者也，欲究心焉。偶憶《夏小正》「納卵蒜」，卵字與古文民字相近，蒜即《説文》祘數字之訛，由以知「納民祘」即《周官禮·司民》之「獻民數」是也。周正建子，故以孟冬，夏正建寅，故以季冬，其事正合，然亦未敢質諸人也。於是盡取《夏小正》中經文重釐正之，以爲《夏時明堂陰陽經》文，爲之説義。數易寒暑，猶未盡其學。嗣以吏部選人，爲吏山左，日從事簿書，然車中枕上固未嘗少置也，亦時有所增益。迄終養歸，復爲修改。至嘉慶十四年之冬，始以所録《夏時明堂陰陽經》及《夏小正》諸本異同，并所爲説義，先刻三卷。他若《夏小正音讀考》四卷、《夏小正等例》一卷、《注補夏小正等例》二卷、《夏時雜義》□卷，皆未卒業，以纂集《古文甲乙篇》中輟。今遭大故，草土餘生，僅留殘喘，恐旦莫填溝壑，乃取所未刻各種更加芟并，益以近日所見，與前所刻三卷往往多不合者。然今之所見未必盡是，昔之所見未必盡非，即一人之管闚蠡測，猶復歧出不倫如此，況敢質諸人而自信以爲必然者耶？言之不文，略舉前後之所以不相顧者以示兒曹云。

序　三

《夏小正音讀考》四卷，往者考《夏時》經文爲之説義，頗以隸古校定，恐滋後來者之疑，復以世所傳韓元吉本《大戴禮記·夏小正》坿於其後，備載傅崧卿所引集賢本《大戴禮》及關澮本《夏小正》異同。蓋以古書之僅存，要爲後人所亂，校書者又別以其意定之，是其所是而非其所非，迄無所取正而亂益甚。於是伏而思之。《春秋》之義以三傳而明，而三傳之中又以公羊家法爲可説。其所以可得而説者，實以董大中綜其大義，胡毋生析其條例，後進遵守不失家法。至何邵公作《解詁》，悉隱括就繩墨，而後《春秋》非常異義可怪之論皆得其正。凡學《春秋》者莫不知公羊家誠非穀梁所能及，况左氏本不傳《春秋》者哉？假設無諸儒之句剖字析，冥心孤詣，以求聖人筆削之旨，則緣隙奮筆者皆紛紛籍籍，以爲左氏可興，公羊可奪矣。《夏時》亦孔子所正，《夏時》之取夏四時之書，猶《春秋》之取魯史也，聖人之旨於是乎在。其以大正、小正、王事科爲三等，蓋出於游、夏之徒，高、赤之等。兩漢時猶有能言之者，故蔡中郎以爲有陰陽生物之候，王事之次。然吕不韋造《月令》，亂《夏時》之等，并滅其書。其藏於民閒者，簡斷字脱，不可句度，時各以意讀之，丹鳥、玄駒、萩麋、卵蒜，瑣類農家，碎同小説，且改傳文前後以傅會之。又曰「《小正》者，以小著名也」，豈不謬哉！述祖病此久矣，欲疏通而證明之，而以一人之力，欲兼儒者數十輩之勤，亦不自諒之甚也。但不能默默而已，故先列其等次，求其例有不可通者，尋繹其次序，解剥其句讀，剔抉其古字古音。然後古聖王所以省躬、所以授時、所以敷政，皆可得而説，庶幾或附任城之後塵。如曰不然，以俟來哲。

說文古籀疏證自序按此書原名《古文甲乙篇》。

黄帝造甲子以通八卦之變而文字興，文字之於六畫，猶月之於日也。溯有文字以來，自童子束髮就傅，以至耄老，無一日可離。而其於道也若遠若近，忽明忽昧，亦猶晦朔弦望之隨日消息，終身由之而莫知其所以然者。故執文字而即以爲道，不知道者也；習文字而終身不知道，不知文字者也。由文字以求甲子，由甲子以求八卦，知《歸藏》納甲之義，與《周易》相輔而行。八卦非文字，而八卦之名有不能不假文字以明之者。余嘗考商周彝器文，如震、兑、巽、艮，其字皆取象於月，是殷人《歸藏》之卦猶流傳於吉金銘勒。推而廣之，一名一物、一動一植，有文字者悉寓至道於其中，非兵燹所能晦蝕，決可知也。聖世化成，人文大啟，承學之士無不唫誦編摩，發前人所未發不及。今舉小篆之偏旁條例，一爲變通，使倉籀遺文竟同弁髦之敝，誠有難已於言者。《説文》所收九千三百五十三字，有轉寫之訛，無虛造之妄。惟分析偏旁以篆文爲主，古籀從之；或有古籀爲部首者，亦必篆文所从之字。蓋古文自嬴秦滅學之後，久絶師傳，當時初除挾書之律，閭里書師各以意指授，皆小篆也。相傳孔子壁中書藏於祕府，謂之中古文，能讀者尠。《尚書》家言今文者皆自伏生。伏生爲秦博士，不得私習古文，至老而求得壁藏書，諒亦以意屬讀而已。張懷瓘云：「漢文帝時秦博士伏勝獻《古文尚書》。」是伏生亦以今文讀古文，與孔安國同。王莽使甄豐改定古文，豐不能明，往往雜以小篆，今所傳刀布是也。又秦八體之大篆即秦篆之繁者，其省者謂之小篆。在漢時以秦大篆爲籀文，謂之史書。《尉律》云：「諷籀書九千字，乃得爲吏。」《漢・藝文志》有《史籀》十五篇。秦時先代之書埽地盡矣，安得籀文獨完，且首列於八體？此理所必無，特秦大篆閒有從古籀增損者耳。古籀既亡，建武時大篆亦殘缺，故舍小篆無可徵信。至始一終亥，乃文字之所由起。其據形聯繫，不以甲乙，但據偏旁，亦有不得已而然者。顧或謂《説文》之五百四十部如《易》之六十四卦，不可略有增損。其然，豈其然乎？《鶡冠子》云：「倉頡作法，書從甲子。」今即許氏偏旁條例，正以古籀自甲至亥，分爲二十二部，條理件繫，觸類引申，至賾而不可惡，至動而不可亂，冀以通古今之變，窮天人之奥，辨萬類之情，成一家之學。桑榆景迫，二豎相侵，不能卒業。

姑就舊稿中擇其稍可自信者，著於篇。思慮昏眊，繁穰無裁，俟後之君子匡其非，竟其緒焉。

條例

彝器文、《説文》古籀、魏三字石經、《石鼓》、《汗簡》、《古文四聲韻》，擇其信而有徵者，録之爲正字。

有字見於鍾鼎，以意説之而無確據者；有鍾鼎所不載，以偏旁推測而得者；有鍾鼎所載而不得其説者，爲闕疑。闕文。

字見於《説文》、《汗簡》、《古文四聲韻》，相沿用之，其實從小篆羼入者，亦可以備采用，爲演篆。演篆。

小篆相傳之字，沿譌日久，大底皆由漢時閭里書師習見隸書，傳授生徒，但取應用，又且不經見倉、籀古文，并非李、趙、胡毋之舊，今備列之，爲辨誤。辨誤。

古文舊説本無是義，斯、高之徒附會以刑名家説者，今悉辨正，爲復古。復古。

後世寫經不能全用古文，以嬴秦滅學之後久失其傳，僅拾掇於鼎彝銘文，又往往出於橅篆者之手。至《説文》所載，據云壁中書，宜信而有徵矣，又或傳寫失真，故以譌沿譌，校小篆誠難辨識。況倉、籀遺文十留二三，六經之字動多闕略。若概用假借，更增疑惑，故不得不兼用古、籀、篆三體，如太學《石鼓》之例，實爲盡善。是編雖以古籀爲主，古籀所無，則以小篆彌縫其闕。凡斯、高之逞臆，甄豐之妄改，支意怪文，悉爲辨正。又有漢初閭里書師所授，歷久相沿，以爲固然者，《説文》亦時有闕脱，證以古文，令皆可説。不敢借墨守許學之名，自藏其拙。蓋以鍾鼎校《説文》，非以《説文》校《説文》。然必以鍾鼎校《説文》，始能以《説文》校《説文》耳。

是編雖以鍾鼎校《説文》，然鍾鼎有膴篆之失，有傳寫之訛，有古器之贋，若據此以改《説文》，其弊更甚於沿譌襲陋者。蓋古篆自秦以後久已失傳，惟小篆秦漢相承，尚有九千三百五十三字，信而有徵，莫備於此。故《説文》叙篆文爲主，而合以古籀，蓋有所不得已者。今所編次，大旨欲明甲乙之部分。鍾鼎之確然可信者足以證秦篆之失，其可疑者仍闕之以從小篆，小篆所無而見於鍾鼎者則補其闕略。總之，六經文字皆有足徵，間用假借，亦不違六書之旨，非有所好奇嗜僻而爲之也。

證鍾鼎文，所以證篆體之誤，若捨《説文》而言鍾鼎，是棄規矩而言方圓也。今采鍾鼎文有可與篆文相發明者，備載其同異而論列之，不使唐以後如李陽仌諸人所肊改雜厠其閒，庶可爲許氏功臣與？

《説文》每部之字有不能从舊部者，亦爲更正。雖不至如古韻今韻之河漢，然習實爲常，頗駭人觀聽，不得不一一剖晰之，不如《説文》之簡且要也。

有《説文》本闕者，有後人傳寫而闕者，如㝵字解云：「尢尢不見也。」是許氏曾見古文譽从自从宂，其非本闕，明矣。篆文訛失，漢隸或又从旁，則附會邊字而誤。如此之類，急爲改正。

初意欲盡編彝器文爲一書，而所得拓本甚少，多从槧本録出，往往有與小篆無異者。及得拓本覆校，乃大不然，故不敢自信。蓋人之目力不同，而老少尤異，亦各以識其所得，求有合於古人之用心而已。

見所補偏旁，比舊幾倍，其中亦有不必改爲部首者。然既以彝器文校小篆之訛，如𠧪𡵂不分，山初相混，比叙之匕非刀匕之匕；大言之吳非吳、越之吳。如此類者，散在各部，難於尋檢。今皆補爲部首，展卷瞭然，亦舉隅之一也。

《說文》古文儿與人分部，籀文亣與大分部，今用其例。如中、𦥑、艸，古文、籀、篆各異，亦分爲三部，各从偏旁。餘皆放此。

《說文》以古籀合篆文，是編以篆文从古籀，其叙次不能不爲稍變。故先叙古文，次籀文，次篆文，然後解說其義。先叙許氏本義，次采諸家說，次附所見，用許氏《五經異義》例，以謹按別之。

大篆囟作㐫，从籀文子字之首；小篆狃作内，从古文㔾字之足。然亦各有解說。此三體所以不能不分也。《說文》合古籀於篆，舛駮甚多，今悉改正。又有小篆从古文，而許氏解偶有遺漏者。如舛部𦫳从𠬪得聲，𠬪即𣦼部𣦼古文省，而《玉篇》又以𠬪爲太息，亦音苦怪切。故小篆變而爲八分，八分又變而爲正書，字以日滋而六書之義無从道古矣。

小篆有从古文而誤者，如古文毒，从古文艸作中，从古文母作毒，言毒艸觸之即害人，故戒之。而小篆乃从中从毒，於六書之義無所附。今以偏旁推測而正其誤。至古文毒从刀从䔲，又與諧聲不合，亦録之以備考。餘放此。

《說文》所載古文，如奇字最爲不可解。此漢人不識古文之陋，非倉、籀有所謂奇字也。如《水部》「㕦」，許氏以爲奇字「涿」，不知此古文「啄」字，當作「㕦」，从乙从口。甄豐爲王莽造刀布，以爲涿郡之涿，誤從日，謂之奇字。今改從口部。餘放此。

世所傳泉布，攷其字體，皆是小篆，大底出於新莽之世。莽使甄豐改定古文，以校文書之部，其所造作皆用古文。而當時古文唯壁中殘簡，大約散亂不可别識。今見於《說文》者百不及一。而所造泉布，有郡國縣名，古文既不足應用，豐等遂改篆文，小變其筆法，或顛倒上下，省去偏旁，實無所謂古文者。唯即墨之墨，黑字从大从水从夕，由聲，與赤从大从火合，似勝小篆从囪从炎之曲說，諒非甄豐、揚雄等所能造也。故所采刀布文甚少，獨於是有取焉。

每部字閒取可通借者，从其部。蓋古文諧聲字少，如丕字，彝器文皆作不。尚書丕、不往往誤讀。今改丕从不，即以古籀正篆之例，與舊例異，非从聲也。吏亦同。他皆放此。

古籀會意字多，諧聲字少，以諧聲字可假借也。小篆諧聲字多，會意字少，如艸、木、水三部字皆四百以上。然亦有必不可省者，所以便俗也。但注明某通作某，於是假借一門幾同虛設矣。

《說文》頗有重出之字，注明某字即某字重文，所以不敢徑并者，以今之音讀未必即許氏之音讀，今之篆文未必即許氏之篆文，或有相沿譌誤，留此疑似，尚可追尋，未可一概抹撥也。

古文象形字皆有偏旁，無虚造者，不獨形聲相附爲然也。舊説於難解之字輒以象形概之，如克字本會意，而以爲象形；長字亦會意，而以爲諧聲之類。此皆以篆文失真，從而爲之説，不必泥也。

字有隸無别而篆有辨者，亦有小篆無别而古籀有辨者。如篆以幕爲覆食巾，是以幕爲冪；訓幎爲幔，是以幎爲幕，由篆文闕鼏字也。如皇字，或訓暀，或訓大，篆皆作皇。古籀則暀訓之皇从賓省，从北，从収持豆；訓大之皇則从自從王，或从𡬠省，但彼此皆可假借耳。自秦漢變篆作隸，無从追溯造字之源流矣。

六經遭秦嬴之厄，幸而得存於今，其無缺誤者蓋少。《毛詩》最古，《儀禮》、《周禮》次之，《禮記》次之，《公羊春秋》次之。其餘若《周易》、《尚書》、《左氏春秋》、《穀梁春秋》，則多晉以後之俗字矣。《論語》尚多古字，《孝經》、《孟子》、《爾雅》大底爲後人妄改，而《爾雅》亦非完書，其羼入者更復不少。《大戴記》殘缺，《逸周書》無善本，《管子》、《墨子》、《莊子》、《荀卿子》、《孫子》、《楚辭》、《吕氏春秋》、《戰國策》皆周秦古書，間有可采。西漢諸子，《淮南鴻烈》本最佳，以其爲漢人解漢人書也。凡古字古音皆有裨於六書之學，惜篇卷過隘，不能盡載耳。

《左氏春秋經》，劉歆私改者，如「壹戎殷」改「壹」爲「殪」；經杜預誤寫者，如「不飧」讀爲不夕食。此皆不明古義。劉之逞肊虚造，杜之襲陋傳訛，其失一也。至於舟鮫爲舟魰，公鳥爲公䳒，《説文》猶有可考。至晉以後，古人無完書矣。

《説文》所載古籀，如宀部本有家字，篆

文改以爲古文家； 四字不从四畫，即篆文小變之，而一二三皆从弋，此蓋誤會古文參，不知參从彡不从三也。 凡此類者皆非倉、籀正字，不可不辨。《玉篇・宀部》有家字，丑院切，蓋从《易》「彖」字，即「家」字之訛也。《彑部》彖字，《玉篇》無，《廣韻》有。

白虎通義考自序

漢中興初，五經立學官者，《易》施、孟、梁丘、京氏，《尚書》歐陽、大、小夏侯，《詩》齊、魯、韓，《禮》大、小戴，《春秋》嚴、顔，凡十四博士。《穀梁春秋》，甘露中曾立之。 光武欲立《左氏》，諸儒廷爭者累日，既得立而即廢。 建初中，選高才生受《左氏》、《穀梁春秋》、《古文尚書》、《毛詩》，顧第以廣異義，此功令也。《白虎通義》雜論經傳，《易》則施、孟、梁丘經，《書》則伏生傳。 及歐陽、夏侯，大指相近，莫辨其爲《解故》、爲《説義》也。經二十九篇外，有厥兆天子爵與五社之文在亡逸中。今本「亡」作「無」。或誤目爲《周書・無逸》篇者，非也。《詩》三家則《魯故》居多，《禮樂篇・詩傳》曰：「大夫士日琴瑟御。」又《傳》曰：「天子食，日舉樂。」皆《魯詩》也。見《公羊解詁》。又《辟雍》篇及闕文「和鸞」，皆引魯訓。《藝文志》所云「最爲近之」者也。《韓内傳》、《毛訓故》亦閒入焉。《宗族》篇：「宗人將有事，族人皆侍。」今本作「《禮》曰」。《通典》引此作「毛萇曰」。《嫁娶》篇引《傳》曰：「陽倡陰和，男行女隨。」《春秋》則《公羊》而外閒采《穀梁》。《左氏傳》與《古文尚書》當時不立學官，《書》且晚出，雖賈逵等以特明古學議北宫，而《左氏》義不見於《通義》。 九族上湊高祖下至玄孫，《書》古文義也，在經傳之外備一説，不以爲《尚書》家言。詳見《宗族》篇。《禮經》則今《禮》十七篇，并及《周官經》，《傳》則二戴，有《謚法》、《三正》、《五帝》、《王度》、《別名》之屬，皆《記》之逸篇也。《樂》則河間之記。《論語》、《孝經》，六藝並録，傳以讖記，援緯證經。自光武以赤伏符即位，其後靈臺、郊祀皆以讖決之，風尚所趨然也。故是書論郊祀、闕文。社稷、靈臺、明堂、封禪，悉隱括緯候，兼綜《圖》、《書》，附世主之好，以緄道真，違失六藝之本，視石渠爲駮矣。夫《通義》固議奏之略也，《石渠論》既亡逸，而《白虎議奏》當時已頗珍祕，學者罕能言之，使後之人概無曰見兩代正經義、厲學官之故事。由略以求其詳，於是乎在，作《白虎通義考》。

校定白虎通義目録自序

漢石渠、白虎論五經，先詔諸儒考詳異同，作《議奏》。既纂輯其事，謂之《通義》。《藝文志》有宣帝時《石渠論》：《書》、《禮》、《春秋》、《論語議奏》及《五經雜議》，《雜議》亦《石渠論》也，皆亡逸。《白虎議奏》舊不著於簿録，今《通義》雖不備，猶行於世，此儒林之淵源，策府之祕奧也。流傳久失真，讎校家不知闕疑之義，雜擥他書相糅舛，卷帙混淆，妄加名目，類別失倫，脱簡閒編，文字譌者，無慮千百數，讀者難之。惜一代大業，重六藝舊聞，考迹傳記，博采事類，略揃補拾，裒異同，演正義，區真僞，按存佚，以綴闕文，以備經部之一，凡四卷爲四十三篇，入闕文一篇。

弟子職集解自序

《弟子職》在《管子》書，古者家塾教弟子

之法，《漢・藝文志》附《石渠論》、《爾雅》後。蓋以禮家未之采録，故特著之六藝。有《説》三篇，今佚。案《别録》有《子法》、《世子法》，《弟子職》記弟子事師之儀節、受業之次叙，亦《曲禮》、《少儀》之支流餘裔也。漢建初論五經引《弟子職》，鄭康成每據以説禮，當時尤重之，與六藝同。今以附禮家之後，其説蓋闕焉。注《管子》者或云房玄齡，或云尹知章，要是唐人舊注，猶不失詁訓之恉。朱子《儀禮經傳通解》載《弟子職》亦采舊注，閒有與世所傳劉績《補注》同者，不能復爲别出。近洪北江編修所撰《弟子職箋釋》，徵引尤博，今並録之，稍有所增，演名曰《集解》，猶裴龍駒之《史記》本之徐廣也。又注疏所引《弟子職》，文與義多異同，彼此可以互證，取便童子講授，故不厭其繁委。至是書之有關於風化升降，昔者吾友論之詳矣，兹弗復云。

石鼓然疑自序

昔人論石鼓者多矣，至金馬定國以字畫考之，云：「是宇文周時所造作。」辯萬餘言，見元遺山《中州集》。余未見馬定國所辯之是非，然近時好古博雅之儒多從其説，余頗疑之。偶檢《後周書》，其事有與詩辭適合者，非僅西狩岐陽迖以得鼓之地爲徵已也。姑識之以備一説。

論曰：石鼓自唐至今千百有餘年，十鼓僅存其九，文多殘缺，釋之者又時有舛駮。苟好學深思，試爲之拾殘補脱，尋其辭旨，亦未嘗不可得而説也。抑視二《雅》之文則褊矣。昌黎既云難曉，何所見而稱其詞嚴義密哉？《吉日》、《車攻》，言宣王能復文武之業，會諸侯慎微接下，其所以至中興者，非僅畋獵云爾也。然必刻石以自紀，若後世之慮陵谷變遷而爲久遠計者，何其陋與？蓋好名之習，盛於魏晉，往往託之於古以永其傳。由是以降，漸染餘風，日滋枝葉。宇文泰以梟雄之材得宏達之佐，假空名於西魏，代鄴通梁，固有包舉宇内之概矣。及身未集，故命使臣作是詩以明其志，又得史籀殘字，輯以成章，祕而藏之，以竢後人。尚論其世，彼其君若臣固好名之甚者哉！《元和郡縣圖志》云：「石鼓文在天興縣南二十里許，石形如鼓，其數有十，蓋紀周宣王畋獵之事，其文即史籀之迹也。」貞觀中，蘇勖紀其事云：「虞、褚、歐陽共稱古妙，雖歲久訛缺，遺迹尚有可觀，而歷代紀地理志者不存記録，尤可歎息。」按石鼓至唐始出，元和中不及二百年。昌黎見其紙本，作《石鼓歌》，云「毫髮盡備無差訛，宜非尋常所易得」者，又云「年深豈免有缺劃」，則其初出土時已非完本矣。蓋勖即蘇綽之曾孫，吾意彼必聞之家牒，知是書作於何年，藏於何所，且知其欲託之史籀之迹，故取顯然有涉宇文時事者劃去之，使讀者無從章分句絶，迂重其字而略其辭，遂梡後周之製作，幾與六藝同科。如昌黎所云者，是其缺劃不猶愈於完本乎？張懷瓘《書斷》亦疑之，於「大篆」之外别爲「籀文」，云「其迹有石鼓文存焉。李斯小篆兼采其意」。蓋以石鼓間雜小篆耳。開元中，蘇氏方盛，言文章者悉宗之，依違其説，抑有由也。不然，唐時大篆久失傳，勖既知爲宣王史臣所造，何不言諸朝，使博士讀之，以備逸《詩》可也，顧第稱其字迹取重虞、褚、歐陽而已哉！是皆可疑者。《記》曰：「疑事無質。」❶作《石

❶「無」，《禮記注疏》卷一作「毋」。參沈梁校。

鼓然疑》。

漢鐃歌句解自序

長夏養痾卻掃，每夕陽西下，幼子循博自塾中出，偶授以《卿雲》、《擊壤》古歌謡諺不至聱牙。次及漢《樂府·戰城南曲》云「朝行出攻，暮不夜歸」，詞旨複沓，難以强解。蓋「暮夜」字本作「莫」，俗增日作「暮」，而訓莫爲無，讀慕各反，用相識别。不知六書假借，無煩改字。「莫不夜歸」，正當讀慕各反，言古之用師者，無不完而歸也。及檢《宋書·樂志》，暮皆作莫，益知坊本誤人不少。隨取《鐃歌十八曲》，舊所謂字多訛誤不可讀者，以古字古音細核之，即分刌其句，度其不可讀者，唯《石留》一篇，餘皆文從字順，意見言表，轉吻玲玲，天籟自合。余嘗論學者苟通古字古音，於書無不可讀，雖復真僞雜揉，編簡亂脱，以倉、籀定其文，以聲均辨其句，要不遠於人情，况乃趙、代、秦、楚之謳，與夫巡狩福應之見事，王褒、張子僑之倫之辭，悉根柢四《詩》，萌芽八代者哉？彼直以字多訛誤置之，抑弗思之甚也。劉彦和云：「詩爲樂心，聲爲樂體。樂體在身，瞽師務調其器；樂心在詩，君子務正其文。」又云「陳思稱李延年閑於增損古辭」，然則被之管弦者辭多增減以合其聲樂。人但知有聲辭，固不暇復論。嘗試以其辭求六義之所在，深有合於變風變雅之遺，未始非博依之一助也。夫亦即其文以正樂之心而已。遂序所以作詩者之意，並譔其《句解》，姑以爲兒童初習詩者塵飯涂羹之戲云。

文　鈔

《尚書》古今文序略

《尚書》今文，伏生所傳，《藝文志》云：「《經》二十九卷。大、小夏侯二家。歐陽《經》三十二卷。」《傳》四十一篇。」鄭康成云：「玄始詮次爲八十三篇。」伏生以其學授張生、歐陽生，數子各論所聞於章句外，特選大義名之曰傳。《五行傳》，伏生本法，今存。歐陽、大、小夏侯之學盛於兩漢，儒林寖衰，下逮晉之永嘉，三《尚書》並佚，先儒舊學略盡矣。古文《尚書》有三，一藏於孔壁，一傳於杜林，一奏於梅賾。孔壁古文，《藝文志》云：「《古文經》四十六卷，爲五十七篇。」孔安國得其書，以考今文，多十六篇。獻之。遭巫蠱事，未列學官。書藏於祕府。盛漢時，名儒師傳既不見中古文，惟司馬遷從安國問故，而劉向及子歆校中祕書，故《太史公書》載堯、舜、禹、湯、武王、周公之事，微子去殷，箕子之《鴻範》，皆古文。其十六篇中則有《湯征》、《湯誥》，而《大誓》三篇同三家經。永始中，書奏録以後，值漢中微，王莽之誅，逸《書·嘉禾》佞邪傅會，文其姦言。《五紀論》、《三統曆譜》出於向、歆父子，載古文《月采》、《伊訓》、《武成》。《武成》，今文，蓋《周書·世俘篇》也。或曰亡於建武之際。《月采》即《周書·月令》，今逸。中興初，杜林傳漆書以授徐巡、衛宏，於是賈逵作訓，馬融作傳，康成注焉，而古文始行於世，與今文同二十九篇，惟辭義與析合爲異。隋以前鄭、孔並列，至唐而馬、鄭之學絶矣。東晉時，梅賾獻孔氏古文《尚書》及《傳》，校《今文經》多二十五篇，闕《舜典》。齊建武中，姚方興得之大衎市，奏上，又校馬、鄭多二十八字，遂列國學。宋、元、明以來，學者多疑之，竟莫得其要領。《五代史·志》云：「晉世祕府《古文尚書經》，今無有傳者。漢以中書校張霸《百兩篇》，能辨其真僞。永嘉板蕩，典籍散亡，學官所傳，亡可徵信。故孔氏古文出，歷五代及唐乃盛行，訖諸家廢而其書獨傳，非人力所能致也。」存其大體，略枝辭，考異同，以求其長義，在好學者深思而自得之。謹記。

歲載祀年異名考

《爾雅》云：「載，歲也。夏曰歲，商曰祀，周曰年，唐虞曰載。」李巡注云：「各自紀事，唐虞三代示不相襲也。」唐虞三代之事莫備於《書》，以其紀事者驗之，知不然矣。其言載者，《帝典》曰：「九載績用弗成。」又曰：「五載一巡守。」《禹貢》曰：「作十有三載，乃同。」言歲者，《帝典》曰：「歲二月東巡守。」《洛誥》曰：「王在新邑烝祭歲。」言祀者，《洪範》曰：「惟十有三祀。」《多方》曰：「今爾奔走臣我監五祀。」言年者，《金縢》曰：「既克商二年。」又曰：「周公居東二年。」《洛誥》曰：「惟周公誕保文、武受命，惟七年。」《吕刑》曰：「王享國百年。」皆紀事之文也。夫《洪範》之言祀，用商正也，故《春秋傳》謂之《商書》。《多方》以告殷侯尹民，故亦稱祀，義猶有可通者。《虞夏傳》云：「惟元祀巡守。」鄭氏注云：「祀，年也。元年，謂月正元日，舜假于文祖之年建卯之月也。」是虞亦稱祀。《商書》云：「降年有永有不永。」是商亦稱年。陸德明《音義》云：「《禹貢》十有三載，馬、鄭本載作年。」是夏亦稱年也。由此言之，年、紀、載固唐、虞、三代之通稱矣。至歲以紀事，與載、祀、年並用，所以正時明民也，唐、虞、三代以來，未之有改也。謹案：《周官・大史》「正歲年以序事」，鄭氏注云：「中數曰歲，朔數曰年，中、朔大小不齊，正之以閏。」又案：《公羊春秋傳》云：「元年者何？君之始年也。春者何？歲之始也。」何休《解詁》云：「年者，十二月之總號，《春秋》書十二月稱年是也。歲者，總號其成功之稱，《尚書》以閏月定四時成歲是也。」此年與歲之別也。又案：《白虎通義》云：「所以名爲歲何？歲者遂也，三百六十六日一周天，萬物畢成，故爲一歲也。《尚書》曰：『朞三百有六旬有六日，以閏月定四時成歲。』」又云：「或言歲，或言載，或言年何？言歲者，以紀氣物，帝王共之，據日爲歲。年者仍也，年以紀事，《春秋》曰『元年正月』，『十有二月朔』，有朔有晦，知據月斷爲年。載之言成也，載成萬物，始終言之也。二帝爲載，三王言年。」由此言之，歲以日紀，年與載以月紀，祀亦如之。《帝典》既云「五載一巡守」，又云「歲二月」者，明歲與載兼用也，言歲不言朔晦矣。月以序朔數，歲以序中數，示民不惑也。《豳風》「一之日」，日至也。《傳》云：「一之日，周正月也。」曰「卒歲」，曰「改歲」，是周正之歲矣。孔《疏》云：「改歲建子之月，卒歲謂度寒至春，二者意小異也。」一篇之中，自相乖阻矣。以「九月授衣」推之，卒歲當爲夏之十月；以「十月蟋蟀入我牀下」推之，改歲當爲夏之十一月。鄭氏《周官・小宰》「正歲」注云：「正歲，謂夏之正月，得四時之正，以出教令者，審也。」《大司徒》「正月之吉」注云：「正月之吉，周正月朔日也。」《凌人》「歲十有二月」，鄭氏從杜子春讀爲正歲，注云：「正謂夏正。」鄭意言正歲乃夏之十二月，止言歲，則周之十二月也。賈《疏》云：「若歲字向下，即是周之十二月。」《郊特牲記》云：「蜡也者，索也。歲十二月，合聚萬物而索饗之也。」鄭氏注云：「歲十二月，周之正數，謂建亥之月也。」《孟子》云：「歲十一月徒杠成，十二月輿梁成。」趙岐注云：「周十一月，夏九月，周十二月，夏十月。」此周正言歲之徵也。《大雅》云：「以興嗣歲。」《商頌》云：「歲事來辟。」《少牢饋食禮》云：「用薦歲事。」《國語》有歲貢、歲飫、歲祀。《明堂月令》言「來年」，又言「來歲」。明商、周以下通言歲矣，安得言唐、虞、三代不相襲乎？竊謂傳《爾雅》者失之也。《爾雅》題上事曰「歲名」，指「在丑曰赤奮若」以上。自「載，歲也」以下，皆後人羼入。當以漢建初論五經及何、鄭《春秋》、《周禮》注爲正。

禘説

嗚呼！禘之説之不可知也久矣！夫子屢歎之，而況三代以下乎？魯以祫爲禘，秦以禘爲郊。漢承秦弊，經典道喪，禘禮之廢，有由然也。禘之見於經者，《周頌・雝》序曰：「禘大祖也。」《商頌・長發》序曰：「大禘也。」一代之興必本於其祖德與天合，故天降命，佑其子孫，世有明哲，積仁累功，然後受命爲天下君。三代之先出自五帝，授命而王，必以帝系明其世，以此見積厚者流澤光，積薄者流澤狹也。至郊以配天者必其祖，必稱先王，所以明三統有一。謂之三代既改王，而帝則非其統矣。雖在二王，不改其郊可也；已改而復郊，未之前聞也。故虞祖顓頊，不郊顓頊，而用唐郊；夏亦祖顓頊，不以顓頊配，而郊鯀。即虞、夏之不郊顓頊，而周之圜丘不以嚳配，從可知矣。即禘黄帝、禘嚳之非圜丘，則禘其祖之所自出，非郊亦可知矣。然漢儒必曲爲之説者，有不得已焉者也。何也？漢宗廟之禮有祫無禘，故不敢極言禘之爲大祭也。傳記言禘祭者，惟《喪服傳小記》、《大傳》、《禮運》、《中庸》、《魯語》爲七十子後學者所記，其餘率以禘爲夏祭之名，故欲考禘之禮，莫能得其詳焉。今以意測之。禘之日，先事配主於明堂之太室，有裸，故《論語》曰：「禘自既灌而往者，吾不欲觀之矣。」蓋禘祭之裸與祫祭同，諸侯之禮也。自迎牲以後，則僭天子之禘，《明堂位》所謂「以禘禮祀周公於太廟」是也。是室事可觀而堂事不欲觀矣。裸必於室，故郊不裸。裸者，宗廟之禮也，非所以事天也。故明堂祀上帝，祀祖所自出，皆奏樂以降神而不裸。是以事天者事祖，故謂之禘也。既裸於太室，然後奏樂降神迎尸而事於堂，於是薦全烝，是謂肆祀；祀然後獻，是謂朝事；獻然後薦孰、薦黍稷，是謂饋食。祫之所以小於禘者，爲無肆也。而鄭氏顧謂祫言肆獻裸，禘言饋食，互相備者，豈非以漢制爲周禮乎？《論語》曰：「或問禘之説。子曰：『不知也。知其説者之於天下也，其如示諸斯乎？』指其掌。」夫子所不知者，魯之禘也。春秋之時，王室禘禮僅存，及王子朝以周之典籍奔楚，而楚有周禮，故觀射父猶能言郊禘。其他國之所謂禘者，皆魯禘也，誰則知之？又曰：「三家者以《雍》徹。子曰：『相維辟公，天子穆穆，奚取於三家之堂？』」是即禘之説也。言助祭者惟明堂之事，不獨非大夫之事，非諸侯之事，并非天子七廟之事也。有穆穆之天子，有雝雝肅肅之諸侯，非聖人受命而王者，奚取焉？非傳所謂「禮不王不禘」之説乎？而謂「祫於太廟，禘各於其廟」者，非以魯禮爲周禮乎？明乎此，而《雝》非禘於文王之廟，又可知矣。傳記皆言禘嘗，嘗即祫也，故《魯頌》曰「秋而載嘗」，謂祫也；「夏而楅衡，白牡騂剛」，謂禘也。秋而祫，禮也；夏而禘，僭也。魯亦不自知其以祫而用禘禮，雖僭其禮，而實非禘也，遂以魯之祫爲周之禘，議禮者之失也。此以不知爲知也。秦以莫明其祖所自出，而以禘爲郊，漢不能改，其後諸儒又借魯禮以依違其閒，而禘禮遂不可復考也。唯鄭仲師知禘爲追享，即曰追享則禘其祖所自出，明矣。而禘之非圜丘，非郊，亦明矣。鄭大夫不爲讖，其子不失家法，豈非卓爾有所立者乎！推追享之義，作《禘説》。

河圖洛書考説

《圖》、《書》之説始於讖緯。鄭康成注《易》「河出《圖》，洛出《書》」引《春秋緯》云：「河以通乾出天苞，洛以流坤吐地符。河龍《圖》發，洛龜《書》感。」《河圖》有九篇，《洛書》有六篇，皆《春秋説題辭》文也。《易乾鑿度》亦言《河圖》、《洛書》之見，爲帝德之應。《隋書・經籍志》有《河圖》二十卷，閒見于羣書所引，大率言地理，又受命之符而已。《漢書・五行志》載：「劉歆以爲虙羲氏繼天而王，受《河圖》，則而畫之，八卦是也，禹治洪水，賜《雒書》，法而陳之，《洪範》是也。」又以《河圖》、《雒書》相爲經緯，八卦九章相爲表裏。以八卦爲《河圖》，以《洪範》爲《洛書》，蓋始于此矣。宋劉牧作《易數鉤隱圖》，九數爲《河圖》，十數爲《洛書》。蔡元定以其易置

《圖》、《書》，並無明驗，始定十爲《河圖》，九爲《洛書》，由是言理學者多從之。以數言《圖》、《書》者，自宋儒始也。《河圖》之數本之於《易》。《易》曰：「天數五，地數五，五位相得而各有合。天數二十有五，地數三十。凡天地之數五十有五，此所以成變化而行鬼神也。」又曰：「天一，地二；天三，地四；天五，地六；天七，地八；天九，地十。」虞翻注云：「天數五，謂一、三、五、七、九。地數五，謂二、四、六、八、十也。五位，謂五行之位，甲乾乙坤相得合木，謂『天地定位』；丙艮丁兑相得合火，『山澤通氣』也；戊坎己離相得合土，『水火相逮』也；庚震辛巽相得合金，『雷風相薄』也；天壬地癸相得合水，言陰陽相薄而戰，故『五位相得而各有合』。或以一六合水，二七合火，三八合木，四九合金，五十合土也。一三五七九故二十五也，二四六八十故三十也。天二十五，地三十，故五十有五，天地數見於此。故大衍之數略其奇五而言五十也。」案：「略其奇五」，不如《啟蒙》「以五乘十，以十乘五，皆爲五十」之説爲允。虞注又云：「天一水甲，地二火乙；天三木丙，地四金丁；天五土戊，地六水己；天七火庚，地八木辛；天九金壬，地十土癸。此則大衍之數五十有五，句疑有誤。「有」或「以」聲之訛。蓍龜所從生，聖人以通神明之德，以類萬物之情。」按：虞仲翔所謂甲乾、乙坤、丙艮、丁兑、戊坎己離、庚震、辛巽、天壬、地癸者，納甲之五位也；一、六水，二、七火，三、八木，四、九金，五、十土者，天地生數、成數之五位也。鄭康成注云：「天一生水於北，地二生火於南，天三生木於東，地四生金於西，天五生土於中。陽無偶，陰無妃，未得相成。地六成水於北，與天一并；天七成火於南，與地二并；地八成木於東，與天三并；天九成金於西，與地四并；地十成土於中，與天五并。」亦生數、成數之五位也。漢時言《易》者大底不出此二說。而虞氏以五爲蓍龜所從生，其義可推也。一二三四，《易》之气也，數卦象爻備矣。而其所以九，《易》之形也；八六七「幽贊神明而生蓍」者，五也。五與十相棄而得大衍之數，非天地之數略其奇五也。天地之數，五位相合；大衍之數，蓍所從生。言《易》術者開物成務，冒天下之道，如是而已。而必以是爲《河圖》之數，則宋以後之說也。至《洛書》之數，雖不見於《易》，其傳記之可考者，《大戴禮·盛德明堂記》曰：「二九四七五三六一八。」盧辯注云：「《記》用九室，謂法龜文，故取此數以明其制也。」朱子《易學啟蒙》既引以證九數之爲《洛書》矣。《易乾鑿度》云：「陽動而進，變七之九；陰動而退，變八之六。故太一取其數以行九宮，四正四維，皆合十五。」注云：「太一者，北辰之神名也，居其所曰太一，常行于八卦日辰之閒，曰天一。或曰太一出入所游息於紫宫之内外，其星因以爲名焉。故《星經》曰天一。太一，主氣之神。太一下行八卦之宫，每四乃還于中央。中央者，北辰神之所居，故謂之九宫。四正四維，以八卦神所居，故亦名之曰宫也。天數大分，以陽出，以陰入。陽起於子，陰起于午，是以太一下行九宫，從坎宫始，而坤宫，而震宫，而巽宫，所行者半矣。還息於中央之宫。既入，自此而從乾宫，而兑宫，而艮宫，而離宫，行則周矣。上遊息于天一之星，而反於紫宫，行從坎宫始，終於離宫，數自太一所行之次爲名耳。」按四正四維皆十五者，即《明堂》所謂二九四者十五也，七五三亦十五也，六一八亦十五也，此衡數也。從數則

二七六、九五一、四三八，皆十五也。斜交之數則二五八、四五六，亦皆十五也。以七八九六之數，布於坎北、離南、震東、兑西、乾西北、巽東南、坤西南、艮東北方之位，然必以五居中，而九宫之數始備。亦由天地之數，八卦成列，一二三四，八六七九，象在其中，而五十相乘，乃得大衍之數。故九宫之數與大衍之數，其義一也。劉子駿特以《洪範》五行之災異推之《易》災異，故有經緯表裏之説，未必即以《易》之九宫爲《洪範》九數。而蔡季通據以駁劉長民之《河圖》，而九數之爲《洛書》遂定。然《洪範》即有圖，《洪範》之圖即可通於《易》，而九宫之四正四維，八卦之方位也；從衡斜互之數，七八九六之數也，必曰此《洛書》之《洪範》，非《河圖》之八卦也，孰從而信之？以今之爲程、朱之學者，必言《圖》、《書》；爲鄭、虞之學者，必斥《圖》、《書》，故考其源流，以徹其藩云。

毛詩故訓傳序

余以《毛詩故訓傳》授子又朔，僅就注疏中所載傳文録之，未遑校正，嘗有疑義。嗣見余友段若膺所校毛傳，謂「引經附傳時多所芟并，傳既單行，當爲補正」。喜其先得意所欲言。及閲阮伯元《毛詩注疏校勘記》載宋槧本與所審定，剖析豪芒，商榷精當，益慨然於是書之有完本矣。今采諸家辨證，閒以己意酌所去就。至唐人注疏本，其以《傳》爲《箋》，以《箋》爲《傳》，《傳》中兼雜王肅語者，悉爲是正。恐乖區蓋之義，寫以朱墨别之，庶讀者不疑於適從，且使逞肊妄改經傳者知所誡云。

鄭氏家法序

孔子以《詩》、《書》、禮樂教弟子，身通六藝者七十有二人。邇及荀、孟，博文隆禮，枝葉扶疏。嬴秦鴟誼，經典道喪。炎劉繼統，粤櫱頗存，《詩》、《易》權輿，逸《禮》逸《書》累葉爰備。然微言絶，大義乖。建元以還，廣置博士，發策設科，儒林侯興。由是專門名家，五經嶽立，各相涇渭，通人不嘉。鄭君獨博稽六藝之文，爲之注述；剖析衆説，兼綜百家，略揃誤文，推廣疑義，揆厥原委，典禮以行。晉范武子傳授生徒，專以鄭氏家法。故蔚宗删《東觀書》，以鄭君與張純、曹褒合傳，贊曰：「鄭定義乖，褒修禮缺，孔書遂明，漢章中輟。」信乎知言！君所纂箋注已序入六藝。《五代史·經籍志》有《鄭志》十一卷，魏侍中鄭小同譔。《鄭記》六卷，鄭君弟子譔。皆雜論五經，今佚。迺集疏釋事類散見者合爲一書，名曰《鄭氏家法》。不敢强坿稽古之功，竊亦庶幾闕疑之義。而又咤先儒舊學廢絶，昧者擿埴，巧者偭規，故不自諱其寡陋，就所見者輯之，猶賢乎已云爾。

古音考序

昔之言古音者，分東、支、虞、真、侵爲五部，其説固已疏矣。又以四聲强附會，如東之入爲屋，寒之入爲曷，先之入爲屑，庚之入爲陌，舛莫甚焉。顧氏始分東、陽、庚、烝爲四，魚、歌、蕭爲三，支之半入戈，庚之半入陽，麻之半入虞，尤之半入支，上去入从之。其餘據《詩》、《易》本音以正今韻者，不可一二數，而古音始萌芽矣。近江君永於真已下十四韻，侵以下九韻，蕭、宵、肴、豪及尤、侯、幽各分爲二，得十三部。段君玉裁又爲十七部。《古韻表》分支、佳爲一，脂、微、齊、皆、灰爲一，之、咍爲一，真、臻、先與諄、文、殷、魂、痕各爲一，尤、幽與侯亦各爲一。支、脂、之諸部分，至段君始發之。余雖未見其書，其略具於戴君震之序，能補顧氏所未備。竊嘗按之《詩》、《易》及六書諧聲，唐人所分，淆亂已甚，不待脂、之并於支，皆并於佳，咍并於灰，然後古音盡失也。支、佳固爲一矣，如齊、之、圭、攜諸音亦支類也。脂、微、齊、皆、灰爲一，之、咍又爲一矣。灰則枝與梅、謀非一類，咍則哀與才、來非一類也。以今韻求古音，猶以史論經也，似是而實非矣。沈約、陸詞、孫愐及宋初之韻，蓋以建安爲祖而損益之，其去《楚辭》已遠，況三百篇乎？讀《魚麗》而知多、旨、有之有别也，讀《泂酌》而又知饎、罍、既之不相淆。《甘棠》三章一均也，《芣苢》三章則又有别矣。《揚之水》楚、甫、蒲、許之相叶，其辨於音聲者甚微，而諧聲有不足以盡之者。今从段君所分爲支、之、脂三類，古音之部分略備，而今韻又未始不可以互相發也。戴君欲析今韻與古音可通者相附近，其説韙矣。然自《詩》、《易》以外，有韻之文，《楚辭》最古，而支、戈、東、陽往往相通。他若冬、侵、真、清，今則視猶秦、越，古則貫若塤篪。以此類推，何啻千里！今韻愈紛，而古音終不可得而明矣。不若今韻則存其隋、唐以來相沿之舊，古音則斷自三百篇及六藝所載韻語，附以楚人之賦，下至魏、晉，其積漸變而爲今韻者，詳其條貫，勒爲一書。雖未敢謂遽合於古，其于六書諧聲之旨，或有當焉。

書校定太誓三篇後

始余編輯漢博士所讀《尚書·太誓》，與

書傳所引《太誓》合一卷。歲乙卯，余自沛南北上，攜之行篋。途次偶讀《尚書正義》云劉歆作《三統譜》引《太誓》曰「丙午逮師」，疑「還師」之誤，識於左方，未暇是正。其後閱《漢志》亦作「還師」。及覆之《詩正義》所引《漢志》，「還」正作「逮」，知非觀兵時事，當爲《太誓》中篇，其疑始解。余又疑後得之《太誓》記月不記年，今更繹之。《太誓》不記年固也，其記月亦祇觀兵時之惟四月耳。至《史記》所云「惟十有二月戊午」，即《書序》之「一月戊午」也。《書序》據周正，《史記》據商正，非《太誓》文也。《太誓》、《周書》，則亦周正，故鄭氏注「惟四月」以爲周四月。向固疑《太誓》同一記月，不應一用周正，一用商正，自相蹐駁。知「十有二月戊午」之非《太誓》文，則「四月」爲周四月之疑涣然氷釋矣。其去就之小異者，《詩・大明》正義云：「《太誓》司馬在前。」相承以爲《太誓》文。竊謂《尚書》他篇皆曰司徒、司馬、司空，而《太誓》獨曰「司馬、司徒、司空」，則司馬在司徒前，故王肅解以爲「司馬，太公也」，意太公以太師攝司馬，主軍旅之戒命，故在司徒前也。方冬甚寒，喜於得閒，遂呵凍促成之，釐爲上中下三篇，以合《書正義》所云「上篇觀兵時事，中、下二篇伐紂時事」者。雖非全文，頗具首尾。但隨所校録之，覽者或諒其非妄云爾。

書武王戒銘後

武王戒銘者，武王受五帝之誡於師尚父，遂書爲銘辭，隨諸身以自戒者也，與《大戴禮記・武王踐阼》篇詞恉相近。《太平御覽》五百九十。引之，以爲《皇覽記・陰謀》「黄帝金人器銘」。今以其辭考之，師尚父陳五帝之誡，黄帝爲首，次及堯舜禹湯。至所載銘辭，乃武王以之自戒者，而魏時作《皇覽》，見篇首有黄帝之誡及「金人三封其口」云云，謂之「金人器銘」，其實非也。又《太平御覽》載武王踐阼諸銘，題曰《隨武子銘》，初不解其何以譌謬若是。及見是篇云「書爲銘，隨之身以自戒」，知《隨武子銘》蓋「武王隨銘」之誤。《易傳》曰：「《隨》，无故也。」無時而不戒，斯無時而不新，「隨時之義」然也。文王繫《易》，《隨》備四德，而言「无咎」。《易傳》曰：「无咎者，善補過也。」隨時自戒，乃所謂隨而无咎者與？是《武王隨銘》，其本題也。其文散見於唐章懷太子賢《後漢書注》、歐陽詢等《藝文類聚》、徐堅等《初學記》、❶宋李昉等《太平御覽》、王應麟《困學紀聞·武王踐阼集解》諸書。或以爲《太公陰謀》，或以爲《太公金匱》。《隋書·經籍志》：「《太公金匱》一卷。❷《太公陰謀》一卷。梁六卷。梁又有《太公陰謀》三卷，魏武帝解。」劉歆《七略》云：「《太公金版玉匱》，雖近世之文，然多善者。」《文選注》四十六。考《事類》諸書所引《金匱》、《陰謀》，語多不經，疑非劉向父子所校諸子之舊。而是篇銘辭質雅，又見於《皇覽記》，則爲漢、魏以前書審矣。今叙次爲一篇，定著爲道家言太公書言之一云。

答孫季逑觀察書

承示所辨「周公稱王」屬宋人之見。宋人説經，類多憑臆。述祖嘗學《尚書》，病其無可依據，僞孔傳又陋且略，求之於伏生

❶「記」，原作「説」，今從沈梁校據嘉慶道光間武進莊氏刻《珍執宧遺書》本《珍執宧文鈔》卷五改。

❷「一」，《隋書》卷三四作「二」。參沈梁校。

《傳》，馬、鄭、王諸家注，時亦有所去就，而一折衷於《書序》。《書序》所有，傳注不同，則從《書序》。漢儒所言，孔孟不言，則不敢從漢儒。彼謂「周公稱王」者，固非漢儒創説也。其説蓋本之孫卿子，而尸子已倡之於前。孟子之時，尸佼書未行於中國，故孟子辨益、伊尹，而不及周公。漢儒之學，多自孫卿，故不可不知所擇。如以《大誥》諸篇之王爲周公，《康誥》之孟侯爲成王，《略説》「天子太子年十八曰孟侯」，是周公稱王，成王爲太子矣。而《酒誥》「成王若曰」之「成王」，謂成王耶？抑謂周公耶？鄭氏以「成王」爲「成道之王」，則「成王」亦周公矣。又逸《書·成王征》攝政三年伐管、蔡時事也，所稱「成王」者，又將何解耶？周公謀之成王，臨事乃往，事畢則歸，毋乃曲爲之説乎？《書》易失誣，不可不辨，非敢立異也。又示《説文》無「琛」字，是「珍」字之誤。按：《爾雅》：「琛，寶也。探，試也。」比次皆同文異訓，即六書之假借。蓋古文字少，琛、探皆借突。《魯頌·泮水》「琛」與「林」、「音」、「金」韻，❶改字不如借偏旁也。敢以質之執事，幸賜教之。

又

前奉鈞誨，并賜示《文王受命稱王考》，徵引該博，足破唐人臆論。惟《史記·殷本紀》：「周武王爲天子，其後世貶帝號號爲王。」不無疑義。《書大傳》：「帝乃稱王，而入唐郊。」是稱王不始於周。董生書《三代改制質文》大略以爲王者必受命而後王。同時稱帝者五，稱王者三。周人之王，絀虞曰帝，

❶「水」，原作「林」，今據《毛詩注疏》卷二〇之一改。參沈梁校。

與《尚書》唐、虞稱帝，夏、殷稱王正合，顧説《尚書》者皆莫之及。太史公據漢立法，固宜稱周爲王，而以夏、殷爲帝。《殷本紀》乃謂「周自貶號爲王」，非經義矣。楚、吴、越稱王，徐、亳之等蠻夷之俗，故《春秋》不書楚、越之王喪，非不責其僭號也。《尚書》已刻竣否？急欲得一讀。歸途閲江叔澐《尚書》，頗緣以尋繹。有一二事欲獻其疑。如「三亳」之「亳」似當從《説文》在京兆杜陵亭者爲是。皇甫謐以爲西夷之國。其北亳、南亳、西亳之説，固屬無稽，似不必定以地名爲亳，即是湯舊都之民服文王者，《左氏傳》云：「肅慎、燕、亳，吾北土也。」豈有湯舊都民乎？又六宗之義終未能決，幸閣下教之。《尚書》疏通知遠之教，三代帝王大經大法略具。竊不自量，欲採集西漢以前諸儒傳記爲一書，以留微言大義於萬分一。牽於吏事，不克卒業。儻幸得以屬吏趨幕下，或賜以朝夕之閒，教誨成就之，幸甚幸甚！

又

婁奉手示，雒誦再三，感佩奚似？述祖自去歲患潰瘍，遷延一載，已成廢疾，足迹不能逾户庭。然伯牛自牖，神明不澌；子輿鑑井，形骸非我。辱承垂問，未嘗不思距躍三百，曲踴三百也！大著《尚書今古文義疏》用古天文説釋《堯典》，可破祖沖之以來相循皮傅之論。《皋陶謨》「五服五章」，引據《書大傳》以改鄭義。案：《續漢書·輿服志》云：「永平二年，詔有司采《周官》、《禮記》、《尚書·皋陶》篇乘輿服從歐陽氏説，公卿之下從大、小夏侯氏説。」蓋《今文》已自不能無異同。而鄭氏本《周官·司服》五冕以立説，與《尚書》不必盡合。閣下爲之折衷，使知定制，渴竚惠讀，禱切企切。又「祖考來格，虞賓在位」，竊謂馬季長所云「舜除瞽瞍之喪祭宗廟」説最爲近之。《大傳》所云「帝乃稱王而入唐郊，以丹朱爲尸」，述祖舊時曾據以駁《祭法》「有虞氏宗堯」之誤。《國語》曰：「有虞郊堯而宗舜。」此二王後所用之郊，即可以知舜之郊矣。蓋舜受堯禪，不改唐郊，以無配天之祖也。王者祖有功，宗有德，而四親廟以亞升，此百世可知者。《書》曰「祖考來格」，《記》曰「宗廟饗之」，其義一也，豈得以受禪於唐而爲異説哉！所以不郊顓頊者，以《公羊春秋》改制質文推之，有虞氏世，顓頊爲高陽氏之帝，其後已不得行郊禮。且諸侯不得祖天子，其子孫即爲天子，亦不敢追爲之立廟。故虞、夏始祖無廟，祫禘皆於中學明堂之位祭之。夏郊則鯀，商、周則不郊嚳，而郊冥、郊稷。虞自顓頊以下，無有功烈於民如鯀、如冥、如稷者，是以不改唐郊，亦非以堯爲有虞氏配天之祖也。又唐郊以丹朱爲尸，猶夏郊以董伯爲尸，鄭《注》甚明，與薦禹事無涉。蓋此在十有三祀，而薦禹則十有四祀。見《竹書紀年》注。又《文選注》作「十有五祀」。竊又以《孟子》所云「舜薦禹於天十有七年」，又《史記》所云「舜踐帝位三十九年」證之，非廿有三祀即卅有四祀，不無傳寫之訛。《路史》以爲宅立三十有三載，則據東晉《古文》改也。惠定宇但見《太平御覽》所引，與「維五祀奏鍾石、論人聲」誤合爲一篇，且編録前後失次，固不可以爲定本矣。聞閣下近棸《古天文説》、《石鼓文》、《尸子定本》，此皆述祖所未見書，幸各賜一通，不啻百朋之錫也。又聞《尸子》從魏鄭公《羣書治要》録出，未知所載古書尚有可拾遺補闕者否？病廢日久，所見益固陋，唯閣下憐其無成而時惠教之，幸甚幸甚！

與錢竹初大令書

昨承詢《莊子・至樂》篇「得水則爲㡭」，歸檢陸元朗《音義》云：「此古絶字。徐音絶，今讀音繼。司馬本作繼，云：萬物雖有朕兆，得水土疑作「之」。气乃相繼而生也。本或作斷，又作續斷。」述祖按：當從「繼」讀。《説文》：「繼，續也。从糸、㡭。一曰反㡭爲繼。」此雍熙本也。今《繫傳》本同。《韻會》引《説文》云：「繼，續也。从糸，㡭聲。或作㡭，反㡭爲㡭。㡭，古絶字。」《韻會》所引《説文》皆小徐本，是《繫傳》有「㡭」字。檢《玉篇》、《廣韻》無之，唯《古文四聲韻・王庶子碑》「繼」作「㡭」，或即「繼」字古文。然以許氏義例求之，當從今本爲正，闕疑可也。《至樂》云「種有幾？得水則爲㡭」，與《養生主》所云「火傳」，皆死生之説，是《南華》重言，司馬紹統注得之。《管子・水地》、《首楞嚴》「四大」可以互相發明，但《管》則用其下流以爲養生治世之説，而《首楞嚴》最近《莊》。總之，《金剛》則無水繼，《般若》則爲火傳，其要旨一也。項君《皇極經世鑰》其三數於《四分》之外，更言實秝，則知日之正行與差數不同，於是中西古今之法皆通者也。以《易》之三百六十當期之日爲天體，實用西法而託之於《易》。《易》明言當期之日，陸績曰：「日月十二交會，積三百五十四日有奇爲一會。今云三百六十當期，則實十二月六日也。十二月爲一期，故云當期之日也。」《皇極經世》曰：「體有三百八十四，而用止三百六十，乾、坤、坎、離之不用也。用止三百六十，而有三百六十六，乾之全用也。」皆不以當期之日爲天體也。其言甲寅者《四分》之元，甲子者實秝之元，必確有所見。述祖不能爲算，無由得其精微之詣。項君畢生絶學，至老而欲傳之，能爲刊行，以俟知者，甚盛舉也。容細讀再繳，不宣。

答錢竹初辨説文柅字書

檢《説文》雍熙本，「柅」字凡兩見：其一曰：「柅，木也，實如棃。从木，尼聲。」《唐韻》女履切。其一曰：「杘，篗柄也。从木，尸聲。重文柅。杘，或从木，尼聲。」《唐韻》女履切。故徐鼎臣以爲「重出」。又《説文》：「檷，絡絲檷。从木，爾聲，讀若柅。」《唐韻》奴禮切。今本徐楚金《説文繫傳》脱「柅木」之「柅」，於「杘」重文「柅」下釋云：「臣鍇案：《周易》『繫于金柅』是也。」黄公紹《韻會》：「柅，女履切。《説文》：『木名，實如棃。从木，尼聲。』一曰止輪木。」《類編》引《説文》作「止車木」。《韻會》所引《説文》，皆《繫傳》本。此十四字即《繫傳》之脱文也。《玉篇》：「杘，丑利切，篗柄也。重文作杘。」引《説文》「女几切」。是《説文》「杘」之重文作「杘」，與「柅木」之「柅」不同。然其「从木，尼聲」則一。《周易音義》：「『柅』，徐乃履反，又女紀反。《廣雅》云：『止也。』《説文》作『檷』，云：『絡絲趺也。讀若昵。』《字林》音乃米反。王肅作『抳』，从手。子夏作『鑈』。蜀才作『尼』，止也。」以所引《説文》考之，二徐本之誤自見。如「杘」，重文作「柅」，則「絡絲柎」與「篗柄」義本相近，不必異文作「檷」矣。又《廣雅・釋詁》云：「柅，止也。」證以《釋文》，字當作「柅」。王肅欲易「止」訓，故破「柅」作「抳」，从手耳。「抳」蓋「柅」之重文，傳寫誤从木。《玉篇》又以同柅木之柅，故作「杘」以别之也。《周易兼義》云：「柅之爲物，衆説不同。王肅之徒皆爲織績之器，婦人所用。惟馬云：『柅者，在車之下，所以止輪，令不動者也。』」李鼎祚《集解》虞翻曰：「柅謂二也，巽爲繩，故繫柅。乾爲金，巽木入金柅之象也。」九家《易》曰：「絲繫於柅，猶女繫於男，故以喻初宜繫二也。」柅之異義略見於此。大底訓爲止車木。訓爲「止」，則从木作「柅」，或作「尼」；訓爲「絡絲柎」，訓爲「籆柄」，則从手作「抳」，或作「檷」，或作「鑈」。二徐本《説文》無「抳」字。《玉篇》、《廣韻》以爲「掎抳」之「抳」，《集韻》、《類篇》或訓「止」，皆不以爲「杘」重文，無「織績之器」義，與王説異。《玉篇》雖柅、杘有别，然釋「柅」與「檷」皆云「木名」，又「絡絲柎」，文異義同，尤爲淆雜其實。《説文》「柅」爲木名，又爲止輪木；馬説所本。「杘」爲「籆柄」，又作「抳」，从手，尼聲；王説所本。「檷」爲「絡絲柎」，讀若昵。犂然各别。後人失其讀，俗字譌訓，日以滋多。述祖於《易》象未闚其奥，僅辨字體訛舛之由以備采擇。牽綴複冗，不知所裁。

與趙億生司馬書

述祖日困於簿書，無可爲知己道。宵光秉燭，苦學之煩，欲觀諸要，轉益汎濫。竊怪漢用黄老，而致文景之治；孝武尚儒術，天下日多事。豈真儒者博而寡要，勞而少功，失其本矣？儒林之興，多自孫卿。其學先制作，趨時尚，雜功利，矜智能，所謂王道禮樂者，特以矯輮人性而爲之悍詭，以致其隆盛焉耳。大賢君子閒有獨見大義，合於六蓺之微言，如賈生、毛公、董相、韓太傅之倫。其餘專門名家，能出其範圍者鮮矣。故漢之儒，其未能盡醇者，孫卿子之儒也。至謂周公屏成王而及武王，尤悖亂。《尚書》家據以説經，復子明辟，嘉禾延登，誰階之厲？《藝文志》叙諸子，以爲皆六經之支流餘裔，使遇明王聖主，得其所折中，皆股肱之材，韙矣！九家皆可曉合經義，故荀卿譏孟子略法先王，謂之俗儒。此正得其要而易有功者也。董生言《春秋》亦以爲損周之文，用夏之質。《韓詩外傳》獨明性善之旨，而賈生廉遠堂高之喻，見三代忠厚之遺。《大戴記》録之，今佚。傳記中如此類者意欲輯爲一書，於孫卿以後諸儒之説稍爲區别，明其得失，以傳六藝之末，未知能畢此願否？狂簡可裁，閣下幸教之。

與張茗柯編修書

昨獲暢談，深領教益。《集注》：「置，驛也。郵，馹也。」檢韻書，「馹」讀若日，「驛」讀若繹，聲雖不同，而義不甚相遠。「置」訓「驛」，本《廣疋》，但《廣疋》「郵」亦訓「驛」，訓「馹」，未知所本。《釋言》曰「馹、遽，傳也」。郭注：「皆傳車馹馬之名。」《左氏》有乘馹，又乘驛、乘遽；《漢書》有乘傳。必以爲馹與驛異，確據《説文》「驛，置騎也」，「馹，驛傳也」。似驛爲騎名，馹爲傳名。又《説文》：「郵，境上行書舍。」《廣疋》：「傳，舍也。」故《集注》以「郵」爲「馹」。《爾疋釋文》：「馹，而實反。郭《音義》云：『本或作䢖。』《聲類》云：『亦馹字，同。』」《説文》：「䢖，近也。」《唐韻》人質切，亦讀若日。或古今字異，未及細考，姑就許氏解畫依樣胡盧耳。孫定公《音義》「郵，丁音尤，今之驛也」，不釋「置」字，與閣下所説合。拚訓棄，見《方言》及《廣雅》，以破拚字，❶固確然可據信。王懷祖觀察《廣疋疏證》引《士虞禮》「尸飯播餘于篚」注「古文『播』爲

❶「拚」，原作「拼」，今據《珍執宧文鈔》卷六及下文改。

『半』」，以「拌」即「播棄」之「播」，其説爲近之。《説文》：「播，種也。一曰布也。敽，古文播。」亦無「棄」訓。竊謂：半、拌、播、拚皆假借字，今本分拚。其正字乃《説文》「華」字，❶而許氏解爲箕屬，由誤以「華」爲「畚」，而闕《説文》「畚」字。故古文從畚之字，小篆多从華。又《吕氏春秋·古樂》云：「瞽瞍乃拌五弦之瑟，作以爲十五弦之瑟。」高誘注：「拌，分。」是「拌」又有「分」訓，亦可爲「拌」即「敽」之證。或可酌取諸説而折中之否？

答張茗柯編修書

連日賜教，開誨勤勤。數日來，天寒手凍，未及作答，幸勿以罪。細讀大著，精於治《注疏》之學，當伯仲孔、陸、二顔，非近今所易覯，敬服敬服。來示申申於論韻，述祖性善忘，不能熟於古韻。唯平時讀書及授童子讀，準以古韻，便覺章句截然，并能辨古書之真僞是非，如是而已，至其神明變化則未之有聞也。其所言之或得或失，亦無足深議。而下問數及之，不可缺然無以應命。即以冠辭明之。「三加」祝「醴辭」、「醮辭」非韻，知「字辭」亦非韻也。「吉月令辰」非韻，知「令月吉日」亦非韻也。醮辭末句「之」與「來」韻，字辭「之」既非韻，則非末句可知。「曰伯某甫」，以八士證之，猶言「曰伯達甫」，「仲叔季，唯其所當」，猶言「曰仲突甫」云爾。以下皆同。則「某」不與「之」韻，「當」不與「永」韻，亦可知。古人用韻，有同韻亦有同聲。同韻不必枚舉。同聲之相叶，「同」、「調」是也。《廣韻》：「同，徒紅切。」「調，徒聊切。」

❶ 「華」，原作「華」，今據《珍埶宧文鈔》卷六及《説文》卷四改。下二「華」字同。

凡此類者謂之雙聲，則「同」、「調」之非必不可叶者亦可知。必舍此而以「同」叶首章之「我馬既同」、四章之「會同有繹」，以「調」叶二章之「田車既好」、四章之「駕彼四牡」，此鄙見之所決不敢隨聲附和以誣知己者也。至《論語》之「禱」與「奧」、「竈」韻，「芸」與「勤」、「分」韻，固無不可者，但不得以爲例耳，唯左右詳察之。

答王伯申問梓材書

昨承示校正《説文》古文「續」字，反復疏證，義甚精核。又惠《周秦名字解故》刊本，珍荷珍荷！下問《梓材》「斁」訓爲「終」，俾引伸其説。案：《梓材》曰：「惟其塗塈茨。」又曰：「惟其塗丹雘。」又曰：「用懌先生受命。」《古文尚書》「塗」與「懌」皆作「斁」。陸德明《尚書音義》「懌」字下云：「音亦。字又作斁。下同。」古無「懌」字，「和斁」之「斁」當訓作「説」，叚借也。經典通用「釋」字，音同。《説文》云：「斁，終也。」又見《廣疋》。孔穎達《正義》云：「室器皆云其字終。❶而考田止言『疆畎』，不云『刈穫』者，田以一種，但陳修終至收成，故開其初與下二文互也。」義本明白。以作僞《傳》者讀「斁」作「塗」，故又傅會之云：「二文皆言『斁』，即古『塗』字，明其終而塗飾之。」以下破碎經文，曲就其説。然賴此尚知古文本作「斁」字，後人從《傳》妄改耳。「塈茨」、「丹雘」爲室器之終事，以喻周自文、武受命至作洛，毖殷致刑措，而後其事克終。先王封建規橅，及周公所以成文、武之德者，略具是篇。墨凍筆膠，草率奉復，不能暢所言。遲口面陳，不備。

❶「字」，《尚書注疏》卷一四作「事」。參陈校、沈梁校。

與臧在東説虞庠四郊西郊異同書

承示大著《孟子考》，折衷至當，謹録副以識景行。至「西郊」讀「四郊」，據鄭《注》校正，固確不可易。以鄙意窺測，自熊、皇以來，已有兩説，故疏家并存之。如「天子設四學」，《疏》既云「四代之學」，又引皇氏説，以爲「四郊皆有虞庠」。其「祀先賢於西學」，《注》：「西學，周小學也。」《疏》云：「謂虞庠也。」又云：「瞽宗則在國，虞庠爲小學者則在西郊。」《王制疏》亦言：「西郊，以西序、虞庠與東序、東膠對文故耳。」然舍此則鄭《祭義注》所云「四學，謂周四郊之虞庠」又何所本？豈鄭注《禮》時，《王制》已有「四郊」、「西郊」二本？鄭注《王制》則從「西郊」，注《祭義》則從「四郊」，爲此騎牆之見邪？其實四郊皆有虞庠，而養庶老、祀先賢則在西郊之虞庠。非敢以此爲兩家調人，蓋漢學之存於今者，苟有一字一句之異同，要當珍若拱璧也。述祖昨夜忽患脇痛，不可忍，力疾奉復，餘言面悉，不備。

答丁若士説毛詩書

承示《毛詩》義數事，展函周覽，寔有心契。「乘彼垝垣」，以喻越禮，最合師法，毛公得子夏之傳。自宋以來，舍而別求新説，《詩》學殆絶。足下克究其業，追鄭軼王，甚盛舉也。《車舝》四章，改鄭義，美矣。僕請終其物，足下幸教之。毛公説《詩》，詳於《序》者略於《傳》。是詩謂「德澤不加於民」，箋、疏皆不得其説。《周南》、《召南》，王化之基，本之后妃夫人之德，其「思得賢女以妃君子」在此。詩人之辭婁變，則其志婁進，而一寓於物以興其事，令人發深長之思。「陟彼高岡，析其柞薪」，申上雖無德，與女言之。

女，女民也。六義之興，一草一木皆無妄設。柞棫松柏，帝所以省岐山也。詩言「柞棫」者，皆以喻周高岡之木茂盛，庶民得而薪之。王者有賢后妃之助，則德澤必及下。葉以喻外戚，《葛覃》亦再言葉。故其包舉覶博，物類參綏，各有攸當，不可以一端竟也。三百篇盡然。「雖無好友」，舊説尤屬支離。王者所友，諸侯也。《書》曰「友邦」，亦曰「友民」。詩人蓋言苟有其德，雖露屋草茅亦足以配君子，而褒姒豈其人哉？「依彼平林」，林木之在平地者，喻大國也。鷮，耿介之鳥，非雎鳩、黄鳥之和聲而善，有令德之教，則讒巧亦無自而進。黜申后而立褒人之女，檿弧箕服，險孰甚焉？可與《白華》之詩相發明矣。其卒章曰「高山卬止，景行行止」，思賢也；「四牡騑騑，六轡如琴」，治民也，不可以一端竟也。首章曰思，卒章曰慟，其言有文，其聲有哀，首尾貫通，顯然明白。久不談文字，辱下問，聊復言之。幸時惠閲近著，進僕以所不知。跂甚跂甚！

與劉甥申甫書

頃閲大著《毛詩聲衍》，部分較前益密，幸即成之。序次以不叶入聲者爲正紐，叶入聲者爲反紐，而以入聲撿押其間，仍不大異今韻四聲梗概。再細考其合韻之見於《詩》及傳記者以通其變，亦不必拘拘於《説文》諧聲之不可通者，以小篆多秦漢人造，不必盡合古人也。斯、高雖變亂舊章，然是時書師尚有二三遺老未遭阬滅，自後則不知而作者多矣。至新莽甄豐，固無足論。但其時祕府古文新列學官，即或不免魯魚亥豕之訛，而劉歆、揚雄見聞頗異於太常老宿，故流傳刀布閒雜小篆，亦復不少，可採以裨古籀者。

後周岐陽刻石亦然。蓋《説文》爲字學不祧之祖，但屢經傳寫，書體多訛，此又不能不歸咎於李陽冰之作俑耳，非敢操入室之戈也。吾甥以爲何如？衰年同志，眼前不過數人，每一開口涉筆，輒諄諄焉如叔孫之譏趙孟，亦可歎也！向云泰類無平聲，以其同用者少，亦非確論。今以各部入聲別爲一部，則此等枝辭盡可删矣。吾甥識高思深，若得成書，必能信今傳後。拭目俟之！

答宋甥于廷書

別後得手札三次，差慰懸繫。前日又晤洪孟慈，知吾甥就館大興相國處，可以肆力於學，甚善。愚景況如舊，唯精神日衰，然亦不敢廢學。近撰《説文古籀疏證》，頗有新得。竊謂《連山》亡而有《夏小正》，《歸藏》亡而有倉頡古文。今就許氏偏旁條例，以幹支別爲叙次，亦始一終亥，名曰《黄帝歸藏甲乙經》記字正讀，意欲以此書與《夏小正》等例，爲夏、商之《易》補亡，未知能竟其業否。如精力不繼而中輟，尚望吾甥與卿珊續成之。炳燭苦短，無可寄聞，特以此博吾甥一拊掌耳。

答族孫大久論許氏説文書

承示近著《春秋》及各經小學叙二首，究六書之源流，獨見其大。以此發前人所未發，美矣。述祖於許氏書亦嘗稍窺一二，其有功於六藝甚鉅。自二徐以來，爲其學者往往殫畢生之力，猶不得其要領。而足下毅然以爲，於六書所由作懵乎未辨，恐不免驚世駭俗，且非持平之論也。蓋書之所以有六，本乎制作之意，缺一不可。象形、指事謂之文，會意、諧聲謂之字，轉注以通會意之窮，假借以廣諧聲之用，有假借而諧聲之字固省矣。故古文字少，假借居多。象形、指事、會意、諧聲，《説文》所可言者也；轉注、假借，《説文》所不言而學者可以類推者也。何也？「考老」即解説，「令長」非本字也，豈可以許氏所不言爲許氏所不知哉？總之，壁中書之存於《説文》者無幾，而鼎彝款識後世滋多，亦不能無贋託。試取許氏所説者正之，以拾遺補藝，是所望於好古博學之儒也。

復從子卿珊詢古文大小篆書

得手書析疑正誤，實契余心。詢張懷瓘於「大篆」之外別列「籀文」之説，前書辭不達意，兹復悉言之。古文、大小篆之名始於秦漢之際。古文謂伏生、張蒼、竇公、孔安國所獻，及郡國閒得鼎彝古器物銘文。大篆謂《史籀》十五篇。小篆謂李斯、趙高、胡毋敬所造。至閭里書師合《爰歷》、《博學》於《倉頡篇》，學者但謂李斯作小篆，不復知有趙高、胡毋敬之説矣。此亦上蔡莫白之寃也，况可仞爲倉、史遺文邪？以小篆而有大篆之名，以今文而有古文之名，其實大篆亦古文也。故《吕氏春秋》謂倉頡作大篆，安得大篆之外別有籀文邪？余向時以石鼓多與大篆合，頗不信馬定國宇文時物之説。及檢《後周書》有數事可與石鼓相證，作《石鼓然疑》一篇。所云「不證以事而證以文」，亦彼此互見者也。詩辭蓋出於蘇令綽、盧景宣二人之手，故石鼓自唐始顯，即表章於綽曾孫勖，一時盛傳，皆以爲宣王時史籀書也。唯張懷瓘知其假託，又不敢顯然立異，《書斷》於「大篆」外別爲「籀文」，且云「其迹有石鼓文在焉」，❶「李斯小篆兼采其意」，則以石鼓

❶「在」，《書斷》卷上作「存」。

閒雜小篆故也。是其識過韋、韓諸公遠矣。許氏《説文解字・叙例》云：「今叙篆文，❶合以古籀，博采通人。」又云：「惜道之味，聞疑載疑，演贊其志，次列微辭。」蓋許氏之微恉在始一終亥之次第，至其分析小篆，推衍偏旁，聞疑載疑，爲之解説，固不必盡合古文述作之遺意。又小篆閒雜趙高《爰歷》，尤爲悖理傷教。如卂、県皆近取諸身之字，又爲部首，悉以亡秦嚴刑酷法説之。《史記》云「趙高教胡亥書及獄」，高之書即高之獄也。其意欲以漸漬其心，使不覺其慘毒，故以爲理固當然者。故余所述《古文甲乙篇》如此類者，皆以古籀文定之，冀爲許氏拾遺補闕。但鍾鼎不比五經古文有師説相授受，今以一人通其讀，竊恐斯事難專。況學植荒落，久病善忘，其不能卒業，可以逆料。幸吾姪有同好，他日可爲去其穿鑿，廣其陋略，刪其複重，是所深望也。力疾率復，不盡欲言。

莊先生綬甲

莊綬甲，字卿珊，方耕孫。諸生。考取州吏目。道光八年卒，年五十五。克承家學，嘗取祖庭遺著，次第校刻。於經義無所不窺，每有所得，輒劄記之，往往見精詣。著有《周官禮鄭氏注箋》十卷，《尚書考異》三卷，《釋書名》一卷。參史傳、李兆洛撰行狀。

莊先生有可

莊有可，字大久，方耕族曾孫。勤學力

❶「今」，原作「余」，今從沈梁校據《説文》及《珍執宧文鈔》卷六改。

行，老而彌篤。精研傳注，嘗合諸儒之書，正其是非，而自爲之説。於《易》、《書》、《詩》、《禮》、《春秋》皆有撰述。爲書數十種，凡四百餘卷。其《周官指掌》五卷，爲德清戴望所稱。參史傳。

方耕弟子

邵先生晉涵 別爲《南江學案》。

孔先生廣森 別爲《顨軒學案》。

案阮文達序方耕《經説》云：「通其學者，門人邵學士、孔檢討及子孫數人而已。然邵氏學派實不相同。孔氏同治《公羊》學，而三科九旨別自爲説，宗旨亦異。」蓋莊氏之學惟傳於家，再傳爲劉氏逢禄、宋氏翔鳳益著。而劉氏、宋氏生晚，亦非親炙也。

方耕交游

朱先生珪 別爲《大興二朱學案》。

案：方耕遺書中未見與交游論學之語，同時諸儒亦少討論相及者。惟朱文正爲序《春秋正辭》云：「同官禁近，朝夕論思，無閒術業。」故僅録一人。阮文達雖序其遺書，云「與其孫雋甲同舉於鄉」，未及修相見禮。

清儒學案卷七十四終

清儒學案卷七十五

天津徐世昌

方耕學案下

方耕私淑

劉先生逢禄

劉逢禄，字申受，一字申甫，號思誤居士，武進人，大學士綸之孫。嘉慶甲戌進士，改庶吉士，散館授禮部主事。在部十二年，恒以經義決疑事，爲時所推重。道光九年卒，年五十四。先生爲莊氏之甥，幼時及見外祖方耕先生，賞其早慧。長聞從舅珍蓺先生緒論，學益進，盡得其外家之傳。於《春秋》獨發神悟，嘗謂：「諸經中知類通達，微顯闡幽者，厥惟《公羊》一書。董仲舒之所傳，何邵公之所釋，微言大義，一髮千鈞。」於是研精覃思，探原董生，發揮何氏。尋其條貫，正其統紀，爲《何氏釋例》十卷。又析其凝滯，爲《何氏解詁箋》一卷，《答難》二卷，《發墨守評》一卷。又推勘左氏、穀梁氏之得失，爲《左氏春秋考證》一卷，《箴膏肓評》一卷，《穀梁廢疾申何》二卷。又斷諸史刑禮之不中者，爲《議禮決獄》二卷。又推其意爲《論語述何》二卷，《緯略》一卷，《春秋賞罰格》二卷。凡爲《春秋》之書十有餘種。又以東漢經師有家法可尋者，今惟何、虞、許、鄭四君子。虞氏之《易》雖惠、張創通大義，學者尚罕得其門而入，因别爲《易象賦》、《卦氣頌》、《易言補》、《虞氏變動表》、《六爻發揮旁通表》、《彖象觀變表》、《卦象陰陽大義》、《虞氏卦象觀變表》各一卷，撮其旨要，約其義例，以便綴學之士。鄭氏於三禮外，於《易》、《詩》非專門，其《尚書注》已亡，乃掇拾殘闕，兼蒐衆説，爲《今古文尚書集解》三十卷，《書序述聞》一卷。許氏《説文》爲形書，而古韻未有專籍，乃研極精微，分爲二十六部，每部先收《毛詩》字，次《説文》，次《廣韻》，每字復推其本音，詳其訓故，爲《詩聲衍》二十七卷，《條例》一卷。又欲爲《五經考異》，仿陸德明《經典釋文》例以存異文古訓，先成《易》一卷、《春秋》一卷。又取《史記・天官書》及《甘石星經》爲之《疏證》二卷。其他所著有《毛詩譜》三卷，《詩説》二卷，《石渠禮議》一卷，《庚辰大禮記注長編》十二卷，《春闈雜録》一卷，《東陵勘地圖説》一卷。又編輯《八代文苑》四十卷，《唐詩選》四十卷，《絶妙好詞》二十卷，《詞雅》五卷，皆藏於家。所著詩文有《劉禮部集》十二卷。參史傳、李兆洛撰傳、子承寬撰行述。

春秋公羊經何氏釋例自序

敘曰：昔孔子有言：「吾志在《春秋》。」又曰：「知我者其惟《春秋》乎，罪我者其惟《春秋》乎？」蓋孟子所謂行天子之事，繼王者之迹也。傳《春秋》者，言人人殊。惟公羊氏五傳，當漢景時，乃與弟子胡毋子都等記于竹帛。是時大儒董生下帷三年，講明而達其用，而學大興。故其對武帝曰：「非六藝之科、孔子之術皆絶之，弗使復進。」漢之吏治經術彬彬乎近古者，董生治《春秋》倡之也。胡毋生雖著《條例》，而弟子遂者絶少，故其名不及董生，而其書之顯亦不及《繁露》。緜延迄于東漢之季，鄭衆、賈逵之徒，曲學阿世，扇中壘之毒焰，鼓圖讖之妖氛，幾使羲轡重昏，崑侖絶紐。賴有任城何邵公氏修學卓識，審決白黑而定，尋董、胡之緒，補莊、顔之缺，斷陳、元。范升。之訟，鍼明、赤之疾，研精覃思十有七年，密若禽、墨之守禦，義勝桓、文之節制，五經之師罕能及之。天不祐漢，晉戎亂德，儒風不振，異學争鳴。杜預、范甯，吹死灰，期復然，溉朽壤，使樹蓺。時無戴宏，莫與辨惑。唐統中外，並立學官，自時厥後，陸淳、啖助之流，或以棄置師法，燕説郢書，開無知之妄；或以和合傳義，斷根取節，生歧出之途，支窒錯迕，千喙一沸，而聖人之微言大義蓋盡晦矣。大清之有天下百年，開獻書之路，招文學之士，以表章六經爲首。于是人恥鄉壁虚造，競守漢師家法。若元和惠棟氏之于《易》，歙金榜氏之于《禮》，其善學者也。禄束髮受經，善董生、何氏之書，若合符節，則嘗以爲學者莫不求知聖人，聖人之道備乎五經，而《春秋》者五經之筦鑰也。先漢師儒略皆亡闕，惟《詩》毛氏、《禮》鄭氏、《易》虞氏有義例可説，而撥亂反正，莫近《春秋》。董、何之言，受命如嚮。然則求觀聖人之志、七十子之所傳，舍是奚適焉？故尋其條貫，正其統紀，爲《釋例》三十篇。又析其凝滯，强其守衛，爲《箋》一卷、《答難》二卷。又博徵諸史刑禮之不中者，爲《議禮決獄》一卷。又推原左氏、穀梁氏之失，爲《申何難鄭》五卷，用冀持世之志，犓有折衷。若乃經宜權變，損益製作，則聰明聖知達天德之事，槩乎其未之聞也已。

公羊春秋何氏解詁箋自序

余嘗以爲經之可以條例求者，惟《禮·喪服》及《春秋》而已；經之有師傳者，惟《禮·喪服》有子夏氏，《春秋》有公羊氏而已。漢人治經首辨家法，然《易》施、孟、梁丘，《書》歐陽、大、小夏侯，《詩》《齊》、《魯》、《韓》，師説今皆散佚，十亡二三。世之言經者，於先漢則古《詩》毛氏，於後漢則今《易》虞氏，文辭稍爲完具。然毛公詳故訓而略微言，虞君精象變而罕大義。求其知類通達，微顯闡幽，則《公羊傳》在先漢有董仲舒氏，後漢有何邵公氏，《子夏傳》有鄭康成氏而已。先漢之學，務乎大體，故董生所傳，非章句訓詁之學也。後漢條理精密，要以何邵公、鄭康成二氏爲宗。《喪服》之於五禮，一端而已。《春秋》始元終麟，天道浹，人事備，以之網羅衆經，若數一二，辨白黑也。故董生下帷，講誦三年；何君閉户，十有七年。自來治經，孰有如二君之專且久哉？余自童子時癖嗜二君之書，若出天性。以爲一話一言，非精微眇通倫類，未易窺其藴奥。何君生古文盛行之日，廓開衆説，整齊傳義。傳經之功，時罕其匹。余寶持篤信，謂晉唐以來之非何氏者皆不得其門、不升其堂者也。康成兼治三傳，故於經不精。今所存《發墨守》，可指説者惟一條，然多牽引左氏。其於董生、胡毋生之書研之未深，概可想見。而何君稱爲入室操矛，宏奬之風，斯異於專己黨同者哉！余初爲《何氏釋例》，專明墨守之學，因析其條例，以申何氏之未著及他説之可兼者。非敢云彌縫匡救，營衛益謹，自信於何氏繩墨少所出入云爾。康成《六藝論》

曰：「注《詩》宗毛爲主。毛義若隱略，則更表明；如有不同，即下己意，使可識別。」余遵奉何氏，竊取斯旨，以俟後之能墨守者董理焉。

左氏春秋考證附《箴膏肓評》。自序

叙曰：《隋·經籍志》有何氏《春秋左氏膏肓》十卷，又有服虔《膏肓釋痾》十卷。今鄭氏所箴，尚存百分之一二，而服氏之書亡，無由盡見何邵公申李育之意，甚可惜也。然何君於《左氏》未能深著其原於劉歆等之坿會，本在議而勿辨之科，則以東漢之季，古文盛行，《左氏》雖未列學官，而嚴、顔高才生，俱舍所學而從之久矣。左氏以良史之材，博聞多識，本未嘗求附於《春秋》之義。後人增設條例，推衍事蹟，强以爲傳《春秋》，冀以奪《公羊》博士之師法，名爲尊之，實則誣之，左氏不任咎也。觀其文辭贍逸，史筆精嚴，才如遷、固，有所不逮。則以所據多春秋史乘及名卿大夫之文，固非後人所能坿會。故審其離合，辨其真僞，其真者，事雖不合於經，益可以見經之義例。如宋之盟，楚實以衷甲先晉，而《春秋》不予楚是也。其僞者，文雖似比於經，斷不足以亂經之義例。如展無駭卒而賜氏，單伯爲王朝卿，子叔姬爲齊侯舍之母，鄫世子巫爲魯之屬是也。事固有離之則雙美，合之則兩傷者。余欲以《春秋》還之《春秋》，《左氏》還之《左氏》，而删其書法、凡例及論斷之謬於大義、孤章絶句之依附經文者，冀以存《左氏》之本真。幸《國語》、《太史公書》時有以導余先路，而深惜范辯卿、李元春、何邵公諸老先生之書多佚，無能爲《左氏》功臣者。今援羣書所引何、鄭之論三十餘篇評之，更推其未及者證之，以質後之君子，未知其有合焉否也。

穀梁廢疾申何自序

叙曰：穀梁氏之世系微矣。楊士勛云：「名淑，字元始，魯人。一名赤。受經于子夏。鄭玄《六蓺論》云『親受子夏』。應劭《風俗通》云『子夏門人』。魏麋信云『與秦孝公同時』。桓譚《新論》云：『《左氏傳》世遭戰國寑藏，後百餘年，穀梁赤爲《春秋》，殘略多所違失。』」謹按：穀梁子之受業子夏，不可考。名俶、名赤，蓋如公羊氏家世相傳，非一人也。其著竹帛，當在孫卿、申公之時。麋信以爲與孝公同時，見所引有《尸子》説也。桓譚以事説經，其言不足信。孫卿書多穀梁説，蓋穀梁不傳託王諸例，非微言口授，故可先著録也。漢孝武時，瑕丘江公受之魯申公，上使與董仲舒議，卒用董絀江。《漢書》：「仲舒能持論，江公訥于口。」然後漢何邵公亦訥于口，而能著書傳于今，其賢遠矣。范甯《序》云：「《公羊》有何、嚴之訓，註中多采何氏，而嚴氏無一存者。」蓋何君能以胡毋之例正嚴、顔之謬也。孝宣以衛太子好《穀梁》，愍其學且廢，乃立學官博士。東漢之世，傳者絶少。《隋・經籍志》有段肅注十四卷。惠徵士棟據《班固傳》注，以爲即弘農功曹吏段肅。❶然《儒林傳》不載，又無治《穀梁》者。竊嘗以爲《春秋》微言大義，《魯論》諸子皆得聞之，而子游、子思、孟子著其綱。其不可顯言者，屬子夏口授之公羊氏，五傳始著竹帛者也。然向微温城董君、齊胡毋生及任城何邵公三君子同道相繼，則《禮運》、《中庸》、《孟子》所述聖人之志、王者之迹或幾乎息矣。穀梁子不傳建五始、通三統、張三世、異内外諸大旨，蓋其始即夫子所云「中人以下不可語上」者。而其日月之例、災變之説、進退予奪之法多有出入，固無足

❶「吏」，《後漢書》卷四〇注作「史」。

怪。玩經文,存典禮,足爲公羊氏拾遺補闕,十不得二三焉;其辭同而不推其類焉者,又何足算也?兼之經本錯迕,俗師坿益,起應失指,條列乖舛,信如何氏所名「廢疾」,有不可强起者。余採擇美善,作《春秋通義》及《解詁箋釋》,因申何氏「廢疾」之説,難鄭君之所起。覃思五日,綴成一卷,藩離未決,區蓋不言,非敢黨同,微明法守。世有達士,霍然起之,亦有樂焉。

論語述何自序

敘曰:《後漢書》稱何邵公精研六經,世儒莫及,「作《春秋公羊解詁》,覃思不窺門,十有七年。又注訓《孝經》、《論語》、《風角七分》,皆經緯典謨,不與守文同説」。梁阮孝緒《七録》、《隋·經籍志》不載何注《孝經》、《論語》之目,則其亡佚久矣。惟虞世南《北堂書鈔》有《何休論語》一條,大類董生正誼明道之旨。史稱董生造次必於儒者,又稱何君進退必以禮,二君者游於聖門,亦游、夏之徒也。《論語》總六經之大義,闡《春秋》之微言,固非安國、康成治古文者所能盡。何君既不爲守文之學,其本依於齊、魯。古《論》,張侯所定,又不可知。若使其書尚存,張於六蓺,豈少也哉!今追述何氏《解詁》之義,參以董子之説,拾遺補闕,冀以存其大凡。孔、鄭諸家所著區蓋不言,其不敢苟同者,如魯僭禘,妾母不稱夫人,當亦引而不發之旨。九京可作,其不以入室操矛爲誚讓乎!

春秋公羊議禮自序按:此書一名《議禮決獄》。

昔者,董子有言:「《春秋》者,禮義之大

宗也。」蓋聖人之教，博文約禮，《易》象、《詩》、《書》皆以禮爲本。《春秋》常事不書，固非專爲言禮，然而變禮則譏之。辨是非，明治亂，非禮無以正人也。自子游、子思、孟子三賢莫不以禮説《春秋》，而聖人所以損益三代以告顔子者，微言大義，博綜羣經，往往而在。後有王者儀監于兹，所謂循之則治，不循則亂者也。何邵公氏以《周官》爲戰國之書，其識固已卓矣。至其揆文本質，引權取經，使《春秋》貫於百王之道，粲然明白，豈左丘明氏雜采伯國之製所可同日語哉？今以類纂輯，又引申其所未著，付弟子莊繽澍、潘準前後録成此卷。繽澍已通五經、天文之學，準敏又過之。十年樹木，冀其大成。獨余撫今追昔，官舍與味經堂相比也。繽澍與準皆名家子，能治經者也。而余學尚無以成，歲華之逝，已如斯也。後此者十年，其竟斯業乎，其仍如昔者之廢書不讀乎？茫茫前道，緊可問也？書于簡端以自厲焉。

春秋賞罰格題辭

稗販素王，役使先靈。匪以呼盧，惟以玩經。

經寓王法，格執聖權。猶賢博奕，吾無隱焉。

鴻寶救時，小儒棨古。相才史才，披頭訕詸。

問曰：「天王操賞罰之柄者也，今下同于列國，且與大夫士庶同受賞罰，得無傎乎？」答曰：「《論語》云：『天下無道，則禮樂征伐自諸侯大夫出；陪臣執國命，而庶人之議作。』周平王，倡亂臣賊子之禍者也，故改元之義法首及之。」

問曰：「盜不繫國，無所容也，可以洊升于三公大夫之位乎？」答曰：「昔管仲舉二盜爲公臣，孔子韙之。且東周以降，盜賊之世也。《春秋》之例，大夫相殺稱人；賤者窮諸盜；國君大夫有過，貶而稱人。盜本未命之大夫士也，不爲盜，則猶是大小國微者稱人之例也。」

問曰：「盛德之士，不名公卿之選也。位爲陪臣，賢者何以勸乎？」答曰：「自封建尚親之法久，乘田委吏，至聖不卑；仲弓、季路爲宰不恥。且古者貢士，三考黜陟，純盜虛聲，移郊移遂。又其甚者，如共工、驩兜，屏之遠方，可也。歸之國家，爲老爲宰，何嫌于屈才乎？」

問曰：「《春秋》法殷，制爵三等，公侯爲大國，伯子男爲小國。杞于周爲王者之後，本爵稱公；鄭，本爵爲伯。今以杞爲小國，鄭爲大國，何？」答曰：「以《春秋》當新王，黜杞之義著矣。陳，三恪也；蔡，懿親也。然其即楚而無善政，雖不黜猶黜也。鄭日卒月葬，有命大夫達，于《春秋》則取爲小國張法，何嫌于不進爵乎？」

問曰：「豹及諸侯之大夫盟于宋，一事也，在魯、宋、鄭臣遇此則偏下罰，在晉則中罰，在衛亦然，在陳、蔡則下賞，何參差不齊也？」答曰：「自此役也，晉、楚狎主齊盟，而晉常下楚。漸至京師，楚矣，趙武之過也。衛石惡爲惡人之徒，甚于豹及向戌、良霄一等。陳孔瑗、蔡歸姓亦亂賊也，然陳、蔡大夫無善可録，久不與中國會盟，兵連禍結無已時，自此盟而少弭，故進之也。」

易言補自序

初，張皋文先生述《易言》二卷，自《震》以下十四卦未成，而先生没。其甥董士錫學于先生，以余言《易》主虞仲翔氏，于先生言若合符節，屬爲補完之。先生善守師法，懼言虞氏者執其象變，失其指歸，故引伸《文言》舉隅之例，一正魏、晉以後儒者望文生義之失，于諸著述爲最精。禄學識淺陋，又未嘗奉教先生，僅僅窮數日之力，以先生所爲《易》説，竟其條貫而爲此，稍爲疏通證明之，庶于師法少所出入。其于先生之意有合有否，則不敢信焉爾。

易虞氏五述自序

余既補成張皋文先生《易言》二卷，蓋先生思學虞氏者執象變而失旨歸，參天象而疏人事，故取以言尚辭之義救其失也。而虞氏之《易》究以象變爲宗，學《易》亦必從象變而入，義例糾錯，不其望洋？爰表五端，用資詔相。其叙曰：

在陽稱變，《乾》二之《坤》；在陰稱化，《坤》五之《乾》。《津逮祕書》、雅雨堂刊《李氏易解》俱誤作「《乾》五之《坤》二，《坤》二之《乾》五」。今據朱睦㮮本、《祕册彙函》本訂。❶不遠之復，用修厥身，成《既濟》定，知變化神。述《虞氏變動表》第一。

❶ 上「本」字，原作「木」，今據道光十年思誤齋本《劉禮部集》卷八改。

陽居大夏，陰積虚空。陽推五福以類升，陰幽六極以類降。《剥》窮反下，與《復》同功；張皋文云：「當爻交錯謂之發揮。」《巽》究爲躁，與《震》旁通。張皋文云：「全卦對易謂之旁通。」之正得位，乃可以化邦。述《六爻發揮旁通表》第二。

一陰一陽始遘《復》，《剥》、《夬》放此。三陰三陽始《泰》、《否》。《臨》、《遯》、《壯》、《觀》，二爻始起，著其形埒，毫釐千里。故觀其彖辭，則思過半矣。述《彖象觀變表》第三。

善言人者，必有徵於天；善言天者，必有驗於人。六十四以象與天言，君子以純終令聞，先王以君國子民。述《卦象陰陽大義》第四。

總六爻之義，大象以明，彌綸天地，亦有主常，提要鉤立，視修悖之方。述《虞氏卦象觀變表》第五。

尚書今古文集解自序

《尚書今古文集解》何爲而作也？所以述舅氏莊先生一家之學，且爲諸子授讀之本也。嘉慶初，先生歸自沛南，余始從問《尚書》今古文家法，及二十八篇叙義，析疑賞奇，每發神解。忽忽數十年，久不省録。今年夏，先生子循博來京，旋卒旅寓。啟其行篋，而先生所爲《書序説義》一卷、《尚書授讀》一卷在焉。尋繹雒誦，音容如在。先生學通倉、籀，温故知新，其所創獲，近轢諸儒，遠質姚、姒。所恨記録過疏，引而不發。亦有親承口授，或反缺然。緒論微言，不箸竹帛，傳而不習，自古歎之。湮没駸尋，玩愒滋懼。爰推舅氏未竟之志，綴爲是編。其例凡五：一曰正文字。《尚書》已罹七厄，見段氏

《撰異序》。故經文之下，必先審其音訓，別其句讀，詳其衍脱，析其同異。段氏旁徵蔓衍，煩賾爲患，芟蕪存英，什僅二三，從簡要也。二曰徵古義。馬、鄭、王注，采自《後案》，不復疏其出典，其差繆過甚，如以夏侯等書轉爲古文，孔壁本轉爲今文之類，悉爲釐正，嚴家法也。三曰祛門户。孫疏好古，雖《史記》周公奔楚，揃爪沈河之説，必篤信不疑；《後案》祖鄭，雖殛鯀在玄圭告成之後，《金縢》誅官屬黨與之誣，必曲申其是，遷周、孔以就服、鄭，實爲大惑。至僞《孔傳》于「導渭」條漆、沮亦曰洛水，《顧命篇》「夾兩階戺」爲「堂廉」，致爲精確，不可以人而廢言，集衆思，廣公益也。四曰崇正義。六宗、四載、三江、九江，諸家聚訟，詳載博辨，體同考索。至于因中星而及歲差之西法，説璣衡而詳後世之銅儀，有乖説經，概從薙汰，懼支蔓也。五曰述師説。凡聞自莊先生及外王父莊宗伯公者，皆別出之。獨下己意者，以「謹案」別之。其《書序》説義，亦詳爲引申，附諸其後，明授受也。予自束髮治《春秋》，所擬《議禮決獄》、《答難》諸書，至今未能卒業。又爲《詩聲衍》若干卷，以明六書音韻之學，創藁粗就，繕寫未遑。復以炳燭餘明，旁及是學。人壽幾何？蠡海難罄，望古寥闃，知後人能董而理之否耶？姑藏篋笥，以訓子孫云。

詩聲衍自序

劉子成《詩聲衍·條例》一卷、《表》一卷、《長編》二十六卷，序曰：譚聲音之學於今日，三百篇，其主也；羣經傳記、周秦諸子之書，其輔也；三百篇，其原也；《説文》諧聲，其委也；孫叔然、李登、吕静、徐邈之倫，諧聲之變而言韻之始也；沈約、周彦倫、陸法言之流，部韻之始，準于古而變通以趍時者也。至劉平水、黄公紹之徒出，去古日遠，師心變更，而言韻學者與古判若河漢，《詩》三百篇及他經傳諸子之書殆不可讀矣。天運循環，無往不復。有明三山陳第椎輪於前，我朝顧、江、段、孔、莊、張諸君子相繼發軔于後，幾可以行遠登高，而三代之聲音如在天上者乃如接于耳而應于心也。然則《詩聲衍》何爲而作乎？曰：將以推諸君子未竟之志，析其義類，考其離合，集其大成，以諧聲統六書之綱也。其建類始冬終甲，何也？曰：「冬者，歲之終而音之元也。三百篇此部之字始于《采蘩》二章之中、宫；《切韻》以此部字誤并東部者，亦始于中、宫；《太玄》準卦氣，以中當《中孚》，首曰『陽氣潛萌于黄宫，信無不在其中』。此即《歸藏》首《坤》，《周易》首《乾》，而《乾》元用九之義，律中黄鍾之音也。」次以東，何也？曰：「冬之音寬閎而字少，故其部無上聲入聲。東之音峻上，故上聲之字悉隸之。又音近蕭、魚，故有一類與蕭、愚同入屋，覺而不通用，其與冬部通用最近，故次之。」次以蒸，何也？曰：「蒸者，冬之次近者也，其部亦無上聲入聲，故徵之上爲宫徵之徵，登之上爲等待之等，仍之上爲鼎鼒之鼒，❶古今皆在灰部。《切韻》亦以職、德配之、咍，不以配蒸、登也。」侵、鹽有入矣，次于蒸，何也？曰：「侵亦冬之至近者也。鹽則雙聲近陽，故分于侵而同入于緝。」不以緝次之，何也？曰：「緝部之字，反紐至侵、鹽、覃者較少。《古詩・小戎》二章，或以爲通用，或以爲不通用。孔氏以古無入聲，

❶「之鼒」，原脱，今從沈梁校據《劉禮部集》卷六補。

猶獨立此部爲談聲之短言，王氏以此部並無去聲，今按：厭具四聲，砭有平聲，貶爲上聲，墊、豔有去聲，説亦未的。故以殿衆音也。」陽次鹽，何也？曰：「音相近而不相淆也。」青次陽，何也？曰：「青、陽之分在古尤嚴于青、真。自許敬宗、劉淵、吴棫誤合《切韻》之庚、耕，而古音大亂。今吴中方言，于陽聲誤并青聲之字，庚、更、行、兄、横、衡、觥、迎、羹、秔、盲、彭、傖、鎗、鐺、榜、鶊、瘟、虋、鍠、瑝、杏、孟、梗、鯁、硬、阬、祊、瞠、棖、鐄。猶上與古合。其誤始于《莊子・胠篋篇》衡、争爲韻，而羣經諸子無是也。故以青次陽，猶淄、澠之既入，而知味者自能别也。」真次青，何也？曰：「古《周易》、屈、宋之文，合用之廣，較甚于東、冬也。」別之以文，何也？曰：「真清而文濁，猶冬濁而東清也。」次以元，何也？曰：「真、文近微、齊而無入聲，元近歌而反紐於微、齊，同在未、物，《詩》亦不合用

也。支、佳聲近歌、麻，而反紐獨爲錫，故分錫于支。而歌、麻古無入聲字。由支分入歌、麻之數十字母，皮、爲、離、施、儀、宜、移、奇、罷、埀、吹、隨、池、馳、埀。古今亦皆無入聲。既分皮、爲以下入歌，必次錫于其閒以別之也。灰、尤聲近蕭也，尤，古音怡，今吴方言尚合。蕭，古音修，今音變爲肴、豪。而灰類之反紐獨爲職、德，蕭類與愚類之反紐同爲屋，故次職於灰、蕭之閒，次屋於蕭類之後以别之，使人觀其委之異，而益知其源之分也。愚類與蕭、魚聲相類，清于魚而濁于蕭，孔云：「今湖、廣音最得其似。」故其入聲與蕭類同在屋類。而魚類之入聲獨爲陌。」不以肴類次蕭，何也？曰：「存古音也。」别藥于肴，何也？段氏、孔氏據此部謂古無入聲。曰：「以適今也，亦以證古蕭之入與肴之入不相假也。」微、尾、未、物，四聲通轉之最明者也，分爲二，何也？曰：「段、孔以古無

四聲，而不能廢輕清重濁之别，長短緩急之辨。王、莊細審古音，確知微、尾爲一類，未、物自爲一類，《古詩》不相通用，故分之以志輕重清濁之别，次之以别于支與灰之委也。」次以質，何也？曰：「顧、江、孔、莊俱以質、物同合微部，段氏知其不可合而分之，以合真部。其意以爲，古無以委聲爲建首，而不統于平部者。王氏細審古音，以爲質部與未部各有去入而無平上，故於未、物之外别爲一類，而仍次于未、物，猶附庸之君與大國命卿同爲社稷之臣而名實不同也。」終之以緝，何也？曰：「《切韻》以緝、盍以下九部配侵、覃以下九部，審音之最得者矣。段氏本之，分緝、盍爲二。孔氏并爲合類，以爲談類之陰聲，别以肴類爲青類之陰聲，使侵、鹽二部如異類之不同入，不可也。王氏分緝、盍爲二而絶不以配侵、鹽，亦未爲得也。今仍合之，以爲侵、鹽同入之部，表其中内、立、劦、盍、埶、籥、葉聲之字以爲未部，雙聲相通，而與質部絶遠。此所以于諸家而外，酌古沿今，定爲二十六部者也。」其列字終于甲，何也？曰：「甲，于古文從入從亼，或同十字。甲象萬物之首，内甲即乾元用九之義也。厭字既箸于侵，重隸于緝，以箸反紐在侵。侵最近冬，亦《切韻》始冬終乏，循環無端之例也。」曰：「若是，則取《毛詩》所用字爲表，足矣。今臚《説文》五百四十部之字，又補所不收之《廣韻》諸字，並其解説十餘萬言。又細攷其音轉之不合《古詩》者，疏通而證明之。何也？」曰：「將以一人之勞，省衆人之逸，俾承學之士爲樂律之事者童而習之，皆可絃歌以合《韶》、《武》之音。且俾爲小學者無以復加，庶得潛心於大義也。然而其志大，其思深，前人之啟予者，逝不可追矣。將伯助予，實難其人。董而理之，跂予望之。」

五經考異自序

余束髮誦經，感于司馬文正公之言：「凡讀書必先審其音，正其字，辨其句讀，然後可以求其義。」欲先校夫子所正。今所存者，《易》十二篇，《尚書》二十八篇、《序》一篇，《詩》三百五篇、《序》一篇，《禮》古經十七篇，《春秋》十一篇。仿陸元朗《經典釋文》之例，采輯舊本經籍所引，旁稽近代名儒深通經義小學者之言，彙爲一編，以爲童蒙養正之始基。奪于他務，未暇爲也。己巳之冬，乃與同里之學者臧庸、莊綬甲分經掇拾。二君以予向治《易》、《春秋》，屬餥次焉。臧君爲《詩攷》，幾成而逝。莊君爲《尚書攷》，將半而中輟。弟子潘準夙慧嗜學，尤明《禮經》，獨與余窮數日之力，藁本裒然，惜不幸夭折。屬其父索之叢帙中，杳不可得。歲月如流，良朋難覯。壬申之夏，甘泉弟子張潤見余舊稿而善之，手書付之梓人，以爲續攷羣經者倡。嘉其意，勿以未定阻也。《詩攷》可以校訂，《書攷》促莊君成之。《禮經攷》，陽童有靈，其不至人琴俱亡也，俟後出焉。

天官書星經補考自序

《史記·天官書》云：「昔之傳天數者：殷商巫咸，在齊甘公，魏石申。」故《索隱》謂《天官書》多用石氏《星經》。班固《天文志》兼用甘氏、石氏。鄭康成注《周禮》、《後漢書·郎顗傳》皆引其文，而《漢·藝文志》不載。今其文具見《開元占經》。又引

《黄帝五星占》及巫咸《星經》，與《甘》、《石》而四。所載恒星名數，多出《天官書》、《天文志》之外，其同者亦時有參差出入。故取《史記》本文，與數家較其離合，補其闕略，存古法焉。

甘石星經正誣自序

僞本《星經》二卷，多引隋唐郡縣文，亦疎舛殘缺。兹條其已甚，并據《史記》所見《星經》以正其誣。

文集

禘議

謹按：禘從示從帝，言配帝之祭也。又禘者諦也，審諦其德而差優劣也。本劉向《説苑·修文》篇。張純謂「審諦昭穆」，大繆。謂以人鬼配天神，丕視功載，以作元祀。其禮參於郊祀天地，其義通乎南郊定謚。故周禘嚳稱天，以禘祖宗之功德；禘文王稱文祖，以諦子孫之功德。天事尊而不親，故高圉、亞圉僅列報祭，大王、王季祧於四親，周公宗祀之典遇隆大舜。瞽瞍不得配帝。禮創夏商，郁乎焕哉，自生民以來未有盛於此時者也！魯干大禮，夫子不言；漢氏德衰，諸儒守缺。張純混昭穆之義，張純云：「禘者，諦諟昭穆尊卑之義。」杜預亦謂：「三年喪畢，祧廟致主，大祭以審昭穆。」夫昭穆尊卑，禮有定序，何煩審諦乎？康成訛「大饗」之文，《禮器》：「大饗，其王事與？」鄭以爲祫祭。陳祥道正之，以爲大諦。以大饗及五帝，且諸侯亦有大祫，不得專言王事也。匪惟文獻不足，蓋亦有天運焉。子曰：「大旅具矣，不足以饗帝。」苟不固聰明聖知達天德者，其孰能行之？今本《周易》、《詩》、《書》、

《禮》、《春秋》、《孝經》、《論語》之文，攷諸《國語》、《周官》、漢儒傳記之説，正其舛謬，志其大略。若夫圭幣、服器、獻酬之儀，則有司存。

問曰：「禘並于郊者何？」曰：「《周語》：『禘郊之事則有全烝。』韋注：「全具牲體而升之也。凡禘郊皆血腥也。」《楚語》：『郊禘不過繭栗，烝嘗不過把握。』郊以特牲，稷牛亦特，禘於明堂上帝。文武亦用特牲，《洛誥》「文王、武王騂牛各一」是也。功臣從祀，殺於天祖，當以太牢，故《我將》有「牛羊」。又曰：『天子禘郊之事，必自射其牲，王后必自舂其粢。』又曰：『天子親舂禘郊之盛，王后親繅其服。』則禘郊並重，明矣。然禘異于郊者，《孝經》：『郊祀后稷以配天，宗祀文王于明堂以配上帝。』鄭康成謂：『配天者，配感生帝靈威仰；案：當云配祈穀之帝。配上帝者，汎配五帝也。』《禮·大傳注》。又何休云：「《孝經》上帝者五帝，在太微之中，迭生子孫，更王天下。」則是郊者專祭感生帝，就鄭意言之如此。其實非也。有虞氏郊堯，亦豈感生之義乎？《穀梁》所謂『三合然後生』，《公羊》所謂『自内出者無匹不行，自外至者無主不止』，是也。《公羊》宣三年《傳》「郊則何爲必祭稷？王者必以其祖配」云云。何《注》：「必得主人乃止者，天道闇昧，故推人道以接之。不以文王配者，重本尊始之義也。」明堂之法，上象太微，禘及五帝，不專感生。《曲禮》：『大饗不問卜。』鄭謂『祀五帝於明堂，莫適卜』，是也。《儀禮·喪服傳》曰：『大宗者，尊之統也。諸侯及其太祖，天子及其始祖之所自出。』《大傳》：『禮，不王不禘。王者禘其祖之所自出，以其祖配之。』鄭注皆以祭天爲祭其祖所自出，而其爲説每濫郊於禘，故注《周禮·大司樂》則有三禘之説，謂天神、地示、人鬼皆可言禘。箋《商頌》則有『禘者祭名，天人共云』之説。《序》云：「《長發》，大禘也。」《箋》：「郊祭天也。」《疏》引《鄭志》答趙商云云。案：《長發》禘及功臣伊尹，是禘非郊。又以南郊與圜丘爲二，以郊專祀感生帝，故謂『冥、稷德小，獨配感生帝爲寡；契與文王德大，汎配五帝爲衆』，而不知郊稷爲配祈穀之帝，此其所失也。」問曰：「禘異於祫者何？」曰：「《春秋》文二年《傳》：『五年而再殷祭何？』❶注：『殷，盛也。謂三年祫，五年禘。禘所以異於祫者，功臣皆祭也。祫猶合也，禘猶諦也，審諦無所遺矣。』案：何君詁諦，但云「審諦無所遺失」，不云審諦昭穆，此一得也。禘及功臣，即《詩·長發》頌卿士阿衡、《書·盤庚》「大享先王，爾祖其從與享之」義。據《詩》、《書》而不據《周官·司勳》「祭于大烝」之説，二得也。然禘乃審諦功德，上及天神，王者所獨，且必聖人爲天子，而以聖人爲祖父。苟非周公、成王其人，則道不虛行焉。祫雖大祭，止合毁廟。未毁廟之主，以序昭穆，僅及人鬼，故大夫士可以干祫。鄭君泥《春秋》以祫爲大事，遂謂禘小於祫。不知諸侯之祭，莫大於祫，而『禮，不王不禘』，諸侯莫敢干焉。《禮運》孔子曰：「魯之郊禘非禮也。」《外傳》屢以禘配郊言，鄭豈未之聞乎？」曰：「禘異於時禘者何？」據《王制》「天子祫禘、祫嘗，諸侯礿則不禘，禘則不嘗」注、疏，此論夏、殷天子諸侯大祭及時祭之事。曰：「殷禮四時之祭，春曰礿，夏曰禘。周則改之，春曰祠，夏曰禴，而別以禘專爲王者之大祭。『東鄰殺牛』，殷之禘也；『不如西鄰之禴祭』，周之禴也。《易》爻言禴者三，皆在二體《離》，故虞仲翔《注》以夏祭釋之。故《天保》，文王詩，『禴祠烝嘗』，孔《疏》以爲文王改制是禮是也。《王制》以殷時祭之名，謂諸侯朝天子缺一時祭則可，混王者之大禘

❶「年」，原作「帝」，今從沈梁校據《公羊傳注疏》卷一三及《劉禮部集》卷三改。

於諸侯則不可。《禮・中庸》：『郊社之禮，所以祀上帝；宗廟之禮，所以祀乎其先。明乎郊社之禮，禘嘗之義，治國其如示諸掌乎！』宗廟通明堂言，禘，大禘也；嘗，大祫也。用是知禘常以春夏，祫常以秋冬。天子犆礿、祫禘、祫嘗，諸侯嘗祫、烝祫，三年一行，亦闕一時祭也。」曰：「禘異于吉禘者何？」據劉歆、韋昭以大禘爲終王吉禘之祭。曰：「《春秋》閔二年夏，『吉禘于莊公』。此謂犆祭於莊宮，《左氏》亦言禘於莊宮、襄宮，非《明堂位》所謂『以禘禮祀周公於太廟』之比。禘本殷人夏祭之名，因王者大禘嘗行於春夏，記亦謂之春禘，此時皆未僭大禘也。劉歆、韋昭因《國語》『歲貢終王』之文而爲『天子三年喪畢，大禘及嚳』之説，新安王氏遂以『不王不禘』之『王』爲『終王』之『王』。豈知《國語》『終王』未言禘也，且喪畢吉禘又非五年大禘也。何君于《閔二年》「吉禘」解詁，亦混舉禘祫，不辨天子、諸侯之義，失之。《解詁》云：「禘祫從先君數，朝聘從今君數。三年喪畢，遭禘則禘，遭祫則祫。」僖八年秋七月，『禘於太廟，用致夫人』。此僖公僭禘之始，故傳以『禘』及『用致夫人』皆非禮。經不譏始者，與郊義同，所謂僭天子不可言也。何氏反謂因時祭而廟見夫人，譏『省煩勞，不謹敬』，亦失之。」曰：「許慎《五經異義》引《古春秋左氏》説，謂古者先王禘及郊宗石室，其説若何？」曰：「虞喜、裴樞本此，以爲郊宗之上復有石室之祖。豈以周無嚳廟，且郊社及百神主藏明堂石室，理或然與？要與后稷配天、文王配上帝之禮無涉也。」

問曰：「《魯語》：柳下惠曰：『有虞氏禘黄帝而祖顓頊，郊堯而宗舜；韋注：「《禮・祭法》：有虞氏郊嚳而宗堯。舜在時宗堯，舜崩則子孫宗舜，故郊堯爾。有虞氏謂舜後，在夏、殷爲三王後，故有禘郊祖宗之禮。」夏后氏禘黄帝而祖顓頊，郊鯀而宗禹；韋注：「虞、夏皆黄帝、顓頊之後，故禘祖之禮同。」今案：郊鯀者，雖無德位，而功足以配天，非瞽瞍之無位無功德者比。韋昭謂「虞以上尚德，夏以下親親」者，非也。商人禘嚳而祖契，郊冥而宗湯；「嚳」，舊作「舜」。韋昭云：「字之誤也。」今從《祭法》改。周人禘嚳而郊稷，祖文王而宗武王。』韋注謂四者皆祭天配食。祭昊天于圜丘曰禘，祭五帝于明堂曰祖、宗，祭上帝于南郊曰郊。今不主其説，何邪？」曰：「太史公從孔安國問故，以文祖爲堯太祖。鄭注《尚書》『舜受終于文祖』及『格于藝祖』，『格于文祖』，皆謂『文祖者，五府之大名，猶周之明堂』。蓋堯、舜同祖黄帝，文祖者，蓋以黄帝配上帝于明堂，而行禪讓之命，故虞氏以顓頊爲始祖，下立親廟四，禘黄帝仍配上帝于明堂也。何謂爲圜丘昊天之祭乎？舜命禹亦于文祖，故夏之禘因而不改。商、周皆高辛之後，受命異于文祖，故祧黄帝、顓頊而禘嚳也。其禘嚳之禮不可知，殆殷既禘嚳，周公未致太平，因而行之。《洛誥》所謂『肇稱殷禮，祀于新邑，咸秩無文』者與？鄭注：「殷禮，謂王者未制禮樂，恒用先王禮樂。自伐紂以來皆用之，非始成王也。」今按：始稱殷禮，蓋禘嚳也。鄭與韋昭比附《大司樂》之『冬至配享天于圜丘』，指爲禘嚳，然《大司樂》無禘嚳之文，且嚳非天神，樂六變，未可得而禮，非『内出者無匹不行』之義。又『三王之郊，一用夏正』，無容周建正朔别增一郊。且商何得亦有冬至圜丘之禘乎？五神者，《月令》之説，《祭法》鄭注：「祭五帝五神于明堂，曰祖宗。」《明堂月令》「春日其帝大昊，其神句芒」云云。後人强以文王配五天帝，武王配五人帝，皆非《雝》詩義也。鄭又以『冥、稷德少，獨配感生帝爲寡；契與文、武德大，從配五帝爲衆』。又以世次，欲改虞、夏、商之郊。《祭法》注「先後之次，虞夏宜郊顓頊，殷人宜郊契」。郊祭一帝，而明堂祭五帝，少德配寡，大德配衆，禮之殺也。則顓頊之德小于鯀，契之德小于冥乎？皆拘于《月令》、《周官》而曲爲之説，于他經無攷焉，今固不得而從之也。」曰：「以祖文王、宗武王爲禘，何以徵之？且《孝經》又專言『宗祀文王于明堂』，與《國語》異，何也？」曰：「一徵之《書》，二徵之《詩》。《洛誥》周公曰：『王肇稱殷禮，祀于新邑，咸秩無文。』始稱殷禮者，蓋禘嚳也。『今王即命曰：記功。句。宗以功，作元祀。』則宗祀文王，直配上帝。『既右烈考，亦右文母』，損益二代，非復所因矣。故曰：『王命予來，承保乃文祖受命民，越乃光烈考武王宏訓。』鄭注：「文祖者，周曰明堂，以稱文王。」是文王德稱文祖也。又曰：『考朕昭子刑，乃單文祖德。』鄭注：「成我所用明子之法度者，乃盡明堂之法。明堂者，祀五帝、太皞之屬。周公制《六典》，就其法度而損益之。」此非以文王爲文祖與唐、虞禘黄帝爲文祖之同證與？又曰：『伻來毖殷，乃命寧。』鄭注：「周公謂文王爲寧王，成王亦謂武王爲寧王，此一名二人兼之。」又曰：『予以秬鬯二卣，曰明禋。拜手稽首，休享。』鄭注：「禋，芬芳之祭。曰明禋者，《六典》成，祭于明堂，告五帝之屬也。」予不敢宿，則禋于文王、武王。』鄭注：「既告明堂，則復禋于文王之廟，告成洛邑。」案：禘重裸禮，義見虞、馬、王《易》注。❶此非成王以祭器禮周公，《周官》：「王禮上公，再裸而酢。」周公不敢當王禮，遂以王命行禘禮于明堂乎？再徵之《詩》：『《清廟》，祀文王也。周公既成洛邑，朝諸侯，率以祀文王焉。』『《我將》，祀文王于明堂也。』疏引《雜問志》云：「不審用以何月，于

❶「注」，原作「法」，今據《劉禮部集》卷三改。

《月令》則季秋。」案：此以大饗帝爲宗祀，非也。禘行于夏，不以季秋。『《雝》，禘太祖也。』箋云：『太祖，謂文王。』箋謂「禘大于四時，而小于祫」，非是。案：此詩猶《商頌·長發》大禘之歌，太祖猶文祖。鄭云：「文祖，明堂也。」荀子謂『王者天太祖』，故《詩》云『文、武維后，燕及皇天』。此非祖文王而宗武王，並配上帝之證乎？「辟公」即「顯相」，周公也。天子，成王也。廣牡帝牲，亦用騂犢也。「既右烈考，亦右文母。」馬、鄭以文母當十亂，則功臣配祭，无成有終之義也。廟中之祭，以文母配文王，雖皆位于明堂，而母不先子。禘之義，尊而不親也。至《孝經》，專言『宗祀文王于明堂以配上帝』，宗祀、祖宗通文，且以父統子也。《洛誥》明言「以二卣禋于文、武」，而《詩序》及《書大傳》皆止言「周公成洛，祀文王于清廟。」韋昭泥之，乃云：「周公初祖后稷，而後更祖文王，乃以武王爲宗。」其亦固矣。既率諸侯祀文王于清廟，復因反祀于方明，即舜「禋于六宗」，《禮》「大饗五帝于明堂」也。受覲禮于壇上。成王未至洛，周公不敢南鄉而立也。破漢儒說。因于明堂宗祀受之，以歸德于文王。故《我將》曰『儀式刑文王之典，日靖四方』，與《清廟》異地亦異樂章也。破鄭氏以大饗帝爲宗祀之說。非文王不足以配天，非周公之聖不能知其說。魏明帝詔，以漢承秦滅學四百餘年，廢無禘祀禮，所謂雖有其位，苟無其德，不敢作禮樂焉。踵而行之，亦虛器也。」曰：「然則周之禘其與前代異乎？」曰：「義同而禮異也。唐、虞之文祖，蓋禘黄帝、顓頊、帝嚳。殷、周之禘及嚳而已。殷惟帝嚳以配上帝，下及有功德之君臣，《長發》是也。《多士》篇：「自成湯至于帝乙，罔不明德恤祀，亦惟天丕建保乂有殷，殷王亦罔敢失帝，罔不配天其澤。」配天者，蓋列于明堂，如三宗稱宗是也。如韋玄成說殷之三宗，宗其道而毀其廟，則五年之大禘，必叙其主于明堂，可知矣。周則禘嚳以配上帝于明堂，故仍唐虞文祖之名以諦祖宗之功德，別創文王配帝之禘，亦在明堂，故亦曰文祖，以審子孫之功德。蓋諸侯之功德，王者審之，故『不王不禘』也。周公有其德而無其位，若阿衡之配食明堂稱也。僖公不知而作，誣天誣祖莫甚焉！」

春秋論上

嘉定錢詹事論《春秋》曰：「《春秋》之法，直書其事，使善惡無所隱而已。魯之桓、宣皆與聞乎弑，其生也書公，其死也書葬，無異詞。文姜淫而與乎弑，其生也書夫人，其死也書葬，無異詞。公子遂弑其君，季孫意如逐其君，亦書卒，無異詞。」應之曰：「錢氏以《春秋》無書法也，則隱之不葬，桓之不王，宣之先書『子卒不日』，胡爲者？『公夫人姜氏如齊』去『及』，『夫人孫於齊』去『姜氏』，❶『夫人氏之喪至自齊』去『姜』，胡爲者？仲遂在所聞世有罪不日，意如在所見世有罪無罪例日，皆以其當誅而書卒，見宣、定之失刑獎賊也。」錢氏又曰：「楚商臣、蔡、般之弑，子不子，父不父也。許止以不嘗藥書弑，非由君有失德，故楚、蔡不書葬，而許悼公書葬，以責楚、蔡二君之不能正家也。宋襄公用鄫子，楚靈王用蔡世子，皆特書之，以惡其不仁，且明二君之强死非不幸也。」《潛研堂問答》。正之曰：「《春秋》之義，君弑，賊不討不書葬，未聞有責君不正家者。許止本未嘗弑其君，故書葬以赦之。吴、楚之君，從無書葬之例。至蔡景公實書葬。三傳經文所同，而謂其不書葬，不知所見何經也？僖十九年：

❶「於」，原作「如」。《左傳注疏》卷八、《公羊傳注疏》卷六、《穀梁傳注疏》卷五作「于」，參沈梁校。今據《劉禮部集》卷一二改。

『夏，宋人、曹人、邾婁人盟于曹南。鄫子會盟于邾婁。己酉，邾婁人執鄫子，用之。』經文瞭然，故《公》、《穀》均指邾、鄫以季姬事相仇爲説。如果宋襄用鄫，而經歸獄邾婁，則《春秋》其誣罔之書與？《左氏》經文亦同《公》、《穀》，而錢氏謂經特書之以箸宋襄之罪，又不知所見何經也？辨詳《左氏廣膏肓》。且錢氏不過欲以破《綱目》于夷狄賊臣書死之例，此例亦非《綱目》特創也。《史記》、《漢書·匈奴傳》曰：冒頓單于死，老上單于死，軍臣單于死，伊穉斜單于死，烏維單于死，兒單于死，句黎湖單于死，且鞮侯單于死，狐鹿姑單于死，壺衍鞮單于死，虛閭權渠單于死，握衍朐鞮單于死，呼韓邪單于死。乃至匈奴之臣，則左、右谷蠡王死，左右賢王死，休屠王死。其漢臣降匈奴之衛律等亦書死。又《王莽傳》云：太師王舜死，大司馬甄邯死，太傅平晏死，功顯君死。蓋一則本《春秋》吴、楚君卒不書葬之義而變其詞，一則本《春秋》君弑賊不討以爲無臣子皆當誅絶之義而變其詞。史家各自爲例，不必效《春秋》，亦無倍《春秋》也。錢氏又不過欲破《綱目》季漢、中唐正統之書法。夫《綱目》所書正統，其悉當與否，吾不敢知。若史家正統之例，則實本《春秋》通三統之義。太史公作《五帝本紀》，列黄帝、顓頊、高辛、堯、舜而不數少昊氏，斯義也本之董生論三統，《蕃露·三代改制質文》篇。孔子論五帝德，《國語》柳下惠論祀典。蓋少昊氏之衰，九黎亂德，顓頊修之，故柳下、孔子、董生、太史公論列五帝，皆祧少昊一代於不言，視《月令》郯子所論識殊霄壤。此正統本於三統之明徵，豈徒臚列紀載，體同胥史，遂並董狐乎？」錢氏又曰：「《左氏》之勝《公羊》，宜乎夫人知之，而范升抗議于前，何休申辨于後，漢儒專己黨同如此。」亦見《答問》。吾謂：「此非《公羊》之不及《左氏》，乃《春秋》之不及《左氏》也。《左氏》詳于事而《春秋》重義不重事，《左氏》不言例而《春秋》有例無達例。惟其不重事，故存什一于千百，所不書多于所書；惟其無達例，故有『貴賤不嫌同號，美惡不嫌同詞』，以爲待貶絶不待貶絶之分，以寓一見不累見之義。如第以事求《春秋》，則尚不足爲《左氏》之目録，何謂游、夏之莫贊也？如第執一例以繩《春秋》，則且不如畫一之良史，何必非斷爛之朝報也？」

春秋論下

《春秋》之有《公羊》也，豈第異于《左氏》而已，亦且異於《穀梁》。《史記》言《春秋》上記隱，下至哀，以制義法，爲有所刺譏褒諱抑損之文，不可以書見也，故七十子之徒口受其傳指。《漢書》言「仲尼殁而微言絶，七十子喪而大義乖」。夫使無口受之微言大義，則人人可以屬詞比事而得之，趙汸、崔子方何必不與游、夏同識？惟無其張三世、通三統之義以貫之，故其例此通而彼礙，左支而右絀。是故以日月名字爲褒貶，《公》、《穀》所同，而大義迥異者，則以《穀梁》非卜商高弟，傳章句而不傳微言，所謂「中人以下不可語上」者與？清興百有餘年，而曲阜孔先生廣森始以《公羊春秋》爲家法，于以攟清諸儒據赴告、據《左氏》、據《周官》之積蔀，箴砭衆説無日月、無名字、無褒貶之陳羹，詎不謂素王之哲孫，麟經之絶學！乃其三科九旨，不用漢儒之舊傳，而別立時月日爲天道科，譏貶絶爲王法科，尊親賢爲人情科，如是則《公羊》與《穀梁》奚異？奚大義之與有？推其意，不過以據魯新周故宋之文疑于倍上，治平、升平、太平之例等于鑿空。不知《孟子》言《春秋》繼王者之迹，行天子之事，知我罪我其唯《春秋》，爲邦而兼夏殷周之制。既以告顔淵「吾其爲東周」，又見于不狃之召；夏殷周道皆不足觀，「吾舍魯何適」，復見于《禮運》之告子游。故曰「我欲載之空言，不如見諸行事之深切箸明」，又曰「吾因其行事而加吾王心焉」，憂天憫人不得已之心，百世如將見之。後世杜預、范甯之徒嘵嘵訾議，皆夫子所謂「罪我者」也。必如其説，《春秋》功則有之，何罪之有？又其意以爲三科之義不見于傳文，止出何氏《解詁》，疑非《公羊》本義。無論元年、文王、成周宣榭、杞子、滕侯之明文，且何氏《序》明言依胡毋生《條例》，又有董生之《繁露》、太史公之《史記・自序》、《孔子世家》，皆《公羊》先師七十子遺説，不特非何氏肊造，亦且非董、胡特創也。無三科九旨則無《公羊》，無《公羊》則無《春秋》，尚奚微言之與有？且孔君之書，辟《春秋》當新王之名，而未嘗廢其實也。其言曰：「《春秋》有變周之文，從殷之質，非天子之因革邪；甸服之君三等，蕃衛之君七等，大夫不氏，小國之大夫不以名氏通，非天子之爵禄邪；上抑杞，下存宋，褒滕、薛，邾婁儀父，賤穀、鄧而貴盛、郜，非天子之絀陟邪；内其國而外諸夏，内諸夏而外夷狄，非天子之尊内重本邪？」辟王魯之名而用王魯之實，吾未見其不倍上也！《春秋》因魯史以明王法，改周制而俟後聖，猶六書之叚借，説《詩》之斷章取義。故雖以齊襄、楚靈之無道，祭仲、石曼姑、叔術之嫌疑，皆叚之以明討賊復讎、行權讓國之義，實不予而文予。《春秋》立百王之法，豈爲一事一人而設哉？故曰：于所見微其詞，于所聞痛其禍，于所傳聞殺其恩。此一義也，穀梁氏所不及知也。于所傳聞之世見撥亂致治，于所聞世見治升平，于所見世見太平，此又一義也，即治《公羊》者亦或未之信也。《孟子》述孔子成《春秋》于禹抑洪水、周公兼夷狄之後，爲第三治。請引之以告世之以《春秋》罪孔子者。

戈戟解

戈，擊兵也，非刺兵，亦非句兵。其用主于援與胡，而助其力者在内援。兩畔有刃，其鋒鋭下垂，半入柲者，謂之胡。《説文》：「胡，牛頷垂也。」胡近援者，有刃在外，中鑿三孔，近柲，用時以金革約之，内如斧斨之瑙，以向人身，而對援在外得名。或云即古文枘字，以横貫柲孔得名也。其用主于擊。《左氏春秋》凡十餘見。倨句，猶云弇侈。内太長則援之力弱，故曰折前；内太短則援之勢不迅，故曰不疾。外對内而言，謂出柲外露刃者。但言外博，不言中矩，與戟互文見義。《説文》謂之「平頭戟」，簡而該矣。《攷工記》鄭注以爲句兵則誤。証之《左氏》，言戟句者多矣，言戈句者絶不見。蓋戈柲長六尺有六寸，此爲短兵，敵已在一二步之近，長戟不能施，不以擊而以句，則必爲敵所傷矣。戴氏震、金氏榜又以爲刺兵，顯與《攷工記》、《説文》相背。《攷工》列「車有六等之數」，云「戈柲六尺有六寸，既建而迆，崇於軫四尺，謂之二等」，並不兼援八寸數之，故知援是横設，不在上畔。戴氏、金氏圖、注俱錯，反以宋伯思爲誤。《左氏》文十年傳言「摏其喉以戈」，❶則戈爲平頭甚明，故治氏唯于戟言刺。《左氏》襄二

---

❶「十」，據《左傳注疏》卷一九下，事在十一年。參陳校。

十八年,「盧蒲癸自後刺子之,❶王何以戈擊之」,「刺」文僅一見,蓋散文通用,且避下句「重擊」文也。「戟」爲有枝兵,故字從「倝」。其從「戈」者,即從戈上加一刺,刺别設。故《治氏》言「與刺」,注言「戟胡横貫之」,蓋不唯戟,胡亦然也。司農以刺爲援,更誤,故鄭注破之。戴氏以古戟形不可見,以意圖之爾。戟刺與胡縱横成十字,長皆一尺二寸,戈圖明,則戟制亦明。而鄭注所謂「三鋒戟」者,亦明戟之制與戈異者唯加一直刺,向前連其柲,長一丈六尺也。今時土中多有出者,曲阜顏氏、嘉禾陸氏、揚州阮氏、陽湖孫氏、莊氏所藏,大小輕重不一。其大而重者爲戈。其小而輕者蓋即戟,而未得其刺者與?戈重三鋝,戟與刺重三鋝,則古之權衡又從可攷矣。劉侍郎鳳誥以戈戚題試温州士,罕能言其制者,因爲解之。

跋杜禮部所藏漢石經後

少得西安程氏所摹《漢石經》,心好之,但有志隸書。後從舅氏莊先生治經,始知兩漢古文、今文流别。蓋西漢十四博士之學爲今文。古文自劉歆典校中祕得之,欲立博士,而太常老宿及大臣師丹等争之,不得立。東漢初,世祖雅好《左氏春秋》,杜林、賈逵等亦篤守古文學,由是《周官》、《儀禮》、孔壁《尚書》、《毛氏詩》、《費氏易》漸顯于世。鄭康成兼綜今古之學,專長《儀禮》。其箋《毛》,箴何,注《易》、《書》,多舛駁,不可從。若《春秋》何邵公氏、《易》虞仲翔氏,最有師法,皆今文也。蔡邕等承詔書七經,立石以

❶「自」,原作「目」,今從沈梁校據《左傳注疏》卷三八及《劉禮部集》卷九改。

整齊學者。《易》不可見，《書》則歐陽、夏侯，《詩》則《魯詩》，《春秋》則《公羊》嚴氏，兼載顔氏異同，《論語》則兼載盇、包、毛、周異同，《禮》則兼書《小戴》，其可徵者，皆今文也。漢殘石拓本，唐世猶在祕府。宋人見拓本者有鄱陽洪景伯氏、成都胡宗愈氏、越州石熙明氏三家，各重橅上石，胡氏字最多。吁！漢石雖亡，宋三家石紙本今有存者，即熹平之嫡孫，其距古豈不近哉？曩錢唐黄氏易得宋拓《尚書》三十字、《論語》五十九字，皆洪氏石。吾邑孫氏星衍得宋拓《尚書》五十餘字，亦洪氏石。滇杜君薇之爲禮部郎使長沙，得宋拓《尚書》九十二字，《魯詩》百十字、《儀禮・聘禮》六十四字、《公羊傳》十八字、《論語》百三十五字，大都四百十九字，則未知其爲鄱陽本與，成都本與？仁和龔君自珍嘗得宋皇祐重摹魏邯鄲淳三體石經《尚書》三十九字、《左傳》三十八字。龔君盛稱淳親見祕府孔壁古文，且言：「《石經》有今文、古文兩者之學。邕一字，今文家也；淳三字，古文家也。」爰牽連記以諗世之講求漢魏經師家法者。

詩古微序

嘗怪西京立十四博士，《易》則施、孟、梁丘氏，《書》則歐陽、大、小夏侯氏，《詩》則齊、魯、韓氏，《禮》則大、小戴氏，《春秋》則《公羊》顔、嚴氏，《穀梁》江氏，皆今文家學。而晚出之號古文者十不與一。夫何家法區別之嚴若是！豈非今學之師承，遠勝古學之鑿空？非若「《左氏》不傳《春秋》，逸《書》逸《禮》絶無師説，《費氏易》無章句，《毛詩》晚出，自言出自子夏，而序多空言，傳罕大義」，非親見古序有師法之言與？若「《漢廣》，德廣所及」,「《白華》,孝子之潔白」,「《崇丘》,萬物得極其高大」,「《雨無正》,衆多如雨而非所以爲政」之類,皆望文爲義。其釋《風》之平王、齊侯,《頌》之成王、成康,《雅》之「王命南仲」,及《楚茨》四十餘詩皆刺幽王之類,又多不槩于人心,非若《魯》、《韓》佚説,每詩輒實以某人某事,其言徵實不誣,夫有所受之也。 西漢專門傳受之學,至東京而漸決藩籬。鄭康成氏總羣儒而通六蓺,其學則于《禮》深,于《易》、《書》、《詩》、《春秋》淺,故注《禮》用今文,采韓説。及解《易》、《詩》、《書》、《春秋》,乃皆舍今學而從古文,聊以創異門户,存一家之説。其後鄭學大行,于是《齊詩》漢代即亡,《魯詩》亡于西晉,與《易》、《書》之今文諸家同墜于地。《韓詩》、《公羊》雖存,自唐代已號絶學。而《韓詩》復亡于北宋。寧非東京諸儒階之厲哉!而世之説者顧曰三家《詩》多述本事,猶之不修之《春秋》也。《毛詩》則財以聖人之義法,猶之君子修之云爾。果爾,則請以《春秋》義法覈之。《詩》何以《風》先乎《雅》?箸《詩》、《春秋》之相終始也。風者,王者之迹所存也。王者之迹息,而采風之使缺,《詩》于是終,《春秋》于是始。《春秋》宗文王,《詩》之四始莫不本于文王。首基之以二《南》,《春秋》之大一統也;終運之以三《頌》,《春秋》之通三統也;《周南》終《麟趾》,《召南》終《騶虞》,《春秋》之始元終麟也;《變風》始于《邶》、《鄘》、《衛》,《春秋》之故宋也;《王》次之,《春秋》之新周也;《變雅》始于宣王之征伐,《春秋》之内諸夏而外吴、楚也;《魯頌》先乎《商頌》,《春秋》之寓王也;《頌》以《商》爲殿者,謂救周之文敝,宜從殷之質也。託夏于魯,明繼周以夏,繼夏以商,三王之道若循環,終則又始,《易》終《未濟》之義也。王者因革損益之道,三王五帝不相襲。託王者於斯,一質一文，當殷之尚忠，敬、文迭施，當夏之教也，是《春秋》之通義也。孔子序《書》，特韞神恉，紀三代，正稽古，列正變，明得失，等百王，知來者，莫不本于《春秋》，即莫不具于《詩》。故曰：「《詩》、《書》、《春秋》，其歸一也。」此皆删述微言之大義。毛序、毛傳曾有一于此乎，則所謂子夏傳之者不足據矣。《詩》之爲用，在于禮樂，而二《雅》、《小序》莫能詳其祭祀燕饗之所用。閒《草蟲》于《采蘋》，與《儀禮》樂章不合，其所謂太師次弟者不足據矣。分《邶》、《鄘》、《衛》爲三，與《左氏》不合；以《抑》詩爲衛武刺厲，以《昊天有成命》之「成王」爲成其王業之王，與《國語》不合；以宣王、南仲伐玁狁爲文王詩，與《大雅》及周秦傳記皆不合：則所謂「國史序之」者，又不足信矣！以《齊》、《魯》、《韓》遺説質之，則數者往往符合。今文之師受，遠勝古文之鑿空如此。鄭、許皆古學，而箋《詩》輒用《韓》義以輔《毛》，《説文》引《詩》，亦三家多于《毛》，古學之不能廢今文又如此。皇清漢學昌明，通儒輩出，于是武進張氏始治《虞氏易》，曲阜孔氏治《公羊春秋》，今文之學，萌芽漸復。惟《書》，則江、段、孫、王皆雜采馬、鄭、王、孔，無所決擇。王氏反主鄭説以破古義，尤爲偵繆。《詩》則顧、炎武。閻、若璩。胡、渭。戴，震。皆致疑于毛學，而尚不知據三家古義以正其源流。邵陽魏君默深治經，好求微言大義，由董子書以信《公羊春秋》，由《春秋》以信西漢今文家法。既爲《董子春秋述例》以闡董、胡之遺緒；又于《書》則專申《史記》、伏生《大傳》及《漢書》所載歐陽、夏侯、劉向遺説，以難馬、鄭；于《詩》則表章《魯》、《韓》墜緒，以匡傳、箋。既與予説重規疊矩，其所排難解剥，鉤沈起廢，則又皆足干城大道，張皇幽眇，申先師敗績失據之謗，箴後漢好異矯誣之疾，使遺文湮而復出，絶學幽而復明，其志大，其思深，其用力勤矣！予向治《春秋》今文之學，有志發揮成一家言，作輟因循，久未卒業，深懼大業之陵遲，負荷之隕越。幸遇同志，勇任斯道，助我起予，昔之君子，其亦有樂于斯乎？如曰不然，以俟來哲。

宋先生翔鳳

宋翔鳳，字于庭，長洲人。嘉慶庚申舉人，官湖南新寧縣知縣。以老乞歸。咸豐己未，重宴鹿鳴，加知府銜。十年卒，年八十五。先生亦莊氏之甥，其舅氏珍蓺先生謂：「劉甥可師，宋甥可友。」宋甥即先生也。通訓詁名物，志在西漢家法。微言大義，得莊氏之真傳。嘗以《論語》二十篇，素王之業備焉，自漢以來，諸家之説不能畫一，因綜覈古今，爲《論語説義》十卷。又漢初傳《論語》者凡三家，北海鄭君嘗就《魯論》之篇章，考之《齊》、《古》以爲之注，其書亡於五代之季，乃剌取古籍中所徵引者，爲《論語鄭注》二卷。《孟子》一書，惟趙岐《注》盛行於世，然學者所習，時病闊疏，因參考近儒論説，正其疏舛，爲《孟子趙注補正》六卷。又注《孟子》者，《隋·經籍志》所載有鄭玄《注》七卷，劉熙《注》七卷，今康成之《注》不見，惟唐人書時引劉説，爰搜録得二十餘事，爲《孟子劉熙注》一卷。又以《小爾雅》一書爲《爾雅》之流别，經學之餘裔，其書甚古，而作者名氏闕如，後之作僞者，嘗捃摭以入之《孔叢子》中，殊多竄亂，今元

本不可復見，李軌《略解》亦復失傳，因爲疏通證明，並補其佚文，爲《小爾雅訓纂》六卷。其他考證經義者，有《周易考異》二卷、

《卦氣解》一卷、《尚書略説》一卷、《尚書譜》一卷、《大學古義説》二卷、《四書釋地辨證》二卷、《爾雅釋服》一卷、《五經要義》一卷、《五經通義》一卷、《過庭録》十六卷，及《論語發微》、《經問》、《樸學齋札記》，統名曰《浮溪精舍叢書》。參史傳。

論語説義自序

《論語説》曰：「子夏六十四人共撰仲尼微言，以當素王。微言者，性與天道之言也。」此二十篇，尋其條理，求其恉趣，而太平之治、素王之業備焉。自漢以來，諸家之説時合時離，不能畫一。蒙嘗綜覈古今，有《纂言》之作，其文繁多，別録私説，題爲《説義》，紬繹已久，有未著于墨者。年衰事益，倥傯匙暇，恐并散佚，遂以此數萬言先付殺青。引而伸之，或俟異日。

論語鄭注輯本自序

叙曰：漢初傳《論語》凡三家，《魯論》二十篇；《齊論》二十二篇，多《問王》、《知道》；《古論》二十一篇，兩《子張》。後安昌侯張禹攷校《齊》、《魯》二《論》，從二十篇爲定，號《張侯論》，後儒多爲之注，《齊論》遂亡。《漢書・禹傳》稱太子太傅蕭望之奏「其經學精習有師法」，蓋望之與禹同爲《魯論》，皆傳二十篇者也。案：何平叔言「張禹本授《魯論》，晚講《齊》説，善者從之」。是《張論》非盡同《魯》，而爲當時所貴。後漢包氏、周

氏章句出焉。孔安國傳《古文論語》，馬融續爲訓説。北海鄭君就《魯論》篇章攷之《齊》、《古》，爲之注。案：皇氏侃云：「康成攷校《齊》、《魯》二《論》，亦注於《張論》。」則鄭所校《魯論》爲《張侯論》。陸元朗《音義》言「鄭校周之本以《齊》、《古》，讀正凡五十事」。周之本即周氏之出於張侯者，其明徵也。大約《張侯論》出，而三家遂微；鄭君《注》興，而《齊》、《古》差見。攷《隋・經籍志》載《論語注》十卷，鄭玄注。《經典序録》同。又言：「梁有《古文論語》十卷，鄭玄注，亡。」案：梁代鄭氏、何晏並立國學，故梁人阮孝緒爲《七録》，或以鄭君書多從《古》讀，不盡同張侯，遂定鄭所注爲《古論》。其實非《古論》也。又《音義》所載「讀正五十事」，多謂脱漏未全。今《音義》可攷者，云「《魯》讀某字爲某，今從《古》」，合計得二十三事，皆從《古》讀。「傳不習乎」，《魯》爲「專」。「崔子」，《魯》爲「高」。「未嘗無誨」，《魯》爲「悔」。「學易」，《魯》爲「亦」。「坦蕩」，《魯》爲「湯」。「弁衣裳」，《魯》爲「冕」。《子罕》、《鄉黨》二篇同。「下如授」，《魯》爲「趨」。「瓜祭」，《魯》爲「必」。「鄉人儺」，《魯》爲「獻」。「君賜生」，《魯》爲「牲」。「不内顧」，《魯》無「不」。「仍舊貫」，《魯》爲「仁」。「詠而饋」，《魯》爲「歸」。「折獄」，《魯》爲「制」。「小慧」，《魯》爲「惠」。「謂之躁」，《魯》爲「傲」。「饋孔子豚」，《魯》爲「歸」。「矜也廉」，《魯》爲「貶」。「天何言哉」，《魯》爲「夫」。「果敢而窒」，《魯》爲「室」。「已而已而」，《魯》讀「期斯已矣」。「不知命」章，《魯》無。此二十三事，皆從《古》讀正。其從《齊》讀正者，多不可得見。然《音義》又載「鄭本作某」者，又二十七事，亦異於《張論》者也。「衆星共之」作「拱」。「先生饌」作「餕」。「錯諸枉」作「措」。「十世可知也」作「乎」。「問社」作「主」。「無適也」作「敵」。「則吾必在汶上矣」無「則吾」二字。「燕居」作「晏子」。「疾病」無「病」字。「季康子」有「季」字。「毋吾以也」以作「已」。「饑饉」作「飢」。「異僎」，「僎」作「撰」。「子之迂也」作「于」。「直躬」作「弓」。「方人」作「謗」。「何爲是」無「爲」字。「絶糧」作

「粻」。「義以爲質」有「君子」字。《衛靈公》篇有「父在觀其志」章。「邦内」作「封内」。「惡徼以爲知」作「絞」。「歸女樂」作「饋」。「滔滔」作「悠悠」。「朱張」作「侏」。「廢中權」作「發」。其「異撰」「撰」爲「詮」、「諒陰」爲「梁闇」二事，鄭自改讀不計外，共二十七事。

以合二十三事，正有五十。私意推之，此或有從《齊》所讀。當元朗爲《音義》時，《古論》尚在，《齊論》久亡，故傳鄭本者遂删此注，是以《音義》云「鄭本或無此注」也。鄭注《論語》於隋、唐之際盛於人間，魏徵、劉昫多見著録。其後蓋與《易》、《書》、《孝經》俱佚於五季。至今獨傳何《解》，異同莫究，君子病之。翔鳳自申佔畢，即思拾遺補埶。以爲鄭氏《論語》參校三家，集其散文，差能津逮，乃就何氏《集解》及皇氏《義疏》、陸氏《音義》，又旁及注疏編類之書，先後采獲凡如干條，爲卷二。《隋書·經籍志》載《孔子弟子目録》一卷，鄭玄撰，書亦不傳，然《史記·仲尼弟子傳》注頗引其文，今具采出，以其同科，亦坿斯編。所獲僅此，掛漏滋多，業竟殺青，事猶拾瀋。書中之義，唯存鄭訓，其所闕略，不爲坿益云。

孟子劉熙注輯本自序

《隋書·經籍志》言：「《孟子》十四卷，趙岐注；《孟子》七卷，鄭玄注。」又：「《孟子》七卷，劉熙注。」蓋自趙氏章别其指，篇分上下，故有十四卷。鄭、劉不分篇，卷同數，注當少省矣。近世以來，唯傳趙注，其他則佚。康成之注不見一詞，唯唐人書時引劉説。暇爲搜録，得二十餘事，文或殊焉。乃序之曰：《孟子》故在諸子書，漢孝文時，諸子傳説廣立學官，皆置博士。孝武定爲五經博士，《孟子》遂微，時師道絶。後漢趙岐，逃難四方，藏迹複壁，始注此書，至今具在。學者所習，時病闊疏。以今輯劉注得千百之一二，較於臺卿，頗多同者。臺卿之注地理尤略，以劉考之，恒復相勝。如《史記·五帝本紀》「舜讓辟丹朱於南河之南」，《集解》引劉熙曰：「南河，九河之最在南者。」《漢書·溝洫志》：「許商以爲古説九河之名，有徒駭、胡蘇、鬲津，今見在成平、東光、鬲界中。自鬲津以北至徒駭，其閒相去二百餘里。」孔穎達《禹貢》正義因是知九河所在，徒駭最北，鬲津最南。案：漢鬲縣在平原郡，爲沇州界。《漢書·地理志》河東郡平陽，應劭曰：「堯都也。」在冀州界。九河八流入沇域，在冀州南，鬲津又爲九河之南，故曰南河也。《史記正義》曰：「《括地志》云：『故堯城在濮州鄄城縣東北十五里。又有偃朱故城，在縣西北十五里。』偃朱城所居，即『舜讓避丹朱於南河之南』處也。」案：《漢志》鄄城屬泲陰郡，在鬲津以南，故曰「南河之南」也。趙注遂云「遠地」。南夷有似荒僻，無可主名，烏知所避？越竟而已。鬲津之南，殆未可易。《晉書·段灼傳》引《孟子》「舜避堯之子於河南」，中減二字，義亦可通。然係省讀，非由文異。又《夏本紀》「陽城」，《集解》引劉熙曰：「今潁川陽城是也。」此亦同《漢志》。又「益讓禹之子啟，而避居箕山之陽」，《集解》曰：「『陽』字一作『陰』。劉熙曰：『嵩高之北。』」《正義》曰：「《孟子》『陽』字作『陰』，箕山之陽即陽城也。『箕』字誤，本是『嵩』字，而字相似。其陽城縣在嵩山南二十三里，則爲嵩山之陽也。」案：張守節言「箕」本字誤者，《水經注·潁水》云：「潁水逕其縣故城南，昔舜禪禹，禹避商均，伯益避啟，並於此。亦周公以土圭測日景處。」又曰：「縣南對箕山，是在箕山之陰。」《史》云箕山之陽，故知《史》文「箕」字爲誤。《孟子》則云「箕山之陰」，字自不誤也。《史記正義》又引《括地志》「陽城縣在箕山北十三里」。又引云：「嵩高山一名太室山，亦名外方山，在洛州陽城北二十三里。」而劉注顧訓「箕山之陰」爲「嵩高之北」，雖或周而不備，豈於南朔若斯違失？熟思其文，定有脱誤，當爲「嵩高之南，箕山之北」也。又《後漢志》注引《孟子注》云：「南小山曰牛山。」案：《水經·淄水》注：「淄水自山東北流，逕牛山西，又東逕臨淄縣故城南，東得天齊水，下有缺字。□水出南郊山下，謂之天齊淵，五泉並出，南北三百步，廣十步，山即牛山也。左思《齊都賦》云『牛嶺鎮其南』者也。」案：南郊山即牛山，牛山爲齊臨觀之皁，非過險峻，樹木宗生，斧斤易盡，故爲小山。《韓詩外傳》稱齊景公遊於牛山，而北望齊曰：「美哉國乎！鬱鬱泰山，參天入雲，視此小矣。」文曰「北望」，知山在齊南。《史記·管晏列傳》正義引《括地志》亦云：「管仲冢在青州臨淄縣南三十一里，牛山之阿。」劉注、左賦，其説並同。趙謂東南，殆乖目驗。至「晝」之作「晝」，❶趙注必同，誤由傳寫。《田單傳》集解引劉注言「齊西南近邑」。趙氏説同。而《正義》引《括地志》云：「晝即戟里城，在臨淄城西北三十里。」一書數説，吾從其朔。歸鄒之迹，又在西南，《括地》所言，定爲無據。如右數條，❷龘爲證合，知其訓詁概非疎淺。望桂林而無從，識一枝之足貴，搜集之業，曷云能緩。若《文選·景福殿賦》注引劉熙《孟子

❶「畫」，原作「書」，今據《孟子》改。
❷「右」，原作「石」，今從沈梁校據文義改。

注》曰：「獻猶軒，軒在物上之稱也。」《酒德頌》注引劉熙《孟子注》曰：「糟者，齊俗名之如酒糟也。」「獻」、「糟」二字，七篇不見，遂無坿麗，因而缺焉。至於劉君，史佚名氏，唯《吴志・韋曜傳》曜言「劉熙所作《釋名》，信多佳者」。今本《釋名》題漢安南太守劉熙撰。或謂二漢無安南郡，當爲南安。要其傳聞所得，輒多譌舛，世既縣隔，史無見文，無從推斷。夫漢儒之傳經有數家，《孟子》一書，傳注頗少，因拓遺缺，校爲此卷，當得比坿於趙注，以助思誤之一適，是或可以朝益暮習，聊爲保殘守缺之倫，勝乎擿埴索塗而已矣！

小爾雅訓纂自序

敘曰：嘗攷《七略》有《小爾雅》一篇，蓋《爾雅》之流别，經學之餘裔也。説《詩》者毛氏，説《禮》者鄭仲師氏、馬季長氏，往往合焉。晉李軌作《小爾雅略解》，傳於唐世。書並單行，故隋唐諸《志》並箸李軌《解》而不箸撰《小爾雅》者名氏。顔注《漢書》，此亦蓋闕。蓋是書出西京之初，儒者相傳，以求佔畢之正名，輔奇觚之絶誼，則其來已古矣。迭更五季，兹書遂佚。晚晉之人僞造《孔叢》，嘗刺取以入其書。宋人寫館閣書者又就《孔叢》以録出之，當代書目遂題爲孔鮒所撰。而李軌之《解》不傳，則唐以前之元本不可復見。今既采自僞書，定多竄亂，根株粗究，涇渭易明。若夫條分縷晰，舉此證彼，兩漢諸儒門户不隔，烏可不知其同異，考斯雅訓乎？今之爲康成學者恒謗譏此書，以爲不合鄭君，同乎俗説。然還按《詩》、《禮》，乃鄭君之改易古文，非《小爾雅》之偭違經義。據其後以疑其前，明者之所不取也。漢之經師咸有家法，唯有小學，義在博通。就今所傳楊子雲、劉成國、張稚讓諸家之作，多資旁采，𣪘獲所宗，比之墨守，殆有殊涂。至於此書，則依循古文，罕見凌雜。檃括以就，源流合一，故中壘之録蘭臺之志，入於《孝經》一家，而不從小學之例，斯其足以貴寶者矣。余少識故訓，略求津逮，見此書之傳，獨遭厚誣，趨庭黔中，居多暇日，疏通證明，遂未敢後。爰閲編削，二時之久，五卷之説，甫能草創，乃陳其旨趣，以爲叙云。

過庭録

子夏易傳子夏爲韓嬰孫商之字

《經典釋文・叙録》云：「《子夏易傳》三卷。卜商，字子夏，衛人。孔子弟子。」「《七略》云：『漢興，韓嬰傳。』《中經簿録》云：『丁寬所作。』張璠云：『或馯臂子弓所作，薛虞記。』虞不詳何許人。」《文苑英華》載唐司馬貞議云：「王儉《七志》引劉向《七略》云：『《易傳》子夏，韓氏嬰也。』今題不稱韓氏而載薛虞記。又今祕閣有《子夏傳》薛虞記。」又劉子玄議云：「《漢書・藝文志》《易》有十二家，而無子夏作傳者。至梁阮氏《七録》始有《子夏易》六卷。或云韓嬰作，或云丁寬作。然據《漢書・藝文志》，《韓易》有十二篇，今本《漢書》志《韓氏》二篇，無「十」字。《丁易》有八篇。求其符會，則事殊隳刺者矣。」《隋・經籍志》：「《周易》二卷，魏文侯師卜子夏傳，殘闕。梁六卷。」《漢書・儒林傳》云：「韓嬰，燕人也。孝文時爲博士，景帝時至常山太傅。嬰推詩人之意，而作《内外傳》數萬言，其語頗與齊、魯閒殊，然歸一也。淮南賁生受之。燕、趙閒言《詩》者由韓生。韓生亦㠯《易》授人，推《易》意而爲之傳。燕、趙閒好《詩》，故其《易》微，唯韓氏自傳之。武帝時，嬰嘗與董仲舒論於上前。其人精悍，處事分明，仲舒不能難也。後其孫商爲博士。孝宣時，涿郡韓生，其後也，㠯《易》徵，待詔殿中，曰：『所受《易》，即先太傅所傳也。嘗受《韓詩》，不如韓氏《易》深，太傅故專傳之。』司隸校尉蓋寬饒，本受《易》於孟喜，見涿韓生説《易》而好之，即更從受焉。」翔鳳桉：《漢・儒林傳》稱：「魯商瞿子木受《易》孔子，㠯授魯橋庇子庸，子庸授江東馯臂子弓，子弓授燕周醜子家。」則子家當爲六國時人，受子弓之《易傳》於燕地。韓嬰之以《易》授人，自必有所傳，蓋出於子弓，故張璠稱《子夏易傳》或馯臂子弓所作。子弓之《易》又五傳而至丁寬，故或以爲丁寬作。蓋嬰孫商爲博士，當亦爲《詩》博士。孝宣時，其後韓生始以《易》徵，待詔殿中，則韓氏之《易》至是始顯，子夏當是韓商之字，與卜子夏名字正同，當是取傳《韓氏易》最後者題其書，故《韓氏易傳》爲《子夏傳》也。

豳風七月備風雅頌

《七月》篇：「春日遲遲，采蘩祁祁，女心傷悲，殆及公子同歸。」箋云：「春，女感陽氣而思男；秋，士感陰氣而思女。是其物化，所以悲也。悲則始有與公子同歸之志，欲嫁焉。女感事苦而生此志，是謂《豳風》。」正義曰：「此章所言是謂豳國之風詩也。此言是《豳風》，六章云是謂《豳雅》，卒章云是謂《豳頌》者，《春官・籥章》云：『仲春，晝擊土鼓，吹《豳詩》，以迎暑。仲秋，夜迎寒氣，亦如之。凡國祈年於田祖，吹《豳雅》，擊土鼓，以樂田畯。國祭蜡，則吹《豳頌》，以息老物。』以《周禮》用爲樂章，詩中必有其事。此詩題曰《豳風》，明此篇之中具有《風》、《雅》、《頌》也。別言《豳雅》、《豳頌》，則《豳詩》者是《豳風》可知。故《籥章》注云：『此《風》也，而言詩，詩，總名也。』是有《豳風》也。且《七月》爲《國風》之詩，自然《豳詩》是《風》矣。既知此篇兼有《雅》、《頌》，則當以類辯之。《風》者，諸侯之政教，凡繫水土之風氣，故謂之《風》。此章『女心傷悲』，乃是民之風俗，故知是謂《豳風》也。《雅》者，正也。王者設教以正民，作酒養老，是人君之美政，故知穫稻爲酒，是《豳雅》也。《頌》者，美盛德之形容，成功之事。男女之功俱畢，無復飢寒之憂，置酒稱慶，是功成之事，故知『朋酒斯饗，萬壽無疆』，是謂《豳頌》也。《籥章》之注與此小殊。彼注云：『豳詩，謂《七月》也。《七月》言寒暑之事，迎氣歌之，歌其類。』言寒暑之事，則首章『流火』、『觱發』之類是也。又云：『《豳雅》者，亦《七月》也。《七月》又有「于耜」、「舉趾」、「饁彼南畝」之事，是亦歌其類也。』則亦以首章爲《豳雅》也。又云：『《豳頌》者，亦《七月》也。《七月》又有「穫稻釀酒」、「躋彼公堂」、「稱彼兕觥，萬壽無疆」之事，是亦歌其類也。』兼以穫稻釀酒，亦爲《豳頌》。與此異者，彼又觀《籥章》之文而爲說也。以其歌《豳詩》以迎寒迎暑，故取寒暑之事以當之。吹《豳雅》以樂田畯，故取耕田之事以當之。吹《豳頌》以息老物，故取養老之事以當之。就彼爲說，故作兩解也。諸詩未有一篇之内備有《風》、《雅》、《頌》，而此篇獨有三體者，《周》、《召》陳王化之基，未有《雅》、《頌》成功，故爲《風》也。《鹿鳴》陳燕勞羣臣之事，《文王》陳祖考天命之美，雖是天子之政，未得功成道洽，故爲《雅》。天下太平，成功告神，然後謂之爲《頌》。然則始爲《風》，中爲《雅》，成爲《頌》，言其自始至成，别故爲三體。周公陳豳公之教，亦自始至成，述其政教之始則爲《豳風》，述其政教之中則爲《豳雅》，述其政教之成則爲《豳頌》，故今一篇之内，備有《風》、《雅》、《頌》也。」翔鳳謹案：《七月》一篇之詩，而《籥章》言《豳詩》、《豳雅》、《豳頌》，以其事各有宜。迎寒暑則宜《風》，故謂之《豳詩》；祈年則宜《雅》，故謂之《豳雅》；息老物則宜頌，故謂之《豳頌》。鄭君於詩中各取其類以明之，非分某章爲《雅》，某章爲《頌》，故説各不同。《籥章》不曰《豳風》，而曰《豳詩》，以《豳詩》皆在《國風》之内，遂不言《風》，而言詩。《豳風》實不列於《雅》、《頌》，則必言《雅》言《頌》，以見一篇備此三體。況以籥吹之，則取其聲而不陳其辭，不嫌一篇而名以三體矣！或疑《楚茨》、《信南山》、《甫田》、《大田》爲《豳雅》，《思文》、《臣工》、《豐年》、《載芟》、《良耜》等篇爲《豳頌》，取《雅》、《頌》諸篇以分屬之，似矣。然於豳何涉？況《思文》、《臣工》之詩，非息老物可用也。

儀禮爲本周禮爲末

賈公彦《儀禮疏序》曰：「《周禮》、《儀禮》，發源是一，理有終始，分爲二部，並是周公攝政太平之書。《周禮》爲末，《儀禮》爲本，本則難明，末則易曉，是以《周禮》注者則有多門，《儀禮》所注，後鄭而已。」桉：《儀禮》十七篇始於《冠》、《婚》以重成人之事，謹人倫之始；終於《喪》、《祭》明慎終追遠之義。《喪服》一篇，所以定親疏，決嫌疑。人心風俗之所繫，不可變易，故謂之本。《周禮》設官分職，一代之書，有所損益，故謂之末。而賈氏序《周禮》則云：「《周禮》爲本，《儀禮》爲末。」此疏家各尊其經，非至論也。

月令五蟲所取

《月令》：「春三月，其蟲鱗。」鄭注云：「象物孚甲將解鱗，龍蛇之屬。」「夏三月，其蟲羽。」鄭注云：「象物從風鼓葉，飛鳥之屬。」「中央其蟲倮。」鄭注云：「象物露見不隱藏，虎豹之屬恒淺毛。」「秋三月，其蟲毛。」鄭注云：「象物應涼气而備寒，狐貉之屬生旃毛出。」❶「冬三月，其蟲介。」鄭注云：「介，甲也。象物閉藏地中，龜鼈之屬。」謹案：春三月，斗建寅、卯、辰，上值東宮蒼龍，故其蟲鱗。《易》春分震用事，震爲龍。夏三月，斗建巳、午、未，上值南宮朱鳥，故其蟲鳥。《易》夏至离用事，离爲飛鳥。中央土值未、申之閒，未申爲坤維，坤爲虎；申宮直參，參爲白虎，故其蟲倮，鄭必以爲虎豹之屬也。秋三月，斗建申、酉、戌，上直西宮咸池。《天官書》不言白虎言咸池，以白虎不主秋令。鄭以「其蟲毛」爲「狐貉之屬」者，西宮有大星曰狼，狼亦狐屬，狐亦類狗。《易》艮爲狗、爲狐。秋分兑用事，不取兑象取艮象者，兑旁通艮，故取艮也。冬三月，斗建亥、子、丑，上值北宮玄武。南斗下有鼈十四星，故鄭注「其蟲介」爲「龜鼈之屬」。子爲天黿，丑爲鼈蟹。《易》象离爲鼈、爲龜。冬至坎用事而取离者，虞氏說：「《易》乾交坤爲坎，坤交乾爲离，坎戊離己，用三十日一會於壬。」又云：「乾坤生春，艮

❶「出」，《禮記注疏》卷一六作「也」。參沈梁校。

兑生夏，震巽生秋，坎离生冬。」是坎离交相爲用，故用坎時反取離象也。

南方之强北方之强爲老聃墨翟

按：《老子》言「天下之至柔，馳騁天下之至剛」，此寬柔以教也。又言「報怨以德」，此不報無道也。老子，楚人，故云「南方之强」。《淮南·泰族》篇：「墨子服役者百八十人，皆可使赴火蹈刃，死不旋踵。」又《吕氏春秋·上德》篇：「墨者鉅子孟勝曰：『吾於陽城君，非師則友也，非友則臣也。不死，自今以來，求嚴師必不於墨者矣，求賢友必不於墨者矣，求良臣必不於墨者矣！死之，所以行墨者之義，而能繼其業者也。』孟勝死，弟子死之者百八十三人。」此衽金革死而不厭也。墨子，宋之大夫，宋在楚北，故云「北方之强」。至抑汝之强，則孔子之教也。

大學引書

《書》「克明俊德」，《史記·五帝紀》作「能明馴德」，此古文説也。孔傳用之。《正義》引鄭注云：「俊德，賢才兼人者。」《康誥》「克明德慎罰。」孔傳云：「顯用俊德，慎去刑罰。」此亦當本古訓也。如《堯典》「欽明文思安安，允恭克讓，光被四表，格于上下」，已具自明之義。推之以「克明俊德，以親九族」，則先賢後親之法也。《康誥》「明德慎罰」，即舉直措枉，故二者並舉。然必先有以自明，而後能明馴德之士；又必先有以自明，而後心與天通，乃能「顧諟天之明命」。故《大學》篇引《康誥》、《帝典》固言能明有德之士矣，引《太甲》固云天之明命矣，乃總而釋之曰：「皆自明也。」以爲非自明則未能「明德」，亦未能「顧諟天之明命」也。帝王所以明於天人之際者，亦由斯道而已矣。若《書》意本言自明，則《大學》無庸更釋。孔氏《禮記正義》云：「《康誥》戒康叔明用有德，《帝典》言堯能明用賢俊之德。此經所云《康誥》、《太甲》、《帝典》，皆是人君自明其德，與《尚書》異。」其説非是。

康成注經與他書違異

《大戴禮·曾子天圓》篇云：「毛蟲，毛而後生；羽蟲，羽而後生。毛羽之蟲，陽氣之所生也。介蟲，介而後生；鱗蟲，鱗而後生。鱗介之蟲，陰氣之所生也。唯人爲倮匈而後生也，陰陽之精也。毛蟲之精者曰麟，羽蟲之精者曰鳳；介蟲之精者曰龜，鱗蟲之精者曰龍；倮蟲之精者曰聖人。」又《曾子事父母》篇云：「孝子無私樂，父母所憂憂之，父母所樂樂之。孝子唯巧變，故父母安之。若夫坐如尸，立如齊，弗訊不言，言必齊色。此成人之善者也，未得爲人子之道也。」按「若夫」爲語助。《曲禮》「若夫坐如尸」二語與上下文義不屬，蓋自《曾子》脱文入之。康成注《曲禮》「若夫坐如尸」，爲「言若欲爲丈夫也」，注《月令》「其蟲倮」爲「虎豹之類」，俱與《曾子》所言異。《淮南·時則》篇高誘注：「嬴蟲，鱗爲之長。」「毛蟲，虎爲之長。」互易。《漢志·五行志》劉歆「思心」傳曰：❶「時則嬴蟲之孽，謂螟螣之屬也。」《素問·五行政大論》「倮蟲静」，王冰注云：「倮蟲，謂人及蝦蟇之類也。」

《尸子》曰：「舜作五弦之琴以歌《南風》：『南風之薰兮，可以解吾民之慍。』是舜歌也。」按《南風》之詩見《尸子》，《文選·琴賦》注引。而鄭注《樂記》以爲其辭未聞。

❶ 上「志」字，陳本作「書」。

鄭注《樂記》以「商容」爲「商禮樂之官」，與《淮南》、《人表》異。說見前。《禮運》篇曰：「吾學殷禮，是故之宋而不足徵也，吾得坤乾焉。」按坤乾爲《歸藏》。《莊子音義》引《世本》云：「彭祖，姓籛，名鏗，在商爲守藏史，在周爲柱下史。」《史記》云：「老子，周守藏室之史也。」《漢書·張湯傳》云：「老子爲柱下史。」蓋守藏、柱下同爲一官，以《歸藏》殷禮所存，故曰「守藏」。彭祖子孫世世爲此官，至周而老子繼其職守，故記稱「商老彭」，《大戴禮》。謂老子得殷《歸藏》之禮於彭祖。後人所謂商容，即守藏史掌禮容者，非一人，故謂之「商容」。老子傳商禮樂，孔子從而問禮，故《春秋》之經、《儀禮》經十七篇及七十子之徒所記，並用殷禮也。

緇衣葉公之顧命曰：「毋以小謀敗大作，毋以嬖御人疾莊后，毋以嬖御士疾莊士大夫卿士。」語見《逸周書·祭公》篇，則《記》「葉公」當爲「祭公」，而鄭注以爲葉公子高。

《周語》「景王二十一年，將鑄大錢」。韋昭解曰：「鄭司農說《周禮》云：『泉始蓋一品也。周景王鑄大錢而有二品。』見《周禮·外府》注。單穆公云古者有母平子、子權母而行，則二品之來古而然矣。鄭君云錢始一品，至景王而有二品，省之不熟也。」

按鄭君叙五帝不用《帝繫》、《五帝德》，議七廟則異劉歆，尤其落落大者。鄭於諸書豈皆未涉，誠以學問之涂非一端可竟，耑門之學非異說可移，況於百家蠭起，一貫殊難。或由鄉壁之書，或出違經之論，炫彼小言，改我師法，即非通人，奚名絶業？觀夫鄙淺好援百家之言，以駁鄭君之注，吹毛洗垢則有得矣。若鄭君之體大思精，何足損其豪末乎！

孔子生在襄公廿二年

《公羊》襄廿一年傳末云：「十有一月庚子，孔子生。」何休注云：「時歲在乙卯。」《公羊疏》引注作「時歲在乙卯」，解云「何氏自有《長曆》，不得以《左氏》難之。」《大衍曆議》言「傳所據者，周曆也；緯所據者，殷曆也。」又《命曆序》以爲孔子修《春秋》用殷曆，則何氏《長曆》即殷曆，故不與《左氏》同也。案：《史記·孔子世家》云：「魯襄公二十二年而孔子生。」又云：「孔子年七十三，以魯哀公十六年四月己丑卒。」哀十六年《左傳》杜預注云：「魯襄二十二年生，至今七十三。」自襄廿二年至哀十六年，正是七十三。若孔子生於襄廿一年，則七十四矣。而《史記索隱》曰：「若孔子以襄廿一年生，至哀十六年爲七十三。若襄廿二年生，則年七十二。」紕繆之至。案：《公羊》在廿一年，《史記》在廿二年，侣各不同，其實無二也。蓋《公羊》先師欲記聖人生年月日，而襄廿二年經文之下無可附麗，廿二年冬書「會於沙隨」，又不知在何月，故發此傳於廿二年之首，不係於廿一年也。案《史記·十二諸侯年表》自共和元年庚申數至魯襄廿二年爲庚戌。何休以爲乙卯者，一紀太歲，一紀歲星也。鄭康成《周禮·保章氏》注云：「歲星爲陽，右行於天；太歲爲陰，左行於地。」謂如歲星在丑，則太歲在子；歲星在子，則太歲在丑。子與丑合也。歲星在亥，則太歲在寅，寅與亥合也。《王莽傳》：「始建國五年，歲在壽星倉龍癸酉。」服虔曰：「倉龍，太歲也。」案：辰與酉合，故歲在壽星。如襄廿二年，太歲在戌，則歲星當在卯，乙與庚合，故何休以爲乙卯，蓋紀歲星也。若襄廿一年，太歲在酉，則歲星在辰矣。知何休亦謂孔子生在廿二年也。太史公亦傳《公羊》之學者，以爲廿二年。漢儒之傳皆得其實也。《穀梁傳》於襄廿一年末作「十月庚子，孔子生」，蓋范甯之徒據廿一年經冬十月爲庚辰朔，則庚子爲月之廿一日，故删去「有一」二字。陸德明《公羊音義》本「庚子孔子生」上無「十有一月」四字。《音義》云：「傳文上有『十月庚辰』，此亦十月也。一本作『十一月庚子』，又本無此句。」案：陸氏以廿一年爲孔子生年。所記《公羊》本無「十一月」，乃魏晉後淺人删去。又案：《春秋》襄廿二年七月有辛酉，廿三年二月爲癸酉朔，則廿二年十一月亦無庚子。蓋廿二年歲終當有閏，七月之辛酉當作辛卯。古卯、酉音字俱相近，則庚子在十一月矣。以廿一年十月庚辰朔，至廿三年二月癸酉朔，連閏十七个月又一日，共五百零四日計，小建七月。尚質諸治曆者，果有合以否也？

孝經

《孝經》者，書篇名，故《漢書・藝文志》云：「《孝經》者，孔子爲曾子陳孝道也。夫孝，天之經，地之義，民之行也，舉大者言，故曰《孝經》。」則亦猶《曲禮》、《檀弓》、《中庸》、《大學》之類，取篇中之語以題之，非如《易》、《詩》、《書》之爲經也。《藝文志》言：「《孝經》古孔子一篇，❶二十二章。」注：師古曰：「劉向云古文字也。『庶人』章分爲二，『曾子敢問』章分爲三，又多一章，不言「閨門」章。凡二十二章。」《志》又言：「《孝經》一篇，十八章。」「漢興，長孫氏、博士江翁、少府后倉、諫大夫翼奉、安昌侯張禹傳之，各自名家。經文皆同，唯孔氏壁中古文爲異。『父母生之，續莫

❶「子」，《漢志》作「氏」。

大焉』，『故親生之膝下』，諸家説不安處，古文字讀皆異。」注：師古曰：「桓譚《新論》云《古孝經》千八百七十一字，今異者四百餘字。」陸德明《經典叙録》云：「《孝經》亦遭焚燼，河間人顔芝爲秦禁藏。❶漢氏尊學，芝子貞出之，是爲今文，凡十八章。又有古文，出於孔氏壁中，别有『閨門』一章，自餘分析十八章，總爲二十二章，孔安國作傳。劉向校書定爲十八。後漢馬融亦作《古文孝經傳》，而世不傳。世所行鄭注，相承以爲鄭玄。案《鄭志》及《中經簿》無，唯中朝穆帝集講《孝經》云『以鄭玄爲主』。檢《孝經注》，與康成注五經不同，未詳是非。《古文孝經》世既不行，今隨俗用鄭注十八章本。」唐司馬貞議云：「今文《孝經》是漢河閒王所得顔芝本，至劉向以此參校古文，省除煩惑，定此十八章。」又云：「古文二十二章，中朝遂亡其本。近儒欲崇古學，妄作此傳，假稱孔氏，穿鑿更改，又作『閨門』一章。劉炫詭隨，妄稱其善。且閨門之義，近俗之語，必非宣尼正説。案其文云：『閨門之内，具禮矣乎！嚴父嚴兄妻子臣妾，由百姓徒役也。』是比妻子於徒役，文句凡鄙，不合經典。」按：司馬氏駁閨門之義甚當。況《孝經》已云「治家者不敢失於臣妾，而況於妻子乎」，是以妻子親於臣妾，兹又以妻子、臣妾並舉，而比於百姓、徒役。且百姓百官也，即臣之類，豈可儕於徒役？聖人必無是言。《孝經》又云：「父子之道，天性也，君臣之義也。父母生之，續莫大焉。君親臨之，厚莫重焉。」又云：「居家理則治可移於官。」則閨門一章之義已備，出此尤爲

❶ 此句下，《四部叢刊》影印《經典釋文·叙録》有「之」字。參沈梁校。

重複。當時所傳之古文《孝經》，已非劉向所見之孔氏《孝經》。宋司馬温公所注者，即是此本。孔氏之傳尤不可信。

徐氏孝經疏

《公羊》昭十五年疏云：「何氏之意，以『資』爲『取』，言『取事父之道以事君，所以得然者，而敬同故也』。以此言之，則何氏解《孝經》與鄭稱同，與康成異矣云云之説在《孝經疏》。」卷廿三。又定四年疏云：「何氏之意，以『資』爲『取』，與鄭異。鄭注云：『資者，人之行也。』然則言人之行者，謂人操行也云云之説具於《孝經疏》。」卷廿五。按此兩疏，則注《孝經》者又有鄭稱。《公羊疏》不著撰人名氏，《隋·經籍志》同。宋董逌以爲徐彦，近人以爲徐遵明。詳疏，則有《公羊疏》，又有《孝經疏》。《隋·經籍志》有《孝經講疏》六卷，徐孝克撰。孝克或彦字，然不可考矣。

爾雅舍人注

《經典釋文·叙録》：「《爾雅》犍爲文學注三卷。一云犍爲文學卒史臣舍人，漢武帝時待詔。」錢少詹事大昕。云：「《廣韻》有舍姓，蓋其人姓舍名人。」孫御史志祖。云：「案《文選·羽獵賦》注引郭舍人《爾雅注》，是其人姓郭。《漢書·東方朔傳》有幸倡郭舍人，正值武帝時，豈即其人邪？蓋本犍爲文學卒史，而入爲舍人，名則不可攷矣。」翔鳳案：孫君據《選注》斷爲郭舍人，是矣。然舍人由文學卒史入爲待詔，非入爲舍人也。舍人，太子官屬，非近侍官名。又《東方朔傳》云：「朔高自稱譽，上偉之，令待詔公車。」蓋朔與舍人同待詔公車，同得省見。傳記之若爲倡優者，蓋失實也。則《朔傳》

之郭舍人，正注《爾雅》者。「舍人」當是其名，《釋文》稱「文學卒史臣舍人」，猶注《漢書》者稱臣瓚。若是官名，則當云「舍人臣某」矣。蓋其成書奏上之時尚未顯幸，故僅題文學卒史耳。《朔傳》稱「郭舍人爲諧語」，注：「師古曰：諧者，和韻之言也。」可以爲舍人明小學、通諧聲之切證。魏孫炎爲反切之學，其原或出於舍人。

逸經

漢武表章六經，皆置博士。其出自屋壁，傳於民間者，謂之古文。凡不在博士所習者，皆謂之逸。如劉歆《移博士書》所云「逸《禮》有三十九、《書》十六篇」是也。《易》爲全經，惟《經典釋文》於《說卦傳》後載荀《九家》逸象，如《乾》後有龍、直、衣、言四象，《坤》後有牝、迷、方、囊、裳、黄、白、漿八象之類，凡逸象三十有一。此皆就卦爻辭引申之，或是經師所補，非逸文也。《禮記·經解》引《易》曰：「失之豪釐，差以千里。」《大戴》、賈子《新書》並引之。此《易通卦驗》文。《說文》引《易》曰：「地可觀者，莫可觀于木。」亦是《易說》。他皆類此。至郭京、王昭素所引《易》之佚文，並出附會，尤不足據。《書》今文家先有廿八篇，其後增《大誓》三篇，並《序》爲三十二篇。馬《尚書序》云：「《逸》十六篇，絶無師説。」則馬、鄭皆不爲十六篇作注。其所傳《古文尚書》篇第並同今文，但有十六篇之目存於《書序》注中而已。鄭注《書序》：《舜典》一，《汨作》二，《九共》九篇十一，《大禹謨》十二，《益稷》十三，《五子之歌》十四，《胤征》十五，《湯誥》十六，《咸有一德》十七，《典寶》十八，《伊訓》十九，《肆命》二十，《原命》二十一，《武成》二十二，《旅獒》二十三，《冏命》二十四。以《九共》同卷爲十六。見《書疏》。故《尚書大傳》引《九共》篇、《三統術》引《伊訓》、《武成》、《畢命》之文，皆在十六篇之内。後梅賾《古文尚書》出，别造廿四篇，又易去《大誓》三篇，即今所習者，而馬、鄭所傳《大誓》遂逸。今略見於《史記・周本紀》。《説苑》又引「附下罔上」之文，《漢書》又引「立功、立事」之語，《史記》又引逸《湯誥》，所謂古文説也，惟《今文書》多不備。如《酒誥》脱簡一，《召誥》脱簡二，古文稍勝者也。蓋《書》有百篇，而漢時僅有三十二，故周、秦引逸《書》者其文頗多。然詳《書序》之意，《舜典》即在《堯典》，《大禹》、《益稷》並合《皋陶謨》。《大傳》引孔子「《書》有七觀」，更無在廿八篇之外者。考所傳十六篇佚文皆艱淺無足取，疑是孔子删存廿八篇之文而存百篇之目於《序》，故漢代今文家以廿八篇《尚書》爲備也。《詩》以人所諷誦，不專在竹帛，以故得全，則三百篇亦完經也。中惟《南陔》、《白華》、《華黍》、《由庚》、《崇丘》、《由儀》六篇，鄭氏以爲戰國及秦世亡之。然考《鄉飲酒》、《燕禮》，此六篇並是笙奏，與他詩不同，恐當時已亡其辭。又《燕禮・記》「升歌《鹿鳴》，下管《新宮》」，《新宮》用管，亦恐無辭。《周禮・樂師》、《儀禮・大射禮・記》、《樂記》、《射義》並言《貍首》，鄭氏以《射義》引「曾孫侯氏」爲《貍首》之詩，《漢書》王式「歌《驪駒》」，云「在《曲禮》」，今見《大戴記》，並删於《詩》而存於《禮》者也。至《左傳》、《國語》及周秦諸子所引《詩》，或非大師所陳，或在删餘之列。又凡有韻之文，皆可謂之詩。《列子》引詩「良冶之子」四語，此《學記》文也；《國策》引詩「大武遠宅不涉」，此《逸周書・大武》篇也；又漢武帝詔引詩曰「九變復貫，知言之選」，顔師古以爲逸《詩》，蓋亦本諸傳記所傳而引之，要皆非三百篇中所逸。惟宋劉熹謂《韓詩·雨無極》篇首有「雨無其極，傷我稼穡」二語，不特詞意不類，《韓詩》至宋已久亡，劉氏安得見之？《禮》有逸經，有逸記，《漢·蓺文志》云：「漢興，魯高生傳《士禮》十七篇。❶訖孝宣世，后倉最明。戴德、戴聖、慶普皆其弟子，三家立於學官。《禮》古經，出魯淹中及孔氏，與十七篇文相似，「與」本作「學」，「十七」作「七十」，今改正。多三十九篇，及《明堂陰陽》、《王史氏記》，所見皆天子、諸侯、卿大夫之制，雖不能備，猶瘉倉等推《士禮》而致于天子之説。」按：《漢志》則今文家，亦不謂《禮經》有逸，此守師法之過。按：鄭氏三《禮》注引《王居明堂禮》、《中霤禮》，是《禮》古經也。又鄭《禮記·奔喪目録》爲《曲禮》之正經。又《白虎通》引《親屬記》、《王度記》、《三正記》、《本命篇》、《別名記》，《風俗通》引《謚號記》，《周禮·夏官》鄭注引《王霸記》，蔡邕《明堂論》引《太學志》、《昭穆》篇，並在二戴《記》之外，逸文也。然《大戴》之有《夏小正》，當是經文而雜於傳記。《管子》之《弟子職》，亦是經文而存於諸子。又《小戴》中《樂記》不全，今采《周官》、《吕覽》、《史記》、《新序》、《白虎通》等書補之可具。《周禮》闕《冬官》，《大射禮》鄭注云：「工人士、梓人皆司空之屬。」又《國語》有后稷、農正、司里之官，可依其例補之。孔子言「史之闕文」，然今《春秋》則亦全經。《五經異義》引《春秋左氏説》「歲祫，及壇墠終禘，及郊宗石室」，此説《左氏》者之言，非《左傳》也。猶引《公羊説》，非《公羊傳》也。《齊論語》多《問王》、《知道》二篇。「王」當作「玉」。

❶「高」下，《漢書》卷三〇有「堂」字。參陳校、沈梁校。

《説文》引《論語》「玉粲之瑟兮，其瑮猛也」，此《問玉》之文。《古文孝經》多「閨門」一章，今文則闕。沈約《宋書·樂志》引《爾雅·釋樂》與今本詳略不同，當是以意增減，或雜用注文。趙岐《孟子章句》序云：「又有《外書》四篇：《性善》、《辯文》、《説孝經》、《爲政》。其文不能閎深。」《論衡》亦云：「孟子作《性善》之篇。」則《性善》一，《辯文》二，《説孝經》三，《爲政》四。秦漢人引《孟子》而不在七篇者，皆《外書》之文。今俗傳《孟子外書》，則元以後人依託者也。要之，學官諸經，聖人之法已備，不必求之放失。況其文字附會每多，漢儒所以篤守師法，以不誦絶之，職此之由爾。

清儒學案卷七十五終

清儒學案卷七十六

天津徐世昌

艮庭學案

疑《古文尚書》之僞者始於宋之吴才老。朱子以後，吴草廬、郝京山、梅鷟繼之。清代自閻百詩《古文尚書疏證》、惠定宇《古文尚書考》出，乃於其作僞之迹、勦竊之原發明無遺。艮庭受學於惠氏，又爲之刊正經文，疏明古注，論者謂其足補閻、惠所未及焉。述《艮庭學案》。

江先生聲

江聲，字鱷濤，改字叔澐，號艮庭，元和人。兄筠，字震滄，乾隆壬午舉人。博雅好古，長於三禮、三傳。著有《讀儀禮私記》，多取敖繼公、郝敬、萬斯大諸家説異於注疏者，訂其是非，而亦時出新意，戴東原、金輔之甚稱之。先生七歲就傅讀書，問「讀書何爲」？師以「取科第」爲言，先生求所以進於是者。年二十九遭父疾，晨夕侍牀褥，不解衣帶。至自滌械窬，視穢以驗疾進退。及居憂，哀毁骨立。逾三年，容戚然如新喪者。侍母疾，居喪，亦如父殁時。少讀《尚書》，怪古今文不類，又疑孔傳非安國所爲。年三十師事同郡惠徵君棟，得讀所著《古文尚書考》及閻若璩《古文疏證》，乃集漢儒之說以注二十九篇，漢注不備則旁考他書，精研故訓，成《尚書集注音疏》十二卷，附《補誼》九條、《識僞字》一條、《尚書集注音疏前後述》。《外編》一卷，《尚書經師系表》也。❶《六書說》，自書勒石。其說轉注，以五百四十部爲建類一首，以凡某之屬皆從某爲同意相受，實前人所未發。時王侍郎昶、錢少詹大昕及畢督部沅雅重先生。督部延致家塾，先生爲刊《釋名》，爲之疏證，亦以古篆書之。又嘗舉經子古書，俱繩以《說文》字例，去其俗字，命曰《經史子字準繩》。又著《論語質》三卷，《恒星說》一卷，《艮庭小慧》一卷。嘉慶元年舉孝廉方正，四年卒，年七十有九。子鏐，字貢廷，號補僧，世其學。參江藩《漢學師承記》、孫星衍撰傳。

經文、注、疏皆以古篆書之。嘗著

尚書集注音疏述

六藝定于孔子，皆阨而後興，而《尚書》之阨爲尤甚。秦時燔書，伏生壁臧之。漢興，生求其書，獨得二十八篇，以教于齊魯之閒。張生、歐陽生傳其學。張生授夏侯都尉，遞傳至勝爲大夏侯、建爲小夏侯，由是有大、小夏侯之學。歐陽生授兒寬，寬又授歐陽生之子，歐陽氏世其業，至曾孫高爲博士，由是有歐陽氏學。《夏侯尚書》依伏生篇數，歐陽氏則分《般庚》爲三，爲三十篇，是爲《今文尚書》，于孔子所定才什三爾。武帝時，民有得《太誓》于壁内者，獻之，以合于伏生之

❶「系」，原脱，今從沈梁校據中華本《國朝漢學師承記》卷二及《國朝經師經義目録》補。

《書》，共爲博士之業，故《夏侯尚書》二十九篇，《歐陽尚書》三十一篇。而魯共王壞孔子宅，得《禮》、《記》、《尚書》、《春秋》、《論語》《孝經》，皆古字也。其《尚書》多于今文一十六篇。孔安國以今文字讀之，皆起。內《九共》分爲九，則出八篇爲二十四篇，是爲《古文尚書》，于孔子所定爲過半矣。當時列于學官，博士所課者，惟今文爾。古文則雖入于祕府，未列學官，博士不欲習之，故稱《逸書》，亦稱「中古文」。其傳之者都尉朝、兒寬，竝受學于安國。朝授膠東庸生，庸生授胡常，常授徐敖，敖授王璜、涂惲，惲授桑欽。成、哀時，劉向、劉歆相繼校理祕書，咸得見之。歆欲立古文之學，博士不可，歆移書太常切責之，卒不果立。後漢傳古文者，賈徽受學于涂惲，以傳子逵；孔僖者，安國後也，能傳其家數世之學；尹敏、周防、周磐、楊倫、張楷、孫期亦皆習古文。杜林又得西州桼書，互相考證，以授衞宏、徐巡，而馬融亦傳其學。鄭君康成始先受古文于張恭祖，既又遊馬融之門，則固淵原于孔氏而又津逮夫杜氏桼書者也。其作注者則有張楷，作訓者有衞宏、賈逵，作傳者有馬融。故康成《書贊》云：「我先師棘下生子安國亦好此學。自世祖興，後漢衞、賈、馬二三君子之業，則疋材好博，既宣之矣。」乃馬融《書叙》云：「逸十六篇，絶无師説。」豈都尉朝、庸生等所傳但習其句讀而不解其文誼與？抑豈先有其説而後亡之與？彼張楷之注，衞、賈之訓竝止解二十九篇而不解十六篇與？厥後康成作注，可謂集諸儒之大成矣。其書分《般庚》、《太誓》皆爲三篇，分《顧命》「王若曰」以下爲《康王之誥》，計三十四篇，合逸篇二十四，凡五十有八篇。然所注者三十四篇而已。豈二十四篇之誼未有聞于師，而不敢以己意説與？抑豈殘缺失次，不可讀與？乃有王肅者後鄭君而起，嫉鄭君之名而欲弇之，輒爲異説以詆毁，多見其不知量爾，于鄭君庸何傷哉？逮東晉元帝時，梅賾奏上《古文尚書》孔氏傳，析二十八篇爲三十三，增益二十五篇以傅合于劉向《别録》五十八篇之目，散百篇之《叙》引冠篇耑，其亡篇之叙列次其閒。雖未由知爲之者爲誰，而其説輒與王肅合。竊以爲當作偭于肅也。于時師資道喪，哲人云亡，學者既无卓識，且喜新異，遂翕然信奉，以爲孔氏古文于今乃出。自是而西漢之古文寖以衰微矣，然猶未絶也。南北兩朝之時，鄭所注者與後出之孔傳迭爲盛衰。至唐貞觀詔儒臣纂《五經正義》，孔穎達輩誤以梅賾所上之《書》爲壁中古文而爲之《正義》，反斥鄭氏所述之二十四篇爲張霸僞造，斡棄周鼎而寶康瓠，由是孔氏之古文亡而鄭氏三十四篇之注亦與之偕亡矣。於戲，《尚書》之阨，一至此哉？聲竊愍漢學之淪亡，傷聖經之晦蝕，于是幡閲羣書，搜拾漢儒之注，惟馬、鄭、王三家塵有存焉。外此則許慎之《五經異誼》載有今文、古文家説，然其書已亡，所存塵見。它如伏生之《尚書大傳》，則體殊訓注，閒有解詁而已。爰取馬、鄭之注及《大傳異誼》，參酌而緝之。更傍采它書之有涉于《尚書》者以益之。其王肅注與晚出之孔傳本欲勿用，不得已，姑謹擇其不謬于經者，閒亦取焉。皆以己意爲之疏，以申其誼，然猶塵得什之三四也。自重光大荒落之秋，以迄玄弋敦牂之冬，成《堯典》、《咎繇謨》、《禹貢》、《甘誓》、《湯誓》諸篇暨百篇之《叙》。至《般庚》，則以漢注絶少，而中輟者久之。既念一匱之覆，終不足以發古誼，存絶學，乃復以己見探討經誼，精覈詁訓，又自柔兆閹茂之夏，迄彊圉大淵獻之夏，周一歲而成《般庚》以後二十餘篇之注，并前所緝者亦重加釐正。其亡篇之遺文有散見它書者，則并其原注采之，各隨其篇弟而傳厠其閒。其无篇名者，總列于後。爲《書》十卷，并百篇之《序》一卷，逸文一卷，凡十二卷，而疏則猶未皇也。將更須三載，庶幾卒業矣乎！若夫幽莠亂苗，武夫類玉，必區別而斥之。蓋祛異耑，闢邪説，所以尊聖經也。紹前哲，開來學，莫大于是。聲雖不敏，敢不力焉！是爲述。

尚書集注音疏後述

古人之文，古人之常言也。道之于口，聞者靡不知；筆之于書，讀者靡不解，无庸傳述爲也。乃音以方俗而殊，言以古今而異，或一字而解多涂，或數名而同一實。聖賢懼後學之河漢前言也，于是《爾疋》有作而故訓興焉。兩漢諸儒咸據之以解羣經，繇是傳注迭興，而經誼賴以明矣。于時風氣醇古，語雖達而未詳，意雖擿而未罄。後之學者，欲爲引申其説，故自南北朝以至唐初，誼疏迭出，而傳注又賴以證明矣。凡此皆後人疏前人之書，未有已注之而即己疏之，出于一人手者。有之，自唐明皇帝之《道德經注疏》始。吾師惠松崖先生《周易述》，融會漢儒之説以爲注而復爲之疏，其體例固有自來矣。聲不揆檮昧，綜覈經傳之訓故，采摭諸子百家之説與夫漢儒之解以注《尚書》。言必當理，不敢衒奇；誼必有徵，不敢欺世，務求愜心云爾。顧自唐宋以來漢學微甚，不旁證而引申之，尟不以爲孟浪之言，奚以信今而垂後？則疏其弗可已也矣？歲在彊圉大淵獻之六月，《尚書集注》始成，擬更三載而成疏。乃距今昭陽大荒落之五月，六周寒暑而卒業焉。唯曰庶無負昔聞之師説云爾，敢竊比先師之《周易述》，晞附著述之林哉？聲又述簒疏之意云。

釋名疏證跋

制府畢公簒《釋名疏證》，會萃羣書以校正其文，援引經傳子史以證明其説，并補其遺，續其未有。刊本寄歸，招聲在其府中重加審正。聲幡閲其書，歎其精傕淵博，洵足垂範將來。謂「若用許叔重《説文解字》之字體重刊行世，俾有志者得藉此書以識字，則嘉惠後學之功豈不益大」？因修書以請于制府，願任鈔寫之勞，董剞劂之事。適制府復有删改之本，即以寄示屬鈔，于是書之，帀三月而竟。

附　録

先生辨《泰誓》曰：「《泰誓》，今文、古文皆有之，漢儒皆誦習之，馬、鄭皆爲之注。自東晉僞古文出，則有《泰誓》三篇，世無具巨眼人，遂翕然信奉，以爲孔壁古文，因目此爲今文，且反疑其僞，以故寖微而至於亡。顧其遺文記火流穀至之事，且無諸傳記所引之語，故馬融雖爲之注，不能無疑。今姑備録馬説而辨之。馬融《書叙》曰：『《泰誓》後得，案其文，似若淺露。』又云：『八百諸侯不召自來，不期同時，不謀同詞。及火復于上，至于王屋，流爲雕，五至，以穀俱來，舉火神怪，得毋在子所不語中乎？又《春秋》引《泰誓》曰「民之所欲，天必從之」，《國語》引《泰誓》曰「朕夢協朕卜，襲于休祥，戎商必克」，《孟子》引《泰誓》曰「我武惟揚，侵于之疆，則取于殘，殺伐用張，于湯有光」，孫卿引《泰誓》曰「獨夫紂」，《禮記》引《泰誓》曰「予克紂，非予武，惟朕文考無罪；紂克予，非朕文考有罪，惟予小子無良」，今之《泰誓》皆無此語。吾見書傳多矣，所引《泰誓》而不在《泰誓》者甚多，弗復悉記，略舉五事以明之，亦可知矣。』馬此説具《正義》。辯之曰：案融之意，以《泰誓》非伏生所傳，故疑之爾。融獨不見伏生之《尚書大傳》乎！《泰誓》『維四月，太子發上祭于畢』云云，《大傳》既引其文矣，其所以不傳者，蓋生年老，容有遺忘，自所得二十八篇之外不能記憶其全故爾。《大傳》引《九共》曰『予辨下土，使民平平，使民無敖』，引《帝告》曰『施章乃服明上下』，能録其片語而不傳其全文，是其不能記憶之明驗也。然則《泰誓》雖不出於伏生，不得謂非秦火已前伏生所藏之舊文矣。且《漢書·藝文志》云：『《尚書》古文經四十六卷，爲五十七篇。』計伏生《書》二十八篇，三分《盤庚》，則爲三十，加孔氏多出之二十四篇，才五十四，加《太誓》三篇，適五十七；無《泰誓》，則不符其數。又李顒集注《尚書》，於此《泰誓》輒引孔安國曰，則孔氏古文亦有此篇，安國且作傳矣。而兩漢諸儒備見今文古文者，未嘗疑《泰誓》有今古文之異，然則今文《泰誓》同乎古文，又可知矣。融獨以其後得而疑之，則五十四篇惡在其可信邪？若其所稱八百諸侯不期而會，則婁敬説高帝嘗言之矣，司馬子長亦録其文於《本紀》矣，不既信而有徵乎？又若火流爲雕，以穀俱來，斯乃符命之應，猶龜《書》馬《圖》之屬也。孔子繫《易》，曰『河出《圖》，洛出《書》，聖人則之』。《論語》記孔子之言曰：『鳳鳥不至，河不出《圖》，吾已矣夫！』然則符瑞之徵，聖人且覬幸遇之，而乃以火流穀至爲神怪，謂爲子所不語，豈通論乎？且《思文》之詩不云乎：『詒我來麰，帝命率育。』即此以穀俱來之謂，融亦將斥《詩》爲誕乎？不然，《詩》則信之，《書》則疑之，進退皆無據矣。融又以書傳所引《泰誓》甚多，而疑此《泰誓》皆無有。又案《湯誓》篇傳自伏生，既又出諸孔壁，今文、古文若合符節。而『予小子履敢用玄牡』云云，載於《墨子・兼愛》篇，而《湯誓》未有其文。故孔安國注《論語・堯曰》篇不敢質言《湯誓》之文，而云『《墨子》引《湯誓》，其詞若此』。又《墨子・尚賢》篇引《泰誓》曰『聿求元聖，與之戮力同心，以治天下』，而《湯誓》中亦無之。然而謂《湯誓》有逸文可也，謂《湯誓》爲僞《書》則不可。以此相況，《泰誓》亦猶是耳，夫復奚疑哉？不獨此也，《大傳》引《盤庚》曰：『若德明哉，湯任父言，卑應言。』引《無逸》曰：『厥兆天子爵。』今《盤庚》、《無逸》具在而皆無是言。經與傳俱出於伏生，不應傳録其文，經反遺其語。然則伏生既傳之後，歐陽、夏侯遞有師承，猶不能無闕逸，況《泰誓》經灰燼之餘，百年而出，反怪其有遺逸邪？且夫傳記諸書，夫人而見之矣，苟欲僞造，必不敢張空拳以自吐其胸臆，並不敢出神奇以駭人之觀聽。將摭拾典籍以襲補綴，依據誼理以爲干城，以求售其欺於後世，如彼僞孔氏之所爲矣，安肯故留此間隙以滋後人之議哉？蓋惟當時實有其事，史官據事直書而無所顧忌，故有火流穀至之文。逮其後遺文殘闕，傳之者謹守殘編而不敢補緝，故無諸傳記所引之語，斯何足怪乎？季長之説吾不謂然，故爲此辨。」《漢學師承記》。

先生復孫淵如書曰：「閱《堯典質疑》，喜甚，蓋拙刻散布者多矣，其得之者，以字不通俗而不能閱者有之，其僅僅涉獵者亦有之，其能潛心閱竟與夫愛之而反覆數四者亦皆有之，未有如足下精研討論，尋求閒隙以相駁難者。蓋所貴乎朋友者，貴其能箴規訓誨，匡所不逮也；所樂乎朋友者，樂其砭我之失，況我以善也。意見時有不合，固無取乎盡合。不合則辯論生，辯論生則誼理明，是此書之幸也。聲何幸而得此于足下乎？但拙刻已成，不能追改，惟冀足下刻此《質疑》，以弟所辯者分條散附其閒，亦足勒成一書以垂後。顧今惟《堯典》一篇爾，以後悉求教正，陸續見寄，弟再辯焉。弟樂聞己過，決不護短，想足下必不吝教也。」《問字堂集・贈言》。

先生既孤，不復事科舉業，獨好經義古學。得許氏《說文》，悅而習之，曰：「吾始知讀書當先識字也。」嘗爲《說文解字考證》。及見段大令玉裁所著，多自符合，遂輟筆，並舉稿本付之。孫星衍撰傳。

王光禄鳴盛撰《尚書後案》，亦以疏通鄭說，考究古學。爲書延先生至家，商訂疑義，始以行世。同上。

先生不爲行楷者數十年，凡尺牘率皆依《說文》書之，不肯用俗字。其寫《尚書》，「瀍水」字、「蘉」字不在《說文》，「瀍」據《淮南》作「廛」，「蘉」據《爾雅》義作「孟」。人始或怪之，後服其非臆說。同上。

艮庭家學

江先生沅

江沅，字子蘭，一字鐵君，艮庭孫，貢廷

子。優貢生。金壇段大令玉裁僑居蘇州，先生出入其門者數十年。段著《六書音均表》，發明平上入分合相配，曰：「此《表》惟江叔澐祖孫達其意耳，外此恐無人知之。」先生先著《説文釋例》，後段屬以其《十七部諧聲表》之列某聲某聲者爲綱而件係之，聲復生聲，則依其次第爲《説文解字音韻表》十七卷，凡段氏之譌者亦加駁正焉。嘗從彭進士紹升游，得古文之法。又工填詞。先後一游閩粤，餘則里居教授時爲多。卒年七十二。參《蘇州府志》。

説文解字音均表弁言

倉頡、沮誦爲黄帝史，庫興文字，鳥迹獸远，繼以蟲魚，古古相積，屢變而不可考。是以封禪大山七十二家，孔子多不識者。古文大篆蓋行于周之始衰，許氏以爲漢代暴秦承用隸體，即大篆亦將廢棄，故因當時之體，采通人之言，溯古籀之迹，作《説文解字》。其意蓋《尚書》載堯以來，《史記》託始五帝之義，而以秦漢小篆爲主，則郇卿子「法後王」之義，取其適於時用也。

六書之義，其始之也亦不同時，許氏《叙》既言之矣。蓋當造字時，無形可象而有事可指，則爲指事，以少御多之法也。如一二之爲數，凡數之一二統焉；上下之差，凡事之上下統焉。其所統既多，則其字必少，理固然也。象形則象一物之形而已，其不可以月爲日，以羊爲牛者，亦勢固然也。故其字較多於指事之字。此二者，其始造字之所用也。既而事不可勝指，形不能偏象，則合二者而爲會意，爲形聲，於是有半形而半意焉，有聲而兼意焉不兼意焉，所以濟指事、象形之窮而用之不勝用者也。而形聲尤便於滋益，故其體獨多。論《說文解字》者不悟其所以然之故，以爲指事太少，形聲太多，凡象形會意之事，多傅會以爲指事，而形聲則又多傅會於會意，於是六書之義紊而六書之體亦乖矣。

自造字已來，字體屢變。許氏《說文解字》出而六書之義明。後雖屢變，其本可循也。至於聲音，亦有然者。楚語「於菟」，今無其語；吴言「矢胎」，兹少其音。閩語非燕，蠻言異缺，古音尚易識乎？許氏形聲、讀若，多得其本音。後人多疑其皮傅穿鑿。亦曾讀其所謂「博訪通人，考之於逵」，爲遠有端緒者乎？蓋其所從來者，與《易》、《詩》、《書》相表裏，是可藉以審古音也。據《詩》三百篇之音，而覈諸許氏每字之聲，以類次之，不復爲唐以後諸韻書所淆惑，段氏之功鉅矣。

所謂以秦漢爲主者，如遷豐居岐，臨水依山也，而叚借「豐」字、「岐」字。周時以水名地，以山名邑也。「灃」、「酆」及「郊」，皆漢字也。許氏以爲庶務綦繁，叚之不勝叚，别造之而得理，故收列之。若因許氏而改經書之「豐」爲「酆」、「岐」爲「郊」，是據後以改前矣。至如「衰」之爲「縗」，因借雨衣而加糸爲别；「它」之爲「蛇」，因借自他而加「虫」以殊：皆識之，以見變古蔑理之所由也。

許氏有變例。一字建首，其下从某者皆由之得義，其常也。獨於《鳥部》不然，以所貴者皆象形而類列之，故「舄」與「焉」皆不云从鳥，而於「焉」字説解中明之也。段氏但申其所貴象形，不言變例，蓋以形聯猶以義聯也。「豳」、「岐」之重文，亦重文之變例也。許氏欲明今之「邠」、「郊」，即古之「豳」、「岐」

字，故詳説之。段氏遂以爲「馬腫背」，欲逡「豳」、「岐」二字入《山部》，則其於《鳥部》三字，亦未必悟其爲變例矣。

指事、象形、會意、形聲四者，用以造字之法也；轉注、叚借二者，字既造而用之之法也。數字一義爲轉注，一字數義爲叚借，其説不可易矣。轉注、叚借二者不能見於錯畫之中，則其爲用字之法，又何疑哉？其不可以《説文解字》之部首當「建類一首」之義，「凡某之屬皆从某」當「同義相受」之義者，許氏「建類一首」二語，解古人轉注之意，非申己所作《説文解字》之例也。許氏遵古六書而作《説文解字》，非六書之義因《説文解字》而後有也。轉注、叚借之義在《周禮·保氏》，《説文解字》之分別部居在後漢，安有周之保氏爲後漢許氏作《説文解字》例哉？是故《爾雅》之「始也」、「君也」等爲「建類一首」，「初、哉、首、基」，「林、烝、天、帝」等爲「同意相受」。東原戴氏之説，誠如日月之出而爝火可息矣。

古人作字，所以利用也。有是物，有是事，因作字以命之。物日益衆，事日益緐，故字亦日益多，而取孳乳爲義也。許氏因「屈中」、「止句」、「馬頭人」、「人持十」之説甚倍六書，故作《説文解字》以辨之。明古人造字之指，即教人以造字之法也，非禁人以《説文解字》之外不得復有字也。觀於部首以下有不列一字者而仍曰「凡某之屬皆从某」，即可知矣。

支、脂、之之爲三，真、臻、先與諄、文、欣、魂、痕之爲二，皆陸氏之舊也。段氏謂前此未有發明其故者，遂矜爲獨得之祕，故於《説文解字》嚴分其介，以自殊異。凡許氏所合韻處，皆多方改使離之，而一部之與十二部亦不使相通，故「皕」之讀若「祕」改爲「逼」，「肊」之「乙聲」删去「聲」字，「必」之「弋亦聲」改爲「八亦聲」，而於開章一篆説解，「極」、「一」、「物」三字即是一部、十二部、十五部合韻之理，於是絶不敢言其韻，直至「亥」字下重文説之也。十二、十三兩部之相通者，惟「民」「昬」二字爲梗，故力去「昬」字以就其説。而其尤苦心孤詣者，「畁」字由聲，由聲，十五部也，而有「綼」字从之得聲，而「綼」即古「綦」字，在一部，遂改「畁」字爲由聲以避十五部與一部之合音。凡此皆段氏之癥結處也。

「臼」从巳彐，其形兩開；「瓃」僅三田，其聲半取。分形可明，不必全字，半體已足，無庸省聲可知。反「丮」反「邑」，都已闕音；「斲」聲「飢」聲，奚須析兩？「秋」得龜聲，明於籒體；「丙」歸《谷部》，證以古文便悟。「家」之取豭，「哭」之从獄，必非强解，定有受之。「㝷」仍入寸，「羑」歸𡕒次。「羑」復列羊，一爲古籒，一爲小篆，部分雖隔，字必兩歸。或篆體未收，存諸他解，或重文不見，附在餘言。如「洴」、「皖」諸文，説中不廢，「燮」、「囱」等字，解下附存。又況「變」有兩音，「戀」、「孌」同用；「鞈」分雙部，「革」、「鼓」俱收。「矢」云似米，「典」爲大册，但存其説，不著其文。且有説解之内，體用互陳；聯貫之文，詳略殊致。是故所以之字不必贅增，渾舉之言無須畫一。「秌」本來音，「食」先粒讀，不應删去，以失古音。「卒」改从干，毋增多解，不如仍舊，以免鑿空。凡此之類，許無達例，段喜更張，今古代遷，難爲理董。

人隔數朝，無從面質，義有難釋，必當闕疑。自恃精淹，藐視古哲，改此就我，易彼作證，以己助己，古義遂亡。同我則標，不合斯諱，分韻無説，易古以通，戴已作俑，段遂效尤。凡此紕繆，略箋其失，非敢遂爲蠹蠹之撼，實恐古人受誣，後學滋惑。

既考古音，當究古籍。上據三百，中馮《説文》，下承陸氏，得其竅要，斧以斯之，偶有未諧，黄河一曲，舍此不講。求諸侌昜，泥於喉舌，徵諸字母，信彼等音，七類九類，有入無平，不古不今，蓬心瓠落，難以程式。餉彼後賢，部分十七，大致已明，兹故不移，仍其舊貫。段氏論音，謂古無去，故《譜》諸書，平而上入。今次《説文》，得聲以貫，來流爲麥，特出於之，而爲恖音，丕得不讀，古今音異，輕重難分。即如《譜》中，來、猷在入，夕、惡在平，若以區分，必成矛盾，不如合之，以省穿鑿。沅意古音，有去無入，平輕去重，平引成上，去促成入，上入之字，少於平去，職是故耳。北人語言，入皆成去，古音所沿，至今猶舊，非敢苟異，參之或然。

若膺先生由小學以通乎經學，功深力邃，擇精語詳，鑽仰彌年，高突莫罄，真集諸家之大成者。沅出入其門數十年，略窺豪末，所有異同之處，當時面質，親許駁勘，故敢以蚍蜉之撼，效涓埃之誠。凡疏中不言沅案者，皆先生所自注或先生所説也。

説文解字注後叙

段先生作《説文解字注》，沅時爲之校讎，且慫恿其速成，既成又日望其刻以行也。癸酉之冬，刻事甫就，而沅適游閩，至是刻將過半矣。先生以書告，且屬爲後叙。沅謂世之名許氏之學者夥矣。究其所得，未有過於先生者也。許氏著書之例以及所以作書之指，皆詳於先生所爲注中。先生亦自信，以爲於許氏之志什得其八矣。沅更何所言哉？先生命序之意，蓋謂沅研誦其中，十有餘年矣，作篆以正其體，編音均十七部以諧其聲，必有能以約而説詳者。沅於是即所見而㰚之曰：許書之要，在明文字之本義而已；先生發明許書之要，在善推許書每字之本義而已矣。經史百家，字多叚借，許書以「説」「解」名，不得不專言本義者也。本義明而後餘義明，引申之義亦明。形以經之，聲以緯之。凡引古以證者，於本義，於餘義，於引申，於叚借，於形於聲，各指所之，罔不就理。蓺譣之譌衍，鼏礿之譌奪，罔不灼知。形聲列字之次弟、後人之附益，罔不畢見。形聲義三者，皆得其雜而不逑之故焉。緜是書以爲的，而許氏著書之心以明；經史百家之文字，亦無不由此以明。孔子曰「必也正名」，蓋必形聲義三者正，而後可言可行也，亦必本義明，而後形聲義三者可正也。沅先大父艮庭徵君，生平服膺許氏，著《尚書注疏》既畢，復從事於《説文解字》。及見先生作而輟業焉。沅之有事於校讎也，先徵君之意也。今先徵君音容既杳，先生獨神明不衰，靈光巋然，書亦將傳佈四方，而沅學殖荒陋，莫罄高深。瞻前型之邈然，幸後學之多賴，愉快無極，感概從之。至於許書之例，有正文附見于説解者，有重文附見於説解者，此沅之私見，而先生或當以爲然者也。附于此，以更質諸先生。

艮庭弟子

顧先生廣圻 別爲《思適學案》。

江先生藩別爲《鄭堂學案》。

徐先生頲

徐頲，字述卿，一字少鶴，長洲人。嘉慶乙丑一甲二名進士，官至内閣學士。少從艮庭游，傳《説文》之學。著有《經進文》及《詩文》。

鈕先生樹玉

鈕樹玉，字匪石，吴縣人。居邑之洞庭東山，隱於賈。篤志好古，不爲科舉之業，精研文字聲音訓詁之學，謂：「《説文》一書，懸諸日月而不刊者也。後人以新附淆之，誣許君矣！」因博稽載籍，著《説文新附考》六卷、《續考》一卷。如「珬」即「瑀」、「緅」即「纔」、「塾」即「墇」，乃後代增加；「剎」即「剝」、「抛」即「抱」，乃傳寫譌溷；「打」即「朾」、「辦」即「辨」、「勘」即「戡」，乃吏牘妄造，一一疏通證明之。而其字之不必附、不當附者，瞭然如視諸掌。又以段大令玉裁所注《説文》，與許氏原書不合者，約有六端，因著《段氏説文注訂》八卷，凡所舉正，皆有依據。他所著尚有《説文考異》若干卷，書成後未及刊布，今藏原稿於家。參史傳、《説文新附考》錢大昕序。

段氏説文注訂自序

段大令懋堂先生注《説文》刊成，余得而讀之。徵引極廣，鉤索亦深，故時下推尊以爲絶學。然與許書不合者，其端有六。許書解字，大都本諸經籍之最先者，今則自立條例，以爲必用本字，一也。古無韻書，今創十七部以繩九千餘文，二也。六書轉注本在同部，故云「建類一首」，今以爲諸字「音恉略同，義可互受」，三也。凡引證之文當同本文，今或別易一字以爲引經會意，四也。字者孳乳浸多，今有音義相同及諸書失引者，輒疑爲淺人增，五也。陸氏《釋文》、孔氏《正義》所引《説文》多誤，《韻會》雖本《繫傳》而自有增改，今則一一篤信，六也。有此六端，遂多更張，迥非許書本來面目，亦不能爲之諱也。余昔著《新附考》，又著《説文考異》，曾以就正。今注中多有采録。余於《説文》之學自知淺陋，無足重輕，然專以《玉篇》諸書參校異同，實自余始。兹録其尤甚者若干條，竊加平議，釐爲八卷，曰《段氏説文注訂》。閒有拈出余説者，以明余之非敢掠美也。

良庭交游

王先生昶別爲《蘭泉學案》。

錢先生大昕別爲《潛研學案》。

王先生鳴盛別爲《西莊學案》。

畢先生沅別見《蘭泉學案》。

段先生玉裁別爲《懋堂學案》。

孫先生星衍別爲《淵如學案》。

余先生蕭客別見《研谿學案》。

子蘭弟子

雷先生浚

雷浚，字深之，號甘谿，吴縣人。歲貢生，候選訓導。性至孝。咸豐七年，父卒官山東，時羣盗如麻，道路梗塞，先生千里奔喪，奉柩以歸。少從子蘭游，通小學，工篆書。中年棄舉業，閉門著書，先後成《説文外編》十六卷，《説文引經例辨》三卷，《韻府鉤沈》五卷，《睡餘偶筆》二卷，《乃有廬雜著》二卷，《道福堂詩集》四卷、《續集》三卷，《後八家文鈔》二十八卷。光緒十五年，貴築黄布政彭年創建學古堂，聘先生主講席。嚴立課程，首經史、《説文》、《文選》等書。升堂講論，如晦得月，門下士翕然以樸學相尚。十九年卒，年八十。參邵曾鑑撰傳、楊峴撰墓志。

説文引經例辨

《説文》引經之例有三：一説本義所引之經，與其字之義相發明者也；一説假借所引之經，與其字之義不相蒙者也；一説會意所引之經，與其字之義不相蒙，而與其「从某」、「从某某聲」相蒙者也。長洲潘茂才鍾瑞歸自湖北，以崇文書局新刻嘉定陳孝廉瑑《説文引經攷》八卷視予。予聞陳君名四十年矣，遺書幸出，欣然受而讀之。及展卷，則厥病有六：不知《説文》引經之例有三而以爲皆説本義，一也。其尤紕繆者，欲改《孟子》「罔市利」爲「買市利」。推其由，蓋緣《説文》「買」篆下引《孟子》

「网市利」語，説「買」字所以从网之意。陳君不知其説會意，而誤以爲説本義故也。異文有正假之異，有古今正俗之異。正假者，其字本非一字，特以音近相通，如《大學》引《書》「克明峻德」，《書》作「俊」；引《詩》「菉竹猗猗，有斐君子」，《詩》作「緑」、作「匪」是也。古今正俗者，如《論語》「不亦説乎」之「説」，《孟子》作「悦」；「出則弟」，《孟子》作「出則悌」是也。陳君不知，而一切以爲古今字，則如峻俊、菉緑、斐匪諸字，何字古，何字今乎？二也。有正字又有假字，謂之正假。而假字有無正字者，許君所謂「本無其字，依聲託事，令長是也」。無正字之假借，其義從本義展轉引伸而出，故訓詁家謂之引伸，此特言其大凡。無正字之假借，亦有無義可引伸者。如「萬」之本義爲蟲，而假借爲千萬；「舄」之本義爲鵲，而假借爲履舄是也。然此類不多。而於六書則屬假借。元和朱氏駿聲譔《説文通訓定聲》，以此類爲轉注，蓋以引伸爲轉注也。翻許氏之案，非述而不作之義。曾文正公《文集》中有《復朱太學孔揚書》闢其説。有正字之假借，但取聲而義不必通，如《左傳》「鹿死不擇音」，其正字當作「蔭」，今作「音」者，杜注所謂「古字聲同，皆相假借也」。朱氏專以此類爲假借。若「音」之本義爲聲，「蔭」之本義爲艸陰地，豈可通乎？陳君不知而一切曲説以通其義，三也。何謂本義？《説文》所定一字一義是也，其義多與其字之形相應，故謂之本義。從本義展轉引伸而出者，謂之引伸義。又有假借義，如「音」字本無茠蔭之義，因《左傳》借「音」爲「蔭」，故杜注不得不以「茠蔭之處」釋之，而「茠蔭之處」爲「音」字之假借義。陳君似亦不知，故其論義往往置《説文》本義不論，而泛引他書之引伸、假借義，以爲某字本有某義，四也。繁稱博引，既於義之不可通者曲説以通之，至穿鑿之無可穿鑿，則於字之明明聲通者曰不可通，不當假借，五也。稱引繁而無法，檢原書多不合，六也。而其書已版行，且以其有時名也，恐疑誤後學，故取《説文》引經九百六十有五條分爲三科，與陳君各自成書，亦與山陽吴氏玉搢、丹徒柳氏榮宗各自成書。蓋吴、柳兩家書雖非陳君比，而於《説文》引經分三科，則均不知也。又元和陸氏嵩亦有一本，其書未刻，訪其後人，則其稾已於兵燹中散失，僅略談其體例與予書不同。此外又有一本，則予未見，亦不必見也。

韻府鉤沈自序

國朝《字典》三十六卷，《補遺》一卷，《備攷》一卷，約字五萬餘。今通行本《詩韻》僅可五之一，字不備則字之音義亦必不備。乃時俗尊信《詩韻》，雖幼所誦習之四子書、五經，其音讀有不見於《詩韻》者，亦舍所誦習而從《詩韻》。道光中，平江書院某山長以《詩韻》「風」字無仄聲，遂并「春風風人」下「風」字亦欲讀平聲，凡作仄用者概以失黏論。而《詩·小序》「風，風也」，下「風」字實去聲。亡友劉明經禧延最精韻學，閒與論此事，劉子曰：「今韻不特非沈韻，并非《平水韻》，乃元陰氏之《韻府羣玉》。陰氏著書之意在韻脚不在韻，故聯緜字絪緼則有緼無絪，匍匐則有匐無匍，邂逅則有逅無邂，蠨蛸則有蛸無蠨，《説文》作「蟰」，亦無「蠨」。❶ 蟋蟀則有蟀無蟋，蝙蝠則有蝠無蝙，帡幪則有幪無帡，㡜㢈則有㢈無㡜，此類不可以枚數。明初《洪武正韻》不行，學者取此書便於押韻，

❶「蠨」，原作「蟰」，今從沈梁校據正文改。

遂沿用至今。夫用之取便押韻，古人著書之意也。某字《詩韻》無平聲，遂曰無平聲；某字《詩韻》無仄聲，遂曰無仄聲，豈古人著書之意哉？古人始慮不及此也。」雷浚曰：「然敦字十三音，今韻僅收其四，則其不求備，可知也。」兹距劉子之殁餘二十年，予亦年開八十。或長夏枯坐，或冬夜老鰥不寐，追憶十三經字有今韻失收者，得如干字；泛覽《史》、《漢》、《文選》諸書，得如干字。勒成一書，用前人《古經解鉤沈》、《小學鉤沈》之例，名曰《韻府鉤沈》。非謂遂可施於場屋也，特學者不可不知耳。

雜著

説文同意諸字説

六書有會意而無同意，同意出許叔重《説文解字叙》。其説轉注也，曰：「建類一首，同意相受，考、老是也。」學者求其解而不得，謂考在《老部》，其義即訓爲老，考、老同意。果如其説，則《木部》从木諸字即訓木，《水部》从水諸字即訓水，皆同意，即皆轉注。然而彼固會意也，非轉注也。則許君所云「同意」，似不如此也。且《爾雅・釋詁》黄髮、齯齒、鮐背、耇、老皆訓壽。耇、老、壽三字同意，固然矣。黄髮、齯齒、鮐背皆連二字爲義，若析之則髮有髮義，齒有齒義，背有背義，安得云同意？知許君所云「同意」，固不如此也。然則許君所云「同意」奈何？曰：許君之書，説文也，解字也，非如賈、孔諸家爲經注作疏也。請先以《老部》言之。《老部》：「老，考也。」「考，老也。」「耆，老也。」「耋，年八十曰耋。」「耇，老人面凍黎若垢。」「耆，老人面如點也。」「耇，老人行才相逮。」

「壽，久也。」「孝，善事父母者。」老字爲考、耆八字之母，考、耆八字爲老字之子，而皆从老省。老字之形不全，獨其意則相承，是謂「建類一首，同意相受」。至「薹」雖同在《老部》而其字从老不省，老字之形全，正與「止戈爲武」、「人言爲信」止字戈字、人字言字其形皆全者爲一類，會意也，非「同意相受」也。循是以推，其最顯白者莫如《犛部》「氂」、「斄」二字。今試執二字問人曰：「是何从？」人必曰「从𠩺毛」，「从𠩺來」。此非其人之過也，其字之形本爾也。惟知「犛」爲「西南夷長髦牛」，「氂」爲「氂牛尾」，❶「斄」爲「彊曲毛」，三字有相生之理，則「氂」、「斄」之形雖从𠩺，而其意實由「犛」而來，故《説文》不从𠩺，而从犛省。許君不立《𠩺部》而立《犛部》也，其發揮同意相受之指，至明顯也。循是以推，《谷部》：「谷，口上阿也。」「丙，舌皃，从谷省。」《爨部》：「爨，齊謂之炊爨。」「䦒，所以枝鬲者，从爨省。」「釁，血祭也，象祭竈也，从爨省。」《畫部》：「畫，界也，象田四界。」「晝，日之出入，與夜爲界，从畫省。」《眉部》：「眉，目上毛也。」「省，視也，从眉省。」《冓部》：「冓，交積財也。」「再，一舉而二也，从一冓省。」❷「爯，并舉也，从爪、冓省。」《筋部》：「筋，月之力也。」「䈥，筋之本也，从筋。」似奪一「省」字。「筋，手足指節鳴也，从筋省。」《高部》：「高，崇也，象樓觀高之形。」「高，小堂也。」「亭，民所安定也，亭有樓。」「亳，京兆杜陵亭也。」皆「从高省」。《畗部》：「畗，滿也，象高厚之形。」「良，善也，从畗省。」《稽部》：「稽，留止也。」「穞，特止也，

❶ 下「氂」字，《説文解字》卷二上作「犛」。參沈梁校。
❷ 「一」，《説文解字》卷四上無此字。參沈梁校。

从稽省。」「穦，穦䅐而止也，从稽省。」㯻部：「㯻，橐也。」「橐，囊也。」「囊，橐也。」「櫜，車上大橐。」「𣠮，囊張大皃。」皆「从㯻省」。《㝱部》：「㝱，寐而有覺也。」「𥧾，病臥也。」「寐，臥也。」「寤，寐覺而有信曰寤。」「𥨊，楚人謂寐曰𥨊。」「㝮，寐而未厭。」「𥨈，孰寐也。」「𥧾，臥驚病也。」「𥨏，瞑言也。」「寣，臥驚也。」皆「从㝱省」。《重部》：「重，厚也。」「量，稱輕重也。从重省。」《履部》：「履，足所依也。」「屨，履也。」「屦，履下也。」「屩，履屬。」「屩，屐也。」「屐，屩也。」皆「从履省」。《㱃部》：「㱃，歠也。」「歠，㱃也，从㱃省。」《鹽部》：「鹽，鹹也。」「盬，河東鹽池，从鹽省。」《弦部》：「弦，弓弦也。」「𢏈，弼戾也。」「紗，急戾也。」「竭，不成遂急戾也。」皆「从弦省」。皆所謂「建類一首，同意相受」者也。諸字略備於此矣，而亦有不能無疑者。《瓜部》「瓜，㼌也」以下「从瓜」會意之字凡八，而「瓠」獨別爲一部，「瓢」字屬焉，「从瓠省」。夫「瓢」獨不可入《瓜部》「从瓜」會意，而必「从瓠省」乎？《説文》有《鹵部》，「𪉖」、「鹹」二字入焉，皆「从鹵」會意。而「鹼」獨入《鹽部》，「从鹽省」。夫「鹼」不可入《鹵部》「从鹵」會意，而「从鹽省」乎？又《酉部》：「酉，就也，象古文酉之形。」「酒，就也，从水从酉，酉亦聲。」夫古文「酉」之形作丣，所謂「丣爲秋門，萬物以入」者也。當製字之始，丣義與酒義絶遠，後變丣爲酉，又加水爲酒，故酒之爲字，水意而酉聲，《説文》當云「从水，酉聲」，不必「从酉，酉亦聲」也。「酒」下「醱」、「醧」、「釀」、「醞」等凡六十五字，皆酒之屬，皆「从酉」會意。而「从酉」實不能會意，疑當於《水部》下別立《酒部》，「醱」、「醧」等字屬焉。不「从酉」，而「从酒省」，則「醱」、「醧」等字亦「同意相受」字也。然而許君未言也。或狃《老部》「老，考也」，「考，老也」，以是爲同部同意，而別舉《衣部》「裼，但也」，《人部》「但，裼也」，以是爲異部同意。如此則以互訓爲同意，是説也，竊未敢附和云。

清儒學案卷七十六終

清儒學案卷七十七

天津徐世昌

西莊學案

西莊與定宇游，其學亦出惠氏。平生奉康成爲宗旨，治《尚書》尤專家，漢儒家法於兹復見。考史以事實、制度、名物、地理、官制爲重，而於治亂所關、賢奸之辨及學術遞變多心得焉。述《西莊學案》。

王先生鳴盛

王鳴盛，字鳳喈，一字禮堂，號西莊，晚更號西沚，嘉定人。乾隆甲戌一甲二名進士，授編修。大考第一，擢侍講學士。典試福建，超擢内閣學士兼禮部侍郎。坐差後回京多用驛馬，被論，左授光禄寺卿。母喪，歸。以父老，遂不復出。嘉慶二年卒。先生初從沈文慤德潛受詩法，既，復與惠定宇棟游，博通經史。嘗言：「漢人説經，必守家法，亦云師法。自唐貞觀撰諸經《義疏》，而家法亡；宋元豐以《新經義》取士，而漢學殆絶。今士皆崇《注疏》，然《注疏》惟《詩》、三《禮》及《公羊傳》猶是漢人家法，他經注出於魏晉人，未爲醇備。」乃撰《尚書後案》，專宗鄭康成。謂「東晉古文固僞，而馬、鄭所注實孔壁之古文；東晉所獻《太誓》固僞，而唐儒所斥爲僞《太誓》者實非僞也。古文之真僞辨，《尚書》二十九篇粲然具在」。徧採諸書所引鄭注，鄭注亡逸者以馬、王補之。孔傳雖僞，其訓詁猶有傳授，非盡嚮壁虚造，間亦取焉。經營二十餘年，自謂存古之功與惠氏《周易述》相埒。又撰《周禮軍賦説》，考周王畿鄉遂之分、溝洫井田之制、卒伍徒役之法，次及邦國，並春秋時魯、齊、晉諸國不悉遵周制，援引漢以來至近儒之説，考訂詳確而一衷於鄭氏。其與鄭氏有異同者，必辨而正之。又撰《十七史商榷》，主於校勘本文，補正譌脱，審事迹之虚實，辨紀傳之異同，於輿地、職官、典章、名物每致詳焉。又撰《蛾術編》，其目有十，曰：《説録》、《説字》、《説地》、《説制》、《説人》、《説物》、《説集》、《説刻》、《説通》、《説系》。蓋仿王深寧、顧亭林之意而援引尤博贍焉。詩文初刻爲《西莊始存稿》，别出爲《日下集》、《竹素園詩》，晚自定爲《西沚詩文集》。參王昶撰傳、錢大昕撰墓誌。

尚書後案序

《尚書後案》何爲作也？所以發揮鄭氏康成一家之學也。《書》本百篇，秦火後，伏生傳今文三十四篇，孔安國得壁中古文，增多二十四篇，餘四十二篇亡矣。三十四篇者即二十九篇：《堯典》一，《皋陶謨》二，《禹貢》三，《甘誓》四，《湯誓》五，《盤庚》六，《高宗彤日》七，《西伯戡黎》八，《微子》九，《太誓》十，《牧誓》十一，《洪範》十二，《金縢》十三，《大誥》十四，《康誥》十五，《酒誥》十六，《梓材》十七，《召誥》十八，《洛誥》十九，《多士》二十，《無逸》二十一，《君奭》二十二，《多方》二十三，《立政》二十四，《顧命》二十五，《費誓》二十六，《吕刑》二十七，《文侯之命》二十八，《秦誓》二十九。伏《書》本二十八，《太誓》别得之民閒，合於伏《書》，故二十九。安國得古文，以今文讀之，又于其中分《盤庚》、《太誓》各爲三，分《顧命》爲《康王之誥》，故三十四也。二十四篇者即十六篇，其目鄭具述之：《舜典》一，《汩作》二，《九共》九篇十一，《大禹謨》十二，《益稷》十三，《五子之歌》十四，《允征》十五，《湯誥》十六，《咸有一德》十七，《典寶》十八，《伊訓》十九，《肆命》二十，《原命》二十一，《武成》二十二，《旅獒》二十三，《囧命》二十四也。自安國遞傳至衛宏、賈逵、馬融及鄭氏，皆爲之注，王肅亦注之。惟鄭師祖孔學，獨得其真。但諸家祇注三十四篇及百篇之《序》，增多者無注，至晉又亡。好事者别撰，增多二十五篇，内有《太誓》，故于三十四篇删去《太誓》，又分《堯典》之半充《舜典》，《皋陶謨》之半充《益稷》，改爲三十三篇，并撰孔傳，蓋出皇甫謐手云。夫增多者已亡矣，目猶在也。三十四篇漢注猶在也，晉人所撰與真古文二者皆不合，孔穎達作疏用之，反誣鄭述增多爲張霸《書》，自是三十四篇漢注亦亡矣。予徧觀羣書，搜羅鄭注，惜已殘闕，聊取馬、王傳疏益之，又作《案》以釋鄭義。馬、王傳疏與鄭異者，條晰其非，折中於鄭氏。名曰《後案》者，言最後所存之案也。至二十五篇，則别爲《後辨》附焉。嘻！草創于乙丑，予甫二十有四；成于己亥，五十有八矣。寢食此中，將三紀矣。又就正于有道江聲，乃克成此編。予于鄭氏一家之學，可謂盡心焉耳矣。若云有功于經，則吾豈敢？

十七史商榷序

十七史者，上起《史記》，下訖《五代史》，宋時嘗彙而刻之者也。商榷者，商度而揚搉之也。海虞毛晉汲古閣所刻行世已久，而從未有全校之一周者。予爲改譌文，補脱文，去衍文，又舉其中典制事蹟詮解蒙滯，審覈踳駁，以成是書，故曰商榷也。《舊唐書》、《舊五代史》毛刻所無，而云十七者，統言之，仍故名也。史家所記典制，有得有失，讀史者不必横生意見，馳騁議論，以明法界也。但當考其典制之實，俾數千百年建置沿革瞭如指掌。而或宜法，或宜戒，待人之自擇焉可矣。其事蹟則有美有惡，讀史者亦不必强立文法，擅加與奪，以爲褒貶也。但當考其事蹟之實，俾年經事緯，部居州次，紀載之異同、見聞之離合，一一條析無疑。而若者可褒，若者可貶，聽諸天下之公論焉可矣。學問之道，求于虚不如求于實。議論褒貶皆虚文耳，作史者之所記録，讀史者之所考核，總期于能得其實焉已矣，外此又何多求耶？讀史之法，與讀經小異而大同。經以明道，而求道者不必空執義理以求之，但當正文字，辨音讀，釋訓詁，通傳注，則義理自見而道在其中矣。讀史者不必以議論求法戒，但當考其典制之實；不必以褒貶爲與奪，但當考其事蹟之實：亦猶是也，故曰同也。治經斷不敢駁經。史雖子長、孟堅，苟有所失，無妨箴而砭之。抑治經豈特不敢駁經而已，經文艱奥難通，但當墨守漢人家法，定從一師而不敢佗從。至于史，則正文有失，尚加箴砭，何論裴駰、顔師古一輩乎？其當擇善而從，無庸偏徇，固不待言矣，故曰異也。要之，二者雖有小異，其總歸于務求切實之意則一也。予嘗謂好著書不如多讀書，欲讀書必先精校書。二紀以來，覃思史事，購借善本，再三讎勘，又搜羅偏霸雜史、稗官野乘、山經地志、譜牒簿録，以暨諸子百家、小説筆記、詩文別集、釋老異教，旁及鐘鼎尊彝之款識，山林冢墓、祠廟碑碣斷闕之文，盡取以供佐證，參伍錯綜，比物連類，以互相檢照，所謂考其典制事蹟之實也。都爲一編，總九十八卷。別論史家義例崖略，爲《綴言》二卷終焉。予豈有意于著書者哉？不過出其讀書校書之所得，標舉之以詒後人。初未嘗別出新意，如所謂「横生意見，馳騁議論，以明法戒」，與夫「强立文法，擅加與奪褒貶，以筆削之權自命」者，皆予之所不欲效尤者也。學者每苦正史繁塞難讀，或遇典制茫昧，事蹟樛葛，地理職官眼眯心瞀，試以予書置于其旁，疏通而證明之，或不無小助也歟！

蛾術編

南北學派不同

南人輕浮淺躁，北人沈潛篤實；南人虚夸誕妄，北人誠樸謙謹，故學尚不同。兩漢三國經師林立，南人惟一虞翻，包咸、韋昭亦可備數，其餘大儒皆北人，此謂傳注也。若夫義疏之體起南北朝，而所宗主者南北亦大不同。《魏·儒林傳》叙首言立學、置生徒、幸太學、釋奠、講經等典故，而末段則略舉諸儒姓名，云：「漢世鄭玄並爲衆經注解，服虔、何休各有所説。玄《易》、《書》、《詩》、《禮》、《論語》、《孝經》，虔《左氏春秋》，休《公羊傳》，盛行於河北。」此段乃經學中第一緊要關目，何以從未有人理會到此？予爲拈出，學者急須著眼。《周易》當以孟喜、虞翻爲主，鄭康成于此經卻未爲精詣。然鄭《易》究與孟不甚相遠，北學既宗鄭《易》，則孟亦在其中。能發揮孟者，虞翻爲最善。翻實南人，若無創于北，亦何能研究乃爾？至於北朝崇尚鄭注《書》、《詩》、三《禮》、《論語》、《孝經》，服注《左傳》，何注《公羊》，其擇取允當絶倫。並何注《公羊》疏亦疑徐遵明作。信乎，經學之在北不在南也！下文又云：「王肅《易》亦間行焉。」「肅」當作「弼」。又云：「晉世杜預注《左氏》。預玄孫坦，坦弟驥，于劉義隆世並爲青州刺史，傳其家業，故齊地多習之。」《隋·儒林傳》敘首云：「南北所治章句，好尚互有不同。江左《周易》則王輔嗣，《尚書》則孔安國，《左傳》則杜元凱。河、洛《左傳》則服子慎，《尚書》、《周易》則鄭康成。《詩》則並主于毛公，《禮》則同遵于鄭氏。南人約簡，得其英華，北學深蕪，窮其枝葉。」此段通論南北學尚之異，挈領提綱，亦頗能得其總要。然于何休《公羊》竟不齒及，則其標舉北學，已遠不及魏收。愚前論《公羊疏》必係北朝精于實學、篤守師法之人所爲，若徐遵明是。今觀魏收言何休《公羊》盛行於河北，愚説猶信。乃作《隋書》者，于此疏竟夷然不屑，置若罔聞，無識之甚。至其評斷云「南得英華，北得枝葉」，大有揚南抑北之意。殊不知王《易》、僞孔《書》、杜《左》，經中之蟊賊也，反以爲英華，何哉？此種議論必出于劉焯、劉炫。《隋書》唐人所修，彼時俗學漸熾，❶古學漸微，幸而《詩》則並主于毛氏，《禮》則同遵于鄭氏，四經得以長留天地間，并《公羊》亦未蕩廢。然而十一經中，

❶「俗」，原作「徐」，今據世楷堂本《蛾術編》改。

古學已亡其五，數千百年之下，撫卷三歎，能不深惜之？

南豈無良儒？皆衍北學之宗風。北亦有漫士，實中南人之蠱毒。

《北齊·儒林傳》叙首云：「經學諸生，多出自魏末大儒徐遵明門下。河北講鄭康成所注《周易》，遵明以傳盧景裕及清河崔瑾，景裕傳權會，權會傳郭茂。權會早入京都，郭茂恒在門下教授。其後能言《易》者，多出郭茂之門。河南及青、齊之閒，儒生多講王輔嗣所注《周易》，師訓蓋寡。」《魏書》云「王弼《易》亦閒行焉」，與此所云「師訓蓋寡」正合。王弼，《三國·魏志》無傳，僅于《鍾會傳》末附綴六句，述其注《易》及《老子》而已。《周易》，衆經之弁冕，其注若當時人皆尊信，雖陳壽亦不敢略之如此。弼，北人，而其學不能行于北，但能行于南，可見北人亂道，亦必須南人附和方能行也。從曹魏直至李唐方以弼注爲主，公然盡廢漢經師舊學，此真事之奇者。裴松之注采孫盛曰：「《易》之爲書，窮神知化，非天下之至精，其孰能與于此？世之注解，殆皆妄也。況弼以附會之辨而欲籠統玄旨者乎？故其叙浮義則麗辭溢目，造陰陽則妙賾無閒，至于六爻變化，羣象所效，日時歲月，五氣相推，弼皆擯落，多所不闡。雖有可觀者焉，恐將泥夫大道。」盛乃有此侃侃正論，抑何明確！會嘗論《易》無互體，弼亦擯互體，故史家以弼附于《會傳》。《繫辭》曰：「雜物撰德，非其中爻不備。」若無互體，六十四卦只説六十四事，何足以彌綸天地，經緯萬端乎？《南齊·陸澄傳》：「永明元年領國子博士，時國學置鄭、王《易》。」「國學」下當有「議」字。此下載澄《與王儉書》「王弼注《易》，玄學所宗，今若宏儒，鄭不可廢」云云，澄雖未能極口詆黜王弼，想彼時江左玄風大扇，故作巽詞。然其云「元嘉建學之始，玄、弼兩立。逮顏延之爲祭酒，黜鄭置王，意在貴玄，事成敗儒」。元嘉，宋文帝年號。延之，詩人文人，而談經學，宜其舛矣。澄又云：「杜預注《傳》，王弼注《易》，俱是晚出，並貴後生。杜之異古，未如王之奪實。」此兩節，澄之説精妙絶倫。説詳《十七史商榷》。玄學者，老、佛也。弼全用老、佛以説《易》，故澄爲此言。《魏・儒林・李業興傳》云：「天平二年，蕭衍親問曰：『聞卿善于經義，儒、玄之中，何所通達？』業興曰：『少爲書生，止讀五典，至于深義，不辨通釋。』」五典，五經也。深義，玄學也。「衍又問《易》曰：『太極是有無？』業興對：『所傳太極是有，素不玄學，何敢輒酬？』」北朝人好古守正如此，宜王《易》不能行于北矣。

前已引《北齊・儒林傳》，「《尚書》之業，徐遵明兼通之，授李周仁等，並鄭康成所注，非古文也。諸生略不見孔氏注解。武平末，劉光伯、劉士元得費甝《疏》，乃留意焉」。武平，北齊後主年號。鄭所傳，正係古文。作史者無知，反稱爲今文，因其不注增多篇，只有二十九篇，故混稱今文。《説文・自序》云：「其偁《書》，孔氏古文也。」此真孔，非僞孔。僞孔出皇甫謐，北人也，蓋本于王肅。予前言「北人中南人之蠱毒」是也。僞孔但能行于南，不能行于北。南人立學置博士歷四百餘年，始能流傳到北，予前言「北人或有亂道，亦必須南人附和方能行」也。南北朝信使交通，北豈不知南有僞孔？良由北人樸實，寧使保殘守闕，心惡孔《書》假託，不肯信也。

《魏・儒林・李業興傳》云：「天平四

年，蕭衍散騎常侍朱异問：『洛中委粟山是南郊邪？』業興曰：『委粟是圜丘，非南郊。』异曰：『比聞郊、丘異所，是用鄭義，我此中用王義。』業興曰：『然。』」南北學尚，託諸空言，亦見諸行事。

《北齊・儒林傳》叙首云：「河北諸儒能通《春秋》者，並服子慎所注，亦出徐生之門。張買奴、馬敬德、邢峙、張思伯、張雕、劉晝、鮑長暄、王元則並得服氏之精微。」觀此，則服氏在北朝頗盛名家。《魏・儒林・徐遵明傳》云：「知趙世業家有《服氏春秋》，是晉世永嘉舊本，乃往讀之。復經數載，譔《春秋義章》三十卷。」遵明識之卓而取之精若此。《梁・儒林・崔靈恩傳》云：「清河武城人。先在北爲太常博士，天監十三年歸國。靈恩先習《左傳》服解，不爲江東所行，乃改說杜義。每文句常申服以難杜，遂著《左氏條義》以明之。時有會稽虞僧誕申杜難服以答靈恩，世並行焉。」《南史》同。靈恩起北，雖歸南，猶崇北學。彼僧誕又何責焉？《周・儒林・樂遜傳》云：「字遵賢，河東猗氏人。魏正光中，聞碩儒徐遵明領徒趙、魏，乃就學《左氏春秋》大義。大象二年，位開府儀同三司大將軍，授東揚州刺史。隋開皇元年卒，年八十二。遜著《左氏春秋序論》，又著《春秋序義》，通賈、服說，發杜氏違。」服《左》出遵明，其傳授之盛若此，宜杜氏不能行于北矣。

劉焯劉炫會通南北漢學亡半其罪甚大

學皆北是南非，而《易》、《書》、《左》唐人廢北用南，其端皆發于劉焯、劉炫。《隋・儒林傳》叙首云「二劉拔萃出類」云云，已見前。又《劉焯傳》云「少與河間劉炫同受《詩》于同鄉劉軌思，受《左傳》于廣平郭懋常，❶問《禮》于阜城熊安生」云云，已見前。又《劉炫傳》云「縣司責其賦役，吏部尚書韋世惠問所能。❷炫自爲狀曰『《周禮》、《禮記》、《毛詩》、《尚書》、《公羊》、《左傳》、《孝經》、《論語》孔、鄭、王、何、服、杜等注凡十三家義，並堪講授。《周易》、《儀禮》、《穀梁》。用功差少』」云云。又史臣論云：「劉焯道冠縉紳，數窮天象，既精且博，洞幽究微，鉤深致遠，源流不測，數百年來，斯人而已。劉炫學實通儒，才堪成務，九流七略無不該覽。雖探賾索隱，不逮于焯；裁成義説，文雅過之。」合各條觀之，凡作史者竭力推奉之語，皆二劉大罪案也。唐虞以下，羣聖迭興，直至周衰，惟吾夫子爲生民未有之一人。故學無常師，自非夫子，誰敢祖述堯舜，憲章文武，金聲玉振，集其大成而删定五經乎？夫子没，七十子各守其家法。歷六國暴秦，東西兩漢，經生蝟起，傳注麻列，人專一經，經專一師。直至漢末，有鄭康成方兼衆經。自非康成，誰敢囊括大典，網羅衆家，删裁繁誣，刊改漏失，使學者知所歸乎？自有二劉，會通南北，而漢學遂亡其半矣。

兩漢立學十四家，去取不公明。説見《十七史商榷》。唐人作九經疏，其去取亦謬。推其故，皆起于二劉。

諸儒姓名孔穎達序與各史異

孔穎達各疏序舉作疏諸儒姓名，予據毛鳳苞汲古閣板拈出，又從任太學兆麟、家秀才汝翰借明北國子監《十三經注疏》勘對相

---

❶「常」，《隋書》、《北史》作「當」。

❷「惠」，《隋書》卷七五、《北史》卷八二作「康」。參沈梁校。

同，又購得惠徵士棟用宋刻纂圖互注《禮記》本，每葉板心有刻工姓名者挍毛板，並用宋本附釋音《禮記注疏》同挍，字句小有異者甚多，而孔序舉疏家姓名則同。考之各史，多與穎達異，穎達誤也。如庾蔚之，見《隋・經籍志》。《梁・儒林・司馬筠傳》：「周捨議《禮》，引庾蔚之之説。」新舊《唐書・經籍》《藝文志》亦皆稱「庾蔚之」，穎達作「庾蔚」，誤。沈重亦見《隋・經籍志》。《周・儒林》有《沈重傳》，又見此傳叙首，《北史》亦有傳，皆稱「沈重」，穎達作「沈重宣」，誤。皇侃亦見《隋・經籍志》。《梁・儒林》有傳，其字作「侃」。攷「侃」字見《説文・川部》「从㐱从川」外，《口部》、《品部》、《人部》皆無「侃」字。《南史》亦作「侃」。《梁書》「侃」字不知從何而來，謬甚。然此傳言「侃爲青州刺史，皇象九世孫」，則其姓皇甚明。穎達作「皇甫侃」，誤。徐遵明，《魏・儒林》有傳，又見《李業興傳》中、《北齊・儒林傳》叙首、《李鉉傳》中、《周・熊安生傳》中。穎達作「徐道明」，誤。李鉉，《北齊・儒林》有傳，云「字寶鼎」，然稱名不稱字。又見此傳叙首。惟《周・儒林・熊安生傳》中嘗一稱「李寶鼎」，其餘則未見。穎達直稱李寶鼎者，殆因南北朝人多以字行故邪？熊安生，《周・儒林》有傳。此傳叙首稱「熊生」。此汎稱，非名。又見《北齊・儒林傳》叙首，《隋・儒林・劉焯傳》中。《北史・儒林》亦有《熊安生傳》，末一段云：「將通名，見徐之才、和士開二人相對，以之才諱『雄』，士開諱『安』，乃稱『觸觸生』。」則此姓名甚著。穎達作「熊安」，誤。沈文阿亦見《隋・經籍志》。《陳・儒林》有《沈文阿傳》，《南史》同。穎達作「沈文何」，誤。

古書多亡于永嘉

《經典釋文》：「漢始立歐陽《尚書》，宣帝復立大、小夏侯博士。平帝立古文。永嘉喪亂，衆家之《書》並滅亡，而古文孔傳始興。」按《魏・儒林傳》叙首云：「自晉永嘉之後，宇内分崩，生民不見俎豆之容，黔首惟覩戎馬之跡，禮樂文章埽地將盡。」《隋・儒林傳》叙首云：「晉室分崩，中原喪亂，五姓交争，經籍道盡。」德明云云，謂立學已久者盡亡，而《魏書》、《隋書》尤明切。《隋・經籍志》亦云歐陽、大、小夏侯並亡于此時。詳見《尚書後案》。

采集羣書引用古學

古學已亡，後人從羣書中所引采集成編，此法始于宋王應麟《周易鄭康成注》及《詩攷》。昔吾友惠徵士棟仿而行之，采鄭氏《尚書注》，嫁名于王以爲重。予爲補綴，并補馬融、王肅二家入之。《後案》并取一切雜書益之，然逐條下但采其最在前之書名注于下，以明所出，如此已足。若宋、元人書亦爲羅列，徒以炫博，予甚悔之。而書已行世，不及删改。門人嚴蔚豹人采集《春秋内傳古注輯存》三卷，所采家數自服虔、賈逵、劉歆以下約如干家。豹人知有遺漏，實能補之，誠爲有功。若哀六年引《夏書》「維彼陶唐」六句，今在《尚書・五子之歌》，以爲太康時。而本疏云：「賈、服、孫、杜皆以爲夏桀之時。」豹人既引本疏，足矣。而《尚書疏・堯典篇》目下，疏亦云：「賈逵、服虔注《左傳》，亂其紀綱，云夏桀時。」豹人未之及也。此等如必重累舉之，無益于事，徒費筆墨，亦何爲哉！予既笑余蕭客之陋，又深悔己之未能免于陋，舉此一條爲例，戒集古者勿蹈此。若襄二十九年歌《周南》、《召南》，曰：「始基之矣，猶未也。」賈逵曰：「言未有《雅》、《頌》之成功。」見《史記·吴世家》注。豹人既引，但《周南·關雎·序》疏以此句屬服虔，豹人未及。雖服用賈語，但《左傳》服爲主，此類卻不妨重累舉之。豹人嫌初刻有漏，補緝重刻，今觀二刻，皆無此條。若昭二十四年引《泰誓》「紂有億兆、夷人」，杜預云：「言紂衆億兆，兼有四夷。」疏但舉僞孔《泰誓》注「夷人」謂「平人」爲孔、杜異解，他無所及，《尚書疏》卻言《左傳》服虔注以「夷人」爲「夷狄之人」。杜預攘竊服注極多，而忌其名重，擯黜不數，最爲無恥昧心。此條正攘竊者。豹人但采本疏，不參他經之疏，故此條初刻、重刻亦皆漏卻服虔。此類則必不可不補者。杜之竊服甚多，不能備見，舉一二以爲例。

《尚書·多士》疏云：「《漢書·地理志》及賈逵注《左傳》皆以爲遷邶、鄘之民于成周，分衛民爲三國。」攷襄二十九年《左傳》，吴札觀樂，歌《邶》、《鄘》、《衛》。杜預曰：「武王伐紂，分其地爲三監。三監叛，周公滅之，更封康叔，并三監之地，故三國盡被康叔之化。」疏云：「《漢書·地理志》云：『周既滅殷，分其畿内爲三國，《詩·國風·邶》、《鄘》、《衛》是。邶，以封紂子武庚；鄘，管叔尹之；衛，蔡叔尹之。以監殷民，謂之三監。故《書序》曰「武王崩，三監叛」，周公誅之，盡以其地封弟康叔，故邶、鄘、衛三國之詩相與同風。』此注取《漢志》爲説也。漢世大儒孔安國、賈逵、馬融之徒皆以爲然，故杜亦同之。」《左傳》此疏雖不引賈注，然亦言賈逵以爲然。若《多士》疏云云，則的係賈《左傳》注。且《左傳》疏引《漢志》，于「封弟康叔」下删「遷邶、鄘、衛之民于雒邑」句，賴《多士》疏方知此句出賈逵，且并知下文又有「分衛民爲三國」句，則《漢志》亦無。竊謂班固與逵雖同時，而逵稍在前。據《後漢書》逵于顯宗永平中已獻所作《左傳解詁》。若固《漢書》，則于永平中方始受詔作之，至章帝建初中乃成。書出賈書之後約二三十年，志文同于賈注者乃固取賈，非賈用固。抑又思邶既紂子武庚所封，鄘乃首倡逆亂、連結武庚之管叔所封，蔡叔但從之而已，故周公殺管叔，放蔡叔，其罪大有重輕。想邶、鄘民皆從亂，即所謂殷頑民也，是以遷之于雒而虛其地，衛民則不遷。康叔盡得三國地，而民則但得衛一國民，其情形如此。漢以下討叛平亂遷其民事，見史者甚多，皆法古也。嚴初刻、重刻，于賈注此條皆漏。

偶見宋傅寅《禹貢集解》，于荆州「包匭菁茅」，引鄭注「菁，蔓菁也」。此乃鄭《周禮》注，疏因僞孔以「菁茅」爲二物，故引此説之。疏明言鄭以「菁茅」爲一，傅乃誤以《周禮注》爲《尚書注》，又妄改「蕒菁」爲「蔓菁」。近人余蕭客遂據傅摭入《古經解鉤沈》。書此以爲好古而不知所擇者戒。

各疏中所引他經注，非明眼不能采取。如《周禮·春官·天府》疏采鄭康成《尚書·顧命》注云：「大訓者，禮法先王禮教，即《虞書》典謨是也。」愚案：王肅注以「大訓」爲「《虞書》典謨」，僞孔《傳》同。而鄭云「禮法先王禮教」，典謨非專説禮也，先王多矣，不特虞也。鄭意明明與王、孔異，且又不云典謨之類，而云即此是也。此必賈公彦混取孔傳攙入鄭注中。殊不知王肅有心，動與鄭違，僞孔專取王注，故以《虞書》實大訓，而豈可攙入乎？近日余蕭客輯漢人經注之亡者爲《鉤沈》，有本係後人語妄摭入者，有本是漢注反割棄者。書不可亂讀，必有識方可以有學。無識者，觀書雖多，仍不足以言學。

尚書古今文

《尚書》古今文，千古聚訟不休。其信晚晉梅賾所獻本者，皆無識陋儒。既有疑之者，直云：「《書》止今文二十八篇，而孔壁所得，遭巫蠱之難，遂以失傳。梅本乃後人假託。」此等議論，于真僞之辨，全不能得其要領。孔壁真古文，雖平帝暫立旋罷，然藏在祕府，劉向父子校書親見之，班氏載之《藝文志》。至東漢，其學更盛，杜林、衛宏、賈逵、馬融、鄭康成諸大儒皆遞相傳授不絶。其中增多者，篇數則十六篇内《九共》分出八篇，故亦稱二十四篇，而非今之二十五篇也。其篇目則有《汨作》、《九共》諸篇，而無《仲虺》、《太甲》、《説命》諸篇。即篇名之同者，《舜典》亦自别有一篇，而非今之分「慎徽」以下充之者也。其與今文同有者，則伏生二十八篇，連民間所得《太誓》爲二十九篇。又于其中分出《盤庚》二、《太誓》二、《康王之誥》一，爲三十四篇，而非今之分爲三十三篇者也。其篇總共五十八，乃是二十四與三十四合爲五十八，而非今之三十三與二十五合爲五十八者也。其卷數則四十六卷，乃是于三十四篇内，《盤庚》三篇同卷，《太誓》三篇同卷，《顧命》、《康王之誥》二篇同卷，實二十九卷；于二十四篇内，《九共》九篇同卷，實十六卷，共四十五卷，加《序》一卷爲四十六，而非今之引《序》各冠篇首，除《序》尚四十六者也。彼既爲真，則此自爲僞。自唐貞觀以後，無一人識破。直至近時太原閻先生若璩、吴郡惠先生棟始著其説，實足解千古疑團。予小子得而述之，既作《後案》，遂取注疏、《釋文》及《史記》、《漢書》等臚列于卷首而辨之，學者從是攷焉，可以霍然矣。孔壁真《書》，兩漢雖班班具在而不立博士，馬、鄭諸儒但注古今文同有之三十四篇而增多二十四篇未及爲注，是以延至魏晉之際其學又微。皇甫謐名重晉初，見此學之將絶也，遂别爲改作，且代安國爲傳，即今本也。其意以有安國傳，則馬、鄭必爲所壓伏耳。未幾而永嘉喪亂，真古文果亡。東晉元帝時梅賾遂獻謐本，遽得立學矣。然鄭氏所注三十四篇至唐尚存。《舊唐書·孔穎達傳》云：「明鄭氏《尚書》。」乃其作疏，不用鄭氏。蓋僞本始盛于江左，至隋劉焯、劉炫尊信作疏，聲燄大張，穎達倘依鄭，則經且少其半，孰信而從之？不得已用僞本，漫指鄭所述古文逸篇乃張霸僞《書》。此蓋昧心以徇俗，欺意而蔑古也。自宋至明，攻詆鄭學者徧天下，故辨孔之僞者猶有之，而識鄭之真者則無之。嗚呼！古聖經典，孔子手定，秦火既亡其半，幸而復出者，兵亂又從而滅之，而僞託之書反得懸諸日月。經之或傳或否，其無定若此。吾輩著述，惟自適己事耳，不特當時無鍾期，敢必後世有子雲乎？

唐石經尚書并非梅賾本惟説文所引爲真

真《古文尚書》已亡于永嘉，東晉梅賾忽獻《僞古文尚書》。案《説文》自序孔子書六經用倉頡古文。梅《書》既稱古文，又自言出于孔壁，則其字似當從古。然僞孔《序》云：「壁中得先人所藏虞、夏、商、周之書，皆科斗文字。科斗書廢已久，時人無能知者。以所聞伏生《書》攷論文義，定其可知者爲隸古定，更以竹簡寫之。」蓋科斗西漢已失傳，晉人安能假託？故初獻即假稱安國改經文爲隸書，更寫以竹簡，而不用古文。《隋·經籍志》有「《今字尚書》十四卷，孔安國傳」，即此本也。穎達作疏蓋用此本。此雖非古文，但云隸古則亦必稍參以古字。後玄宗時衛包又改從開元文字，《開成石經》用之，直傳至今，所以文字平易明順。所謂開元文字者，不但絕異古文，亦迥非梅《書》。宋薛季宣忽出《書古文訓》，苟逞胷臆，絕無據依，固不足信。若《說文》，許慎既自言《書》偁孔氏，「皆古文也」，子沖上書安帝云「臣父本從賈逵受古學，攷之于逵，作《說文》」。而逵實傳孔壁真《古文尚書》者，慎必不肯欺人。且其時王肅、束晳、皇甫謐一班作僞人未出，故《說文》所引《尚書》與今本異者，的爲孔壁真本無疑。大凡古書，一經後人之手，必遭變亂。《說文》幸因小學放廢，人皆束之高閣，故未大遭改竄，遺經之引見其中者，誠至寶也。

羣書所引尚書逸文可疑者及誤者

《史記·河渠書》首引《夏書》曰：「禹抑洪水十三年，過家不入門。陸行乘車，水行載舟，泥行蹈毳，山行即橋。」《說文·木部》「楯」字下引《虞書》同。《白虎通·號篇》引《尚書》曰：「不施予一人。」《社稷篇》：「社稷所以有樹何？尊而識之，使民望見即敬之，又所以表功也。故《周官》曰樹之各以土地所生；《尚書》曰大社唯松，東社唯柏，南社唯梓，西社唯栗，北社唯槐。」《御覽》引之，以爲《尚書》逸篇也。《王者不臣篇》：「王者臣有不名者，先王老臣不名，親與先王戮力共治國同功于天下，故尊而不名也。《尚書》曰『咨爾伯』，不言名也。」《說文·辵部》引

《虞書》曰：「怨匹曰逑。」案《左傳》桓三年，❶晉師服曰：「嘉耦曰妃，怨耦曰仇，古之命也。」疑即指此逸《書》。《攴部》：「𢿭，棄也。从攴，𦎧聲。《周書》以爲討。《詩》云：『無我𢿭兮。』市流切。」今《周書》無「𢿭」字。《亏部》：「粵，亏也。審慎之辭。从亏、从宷。《周書》曰：『粵三日丁亥。』王伐切。」案：惟《召誥》有「越三日丁巳」，其餘並無同者。《木部》：「榗，木也。从木，晉聲。《書》曰：『竹箭如榗。』子賤切。」今無攷。《心部》：「懱，輕易也。从心，蔑聲。《商書》曰：『以相陵懱。』莫結切。」逸文無攷。《後漢·馮衍傳》李賢注引「《周書·小開》篇曰：『汝何敬非時，何擇非德？德枳維大人，大人枳維公，公枳維卿，卿枳維大夫，大夫枳維士，登登皇皇，君枳維國，國枳維都，都枳維邑，邑枳維家，家枳維欲無疆。』言上下相維，遞爲藩蔽也。其數有八」。此所引本誤，説詳《後案》。「德枳」以下文尤不可知。以上各條，諸書雖皆以爲《尚書》，似是逸篇，然多可疑者及誤者，聊存以俟再攷。

鄭康成所據地理志伏無忌作

予采集羣書中《尚書》鄭康成注，又譔《後案》以疏解之。中一條云：「鄭注《禹貢》，引《地理志》閒與班《志》不同，則非班書；卻多與《續郡國志》合，而是書晉司馬彪作，鄭不及見。」宋余靖序《後漢書》云：「明帝詔伏無忌、黄景作《地理志》。」劉昭注《補續漢志》序云：「推檢舊記，先有《地理》。」是東漢別有《地理志》，鄭據當代之書，故不盡與班合。而司馬彪則取之以作《志》者，故與

❶「三」，據《左傳注疏》卷五，事在二年。參沈粱校。

鄭合也。《後漢・伏湛傳》：玄孫無忌，「亦傳家學，博物多識。順帝時，爲侍中屯騎校尉。永和元年，詔無忌與議郎黄景校定中書五經、諸子百家、蓺術。元嘉中，桓帝復詔無忌與景、崔實等撰《漢記》」。余靖説似即據此。但《後漢・盧植傳》：「植與諫議大夫馬日磾、議郎蔡邕、楊彪、韓説等並在東觀，校中書五經記傳，補續《漢記》。」言補續，則是即無忌書。二處皆但言《漢記》，不言《地理》，而靖斷然言之，靖雖趙宋人，恐別有所據。

鄭康成説經會通衆家不拘一師

《小雅・十月之交》以下四篇，毛以爲刺幽王，鄭改爲刺厲王。其上《節南山》、《正月》二篇已是刺幽王，故鄭以爲毛公作《詁訓傳》時移其篇第。《疏》引《尚書中候》「剡者配姬以放賢」，剡即豔妻爲證。《漢・谷永傳》：「永舉方正直言極諫，對曰：『閻妻驕扇。』」師古注以爲《魯詩》，即引《詩》「閻妻扇方處」，「言厲王無道，内寵熾盛」。蓋《魯》作「閻」，《毛》作「豔」；《魯》作「扇」，《毛》作「煽」。然則豔與剡、閻皆通，女姓也。下文永又並言「抑褒、閻之亂」，則以褒屬幽，閻屬厲尤明。《後漢・左雄傳》載其疏亦云：「幽、厲昏亂，褒、豔用權。」上並舉二王，下並舉二后，正《魯詩》説。而李賢《注》乃以褒爲褒姒，豔爲色美，不知此與《左傳》「美而豔」之「豔」字不同。鄭康成先通《魯詩》，注《禮記》時尚未得毛傳，故《坊記》「先君之思，以畜寡人」用《魯詩》説，曰：「此衛夫人定姜詩。」觀其爲《毛詩》作箋，既得毛傳後仍參用《魯詩》矣。鄭又以「番維司徒」，幽王時，鄭桓公友爲司徒，非番。歐陽氏《詩本義》

駮之，謂：「幽王在位十一年，至八年始以友爲司徒，其前七年安知無番？」此則《疏》中代爲解云：「番爲司徒，在豔妻盛時。」則豔既爲后，番始爲司徒。《鄭語》：「桓公既爲司徒，方問史伯，史伯乃説褒姒事。」末云「竟以爲后」，則桓公初爲司徒，褒姒未爲后，知桓公不得與番相代，歐陽氏未察耳。宋人輕肆駮難，而于九經義疏未暇周覽，往往如此。要之，鄭《毛詩箋》既參用《魯詩》，則于他經亦皆會通衆家，不拘一師。大儒而必守家法，則學散；末流而妄效大儒，則學亂。

「煽」字在《説文·火部》新附，此俗字也。《魯》俗學，《毛》乃古學，豈有古學反用俗字之理？明監板、毛板皆作「煽」。《唐石經》同，蓋唐人所改。

鄭康成意以左氏公羊爲勝于穀梁

《穀梁傳序》疏引《六蓺論》云：「《左氏》善于禮，《公羊》善于讖，《穀梁》善于經。」康成之于禮深矣，又篤好讖。蓋讖書，七十子之微言大義具在焉，康成削其駻駮而擇其精者以證經。故謂「《左氏》善于禮」者，《左氏》據禮以通《春秋》者也；「《公羊》善于讖」者，《公羊》援讖以定《春秋》者也；惟《穀梁》意取簡約，專以演繹經文爲事而其他不復旁及焉，則「善于經」而已矣。康成蓋意以爲《左氏》、《公羊》皆勝于《穀梁》，乃俗儒反疑康成此言爲推尊《穀梁》，豈不謬乎？

尚書禹貢導山

《禹貢》「導岍及岐」至「至于敷淺原」，僞孔分十二節。此皆言導山也。古本墜落，鄭注凋零。首節僞孔傳曰：「更理説所治山川首尾所在，治山通水，故以山名之。」疏曰：「上文每州説其治水登山，今更條説所治之山本以通水，舉其山相連屬，言此山之旁所有水害皆治訖也。」此非鄭康成義。鄭曰：「四列：導岍爲陰列，西傾爲次陰列，嶓冢爲次陽列，岷山爲正陽列。」案：鄭云「四列」者，鄭以下文導水就水之原委言，則此導山就山之首尾脈絡言也。「導岍爲陰列」云云者，西北爲陰，東南爲陽也。《漢・天文志》云：「中國山川東北流，其維首在隴、蜀，尾没于勃海碣石。」今鄭此注所分岍山、西傾山、嶓冢山、岷山皆在隴、蜀，正所謂「維首」，❶鄭順經文前後言之。其實當先正陽，次次陽，次正陰，次陰列，而至于碣石，入于海，正居陰列之末。所謂「東北流」，「尾没于勃海碣石」者。鄭注與《史》、《漢》合，此古義也。馬曰：「三條：導岍爲北條，西傾爲中條，嶓冢爲南條。」馬云「三條」者，《漢志》有「北條荆山」、「南條荆山」。有北有南有中，可知是古有此説。但以嶓冢、岷山二列并爲一條，恐不如鄭義長也。據鄭義，則傳疏不可用矣。且如前一段歷叙諸山，至「至于碣石」而云「入于海」，傳曰：「此山連延，東北接碣石而入滄海，百川經此衆山，禹皆治之，不可勝名，故以山言之。」疏曰：「云此山連延，東北接碣石而入滄海，言山旁之水皆入海，山不入海也。又解治水言山之意，百川經此衆山，禹皆治之，川多不可勝名，故以山言之也。謂漳、潞、汾、涑在壺口，雷首、太行經底柱、析城，沛出王屋，淇近太行，恒、衛、

❶「正」，原作「王」，今據中華書局二〇一〇年版《嘉定王鳴盛全集・蛾術編》卷三七改。

滹沱、滱、易近恒山、碣石之類也。」案：傳云「百川經此衆山，禹皆治之」，導山本言山脈，傳言治山旁水，與鄭異。觀經言「逾于河」，又云「過九江」，自是言山之脈，江、河不能斷，而逾之過之。《天文志》云「尾没于勃海」，則經云「入于海」，亦是山脈盡于此，故云入，非言水入。傳非是。疏附會爲漳、潞諸水，皆非也。且導山諸節所舉之山在平陸，距水次絶遠者多矣，豈皆濱臨大川者？知馬、鄭古注不可易也。又知西傾、朱圉、鳥鼠，傳于西傾、朱圉牽引積石，疏申之以爲河所經，河自積石以東，勢皆向北，西傾、朱圉皆在河之南，相距數百里，安得爲河所經？又云「鳥鼠，渭水所出」，但言治渭之功而舉鳥鼠，雍州已言之，下文導渭又詳言之，此處言鳥鼠又爲治渭，何不憚煩耶？若依鄭、馬以山脈言，則非爲治山旁之水，何須妄引？總因僞孔廢四列、三條不用，别創新説，遂生支蔓。或又添出「導西傾之洮水、白水」，欲補經所不及，增成傳義，强作葛藤，尤贅説也。又鳥鼠在渭源，朱圉在伏羌，若從傳爲治山旁水，則自西而東，應先鳥鼠，後朱圉。或遂疑經文誤倒，亦是惑于導山即所以導水之故耳。若以山脈言，則《通典》天水郡上邽縣有朱圉山，《九域志》秦州成紀縣有朱圉山，岷州大潭縣有朱圉山，紛紛不一，是朱圉山脈緜亘于伏羌西南者，安知與鳥鼠不可錯舉耶？必執《班志》梧中聚，以爲村落中一小山亦非。又如「熊耳、外方、桐柏，至于陪尾」，傳曰：「凡此皆先舉所施功之山于上，而後條列所治水于下，互相備。」愚謂「治山旁水」一語便已了然，何勞複舉？只因晉初真《書》已亡，皇甫謐一輩人造僞古文增多二十五篇，并造僞孔傳，無奈鄭注入人已深，恨不逐條皆與立異，而勢不能若此。「導山」改作「治山旁水」，自矜創獲，遂不覺言之重累至此。試思如陪尾在今安陸縣北六十里，淮水並不經此山，則經自據山脈言之，何得云「舉施功之山」，「列所治水于下」耶？凡治水施功之次，先下流不先上源；九州之次，由東及西者，以九州之次即治水施功之次也。今導山則皆由西而東，明係指山脈言，若云治山旁水，則是施功先上源矣，豈可通也？

禹貢九州

《禹貢》冀州，鄭曰：「兩河閒曰冀州。」案「兩河閒曰冀州」者，《爾雅·釋地》文。彼郭璞注云：「自東河至西河，東西皆據冀州。言河自積石、龍門南流爲西河；至華陰東經底柱、孟津，過洛、汭，爲南河；至大伾，北過降水、大陸，又北播爲九河；同爲逆河入海爲東河。」然則東河之西、西河之東爲冀州。惟言兩河閒，不言南河，南河之北從可知也。

「泲、河惟沇州。」鄭曰：「言沇州之界在此兩水之閒。」案：泲自滎至菏，此沇州之西南與豫分界處；自菏至會汶，則南與徐分界處；自會汶後東北行，則東與青分界處；河自大伾，北過降水，至于大陸，又北播爲九河，同爲逆河入于海，此沇州之西北與冀分界處，故鄭云云也。

「海岱惟青州。」鄭曰：「今青州界，東自海，西至岱。」案：《前志》齊地皆屬青州。《齊風》釋文云「齊地在《禹貢》青州」。僖四年《傳》管仲曰：「召康公賜我先君履，東至于海。」襄二十九年《傳》：「表東海者，其太公乎？」是青境東自海也。《爾雅》九州無青州，而曰齊，曰營州。注云：「自岱東至海。」疏云：「營州即青州地。」彼從西數至東，故云「自岱東至海」；此從東數至西，故云「自海西至岱」也。

「海岱及淮惟徐州。」鄭曰：「徐州界又南至淮水。」案：蒙上「海岱青州」之文，故言「又」也。于青州既言「東自海，西至岱」，則于徐州亦必以海岱分東西。

「淮海惟揚州。」鄭曰：「揚州界自淮而南至海以東也。」案：海岸雖自東北迤而南，而篇末云「東漸於海」，則青、徐、揚之海皆主東言，故鄭云「至海以東」也。

「荆及衡陽惟荆州。」鄭曰：「荆州界，自荆山南至衡山之陽。」案：《地理志》、《禹貢》南條荆山在南郡臨沮縣東北，衡山在長沙國湘南縣東南。今湖北襄陽府南漳縣有荆山，本漢臨沮地。湖南衡州府衡山縣有衡山，本漢湘南地。鄭意荆州北界起自荆山，不越荆山而北，自此而南，其南界則越過衡山之南也。

「荆、河惟豫州。」鄭曰：「豫州界自荆山而北，至于河。」案：南條荆山，其陰爲豫州，其陽爲荆州，乃豫之南界。

「華陽、黑水惟梁州。」鄭曰：「梁州界，自華山之南，至于黑水也。」案：鄭意非謂梁之黑水，但以爲南界。蓋黑水在西徼外，故梁、雍皆以是爲西界，但梁在華陽，雍在華陰，故雍但以爲西界，梁則兼以爲西南界，因對華山言，故云南也。

「黑水、西河惟雍州。」鄭曰：「雍州界，自黑水而東，至于西河也。」案：鄭意以黑水在西徼外，梁、雍二州之西境皆至此爲界。義已詳梁州也。

九州未言水道

鄭于冀州末注云：「治水既畢，更復行

之，觀地肥瘠，定貢賦上下。」然則每州之下「浮于」云云，皆是巡行州境。荆州言「浮于江、沱、潛、漢」，則荆州之境巡行已徧，洛與南河是豫州地，非荆州地矣。逾洛至南河者，爲將治豫，故經叙荆州之下，即記豫州也。此篇九州先後之次，即是禹施功之次。水害大河尤甚，禹先治河，治所經地，冀、兖最下，兖既淪没，冀爲帝都，故先治冀，次及兖。次乃由青而徐而揚。東方三州皆瀕于海水之委也，故亦早治之。揚則跨大江而南盡東南之地矣。循揚而上，故及荆、豫，梁州之地少汎濫之水，其功可緩，故荆既治，次及豫，然後治梁。雍州田上上，故治之最後也。近儒之説似以每州貢物皆會聚于州牧，而總共運載至帝都者。彼意蓋以一州土物産不一處，必有總辦之人，自然是州牧總共斂集，用巨艦裝載。物既累墜，船又重大，必須代爲籌畫便近道路。無如禹時泲、漯未必相通，而近儒于兖、徐則鑿鑿尋出二水相通之道矣；禹時江、淮不通，故近儒于揚州則竟謂禹之貢舟用海運入淮矣；漢、洛不通，必須陸路，乃代爲籌畫，忽添出丹水一層，謂由漢入丹，由丹至冢領山，然後入洛矣；梁州沔、渭亦斷不能通，則硬説禹時褒、斜必有相通之道，并謂其必有巧妙之法，使舟可踰嶺而達，從沔溯褒入斜，以通渭矣；至雍州「至于龍門、西河，會于渭、汭」，只得强改孔傳「逆水西上」作「逆水而上」，謂是南北兩路貢船會于渭、汭，一并轉東進京矣。宋學之爲經害，甚矣哉！

附録

先生歸田後，遷居蘇州，學者望風麕至。

鍵户讀書，不與當事酬接，偃仰自得，垂三十年。王昶撰傳。

先生登第時，公卿交禮致之。秦文恭蕙田方修《五禮通考》，屬以分修《軍禮》。後自編爲《周禮軍賦説》，阮文達收入《學海堂經解》中。同上。

《蛾術編》原分十目，其《説刻》十卷，詳載歷代金石，多爲王蘭泉采入《金石粹編》；《説系》三卷，備列先世舊聞，宜入王氏家乘。後校刻全書僅列八門。《蛾術編·凡例》。

先生因考史論學曰：《隋書·經籍志》叙首云：「經籍也者，其爲用大矣。不疾而速，不術而至。今之所以知古，後之所以知今，其斯之謂也。」按：許氏《説文》自序云：「文字者，經藝之本，王政之始，前人所以垂後，後人所以識古，故曰本立而道生。」《隋書》本此。《江式傳》：「延昌三年，式表曰：『文字者，六籍之宗，王教之始，前人所以垂今，今人所以識古。』」又《高允傳》：「允答景穆帝曰：『史籍，帝王之實録，將來之炯戒，今之所以觀往，後之所以知今。』」語亦同。韓昌黎：「詩人不通古今，馬牛而襟裾。」欲通古今，賴有字，亦賴有史，故字不可不識，史不可不讀。《十七史商榷》。

又曰：聲音文字，隨時而變，此勢所必至，聖人亦不能背時而復古。文字雖易變，然《説文》不亡，則字學常存，此書殆與天地無終極乎！不虞其變也。聲音雖易變，皆變在未有韻書之前。李登、吕静、沈約諸人，過小功大。既有韻書，亦不虞其變也。蒼頡古文，史籀大篆，李斯小篆，不可不知也。如用之，則吾從隸，吾從衆也。惟於隸書中去其舛謬太甚者，使不違古篆之意。且于唐宋史鑑所無、徐鉉新附所無之字屏而不用，亦足矣。古音不可不知也，如用之，則吾從唐宋，亦吾從衆也。要惟讀周漢以前書用古音，讀晉唐以後書用今音，斯可矣。學問之道，當觀其會通。知今而不知古，俗儒之陋也；知古而不知今，迂儒之癖也。心存稽古，用乃隨時，並行而不悖，是謂通儒。同上。

又曰：《通鑑釋文》馮時行序謂：「司馬公不用紀傳法律，總叙歷代，以事繫年，粲然可考，雖無諸史可也。」愚謂馮氏此言妄矣！紀傳、編年，横縱經緯，不可偏廢，司馬公雖欲上續《左傳》，究以《十七史》爲依藉方能成《通鑑》，豈有正史可無之意在其胷次耶？大凡人學問精實者必謙退，虚僞者必驕矜。生古人後，但當爲古人考誤訂疑，若鑿空翻案，動思掩蓋古人以自爲功，其情最爲可惡。司馬公秉性純篤，安有此事？時行極力推尊，反失其本旨。同上。

西莊家學

王先生鳴韶

王鳴韶，初名廷諤，字夔律，號鶴溪，西莊弟。諸生。從西莊學，著有《春秋三傳考》、《十三經異義考》、《祖德述聞》、《竹窗瑣碎》、《禮傳堂文集》、《翠微精廬小稾》、《鶴溪賸稾》。西莊官翰林，先生家居奉父母，顔其堂曰逸野。旁闢一室，懸蓑笠以見隱居之志。工詩畫，爲文尚清簡。西莊次江左十二子詩，以先生居其一，論者不以爲私。參王昶撰傳。

王先生嗣穫

王嗣穫，字斂夫，號實庵，西莊仲子。諸

生。孝友，傳家學。著《讀經隨筆》，西莊嘗取其説入《十七史商榷》。西莊晚喪明，久之始復明，著述多出先生手校。參《嘉定縣志》。

西莊弟子

金先生曰追

金曰追，字對揚，號璞園，嘉定人。諸生。受業於西莊，推爲高第。讀《十三經注疏》，每有所疑，隨條輒録。《儀禮》譌脱較甚，先纂成《儀禮注疏正譌》十七卷，以朱子《通解》爲主，附以宋楊復《圖》，元敖繼公説，元陳鳳梧、明鍾人傑兩鄭注本，並取吴江沈彤、山陰馬駉之説，考訂詳備。乾隆五十五年詔刊石經，阮文達分校《儀禮》，多采其説。參《嘉定縣志》。

費先生士璣

費士璣，字玉衡，號在軒，震澤人。嘉慶庚申舉人，大挑貴州知縣，權都匀通判。歸卒於家。少穎悟，過目成誦，五經、三禮注疏背誦無遺，古禮異同言之如指掌。兼治漢《易》。受業於西莊及錢少詹大昕。西莊尤賞之，曰：「吾門下以璞園爲第一，在軒次之。」惜著述多未就。參《蘇州府志》。

西莊交游

惠先生棟 別見《研溪學案》。

沈先生彤 別爲《果堂學案》。

秦先生蕙田

別爲《味經學案》。

王先生昶

別爲《蘭泉學案》。

錢先生大昕

別爲《潛研學案》。

曹先生仁虎

曹仁虎，字來應，號習庵，嘉定人。本姓杭氏，其上世有幼孤依母居外家者，因以曹爲氏。先生少而好學，於所讀書悉能貫串。西莊先生自負才氣，俯視儕輩，獨稱錢竹汀與先生爲二友。乾隆二十二年高宗南巡，召試列一等，賜舉人，授内閣中書。越三年成進士，改翰林院庶吉士，散館授編修，累遷侍講學士。每遇大禮，高文典册多出其手。五十一年，督學廣東。明年，遭母憂，以毁卒，年五十七。所著有《轉注古義考》一卷，又有《二十四氣七十二候考》、《蓉鏡堂文稾》、宛委山房諸詩集。參錢大昕撰墓志銘。

轉注古義考

六書中惟轉注之義古來説者判不相合，約有數家。自許慎《説文》以「考」、《説文》：「从老省，丂聲。」案：凡字首从耂者，《説文》謂之「老省」。「老」《説文》：「人毛匕爲老，言須髮變白也。」案：老字篆文作，中从人，上从毛，下从匕。爲轉注，衛恒《書勢》謂：「轉注者，以老爲耇即壽字，篆文作，上从老省。考也。」其意該而語簡，惟於《説文》「考」、「老」之外添舉「耇」字以見義。徐鍇《説文繫傳》謂：「人毛匕爲老，耇、耆、耋亦老，故以老字注之。受意於老，轉相傳注，謂

之轉注。」又謂：「老之别名，有耆，有耇，有耋，有耄，有耇，有耄。」並遵用許氏之説，而耄、耆、耋、耇、耄諸字復從《説文》「考老」二字推廣之。賈公彦《周禮疏》亦主「考老」之説，而增一語曰：「左右相注，故名轉注。」未及詳舉「左右相注」之義。後人不知同意相受者，乃字義之相注，而但從字形求之。裴務齊《切韻》以爲考字左回，老字右轉。陳彭年《廣韻》沿裴氏之説，亦爲「左轉爲考，右轉爲老」，此轉注之一説也。然《説文》於考字下从丂，音攷，亦作巧；丂，苦浩切。《説文》：「氣欲舒出，勹上礙於一也。」老字从人毛化。匕，呼跨切。《説文》：「變也，从倒人。」《玉篇》：「匕，今作化。」本各有取義，故徐鍇以左回右轉爲俗説，郭忠恕以左回右轉爲野言。毛晃謂：「考、老下各自成文，非反考爲老。」是左右轉形之説雖似遵用《説文》，而已與《説文》之本義相違，誠未可爲定論。至於趙古則輩因此遂詆《説文》考、老之非，而實非許氏之誤也。又有以轉注爲訓詁者，其説起於近世，謂《説文》於考字下訓「老也」，於老字下訓「考也」，以二字同義者轉相爲注，即名轉注。此又一説也。然轉注者本「流注」之「注」，「注」字之解，見徐鍇《説文解字繫傳》。而誤以爲「注釋」之「注」。六書各有本位，必先有六書，而後訓詁隨之。是六書者，母也；訓詁者，子也。凡六書皆當有訓詁，豈獨轉注一種爲然？今乃以後起之訓詁，配五書之本位，于義既屬未安，況考之訓老，老之訓考，爲許氏之文，故謂之「説文解字」。而六書在周初已有定名，案：衛恒《書勢》曰：「黄帝始作書契，字有六義。自黄帝至於三代，其文不改。」顧野王《玉篇表》曰：「庖犧始成八卦，倉頡肇創六文。」是造字之初，即有六書之名。亦未可以漢儒之箋釋，爲造書之本旨也。且攷《説文》之言曰

「建類一首，同意相受」，本從字首之相同者而言。今即以考、老互訓之例推之，如福字訓祐，祐字訓福，而凡祿祉之與福同意者，即以福訓之。咽字訓嗌，嗌字訓咽，而凡喉嚨之與咽同意者，即以咽訓之。遇字訓逢，逢字訓遇，而凡遭遘之與遇同意者，即以遇訓之。憂字訓愁，愁字訓憂，而凡怲惔之與憂同意者，即以憂訓之。凡若此類，似有合於「同意相受」之説。若踰、越之互相訓，待、竢之互相訓，問、訊之互相訓，謹、慎之互相訓，明、照之互相訓，始、初之互相訓，又非獨「同意」乎？然部首各別，字類各殊，顯與《説文》「建類一首」之語相背矣。蓋轉相爲注者，乃造字之義而非解字之文。若專以互相訓爲轉注，施之考、老二字，説似可通，施之他字而已窒。即以「老」字之部而論，考可訓老，老可訓考，而耆亦訓老，勢不能於老之下再訓爲耆。是可以謂之注，而不可謂之轉也。推之耇、耈、耋諸字，益復格而難通矣。鄭樵之論轉注，就《説文》而復以己意推廣之，分爲四類，其前二類曰建類主義，曰建類主聲，大率從「建類一首」立論；其後二類曰互體別聲，曰互體別義，大率從「左右相注」立論。此亦從字形以論轉注者也。其前二類能宗「建類一首」之語以求轉注，較之諸家之説自爲有據。惟中多雜入諧聲之字，未盡精審。其後二類以一字之結體，或左右易位，或上下易位，各自有義，即爲轉注，雖非沿左回右轉之説，然多混入會意。衡以考、老之例，非轉注之本義矣。其於考、老之説近是而非者，若戴侗、周伯琦之論轉注，則專主於字形，謂「因文而轉注之」。然如所列「側山爲𠂤」，即阜字。「反人爲匕」，音比，與音化者別。音比者，篆文作𠤎；音化者，篆文作七。「反欠爲旡」，音既。

「反子爲𠫓」，音突。「反𠂢爲市」，「反正爲乏」之類，本在會意之屬，豈可移以當轉注乎？楊桓、劉泰之論轉注，則兼主於字義，以爲「二文三文四文轉相注以成一字，使人繹之而自曉其義」。然合文成字之義，即鄭樵所謂「三體會意」，趙古則所謂「三四五體會意」，而乃以之當轉注，又將置會意於何地耶？其不從考、老之説者，如張有、毛晃、趙古則、王應電、吴元滿諸家之論轉注，又但主於字音，以爲「展轉其聲而注爲他字之用」。其大指以一字而同聲别義者爲假借，一字而轉聲别義者即爲轉注。從儒多從之。❶然即以令、長兩字而論，號令之令與令善之令皆去聲。同聲别義也，使令之令平聲。則轉聲别義也，於假借與轉注果何所屬乎；長短之長與久長之長皆平聲。同聲别義也，長幼之長上聲。則轉聲别義也，於假借與轉注果何所屬乎？此必不可通之説也。楊慎作《轉注古音略》，極論轉注爲文字之變而推之於雙聲叶音，並直指鄭樵爲謬。其論似爲辯矣，而主於轉音之説則發端已誤。以之論通韻叶韻則可，以之論轉注則非矣。蓋轉聲之説，即《説文》所謂令、長，已包於假借之中。今乃移假借之義作轉注之義，明與《説文》相背，固未可爲訓也。至於趙宧光著《説文長箋》，於《説文》考、老之説，又出乎諸家所論之外。其論轉注，自以爲能守漢義，所言近是矣。乃惟以諧聲中之不轉聲者爲轉注，尚未爲盡合。即如耇、耆、耋等字與考、老並爲轉注，衛恒、徐鍇輩已言之。宧光以同聲者爲轉注，轉聲者爲諧聲，故但以考丂與考同聲。字爲轉注，而耇、耆、耋𦣞與耇、旨與耆、至與耋皆轉聲。字皆爲諧

❶ 上「從」字，疑當作「俗」。

聲，不得爲轉注。豈唐以前相傳之説皆不足憑乎？且轉注與諧聲之辨，本不在轉聲與不轉聲。若以諧聲中之同聲者皆爲轉注，則是江、河工與江、可與河皆轉聲。之類爲諧聲，而瀟、湘蕭與瀟、相與湘皆同聲。之類將爲轉注矣，又豈可訓乎？蓋宧光之説，謂「考、老者，乃以丂注老，而非以老注丂。考與丂同聲，故得爲轉注，而《老部》所領之字皆諧聲也。」夫丂字與老字，在《説文》並爲部首，考字入於《老部》，而不入於《丂部》，則老字爲「建類」之首，明矣。以老爲母，注之爲考，即從丂得聲，凡同聲、轉聲皆得聲也。而仍合於老義，則所謂「同意相受」也。若論考、老而先違《説文》之部首，已與「建類一首」之語不合，而諸誤皆因之矣，是亦不可從也。此數説者，或以爲左右成文，則偏主於形體；或以爲彼此互釋，則偏主於訓義；或以會意中之反體者爲轉注，或以會意中之合體者爲轉注，而已與會意相混；或以諧聲中之不轉聲者爲轉注，而已與諧聲相混；或以假借中之轉聲者爲轉注，而又與假借相混，皆未合轉注之本旨。然此乃後人持論之歧出，而要未可以爲《説文》之咎也。夫《説文》考、老之説，最爲古義，晉、唐諸儒皆遵守之，而無有異説。然則欲定轉注之義，仍當以《説文》「建類一首，同意相受」二語求之。既曰「建類一首」，則必其字部之相同，而字部異者，非轉注也。既曰「同意相受」，則必其字義之相合，而字義殊者，非轉注也。《説文》於轉注，特舉考、老以起例，而考字從丂得聲，則必其字音之相近，而字音别者非轉注也。故轉注近乎會意而與會意不同。轉注者，以此合彼，而不離其原義。如以老凡字首从耂者皆在《老部》，《説文》謂之「老省」。合丂爲考，而考字仍與老字同義；

以老合𠷎音疇。爲壽，而壽字仍與老字同義。推之以老合毛爲耄，而耄字亦即老字之義；以老合旨爲耆，而耆字亦即老字之義；以老合句爲耇，而耇字仍有老字之義；以老合占爲⿱耂占，而⿱耂占字仍有老字之義。會意者，以此合彼而各自爲義。如止戈爲武，而武字已非止字之義；人言爲信，而信字已非人字之義。此轉注與會意之分也。轉注又近乎諧聲而與諧聲不同。轉注者，彼與此本屬同意，如丂字本有氣礙之象，老人之哽噎似之，故以老合丂爲考，从丂得聲，而仍與老同義。𠷎字《說文》壽从𠷎聲，而《說文》但有𠷎字，从口、𢀜，又聲，訓誰也。別無𠷎字。《爾雅·釋鳥》及《周禮·染人》註有𠷎字。《爾雅》𠷎音儔，《周禮》註𠷎爲直劉反。劉音壽，徐音疇，張參《五經文字》𠷎爲文牛反。皆但作雉名，而不詳𠷎字之本義。惟《說文》𤰝字从𢀜、从田，象耕屈之形。又以𢀜即𤰝之省文，而不別立𢀜字。據《繫傳》有之。本有屈曲之象，老人之傴僂似之，故以老合𠷎爲壽，从𠷎得聲而仍與老同義。推之毛爲眉髮之義，與老人之頭白有合，故以老合毛爲耄，《釋名》：「七十曰耄，頭髮白耄耄然也。」从毛得聲而即从老得義。旨有意指之義，與老人之指使有合，故以老合旨爲耆，《曲禮》：「六十曰耆指使。」《釋名》：「耆，指也，不從力役，指事使人也。」从旨得聲而即从老得義。老人面黎若垢，同垢。故以老合句爲耇，《說文》：「耇，老人面凍黎若垢。从老省，句聲。」从句得聲而亦从老得義。老人面斑如點，故以老合占爲⿱耂占，《說文》：「⿱耂占，老人面如點也。从老省，占聲。」从占得聲而亦从老得義。諧聲者，彼與此一主義而一主聲。如以水合工爲江，工字本無水義，而但取其聲。以水合可爲河，可字本無水義，而但取其聲。此轉注與諧聲之分也。至於以轉注爲轉音，尤易惑人。蓋轉注又近於假借，而與假借不同。轉注者，一義而有數文，故耇、考皆有老義，而老亦可稱耇、考；耄、耆皆有老義，而老亦可稱耄、耆。假借者，一文而有數義，故令爲號令之令，亦爲令善之令，又爲使令之令，長爲長短之長，亦爲久長之長，又爲長幼之長，此轉注與假借之分也。辨其所易混者，而轉注之本位自出，既與《說文》「建類一首，同意相受」之語正合，而於衛恒、徐鍇之說俱不至相背矣。

吳先生夌雲

吳夌雲，字得青，號客槎，嘉定人。歲貢生。嘗與陳令華同校《說文》，竹汀《養新録》頗采其說。後館竹汀家，嘗謂「諸經所載，半屬名物象數、日用常事，是亦古之方言」，乃取注疏、《釋文》訓詁之互異者，剖析義類，舉近事以明之。如《詩》「是刈是濩」，猶鄉人所謂濩綱煮樗皮汁以漬之也；「飲酒之飫」，即今人以食哺兒曰飫；《書》「越玉五重」，重即種；《禮》「雖止不怠」，止即遲；《左氏傳》「寤生」之寤與遻通，即倒産。諸所解說，多前人所未發。嘉慶八年卒，年五十。所著《十三經攷異》若干卷，又有《經說》三卷，《小學說》一卷，《廣韻說》一卷。後人爲合刻之，曰《吳氏遺著》。參史傳、陳瑑《吳氏遺著跋後》。

經說

朵頤

《頤》初九「觀我朵頤」。鄭、王注及孔疏、《釋文》並訓「朵」爲「動」。案：《說文》：「朵，樹木𡍮朵朵也。」夌雲謂：朵，从木、从几，几音，殊鳥也。今人謂鳥集于木爲朵，音多果反。此古音也，亦朵之本義也。「朵頤」字本當作「𠂹頤」，作朵者，同聲通借也。《說文》：「𠂹，艸木𠌶葉𠂹也。」大徐音是爲切。《說文》音切並大徐增入，後不復識別。埵、涶、唾皆从𠂹得聲，知𠂹聲古與朵同。初九曰「𠂹頤」，取下𠂹象。其訓「動」者，望文生義。京作「揣」，亦同聲相借。本當作「𥝩」，禾𠂹譌爲手𠂹。《說文》：「𥝩，禾𠂹皃，讀若端。丁果切。」揣訓量也，一曰捶之；椯訓箠也，一曰椯度。並兜果切。从手从木，二字同義，捶即箠，椯度即量，許君特交互言之，無動搖義。又《說文》：「㛊，量也。丁果切。」與揣同。「垛，堂塾也。丁果切。」與端同。《爾雅》：「垝謂之坫。」《注》：「坫，端也。」

亂于河

《禹貢》梁州：「入于渭，亂于河。」《傳》：「正絶流曰亂。」麦雲案：吾鄉俗語有曰「亂縱橫」，亦曰「亂横」，蓋縱之中有横者爲亂。「亂」字本義始此。《大雅》：「涉渭爲亂。」又《孟子》：「一人横行於天下。」朱子亦曰：「横行，作亂也。」又《說文》：「𤔔，治也。讀若亂。」「亂，治也。」「䜌，亂也」，古文作「𤔲」，从𠬪，與𤔔同意。是𤔔、亂、𤔲三字同，故《廣韻》「灓」訓「絶水渡也」。䜌之言闌也，故有横渡之義。說文：「灓，漏流也。」疑是「亂流」之音譌。

芼之

《關雎》：「左右芼之。」傳、箋並云：「芼，擇也。」案：上文既云「采之」，采實有擇義，則芼不合又訓擇，明矣。麦雲謂：芼當讀如《内則》「雉兔皆有芼」之「芼」。鄭於《禮》注云：「菜，釀也。」《正義》謂：「皆有菜以釀和之。」則芼之云者，蓋謂以荇菜爲和羹之芼也。《說文·艸部》「芼」雖引此經爲證，而訓「艸覆蔓」，是不以爲「左右芼之」之「芼」，而以爲「維葉莫莫」之「莫」耳。古音「芼」讀如「無」。

牖民

《板》：「天之牖民。」傳：「牖，道也。」疏：「牖與誘古字通。」麦雲案：《說文·羊部》：「羑，進善也。文王囚于羑里，在湯陰。」《厶部》：「𦍩，相訹呼也。重文作『誘』，又作『䛻』，古文作『羑』。」徐鉉曰：「此古文重出。」蓋此四字，當以羑爲正。羑，从羊、从久，久象从後致之形。羊性很，不从引，則从後致之使前，故以爲羑進之羑。𦍩係後人所加。蓋既以「羑」爲「進善」，則世或有相引爲惡者，故又从厶爲「𦍩」。羑里之羑，古亦作牖。《說文》：「牖，穿壁以木爲交窗也。」譚長以爲，上从「日」，非「户」也。愚謂：牖在室户之西。《詩》「綢繆牖户」，牖亦户類，故从户。户所以啟明，牖亦所引堂上之明于室也，古即借「羑」。後人以从羊不類，故又作「牖」，音則仍同「羑」也。牖無交窗，故孔子「伯牛疾，自牖執其手」。若有木爲交窗，則不能矣。牖但於壁上開孔，以木爲匡，故从片。从甫聲者，小徐謂：「古音甫。蓋與父同聲，故云甫聲也。」今徐本「甫」下無「聲」字，此說恐未的。

五行之穀

《臣工》：「迄用康年。」箋：「五穀豐熟。」疏：「五穀者，五行之穀。《月令》春食麥，夏食菽，季夏食稷，秋食麻，冬食黍。」案：《說文》：「麥，金也。金王而生，火王而死。」「禾，木也。木王而生，金王而死。」其于黍、稷、麻、菽皆不言所屬。鄭注《月令》云：「麥實有莩甲，屬木。菽實莩甲堅合，屬水。

黍穀，五穀之長。麻實有文理，屬金。黍，黍，秀舒散，屬火。」然則春爲木，食木穀；夏爲火，食秀舒水穀；季夏爲土，食土穀；秋爲金，食金穀；冬爲水，食火穀。春與季夏及秋皆穀與時同行，獨夏與冬穀相反者，何也？麥雲以《説文》推之，當言麥屬金，菽屬水，稷屬木，麻屬火，黍屬土。各取所畏之行，制當王之氣，慮其太過，故制之使中和也。知之者，麥屬金，許説也。菽屬水，鄭説也。稷，五穀之長。禾，嘉穀也，嘉故得爲長。禾既屬木，則稷亦當爲木也。麻實上鋭下鈍，象炎上形，故以爲火。黍之爲土，未得其義，但以上四穀既各專一行，惟餘黍與土而已，故以黍屬土。又高誘《淮南注》云：「菽，火也，故夏生冬死。」

佛　時

《敬之》：「佛時仔肩。」傳：「佛，大也。」案：《説文》：「弅，大也。讀若『予違汝弼』。」是古本有以「弅」爲「弼」者。弓欲其曲，不曲則弼；道欲其直，不直則亦弼。直者曲之，曲者直之，必大異於本來，故从大作弅而訓爲大。弅是弼之本字，《説文》既讀若弼，則弅與弼同；毛訓佛爲大，是佛與弅亦同也。錢少詹事曰：「佛之訓大，猶墳之訓大，取同位之轉聲也。」

互　物

「鼈人掌取互物。」案：龜鼈之屬名互物，其義難知。予友張華坪云：「《易・説卦》，《離》爲鼈、爲蟹、爲蠃、爲蚌、爲龜。此義與互物之互字可相發明。《離》之爲卦，上下皆陽，中藏一陰。黿鼈之屬，皆骨在外，肉在中。骨，陽也；肉，陰也。兩骨連結不解，正《離卦》兩陽外合，一陰中含之象也。然則於卦爲《離》，於文爲互，於物爲黿鼈之屬，其義一而已矣。」此説最爲精覈。又鄭注「莿胡」二字不見經典，麦雲謂莿當讀如《左傳》「曼伯」之「曼」，胡當讀如《詩》「狼跋其胡」之「胡」，謂黿鼈甲邊之緣也。

啟會

《士昏禮》：「贊啟會卻于敦南。」注不訓「會」字。案：會即蓋也。上文云黍稷四敦皆蓋，則此「啟會」即「啟蓋」，明矣。會，合也。蓋與敦相合，故即名蓋爲會。會、蓋亦疊韻字。

皋比

十年《傳》：「蒙皋比。」案：皋亦作獋。宣二年「夷皋」，《公羊》作「夷獋」。《説文》「嗥」或作「獋」。襄十四年《傳》：「豺狼所嗥。」凡聲之大而長者曰嗥，皋其本字也。《士喪禮》：「皋某復三。」注：「皋，長聲也。」《檀弓》：「且號者三。」號、皋音義同。號从虎，号聲，蓋虎聲也。虎聲皋，因名虎爲皋，故地名虎牢轉爲成皋。比、皮音同。

雕幾

《郊特牲》：「丹漆雕幾之美。」注：「幾謂漆飾沂鄂也。」案：此注有脱譌。幾通譏，譏即圻，故《少儀》注作「圻鄂」。此當云：「雕，謂以丹漆飾之。幾，圻鄂也。」郭璞《上林賦》注：「彫，畫也。」彫、雕古通。又《哀公問》注：「雕幾，附纏之也。」

荅

《憲問》：「夫子不荅。」案：《説文》：「荅，小尗也。」以爲尗豆之名。《釋言》：「俞、盒，然也。」郭云：「盒者，應也。亦爲然。」蓋以盒爲對荅之荅。《玉篇》從之。後世學者不復置辨。《爾雅釋文》云：「盒，古荅字。」然《説文》無「盒」字，从田義亦無取。麦雲謂：荅，古止作合，惟《釋詁》「合，對也」，《左傳》宣二年「既合而來奔」，尚存古文，餘皆借用荅矣。《説文》：「合，合口也。从亼、从口。」亼訓「三合」。是亼本有合義。合訓合口，蓋謂口與口相應合也。杜元凱云：「合猶荅也。」則亦謂古「荅」字作「合」矣。

清儒學案卷七十七終

清儒學案卷七十八

天津徐世昌

朗夫學案

朗夫通達治體，廉静自持，論者以爲乾隆朝廉吏第一。雖不以講學名，而研《易》理，明禮制，覈性情，並切實用，無虚空迂廓之談。其爲《切問齋文鈔》一書，適作耐盦《經世文編》之先導。賢者舉措，終有益於世也。述《朗夫學案》。

陸先生燿

陸燿，字青來，一字朗夫，吴江人。少寒苦，以古人自期。乾隆壬申舉人，甲戌會試明通榜，授内閣中書，充軍機章京。以户部郎中出爲登州府知府。調濟南府，遷運河道，晉按察使，署布政使。先是，補外時銓云南大理府，繼遷甘肅西寧道，皆以親老告近，改官山東。至是母病，必得先生侍側，所苦少休，乃陳情解任。高宗鑒其至誠，温旨垂允。奉母南歸，夜不釋衣者六年。遭喪服除，四十八年，復爲山東布政使。逾年，授湖南巡撫。五十年，湖南亢旱，先生已病，猶强起治事，冒暑求雨，積勞，遂卒，年六十三。先生性澹泊，嚴義利之辨。初至長沙，鹽商進白金三萬兩，問其故，曰舊規也。先生不受，而命以其數平鹽價。於時爲地方長吏者皆有貢獻，争以奇珍自媚，先生所貢惟尋常土宜。當宁知其廉，必受之以慰其意。而和珅方用事，能爲禍福，先生未嘗致一物也。生平不立講學名，而精析義理，洞達事物，讀書一歸於實用。嘗輯經世之文爲《切問齋文鈔》三十卷。其自爲文論禱祀曰：「士大歲時祭祀於祖宗之外，妄及天神。祆廟叢祠徧於民閒，賽會迎神繁費無度。巫覡卜祝妄稱鬼神以惑愚民，爲風俗害。」其論家祭曰：「宗法不行，廟制既失，人但當各祭其高曾祖考，爲便於俗而宜於民。不當人自爲禮，家自爲尊，人人盡祭其始祖，以爲復古而適以亂俗。」其言切於事理，如布帛粟菽之可衣食也。所著又有《山東運河備覽》六卷、《濟南信讞》四卷、《任城漫録》一卷、《甘薯録》一卷、《大學合鈔》六卷、《切問齋集》十二卷。參史傳、《吴江縣續志》、《松陵文録》、馮浩撰墓志銘、張士元《書陸中丞遺事》。

切問齋文鈔序

道備於經，詳於史。經猶鵠也，史册所載則古今射鵠之人也。讀經而知鵠之所在，讀史而知射者之得失，則固可無事於爲文矣。然自孔子之世即有老聃，孟子之世即有楊朱、墨翟。遭秦焚書，經缺不全，九流百家雜然並騖，學者惑於歧途而六經始晦，經晦而史家之予奪亦不盡合乎聖人筆削之旨。迨唐昌黎韓子出，始闢老、佛、荀、楊，推尊孟子，以爲功不在禹下。其初也，由其學文者以見道；其卒也，舉其衛道者以成文。自是唐宋諸儒之務爲文以談道也，而文遂不可以或已。然其弊也，有爲訓詁之文者，有爲講説之文者。夫經者，常也。道之常者，詎待解釋？既有漢之箋故、唐之義疏、宋之章句，微言大義已可無憾，而復撏撦細瑣，抉剔幽隱，人各一編，家著一集。承學之士，意在博觀，玩其枝葉，忘其本文，紛如聚訟，無益毫毛，此何爲者也？道猶路也，路有實徑，適越者必南轅，之燕者必北轍，九軌之途，參劇之市，蕩平正直，周道如砥。今舍而不由，閉户而談天道，高座而説明心，《學案》、《語録》之書日出而不窮，異同、宗旨之辨相攻而不已，高明者墮入禪宗，篤實者窘於應務，此又何爲者也？至如馳騖詞章，揣摩應舉，因循卑陋，又不待言。方將由文以見道，而乃耗費精神爲此不急，道不終晦矣乎？故以今人之文言古人之所已言與其所不必言，不若以今人之所欲言與其必當言者以著之文，必也以經爲鵠，以史傳中人爲同射之耦。鵠有定也，所以置鵠之地無定，或南或北，或東或西，要以必赴乎所懸之的而止。及其命中，百步之外或在正中，或在邊際，均之爲中，小有參差，亦非大失。又況事固有與古相違而於道適合者。譬諸河焉，碣石其入海之路也，自屢徙而南，今在懷、衛、徐、邳以下矣。言道而必執古人之説，不猶入海而必循碣石之蹤乎？如謂今人之從事於前所云云，方竭其聰明才力，尚未足與古人爲役，而又安能恣其所欲言與其所當言，而且可無背於道，是則大不然也。方今名臣大儒接跡熙朝，類能力破空虚之習，切求身世之宜，或已見諸施行，或尚俟諸百世。吾見其持弓矢審固，與史傳中人決得失於六經之圃，固不慮序點、公罔之裘之揚觶而廢然去也，而又於爲文乎何有？此則余《切問齋文鈔》之意也夫！

文集

原善

人莫不有本然之性，亦莫不有後起之情識。觀於人之慕善、恥不善，而知人性之本善。既本善矣而復有性惡、善惡混之説者，據後起之情識陷溺既深者言之，而非人性之本然也。涉於事，交於物，而情識參焉。始或見善而不知慕，見不善而不知恥，善惡之間若相混然。繼或以其慕善之心易而慕不善，恥不善之心轉而恥善，則似有惡而無善矣。然非真以不善爲可慕，善爲可恥也，直謂不善爲善而慕之之心仍一慕善之心也，善爲不善而恥之之念仍一恥不善之念也。故曰：恥善慕不善而慕善恥不善，本然之性仍在，人性皆善，益信吾儒之言性爲不誣也。

「善之與惡至不同類，乃至以慕善之心易而慕不善，恥不善之心轉而恥善，何哉？」曰：緣其視善在外而不曰吾本然之性，是以其於善也亦皆有所利焉。伯夷、比干，人之所同慕也，學伯夷而可以不餓，學比干而可以不死，則伯夷、比干接踵於時矣。如伯夷、比干而必餓且死，則何伯夷、比干之敢慕？苟彧、馮道，人之所共恥也，學苟彧而必不使冒爲聖人之徒蘇軾，學馮道而必不可奉爲因時大臣李贄，則苟彧、馮道絶跡於世矣。乃苟彧、馮道而猶有聖人之徒、因時大臣之目，則何苟彧、馮道之足恥？餓且死，人之所大不利也；身享富貴而歿後有聖人之徒、因時大臣之目，人之所大利也。於是決然不爲伯夷、比干而苟彧、馮道之歸，何怪乎以其慕善之心易而慕不善，恥不善之心轉而恥善也哉？「視善在外而有所利焉，其弊至於如此，安得尚有本然之性存乎？」曰：是人也，度必有爲之説者。曰父命當遵，遵而亂嗣不爲孝；君過宜諫，諫而傷體不爲忠。是人也，乃真以伯夷、比干之所爲爲未善，而學其非伯夷、比干者以爲善，是善爲不善而恥之之念仍一恥不善之念也。帷幄與謀，使其主不親爲弑逆，可無慚於往聖；文獻攸屬，使其典不至於墜地，終不愧爲耇成。是人也，乃真以荀彧、馮道之所爲爲善，而不爲荀彧、馮道者乃非善也，是不善爲善而慕之之心仍一慕善之心也。是故雖當陷溺既深之後，而本然之性如人身命門之火，介在兩腎之閒，苟一星之未滅，尚生命之可圖。使當其情識之參，早爲警覺，灼然知善惡之攸分，如白黑之易明，方員之難合，南北之不可易位而上下之不容倒置也，是必無見善而不知慕、見不善而不知恥之患，而後此者益無慮矣。子思子曰：「誠身有道，不明乎善，不誠乎身。」此之謂也。「然則善何在？」曰：本然之性，仁、義、禮、知、信五者是已。其涉於事，交於物，則爲君臣、父子、夫婦、昆弟、朋友之倫。是皆有藹然、秩然、確然不可移易之準則焉，無利害得失之見眩其中而奪其外，是謂明善；循而行之，適完我有善無不善之本體，是謂誠身。讀吾説者，當益知人性之本無不善，而吾儒之言性爲不可誣也。「仁、義、禮、知、信五者，人亦知爲本然之性，而求仁每得不仁，行義而每得不義，欲合於禮、知、信而每與禮、知、信相反者，豈皆有所利焉而出此？」曰：固也。浮屠、老子以外君臣、去父母、屏妻子、斷諸昆弟朋友之緣，而謂可以仙，可以佛，於是有煦煦以爲仁，子子以爲義，虚浮任誕以爲禮、知、信者。而一二儒生又以因果報應之説爲作善降祥、作不善降殃之驗，爲之而效則怠於再進，爲之而不效則疑而自返。彼其於吾人之言善也，若飄風之過耳焉。是與於恥善、慕不善之甚者也，烏覩所謂本然之性者哉？作《原善》。

肖屬

事有不可不尋其義者，亦有必不可强爲之説者。如世俗所云：「十二肖屬，謂取不全之物。鼠目少光，牛少齒，虎短項，兔缺脣，龍虧聰，蛇無足，馬虧膽，羊上視虧瞳，猴虧脾，雞無外腎，犬無大腸，豬無筋。」宋王逵非之曰：「子爲陰，極幽潛隱晦，以鼠配之，鼠藏跡。午爲陽，極顯易剛健，以馬配之，馬快行。丑爲陰，俯而慈愛，以牛配之，牛舐犢。未爲陽，仰而秉禮，以羊配之，羊跪乳。寅爲三陽，陽勝則暴，以虎配之，虎性暴。申爲三陰，陰勝則黠，以猴配之，猴性黠。卯酉爲日月之門，二肖皆一竅。兔舐雄毛則孕，感而不交也；雞合踏而無形，交而不感也。辰巳陽起而變化，龍爲盛，蛇次之，故龍、蛇配辰、巳，龍、蛇者，變化之物也。戌亥陰而拘守，狗爲盛，豬次之，故狗、豬配戌、亥，狗、豬，拘守之物也。謂取不全者，非也。庶類萬物豈但十二，況無義理，何足信乎？」余謂王説亦非也。凡古人所以紀數與其取象，皆適然而遇之，適然而名之耳。昔有人以問王文恪公，公曰：此非吾儒之所講也。雖然，嘗聞之於人，二十八宿分布周天以直十二辰，每辰二宿，子午卯酉則三，而各有所象。女、土蝠，虛、日鼠，危、月燕，子也。室、火豬，壁、水貐，亥也。奎、木狼，婁、金狗，戌也。胃、土雉，昴、日雞，畢、月烏，酉也。觜、火猴，參、水猿，申也。井、木犴，鬼、金羊，未也。柳、土獐，星、日馬，張、月鹿，午也。翼、火蛇，軫、水蚓，巳也。角、木蛟，亢、金龍，辰也。氐、土貉，房、日兔，心、月狐，卯也。尾、火虎，箕、水豹，寅也。斗、木獬，牛、金牛，丑也。天禽地曜，分直於天以紀十二辰，而以七曜統之，此十二肖之所始也。夫二十八宿有二十八禽，今獨取此十二以相配，蓋天官家恐人難以推算，故於十二宫各立一宿以爲之主，且亦止以赤道十二定宫言之。若黄道有歲差，太陽之退度，則又於十二宫散星之形似者取以象之，故子宫又有寶瓶象，丑宫又有磨羯象，寅宫又有人馬象，卯宫又有天蝎象，辰宫又有天枰象，巳宫又有雙女象，午宫又有獅子象，未宫又有巨蟹象，申宫又有陰陽象，酉宫又有金牛象，戌宫又有白羊象，亥宫又有雙魚象焉。凡此，皆不可以義理求之者也。近一儒者，好言格物致知之學，乃謂午爲馬，向左而行則申酉金在焉，故征馬向金而驅馳；丑爲牛，向左而行則歷金而至焉，故耕牛繫金而躑躅。卯爲兔，坎盡酉中，坎爲月，陰陽相照，故玉兔向西而望月；酉爲雞，離盡卯中，離爲日，陰陽相薄，故金鳳向東而朝陽。南北之氣正而長，故牛馬之形大；東西之氣偏而狹，故豬羊之形小。然尚屬方隅，未若西雞卯兔東西正位更爲微也。鼠宜大而反小，土剋故也，故掘穴而藏於土。夫向金驅馳，繫金躑躅，與夫玉兔金鳳，詞既鄙俚，且何以處夫龍蛇虎狗？鼠爲土剋，何以便小；亥自爲土，何以仍大？於鼠既爲土剋，何以復藏於土？亦未能顯言其故。又曰：午爲火，寅午一氣，而午火出於三八之寅。三生數而八成數，木成然後火生，故馬八月而生。按《家語》、《大戴禮》皆言「八九七十二，偶以承奇，奇主辰，辰主月，月主馬，故馬十二月而生」。今云「馬八月而生，」何所本耶？甚矣，世儒之膠柱而鼓瑟也！

卦氣

諸家言《易》，莫不善於以卦爻配時令。蓋天有畸零，卦無增減。三百八十四爻止可以配有閏之年，而不足以定無閏之歲。其術有以《乾》、《坤》二卦配十二辰者，有以十二辟卦配十二月者，有以八經卦二十四爻配二十四氣者，有以《坎》、《離》、《震》、《兑》分主四時而六十卦晝配三百六十日，其五日四分日之一，均之六十卦以爲六十七分者：支離牽合，總非確義。此卦氣直日之法，朱子所以不取也。而後之假《易》言數者又嘗屢變其説以求一當。如史繩祖《學齋佔畢》，欲依上下二經之次，謂卦氣非起於《中孚》，乃《中孚》起於甲子。蓋《乾》配甲而起於子，《坤》配乙而起於丑。故六十四卦，歷《乾》之甲子，《泰》之甲戌，《噬嗑》之甲申，至《坎》、《離》而上經三十卦盡；又歷《咸》之甲午，《損》之甲辰，《震》之甲寅，至《節》而周六甲。故曰天地節而四時成。餘《中孚》、《小過》、《既濟》、《未濟》四卦二十四爻配二十四氣，如《震》、《離》、《兑》、《坎》之例，則是《中孚》與《乾》同起於甲子也。朱載堉《律法融通》則欲以邵子《方圖》中《震》、《巽》、《恒》、《益》爲羣卦之宗。《震》春分，《巽》秋分，以風雷爲驗也；《益》雷在内風在外，《恒》風在内雷在外，冬至、夏至之象也。除此四卦，其餘六十卦以冬至日爲《復》初九，而次之以《頤》、《屯》、《既濟》、《家人》；大寒日爲《臨》初九，而次之以《明夷》、《賁》、《損》、《節》；雨水日爲《泰》初九，而次之以《大畜》、《需》、《小畜》、《中孚》；春分日爲《大壯》初九，而次之以《歸妹》、《豐》、《離》、《噬嗑》；穀雨日爲

《夬》初九，而次之以《大有》、《睽》、《兑》、《革》；小滿日爲《乾》初九，而次之以《履》、《同人》、《无妄》、《隨》；夏至日爲《姤》初六，而次之以《大過》、《鼎》、《未濟》、《解》；大暑日爲《遯》初六，而次之以《訟》、《困》、《咸》、《旅》；處暑日爲《否》初六，而次之以《萃》、《晉》、《豫》、《小過》；秋分日爲《觀》初六，而次之以《漸》、《涣》、《坎》、《井》；霜降日爲《剥》初六，而次之以《比》、《蹇》、《艮》、《蒙》；小雪日爲《坤》初六，而次之以《謙》、《師》、《升》、《蠱》。近時潘稼堂檢討又欲據邵子《圓圖》位次，以八純卦各統七卦，而七卦之下三爻則於純卦中除出三爻，八卦共除二十四爻，適得三百六十爻。舊以《震》、《離》、《兑》、《坎》四卦之爻分主二十四氣，而《坎》初六主冬至，九二主小寒，六三主大寒，六四主立春，九五主雨水，上六主驚蟄。今則以《震》之初爻主冬至，二爻主小寒，三爻主大寒；《離》之初爻主立春，二爻主雨水，三爻主驚蟄；以逮《坤》之初爻主立冬，二爻主小雪，三爻主大雪。共三百六十爻，則自《復》初爻至《屯》三爻當冬至，《屯》四爻至《噬嗑》三爻當小寒，《噬嗑》四爻至《无妄》上爻當大寒，《明夷》初爻至《既濟》三爻當立春，《既濟》四爻至《豐》上爻當雨水，《離》四爻至《同人》上爻當驚蟄，以逮《否》初爻至《晉》三爻當立冬，《晉》四爻至《觀》上爻當小雪，《比》初爻至《坤》上爻當大雪。其爲説益巧矣！篤而論之，天運循環，節氣消長，自鴻荒開闢已然。伏羲畫卦，以聖合天，就天視之，已屬後起之端，有卦爻亦然，無卦爻亦然，天固無藉於《易》。聖人作《易》，所謂與天地準，彌綸天地之道者，亦止其大致如此，非必寸寸而度之，銖銖而稱之也。後儒談

《易》乃似弈棋，以天地爲枰，六十四卦爲子，黑白互争，東西易位，卒之於子徒勞，於枰無補也。無論其他，即邵子《皇極》之數，學者莫不推尊以爲精之又精，亦終不可施之於用。故黄梨洲嘗謂，皇極一元十二會爲三百六十運，一會三十運爲三百六十世，一運十二世爲三百六十年，一世三十年爲三百六十月，一年十二月爲三百六十日，一月三十日爲三百六十時，一日十二時爲三百六十分，一時三十分爲三百六十秒，自大至小，總不出於十二與三十之反覆相承。以挂一圖之二百五十六卦分配，凡一運一世一年一月一日一時各得四爻。其爲三百六十者，盡二百四十卦。餘十六卦分於二十四氣，亦每氣得四爻。以寓閏法於其閒，不論運世年月時，莫不有閏。推求其説，多有可疑。夫自一年成數言之爲三百六十日，自十二月言之爲三百五十四日，自二十四氣言之爲三百六十五日三時，自閏歲言之爲三百八十四日。今以康節之術按之於法，辰法三百六十，其數皆以秒言。日法四千三百二十，月法十二萬九千六百，歲法一百五十五萬五千二百，世法四千六百六十五萬六千，運法五億五千九百八十七萬二千，會法一百六十七億九千九百一十六，元法二千一十五億五千三百九十一萬皆成數也。在一月爲三十日，於朔策强二千一百六十，於氣策弱一千八百九十。在一年爲三百六十日，於歲實弱二萬二千六百八十，於十二朔實强二萬五千九百二十。既已不可施用，乃於二氣相接之際各增一日以爲閏，以準一年三百八十四日之數。然三百八十四日，有閏之歲也。閏雖每月有之，亦必積之三歲兩歲而後滿於朔實，故有三百八十四日之歲。若一歲之閏策只四萬八千六百，今概之三百八十四日，是歲歲有閏也，豈可通乎？且所謂閏者，見之於年月日時者也。就如此説，增此四爻，亦當增之於三百六十之中。徒增之於卦，其爲三百六十者如故，是有閏之名而無閏之實也。是故運世歲無閏，而月日時有閏，六者不可一例。一年之日三百五十四，以運準之則少六日；一月之時三百五十四，以世準之則少六時。康節必欲以十二與三十整齊之，其畸零可抹殺乎？如以康節之數而立法，歲實一百五十七萬七千八百八十，朔策一十二萬七千四百四十，氣策六萬五千七百四十五，閏法四萬八千六百。由此推而上之爲元會運世，庶乎可通耳。《易》與天數本難强通，其説雖煩，終於鶻突而不可用也。

天　度

天無體，以列宿爲之體；無宫度之分，以歲月爲宫度之分。蓋一歲有十二月，故分天爲十二宫；十二月有三百六十五日三時，故分十二宫爲三百六十五度四分度之一。此人以歲月日時定天度，非天有宫度以示人。東宫蒼龍，角二星，亢四星，氐四星，房四星，心三星，龍尾九星，箕四星。北宫玄武，南斗六星，牽牛六星，須女四星，虚二星，危三星，營室二星，東壁二星。西宫白虎，奎十六星，婁三星，胃三星，昴七星，畢八星，參旗九星，觜觿三小星。南宫朱鳥，東井八星，輿鬼四星，柳八星，星七星，張六星，翼二十二星，軫四星。自南斗十二度至婺女七度，曰星紀之次，於辰在丑，斗建在子。自婺女八度至危十五度，曰玄枵之次，於辰在子，斗建在丑。自危十六度至奎四度，曰娵訾之次，於辰在亥，斗建在寅。自奎五度至胃六度，曰降婁之次，於辰在戌，斗建在卯。自胃七度至畢十一度，曰大梁之次，於辰在酉，斗建在辰。自畢十二度至東井十五度，曰實沈之次，於辰在申，斗建在巳。自東井十六度至柳八度，曰鶉首之次，於辰在未，斗建在午。自柳九度至張十七度，曰鶉火之次，於辰在午，斗建在未。自張十八度至軫十一度，曰鶉尾之次，於辰在巳，斗建在申。自軫十二度至氐四度，曰壽星之次，於辰在辰，斗建在酉。自氐五度至尾九度，曰大火之次，於辰在卯，斗建在戌。自尾十度至斗十度百三十五分而終，曰析木之次，於辰在寅，斗建在亥。其分度則角十二，亢九，氐十五，房五，心五，尾十八，箕十一四分一，東七十五度；斗二十六，牽牛八，須女十二，虛十，危十七，營室十六，東壁九，北九十八度；奎十六，婁十二，胃十四，昴十一，畢十六，觜觿二，參九，西八十度；東井三十三，輿鬼四，柳十五，星七，張翼各十八，軫十七，南百一十二度。此《漢志》之文也。據今時實測，則赤道角十二度一十分，亢九度二十分，氐十六度三十分，房五度六十分，心六度五十分，尾十九度一十分，箕十度四十分，斗二十五度二十分，牛七度二十分，女十一度三十五分，虛八度九十五分，危十五度四十分，室十七度一十分，壁八度六十分，奎十六度六十分，婁十一度八十分，胃十五度六十分，昴十一度三十分，畢十七度四十分，觜五分，參十一度一十分，井三十三度三十分，鬼二度一十分，柳十三度三十分，星六度三十分，張十七度二十五分，翼十八度七十五分，軫十七度三分。王奕曰：「天體沖漠，其度難別，故隸其度於二十八宿，用以紀日月所躔。日之所躔或多或寡，適當其星者凡二十八，故度之多寡於是生焉。井、斗之舍非無星也，然不與日躔相當，故其度不得不闊；觜、鬼之旁非無星也，然與日躔相當，故其度不得不狹。夫其得度闊狹，非舉一宿全體盡占此度也。如南斗六星，舉全體而言之，合距杓星爲度，而今距魁爲度，杓二星則入於箕。蓋南斗六星之中，杓二星不當日之度而魁第四星當度，故距於魁而得二十五度十九分强。古人假設是法，以步日躔而已。」

斗建

北斗七星在中宫紫微之垣，一曰天樞，二曰璇，三曰機，四曰權，五曰衡，六曰闓陽，七曰瑶光。《天官書》謂斗爲帝車，運乎中央，臨制四鄉，分陰陽，建四時，均五行，移節度，定諸紀，皆繫於斗。故斗指子則冬至，加十五日指癸則小寒；加十五日指丑則大寒；加十五日指報德之維則越陰在地，故曰距冬至四十六日而立春；加十五日指寅則雨水；加十五日指甲則雷驚蟄；加十五日指卯中繩，故曰春分，則雷行；加十五日指乙則清明，風至；加十五日指辰則穀雨；加十五日指常羊之維則春分盡，故曰有四十六日而立夏；加十五日指巳則小滿；加十五日指丙則芒種；加十五日指午則陽氣盛極，故曰有四十六日而夏至；加十五日指丁則小暑；加十五日指未則大暑；加十五日指背陽之維則夏分盡，故曰有四十六日而立秋；加十五日指申則處暑；加十五日指庚則白露降；加十五日至酉中繩，故曰秋分，雷戒；加十五日指辛則寒露；加十五日指戌則霜降；加十五日指號通之維則秋分盡，故曰有四十六日而立冬；加十五日指亥則小雪；加十五日指壬則大雪；加十五日指子，故十一月日冬至。《周書》惟一月既南至，昏昴畢見，日短極，微陽動於黄泉。是月斗柄建子，始昏北指，日月俱起於牽牛之初，右回而行，終則復始，是謂日月權輿。凡四時成歲，有春夏秋冬，各有孟仲季以名。十有二月中氣，以著時應。春三月中氣，雨水、春分、穀雨；夏三月中氣，小滿、夏至、大暑；秋三月中氣，處暑、秋分、霜降；冬三月中氣，小雪、冬至、大寒。閏無中氣，斗指兩辰之間。凡一節氣又分三候，故曰立春之日東風解凍，又五日蟄蟲始振，又五日魚上冰；雨水之日獺祭魚，又五日鴻雁來，又五日草木萌動；驚蟄之日桃始華，又五日倉庚鳴，又五日鷹化爲鳩；春分之日玄鳥至，又五日雷乃發聲，又五日始電；清明之日桐始華，又五日田鼠化爲鴽，又五日虹始見；穀雨之日萍始生，又五日鳴鳩拂其羽，又五日戴勝降于桑。立夏之日螻蟈鳴，又五日蚯蚓出，又五日王瓜生；小滿之日苦菜秀，又五日靡草死，又五日小暑至；芒種之日螳螂生，又五日鵙始鳴，又五日反舌無聲；夏至之日鹿角解，又五日蜩始鳴，又五日半夏生；小暑之日温風至，又五日蟋蟀居壁，又五日鷹乃學習；大暑之日腐草爲螢，又五日土潤溽暑，又五日大雨時行。立秋之日涼風至，又五日白露降，又五日寒蟬鳴；處暑之日鷹乃祭鳥，又五日天地始肅，又五日禾乃登；白露之日鴻雁來，又五日玄鳥歸，又五日羣鳥養羞；秋分之日雷始收聲，又五日蟄蟲坏户，又五日水始涸；寒露之日鴻雁來賓，又五日爵入大水爲蛤，又五日鞠有黄華；霜降之日豺乃祭獸，又五日草木黄落，又五日蟄蟲咸俯。立冬之日水始冰，又五日地始凍，又五日雉入大水爲蜃；小雪之日虹藏不見，又五日天氣上騰，地氣下降，又五日閉塞而成冬；大雪之日鶡鳥不鳴，又五日虎始交，又五日荔挺出；冬至之日蚯蚓結，又五日麋角解，又五日水泉動；小寒之日雁北鄉，又五日鵲始巢，又五日雉始雊；大寒之日雞始乳，又五日鷙鳥厲疾，又五日水澤腹堅。先儒固謂《周書》之説不無太泥，然五日一候，乃是甲子一週，凡三週而交一節氣，二十四節氣而成一歲。節氣之交否雖有權土炭、候葭灰諸法，而要憑斗建爲準，故曰：「分陰陽，建四時，均五行，移節度，定諸紀，皆繫於斗也。」沈果堂曰：「周初距今約二千七百年，今南至斗建亥中，而嬴辰三十度强，約七十年餘差一度。周初之建，當子中而不及，使上之數百年而南至昏建丑初，下之千餘年而南至昏建亥末，則中氣之月，斗轉指兩辰閒，無中氣之閏月，斗轉指一辰中，皆與周初法象相反而不可用。所以《虞》《夏書》不載斗建，而東漢以來亦但存用建之名耳。」

歲星

歲星一歲行三十度十六分之七，❶率日行十二分度之一，十二歲而周天。《史記》本文甚明。晉灼注乃據《淮南子》，以爲太歲在四仲，歲行三宿；四孟、四季，歲行二宿。二八十六，三四十二，而周二十八宿。邢氏壬登固嘗議之。而余以爲，此不待他説而明也。即二十八宿度分言之，蒼龍七宿，角十二度，亢九度，氐十五度，房五度，心五度，尾十八度，箕十一度；朱鳥七宿，井三十三度，

❶「七」，原作「一」，今從陳校據《史記》卷二七改。

鬼四度，柳十五度，星七度，張十八度，翼十八度，軫十七度； 白虎七宿，奎十六度，婁十二度，胃十四度，昴十一度，畢十六度，觜二度，參九度； 玄武七宿，斗二十六度，牛八度，女十二度，虛十度二十五分，危十七度，室十六度，壁九度。 如謂四仲之歲必歷三宿，則卯年行三十九度二十五分，午年行四十一度，酉年行四十度，子年行二十五度，而四孟四季之年，亦無不多寡懸殊，疾徐不等矣。 推求其故，史元有歲陰在卯，星居子，以二月與婺女、虛危晨出； 歲陰在酉，星居午，以八月與柳、七星、張晨出； 歲陰在子，星居卯，以十一月與氐、房、心晨出之文，遂誤以爲必歷三宿然後可以符十二年一周天之期。不知《帝王世紀》即以女八度至危十六度爲玄枵之次，胃七度至畢十一度爲大梁之次，柳九度至張十七度爲鶉火之次，氐五度至尾九度爲大火之次，不拘拘以三宿之全居子、午、卯、酉之一宫也。 又二十八宿分經從赤道極出綫至赤道止，而諸宿自依黄道而行，每日每刻皆有參差，積之既久，各離本次，平運之中，不免推移。 故觀乎東井之多，觜觿之少，則知二宿三宿不得以定數强求。 日月五星各有遲速，恒星之天亦積六十七年而差一度，二萬五千四百餘年而行一周，則知諸宿之行亦且不常厥居。《天官》之書本自明析，惜乎晉灼之誤引爾。

納甲

世有所謂納甲者，其術以八卦配一月之候，蓋邵子《先天圖》方位之所從出也。 法以《乾》納甲壬，甲一壬九，陽數之始終也；《坤》納乙癸，乙二癸十，陰數之始終也。《乾》一索得男，爲《震》，納庚；《坤》一索得女，爲《巽》，納辛，陰陽起於下也。《乾》再索得男，爲《坎》，納戊；《坤》再索得女，爲《離》，納己，陰陽交於中也。《乾》三索得男，爲《艮》，納丙；《坤》三索得女，爲《兑》，納丁，陰陽極於上也。所以知者，《坤》初爻變而爲《震》，月初三夕見於庚方，故以《震》納庚；再變而成《兑》，月初八上弦夕見於丁方，故以兑納丁；三變而成《乾》，《乾》者，純陽之卦，當光滿之候，十五對日而照甲，故以《乾》納甲。《乾》初爻變而成《巽》，月十八平明見於辛方，故以《巽》納辛；再變而爲《艮》，月二十三下弦平明見於丙方，故以《艮》納丙；三變而成《坤》，《坤》者，純陰之卦，當晦朔之交，平明與日會於乙方，故以《坤》納乙。《坎》納戊，《離》納己，居中而無位，故《離》附乎陽而分納《乾》之壬，《坎》附乎陰而分納《坤》之癸。《參同契》曰：「故《易》統天心，《復》卦建始，《蒙》長子，繼父體，因母立兆基。消息應鐘律，升降據斗樞。三日出爲爽，《震》庚受西方。八日《兑》受丁，上弦平如繩。十五《乾》體就，盛滿甲東方。蟾蜍與兔魄，日月氣雙明。蟾蜍視卦節，兔者吐生光。七八道已訖，屈折低下降。十六轉受統，《巽》辛見平明。《艮》直於丙南，下弦二十三。《坤》乙三十日，東北喪其朋。節盡相禪與，繼體復生龍。壬癸配甲乙，《乾》、《坤》括始終。」又曰：「天地神明，不可度量。利用安身，隱形而藏。始於東北，箕斗之鄉。旋而右轉，嘔輪吐明。潛潭見象，發散清光。昴畢之上，《震》生爲徵。陽氣造端，初九潛龍。陽以三立，陰以八道。三日《震》動，八日《兑》行。九二見龍，和平有明。三五德就，《乾》體乃成。九三夕惕，虧折神符。盛衰漸革，終運其初。《巽》繼其統，固濟操持。九四或躍，進退道危。《艮》主止進，不得踰時。二十三日，典守弦期。九五飛龍，天位加喜。六五《坤》承，結括終始。韞養衆子，世爲類母。上九亢龍，戰德于野。用九翩翩，爲道規矩。陽數已訖，訖則復起。」此蓋牝牡汞鉛交媾烹煉之術，而託於《易》以爲説者。奈何言天者取之，言《易》者亦惑之哉？

納音

納音之説，或者以爲風后所遺，然不可考矣。其術以十干十二支納五音。而審其所屬之音，一言屬宫爲土，三言屬徵爲火，五言屬羽爲水，七言屬商爲金，九言屬角爲木。假令求甲子所屬，則子屬庚，從甲至庚得七，七言商，則甲子屬金矣。求丙寅，則寅屬戊，從丙至戊得三，三言徵，故爲火。求戊辰，則辰屬丙，從戊至丙得九，九言角，故屬木。五行之氣，始於甲子，甲子屬金，以金木土火水爲序也。王逵曰：「金爲氣母，天體金也。人肺管攝諸藏，亦金也。」大言天地，小言人身，莫不先受乎氣，故金爲五行之先，而一陽始出之《震》亦先納乎庚也。羅泌曰：「甲、乙木，丑、未土，子水而午火，六者無一金，而風后配合，乃以甲子、乙丑、甲午、乙未爲之金。」此出乎數者然也。數之所合，變之所由出也。乾爲天，坤爲地，乾坤合而爲泰；德爲父，紅爲母，德紅合而爲東；干爲君，支爲臣，支干合而納音生。是故甲乙爲君，子丑爲臣，子丑甲乙合而爲金。蓋五行之在天下各有氣性，有材位，或相濟，或相克，若成器，未成器，旺在受絶，絶中受氣，惟相配而取之爲不同耳。此金數之所以雖同而又有海中沙中之異。或曰：「甲乙以相克，取甲嫁庚，乙嫁辛，而甲乙遂有金氣，故凡木必受金胎。陽生於子，水旺之地，故甲子乙丑爲海中之陽金。陰生於午，火旺之地，故甲午乙未爲沙中之陰金。子，陽之始；午，陰之始。以甲加子，乙加丑，數之至午得庚，至未得辛，爲陽索陰。以甲加午，乙加未，數至子丑，亦得庚辛，爲陰匹陽從。甲至庚得七，七爲西方，西方素皇之氣，故甲子乙丑皆爲金。三爲火，九爲木，一爲土，五爲水，數其干不數其支。而今之術者則又謂納音乃大衍之數，先布大衍四十九在地，次將甲己子午九，乙庚丑未八，丙辛寅申七，丁壬卯酉六，戊癸辰戌五，巳亥乃屬四，依數除之。除而不盡，又將五行之數除之。餘一爲水，二爲火，三爲木，四爲金，五爲土。一生木，二生土，三生火，四生水，五生金，是謂納音。且如甲子乙丑除三十四，尚餘十五，以二五除十則餘五，屬土，土生金，是甲子乙丑金也；丙寅丁卯除二十六，尚餘二十三，以四五除二十則餘三，屬木，木生火，是丙寅丁卯火也。婁景以前，初無金在海中、火在鑪中之説云。」

孤虚王相

《龜策傳》曰：「日辰不全，故有孤虚。」《越絶》曰：「太歲八會，壬子數九，王相之氣自十一倍。」此孤虚王相之所出也。注謂：「甲乙謂之日，子丑謂之辰。《六甲孤虚法》：甲子旬中無戌亥，戌亥即爲孤，辰巳即爲虚；甲戌旬中無申酉，申酉爲孤，寅卯即爲虚；甲申旬中無午未，午未爲孤，子丑即爲虚；甲午旬中無辰巳，辰巳爲孤，戌亥即爲虚；甲辰旬中無寅卯，寅卯爲孤，申酉即爲虚；甲寅旬中無子丑，子丑爲孤，午未即爲虚。」「王者，木旺於春，火旺於夏，金旺於秋，水旺於冬，土寄王於四季。相者，甲乙旺則丙丁爲相，木生火也；丙丁旺則戊己爲相，火生土也；戊己旺則庚辛爲相，土生金也；庚辛旺則壬癸爲相，金生水也。」朱子曰：「孤虚以方位言，王相以時日言。」饒雙峯則謂「木旺則火爲相，金爲孤，水爲虚，故兵家有依王、乘相、背孤、擊虚之説」。然如甲子旬中無戌亥，戌屬火，亥屬木，是不得爲孤矣。戌亥相對之辰巳，辰屬水，巳屬金，又一孤而一虚矣。而地理家言又專以納甲方位爲説，謂「陽得陰而生，陰得陽而養。故《乾》以上爻爲成卦之主，上下二爻皆陽，是謂純陽不生，《乾》納甲，故《乾》甲皆爲孤。《坤》以上爻爲成卦之主，上下二爻皆陰，是謂純陰不養，《坤》納乙，故《坤》乙皆爲虚。《離》以中爻爲成卦之主，上下二爻皆陽，亦純陽不生，《離》爲火，納壬，十二支寅戌亦火，故《離》壬寅戌皆爲孤。《坎》以中爻爲成卦之主，上下二爻皆陰，亦純陰不養，《坎》爲水，納癸，十二支申辰亦水，故坎癸申辰皆爲虚。《震》以下爻爲成卦之主，下爻陽而上爻陰，陽得陰配而生，《震》爲木，納庚，十二支亥未亦木，故《震》庚亥未皆爲旺。《兑》以上爻爲成卦之主，上爻陰而下爻陽，陰得陽配而養，《兑》爲金，納丁，十二支巳丑亦金，故《兑》丁巳丑皆爲相。《巽》以下爻爲成卦之主，下爻陰而上爻陽，陰得陽配而養，《巽》納辛，故《巽》辛皆爲旺。《艮》以上爻爲成卦之主，上爻陽而下爻陰，陽得陰配而生，《艮》納丙，故《艮》丙皆爲相。所以《乾》甲《離》壬、寅戌爲孤；《坤》乙《坎》癸、申辰爲虚；《巽》辛《震》庚、亥未爲王；《艮》丙《兑》丁，❶巳丑

❶「兑」，原脱，今據上下文義補。

爲相」，又與從古相傳之法大相徑庭，宜乎其無一驗也。

復戴東原言理欲書

來教舉近儒理欲之説，而謂「其以有蔽之心，發爲意見，自以爲得理，而所執之理實謬」，可謂切中俗儒之病。乃原其病之所起，則鶩名之一念實爲之。蓋自宋儒言理，而歷代推尊，以爲直接孔孟者，程朱數大儒而已。於是莫不以理名學，如前世所譏「太極圈兒大，先生帽子高」者。其來已非一世，繇理學之名可以虚附故也。夫理懸於虚，事徵於實，虚者易冒，實者難欺。惟言理而著之於事，證之以跡，空虚無實之談庶不得而妄託。西山《大學衍義》，此其宗乎？至於朱陸、朱王之辨，近世尤多聚訟。其所訟者皆在毫釐影響之閒。若盡舉朱子之行社倉，復水利，蠲税銀，與象山之孝友於家，惠愛於民，陽明之經濟事功，彪炳史册，以爲理學真儒之左契，則矍相之圃勵有存者矣。顧以此求之，詎易多得？則擇其言之切於今者，莫如顧崑山「行己有恥」，田簣山「利之一字，蝕人最深」二語爲廢疾膏肓之藥石、沈迷大寐之晨鐘，而不貴言性言命、存天理遏人欲之虚談，庶幾於風俗之盛衰、吏治之得失、民生之疾苦，在在與民同好惡而不私。於閣下之教得毋近之，而不止以其名乎？

書昌黎原性篇後

荀悦《申鑒》：「或問天命人事。曰：有三品焉，上下不移其中，則人事存焉爾。性善則無四凶，性惡則無三仁，性無善惡則無周公、管、蔡。性善情惡，則是桀、紂無性，而堯、舜無情。性善惡混，則是上智懷惡，而下愚挾善。」昌黎韓子《原性》之篇蓋本於此。或謂諸子言性，惟公最得孔氏之旨。或又言既知所以爲性者五，則性非善而何？余竊以爲皆非也。嘗聞之歐陽子曰：「性非學者之所急，而聖人之所罕言也。《易》六十四卦不言性，其言者動静、得失、吉凶之常理也；《春秋》二百四十二年不言性，其言者善惡、是非之實録也；《詩》三百五篇不言性，其言者政教興衰之美刺也；《書》五十九篇不言性，其言者堯舜三代之治亂也；《禮》、《樂》之書雖不完而雜出於諸儒之記，然其大要，治國修身之法也。六經之所載皆人事之切於世者，是以言之甚詳；至於性也，百不一二言之，或因言而及焉，非爲性而言也，故雖言而不究。予之所謂不言者，非謂絶而無言，蓋其言者鮮而又不主於性而言也。《論語》所載七十二子之問於孔子者，問孝，問忠，問仁義，問禮樂，問修身，問爲政，問朋友，問鬼神者有矣，未嘗有問性者。孔子之告其弟子者數千言，其及於性者一言而已。予故曰：『非學者之所急，而聖人之所罕言也。』《書》曰『習與性成』，《語》曰『性相近，習相遠』者，戒人慎所習而言也。《中庸》曰『天命之謂性，率性之謂道』者，明性無常，必有以率之也。《樂記》『感物而動，性之欲』者，明物之感人無不至也。然終不言性果善果惡，但戒人慎所習與所感，而勤其所以率之者爾。予故曰：『因言以及之而不究也。』」歐陽子之言如此。今使韓子不作《原性》，固無傷於韓子；與雖作《原性》而不知所以爲性之五即是至善，亦不足定韓子之優劣。蓋其大端在焚佛骨，驅鱷魚，折王廷湊，區區文字之得失，固有所不足深計者。崑山顧氏曰：「竊歎百餘年以來之爲學者往往言心言性而茫乎不得其解也。命與仁，夫子之所罕言也；性與天道，子貢之所未得聞也。性命之理著之《易傳》，未嘗數以語人。其答問士也，則曰『行己有恥』；其爲學，則曰『好古敏求』；其與門弟子言，舉堯舜相傳『危微精一』之説一切不道而但曰『允執其中，四海困窮，天禄永終』。嗚呼，聖人之所以爲學者，何其平易而可循也！今之君子則不然，聚賓客門人之學者數十百人，譬諸草木，區以别矣，而一皆與之言心言性。舍多學而識，以求一貫之方，置四海之困窮不言，而終日講危微精一之説，是必其道之高於孔子，而門弟子之賢於子貢也。」是時姚江之學猶盛，故顧氏激論如此。今此風亦稍衰矣，然猶執《原性》一篇，妄議古人，故特述歐、顧兩家之説，以爲讀《昌黎集》者擇焉。

書日知録後

此書稱：「《爾雅疏》曰：『甲至癸爲十日，日爲陽；寅至丑爲十二辰，辰爲陰。』此二十二名，古人用以紀日，不以紀歲。歲則自有閼逢至昭陽十名爲歲陽，攝提格至赤奮若十二名爲歲名。後人謂甲子歲，癸亥歲，非古也。自漢以前，初不假借。《史記・曆書》：『太初元年，年名焉逢攝提格，月名畢聚，日得甲子，夜半朔旦冬至。』其辨晰如此。若《吕氏春秋・叙意》篇：『維秦八年，歲在涒灘，秋，甲子朔。』賈誼《鵩賦》：『單閼之歲兮，四月孟夏。庚子日斜兮，服集予舍。』許氏《説文後序》：『粤在永元困敦之年，孟陬之月，朔日甲子。』亦皆用歲陽、歲名，不與日同之證。《漢書・郊祀歌》『天馬徠，執徐時』，謂武帝太初四年，歲在庚辰，兵誅大宛也。自經學日衰，人趨簡便，乃以甲子至癸亥代之。子曰『觚不觚』，此之謂矣。」近寶應王白田先生懋竑非之曰：「按《書》、《詩》、《春秋傳》、《國語》、《戰國策》，其紀年雖不以甲子，而亦無有以閼逢攝提格爲歲名者，惟《呂氏春秋》有歲在涒灘，賈誼《鵩賦》有單閼之歲之語，疑出於戰國時星家別爲之名，故《史記・曆書》以是紀年，而他記傳則略無所見。《甲子曆術篇》與《天官書》亦有不同，而《漢志》所書亦小異，則《爾雅》所云已不盡可據。況《爾雅》博士立於王莽時，王莽最爲慕古，而其下書，云癸酉，云庚辰，云辛巳，不以歲陽、歲名，則可知古之不以歲陽、歲名紀歲也。《索隱》謂《爾雅》近代之作，故與《史》、《漢志》有不同者，則不知古人紀歲從《爾雅》所云乎？抑從《史》、《漢志》乎？《爾雅》亦有月陽、月名，《史・曆書》歲名閼逢攝提格，月名畢聚，固一例也，可謂古人以月陽、月名紀月乎？古人簡質，紀年但以一二數，而不及甲子。且《爾雅》云太歲在甲曰閼逢，在寅曰攝提格，則是先有甲子乙丑，而後別爲之名，不知古人何以支贅若此乎？以顧氏之博學，而所引據止《呂氏春秋》、賈誼賦及許叔重《說文後叙》，亦可知前之一無所據矣。」斯二説者，余懷之有年矣。今於《楊升庵集》中又得一條，其言曰：「歲陽名始見於《爾雅》，後世相傳，以爲古甲子，余疑其非。何也？簡册之古，莫如《典》、《謨》，其次《易》卦爻辭，其次《毛詩》，其次諸子。《尚書》辛壬、癸甲，《易》先甲、後庚，《詩》『吉日庚午』，又『朔日辛卯』，殷人以生日名子，十干皆備。至《春秋》紀年，則昭然不紊，不聞有一字及於《爾雅》十干之異名也。獨《史記・歷書》紀漢武帝以來見之，意當漢世術家創爲此名，藏用隱字，以神其術，而後人竄入《爾雅》，堯舜三代恐無是稱謂也。司馬公取以紀《通鑑》，亦信而好古之意。愼初以爲是，今疑其非，願與有定見君子商推。」按：楊氏謂漢世術家創爲此名，則不應先見於《吕氏春秋》，而王氏疑戰國時星家爲之，是也。又謂：「《公羊傳》曰『天子三公稱公，王者之後稱公』。天子三公稱公，周公、召公、畢公、毛公、蘇公是也；王者之後稱公，宋公是也。杜氏《通典》曰：『周制，非二王之後，列國諸侯其爵無至公者。《春秋》有虞公、州公，或因殷之舊爵，或嘗爲天子之官，子孫因其號耳，非周之典制也。』東遷而後，列國諸侯皆僭稱公。夫子作《春秋》而筆之於書，則或公或否。生不公，葬則公之；列國不公，魯則公之。於是天子之事與人臣之禮並見於書，而天下之大法昭矣。漢之西都有七相五公，而光武則置三公。史家之文，如鄧公禹、吴公漢、伏公湛、宋公弘、第五公倫、牟公融、袁公安、李公固、陳公寵、橋公玄、劉公寵、崔公烈、胡公廣、王公龔、楊公彪、荀公爽、皇甫公嵩、董公卓、曹公操，非其在三公之位則無有書公者。《三國志》若漢之諸葛公亮、魏之司馬公懿、吴之張公昭、顧公雍、陸公遜，《晉書》若衛公瓘、張公華、王公導、庾公亮、陶公侃、謝公安、桓公温、劉公裕之類，非其在三公之位則無有書公者。史至於唐，而書公不必皆尊官；洎乎今日，誌狀之文，人人得稱之矣，何其濫與？」又曰：「沙門亦有稱公者，必以其名冠之。深公，法深也；林公，道林也；遠公，惠遠也；澄公，佛圖澄也；安公，道安也，什公，鳩摩羅什也。當時之人嫌於直斥其名，故加一『公』字。梁、陳以下，僧乃有字，而人相與字之，字之則不復公之矣。」江西王于一猷定曰：「據云，非三公不得稱公，然楚葉公、白公皆大夫也而稱公。此而爲僭，則齊亦有棠公矣。齊未嘗稱王而其臣得稱公，何與？如以爲楚之邑邊吴而特重其號，則吴亦邊楚，何以不重其號耶？此説之不能相通者。漢高祖爲亭長時，送徒驪山中，道多逋散，謂衆曰：『公等皆去，吾亦從此逝矣。』此以卑稱公也。吕公欲以女妻高祖，其媪曰：『公常奇此女，欲與貴人。』是以夫稱公也。鼂錯議削六國，錯父謂曰：『公爲政用事，人口議多怨公。』此以子稱公也。毛遂指其十九人曰：『公等碌碌。』陸賈謂其子曰：『無久溷公。』《古樂府》題有《公無渡河》，非必皆三公然後稱公也。若所云沙門稱公，如深公、遠公類，必以其名冠之，是矣。然公既定爲三公之稱，公侯釋徒迥不相及，以王公之號加之緇素之列，豈謂得其例乎？至云梁陳以下，僧乃有字，而人相與字之，不復稱公，則杜甫之稱旻公、贊公，又何以説耶？」嗚呼！著書若《日知録》者猶不能無遺議，淺學之士率然以操觚自命，豈可不深鑒於此乎？

蒿庵書院碑

齊魯自伏生、轅固而還，至東京之末，康成鄭氏始爲諸經箋注，號爲經師。爰及北宋，乃有泰山孫明復、徂徠石守道特起，爲人倫師表。越六百餘年，而復有濟陽蒿庵張先生。先生名爾岐，字稷若，生於明季，際會興朝，當正學昌明之日，博綜載籍，篤志躬行。當是時，孫鍾元講學於蘇門，李中孚標宗於盩厔，類沿明人餘論，出入白沙、陽明、心齋、近溪之閒。先生獨守程、朱，説不少變，海内君子，如桐鄉張考夫、太倉陸道威，各以韋布力行，任斯道之重。先生縞紵不通，而風期合轍，隱然有以開陸清獻、張清恪之先，故崑山顧寧人亦每以康成、泰山、徂徠三先生相勉。嗚呼！若先生者，其庶幾人師也已。或以先生《釋迦院記》作佛氏語，又有《老子説略》，皆未醇。不知《釋迦記》先生爲天下妄舍妄冀者指迷，《説略》亦推其治身以及天下，與外倫常、遺世事者異趨。昔司馬温公作《潛虚》，真西山跋《遺教經》，朱子注《參同契》、著《調息箴》，將盡不得爲聖人之徒耶？亦觀其維繫乎學術人心者何如耳。恭逢今天子重道崇文，搜羅遺帙，其鄉人以先生所著書上當事，進册府，海岱經生益知先生爲三先生以後一人。顧三先生皆得俎豆，黌宗所在、講學舊址亦多爲精舍奉祀，獨先生無專祠，聞其風者引以爲憾。余自辛卯出守登州，數月，量移濟南行部，過先生里，輒低回留之。比承乏秉臬，署廨東偏有前使海州黄公炳所立振英書院，歲久傾頹，蕪廢不治，乃謀撤舊爲新，更名「蒿庵書院」以祀先生，而顏其堂曰「辨志」，取先生所論著以立教也。會轉運使長洲章公以濼口書院僻在市鎮，且無定居，移其經費合併於此，冀與諸生講明先生之所以爲人，與其治經而弗徒以功利詞章靡費歲月，庶幾彬彬乎與省會舊有之濼源書院比盛。議既定，請於大中丞楊公，以爲可行。乃倡同僚捐俸，屬歷城令陳君玨成庀材鳩工。始事於丙申九月，越十一月報竣。諏良辰，具牲醴，虔奉先生主升於座。釋奠禮成，紳士耆孺咸相嗟歎，請予一言文諸石。予惟前使黄公以問刑之官不忘典學，深有合於弼教之旨；今又得轉運章公道義翕合，襄舉廢墜，且奉其鄉先生爲邦人士之導，皆不可以無述。來學之士景仰先生之遺風，勿摭其細而舍其大。經師人師胥於是在，於以溯三先生之學之行，豈有讓哉？

附録

先生嘗謂人曰：「君等營營不自立，畏餓死耳。不知能餓死，人已立矣。」《吴江縣續志》。

先生篋中藏敝絮衣一襲。既貴，時展視流涕曰：「此吾風雪中就塾師讀，吾母分己衣中絮足之以衣我者也。」同上。

乾隆三十九年秋，壽張奸民嘯聚，距濟寧二百里。總河率兵往勦，城中空虚，或議閉門以防賊至。先生曰：「鄉民入城者衆，何忍拒之？」乃洞開重闉，身坐其閒，稽察容納。募民兵，授以守禦之方。賊偵知有備，不敢南嚮。金學詩撰行狀。

先生初至長沙，夜夢賦詩「能開衡嶽千重雲，但飲湘江一杯水」，至今士民揮涕誦之。同上。

程魚門曰：「先生於學問考訂，心平而識明，不爲争辨叫囂，而析理分條，事之得失自見。其闢二氏，絀星命，譏讖緯，咸守正則。論《易》則宗輔嗣、伊川。而於《先》、《後天圖》，及漢儒飛伏世應之學，掃除殆盡。若其濬泉河、豫倉穀、設保甲、禦盜賊諸書，施之實用，旦夕可收厥效。文雖不多，而經術諸著，置之羅鄂州、金仁山及近賢陸陸堂、沈果堂集中，不讓後先也。經濟之文，置之宗忠簡、于忠肅、王文成集中，弗愧幹略也。」程晉芳撰《切問齋集序》。

朗夫交游

沈先生彤 别爲《果堂學案》。

王先生元啟 别爲《惺齋學案》。

戴先生震 别爲《東原學案》。

程先生晉芳 别見《大興二朱學案》。

趙先生佑

趙佑，字啟人，號鹿泉，仁和人。乾隆壬申進士，改庶吉士，授編修，官至都察院左都御史。先生五歲而孤，家甚貧。有勸廢學者，其母執父命不可，遂能砥礪以成素業。服官四十餘年，清敏自矢。充山東鄉試正考官、兩充江西鄉試正考官，歷任山東、江西、安徽、福建學政。使車所莅，甄録試卷，夜以繼日，晚年遂患目眚。然日晡時猶於窗下映光校文，不少休。性嚴厲，每面斥人過，然自處則甚謙下。著有《尚書質疑》二卷、《尚書異讀考》六卷、《詩細》十二卷、《陸氏詩草木鳥獸蟲魚疏校正》二卷、《讀春秋存稾》四卷、《春秋三傳雜案》十卷、《四書温故録》十一卷、《逸書考》□卷、《讀書雜識》三卷、《朱傳異同考》三卷、《清獻堂詩文集》十卷。嘉慶五年卒，年七十有四。參史傳、《杭州府志》。

朗夫從游

胡先生祥麟

胡祥麟，字仁圃，秀水人。嘉慶癸酉舉人。少從朗夫先生游，講求實學，好深湛之思。讀張氏惠言《周易虞氏義》，衍其義爲《易消息圖説》數萬言。警石尤推重其所爲古今體詩。參《嘉興府志》、《曝書雜志》。

清儒學案卷七十八終

清儒學案卷七十九

天津徐世昌

東原學案

東原爲慎修高弟。慎修精三禮及天文算法、訓詁音韻之學，東原推闡師説，深造密微。惟慎修不菲薄紫陽，東原則頗多論難。自來治程朱之學者以雜佛學斥陸王，東原乃以雜佛學譏程朱。見仁見智，要亦自成一家言。世或謗之，或諱之，是何視學術之隘也？述《東原學案》。

戴先生震

戴震，字東原，休寧人。幼讀書，字必求其義。塾師授以《説文》，三年盡得其節目。年十七有志聞道，從婺源江慎修游，講習《禮經》制度名物及象緯推步、樂律音韻，皆洞徹其原本。乃益研精《爾雅》、《方言》諸書及漢儒傳注。由聲音文字以求訓詁，由訓詁以尋義理，實事求是，不偏主一家，亦不過騁其辨以排擊前賢。嘗曰：「今人讀書，尚未識字，輒薄訓詁之學。夫文字之未能通，妄謂通其語言；語言之未能通，妄謂通其心志。此惑之甚者也。論者又曰有漢儒之經學，有宋儒之經學，一主于訓詁，一主于義理。此愚之大不解者。夫使義理可以舍經而求，將人人鑿空得之矣，奚取乎經學？惟空憑胸臆之無當于義理，然後求之古經；求之古經而遺文垂絶，今古懸隔，然後求之訓詁。訓詁明則古經明，而我心所同然之義理乃因之而明。古聖賢之義理非他，存乎典章制度者也。昧者乃歧訓詁、義理而二之，是訓詁非以明義理而訓詁胡爲？義理不存乎典章制度，勢必流入于異端曲説而不自知矣。」年二十九補諸生。性介特，多與物忤，落落不自得。家貧甚，閉户著述不輟。年三十三爲乾隆二十年，入京師。時紀昀、王鳴盛、錢大昕、朱筠、王昶諸公官京朝，以學問爲尚，先生皆與爲友。秦尚書蕙田領算學，求精於推步者，延主其邸，佐《五禮通考》，分輯《觀象授時》一門。既而王尚書安國延教其子念孫，從受經。二十七年舉於鄉，屢赴禮部試不第。裘尚書曰修延教其子行簡。直隸總督方公觀承聘修《直隸河渠書》，未竟，觀承卒。朱文正公方官山西布政使，往游，聘修汾州、汾陽府、縣志。三十八年開四庫館，以薦充纂修官。三十九年復試禮部不第，命與諸貢士同赴殿試，賜同進士，選庶吉士。先生在館，以《大戴禮》及《水經注》平生嘗致力，有校本。又於《永樂大典》中輯出《儀禮識誤》、《儀禮集釋》、《儀禮釋宫》、《項氏家説》、《蒙齋中庸講義》及算經五種，先後奏上。四十二年卒，年五十有五。先生爲學大指在精求正詁，通三代典章制度，而因以確知義理之歸。極深研幾，志願至閎大。晚欲標舉綱要爲《七經小記》。七經謂《詩》、《書》、《易》、《禮》、《春秋》、《論語》、《孟子》。首爲《詁訓篇》，次爲《原象篇》，次爲《學禮篇》，次爲《水地篇》，而終以《原善篇》，惟《原善》、《原象》有成書，他述作多未竟。既卒，曲阜孔繼涵刻所著《毛鄭詩考正》、《杲溪詩經補注》、《原善》、《孟子字義疏證》、《聲韻考》、《聲類表》、《原象》、《句股割圜記》、《策算》、《考工記圖》、《續天文略》、《水地記》、《方言疏證》、《文集》及所校正《水經注》、《算經十書》，號《戴氏遺書》。又有《尚書義考》、《經考》、《屈原賦注》，皆別行。又有書未成及成而未刻者：《六書論》、《爾雅文字考》、《大學補注》、《中庸補注》、《轉語》凡數種。爲方氏所撰《直隸河渠書》，嘉慶中有王履泰者得其稿，有所删移，更名《畿輔安瀾志》，上諸朝，得刊行。其原稿至光緒中始出，凡百有二卷。參史傳、《漢學師承記》、《先正事略》、年譜、行狀。

原善上

善曰仁，曰禮，曰義，斯三者，天下之大本也。顯之爲天明謂之命，實之爲化之順謂之道，循之而分治有常謂之理。命，言乎天地之中，昭明以信也；道，言乎化之不已也；理，言乎其詳至也。善言乎無淆雜也；性言乎本於天，徵爲事能也。言乎其同謂之善，言乎其異謂之材，因材而善之謂之教。材以類殊則性殊。人之材不偉也而相肖以類，故性亦相近，得化育之正以爲形氣，而秀發於神材也，善則其中正無邪也。材一於善，不貳其德也，智仁勇是也。血氣心知之性，人皆有之，非二本然也。分而言之，懼夫人之與天地日以隔也。血氣心知之性主乎材，天之性全乎善。主乎材者成於化，全乎善者通於命。成於化者道，通於命者德。心之恭見於貌，心之從見於言，心之明見於視，心之聰見於聽，心之睿見於思：此之謂能盡其材。名其無妄謂之誠，名其不渝謂之信。言乎順之謂道，言乎信之謂德。行於人倫庶物之謂道，侔於天地化育之謂誠，如聽於所制者然之謂命。是故生生者化之原，生生而條理者化之流。動而輸者立天下之博，静而藏者立天下之約。博者其生，約者其息。生者動而時出，息者静而自正。至動而條理也，至静而有本也。卉木之株葉蕚實謂之生，果實之白全其生之性，謂之息。君子之於問學也如生，存其心湛然合天地之心如息。人道舉配乎生，性配乎息。生則有息，息則有生，天地所以成化也。生生者仁乎？生生而條理者禮與義乎？何謂禮？條理之秩然有序其著也。何謂義？條理之截然不可亂其著也。得乎生生者謂之仁，得乎條理者謂之智。至仁必易，大智必簡。仁智而道義出於斯矣。是故生生者仁，條理者禮，斷決者義，藏主者智，仁智中和曰聖人。聖合天，是謂無妄，無妄之於百物生生。至貴者仁，仁得則父子親，禮得則親疏上下之分盡，義得則百事正，藏於智則天地萬物爲量，歸於無妄則聖人之事。

原善中

物之離於生者，形存而氣與天地隔也。卉木之生，接時能芒達已矣；飛走蠕動之儔，有覺以懷其生矣；人之神明出於心，中正無邪，其明德與天地合矣。由天道以有人物，五行陰陽，生殺異用，情變殊致。是故人物生生，本五行陰陽，徵爲形色。其得之也，偏全厚薄勝負雜糅，能否精粗清濁昏明，煩煩魂魂，氣衍類滋，廣博襲僢，閎鉅瑣微，形以是形，色以是色，性以是性，咸分於道。以順則煦以治，以逆則毒。性至不同，各如其材。人之材得天地之全能，通天地之全德。從生而官器利用以御，横生去其畏，不暴其使。智足知飛走蠕動之性，以馴以豢；知卉木之性，以生以息。良農任以蒔刈，良醫任以處方。聖人治天下之民，民莫不育於仁，莫不條貫於禮與義。是故氣不與天地隔者生，道不與天地隔者力，神强者巧，知德者智。形强者堅，氣强者鑿，惑於德愚。是故一人之身，形得其養不若氣得其養，氣得其養不若神得其養。君子理順心泰，霈然性得其養。人有天德之知，有耳目百體之欲，皆生而見乎材者也，天也，是故謂之性。耳知聲也，目知色也，鼻知臭也，口知味也，與夫天德之視於心也，成性然也。天德之知，人之秉節於内，以與天地化育侔者也；耳目百體之欲，所受中而不可踰也。是故義配明，象天；欲配幽，法地。五聲五色，五臭五味，天地之正也；喜怒哀樂，愛隱感念，愠懆怨憤，恐悸慮歎，飲食男女，鬱悠戚咨，慘舒好惡之情，胥天命，是故謂之道。天地之化，效其能曰鬼神。其生生也物，其用曰魂魄。魂以明而從天，魄以幽而從地。魂官乎動，魄官乎静，精能之至也。天官乎動者其用也施，官乎静者其用也受。天之道施，地之道受。施故偏物也，受故不有也。魄之謂靈，魂之謂神。靈也者明聰，神也者睿聖，明聰睿聖，天德矣。心之精爽以知，知明聰睿聖則神明一於中正，事至而心應之者。胥事至而以道義應，天德之知也。是故人也者，天地至盛之徵也，惟聖人然後盡其盛。天地之德可以一言盡也，仁而已矣；人之心其亦可以一言盡也，仁而已矣。耳目百體之欲喻於心，不可以是謂心之所喻也，心之所喻則仁也。心之仁，耳目百體莫不喻，則自心至於耳目百體胥仁也。心得其常，於其有覺，君子以觀仁焉；耳目百體得其順，於其有欲，君子以觀仁焉。

原善下

人之不盡其材，患二：曰私，曰蔽。私也者，其生於心爲溺，發於政爲黨，成於行爲慝，見於事爲悖爲欺，其究爲私已；蔽也者，其生於心爲惑，發於政爲偏，成於行爲謬，見於事爲鑿爲愚，其究爲蔽已。鑿者其失爲誣，愚者其失爲固，誣而罔省，施之事亦爲固。悖者在事爲寇虐，在心爲不畏天明；欺者在事爲詭隨，在心爲無良。私之在下愚也爲自暴，蔽之在下愚也爲自棄。自暴自棄，夫然後難與言善。是以卒之爲不善，非材之罪也。去私莫如强恕，解蔽莫如學。得所主莫大乎忠信，得而止莫大乎明善。是故謂之天德者三：曰仁，曰禮，曰義，至善之目也，行之所節中也。其於人倫庶物，主一則兼乎三。一或闕焉，非至善也。謂之達德者三：曰智，曰仁，曰勇；所以力於德行者三：曰忠，曰信，曰恕。竭所能之謂忠，履所明之謂信，平所施之謂恕。忠則可進之以仁，信則可進之以義，恕則可進之以禮。仁者，德行之本，體萬物而天下共親其忠；義者，人事之宜，裁萬類而天下共覩其信；禮者，天則之所正，行於人倫庶物，分無不盡，而天下共安其恕。忠恕則不私，而近於仁；忠信則不欺，而近於誠。忠近於易，恕近於簡。信以不欺，近於易；信以不渝，近於簡。忠不欺於心，近乎仁；信不渝於事，近乎智；恕以推行，近乎仁；恕以度物，近乎智；斯三者，所以成德行，近乎勇。不惑於心，不疑於德行，夫然後樂循理。樂循理者，不蔽不私者也。得乎生生者仁，反於是而害仁之謂私；得乎條理者智，隔於是而病智之謂蔽。巧與鑿以爲智者，謂施諸行不謬矣，是以道不行；善人者不踐迹，謂見於仁厚忠信爲既知矣，是以道不明。故君子克己之爲貴也。獨而不咸之謂己，以己蔽之者隔於善，隔於善，隔於天下矣。無隔於善者，仁至義盡，知天。是故一物有其條理，一行有其至當。徵之古訓，協於時中，充然明諸心而後得所止。君子獨居思仁，公言言義，動止應禮。達禮，義無弗精也；精義，仁無弗至也；至仁盡倫，聖人也；易簡至善，聖人所欲與天下百世同之也。

案，先生初作《原善》三篇，後復援據經言，疏通證明之，擴爲三卷。大綱已盡見初作三篇中。

原　象

日循黄道右旋，斜絡乎赤道而南北者，寒暑之故也；其隨大氣而左，準赤道爲出没者，晝夜之故也。《虞夏書》以「璿機玉衡」寫天，遺製猶見《周髀》之書。《論語》之北辰，《周髀》所謂正北極，是爲左旋之樞。日躔黄道，其極曰黄道極，《周髀》所謂「北極璿機」，環繞正北極者也。月道之極，又環繞璿機者也，是爲右旋之樞。璿機之環，繞正北極而成規也。冬至夜漏中起正北極之下，日加卯在正北極左，日加午在正北極上，日加酉在正北極右，晝夜一周而過一度。春分夜漏中則起正北極之左，夏至起正北極之上，秋分起正北極之右，冬至而復起於正北極下，如是終古不變，以與日躔黄道相應。凡三百六十五日小餘不滿四分日之一日，發斂一終。月道斜交乎黄道，凡二十七日小餘過日之半，月逡其道一終。日月之會，凡二十九日小餘過日之半以起朔，十二朔凡三百五十四日有奇分而近歲終，積其差數置閏月，然後時序之從乎日行發斂者以正。故《堯典》曰：「朞三百有六旬有六日，以閏月定四時成歲。」日兆月而月乃有光，人自地視之，惟於望得見其光之盈；朔則日之兆月，其光嚮日下，民不可得見；餘以側見而闕。日月之行，朔而薄於交道，日爲月所揜，則日食。日高月卑，其閒相去葢遠，故其食分淺深隨地之方所見者不同。望薄交道，而月入闇虚，則月食。張衡《靈憲》之文曰：「當日之衝，光常不合者，蔽於地也，是謂闇虚。月過則食。」闇虚之爲地景，故食分淺深，見者皆同。月出入黄道表裏，最遠不及六度。日發斂於赤道外内四十餘度之閒，赤道者，中衡也。古有分至啟閉，謂之八節，準以設衡。其五衡與外衡、内衡，發斂所極至也。中衡，南北之中分也。自南斂北，入次四衡爲春，入次二衡爲夏，當其衡啟也；自北發南，出次二衡爲秋，出次四衡爲冬，當其衡閉也。《周髀》之七衡六閒，則準乎中氣十有二。其衡之規法，由來遠矣。日之發斂以赤道爲中，月之出入以黄道爲中，此天所以有寒暑進退，成生物之功也。凡地之方所，近日下，盛陽下行，故暑；日遠側照，則氣寒。寒暑之候因地而殊，中土值内衡之下已北。其外衡之下已南，寒暑與中土互易；中衡之下，兩暑而無寒，暑漸退如春秋分乃復。南北極下，凝陰常寒矣。

璿機玉衡

《堯典》：「日中星鳥，以殷仲春。」「日永星火，以正仲夏。」「宵中星虚，以殷仲秋。」「日短星昴，以正仲冬。」日夜分暨永短，終古不變者也。星鳥之屬，列星之舉目可見，大小有差，闊狹有常，相距不移徙者也。終古不變者，因乎地而生里差；相距不移徙者，以考日躔而生歲差。唐虞時春分日在胃、昴之閒，故鳥中；夏至日在七星，故火中，火，心也；秋分日在氐、房之閒，故虛中；冬至日在虛，故昴中。鳥南陸，蒼龍；房、心東陸，玄武；虛、危北陸，昴西陸。昴同日西下，龍角東陞，鳥值南，虛在極之北，四正之位各協其方。然則列星四象辨自羲、和，仲春初昏不違天部也。《夏小正》「五月初昏，大火中」，協於星火仲夏之文。而《春秋傳》張趯曰「火星中而寒暑退」，謂季冬寒退旦中，季夏暑退昏中也。凡星未中，見而東陞，過中乃西流。季夏六月火中，故《豳詩》曰「七月流火」。《小正》與《堯典》合，《春秋傳》與《詩》合。星以紀候者，先後一月。虞夏日躔所在與周差一次，與今差二次，星之見、伏、昏旦中，悉因之而異。此其大經也。二十八舍、十二次，周時之文始詳。《春秋傳》「婺女爲玄枵維首」，又曰「玄枵，虛中也」，據是遞之：星紀，斗、牽牛也；玄枵，婺女、虛、危也；娵訾之口，營室、東壁也；降婁，奎、婁也；大梁，胃、昴也；實沈，畢、觜觿、參也；鶉首，東井、輿鬼也；鶉火，柳、七星、張也；鶉尾，翼、軫也；壽星，角、亢也；大火，氐、房、心也；析木之津，尾、箕也。玄枵一曰天黿，一曰顓頊之虛。娵訾之口一曰豕韋。斗或以建星，觜觿以罰，東井、輿鬼以狼弧。假恒星識日月之躔逡。恒星蓋二萬五千餘年循黄道右旋一終。古在赤道外者，今池而入乎赤道内；古在赤道内者，今池而出乎赤道外。星之與内外衡相值也，竝古今殊。日發斂一終而成歲，於黄道無差數，冬至起外衡，仍復乎外衡；而星則異其所，其爲差數也微，是謂歲差。故歲功終古不忒，而星之見、伏、昏旦中，隨時爲書以示民，千百年然後一易。周人以斗、牽牛爲紀首，命曰星紀；自周而上，日月之行不起於斗、牽牛也。然則十二次之名蓋周時始定。唐虞冬至日在虛，玄枵次也；今冬至日在箕初，析木之津次也。

中星

《周官經》：「土圭之灋，測土深，正日景，以求地中。」日南景短，日北景長，取中而得尺有五寸，以是求南北之中。日東景夕，日西景朝，時刻相差比，以是求東西之中。蓋所謂「測土深」者，以南北言也。聖人南面而聽天下，以灋天，故南北爲經，東西爲緯，南北爲深，爲輪，東西爲廣。表景短長即南北遠近，必測之而得，故曰「測土深」。所謂「正日景」者，以東西言也。地中景正，日加午，東方已過午後而爲景夕，西方尚在午前而爲景朝。《周髀》立晝夜異處，加四時相及之算，謂地中與東西相距四分圜周之一則地中午，東方酉，西方卯。自卯至午，自午至酉，皆四時也。必正其日中之景以審時之相差，故曰「正日景」。兼是二者，一爲南北里差，一爲東西里差。測非獨夏至，夏至日中景最短，及其最長，皆以土圭度之。古人用是考黄赤二道，猶漢已降之考北極高下也。寒暑進退、晝夜永短悉因之而隨地不同。土圭之法不惟建王國用之，封國必以度地，以此知某國或偏南偏北，或偏西偏東，然後可定各地之分至啟閉。《陰陽大論》之文曰：「地之爲下否乎？地爲人之下，太虛之中者也。馮乎大氣舉之也。」步算家測北極暨月食，得地體周九萬里。環地之周，戴天曰上，履地曰下，南行二百餘里而北極下一度，北行二百餘里而北極高一度。處乎地者無攲側之患，何也？大氣使然也。晝夜永短，南北以漸而差。南至赤道下，南北極與地適平，晝夜漏均，無永短；北至極下，赤道與地適平如帶，自春分至秋分爲晝，秋分至春分爲夜。凡氣朔之時刻，漸西則氣朔早，漸東則氣朔遲。月過闇虚而虧食，西見食早，東見食遲。此地與天相應之大較也。地之廣輪，隨其方所，皆可假天度測之矣。

土圭

《洪範》五紀：一曰歲，二曰月，三曰日，四曰星辰，五曰歷數。分至啟閉，紀於歲者也；朔望朏霸，紀於月者也；永短昏昕，紀於日者也；列星見、伏、昏旦中，日月躔逡，紀於星辰者也；盈縮經緯，終始相差，紀於歷數者也。紀於歲者，察之日行發斂；紀於月者，察之日月之會，交道表裏；紀於日者，察之晝夜刻漏，出入里差；紀於星辰者，察之十有二次暨星與黄赤道相值；紀於歷數者，察之圭槷，隨時測驗，積微成著，修正而不失。

五紀

案《原象》八章，前四章天象已備，後四章爲算法。

孟子字義疏證

余少讀《論語》，端木氏之言曰：「夫子之文章可得而聞也，夫子之言性與天道不可得而聞也。」讀《易》，乃知言性與天道在是。周道衰，堯舜禹湯、文武周公致治之法焕乎有文章者棄爲陳迹。孔子既不得位，不能垂諸制度禮樂，是以爲之正本溯源，使人於千百世治亂之故、制度禮樂因革之宜，如持權衡以御輕重，如規矩準繩之於方圓平直。言似高遠而不得不言。自孔子言之，寔言前聖所未言。微孔子，孰從而聞之？故曰「不可得而聞」。是後私智穿鑿者亦警於亂世，或以道全身而遠禍，或以其道能誘人心有治無亂。而謬在大本，舉一廢百，意非不善，其言祇足以賊道，孟子於是不能已於與辯。當是時，羣共稱孟子「好辯」矣。《孟子》之書有曰「我知言」，曰「游於聖人之門難爲言」，蓋言之謬非終於言也，將轉移人心。心受其蔽，必害於事，害於政。彼目之曰小人之突破害天下後世也，顯而共見；目之曰賢智君子之害天下後世也，相率趨之以爲美。言其入人心深，禍斯民也大，而終莫之或寤，辯惡可已哉？孟子辯楊墨，後人習聞楊墨老莊佛之言，且以其言汩亂孟子之言，是又後乎孟子者之不可已也。苟吾不能知之，亦已矣。吾知之而不言，是不忠也，是對古聖人賢人而自負其學，對天下後世之仁人而自遠於仁也。吾用是懼，述《孟子字義疏證》三卷。韓退之氏曰：「道於楊墨老莊佛之學而欲之聖人之道，猶航斷港絶潢以望至於海也。故求觀聖人之道，必自孟子始。」嗚呼，不可易矣！

理

理者，察之而幾微，必區以別之名也。是故謂之「分理」。在物之質曰肌理，曰腠理，曰文理；亦曰「文縷」。理、縷，語之轉耳。得其分則有條而不紊，謂之條理。孟子稱孔子之謂集大成，曰：「始條理者，智之事也；終條理者，聖之事也。」聖智，至孔子而極其盛，不過舉條理以言之而已矣。《易》曰：「易簡而天下之理得。」自乾坤言，故不曰「仁智」而曰「易簡」。以易知，知一於仁愛平恕也；以簡能，能一於行所無事也。「易則易知，易知則有親，有親則可久，可久則賢人之德」，若是者仁也；「簡則易從，易從則有功，有功則可大，可大則賢人之業」，若是者智也。天下事情條分縷晰，以仁且智當之，豈或爽幾微哉？《中庸》曰：「文理密察，足以有別也。」《樂記》曰：「樂者，通倫理者也。」鄭康成注云：「理，分也。」許叔重《説文解字》序曰：「知分理之可相别異也。」古人所謂「理」，未有如後儒之所謂「理」者矣。

天　道

道，猶行也。氣化流行，生生不息，是故謂之「道」。《易》曰：「一陰一陽之謂道。」《鴻範》五行：「一曰水，二曰火，三曰木，四曰金，五曰土。」行，亦道之通稱。《詩·載馳》「女子善懷，亦各有行」，毛傳云：「行，道也。」《竹竿》「女子有行，遠兄弟父母」，鄭箋云：「行，道也。」舉陰陽則賅五行，陰陽各具五行也；舉五行即賅陰陽，❶五行各有陰陽也。《大戴禮記》曰：「分於道謂之命，形於一謂之性。」言分於陰陽五行以有人物，而人物各限於所分，以成其性。陰陽五行，道之實體也；血氣心知，性之實體也。有實體故可分，惟分也故不齊。古人言性惟本於天道如是。

---

❶「賅五行」至「舉五行即」，此十四字原脱，今從沈梁校據中華書局何文光二〇一二年整理本《孟子字義疏證》卷中補。

性

性者，分於陰陽五行以爲血氣心知，品物區以别焉。舉凡既生以後所有之事、所具之能、所全之德，咸以是爲其本。故《易》曰：「成之者性也。」氣化生人生物以後，各以類滋生久矣。然類之區别，千古如是也，循其故而已矣。在氣化曰陰陽，曰五行；而陰陽五行之成化也，雜糅萬變。是以及其流形，不特品物不同，雖一類之中又復不同。凡分形氣於父母，即爲分於陰陽五行。人物以類滋生，皆氣化之自然。《中庸》曰：「天命之謂性。」以生而限於天，故曰「天命」。《大戴記》曰：「分於道謂之命，形於一謂之性。」分於道者，分於陰陽五行也。一言乎分，則其限之於始有偏全、厚薄、清濁、昏明之不齊，各隨所分而形於一，各成其性也。然性雖不同，大致以類爲之區别。故《論語》曰「性相近也」，此就人與人相近言之也。孟子曰「凡同類者舉相似也，何獨至於人而疑之？聖人與我同類者」。言同類之相似，則異類之不相似明矣，故詰告子「生之謂性」曰：「然則犬之性猶牛之性，牛之性猶人之性與？」明乎其必不可混同言之也。天道，陰陽五行而已矣；人物之性咸分於道，成其各殊者而已矣。

才

才者，人與百物各如其性以爲形質，而知能遂區以别焉，孟子所謂「天之降才」是也。氣化生人生物，據其限於所分而言謂之「命」，據其爲人物之本始而言謂之「性」，據其體質而言謂之「才」。由成性各殊，故才質亦殊。才質者，性之所呈也；舍才質，安覩所謂性哉？以人物譬之器，才則其器之質也，分於陰陽五行而成性各殊，則才質因之而殊。猶金錫之在冶，冶金以爲器則其器金也，冶錫以爲器則其器錫也，品物之不同如是矣；從而察之，金錫之精良與否，其器之爲質一如乎所冶之金錫，一類之中又復不同如是矣。爲金爲錫及其金錫之精良與否，性之喻也；其分於五金之中，而器之所以爲器即於是乎限，命之喻也；就器而別之，孰金孰錫，孰精良與孰否，才之喻也。故才之美惡於性無所增，亦無所損。夫金、錫之爲器一成而不變者也，人又進乎是。自聖人而下，其等差凡幾？或疑人之才非盡精良矣，而不然也，猶金、錫之五品而黃金爲貴，雖其不美者莫與之比貴也，況乎人皆可以爲賢爲聖也？後儒以不善歸氣稟，孟子所謂「性」、所謂「才」皆言乎氣稟而已矣，其稟受之全則性也，其體質之全則才也。稟受之全無可據以爲言，如桃杏之性全於核中之白，形色臭味無一弗具而無可見。及萌芽甲坼，根幹枝葉，桃與杏各殊；由是爲華爲實，形色臭味無不區以別者。雖性則然，然皆據才見之耳。成是性斯爲是才。別而言之，曰命曰性曰才；合而言之，是爲天性。故孟子曰：「形色，天性也。惟聖人然後可以踐形。」人物成性不同，故形色各殊。人之形，官器利用大遠乎物，然而於人之道不能無失，是不踐此形也，猶言之而行不逮，是不踐此言也。「踐形」之與「盡性」、「盡其才」，其義一也。

道

人道，人倫日用，身之所行皆是也。在天地則氣化流行，生生不息，是謂道；在人物則凡生生所有事，亦如氣化之不可已，是謂道。《易》曰:「一陰一陽之謂道。繼之者善也,成之者性也。」言由天道以有人物也。《大戴禮》曰:「分於道,謂之命;形於一,謂之性。」言人物分於天道,是以不齊也。《中庸》曰:「天命之謂性,率性之謂道。」言日用事爲皆由性起,無非本於天道然也。《中庸》又曰:「君臣也,父子也,夫婦也,昆弟也,朋友之交也,五者,天下之達道也。」言身之所行,舉凡日用事爲,其大經不出乎五者也。孟子稱契爲司徒,教以人倫:「父子有親,君臣有義,夫婦有别,長幼有序,朋友有信。」此即《中庸》所言「修道之謂教」也。曰性曰道,指其實體實事之名;曰仁曰禮曰義,稱其純粹中正之名。人道本於性,而性原於天道。天地之氣化流行不已,生生不息。然而生於陸者入水而死,生於水者離水而死;生於南者習於温而不耐寒,生於北者習於寒而不耐温。此資之以爲養者,彼受之以害生。「天地之大德曰生」,物之不以生而以殺者,豈天地之失德哉?❶故語道於天地,舉其實體實事而道自見,「一陰一陽之謂道」,「立天之道曰陰與陽,立地之道曰柔與剛」是也。人之心知有明闇,當其明則不失,當其闇則有差謬之失。故語道於人,人倫日用咸道之實事,「率性之謂道」,「修身以道」,「天下之達道五」是也。此所謂道不可不修者也,「修道以仁」及「聖人修之以爲教」是也。其純粹中正,則所謂「立人之道曰仁與義」,所謂中節之爲「達道」也。中節之爲達道,純粹中正,推之天下而準也。君臣、父子、夫婦、昆弟、朋友之交,五者爲達道,但舉實事而已;智仁勇以行之而後純粹中正,然而即所謂之

❶「德」,原脱,今從陳校據《孟子字義疏證》卷下補。

「達道」者，達諸天下而不可廢也。《易》言天道而下及人物，不徒曰「成之者性」，而先曰「繼之者善」。繼謂人物於天地，其善固繼承不隔者也。善者稱其純粹中正之名，性者指其實體實事之名。一事之善則一事合於天，成性雖殊而其善則一。善其必然也，性其自然也，歸於必然，完其自然，此之謂自然之極致，天地人物之道於是乎盡。在天道不分言，而在人物則分言之始明。《易》又曰：「仁者見之謂之仁，智者見之謂之智。百姓日用而不知，故君子之道鮮矣。」言限於成性而後不能盡是道者衆也。

仁義禮智

仁者，生生之德也。「民之質矣，日用飲食」，無非人道所以生生者。一人遂其生，推之而與天下共遂其生，仁也。言仁可以賅義，使親愛長養不協於正大之情，則義有未盡，即爲仁有未至；言仁而可賅禮，使無親疏上下之辨，則禮失而仁亦未爲得。且言義可以賅禮，言禮可以賅義。先王之以禮教，無非正大之情；君子之精義也，斷乎親疏上下不爽幾微。而舉義舉禮可以賅仁，又無疑也。舉仁義禮可以賅智。智者，知此者也。《易》曰「立人之道，曰仁與義」，而《中庸》曰「仁者人也，親親爲大；義者宜也，尊賢爲大。親親之殺，尊賢之等，禮所生也」，益之以禮，所以爲仁至義盡也。語德之盛者，全乎智仁而已矣。而《中庸》曰「智仁勇，三者，天下之達德也」，益之以勇，蓋德之所以成也。就人倫日用究其精微之極致，曰仁曰義曰禮，合三者以斷天下之事，如權衡之於輕重。於仁無憾，於禮義不愆，而道盡矣。若夫德性之存乎其人，則曰智曰仁曰勇。三者，才質之美也。因才質而進之以學，皆可至於聖人。自人道遡之天道，自人之德性遡之天德，則氣化流行，生生不息，仁也；由其生生有自然之條理，觀於條理之秩然有序，可以知禮矣；觀於條理之截然不可亂，可以知義矣。在天爲氣化之生生，在人爲其生生之心，是乃爲仁之德也；在天爲氣化推行之條理，在人爲其心知之通乎條理而不紊，是乃智之爲德也。惟條理是以生生，條理苟失則生生之道絶。凡「仁」「義」對文及「智」「仁」對文，皆兼生生、條理而言之者也。

誠

誠，實也。據《中庸》言之，所實者智、仁、勇也，實之者仁也、義也、禮也。由血氣心知而語於智仁勇，非血氣心知之外别有智有仁有勇以予之也。就人倫日用而語於仁，語於禮義，舍人倫日用，無所謂仁、所謂義、所謂禮也。血氣心知者，分於陰陽五行而成性者也，故曰「天命之謂性」；人倫日用皆血氣心知所有事，故曰「率性之謂道」。全乎智仁勇者，其於人倫日用行之而天下覩其仁，覩其禮義，善無以加焉，「自誠明」者也；學以講明人倫日用，務求盡夫仁，盡夫禮義，則其智仁勇所至將日增益於聖人之德之盛，「自明誠」者也。質言之曰人倫日用，精言之曰仁曰義曰禮。所謂「明善」，明此者也；所謂「誠身」，誠此者也。質言之曰血氣心知，精言之曰智曰仁曰勇。所謂「致曲」，致此者也；所謂「有誠」，有此者也。言乎其盡道莫大於仁，而兼及義，兼及禮；言乎其能盡道莫大於智，而兼及仁，兼及勇。是故善之端不可勝數，舉仁義禮三者而善備矣；德性之美不可勝數，舉智仁勇三者而德備矣。曰善曰德，盡其實之謂誠。

權

權，所以别輕重也。凡此重彼輕，千古不易者，常也。常則顯然共見其千古不易之重輕。而重者於是乎輕，輕者於是乎重，變也。變則非智之盡能辨察事情而準，不足以知之。《論語》曰：「可與共學，未可與適道；可與適道，未可與立；可與立，未可與權。」蓋同一所學之事，試問何爲而學？其志有去道甚遠者矣，求禄利聲名者是也，故「未可與適道」；道責於身，不使差謬，而觀其守道，能不見奪者寡矣，故「未可與立」；雖守道卓然，知常而不知變，由精義未深，所以增益其心知之明，使全乎聖智者未之盡也，故「未可與權」。孟子之闢楊、墨也，曰：「楊、墨之道不息，孔子之道不著。是邪説誣民，充塞仁義也。仁義充塞，則率獸食人，人將相食。」今人讀其書，孰知所謂「率獸食人，人將相食」者安在哉？❶孟子曰：「楊子取爲我，拔一毛而利天下不爲也；墨子兼愛，摩頂放踵利天下爲之。子莫執中。執中爲近之，執中無權，猶執一也。所惡執一者，爲其賊道也，舉一而廢百也。」今人讀其書，孰知無權之故，舉一而廢百之爲害至鉅哉？孟子道性善，於告子言「以人性爲仁義」，則曰「率天下之人而禍仁義」。今人讀其書，又孰知性之不可不明，戕賊人以爲仁義之禍何如哉？老聃、莊周無欲之説，及後之釋氏所謂空寂，能脱然不以形體之養與有形之生死累其心，而獨私其所謂「長生久視」、所謂「不生不滅」者。於人物一視而同用其慈，蓋合楊、

❶ 「相」，原脱，今從陳校、沈梁校據《孟子字義疏證》卷下補。

墨之說以爲說。由其自私，雖拔一毛可以利天下不爲；由其外形體，溥慈愛，雖摩頂放踵以利天下爲之。宋儒程子、朱子易老莊釋氏之所私者而貴理，易彼之外形體者而咎氣質，其所謂理依然如有物焉，宅於心。於是辨乎理欲之分，謂不出於理則出於欲，不出於欲則出於理，雖視人之饑寒號呼，男女哀怨，以至垂死冀生，無非人欲，空指一絶情欲之感者爲天理之本然，存之於心。及其應事，幸而偶中，非曲體事情求如此以安之也；不幸而事情未明，執其意見，方自信天理非人欲，而小之一人受其禍，大之天下國家受其禍，徒以不出於欲，遂莫之或寤也。凡以爲理宅於心，不出於欲則出於理者，未有不以意見爲理而禍天下者也。人之患，有私有蔽。私出於情欲，蔽出於心知。無私，仁也；不蔽，智也。非絶情欲以爲仁，去心知以爲智也。是故聖賢之道無私而非無欲，老莊釋氏無欲而非無私。彼以無欲成其自私者也，此以無私通天下之情、遂天下之欲者也。凡異說皆主於無欲，不求無蔽；重行，不先重知。人見其篤行也，無欲也，故莫不尊信之。聖賢之學由博學、審問、慎思、明辨而後篤行，則行者行其人倫日用之不蔽者也，非如彼之舍人倫日用以無欲爲能篤行也。人倫日用，聖人以通天下之情，遂天下之欲，權之而分理不爽是謂理。宋儒乃曰「人欲所蔽」，故不出於欲則自信無蔽。古今不乏嚴氣正性，疾惡如讐之人，是其所是，非其所非，執顯然共見之重輕，實不知有時權之，而重者於是乎輕，輕者於是乎重。其是非輕重一誤，天下受其禍而不可救，豈人欲蔽之也哉？自信之理非理也。然則孟子言「執中無權」，至後儒又增一「執理無權」

者矣。

致彭進士書附

允初先生足下：日前承示《二林居制義》，文境高絶。然在作者，不以爲文而已，以爲道也。大暢心宗，參活程朱之説以傅合六經孔孟，使閎肆無涯涘。孟子曰：「資之深，則取之左右逢其源。」凡自得之學盡然。求孔孟之道不至是，不可謂之有得；求楊墨老莊佛之道不至是，亦不可謂之有得。宋以前，孔孟自孔孟，老釋自老釋。談老釋者高妙其言，不依附孔孟。宋以來，孔孟之書盡失其解，儒者雜襲老釋之言以解之。於是有讀儒書而流入老釋者，有好老釋而溺其中，既而觸於儒書，樂其道之得助，因憑藉儒書以談老釋者。對同己則共證心宗，對異己則寄託其説於六經孔孟，曰：吾所得者，聖人之微言奥義。而交錯旁午，屢變益工，渾然無罅漏。孔子曰：「道不同，不相爲謀。」言徒紛然辭費，不能奪其道之成者也。足下之道成矣。欲見僕所爲《原善》。僕聞足下之爲人，心敬之，願得交者十餘年於今。雖《原善》所指，加以《孟子字義疏證》反覆辯論，咸與足下之道截然殊致。叩之則不敢不出。今賜書有引爲同，有別爲異；在僕，乃謂盡異，無豪髮之同。

昔程子、張子、朱子，其始也亦如足下今所從事。程叔子撰《明道先生行狀》曰：「自十五六時聞周茂叔論道，慨然有求道之志。泛濫於諸家，出入於老釋者幾十年，返求諸六經而後得之。」吕與叔撰《横渠先生行狀》曰：「范文正公勸讀《中庸》。先生讀其書，雖愛之，猶以爲未足。又訪諸釋老之書累年，盡究其説，知無所得返而求之六經。」知無所得者，陋之，非不知之也。朱子慕禪學在十五六時。年二十四見李愿中，愿中教以看聖賢言語。而其後十餘年有《答何叔京》二書，其一曰：「向來妄論持敬之説，亦不自記其云何。但因其良心發見之微，猛省提撕，使心不昧，即是做工夫底本領。本領既立，自然下學而上達矣。若不察良心發見處，即渺渺茫茫，恐無下手處也。所諭多識前言往行，熹向來所見亦是如此。近因返求，未得箇安穩處，卻始知此未免支離。曷若默會諸心以立其本，而其言之得失自不能逃吾之鑒邪？」其一曰：「今年不謂饑歉至此。夏初所至洶洶，遂爲縣中委以賑糶之役。百方區處，僅得無事。博觀之弊，此理甚明，何疑之有？若使道可以多聞博觀而得，則世之知道者爲不少矣。熹近日因事方少有省發處。如『鳶飛魚躍』，明道以爲與『必有事焉而勿正』之意同者，今乃曉然無疑。日用之閒，觀此流行之體，初無閒斷處，有下工夫處。此與守書册，泥言語，全無交涉。幸於日閒察之，知此則知仁矣。」二書全背愿中，復歸釋氏，反用聖賢言語指其所得於釋氏者。至乾道癸巳，朱子年四十四，門人廖德明録癸巳所聞云：「先生言二三年前見得此事尚鶻突，爲他佛説得相似。近年來方看得分曉。」是後朱子有《答汪尚書書》云：「熹於釋氏之説蓋嘗師其人，尊其道，求之亦切至矣。然未能有得。其後以先生君子之教挍乎前後緩急之序，於是暫置其説而從事於吾學，其始蓋未嘗一日不往來於心也。以爲俟卒究吾説而後求之，未爲甚晚。而一二年來，心獨有所自安，雖未能即有諸己，然欲復求之外學以遂其初心，不可得矣。」程朱雖皆先入於釋氏而卒能覺寤其非。

程子曰：「吾儒本天，異端本心。」朱子曰：「吾儒以理爲不生不滅，釋氏以神識爲不生不滅。」僕於《孟子字義疏證》辯其視理也與老釋之視心視神識，雖指歸各異，而僅僅就彼之言轉之，猶失孔孟之所謂理、所謂義。朱子稱「爲他佛説得相似」者，彼之心宗不特指歸與此異也，亦絶不可言似。程朱先從事於彼，熟知彼之指歸，既而求之此，見此之指歸與彼異矣而不得其本，因推而本之天。夫人物何者非本之天乎，豈得謂心必與天隔乎？彼可起而争者也。苟聞乎此，雖愚必明，雖柔必强；擴而充之，何一非務盡其心以能盡道？苟自以爲是而不可與入堯舜之道，雖言理言知言學，皆似而非，適以亂德。在程朱先入於彼，徒就彼之説轉而之此，是以又可轉而之彼，合天與心爲一，合理與神識爲一，而我之言彼皆得援而借之爲彼樹之助。以此解經，而六經孔孟之書，彼皆得因程朱之解援而借之爲彼所依附。譬猶子孫未覩其祖父之貌者誤圖他人之貌爲其貌而事之，所事固己之祖父也，貌則非矣。實得而貌不得，亦何傷？然他人則持其祖父之貌以冒吾宗，而實誘吾族以化爲彼族，此僕所由不得已而有《疏證》之作也。破圖貌之誤以正吾宗而保吾族，痛吾宗之久墜，吾族之久散爲他族，敢少假借哉？

宋儒僅改其指神識者以指理而餘無所改，其解孔孟之言，體狀復與彼相似。如《大學章句》於「在明明德」，《中庸章句》於「不顯維德」，尤渾合，幾不可分。足下遂援「上天之載，無聲無臭」爲心宗之大源，於宋儒之雜用老氏尚無欲及莊周書言「復其初」者而申之曰：「無欲，誠也。湯武反之，復其初之謂也。」僕愛《大戴禮記》曰「分於道謂之命」一語。❶道即陰陽氣化，故可言分，惟分也，故成性不同。而《易》稱「一陰一陽之謂道」，《中庸》稱「天命之謂性」，孟子辨别犬之性、牛之性、人之性之不同，豁然貫通。而足下舉「維天之命，於穆不已」，以爲不得而分。此非語言之能空論也，宜還而體會六經孔孟之書本文云何。《詩》曰「予懷明德」，對「不大聲以色」而言；《大學》之「明明德」，以「明德」對「民」而言：皆德行行事，人咸仰見，如日月之懸象著明，故稱之曰「明德」。儻一事差失則有一事之掩虧。其由近而遠，積盛所被，顯明不已，故曰「明明德」，曰「明明德於天下」。《詩》之「不顯不承」即《書》之「丕顯」、「丕承」，古字丕通用不，❷大也。《中庸》言「聲名洋溢乎中國」，其言「闇然」也與「日章」並言，何必不欲大顯而以幽深玄遠爲至？夫晝日當空，何嘗有聲臭以令人知，而疇不知之？不可引「上天之載，無聲臭」以言其至乎！「上天之載」二語在《詩》，承「駿命不易」言。鄭箋云：「天之道難知也，耳不聞聲音，鼻不聞香臭。儀法文王之事，則天下咸信而順之。」在《中庸》承「化民之德」，言不假聲臭以與民接也。談老釋者有取於「虚靈不昧」、「人欲所蔽」、「本體之明」、「幽深玄遠」、「至德淵微」、「不顯之妙」等語與其心宗相似，不惟《大學》、《中庸》本文差以千里，即朱子所云雖失《大學》、《中庸》之解，而其指歸究殊。

又《詩》、《書》中凡言「天命」，皆以王者受命於天爲言。天之命王者不已，由王者仁

❶「一語」，原在下文「故成性不同」句下，今從沈梁校據《孟子字義疏證》所附《答彭進士允初書》改。

❷「不」，原作「丕」，今從沈梁校據《答彭進士允初書》改。

天下不已。《中庸》引「維天之命，於穆不已，於乎不顯，文王之德之純」，其取義也，主於「不已」，以見至誠無息之配天地。於穆者，美天之命有德深遠也。譬君之於賢臣，一再錫命，惓惓不已，美君之能任賢者，豈不可歎其深遠？引之者豈不可曰「此君之所以爲君也」？凡命之爲言，如命之東則不得而西，皆有數以限之，非受命者所得踰。試以君命言之。有小賢而居上位，有大賢而居下位，各受君命以居其位，此命數之得稱曰「君命」也；君告誡之，使恭其事，而夙夜兢惕，務盡職焉，此教命之得稱曰「君命」也。命數之命限於受命之初而尊卑遂定。教命之命，其所得爲視其所能，可以造乎其極，然盡職而已，則同屬命之限之。命之盡職，不敢不盡職，如命之東不敢不赴東。論氣數，論理義，命皆爲限制之名。譬天地於大樹，有華有實有葉之不同，而華實葉皆分於樹；形之鉅細、色臭之濃淡、味之厚薄，又華與華不同，實與實不同，葉與葉不同。一言乎分則各限於所分。取水於川，盈罍盈瓶盈缶，凝而成冰，其大如罍如瓶如缶，或不盈而各如其淺深。水雖取諸一川，隨時與地味殊，而清濁亦異，由分於川，則各限於所分。人之得於天也雖亦限於所分，而人人能全乎天德。以一身譬之。有心，有耳目鼻口，手足，鬚眉毛髮，惟心統其全，其餘各有一德焉。故《記》曰：「人者，天地之心也。」瞽者心不能代目而視，聾者心不能代耳而聽，是心亦限於所分也。飲食之化爲營衛，爲肌髓，形可并而一也。形可益形，氣可益氣。精氣附益，神明自倍。散之還天地，萃之成人物。與天地通者生，與天地隔者死。以植物言，葉受風日雨露以通天氣，根接土壤肥沃以通地氣。以動物言，呼吸通天氣，飲食通地氣。人物於天地，猶然合如一體也。體有貴賤，有小大，無非限於所分也。心者氣通而神，耳目鼻口者氣融而靈。曾子曰：「陽之精氣曰神，陰之精氣曰靈。神靈者，品物之本也。」《易》曰：「精氣爲物，游魂爲變。是故知鬼神之情狀。」精氣爲物者，氣之精而凝，品物流形之常也；游魂爲變者，魂之游而存，其形敝而精氣未遽散也。變則不可窮詰矣。老莊釋氏見於「游魂爲變」之一端而昧其大常，見於精氣之集而判爲二本。莊周書曰：「一受其成形，不亡以待盡。」釋氏「人死爲鬼，鬼復爲人」之説同此。周又曰：「其形化，其心與之然，可不謂大哀乎？」老氏之長生久視，釋氏之不生不滅，無非自私，無非哀其滅而已矣，故以無欲成其私。孟子曰：「廣土衆民，君子欲之」，又曰「欲貴者，人之同心也」，又曰「魚我所欲也，熊掌亦我所欲也」、「生亦我所欲也，義亦我所欲也」。在老釋皆無之，而獨私其遊魂而哀其滅，以豫爲之圖；在宋儒惑於老釋無欲之説，謂義亦我所欲，爲道心、爲天理，餘皆爲人心、爲人欲。欲者有生則願遂其生而備其休嘉者也，情者有親疏長幼卑尊感而發於自然者也，理者盡夫情欲之微而區以別焉，使順而達，各如其分寸豪釐之謂也。欲不患其不及而患其過，過者狃於私而忘乎人，其心溺，其行慝，故孟子曰「養心莫善於寡欲」。情之當也，患其不及而亦勿使之過未當也。不惟患其過，而務自省以救其失。欲不流於私則仁，不溺而爲慝則義；情發而中節則和，如是之謂天理。情欲未動，湛然無失，是謂天性。非天性自天性，情欲自情欲，天理自天理也。

足下援程子云：「聖人之常，情順萬事

而無情。故君子之學莫若廓然而大公，物來而順應。」謂無欲在是。請援王文成之言證足下所宗主。其言曰：「良知之體，皦如明鏡。妍媸之來，隨物見形，而明鏡曾無留染，所謂『情順萬事而無情』也。『無所住以生其心』，佛氏曾有是言。明鏡之應，妍者妍，媸者媸，一照而皆真，即是生其心處；妍者妍，媸者媸，一過而不留，即是無所住處。」程子説聖人，陽明説佛氏，故足下援程子不援陽明，而宗旨則陽明尤親切。陽明嘗倒亂朱子年譜，謂朱陸先異後同。陸王，主老釋者也；程朱，闢老釋者也。今足下主老釋陸王而合孔孟程朱與之爲一，無論孔孟不可誣，程朱亦不可誣，抑又變老釋之貌爲孔孟程朱之貌，恐老釋亦以爲誣己而不願。老氏曰：「唯之與阿，相去幾何；善之與惡，相去何若？」告子曰：「性無善無不善也。」「義外也，非内也。」釋者曰：「不思善不思惡，時認本來面目。」陸子静曰：「惡能害心，善亦能害心。」王文成曰：「無善無惡心之體。」凡此皆不貴善也。何爲不貴善？貴其所私而哀其滅，雖逐於善亦害之也。今足下言之，則語益加密。曰：「形有生滅，神無方也。妙萬物也，不可言生滅。」又曰：「無來去，無内外。」引程子「天人本無二，不必言合」證明全體，因名之曰「無聲無臭之本」。謂之爲「天命之不已」，而以「至誠無息」加之；謂之爲「天道之日新」，而以「止於至善」加之。請援王文成之言證足下所宗主。其言曰：「夫良知，一也。以其妙用而言謂之神，以其流行而言謂之氣。」又曰：「本來面目即吾聖門所謂良知。隨物而格是致知之功，佛氏之常惺惺亦是常存他本來面目耳。體段、功夫，大略相似。」陽明主扞禦外物爲格物，隨物而格，所謂「遏人欲」也；常惺惺，朱子以是言「存天理」，以是解《中庸》「戒慎恐懼」，實失《中庸》之指。陽明得而借《中庸》之言以寄託本來面目之説曰：「養德、養身止是一事。果能戒慎不睹，恐懼不聞，而專志於是，則神住氣住精住，而仙家所謂長生久視之説亦在其中矣。」莊子所謂「復其初」，釋氏所謂「本來面目」，陽明所謂「良知之體」，不過守己自足。既自足，必自大。其去《中庸》擇善固執、博學審問慎思明辨篤行，何啻千萬里？

孟子曰「反身而誠，樂莫大焉」，曰「反身不誠，不悦於親矣」。《中庸》、《孟子》皆曰「不明乎善，不誠乎身」矣，今舍明善而以無欲爲誠，謬也。證心宗者未嘗不可以認本來面目爲明乎善，此求伸其説，何所不可？老子、告子視善爲不屑爲，猶能識「善」字；後之宗之者并「善」字假爲己有，實并「善」字不識。此事在今日，不惟彼所謂道德非吾所謂道德，舉凡性與天道、聖智、仁義、誠明，以及曰善曰命曰理，曰知曰行，無非假其名而易其實。「反身不誠」，言事親之道未盡也；「反身而誠」，言備責於身者無不盡道也。孟子曰：「堯舜，性之也；湯武，身之也；五霸，假之也。久假而不歸，惡知其非有也？」性之，「由仁義行」也，身之仁義實於身也；假之，假仁義之名以號召天下者，久則徒知以仁義責人而忘己之非有。又曰：「堯舜，性者也；湯武，反之也。」下言「動容周旋中禮者，盛德之至也」，申明「性者」如是。言「哭死而哀，非爲生者也；經德不回，非以干禄也；言語必信，非以正行也；君子行法以俟命而已矣」，皆申明「反之」，謂無所爲而爲，乃反而實之身。若論復其初，何用言非爲生者，非以干禄，非以正行而且終之曰「俟命」？其爲反身甚明。各覈本文，悉難假借。

足下所主者，老莊佛陸王之道，而所稱引盡六經孔孟程朱之言。誠愛其實乎，則其實遠於此；如誤以老莊佛陸王之實爲其實，則彼之言親切著明而此費遷就傅合，何不示以親切著明者也；誠借其名乎，則田王孫之門猶有梁丘賀在，況足下閱朱子答何叔京二書必默然之，及程朱闢老釋必不然之，而至於借助則引程朱爲同乎己？然則所取者，程朱初惑於釋氏時之言也；所借以助己者，或其前之言，或其後之似者也。所愛者，釋氏之實也；愛其實而棄其名，借其名而陰易其實，皆於誠有虧。足下所云「學問之道莫切於審善惡之幾，嚴誠僞之辨」，請從此始。儻亦如程朱之用心，期於求是，不雜以私，則今日同乎程朱之初，異日所見或知程朱之指歸與老釋陸王異。然僕之私心期望於足下，猶不在此。程朱以理爲如有物焉，得於天而具於心，啟天下後世人人憑在己之意見而執之曰理，以禍斯民，更淆以無欲之説，於得理益遠，於執其意見益堅，而禍斯民益烈。豈理禍斯民哉？不自知爲意見也。離人情而求諸心之所具，安得不以心之意見當之？則依然本心者之所爲。拘牽之儒不自知名異而實不異，猶貿貿争彼此於名而輒蹈其實；敏悟之士覺彼此之實無異，雖指之曰沖漠無朕，究不得其仿佛，不若轉而從彼之確有其物，因即取此以賅之於彼。嗚呼，誤圖他人之貌者，未有不化爲他人之實者也！誠虚心體察六經孔孟之言，至確然有進，不惟其實與老釋絶遠，即貌亦絶遠，不能假託。其能假託者，後儒失之者也。是私心所期於足下之求之耳。日間因公私紛然，於來書未得從容具論。大本苟得，自然條分理解。意言難盡，涉及一二，草草不次。南旋定於何日？十餘年願交之忱，得見又不獲暢鄙懷。伏惟自愛！

文集

毛詩補傳序

「《詩》三百，一言以蔽之，曰思無邪」，夫子之言《詩》也。而《風》有貞淫，説者因以「無邪」爲讀《詩》之事，謂《詩》不皆無邪也。非夫子之言《詩》也。先儒爲《詩》者莫明於漢毛鄭、宋朱子，然一詩而以爲君臣朋友之辭者，又或以爲夫婦男女之辭；以爲刺譏之辭者，又或以爲稱美之辭；以爲他人代爲辭者，又或以爲己自爲辭。其主漢者必攻宋，主宋者必攻漢。此説之難一也。余私謂《詩》之辭不可知矣，得其志則可以通乎其辭；作詩者之志愈不可知矣，斷之以「思無邪」之一言，則可以通乎其志。《風》雖有貞淫，《詩》所以表貞止淫。則上之教化時或寖微，而作詩者猶覬挽救於萬一。故《詩》足貴也，三百之皆無邪，至顯白也。況夫有本非男女之詩而説者亦以淫泆之情概之，於是目其詩則褻狎戲謔之蕺言，而聖人顧录之；淫泆者甘作詩以自播，聖人又播其蕺言於萬世，謂是可以考見其國之無政，可以俾後之人知所懲，可以與《南》、《豳》、《雅》、《頌》之章並列之爲經？余疑其不然也。宋後儒者求之不可通，至指爲漢人竄入淫詩以足「三百」之數，欲舉而去之，其亦妄矣。今就全《詩》考其字義名物於各章之下，不以作詩之意衍其説。蓋字義名物，前人或失之者可以詳覈而知，古籍具在，有明證也；作詩之意，前人既失其傳者，非論其世、知其人，固難以臆見定也。姑以夫子之斷夫三百者各推而論之，用附於篇題後。司馬氏有曰：「《國風》好色而不淫，《小雅》怨誹而不亂。」又曰：「《詩》三百篇，大抵賢聖發憤之所爲作也。」漢初師傳未絶，此必七十子所聞之大義也。余亦曰：三百篇皆忠臣孝子、賢婦良友之言也。其閒有立言最難，用心獨苦者，則大忠而託諸詭言遜辭，亦聖人之所取也。必無取乎小人而邪辟者之蔑言，以與賢聖相雜廁焉。

考工記圖序

立度辨方之文，圖與傳注相表裏者也。自小學道湮，好古者靡所依據，凡六經中制度禮儀，覈之傳注既多違誤，而爲圖者又往往自成詰詘，異其本經，古制所以日即荒謬不聞也。舊禮圖有梁、鄭、阮、張、夏侯諸家之學，失傳已久。惟聶崇義《三禮圖》二十卷見於世，於《考工》諸器物尤疏舛。同學治古文辭，有苦《考工記》難讀者。余語以諸工之事非精究少廣旁要，固不能推其制以盡文之奥曲。鄭氏注善矣，兹爲圖翼贊鄭學，擇其正論，補其未逮。圖傳某工之下，俾學士顯白觀之。因一卷書，當知古六書九數等，儒者結髮從事，今或皓首未之聞，何也？

考工記圖後序

《考工》諸器，高庳廣狹有度。今爲圖，斂於數寸紙副中，或舒或促，必如其高庳廣狹，然後古人制作昭然可見。不則如磬氏之磬何以定其倨句，㮚氏之量何以測其方圜徑冪，韗人之皋陶何以辨其晉鼓鼖鼓？又如鳧氏之鐘，後鄭云：「鼓六，鉦六、舞四，其長十六。」又云：「今時鐘或無鉦閒。」既爲圖觀之，迺知其説誤也。句股法自銑至鉦八而去二，則自鉦至舞亦八而去二。銑爲鐘口，舞爲鐘頂。《記》曰銑、曰鉦者，徑也；曰銑閒、曰鉦閒、曰鼓閒者，崇也；曰修、曰廣者，羨也。羨之度，舉舞則鉦與銑可知，而鉦閒因銑鉦舞之徑以得其崇。然則《記》所不言者皆可互見。若據鄭説，有難爲圖者矣。其他戈戟之制，後人失其形似；式崇式深，後人疏於考論。鄭氏注固不爽也。車輿宫室，今古殊異；鐘縣劍削之屬，古器猶有存者。執吾圖以考之羣經暨古人遺器，其必有合焉爾。

爾雅文字考序

古訓故之書，其傳者莫先於《爾雅》，六藝之賴是以明也。所以通古今之異言，然後能諷誦乎章句，以求適於至道。劉歆、班固論《尚書》古文經曰：「古文讀應爾雅，解古今語而可知。」蓋士生三古後，時之相去，千百年之久，眂夫地之相隔千百里之遠，無以異。昔之婦孺聞而輒曉者，更經學大師轉相講授而仍留疑義，則時爲之也。余竊謂儒者治經，宜自《爾雅》始。取而讀之，殫心於兹十年。是書舊注之散見者六家：犍爲文學、劉歆、樊光、李巡、鄭康成、孫炎，皆闕逸難以輯綴；而世所傳郭注復删節不全，邢氏疏尤多疏漏。夫援《爾雅》以釋《詩》、《書》，據《詩》、《書》以證《爾雅》，由是旁及先秦已上凡古籍之存者，綜核條貫，而又本之六書音聲，確然於訓故之源，庶幾可與於是學。余未之能也，偶有所記，懼過而旋忘，録之成袟，爲題曰若干卷《爾雅文字考》，亦聊以自課而已。若考訂得失，折衷前古，於《爾雅》萬七百九十一言，合之羣經傳記靡所扞格，姑俟諸異日。

轉語二十章序

人之語言萬變，而聲氣之微有自然之節限。是故六書依聲託事，假借相禪，其用至博，操之至約也。學士茫然，莫究所以。今別爲二十章，各從乎聲以原其義。夫聲自微而之顯，言者未終，聞者已解。辨於口不繁，則耳治不惑。人口始喉，下底脣末，按位以譜之，其爲聲之大限五，小限各四。於是互相參伍而聲之用蓋備矣。參伍之法，台、余、予、陽，自稱之辭在次三章；吾、印、言、我，亦自稱之辭，在次十有五章。截四章爲一類，類有四位。三與十有五，數其位皆至三而得之，位同也。凡同位爲正轉，位同爲變轉。爾、汝、而、戎、若，謂人之辭，而如、若、然義又交通，並在次十有一章。《周語》「若能有濟也」，注云：「若，乃也。」《檀弓》「而曰然」，注云：「而，乃也。」《魯論》「吾末如之何」，即「奈之何」，鄭康成讀「如」爲「那」。乃箇切。曰乃，曰奈，曰那，在次七章。七與十有一，數其位亦至三而得之。若此類，遽數之不能終其物，是以爲書明之。凡同位則同聲，同聲則可以通乎其義；位同則聲變而同，聲變而同則其義亦可以比之而通。更就方音言。吾郡歙邑讀若攝，失葉切。唐張參《五經文字》、顔師古注《漢書·地理志》已然。歙之正音讀如翕，翕與歙聲之位同者也。用是聽五方之音及少兒學語未清者，其展轉譌溷，必各如其位。斯足證聲之節限位次自然而成，不假人意厝設也。古今言音聲之書紛然淆雜，大致去其穿鑿，自然符合者近是。昔人既作《爾雅》《方言》《釋名》，余以謂猶闕一卷書，創爲是篇，用補其闕。俾疑於義者以聲求之，疑於聲者以義正之。説經之士搜小學之奇觚，訪六書之逸簡，溯厥本始，其亦有樂乎此也！

六書論序

自昔儒者，其結髮從事，必先小學。小學者，六書之文是也。《周官》保氏掌之以教國子，司徒掌之以教萬民，而大行人所稱諭書名，聽聲音，又屬瞽史分職專司。故其時儒者治經有法，不歧以異端。後世道闕，小學不修，古文絶於嬴氏，佐隸起於獄吏。漢興蓋百年，始徵小學之士，令説文字未央廷中。光武時馬援上疏論文字之譌謬，及賈侍中修理舊文而許叔重從受古學，撰《説文解字》，則在安和已後。今考經史所載漢時之言六書也，説歧而三。一見《周禮注》引鄭司農解，一見班孟堅《藝文志》，其一則叔重《説文解字序》頗能詳言之。班、鄭二家雖可以廣異聞，而綱領之正，宜從許氏。厥後世遠學乖，罕覩古人制作本始。謂諧聲最爲淺末者，後唐徐鍇之疏也；以指事爲加物於象形之文者，宋張有之謬也。謂形不可象則指其事，事不可指則會其意，意不可會則諧其聲者，諸家之紛紊也；謂轉聲爲轉注者，起於最後，於古無稽，特蕭楚諸人之臆見也。蓋轉注之爲互訓，失其傳且二千年矣。六書也者，文字之綱領而治經之津涉也。載籍極博，統之不外文字；文字雖廣，統之不越六書。綱領既違，譌謬日滋。故考自漢已來迄於近代，各存其説，駁別得失，爲《六書論》三卷。凡所不載，智者依類推之，以拾遺補藝，將有取乎此也。

方言疏證序

案《輶軒使者絶代語釋别國方言》十三卷，漢揚雄撰，晉郭璞注。漢、魏、晉以來凡引是書，但稱《方言》者，省文也。雄采集之意詳見於答劉歆書。考雄爲郎在成帝元延二年，時雄年四十三，《漢書・傳贊》所謂「初雄年四十餘，自蜀來至游京師」是也。劉歆遺雄書求《方言》，則當王莽天鳳三四年閒，未幾而雄卒，答書内所謂「二十七歲於今」，傳贊所謂「年七十一，天鳳五年卒」是也。答書有云「語言或交錯相反，方復論思，詳悉集之，如可寬假延期，必不敢有愛」，然則《方言》終屬雄未成之作。歆求之而不與，故不得入録。班固次雄傳及《藝文志》，不知其有此。至應劭集解《漢書》，始見徵引，稱「揚雄《方言》」，其《風俗通義序》又取答書中語具詳本末，而云「《方言》凡九千字」。今計正文實萬一千九百餘字，豈劭所見與郭璞所注傳本微有異同歟？歆遺雄書曰「屬聞子雲獨采集先代絶言，異國殊語，以爲十五卷」，雄答書稱「殊言十五卷」，郭璞序亦云「三五之篇」；而《隋・經籍志》《方言》十三卷，《舊唐書》作《别國方言》十三卷。其併十五爲十三，在璞注後，隋以前矣。許慎《説文解字》、張揖《廣雅》多本《方言》而自成著作，不加所引用書名。《魏書・江式傳》式上表曰：「臣六世祖瓊往晉之初，與從父兄應元俱受學於衛覬，古篆之法、《倉》《雅》《方言》《説文》之誼，當時並收善譽。數世傳習，斯業所以不墜。」杜預注《左傳》「援師孑焉」曰：「揚雄《方言》：『孑者，戟也。』」孔穎達疏云：「揚雄以《爾雅》釋古今之語，作書擬之，采異方之語，謂之《方言》。」蓋是書漢末晉初乃盛行，故應劭舉以爲言，而杜預以釋經，江瓊世傳其學以至於式。他如吳薛綜述《二京解》，晉張載劉逵注《三都賦》，晉灼注《漢書》，張湛注《列子》，宋裴松之注《三國志》，其子駰注《史記》，及隋曹憲，唐陸德明、孔穎達、長孫訥言、李善、徐堅、楊倞之倫，《方言》及注幾備見援摭。其後獨洪邁疑之，謂雄所爲文盡見於自序及《漢志》，初無所謂《方言》。則併傳贊内「自序」二字結上所録《法言》自序者未之審，又未考雄之文如《諫不受單于朝書》、《趙充國頌》、《元后誄》等篇，溢於《雄傳》及《藝文志》外者甚多，而輕置訾議。豈應劭、杜預、晉灼及隋唐諸儒咸莫之考實耶？常璩《華陽國志》於林閭翁孺、楊莊並云見揚子《方言》，李善注《文選》引張伯松曰「是懸諸日月不刊之書也」，亦直稱「揚雄《方言》曰」，可證。歆、雄遺答書，附入《方言》卷末已久。宋元以來六書訓詁不講，故鮮能知其精覈。加以訛舛相承，幾不可通。今從《永樂大典》内得善本，因廣搜羣籍之引用《方言》及注者交互參訂。改正訛字二百八十一，補脱字二十七，刪衍字十七，逐條詳證之，庶幾漢人訓詁之學猶存於是，俾治經讀史，博涉古文辭者得以考焉。

刊九章算術序

古者六藝之教，禮樂殘闕失傳，射御則絶無師説；書者治經之本，厪厪賴許叔重《説文解字》略見梗概；而所謂九數，即《九章》，世罕有其書。近時以算名者如王寅旭、謝野臣、梅定九諸子咸未之見。予訪求二十餘年不可得，擬《永樂大典》或嘗録入。書在翰林院中，丁亥歲因吾鄉曹編修往一觀。則離散錯出，思綴集之，未之能也。出都後恒寤寐乎是。及癸巳夏奉召入京師，與修《四庫全書》。躬逢國家盛典，乃得盡心纂次，訂其訛舛。審知劉徽所注舊有圖而今闕者，補之。書既進，聖天子命即刊行，又御製詩篇冠之於首。古書之隱顯，蓋有時焉，誠甚幸也。吾友屈君魯傳亦好是學，願得《九章》刊之，從予録一本。今秋之仲，曲阜孔君體生訪求得算書若干卷，係毛氏扆影摹宋刻者。扆識其後，有云「從太倉王氏得《孫子》、《五曹》、《張丘建》、《夏侯陽》四種，從章丘李氏得《周髀》、《緝古》二種，後從黄俞邰又得《九章》，皆元豐七年祕書省刊版。每卷有祕書省官銜姓名一幅，又一幅宰輔大臣自司馬相公而下俱列名於後。」予急假之孔君，獨《九章》卷六已後闕，因更校改數字以寄屈君，而記其得是書之不易如此。

水經酈道元注序

後魏御史中尉范陽酈道元，字善長，撰《水經注》四十卷。蕭寶夤之亂，道元叱賊而死，贈吏部尚書、冀州刺史、安定縣男。善長雖依經附注，不言《水經》撰自何人。《唐書·藝文志》始以爲桑欽撰。欽在班固前，固嘗引其説，與《水經》違異。晉以來注《水經》凡二家。郭璞注三卷，唐時猶存。杜君卿言二家皆不詳所撰者名氏，亦不知何代之書，則景純已不能言其作者矣。《崇文總目》《水經注》亡者五卷，今所傳即宋之殘本，後人又加割裂，以傅合四十卷之數。如注文「江水又東逕巫縣故城南」，注訛列爲經，遂與前經文「又東過巫縣南」割分異卷。《唐六典》注云：「《水經》所引天下之水，百三十七。」今自河水至斤員水，❶凡百二十三，應脱逸十有四水，蓋在五卷中者也。王伯厚《通鑑地理通釋》引《水經》四事，惟魏興安陽一事屬經文，餘三事咸酈注之訛爲經者。故其作書時世益莫能定。《水經》立文，首云某水所出，已下無庸重舉水名，而注内詳及所納羣川，加以採摭故實，彼此相雜，則一水之名不得不更端重舉。經文敘次所過郡縣，如云「又東過某縣」之類，一語寔賅一縣，而注則沿泝縣西以終於東，詳記所逕委曲。經據當時縣治，至善長作注時縣邑流移，是以多稱「故城」，經無言「故城」者也。凡經例云「過」，注例云「逕」。以是推之，雖經注相淆，而尋求端緒，可俾歸條貫。善長於經文「涪水至小廣魏」，解之曰：「小廣魏即廣漢縣也。」於「鍾水過魏寧縣」，解之曰：「魏寧，故陽安也。晉太康元年改曰晉寧。」然則《水經》上不逮漢，下不及晉初，寔魏人纂叙無疑。史言善長好學，廣覽奇書，故是注之傳或以其綜覈，或尚其文辭。至於觸類引伸，因川源之派别知山勢之逶迤。高高下下，不失地阞。取資信非一端。然訛舛既久，雖善讀古書如閻百詩、顧景范、胡朏明諸子，其論述所涉，猶輒差違。斯訂正之不可以已也。審其義例，按之地望，兼以各本參差，是書所由致謬之故昭然可舉而正之。至若四十卷之爲三十五，合其所分，無復據證。今以某水各自爲篇。北方之水莫大於河，而河以北、河以南衆川因之得其叙矣；南方之水莫大於江，而江以北、江以南衆川因之得其叙矣。惟以地相連比，篇次不必一還其舊。庶

❶「滇」，《戴震文集》卷六作「員」，並注：「案舊作斤江水，今從《漢志》作員。」

乎川渠纏絡，有條而不紊焉。

河水一，河水二，河水三，渠陰溝水，汳水，獲水，睢水，瓠子河，汾水，晉水，文水，原公水，同過水，澮水，涑水，湛水，沁水，清水，渭水，漆水，沮水，漨水，洛水，穀水，澗水，瀍水，甘水，伊水，淇水，蕩水，洹水，濁漳水，清漳水，滱水，易水，巨馬河，聖水，㶟水，㶟餘水，沽河，鮑丘水，濡水，遼水，小遼水。浿水，濟水，汶水，淄水，巨洋水，濰水，東汶水，膠水，泗水，洙水，沂水，沭水，淮水，汝水，滍水，潕水，瀙水，灈水，潁水，濦水，潩水，洧水，潧水，決水，沘水，泄水，肥水，施水，江水，夷水，夏水，溳水，漻水，漾水，潛水，羌水，涪水，梓潼水，南沮水，漳水，沔水，涔水，均水，丹水，粉水，淯水，湍水，比水，白水，蘄水，沫水，青衣水，若水，淹水，油水，澧水，沅水，延江水，資水，湘水，鍾水，深水，耒水，洣水，漉水，漣水，瀏水，潙水，廬江水，贛水，漸江水，桓水，葉榆河，溫水，存水，泿水，灕水，洭水，溱水，斤江水，❶《禹貢》山水澤地。序。

六書音均表序

韻書始萌芽於魏李登《聲類》。積三百餘年，至隋陸法言《切韻》，梗概之法乃具。然皆就其時之語言音讀，參校異同，定其遠近洪細，往往有意求密，而用意太過，強生區別。至如虞夏商周之文，六書之假借諧聲，《詩》之比音協句以成歌樂，茫乎未之考也。唐初因法言撰本爲選舉士人作律詩之用，視二百六韻中字數多者限以獨用，字數少者合比近兩韻或三韻同用，苟計字多寡而已。宋

❶「江」，《戴震文集》卷六作「員」。

吳棫作《韻補》，於韻目下始有古通某、古轉聲通某之云，其分合最爲疏舛。鄭庠作《古音辯》，僅分陽支先虞尤覃六部。近崑山顧炎武更析東陽耕蒸而四，析魚歌而二，故列十部。吾郡老儒江慎脩永於真已下十四韻、侵已下九韻各析而二，蕭宵肴豪及尤侯幽亦爲二，故列十三部。古音之學以漸加詳如是。前九年，段君若膺語余曰：「支佳一部也，脂微齊皆灰一部也，之咍一部也。漢人猶未嘗淆借通用，晉宋而後乃少有出入，迄乎唐之功令，支注脂之同用，佳注皆同用，灰注咍同用，於是古之截然爲三者罕有知之。」余聞而偉其所學之精，好古有灼見卓識。又言真臻先與諄文殷魂痕爲二，尤幽與侯爲二，得十七部。今官於蜀地且數年，政事之餘，優而成是書，曰《六書音均表》。凡爲表者五，撰述之意表各有序說，既詳之矣。其書始名《詩經韻譜》、《羣經韻譜》，嘉定錢學士曉徵爲之序。茲易其體例，且增以新知，十七部蓋如舊也。余昔感於其言五支六脂七之有分，辛巳春寓居浙東，取顧氏《詩本音》章辨句析，而諷誦乎經文，歎始爲之之不易，後來加詳者之信足以補其未逮。顧氏轉侯韻入虞，江氏轉虞韻字入侯，此江優於顧；然顧氏藥、鐸有分而江氏不分，此顧優於江。若夫五支異於六脂，猶清異於真也，七之又異於支、脂，猶蒸又異於清、真也，實千有餘年莫之或省者。一旦理解，按諸三百篇劃然，豈非稽古大快事歟？時余略記入聲之說，未暇卒業。今樂覩是書之成也，不惟字得其古人音讀，抑又多通其古義。許叔重之論假借曰：「本無其字，依聲託事。」夫六經字多假借，音聲失而假借之意何以得？訓詁音聲相爲表裏。訓詁明，六經乃可明。後儒語言文字未知而輕憑臆解以誣聖亂經，吾懼焉。段君又有《詩經小學》、《書經小學》、《説文考證》、《十七部古韻表》等書，將繼是而出。視逃其難、相與鑿空者，於治經孰得孰失也？

與是仲明論學書

僕所爲《經考》，未嘗敢以聞於人，恐聞之而驚顧狂惑者衆。昨遇名賢枉駕，望德盛之容，令人整肅，不待加以誨語也。又欲觀末學所事得失，僕敢以《詩補傳序》並辨鄭衛之音一條檢出呈覽。今程某奉其師命來取《詩補傳》。僕此書尚俟改正，未可遽進。請進一二言，惟名賢教之。僕自少時家貧，不獲親師。聞聖人之中有孔子者定六經示後之人。求其一經，啟而讀之，茫茫然無覺。尋思之久，計於心曰：經之至者道也，所以明道者其辭也，所以成辭者字也。由字以通其辭，由辭以通其道，必有漸。求所謂字，考諸篆書，得許氏《説文解字》。三年知其節目，漸睹古聖人制作本始。又疑許氏於詁訓未能盡，從友人假《十三經注疏》讀之，則知一字之義當貫羣經，本六書，然後爲定。至若經之難明，尚有若干事。誦《堯典》數行，至「乃命羲、和」，不知恒星七政所以運行，則掩卷不能卒業；誦《周南》、《召南》，自《關雎》而往，不知古音，徒强以協韻，則齟齬失讀；誦古《禮經》，先《士冠禮》，不知古者宮室衣服等制，則迷於其方，莫辨其用。不知古今地名沿革，則《禹貢》、《職方》失其處所；不知少廣旁要，則《考工》之器不能因文而推其制；不知鳥獸蟲魚草木之狀類名號，則比興之意乖。而字學、詁訓、音聲未始相離，聲與音又經緯衡從宜辨。漢末孫叔然創立翻語，厥後考經論韻悉用之。釋氏之徒從而習其法，因竊爲己有，謂來自西域。儒者數典不能記憶也。中土測天用句股，今西人易名三角八綫。其三角即句股，八綫即綴術。然而三角之法窮，必以句股御之。用知句股者，法之盡備，名之至當也。管吕言五聲十二律，宫位乎中，黄鐘之宫四寸五分，爲起律之本。學者蔽於鐘律失傳之後，不追溯未失傳之先，宜乎說之多鑿也。凡經之難明，右若干事，儒者不宜忽置不講。僕欲究其本始，爲之又十年，漸於經有所會通，然後知聖人之道，如縣繩樹槷，豪氂不可有差。僕聞事於經學蓋有三難：淹博難，識斷難，精審難。三者僕誠不足與於其間，其私自持暨爲書之大概，端在乎是。前人之博聞彊識如鄭漁仲、楊用修諸君子，著書滿家，淹博有之，精審未也；别有略是而謂大道可以徑至者，如宋之陸，明之陳、王，廢講習討論之學，假所謂尊德性以美其名，然舍夫道問學，則惡可命之尊德性乎？未得爲中正可知。羣經六藝之未達，儒者所恥。僕用是戒其頽惰，據所察知，特懼忘失，筆之於書。識見稍定，敬進於前不晚。名賢幸諒！

與姚孝廉姬傳書

日者紀太史曉嵐欲刻僕所爲《考工記圖》，是以向足下言欲改定。足下應辭非所敢聞，而意主不必汲汲成書。僕於時若雷霆驚耳。自始知學，每憾昔人成書太早，多未定之説。今足下以是規教，退不敢忘，自賀得師。何者？凡僕所以尋求於遺經，懼聖人之緒言闇汶於後世也。然尋求而獲，有十分之見，有未至十分之見。所謂十分之見，必徵之古而靡不條貫，合諸道而不留餘議，鉅細畢究，本末兼察。若夫依於傳聞以擬其是，擇於衆説以裁其優，出於空言以定其論，據於孤證以信其通，雖溯流可以知源，不目覩淵泉所導，循根可以達杪，不手披枝肄所歧，皆未至十分之見也。以此治經，失不知爲不知之意，而徒增一惑以滋識者之辨之也。先儒之學如漢鄭氏，宋程子、張子、朱子，其爲書至詳博，然猶得失中判。其得者取義遠，資理閎。書不克盡言，言不克盡意。學者深思自得，漸近其區；不深思自得，斯草薉於畦而茅塞其陸。其失者，即目未覩淵泉所導，手未披枝肄所歧者也，而爲説轉易曉。學者淺涉而堅信之，用自滿其量之能容受，不復求遠者閎者。故誦法康成程朱不必無人，而皆失康成程朱於誦法中，則不志乎聞道之過也。誠有能志乎聞道，必去其兩失，殫力於其兩得。既深思自得而近之矣，然後知孰爲十分之見，孰爲未至十分之見。如繩繩木，昔以爲直者，其曲於是可見也；如水準地，昔以爲平者，其坳於是可見也。夫然後傳其信，不傳其疑，疑則闕，庶幾治經不害。僕於《考工記圖》重違知己之意，遂欲删取成書，亦以其義淺，特考覈之一端，差可自決。足下之教，其敢忽諸？至欲以僕爲師，則别有説。非徒自顧不足爲師，亦非謂所學如足下斷然以不敏謝也。古之所謂友，固分師之半。僕與足下無妨交相師而參互以求十分之見。苟有過則相規，使道在人不在言，斯不失友之謂。固大善。昨辱簡，自謙太過，稱「夫子」，非所敢當之，謹奉繳。承示文，論延陵季子處，識數語，並《考工記圖》呈上，乞教正也。

附録

先生十六七以前，凡讀書，每一字必求其義。塾師略舉傳注訓詁語之，意每不釋。因取近代字書及許氏《説文》授之。先生大好之，又取《爾雅》、《方言》及漢儒傳注箋之存於今者參互考究。一字之義，必本六書，貫羣經，以爲定詁。由是盡通前人所合集《十三經注疏》，能全舉其辭。行狀。

清儒言古韻始顧炎武。所著《古音表》，入聲與《廣韻》相反。先生謂有入無入之韻當兩兩相配，以入聲爲之樞紐。真至仙十四韻與脂微齊皆灰、入聲質術櫛物迄月没曷末黠鎋薛爲一類，蒸登與之咍、入聲職德爲一類，東冬鍾江與尤侯幽、入聲屋沃燭覺爲一類，陽唐與蕭宵肴豪、入聲藥爲一類，庚耕清青與支佳、入聲陌麥昔錫爲一類，歌戈麻與魚虞模、入聲鐸爲一類，閉口音侵以下九韻、入聲緝以下九韻爲一類。以七類之平上去分十三部，及入聲七部，得二十部。撰《聲韻考》以詳其説。既又改七類爲九類。真以下十四韻各爲二：真臻諄文欣魂痕先，入聲質術櫛物迄没屑配之；元寒桓删山仙，去聲祭泰夬廢、入聲月曷末黠鎋薛配之。又析侵鹽添爲一類，覃談咸銜嚴凡爲一類。著《聲類表》，以九類譜之，爲九卷：一曰歌魚鐸之類，二曰蒸之職之類，三曰東尤屋之類，四曰陽蕭藥之類，五曰庚支陌之類，六曰真脂質之類，七曰元寒桓删山仙祭夬廢月曷末黠鎋薛之類，八曰侵緝之類，九曰覃合之類。每類中各詳其開口合口、内轉外轉、重聲輕聲、呼等之繁瑣，今音古音之轉移。綱領既張，纖悉畢舉。《遺書》。

宋元已來，爲反切字母之學者歸之西域，歸之釋神珙。先生據神珙《反紐圖》自序有言昔梁沈約創立紐字之圖，證神珙實祖休文。又序中併及《元和韻譜》，證神珙當爲元和後人。世傳神珙爲北魏時人，始傳西域三十六字母於中土，其説非是。且神珙《五音聲論》列字四十，不曰字母，與今所傳三十六字齟齬。並據顔之推《家訓》、陸德明《經典釋文》、張守節《史記正義》皆曰孫炎創立反語，因謂反切字音溯源叔然，不當因釋氏眡娗誣欺之説，據其言以爲言也。同上。

漢後疇人不知有黄極，西人入中國始云赤道極之外又有黄道極。先生解之曰：《周髀》言「正北極」者，《魯論》之北辰，今所謂赤道極也；又言「北極璿璣」者，今所謂黄道極也。正北極者，左旋之樞，北極璿璣每晝夜環之而成規。《虞書》「在璿璣玉衡，以齊七政」，蓋設璿璣以擬黄道極也。黄極在柱史星東南上弼、少弼之閒，終古不隨歲差而改。赤極居中，黄極環繞其外，《周髀》固已言之，不始於西人。璿璣玉衡，《虞夏書》觀天之器久失其傳，先生推得其制，令巧匠爲之，中天儀器賴以復明於世。同上。

今人算術用三角八線之法，本出於句股。而尊信西術者輒云句股不能御三角。先生折之曰：《周髀》云：「圜出於方，方出於矩，矩出於九九八十一。」三角中無直角則不應乎矩，無例可比矣，必以法御之，使成句股而止。八線比例之術皆句股法也。撰《句股割圜記》，凡爲圖五十有五，爲術四十有九。因《周髀》首章之言衍而極之，以備步算之全。同上。

《學禮篇》，先生《七經小記》之一也。其指將取六經禮制糾紛不治、言人人殊者，每事爲一章，發明之。其書未成，惟有説冕服、爵弁、玄端等凡十三篇，今在文集中。同上。

《水地篇》亦《七經小記》之一。自來言地理者以郡國爲主而求其山川，先生則以山川爲主而求其郡國。爲《汾州府志·發凡》曰：「以水辨山之脈絡，而汾之東西山爲幹爲枝，爲來爲去，俾井然就序。水則以經水統其注入之枝水，因而徧及澤泊隄堰井泉，使衆山如一山，羣川如一川。」既乃本此意推之於諸行省，撰《水地記》。未成，今刻入《遺書》者祇一卷，自崑崙之虚至太行山而止。同上。

先生初謂：「天下有義理之源，有考覈之源，有文章之源，吾於三者皆庶得其源。」後數年又曰：「義理即考覈、文章之源也。義理又何源哉？吾前言過矣。」《戴氏年譜》附録。

王德甫曰：東原之學，苞羅旁魄，於漢魏唐宋諸家靡不統宗會元而歸於自得，名物象數靡不窮源知變而歸於理道。本朝之治經者衆矣，要其先之以古訓，折之以羣言，究極乎天地人之故，端以東原爲首。

段懋堂曰：義理、文章未有不由考覈而得者。自古聖人制作之大，皆精審乎天地民物之理，得其情實，綜其始終，舉其綱以俟其目，與以利而防其弊。《中庸》曰：「君子之道本諸身，徵諸庶民，建諸天地而不悖，質諸鬼神而無疑，百世以俟聖人而不惑。」此非考覈之極致乎？聖人心通義理而必勞勞如是者，不如是不足以盡天地民物之理也。後之儒者畫分義理、考覈、文章爲三，區別不相通，其所爲細已甚焉。先生之治經，凡故訓音聲、算數天文地理、制度名物，人事之善惡是非，以及陰陽氣化、道德性命，莫不究乎其實。蓋由考覈以通乎性與天道，既通乎性與天道矣，而考覈益精，文章益盛。用則施政利民，舍則垂世立教而無弊。淺者乃求先生於一名一物、一字一句之閒，惑矣。

東原弟子

段先生玉裁別爲《懋堂學案》。

王先生念孫別爲《高郵學案》。

孔先生廣森別爲《顨軒學案》。

案，段懋堂撰《東原年譜》云：「先生學高天下而不好爲人師，故著弟子籍者無多。」其實能傳學者，如段、王、孔三先生皆別爲專案。裘恭勤公行簡曾受業，不以著述名，未敢濫附學案。《年譜》記先生居新安會館，汪元亮、胡士震輩皆相從講學。又云先生南歸，與順德胡亦常同舟月餘，亦常亦能自得師者。案元亮與先生同鄉舉，已附見交游中。以此例之，則諸人從游講學，計在師友之間，未必盡著弟子之籍。附記以見其概。

東原交游

金先生榜別見《慎修學案》。

鄭先生牧別見《慎修學案》。

方先生矩別見《慎修學案》。

錢先生大昕別爲《潛研學案》。

程先生瑶田別爲《讓堂學案》。

王先生昶別爲《蘭泉學案》。

紀先生昀別爲《獻縣學案》。

王先生鳴盛別爲《西莊學案》。

盧先生文弨別爲《抱經學案》。

汪先生肇龍別見《慎修學案》。

汪先生梧鳳別見《慎修學案》。

朱先生筠別爲《大興二朱學案》。

姚先生鼐別爲《惜抱學案》。

邵先生晉涵別爲《南江學案》。

任先生大椿

任大椿，字幼植，又字子田，江蘇興化人。少工文辭，既乃專究經史傳注。乾隆己丑二甲一名進士，授禮部主事，充《四庫全書》纂修官。洊歷郎中，遷御史。與東原同鄉舉，習聞其論説。淹通於禮，尤長名物。初欲薈萃全經，久之知其浩博難罄，因即類以求，著《弁服釋例》、《深衣釋例》、《釋繒》諸篇，皆博綜羣籍，衷以己意。又有《易象大意》、《小學鉤沈》、《字林考逸》、《吴越備史注》。沈元亮，字明之，一字竹香，元和人。乾隆壬午舉人。少有文譽，亦與東原同舉，相親善，乃究心經義及六書之學。屢上公車不第，教授生徒自給。以狂疾卒。著述皆投諸火，僅存詩古文而已。參史傳、《東原集》。

孔先生繼涵

孔繼涵，字體生，一字誧孟，號葒谷，曲阜人，孔子六十九世孫。乾隆辛卯進士，授户部主事，充《日下舊聞》纂修官。雅志稽古，於天文地志、經學、字義、算數之書無不博綜。官京師，與友朋講析疑義，考證異同。所鈔校數千百帙。集金石刻千餘種，考論其事，與經史相比附。與東原交二十年，名物象數與共研説。東原殁，經紀其喪，刻其遺書，以仲子聘其女爲婦。藏書十數萬卷，遇罕見者校勘付鋟，世傳《微波榭叢書》。自著有《夏小正考異》一卷，《五經文字疑》、《九經字樣疑》一卷，《同度記》一卷，《水經注釋地》四卷，《紅櫚書屋雜體文》七卷，《詩集》四卷。參翁方綱撰墓志、張塤撰行狀。

洪先生榜

洪榜，字汝登，一字初堂，歙縣人。乾隆戊子舉人，召試，授内閣中書。粹於經學。治《易》，著《明象》，未成書，終於《益卦》。因鄭康成《易贊》作《述贊》二卷。又通聲韻，著《四聲韻和表》五卷，《示兒切語》一卷，因江氏及東原之書而加詳焉。生平服膺東原，謂《孟子字義》一書功不在禹下。

撰東原行狀，載《與彭尺木書》。朱竹君不謂然，曰：「戴氏可傳者不在此。」先生貽書爭之，謂「非難程朱，乃闢後之實爲老釋，陽爲儒書，而皆附於程朱大賢之學」。其言甚辨。參《漢學師承記》。

洪先生梧

洪梧，字桐生，一字植垣，歙縣人。兄樸、榜皆先卒。親喪，哀毀廬墓，人稱其孝。選拔貢生。乾隆庚子南巡，召試，賜舉人，授内閣中書。庚戌成進士，改庶吉士，授編修，典浙江鄉試，纂修《全唐詩》。出知沂州府，恤民愛士，有蒲鞭示辱之風。歸主揚州安定、梅花書院，造就甚衆。著有《易箴》二卷，賦、古今體詩。參《徽州府志》。

汪先生龍

汪龍，字蟄泉，歙縣人。乾隆丙午舉人。著有《毛詩申成》、《毛詩異義》，皆未刊行。參《漢學師承記》。

清儒學案卷七十九終

清儒學案卷八十

天津徐世昌

獻縣學案

獻縣以通儒遭際明盛，綜攬四部，考證詳明，創自古簿録家所未有。其持論屏除門户，一洗糾紛，而欲矯宋明末流之弊，頗有所抑揚。儀徵紹述，益以昌明漢學。爲一代學術之樞鍵焉。述《獻縣學案》。

紀先生昀

紀昀，字曉嵐，一字春帆，晚號石雲，獻縣人。乾隆甲戌進士，改庶吉士，授編修。累遷侍讀學士，坐漏泄籍没兩淮運使盧見曾事，謫戍烏魯木齊。釋還後，以迎鑾密雲，進詩稱旨，复賜官編修。歷官至禮部尚書協辦大學士，加太子少保。嘉慶十年卒，年八十有二。謚文達。先生少而奇穎，讀書過目不忘。在翰林時詔修《四庫全書》，爲總纂官。貫徹儒籍，旁通百家，於六經傳注之得失、諸史記載之同異、子集之支分派别，罔不抉奥提綱，溯源竟委。每進一書，輒仿劉向、曾鞏例，撮其大凡，冠諸簡首。凡著録及存目諸書，多至萬餘種，成提要二百卷，皆評隲精審，識力在王仲竇、阮孝緒之上。其説經尤深漢《易》，力闢《圖》、《書》之謬。嘗疏言科場試士，其《春秋》文請以《左氏傳》立論，參用《公羊》、《穀梁》之説，而廢胡安國《傳》。服官五十餘年，以學問文章著聲公卿閒。國家有大著作，非先生莫屬。其學在辨漢宋儒術之是非，析詩文流派之正僞，主持風會，爲世所宗。著有《文集》十六卷，《詩集》十六卷，及《沈氏四聲考》、《史通削繁》、《瀛奎律髓刊誤》、《審定風雅遺音》、《唐人試律説》、《閱微草堂筆記》等書。參史傳、朱珪撰墓誌、阮元撰文集序、《漢學師承記》、《先正事略》。

四庫全書總目提要

案《四庫全書總目》雖屬官書，《凡例》、總論皆出文達手定。生平學術全括於此，故特録之。

凡例

一、是書卷帙浩博，爲亘古所無。然每進一編，必經親覽。宏綱巨目，悉禀天裁。定千載之是非，決百家之疑似。權衡獨運，衮鉞斯昭。睿鑒高深，迥非諸臣管蠡之所及，隨時訓示，曠若發蒙。八載以來不能一一殫記，謹録歷次恭奉聖諭爲一卷，載諸簡端。俾共知我皇上稽古右文，功媲删述。懸諸日月，昭示方來。與歷代官修之本泛稱「御定」者，迥不相同。

一、是書以經史子集提綱列目。經部分十類，史部分十五類，子部分十四類，集部分五類。或流别繁碎者，又各析子目，使條理分明。所録諸書各以時代爲次，其歷代帝王著作，從《隋書·經籍志》例冠各代之首。至於列朝聖製、皇上御撰，揆以古例，當弁冕全書。而我皇上道秉大公，義求至當，以四庫所録包括古今，義在衡鑒千秋，非徒取尊崇昭代，特命各從門目，弁於國朝著述之前。此尤聖裁獨斷，義愜理精，非館臣所能仰贊一詞者矣。

一、前代藏書率無簡擇。蕭蘭竝擷，珉

玉雜陳，殊未協别裁之義。今詔求古籍，特創新規。一一辨厥妍媸，嚴爲去取。其上者悉登編録，罔致遺珠；其次者亦長短兼臚，見瑕瑜之不掩。其有言非立訓，義或違經，則附載其名，兼匡厥謬；至於尋常著述，未越羣流，雖咎譽之咸無，要流傳之已久，準諸家著録之例，亦併存其目以備考核。等差有辨，旌别兼施。自有典籍以來，無如斯之博且精矣！

一、自《隋志》以下，門目大同小異。互有出入，亦各具得失。今擇善而從。如詔令奏議，《文獻通考》入集部，今以其事關國政，詔令從《唐志》例入史部，奏議從《漢志》例亦入史部。《東都事略》之屬不可入正史而亦不可入雜史者，從《宋史》例立「别史」一門。香譜、鷹譜之屬，舊志無所附麗，强入農家，今從尤袤《遂初堂書目》例立「譜録」一門。名家、墨家、縱横家，歷代著録各不過一二種，難以成帙，今從黄虞稷《千頃堂書目》例併入「雜家」爲一門。又别集之有詩無文者，《文獻通考》别立詩集一門，然則有文無詩者，何不别立文集一門？多事區分，徒滋繁碎。今仍從諸史之例，併爲「别集」一門。又兼詁羣經者，《唐志》題曰「經解」，則不見其爲「羣經」；朱彝尊《經義考》題曰「羣經」，又不見其爲「經解」；徐乾學通志堂所刻改名曰「總經解」，何焯又譏其杜撰。今取《隋志》之文，名之曰「五經總義」。凡斯之類，皆務求典據，非事更張。

一、焦竑《國史經籍志》多分子目，頗以餖飣爲嫌。今酌乎其中。惟經部之小學類，史部之地理、傳記、政書三類，子部之術數、藝術、譜録、雜家四類，集部之詞曲類，流派至爲繁夥，端緒易至茫如。謹約分小學爲三子目，地理爲九子目，傳記爲五子目，政書爲六子目，術數爲七子目，藝術、譜録各爲四子目，雜家爲五子目，詞曲爲四子目，使條理秩然。又經部之禮類，史部之詔令奏議類、目録類，子部之天文算法類、小説家類，亦各約分子目以便檢尋。其餘瑣節，概爲删併。

一、古來諸家著録，往往循名失實，配隸乖宜。不但《崇文總目》以《樹萱録》入之種植，爲鄭樵所譏。今竝考校原書，詳爲釐定。如《筆陣圖》之屬舊入小學類，今惟以論六書者入小學，其論八法者不過筆札之工，則改隸藝術。《羯鼓録》之屬舊入樂類，今惟以論律吕者入樂，其論管絃工尺者，不過世俗之音，亦改隸藝術。《左傳》類對賦之屬舊入《春秋》類，今以其但取儷辭，無關經義，改隸類書。《孝經集靈》舊入孝經類，《穆天子傳》舊入起居注類，《山海經》、《十洲記》舊入地理類，《漢武帝内傳》、《飛燕外傳》舊入傳記類，今以其或涉荒誕，或涉鄙猥，均改隸小説。他如揚雄《太玄經》舊入儒家類，今改隸術數；俞琰《易外别傳》舊入《易》類，今改隸道家。又如《倪石陵書》名似子書而實文集，陳埴《木鍾集》名似文集而實語録，凡斯之流，不可殫述。竝一一考核，務使不失其真。

一、諸書刊寫之本不一，謹擇其善本録之。增删之本亦不一，謹擇其足本録之。每書名之下欽遵諭旨，各註某家藏本以不没所自。其坊刻之書不可專題一家者，則註曰通行本。至其編次先後，《漢書·藝文志》以高帝、文帝所撰雜置諸臣之中，殊爲非體；《隋書·經籍志》以帝王各冠其本代，於義爲允，今從其例。其餘概以登第之年、生卒之歲爲之排比，或據所往來倡和之人爲次，無可考者則附本代之末。釋道、閨閣亦各從時代，不复區分。宦侍之作雖不宜廁士大夫閒，然《漢志》小學家嘗收趙高之《爰歷》、史游之《急就》，今從其例，亦閒存一二。外國之作，前史罕載。然既歸王化，即屬外臣，不必分疆絕界。故木增、鄭麟趾、徐敬德之屬，亦隨時代編入焉。

一、諸書次序雖從其時代，至於箋釋舊文，則仍從所註之書而不論作註之人。如儒家類明曹端《太極圖述解》，以註周子之書則列於《張子全書》前；國朝李光地註解《正蒙》，以註張子之書則列於《二程遺書》前是也。他如《史記疑問》附《史記》後，《班馬異同》附《漢書》後之類，亦同此例，以便參考。至於汪晫所輯之《曾子》、《子思子》，則仍列於宋；吕柟所輯之《周子鈔釋》諸書，則仍列於明。蓋雖裒輯舊文，而實自爲著述。與因原書而考辨者，事理固不同也。

一、劉向校理祕文，每書具奏；曾鞏刊定官本，亦各製序文。然鞏好借題抒議，往往冗長，而本書之始末源流轉從疎略。王堯臣《崇文總目》、晁公武《郡齋讀書志》、陳振孫《書録解題》稍具崖略，亦未詳明。馬端臨《經籍考》薈萃羣言，較爲賅博，而兼收竝列，未能貫串折衷。今於所列諸書各撰爲提要，分之則散弁諸編，合之則共爲《總目》。每書先列作者之爵里以論世知人，次考本書之得失，權衆説之異同，以及文字增删，篇帙分合，皆詳爲訂辨，巨細不遺。而人品學術之醇疵，國紀朝章之法戒，亦未嘗不各昭彰癉，用著勸懲。其體例悉承聖斷，亦古來之所未有也。

一、四部之首，各冠以總序。撮述其源流正變，以挈綱領。四十三類之首亦各冠以小序，❶詳述其分併改隸，以析條目。如其義有未盡，例有未該，則或於子目之末，或於本條之下附註案語，以明通變之由。

一、歷代敕撰官書，如《周易正義》之類，承詔纂修，不出一手。一一詳其爵里，則末大於本，轉病繁冗。故但記其成書年月、任事姓名，而不縷陳其爵里。又如漢之賈、董，唐之李、杜、韓、柳，宋之歐、蘇、曾、王以及韓、范、司馬諸名臣，周、程、張、朱諸道學，其書竝家弦户誦。雖村塾童豎，皆能知其爲人。其爵里亦不復贅。至一人而著數書，分見於各部中者，其爵里惟見於第一部後，但云「某人有某書，已著録」，以省重複。如二書在一卷之中或數頁之内，易於省記者，則第二部但著其名。如明戴原禮已見所校補朱震亨《金匱鉤玄》條下，其《推求師意》二卷僅隔五條之類。

一、劉勰有言：「意翻空而易奇，詞徵實而難巧。」儒者説經論史，其理亦然。故説經主於明義理，然不得其文字之訓詁，則義理何自而推；論史主於示褒貶，然不得其事迹之本末，則褒貶何據而定？如成風爲魯僖公之母，明載《左傳》，而趙鵬飛《春秋經筌》謂：「不知爲莊公之妾，爲僖公之妾？」是不知其人之名分，可定其禮之得失乎？劉子翼入唐爲著作郎、弘文館直學士，明載《唐書·劉禕之傳》，而朱子《通鑑綱目》書「貞觀元年，徵隋祕書劉子翼，不至」。尹起莘《發明》稱「特書隋官以美之，與陶潛稱晉一例」。是未知其人之始終，可定其品之賢否乎？今所録者率以考證精核、辨論明确爲主，庶幾可謝彼虛談，敦兹實學。

❶「十」，原重，今從沈梁校及陳本據中華影印本《四庫全書總目》卷首删。

一、文章流别，歷代增新。古來有是一家即應立是一類，作者有是一體即應備是一格。斯協於全書之名。故釋道外教、詞曲末技，咸登簡牘，不廢蒐羅。然二氏之書必擇其可資考證者，其經懺章咒，竝凛遵諭旨，一字不收。宋人朱表、青詞亦概從删削，其倚聲填詞之作如石孝友之《金谷遺音》、張可久之《小山小令》，臣等初以相傳舊本，姑爲録存。竝蒙皇上指示，命從屏斥。仰見大聖人敦崇風教，釐正典籍之至意。是以編輯雖富而謹持繩墨，去取不敢不嚴。

一、聖賢之學主於明體以達用，凡不可見諸實事者皆屬卮言。儒生著書務爲高論，陰陽太極累牘連篇，斯已不切人事矣。至於論九河則欲修禹跡，考六典則欲復《周官》，封建、井田動稱三代，而不揆時勢之不可行。至黄諫之流欲使天下筆札皆改篆體，顧炎武之流欲使天下言語皆作古音，迂謬抑更甚焉。又如明之曲士，人喜言兵，《二麓正議》欲掘坑藏錐以刺敵，《武備新書》欲雕木爲虎以臨陣，陳禹謨至欲使九邊將士人人皆讀《左傳》。凡斯之類，竝闢其異説，黜彼空言，庶讀者知致遠經方，務求爲有用之學。

一、漢唐儒者謹守師説而已，自南宋至明，凡説經、講學、論文，皆各立門户。大抵數名人爲之主，而依草附木者囂然助之。朋黨一分，千秋吴越。漸流漸遠，並其本師之宗旨亦失其傳。而讎隙相尋，操戈不已。名爲争是非，而實則争勝負也。人心世道之害，莫甚於斯。伏讀御題朱弁《曲洧舊聞》，致遺憾於洛黨；又御題顧憲成《涇臯藏稾》，示炯戒於東林。誠洞鑒情僞之至論也。我國家文教昌明，崇真黜僞。翔陽赫燿，陰翳潛消，已盡滌前朝之敝俗；然防微杜漸，不能不慮遠思深。故甄别遺編，皆一本至公。剷除畛域，以預消芽蘖之萌。至詩社之標榜聲名，地志之矜誇人物，浮辭塗飾，不盡可憑。亦併詳爲考訂，務核其真，庶幾公道大彰，俾尚論者知所勸戒。

一、文章、德行，在孔門既已分科，兩擅厥長，代不一二。今所録者如龔詡、楊繼盛之文集，周宗建、黄道周之經解，則論人而不論其書；耿南仲之説《易》，吴开之評詩，則論書而不論其人。凡兹之類，略示變通。一則表章之公，一則節取之義也。至於姚廣孝之《逃虚子集》，嚴嵩之《鈐山堂詩》，雖詞華之美，足以方軌文壇，而廣孝則助逆興兵，嵩則怙權蠹國，繩以名義，匪止微瑕。凡兹之流，竝著其見斥之由，附存其目，用見聖朝彰善癉惡，悉準千秋之公論焉。

一、儒者著書往往各明一義，或相反而適相成，或相攻而實相救，所謂言豈一端，各有當也。考古者無所别裁則多歧而太雜，有所專主又膠執而過偏。左右佩劍，均未協中。今所採録，惟離經畔道、顛倒是非者掊擊必嚴，懷詐挾私、熒惑視聽者屏斥必力。至於闡明學術，各擷所長；品騭文章，不名一格：兼收竝蓄，如渤澥之納衆流，庶不乖於全書之目。

一、《七略》所著古書，即多依託，班固《漢書·藝文志》注可覆按也。遷流泊於明季，譌妄彌增，魚目混珠，猝難究詰。今一一詳核，竝斥而存目，兼辨證其非。其有本屬僞書，流傳已久；或掇拾殘剩，真贋相參。歷代詞人已引爲故實，未可概爲捐棄。則姑録存而辨别之。大抵灼爲原帙者則題曰「某代某人撰」，灼爲贋造者則題曰「舊本題某代某人撰」。其踵誤傳譌，如吕本中《春秋傳》，舊本稱吕祖謙之類，其例亦同。至於其書雖歷代著録而實一無可取，如《燕丹子》、陶潛《聖賢羣輔録》之類，經聖鑒洞燭其妄者，則亦斥而存目，不使濫登。

一、九流自《七略》以來，即已著録，然方技家遞相增益，篇帙日繁。往往僞妄荒唐，不可究詰；抑或卑瑣微末，不足編摩。今但就四庫所儲，擇其稍古而近理者各存數種，以見彼法之梗概。其所未備，不复搜求。蓋聖朝編録遺文，以闡聖學、明王道者爲主，不以百氏雜學爲重也。

一、是書主於考訂異同，别白得失，故辨駁之文爲多。然大抵於衆説互殊者權其去取，幽光未耀者加以表章。至於馬班之史，李杜之詩，韓柳歐蘇之文章，濂洛關閩之道學，定論久孚，無庸更贅一語者，則但論其刊刻傳寫之異同，編次增删之始末，著是本之善否而已。蓋不可不辨者，不敢因襲舊文；無可复議者，亦不敢横生别解。凡以求歸至當，以昭去取之至公。

經部總叙

經稟聖裁，垂型萬世，删定之旨，如日中天，無所容其贊述。所論次者，詁經之説而已。自漢京以後，垂二千年，儒者沿波，學凡六變。其初專門授受，遞稟師承。非惟詁訓相傳，莫敢同異；即篇章字句，亦恪守所聞。其學篤實謹嚴，及其弊也拘。王弼、王肅稍持異議，流風所扇，或信或疑。越孔、賈、啖、趙以及北宋孫復、劉敞等，各自論説，不相統攝，及其弊也雜。洛閩繼起，道學大昌。擺落漢唐，獨研義理。凡經師舊説，俱排斥以爲不足信。其學務别是非，及其弊也悍。如王柏、吴澄攻駁經文，動輒删改之類。學脈旁分，攀緣日衆。驅除異己，務定一尊。自宋末以逮明初，其學見異不遷，及其弊也黨。如《論語集註》誤引包咸夏瑚商璉之説，張存中《四書通證》即闕此一條以諱其誤。又如王柏删《國風》三十二篇，許謙疑之，吴師道反以爲非之類。主持太過，勢有所偏，材辨聰明，激而横決。自明正德、嘉靖以後，其學各抒心得，及其弊也肆。如王守仁之末派皆以狂禪解經之類。空談臆斷，考證必疎，於是博雅之儒引古義以抵其隙。國初諸家，其學徵實不誣，及其弊也瑣。如一字音訓，動辨數百言之類。要其歸宿，則不過漢學、宋學兩家互爲勝負。夫漢學具有根柢，講學者以淺陋輕之，不足服漢儒也；宋學具有精微，讀書者以空疎薄之，亦不足服宋儒也。消融門户之見而各取所長，則私心祛而公理出，公理出而經義明矣。蓋經者非他，即天下之公理而已。今參稽衆説，務取持平，各明去取之故。分爲十類：曰易，曰書，曰詩，曰禮，曰春秋，曰孝經，曰五經總義，曰四書，曰樂，曰小學。

史部總叙

史之爲道，撰述欲其簡，考證則欲其詳。莫簡於《春秋》，莫詳於《左傳》。魯史所録，具載一事之始末。聖人觀其始末，得其是非，而後能定以一字之褒貶。此作史之資考證也。丘明録以爲傳，後人觀其始末，得其是非，而後能知一字之所以褒貶。此讀史之資考證也。苟無事蹟，雖聖人不能作《春秋》；苟不知其事蹟，雖以聖人讀《春秋》，不知所以褒貶。儒者好爲大言，動曰「舍傳以求經」。此其説必不通，其或通者則必私求諸傳，詐稱「舍傳」云爾。司馬光《通鑑》，世稱絶作。不知其先爲《長編》，後爲《考異》。高似孫《緯略》載其與宋敏求書，稱到洛八年始了晉宋齊梁陳隋六代，唐文字尤多，依年月編次爲草卷，以四丈爲一卷，計不減六七百卷。又稱光作《通鑑》，一事用三四出處纂成，用雜史諸書凡二百二十二家。李燾《巽巖集》亦稱張新甫見洛陽有《資治通鑑》草稾盈兩屋。案，燾集今已佚，此據馬端臨《文獻通考》述其父廷鸞之言。今觀其書，如淖方成「禍水」之語則採及《飛燕外傳》，張彖「冰山」之語則採及《開元天寶遺事》，竝小説亦不遺之。然則古來著録，於正史之外兼收博採，列目分編，其必有故矣。今總括羣書，分十五類。首曰正史，大綱也。次曰編年，曰别史，曰雜史，曰詔令奏議，曰傳記，曰史鈔，曰載記，皆參考紀傳者也。曰時令，曰地理，曰職官，曰政書，曰目録，皆參考諸志者也。曰史評，參考論贊者也。舊有「譜牒」一門，然自唐以後譜學殆絶，玉牒既不頒於外，家乘亦不上於官，徒存虚目，故從删焉。考私家記載，惟宋明二代爲多。蓋宋明人皆好議論，議論異則門户分，門户分則朋黨立，朋黨立則恩怨結。恩怨既結，得志則排擠於朝廷，不得志則以筆墨相報复。其中是非顛倒，頗亦熒聽。然雖有疑獄，合衆證而質之，必得其情；雖有虚詞，參衆説而核之，亦必得其情。張師棣《南遷録》之妄，鄰國之事無質也，趙與時《賓退録》證以金國官制而知之。《碧云騢》一書誣謗文彦博、范仲淹諸人，晁公武以爲真出梅堯臣，王銍以爲出自魏泰，邵博又證其真出堯臣，可謂聚訟。李燾卒參互而辨定之，至今遂無異説。此亦考證欲詳之一驗。然則史部諸書，自鄙倍冗雜，灼然無可採録外，其有裨於正史者，固均宜擇而存之矣。

子部總叙

自六經以外立説者，皆子書也。其初亦相淆，自《七略》區而列之，名品乃定；其初亦相軋，自董仲舒别而白之，醇駁乃分。其中或佚不傳，或傳而後莫爲繼，或古無其目而今增，古各爲類而今合。大都篇帙繁富，可以自爲部分者，儒家之外，有兵家，有法家，有農家，有醫家，有天文算法，有術數，有藝術，有譜録，有雜家，有類書，有小説家，其别教則有釋家，有道家。叙而次之，凡十四類。儒家尚矣，有文事者有武備，故次之以兵家。兵，刑類也。唐虞無皋陶，則寇賊姦宄無所禁，必不能風動時雍，故次以法家。民，國之本也；穀，民之天也。故次以農家。《本草》、《經方》，技術之事也，而生死繫焉。神農、黄帝以聖人爲天子，尚親治之。故次以醫家。重民事者先授時，授時本測候，測候本積數。故次以天文算法。以上六家，皆治世者所有事也。百家或有益或無益，而其説久行，理難竟廢，故次以術數。游藝亦學問之餘事，一技入神，器或寓道，故次以藝術。以上二家，皆小道之可觀者也。《詩》取多識，《易》稱制器，博聞有取，利用攸資。故次以譜録。羣言歧出，不名一類，總爲薈粹，皆可采摭菁英，故次以雜家。隸事分類，亦雜言也，舊附於子部，今從其例。故次以類書。稗官所述，其事末矣，用廣見聞，愈於博弈，故次以小説家。以上四家，皆旁資參考者也。二氏，外學也，故次以釋家、道家，終焉。夫學者研理於經，可以正天下之是非；徵事於史，可以明古今之成敗，餘皆雜學也。然儒家本六藝之支流，雖其閒依草附木，不能免門户之私，而數大儒明道立言，炳然具在，要可與經史旁參。其餘雖真僞相雜，醇疵互見，然凡能自名一家者必有一節之足以自立，即其不合於聖人者，存之亦可爲鑒戒。「雖有絲麻，無棄菅蒯。」狂夫之言，聖人擇焉。在博收而慎取之爾。

集部總叙

集部之目，《楚辭》最古，别集次之，總集次之，詩文評又晚出，詞曲則其閏餘也。古人不以文章名，故秦以前書無稱屈原、宋玉工賦者。洎乎漢代，始有詞人；迹其著作，率由追録。故武帝命所忠求相如遺書，魏文帝亦詔天下上孔融文章。至於六朝，始自編次，唐末又刊版印行。事見貫休《禪月集序》。夫自編則多所愛惜，刊版則易於流傳。四部之書，别集最雜，兹其故歟？然典册高文，清辭麗句，亦未嘗不高標獨秀，挺出鄧林。此在翦刈卮言，别裁僞體，不必以猥濫病也。總集之作，多由論定，而《蘭亭》、《金谷》，悉觴詠於一時。下及《漢上》題襟，《松陵》倡和，《丹陽集》惟録鄉人，《篋中集》則附登乃弟。雖去取僉孚衆議，而履霜有漸，已爲詩社標榜之先驅。其聲氣攀援，甚於别集。要之，浮華易歇，公論終明。巋然而獨存者，《文選》、《玉台新詠》以下數十家耳。詩文評之作，著於齊梁。觀同一八病四聲也，鍾嶸以求譽不遂，巧致譏排；劉勰以知遇獨深，繼爲推闡。詞場恩怨，亘古如斯。冷齋曲附乎豫章，石林隱排乎元祐。黨人餘釁，報及文章，又其已事矣。固宜别白存之，各核其實。至於倚聲末技，分派詩歌，其間周、柳、蘇、辛，亦遞争軌轍。然其得其失，不足重輕，姑附存以備一格而已。大抵門户構争之見莫甚於講學，而論文次之。講學者聚黨分朋，往往禍延宗社；操觚之士筆舌相攻，則未有不亂及國事者。蓋講學者必辨是非，辨是非必及時政，其事與權勢相連，故其患大；文人詞翰所争者，名譽而已，與朝廷無預，故其患小也。然如艾南英以排斥王、李之故，至以嚴嵩爲察相而以殺楊繼盛爲稍過當，豈其捫心清夜，果自謂然？亦朋黨既分，勢不兩立，故決裂名教而不辭耳。至錢謙益《列朝詩集》更顛倒賢姦，彝良泯絶，其貽害人心風俗者又豈尠哉？今掃除畛域，一準至公。明以來諸派之中，各取其所長而不回護其所短。蓋有世道之防焉，不僅爲文體計也。

文　集

欽定四庫全書告成恭進表

臣等奉敕編纂《四庫全書》告成，謹奉表上進者。伏以天璣甄度，書林占五緯之祥；帝鏡懸光，藝苑定千秋之論。立綱維於鼇極，函列雲珠；媲删述於龍蹲，契昭虹玉。理符心矩，絜三古以垂謨；道叶神樞，滙九流而證聖。治資鑒古，德洽敷文。臣等誠歡誠忭，稽首頓首上言。竊惟神霄九野，太清耀東壁之星；懸圃三成，上帝擴西崑之府。文章有象，翠嬀遂吐其天苞；繪畫成形，白阜肇圖其地絡。書傳蒼頡，初徵雨粟之祥；籙授黄神，始貯靈蘭之典。洞庭祕簡，稽大禹所深藏；柱下叢編，付老聃以世守。秦操金策，聖籍雖焚；漢理珠囊，遺經故在。儒生密寶，維孔鮒之承家；謁者旁求，見陳農之奉使。蝌文以後，篇章自是滋多；麟閣所儲，條目於焉漸備。杖吹藜火，夜讐《别録》之編；衣染鑪香，坐校《中經》之簿。王仲寶區其流别，定《新志》之九條；阮孝緒撮其叢殘，括舊傳之五部。勘書妙畫，世摹展氏之圖；捲幔飛仙，史載隋宮之蹟。唐武德訖乎天寶，鈿軸彌增；宋景祐繼以淳熙，牙籤再録。南征俘玉，元遷三館之嶓；北極營都，明運十艘之櫝。莫不前徵邃古，丹壺溯合雒之蹤；毖發空林，青簡瓩頻斯之篆。西州片札，辨點漆於將磨；南雍殘文，檢穿絲於已斷。竹編未朽，名認師春；瓠本猶攜，稾存班固。爬羅纖碎，或得諸玉枕石函；掇拾畸零，均給以螺丸麻紙。精繆廣購，一篇增十匹之酬；華贉重緗，三品别兩廂之等。凡以窮搜放失，獵文林辨囿之精；互鏡瑕瑜，立聖域賢關之訓。結德輿而輨轄，軌順經涂；傃學海以沿波，源通道筏。然而掇餘易匱，四千卷既丐殘膏；鶩廣彌蕪，百兩篇更珍贋鼎。丹青失實，或貽誚於王充；朱紫相淆，孰齊蹤於鄭默？甚乃别風淮雨，惜奇字而偏留；或如許緑紂紅，踵駁文而莫悟。蘭臺庋貯，多如賄改漆經；棗板摹傳，遂至誤尊閣本。故《祕書》《總目》，鄭夾漈复議校讐；而《文苑英華》，彭叔夏重加辨證。從未有重熙累洽，雯華懸紫極之庭；稽古崇儒，册府闢丹宸之館；彌綸宙合，識大識小之無遺；榮鏡登閎，傳信傳疑之有準；金模特建，寶思周融，如今日者也。

欽惟皇帝陛下，瑞席蘿圖，神凝松棟。播威稜於十曲，響震靈夔；洽文德於四溟，兆開神鷟。帝嫣歌詠，已題九萬瓊篋；臣向編摩，更緝三千寶牘。博收竹素，仍沿「天禄」之名；珍比琳瑯，永付長恩之守。乃猶尋端竟委，溯支給於詞源；緯地經天，探精微於義海。昭陽韶歲，特紬翰府之藏；永樂遺編，俯檢文樓之帙。例取諸吴興《韻海》，割裂雖多；體宏於孟蜀《書林》，蒐羅終富。

榛楛宜翦，命刊削其讕言；瀝液堪珍，敕比排其墜簡。焦桐漆斷，重膠百衲之琴；古罍銅斑，合鑄九金之鼎。复以羽陵蠹剩，或有存留；宛委藏餘，不無佚漏。十行丹詔，徧徵汲古之家；《七録》緗囊，廣啟獻書之路。逸經斷策，出自大航；《雜卦》殘篇，發從老屋。錦帆捩舵，孟家東洛之船；玉軑飛鈴，吴氏西齋之軸。鱗排玉字，多王粲之所未聞；笥束金繩，率張華之所莫識。光明藺紙，朱題芸帙之名；蟠屈鸞章，紫認槐廳之印。紅梨隔院，曹司對設於東西；青鏤濡香，品第詳分其甲乙。天潢演派，光連太史之河；卿月澄暉，彩接文昌之宿。總司序録，叨楊億之華資；分預校讐，列任宏之清秩。銀袍應召，驤雲路以彈冠；粉署徵才，記仙郎而題柱。懷鉛握槧，學官愿效其一長；切線割圜，博士亦研其九術。遂乃别開書局，特分署於龍墀；增置鈔胥，競抽豪於虎僕。圖與史並陳左右，粉本鉤摹；隸與蝌兼備古今，絲痕蹁扁。曹連什五，各隸屬於寫官；工辨窳良，均稽研於計簿。提綱挈領，董成者職總監修；補闕拾遺，覆勘者官兼詳定。庀器預儲於將作，棐几筠簾；傳餐徧給於大官，珉糜珠餡。温鑪圍炭，紋凝鴝鴿之青；朗甓涵冰，色映玻璃之白。花甎入直，地同兜率天宫；蓮炬分行，人到瑯嬛福地。瓊箱牒送，全搜縢囊惟蓋之餘；芝殿籤排，共刊木扇金華之謬。程材效技，各一一而使吹；累牘連篇，遂多多而益辦。香霏辟惡，擁書何止百城；瀋漬隃糜，削稾寧惟兩屋？譬入衆香之國，目眩瞀於花光；宛遊羣玉之峯，神愕眙於寶气。豈但鴻都多士，駭聞見所未曾；實令虎觀諸儒，辨妍媸而莫決。所賴恭承睿鑒，提玉尺以量才；仰禀天裁，握銀華而照物。

初披卷軸，共掇零璣；即荷絲綸，務臻完璧。吴澄《易翼》，辨顛倒乎陰陽；楊簡《詩音》，斥混淆乎周漢。稗官勸説，删馬角之荒唐；譯史傳聞，摘象胥之謬異。醮章祈福，發凡於劉跂之詞；語録參禪，示例於齊原之記。固已南車指路，陟道岸而衢亭；北斗旋杓，揆文星而度正。洎乎羣書大集，品雜金沙；聖訓彌彰，鑒澄珠礫。詁經忌鑿，黜錯簡於龜文；論史從公，溯編年於麟筆。立言乖體，《四明》之録必删；贋古誣真，五柳之名宜辨。《七籤》、《三藏》，汰除釋老之編；《五蠹》九奸，排斥申韓之術。毒深孔雀，無容校寫其《青詞》；巧謝璇璣，未許增添其錦字。《小山》豔曲，削香匳脂盝之篇；《金谷》新詞，刊酒肆歌樓之句。凡皆詞臣之奏進，誤點丹黄；一經聖主之品題，立分白黑。至於銅籤報夜，紫殿勤披；玉案開緘，丹毫親詠。五家《易》説，歧塗附闢其《傳燈》；四氏《書》箋，餘緒兼詳乎《括地》。前車後鑒，陳《風》《雅》於經筵；斜上旁行，寓《春秋》於《世本》。廬陵處士，特申僭上之防；安定門人，大著尊王之義。王元杰名同《讞獄》，爲雲谷之重儓；洪咨夔跡類探囊，竊玉川之餘瀋。四箴誤註，寧知顔巷之心；二佛同稱，轉隘尼山之量。六經作繪，全收諸楊甲《圖》中；《七緯》成編，知出自莊周書後。五音分配，篆文互備其形聲；二史交參，奇字各通其假借。古香馣馤，細辨《班書》；碎腋穿連，重刊《薛史》。清流肇釁，示鑒戒於東林；正統明尊，存綱常於西蜀。派沿涑水，袁、朱之新例兼存；俗記扶餘，班、范之訛傳並訂。黨碑再勒，嗟揖盜而開門；權燄彌張，嗤教星而替月。西湖游蹟，殊憐野老之藏名；北使賓筵，深陋詞臣之校射。宋鈔僅賸，蒐舊志於臨安；金刻稀聞，寶遺文於貞觀。或攻或守，徒從十鑑之兵謀；相勝相生，未信五行之德運。建炎政草，愧彼中興；至正刑章，斥其左袒。李尊洛學，辨道命於天原；酈註桑書，剖源流於地理。史腴詳摘，有逾漢、雋之精；經笥懸探，更勝曹、倉之富。至於孔庭舊語，首定儒宗；蔡帳祕文，嚴排異説。范祖禹之《帝學》，具有淵源；曾公亮之《武經》，❶姑存崖略。横戈危堞，節取陳規；握策靈臺，參徵蘇頌。算窮杪忽，《九章》研鮑澣之藏；術雜縱横，十卷稽趙蕤之撰。楚中隱士，互權韓柳之評；婺郡名賢，不廢吕唐之學。臚登讖記，衍《洪范》而原非；妄議井田，託《周官》而更誤。《錢唐遺事》，深譏首鼠於宋元；《曲洧舊聞》，微憾操戈於洛蜀。絀聰有取，旁通方朔之言；指佞無難，慎聽韓非之説。陳思《書苑》，列筆陣而成圖；馬總《意林》，搴詞條而擢秀。黄伯思之博洽，石墨精研；孫逢吉之淹通，雲龍遥溯。多知舊事，病歌舞之銷金；一洗清波，笑詞章之諛墓。《太平御覽》，徒粉飾乎嘉名；《困學紀聞》，偶抨彈其迂論。晚唐小史，入厨寧取乎卮言；南宋枝談，按鞫深嫌其曲筆。十七卷騷人舊製，更證以草木之名；二百年吏部清吟，特賞其煙霞之氣。兼推韓、杜，續來鳳觜之膠；並採郊、祁，擬以棠華之句。文恭著作，先歐、尹而孤行；忠肅風裁，抗蘇、程而角立。勤王留守，呼北渡者凡三；殉節侍郎，壯南朝者惟一。學如和叔，原不限以宗朱；詩到儀卿，乃轉嫌其入墨。讀書祕閣，明詹初論古

❶「武」，原作「五」，今據《四庫全書總目》卷首改。

之非；從宦金淵，賞仇遠耽吟之癖。楊維楨取其辨統，而頌莽則當誅；劉宗周閔其完忠，而吠堯爲可恕。凡兹獨斷，或禀睿裁；懿此同情，實乎公義。苞千齡而建極，道出於天；綜百氏以歸型，言衷諸聖。權衡筆削，事通乎春賞秋刑；絜度方圓，法本乎乾規坤矩。

是以儀璘懸耀，揆景晁趨；鏞棧先鳴，聆音麕集。鯨鐘方警，啟蓬館以晨登；鶴籥嚴關，焚蘭膏以夜繼。披文計數，寧止於萬七千篇；按月程功，務得夫四十五日。裁縫無迹，先成綴白之裘；傳寫相争，齊炙汗青之竹。架羅黄卷，積盈有似於添籌；几擁烏皮，刊謬時防其掃葉。畢昇活板，漸看字是排成；曾鞏官書，已見序稱校上。加以乾行至健，七旬之念典彌勤；離照無遺，一字之褒譏恒審。梁騶練士，庚郵遞初寫之函；雲輅巡方，乙夜展重修之卷。至三至再，戒玉楮之遲雕；數萬數千，摘金根之屢誤。坤原爲釜，兼搜刊板之訛；芊或作羊，細檢鈔書之謬。毫氂不漏，戩旁添待補之戈；塗黈必嚴，羅上辨續加之网。削除不盡，時飭以妄下雌黄；輪郭空存，常指其竟同曳白。明周纖芥，共欽睿照無遺；報乏微涓，彌覺愧心生奮。若夫考勤校惰，督課雖詳；荷寵邀榮，恩慈實渥。風雲得路，先登或列於九官；雨露均滋，中考亦賜以一級。柏梁聯句，聽鳳律之新聲；芸署題名，踵麟臺之故事。墨勻蝶翅，祖帖雙鉤；帙簇龍紋，天書五色。猩毛擢穎，膩魚子之華牋；龍尾雕紋，融麝煤之芳氣。銀罌翠管，細縈百和之香；錦段香羅，交映五明之扇。繡囊委佩，鍵貯朱提；珍毳豐茸，帕裁白氎。雕盤列飣，果分西域之甘；華俎嘗新，瓜勝東陵之種。自天宣賜，多非夢寐所期；無地酬恩，惟以文章爲報。周晐始末，擬勒長編；別採英華，先爲縮本。囊長庚之紀歲，慶叶嵩呼；屬太乙之占祥，象符奎聚。八年敬繕，挹古今四庫之精；兩部分儲，合大小二山之數。惟《全書》之浩博，實括羣言；合衆手以經營，條逾數載。香薰蘭櫝，方粗就而未終；閣聳雲楣，已先成以有待。文河疏瀹，初如江別爲三；筆海朝宗，繼乃瀆增以四。望洋無際，慮創始之爲難；登岸有期，幸觀成之可冀。較刪繁之別帙，又閱兩年；勒總彙之鴻裁，已盈一部。

插籤分帙，次按乎甲乙丙丁；列架臚函，色別其赤青白黑。經崇世教，貴實徵而賤虛談；史繫人心，削誣詞而存公論。選諸子百家之粹，博收而不悖聖賢；徵十人九集之非，嚴汰而寧拘門户。上沿虞夏，咸挹海以求珠；下采元明，各披沙而見寶。六千篋璋分圭合，延閣儲珍；二百卷部次州居，《崇文》列目。釋名訓義，因李肇之《解題》；考異參同，近歐陽之《集古》。事稽其實，循文防誤於樹萱；詞取其詳，求益非同於買菜。人無全美，比量其尺短寸長；語或微疵，辨白其玉瑕珠纇。一經採録，真同鯉上龍門；附載姓名，亦使蠅隨驥尾。元元本本，總歸聖主之持衡；是是非非，盡掃迂儒之膠柱。至其盈箱積案，或汗漫而難尋；復以提要鉤元，期簡明而易覽。譬諸典謨紀事，別行《小序》之一篇；類乎《金石》成書，先列諸碑之十卷。分綱列目，見義例之有條；按籍披圖，信源流之大備。水四瀛而山五岳，侔此壯觀；前千古而後萬年，無斯巨帙。蓋非常之制作，天如留待於今；而希有之遭逢，人乃躬當其盛。叨司校録，實忝光榮。臣等功謝囊螢，識同闚豹。鑽研文字，未能脈望之逢仙；延緩歲時，僅類鞠通之食墨。仰蒙訓示，得聞六藝之源；曲荷寬容，許假十年之限。百夫決拾，望學的而知歸；一簣成山，營書巖而幸就。欣陳寶笈，對軒鏡之澄光；恭進瑤階，同羲圖之永寶。從此依模笵狀，若疊矩而重規；因之循軌知途，益輕車而熟路。先難後易，一隅可得而反三；謀始圖終，百里勉行乎半九。精心刊誤，八行細檢朱絲；協力鳩工，萬指齊磨烏玉。連綿告蕆，竚看四奏天閶；迅速先期，不待六更歲籥。人文成化，帝機運經緯之功；皇極敷言，王路示會歸之準。觚棱雲構，嵬峩乎銀牓璇題；方策星羅，珍貴乎金膏水碧。曰淵曰源，曰津曰溯，長流萬古之江河；紀世紀運，紀會紀元，恒耀九霄之日月。並五經以垂訓，道通乎丹書綠字之先；合六幕以同文，治超於元律蒼牙之上。臣等無任瞻天仰聖，踴躍歡忭之至！謹奉表恭進以聞。

周易義象合纂序

古今説五經者，惟《易》最夥，亦惟《易》最多歧，非惟象數、義理各明一義也，旁及鑪火、導引、樂律、星曆，以及六壬、禽遁、風角之屬，皆可引《易》以爲解，即皆可引以解《易》。蓋易道廣大，無所不包，故隨舉一説而皆通也。要其大端而論，則象數歧而三：一田、孟之《易》，一京、焦之《易》，一陳、邵之《易》也；義理亦歧而三：一王弼之《易》，一胡瑗之《易》，一李光、楊萬里之《易》也。京、焦之占候，流爲怪妄而不經；陳、邵之《圖》《書》，流爲支離而無用。王弼之清言，流爲楊簡、王宗傳輩，至以狂禪亂聖典。其足以發揮精義，垂訓後人者，漢儒之主象，宋儒之主理、主事，三派焉而已。顧論甘者忌辛，是丹者非素，齗齗相争，各立門户，垂五六百年於兹。余嘗與戴東原、周書昌言：譬一水也，農家以爲宜灌溉，舟子以爲宜往來，形家以爲宜砂穴，兵家以爲宜扼拒，遊覽者以爲宜眺賞，品茶者以爲宜茶荈，洴澼絖者以爲利澣濯，各得所求，各適其用，而水則一也；譬一都會也，可自南門入，可自北門入，可自東門入，可自西門入，各從其所近之途，各以爲便，而都會則一也。《易》之理何獨不然？東坡廬山詩曰：「横看成嶺側成峯，遠近高低各不同。不識廬山真面目，只緣身在此山中。」通此意以解《易》，則《易》無門户矣。紛紛互詰，非仁智自生妄見乎？德州李君東圃於學無所不窺，而尤邃於《易》。積平生之力成《周易義象合纂》一書，需次京師時出以示余。余未展卷，指其題籤語之曰：「書名四字，見大凡矣。君此書必持其平也。」君去後，燈下讀之，果於漢學宋學兩無所偏好，亦兩無所偏惡。息心微氣，考古證今，惟求合乎象之自然、理之當然而後已，而進退存亡之節亦即經緯其中。所謂主象、主理、主事者，是實兼之。謂非説《易》之正宗，可乎？余嚮纂《四庫全書》，作《經部·詩類·小序》曰：「攻漢學者意不盡在於經義，務勝漢儒而已；伸漢學者意亦不盡在於經義，❶憤宋儒之詆漢儒而已。」出爾反爾，勢於何極？安得如君者數十輩，與校定四庫之籍也？

黎君易註序

漢《易》言象數，宋《易》言理，舊有斯言。

❶「務勝漢儒而已」至「於經義」，此十八字原脱，今從陳校據《四庫全書總目》卷一五補。

其殆循聲而附和歟？夫天地絪緼，是函元氣。氣有屈伸往來，於是乎生數。數有奇偶錯綜，於是乎成象。此象數所由起也。然屈伸往來、奇偶錯綜，皆理之所寓；而所以屈伸往來，所以奇偶錯綜者，亦皆理之不得不行。故理其自然，數其必然，象其當然，一以貫之者也。漢《易》言象數不能離存亡進退，非理而何；宋《易》言理不能離乘承比應，非象數而何？而顧曰言理則棄象數，言象數即棄理，豈通論哉？余校定祕書二十餘年，所見經解惟《易》最多，亦惟《易》最濫。大抵漢《易》一派，其善者必由象數以求理，或舍理者必流爲雜學；宋《易》一派其善者必由理以知象數，或舍象數者必流爲異學。其弊一由争門户，一由騖新奇，一由一知半解沾沾自喜，而不知易道之廣大，紛紜轇轕遂曼衍而日增。殊不知《易》之作也，本推天道，以明人事。故六十四卦之《大象》皆有「君子以」字，而三百八十四爻亦皆吉凶悔吝爲言。是爲百姓日用作，非爲一二上智密傳微妙也；是爲明是非、決疑惑作，非爲讖緯機祥、預使前知也。故其書至繁至賾，至精至深，而一一皆切於事。既切於事即一一皆可推以理。理之自然者明，則數之必然、象之當然，剨然解矣。又何必曰此彼法、此我法，此古義、此新義哉？乾隆甲寅，魏子以其鄉黎君所註《周易》相質。余展卷，見其自序曰「《易》之大綱曰象，曰數，曰理。象數不衷於理，非《易》之象、《易》之數也；理不合於象數，不能得《易》之理也。由象數以通理，憑理以參象數，而幽遠繁賾俱不越耳目之前矣」云云。喜其洞見本原，知其必能疏通經義，因退食餘暇反覆紬繹其言。於先儒舊詁不苟異，亦不苟同。沈思研悦，務使愜己之心，併愜人人之心，以上求四聖之心。蓋無一字不經意，而又未嘗參以一毫之私意。故所論皆篤實明顯，使下學有徑可循，而高明之士亦殫思而弗能過。好學深思，心知其意，其是之謂乎？余前歲得德州李君所註《易》，喜其裁斷羣言，妙有獨契，今復得黎君是書。參互以觀，如驂有靳，豈非聖代崇文，表章古訓，斯響然應運而生歟？摩挲老眼，喜見經籍之道昌。故既爲李君作序，亦率書數行於黎君之卷端。

詩序補義序

余於癸巳受詔校祕書，殫十年之力，始勒爲《總目》二百卷，進呈乙覽。以聖人之志藉經以存，儒者之學研經爲本，故經部尤纖毫不敢苟。凡《易》之象數義理，《書》之今文古文，《春秋》之主傳廢傳，《禮》之王鄭異同，皆別白而定一尊，以諸雜説爲之輔。惟《詩》則託始《小序》，附以《辨説》，以著争端所自起，終以范蘅洲之《詩瀋》、姜白巖之《詩序補義》、顧古湫之《虞東學詩》。非徒以時代先後次序應爾也，蓋《詩》之構争久矣，王肅首起而駁鄭，王基遂踵而難王，孫毓復申王説，鄭統又明鄭義。其書今並不傳，其逸文散見諸書者已紛紜轇轕矣。至宋而廬陵、潁濱小立異同，未顯攻也，鄭樵始發難端而朱子和之，是爲新學。范處義力崇舊説，而吕祖謙、嚴粲等遥應之，是爲古學。於是尊序、廢序，爲不可破之門户。兩派之中遂横決而旁溢。一爲王質《詩總聞》之派，主於冥思力索，翻空出奇，是新學之變本加厲者也；一爲何楷《詩世本古義》之派，主於論世知人，穿鑿附會，是古學之逐影失形者也。其閒互有短長，不能偏廢。故朋黨互軋，未有已時。余作《詩類總序》，有曰：「攻漢學者意不盡在於經義，務勝漢儒而已；伸漢學者意亦不盡在於經義，憤宋儒之詆漢儒而已。各挾一不相下之心，而又濟以不平之氣，激而過當，亦其勢然歟？」今以范氏之書持王、何兩派之平，以姜氏、顧氏之書持《小序》、《集傳》之平，六七百年朋黨之習，舍是非而争勝負者，其庶幾少息矣乎！顧氏書已有刊本，范氏、姜氏之書均無力付棃棗。今白巖之孫能世其家學，念先人著作得登石渠天禄之藏，而不能徧播於海内。將南歸，拮据謀剞劂，乞序於余。余謂是書《四庫總目》已著録，無庸爲牀上之牀。惟著其以近時著作得爲千古經師殿，則説《詩》之正脈在是書可知矣。獨范氏之書僅副本貯翰林院庫，卷帙繁重，無傳寫者。聞其子孫尚頗讀書，儻亦能如姜君之表章先德乎，余老矣，拭目望之。

考工記圖序

戴君東原始爲《考工記》作圖也，圖後附以己説而無註。乾隆己亥夏，余初識戴君，奇其書，欲付之梓。遲之半載，戴君乃爲余删取先後鄭註，而自定其説以爲補註。又越半載，書成，仍名曰《考工記圖》，從其始也。戴君語余曰：「昔丁卯、戊辰閒，先師程中允出是書以示齊學士次風先生。學士一見而歎曰：『誠奇書也！』今再遇子，奇之，是書可不憾矣。」戴君深明古人小學，故其考證制度字義，爲漢已降儒者所不能及。以是求之聖人遺經，發明獨多。《詩》三百、《尚書》二十八篇、《爾雅》等皆有撰著，自以爲恐成書太早，而獨於《考工記》則曰：「是亞於經也者。考證雖難，要得其詳則止矣。」余以戴君之説與昔儒舊訓參互校覈。轂末之軹，明其當作「軒」，不得與《輿人》之軹、轛二名溷淆，今字畫並軒字無之。《車人》「徹廣六尺」，以鬲長車廣當相等。兩轅之閒六尺，旁加輻内六寸，輻廣三寸，綆寸，合左右凡二尺，則大車之徹亦八尺。字譌「八」爲「六」。《弓人》「膠三鋝」，一弓之膠，不得過兩。有十銖二十五分銖之十四，正其當爲三鍰。此皆《記》文之誤，漢儒已莫之是正者。後鄭謂「軫，輿後横木」。戴君乃曰：「《輈人》言『軫閒』，左右名『軫』之證也。加軫與轐，弓長庇軫，軫方象地，前後左右通名軫之證也。」《輈人》「任正」、「衡任」，鄭以當軌與衡，而謂軌爲輿下三面材，輢式之所樹。戴君乃曰：「此爲下『當兔圍』、❶『軸圍』發其意也。若輢式之所樹，宜記於《輿人》。今輈人爲之，殆非也。」鄭以戈胡「倨句外博」爲胡上下，❷戴君曰：「此不宜與『已倨』、『已句』字義有異。」鄭引許叔重《説文解字》及東萊稱，證鍰、鋝數同。戴君乃曰：「鍰之假借字作『垸』，鋝之假借字《史記》作『率』，《漢書》作『選』，伏生《尚書大傳》作『饌』。數小大相縣，合爲一，未然也。」戟刺長短無文，鄭氏既未及，賈公彦云：「蓋與胡同六寸。」戴君則曰：「戈一援，戟二援也。中直援名刺，與枝出之援同長七寸有寸半。刺連内爲一直刃，通長尺有二寸，猶夫戈之直刃通長尺有二寸也。」《桃氏》爲劍「中其莖，設其後」，鄭訓設爲大，謂從中已後稍大之。戴君曰：「不當與『設其旋』、『設其羽』之屬異義。『後』謂劍環，在人所握之下，故名『後』，與劍首對稱矣。」鍾

❶「兔」，原作「免」，今據嘉慶十七年紀樹馨刻本《紀文達公遺集》卷八改。

❷「倨句」，原倒，今從沈梁校據《周禮注疏》卷四〇、乾隆間紀氏閲微草堂刻本《考工記圖》卷上改。

之鉦閒無文，鄭以爲與鼓閒六等，而合舞廣四，爲鍾長十六。戴君乃曰：「鍾自銑至鉦，鉦閒亦八，是爲鍾長十六。準諸句股法，銑閒八，自鉦至舞，斂殺以二。舞者，其上覆修六廣四，蓋鍾羨之度不當在鍾長之數。」玉案以承棗栗，莫詳其制。戴君引棜禁及漢小方案，定其有四周而局足。《廬人》「句兵欲無彈，刺兵欲無蜎」，鄭皆訓之爲掉。戴君讀彈如「死蟺」之蟺，轉掉也；蜎，摇掉也。其所以補正鄭氏註者，精審類如此。他若因嘉量論黄鐘少宫，因《玉人》土圭、《匠人》爲規識景，論地與天體相應，寒暑進退、晝夜永短之理；辯天子諸侯之宫三朝三門，宗廟社稷所在；詳明堂个與夾室之制；申井田溝洫之法：觸事廣義，俾古人制度之大暨其禮樂之器昭然復見於今兹。是書之爲治經所取益固鉅，然戴君不喜馳騁其辭，但存所是，文略。又於《輈人》「龍旂」、「鳥旟」之屬，《梓人》「簨虡」，《車人》「大車」、「羊車」之等，圖不具，其言曰：「思而可得者微見其端，要留以待成學治古文者之致思可也。」斯誠得論著之體矣。余獨慮守章句之儒不知引伸，膠執舊聞，沾沾然動其喙也，是以論其大指以爲之序首。

六書分類序

《周禮》六書，皆古文也。許叔重援以説小篆，義相通爾。然叔重所載古籀纔百分之一二，其偏旁點畫乃不盡可以六書推。蓋漢時所存亦僅矣。唐以來嗜古之士搜剔金石，掇拾殘賸，字始漸多。其書亦不槩見，所可見者，郭忠恕《汗簡》所引八十一種而已。顧忠恕以古文偏旁區爲部分，端緒頗不易尋。夏竦取忠恕所輯，仿徐鍇《説文韻譜》作《古文四聲韻》，以韻分字，以隸領篆，較爲易檢。故後來撰録體例相沿。其歧而別出者，宋戴侗《六書故》强分門目，多不精核；元楊恒《六書統》變例横生，紛紜轇轕；明魏校《六書精蘊》杜撰支離，自我作古，益不可爲訓。汝寧傅帚菴先生病諸家撰著之蕪雜，乃排纂古篆，用夏氏之例領以隸書，即以隸書偏旁分部，俾絲牽繩貫，若網在綱。其門目一宗《御定康熙字典》，遵聖代同文之制也。其字博採諸書，各註所出，示有徵也。閒附考註，別疑似也。晚出別體，存而不删，取其備也。傳寫異同，因而不改，闕所疑也。蓋積平生之力，歷久而後成編。先生殁，子孫珍惜，不輕以示人。今歲先生之曾孫韓城大令清渠謀付剞劂，以公於世。會以報最至京師，介孫編修淵如求序於余。余謂是書有二善焉。夫古文改小篆，小篆改隸書，雖輾轉相因，實各爲一體。譬諸父子祖孫一脈遞承，而形貌有似有不似，不能强之使同也。戴氏明説作《篆書正》，古籀小篆溷淆不分，安在其能「正」也？是書小篆古篆各分註，不戾於古矣。張有作《復古編》，援據《説文》訂正小篆，不以改隸書也。周伯琦作《六書正譌》，已稍穿鑿，亦未以古籀改小篆也。黄氏諫作《從古正文》，皆以小篆改隸書。魏校變本加厲，更以古籀改小篆，奇形異態，至不可識。是豈可使百官治，萬民察耶？是書兼列諸體，惟人所擇，可行於今矣。然則先生所纂雖多述舊文，而體例謹嚴，具有條理。學者從此沿流以得源，因同而考異，匪惟篆刻之模範，抑亦小學之門徑矣。較諸諧俗而陋，不諧俗而務行怪者，相去豈止逕庭哉？先生諱世堯，字賓石，康熙己未嘗以博學鴻詞薦，後以選貢官延津教諭，遷四川資縣知縣，乞養歸。閉門著述，卓然成一家言。是書其一也，亦足以見一斑矣。

沈氏四聲考自序

韻書迄今蓋數變矣。陋者類稱沈約，好古之士則據陸法言《切韻》以争之。夫《切韻》變爲《唐韻》，《唐韻》變爲《廣韻》，《廣韻》變爲《集韻》，《集韻》别爲《禮部韻》，别爲毛氏、劉氏韻，劉氏韻别爲黄氏、陰氏韻一百六部，是爲今韻。指以沈約，其謬固也；而以二百六部尊陸法言爲鼻祖，毋乃亦未究其源乎？法言之書實竊據沈約而作者也。約書雖唐代已亡，今不可見。然儒者著書立説，將使天下之從我，必先自信之篤，自守之堅，而後人信吾説而守吾法。約既執聲病繩人，則約之文章必不自亂其例，所用四聲即其譜也。今取其有韻之文，州分部居而考之，平聲得四十一部，不合《切韻》者纔一二；仄聲得七十五部，不合《切韻》者無一焉。陸氏所作豈非竊據沈譜而稍爲筆削者乎？其叙歷述吕静、夏侯該、楊休之、周思言、李季節、杜臺卿等，獨不及約。約書《隋志》著録，開皇閒不應遂亡。同時撰集之顔之推又生長梁朝，不應不見。知法言諱所自來，不欲著之也。迨約書既亡，無從考證，法言書孤行唐代，遂掩其名。中閒屢有改修，又頗爲諸家所亂，彌失其真。幸而增删改併皆有蹤跡可尋，約詩文傳世亦多，尚可排比求之，得其梗概。因略爲考訂，編成二卷，名曰《沈氏四聲考》。一以明音學之所自，一以俾指陰氏《韻府》爲沈韻者得識其真焉。

又後序

或曰：「休文之爲《四聲譜》也，安知不

臚列句圖，標舉音律，如曲譜之宫調工尺然？」曰：然則當與摯虞《流别》、劉勰《雕龍》並列矣。《隋志》入之小學家，知其非也。「《切韻》、《唐韻》、《廣韻》皆五卷，類不下二三萬言。休文譜既爲韻書，顧減至一卷，何也？」曰：不聞《顔氏家訓》之説乎？休文論文章，當從三易，易識字居其一焉。其書不過收常用之字，而隱僻者不與，且無註，故簡也。「李延壽謂約所爲賦多乖聲韻，何也？」曰：聲韻之學，言人人殊者也。延壽之詬沈氏，不猶李涪之詬陸氏耶？此但考沈氏一家之學，至其學之當否，别自有説，非所論也。「二百六部之名目次序果盡出沈氏耶？」曰：名目吾不得而知也，韻之分部則有押韻之可考，部之相次則有同用者之類從。中閒雖不無後人之所亂，然從委窮源，則《廣韻》本《唐韻》，《唐韻》本《切韻》，《切韻》本《四聲》，吾説信而有徵也。「韻書備矣，區區殘編斷簡，鉤索古人之遺文，又不足給後人之用，何爲者耶？」曰：食其末不可不知其本。因吾書而考見今韻之由來，不至揣骨聽聲，自生妄見，以決裂古人之成法，則吾書不爲無補。如實求有益於世，則四庫所藏不切日用者，百分計之，九十分而强矣，於吾書何詰焉？

史通削繁自序

史之有例，其必與史俱興矣。沮誦以來，荒遠莫考。簡策記載之法，惟散見於《左氏》書。説者以爲周公之典也。馬班而降，體益變，文益繁，例亦益增。其閒得失是非，遂遞相掎摭而不已。劉子玄激於時論，發憤著書，於是乎《史通》作焉。夫《春秋》之義，以例而隱，先儒論之詳矣。前有千古，後有萬年，事變靡窮，紀載異致。乃一一設例以限之，不已隘乎？然聖人之筆削如化工之肖物，執方隅之見以窺之，自愈穿鑿而愈晦蝕；文士之紀録則如匠氏之制器，無規矩準繩以絜之，淫巧偭錯，勢將百出而不止。故説經不可有例而撰史不可無例。劉氏之書誠載筆之圭臬也。顧其自信太勇而其立言又好盡，故其抉摘精當之處，足使龍門失步，蘭臺變色；而偏駁太甚，支蔓弗翦者，亦往往有之。使後人病其蕪雜，罕能卒業，併其微言精義亦不甚傳。則不善用長之過也。註其書者凡數家，互有短長。浦氏本最爲後出。雖輕改舊文，是其所短，而銓釋較爲明備。偶以暇日，即其本細加評閲以授兒輩。所取者記以朱筆，其紕繆者以緑筆點之，其冗漫者又别以紫筆點之。除二色筆所點外，排比其文，尚皆相屬。因鈔爲一帙，命曰《史通削繁》。核其菁華，亦大略備於是矣。昔郭象註《莊子》書，蓋多删節。凡嚴君平《道德指歸論》所引而今本不載者，皆象所芟棄者也。例出先民，匪我作古。博雅君子，諒不駥之！

書毛氏重刊説文後

自李燾《説文五音韻譜》行於世，而《説文》舊本遂微。流俗不考，或誤稱爲徐鉉所校許慎書。琴川毛氏始得舊本重刊之，世病其不便檢閲，亦不甚行，其板近日遂散失。然好古之士固寶貴不置也。此書爲字學之祖，前人論其得失甚具。其相承增改之故，徐鉉所記亦甚詳。惟書中古文、籀文，李燾據林罕之説指爲晉幍令吕忱所增入，其論頗疎。考慎自序云「今叙篆文，合以古籀」，其語甚明；又云「九千三百五十三文，重一千一百六十三」，其數亦具在。則罕所稱吕忱《字林》多補許氏遺闕者，特廣收《説文》未收字耳，非增入《説文》也。《字林》今雖不傳，然如《廣韻》一東韻烔字、䆳字，四江韻㟅字之類，注云出《字林》者，皆《説文》所不載，是其明證。壽蓋考之未詳也。

書明人重刊廣韻後

《廣韻》五卷，明時内府所刊行。顧亭林重刊於淮安者，即此本也。大體與張氏所刊宋本《廣韻》相類，惟獨弁以孫愐《唐韻》序，及二十文、二十一殷各注「獨用」，爲不同。考唐人諸集，以殷韻字少，不能成詩，往往附入真諄臻。如杜甫《東山草堂》詩、李商隱《五松驛》詩，不一而足。然絶無與文通者。《説文》所載《唐韻》反切，殷字作於身切，欣字作許巾切，直用真諄臻中字爲切脚。可知殷不通文，猶是唐人部分。且殷字爲宋廟諱，故殷芸改稱商芸，殷文圭改稱湯文圭。其餘宋韻存於今者無不改爲二十一欣，此本猶標殷字，必非宋書。故余跋張本《廣韻》，頗以《切韻》、《唐韻》宋時皆名《廣韻》，疑此本即孫愐書。雖無確證，然孫愐以後陳彭年以前，修《廣韻》者猶有嚴寶文等三家。斷以殷之一字，決爲未經重修之本，則似可據也。注文相同，蓋即丁度所譏「多用舊文」者。彭年等所修《玉篇》，較舊文亦無大增損，可以互證。其文似經删削。朱竹垞謂明代中涓爲之，然考東字下張本注曰：「舜七友，有東不訾。」此本誤作：「舜之後，有東不訾。」黄公紹《韻會》所引乃同此本，則此本元時已然，不必出自明代中涓矣。緣二本並行，頗滋疑惑，故略爲考證，書之卷末。

書張氏重刊廣韻後

《廣韻》定於宋，既而宋祁等議其有誤科試，終宋之世廢不行，其得存於今者幸也。此本爲吴郡張氏所翻雕，書中已缺欽宗諱，蓋南宋槧本。陳氏《書録解題》曰：「《廣韻》五卷，《中興書目》言不知作者。按《國史·志》有《重修廣韻》。景祐《集韻》亦稱真宗令陳彭年、丘雍等因陸法言《韻》就爲刊益。今此書首載景德祥符敕牒，以『大宋重修廣韻』爲名，然則即彭年等所修也。」據其所言，與此本正合。注頗冗雜，故丁度《集韻》稱彭年、雍等所定多用舊文，繁略失當。又譏其一字之左，兼載他切。既不該盡，徒釀細文。姓望之出，廣陳名系，既乖字訓，復類譜牒。潘次耕序乃以注文繁複爲可貴，過矣。別有明時刊本，大體略同，惟二十文、二十一殷各注「獨用」，與此本異。考《唐志》、《宋志》皆稱陸法言《廣韻》五卷，則《切韻》改稱《廣韻》已在宋前。此本不曰「新修」而曰「重修」，明先有《廣韻》也。明時所刊疑爲未經重修之舊本，故殷不改欣，直犯廟諱；文不通殷，唐時部分未移。又晁氏《讀書志》曰：「《廣韻》五卷，隋陸法言撰，其後唐孫愐加字。前有法言、長孫訥言、孫愐三序。」則當曰《唐韻》，亦兼《廣韻》之稱。愐書雖不傳，然徐鉉校《説文解字》，注中反切明言用愐舊音。今考其九千三百餘字之中，與《廣韻》異者纔數處，知《唐韻》、《廣韻》相去無多。「多用舊文」，良非虚語。又疑明時所刊乃取孫氏之書而節删其注文，其獨冠以《唐韻》之序，未必無所受之也。西河毛氏常以二本互異議《廣韻》之不足憑，因爲考列諸書，附識於左。

明内府所刊《廣韻》，注文頗略。竹垞以

爲中涓欲均其字數，故删削其文。乾隆癸巳余在書局見官庫所藏至元乙未小字刊本，與明内府所刊一字不異，乃知中涓删削之説出於竹垞之臆撰。次耕謂：「歷代增修，雖有《切韻》、《唐韻》、《廣韻》之異，而部分無改。唐宋用以取士，謂之官韻。」説亦未然。考封演《見聞記》，唐代場屋用陸法言《切韻》，其通用、獨用乃許敬宗所定，無遵用孫愐之明文。宋則以《禮部韻略》試士，今其書尚存。《廣韻》、《集韻》，均未用之於科舉。又《東軒筆録》稱賈昌朝奏改併窄韻十三部，許舉子附近通用。是宋韻部分亦與唐殊。均爲考之未審也。丙午七月二十四日偶閲舊題，因疏所未及於此。

書禮部韻略後

《禮部韻略》，宋人科試官韻也。亦曰《省韻》，亦曰《監韻》。晁公武《郡齋讀書志》曰：「《禮部韻略》五卷，皇朝丁度等撰，元祐中孫諤、蘇軾再加詳定。」今考下平聲併嚴於鹽添，併凡於咸銜，全用《集韻》之例，信出度手。又郭守正《校正條例》稱紹興中省韻載三十六桓。此本已避諱作「歡」，蓋景定中重刊補注之所改，非有二本也。收字頗狹，然應用者已略備，注亦簡明。蓋其時慎重科試，雖增添一字，亦必奉詔詳定而後入。且注明續、降、補遺，不混本書。故其書謹嚴不支蔓，較諸韻爲善本云。

此書宋代行之最久，莫敢出入，❶雖通用獨用之例視唐人稍殊，然部分未亂，猶可稽

---

❶「敢」，原作「毛」之上下倒文，今據《紀文達公遺集》卷一一改。

考。毛晃《增韻》始倡爲支微、❶魚虞當合，麻馬禡、車寫借當分之論。劉淵所定《壬子新刊禮部韻略》遂盡廢二百六韻之部分，併爲一百有七。古來文殷、鹽添、咸銜、嚴凡之界限遂不可復見。世俗樂其簡易，承用至今。村塾荒傖且有堅信爲沈約書者。道聽塗説，不可復正。幸而此書尚存，得以考淵併省之所自，則其有關於韻學，亦不在《廣韻》下也。

與余存吾太史書

承示戴東原事略，具見表章古學之深心。所舉著書大旨，亦具得作者本意。惟中有一條，略須商搉。東原與昀交二十餘年，主昀家前後幾十年。凡所撰録，不以昀爲弇陋，頗相質證，無不犂然有當於心者。獨《聲韻考》一編，東原計昀必異論，竟不謀而付刻。刻成昀乃見之，遂爲平生之遺憾。蓋東原研究古義，務求精核，於諸家無所偏主。其堅持成見者，則在不使外國之學勝中國，不使後人之學勝古人。故於等韻之學以孫炎反切爲鼻祖，而排斥神珙反紐爲元和以後之説。夫神珙爲元和中人固無疑義，然《隋書·經籍志》明載梵書以十四字貫一切音，漢明帝時與佛經同入中國，實在孫炎以前百餘年。且志爲唐人所撰，遠有端緒，非宋以後臆揣者比，安得以等韻之學歸諸神珙，反謂爲孫炎之末派旁支哉？東原博極羣書，此條不應不見。昀嘗舉此條詰東原，東原亦不應不記。而刻是書時仍諱而不言，務伸己説，遂類西河毛氏之所爲，是亦通人之一蔽也。若姑置此書不言，而括其與江慎修論古

❶「毛」，原作「敢」之上下倒文，今據《紀文達公遺集》卷一一改。

音者爲一條，則東原平生著作遂粹然無瑕，似亦愛人以德之一端。昀於東原交不薄，嘗自恨當時不能與力争，失朋友規過之義。故今日特布腹心於左右，祈刊改此條，勿彰其短，以盡平生相與之情。芻蕘之言，是否可采，惟高明詳裁之。

附録

先生生有異稟，夜坐暗室，目閃閃如電光，不燭見物。知識漸開，光亦斂矣。乾隆丁卯年二十四，❶領順天鄉試解額。初，闈中擬朱文正首卷，以先生二場表儷語冠，時乃定第一，而文正亞之。時阿文勤、劉文正與試事，榜發，皆以得人賀二公，復命，遂以上聞。先生與文正皆早受特達之知職此故也。《先正事略》。

先生總纂《四庫全書》與陸副憲錫熊、陸費侍郎墀同事，而先生實綜其成。綰書局凡十有三年，體例皆其所定。同上。

《四庫全書》告成進呈，先生撰表，條分縷晰，纖悉具備，同館莫不歎服。總其事者復令陸耳山副憲、吴稷堂學士合撰一表，而屬先生代爲潤色改就，終不愜意。仍索原表，書兩人銜名以進。高宗謂此表必係紀某所撰，遂特加賞一分。咸驚睿照之如神也。劉權之跋。

先生集中多進奉文字。嘉慶三年臨雍講學，撰進《化源論》，言治統道統之合一。九年臨幸翰林院，撰進《端本化源論》，言文爲治本。皆闡明經義，皇皇鉅製，足光盛典。

❶「丁」，原作「己」，今據道光本《碑傳集》卷三八、中華本《國朝先正事略》卷二〇改。參沈粱校。

文集。

先生於書無所不通。一生精力備注於《四庫提要》及《目録》，不復自爲撰著。謂今人所見狹，偶有一得，輒自矜獲，而不知皆古人所已言，或爲其所已闢，故不輕著書。其所欲言，悉於《四庫》書發之。而惟以覺世之心自託於小説稗官之列，其感人爲易入。所著《閲微草堂筆記》中，多見道之言。《先正事略》。

獻縣弟子

邵先生瑛

邵瑛，字瑶圃，餘姚人。乾隆甲辰一甲二名進士，授編修。嘉慶初以事降調，改官内閣中書。戊午典湖北鄉試，後假歸不復出。邃深經術。嘗以杜氏預所著《左傳集解》凡諸疑義，隋劉氏炫曾作《規過》一書以糾正之，而唐孔氏穎達所作《正義》則又左袒杜氏，於劉説每加駁辨。因著《劉炫規杜持平》六卷，攷其得失，以釋兩家之紛。又以《説文》之字可考正十三經及《逸周書》、《大戴禮》、《國語》沿襲俗字之謬，成《説文羣經正字》二十八卷，頗有裨於小學。參史傳。

劉炫規杜持平自序

《左傳》自杜氏集劉子駿、賈景伯、許惠卿、穎子嚴之註，題曰「經傳集解」，發明甚多，古今稱之。然棄經從傳，先儒集羣矢焉。故自杜而後，南朝則崔靈恩著《左氏條議》以難杜。北朝則張沖著《春秋義略》，異于杜氏者七十餘事。衛冀隆精服氏學，難杜六十三事。至劉光伯，隋世大儒，《隋志》記其撰《左傳述義》四十卷，孔沖遠作《正義》據以爲本，見於自叙，今亦無從别識。獨其《規過》，《唐志》作三卷者，孔氏一一標出而概以爲非，毋亦祖杜之過與？余幼承庭訓，授讀是經，蓄疑者久矣。壬戌之秋，將乞假旋里，謁河間紀文達公于邸第。公意若重有所託者，瑛敬進而請之，慨然曰：「當日編纂《四庫》，嘗欲作《規杜持平》一書以釋兩家之紛。今老矣，有志未逮，惟汝同志其爲我成之！」瑛謹誌之不敢忘。其時方殫力於《説文》，爲《羣經正字》之學，猝猝未暇旁及。迨脱稿而余年已七十有四矣。精力日益衰，幾何不負師命也。幸天假餘年，猶可力疾從事。經始於甲戌之冬，閲十有五月而書成。顧以炳燭之明，又苦索居之久，其去于負師命者又幾何也？噫！是非誰折，提命如新，安得起九京而執經問難也夫？

獻縣交游

王先生鳴盛　别爲《西莊學案》。

戴先生震　别爲《東原學案》。

王先生昶　别爲《春融學案》。❶

王先生杰　别見《臨桂學案》。

錢先生大昕　别爲《潛研學案》。

❶「春融」，下卷實作「蘭泉」。參沈梁校。

朱先生筠 别爲《大興二朱學案》。

朱先生珪 别爲《大興二朱學案》。

翁先生方綱 别爲《蘇齋學案》。

邵先生晉涵 别爲《南江學案》。

彭先生元瑞

彭元瑞，字掌仍，號雲楣，南昌人。乾隆丁丑進士，改庶吉士，授編修，官至吏部尚書協辦大學士。降補禮部侍郎，復遷工部尚書加太子太保。嘉慶八年以久病請解職，仍留充實録館總裁。未幾卒，年七十有三。贈協辦大學士，謚文勤。先生博通羣籍，入翰林後直南書房，垂四十年，以文字受知兩朝。天才敏贍，與紀文達同有「才人」之目。先後奉敕編纂《祕殿珠林》、《石渠寶笈》，續編《西清續鑑》、《天禄琳瑯書目續編》，皆手定凡例，詳審精核。嘗以太學石刻十三經命爲校勘，因據欽定、御纂諸本及内府所藏宋元舊刻以訂監本之譌。刊石既竟，復仿唐張參《五經文字》例别撰《石經考文提要》十三卷，正誤補脱，論者爲有功於經學。撰《五代史記補注》，未竟，付弟子劉侍郎鳳誥續成之，凡七十四卷。引諸家之論以辨是非，參諸書之文以訂譌異。傳所有之事以詳委曲，傳所無之事以補闕遺。傳所有之人以核生平，傳所無之人以徵同類。皆本裴松之注《三國志》遺意而以書注書，不以己意增損一字。則視裴注之任意去取者尤爲難能焉。他所著有《宋四六話》十二卷，《策問存課》二卷，《知聖道齋讀書跋尾》二卷，《恩餘堂經進初稾》十二卷《續稾》二十二卷《三稾》十一卷。參史傳、《石經考文提要》許宗彦跋、《五代史記注》劉鳳誥識語。

五代史記注例

歐陽公作《五代史記》，書法學《春秋》，文章學司馬遷。自《晉書》以下十六代，未能或之先也。後之論者每議其略於唐宋之際，典章制度因革損益，闕焉不詳，多議作注以補之，而卒無成書。予以謂有注，而以所取者校之所去者，而後知公史法之精嚴。裴松之爲陳承祚功臣，豈虚語哉？

一、全採薛居正《五代史》。前人注歐史無成書者，以《薛史》久佚也。《薛史》自金章宗朝不立學官，日就散失。今幸《欽定四庫全書》以《永樂大典》所收薈輯成之，其中大典原闕者十之一二而已。七百年來遺籍復出，今悉採不遺一字。匪惟注歐，亦以存薛。本紀以年月分次，列傳以事分次。薛有歐無之傳，有家世者從其先。歐史有名者從其人，無名者或以事相比，或以人品相比，亦三國志注例也。薛史十志附於歐史卷外，大書，而以它書作注。歐考所及，仍入歐注，亦《後漢書》補志例也。

一、全採《五代會要》。昔鄭漁仲病作史無志，譏歐史者亦以二考太略。考五代體制，全在《會要》一書。舊惟傳鈔訛脱之本，今幸武英殿官本棐布，悉取不遺一字，真足補歐未逮矣。實事分注紀傳。歐所已及仍入歐注，歐所未及仍入《薛志》注。

一、詳採《册府元龜》。是書例取正史，其時無《歐史》，所引皆《薛史》也，故詳之。新輯《薛史》所無，及有而其文不同者，仍採之，餘不複收。

一、詳採《資治通鑑》。是書徵引極博，不盡薛、歐二《史》，故詳之。《考異》及胡身之注所引多久佚之書，逐條剌入；與薛歐二史文同者不複收。

一、所採書以宋爲斷。如陳霆《唐餘紀傳》、吴志伊《十國春秋》，雖有專書，不行採入。

一、採別史。新舊兩《唐書》、《宋》、《遼》二史，同列學官，不行採入。《五代史闕文》、《五代史補》、《五代春秋》、《五代史纂誤》全行採入。《唐鑑》、《契丹國志》、《隆平集》、《東都事略》、《九朝編年備要》、《續通鑑長編》、《太平治蹟統類》、《宋朝事實類苑》諸書，俱採入。

一、採霸史。《十國世家》未爲詳備，今幸遺籍多存，如《九國志》、《五國故事》、《三楚新録》、馬令陸游兩《南唐書》、《江表志》、《江南野史》、《江南別録》、《江南餘載》、《江淮異人録》、《南唐近事》、《續錦里耆舊傳》、《蜀檮杌》、《吴越備史》、《家王故事》之類，詳爲採入。

一、採傳記小說。五代當時人所撰，惟《摭言》、《北夢瑣言》、《釣磯立談》三種，其自唐末至宋代人説部内所紀，自數十百條至一二條，悉行採入。

一、採輿地書。宋人輿地書如《九域志》、《輿地廣記》、《太平寰宇記》、《方輿勝覽》、《景定建康志》、《咸淳臨安志》、《淳熙三山志》、《吴郡志》之類，悉行剌取。

一、採類書。正如《玉海》、《文獻通考》，大如《太平廣記》、《太平御覽》，繁如《事文類聚》、《錦繡萬花谷》，小如《海録碎事》、《清異録》之類，零縑斷璧，皆在所取。

一、採文章。唐末人至五代尚存者，集惟韓偓、司空圖、羅隱、黄滔、韋莊、杜光庭、貫休、齊己未佚，中多可採。《唐文粹》、《文苑英華》、《宋文鑑》及宋一代人文集、碑傳、議論，但及五代者採之。金石尚存、志乘所載文字，採之更可寶。

一、書名。薛曰《五代史》，歐曰《五代史記》，各仍其名。

一、卷數。歐書七十四卷，悉仍其舊。注太浩繁者每卷分子卷，如《續通鑑長編》之例。

附録

姚伯昂曰：「太學石經凡一百九十碑，爲江南拙老人蔣衡書，乾隆五十七年始勒石。彭文勤司校讐，金司空簡司工。五十九年幸避暑山莊，文勤不隨扈，命每晨至乾清宫偏校内府所弆宋刻各本，考其同異，著爲一書，名曰《乾隆御定石經考文提要》。凡蔣書不合於古者，俱改正之。碑成，文勤面奏：石經將垂訓萬世，只臣與金簡二人列銜，不足取信。因加派和相國珅、王文端杰爲總裁，董文恭誥、劉文清墉及金司空、彭文勤爲副，金司空士松、沈司農初、阮制軍元、瑚太宰圖禮、那太宰彦成隨同校勘。獨文勤得邀宫銜，並命仿《五經文字》、《九經字樣》例，每經勒《考文提要》於後。和相國嫉焉，毁《提要》不善，併言非天子不考文，議文勤罪。高廟云：彭元瑞本以「乾隆御定石經」加其上，何得目爲私書？和乃令人作《考文提要舉正》，分訓詁、偏旁、諧聲三門以爲己作也，以進。又訾《提要》多不合坊本，不便士子，請飭禁銷毁，命彭某不得私藏。高廟歎曰：「留爲後人聚訟之端，亦無不可。」其事乃寢。和乃密令人將碑字從古者盡挖改之，而《考文提要》亦不果刊。嘉慶八年文勤奏請詳加察覈，仁宗命董文恭、紀文達、朱文正、戴文端、那太宰查對，但將碑字之草率漏畫略加修補而已。阮制軍撫浙江，始以《考文提要》屬門下士許進士紹京刊刻焉。」《竹葉亭雜記》。

劉金門曰：「歐陽公《五代史記》，故尚書彭文勤公爲之補注。公嘗語鳳誥自年十九即有志注是書，隨事摭緝，積有歲月。爲史官日，獲詳擘中祕。爲江、浙學，使徧訪諸藏弆家舊本。閲朱竹垞爲徐章仲史注序，矜許甚至，多方購得之，僅《帝紀》十二卷，且五年速成，其疏略可知。朱又云年三十欲注是書，引鍾廣漢爲助，歸田檢舊稾，大半壁魚穴鼠所齧，五十年心事付之永歎。嘻，事之難也！公自乾隆癸卯以後，總裁史館者二十年，治官撰書無虚日。閒以勉鳳誥曰：『文章學問各有淵源。吾鄉前哲朱文端公名蘇公之名，裘文達公名歐公之名，其所自待者如彼。文達尤究歐陽史學，以官事劇弗遑，數以責予。予今又劇矣。願以休沐餘晷出所詮釋，爲予排比而次第之。吾儕幸逢聖天子右文極盛，其以今所補薛文惠《五代史》原文爲注歐，因以存薛之本。其諸書取材，一以宋人爲斷。又錢曉徵少詹事近寄五代時金石文，宜悉畬入。它有未備，子盍務竭心目，徵據討論，贊予有成？冀上之朝廷，頒之學官，俾五代文獻燦然可稽，且以息讀史家呰詆歐陽之淺説。予之尊聞於鄉前哲，亦藉是以見。子其識之！』鳳誥入翰林，從公史局，日復不給。又連以使事在外，未即踐言。嘉慶辛酉典試山左，辭公於寓園。公愀然曰：『子行矣。以遭遇言，計當留視學。予寖衰疾，愼毋忘注史之約。』洎癸亥手書，諄道此事，以謂觀成弗逮。行以全稾傾篋相付。九月鳳誥按魏博，有持歐史注稾售者，繙訖首尾，審爲竹垞手鈔。所采宋元明諸家書百餘種，凡千七百六十餘條，殆即所云壁魚穴鼠所齧者。驚喜馳報，不謂公之遽不及見也！更讀遺詩《留寄鳳誥暨胡君長齡阮君元》曰：『少時注意歐陽史，七十三年未得成。門户雖然麄構架，庭階尚乏細經營。飄零莫遺隨殘葉，佽助終當賴友生。幸有三公舊同志，爲予緝業定刊行。』三復詩言，感愴無已。甲子鳳誥還朝，始讀公自定諸帝家人傳至六臣傳十六卷，蓋病中倉猝所成。餘五十八卷，聚一巨篋，所采宋人書二百數十種，視竹垞實倍且事，爰謹藏之。丁卯使浙，公暇取文瀾閣書一一校詳，加以搜掇。己巳夏，排次粗竟，旋以事輟業。迨癸酉至京師，重加訂補。及今乙亥，前後三易稾，迺得薈粹成書。凡朱、錢采録，無不剌入。公於是書殫精五十餘年，而今迺得告無憾於公者。使公歸然幸存，當爲盧陵稱慰於七百年後，豈非藝林快事乎？惜乎，公之不及見也！胡就宿草，阮久在封圻，末由與之商榷。謹以公貽示凡例眉列卷端，復以闡明公之本意者綴爲例述於後。嘉慶乙亥秋七月。」《五代史記注》識語。

陸先生錫熊

陸錫熊，字健男，號耳山，上海人。乾隆辛巳進士，以知縣歸班候選。逾年，值高宗南巡，召試一等，授内閣中書。累遷刑部郎中，三十八年特改翰林院侍讀，官至都察院左副都御史。歷典山西、浙江、廣東鄉試，兩爲會試同考官，又督福建學政，所得多知名士。會盛京文溯閣所藏《四庫全書》，其中繕寫多有脱誤，因奏請自往覆校。五十七年春甫至奉天，遽卒，年五十九。先生生有異禀，彊識博聞。《四庫》館開，與紀文達同爲總纂官，始終其事。其他奉敕編輯者尚有《通鑑輯覽》、《契丹國志》、《勝朝殉節諸臣録》、《河源紀略》、《歷代職官表》諸書，悉當上意。輒降旨褒叙。所自著有《炳燭偶鈔》、《寶奎堂文集》、《篁村詩集》。參史傳、王昶撰墓誌銘。

浦先生鏜

浦鏜，字金堂，號聲之，一號秋稼，嘉善人。廪貢生。乾隆壬午入都應京兆試，假館紀文達家。一夕友人招飲，醉後仆地不起，視之已絶。家居時嘗與同里陳唐、周澧、章愷爲講學之會，各攻一業。先生獨究心《注疏》，每遇古籍善本輒廣爲購借，於文字之異同參互考訂，前後歷十二年，成《十三經注疏正字》八十一卷。兼綜條貫，抉微糾謬，功不在陸德明下。仁和沈椒園爲御史時嘗録存其副，後攜書北上。及喪歸，則原稿已失。至嘉慶中阮文達元撰《十三經校勘記》，猶屢引其書焉。他所著有《雙聲疊韻録》、《小學紺珠補》、《文選音義》、《清建閣集》。參《嘉善縣志》、盛百二《柚堂續筆談》、周震榮撰《先友傳》。

陸費先生墀

陸費墀，字丹叔，號頤齋，桐鄉人。乾隆乙酉以南巡召試，賜舉人，授内閣中書。丙戌成二甲一名進士，改庶吉士，授編修。官至禮部左侍郎。以憂歸，尋坐事落職。五十五年卒。先生以翰林爲《四庫全書》總校官兼武英殿提調，久於其事。凡所進書，校閲訂正，綜覈精詳。著有《經典同文》、《歷代月朔考》、《帝王廟謚年諱譜》、《枝蔭閣詩集》。參史傳。

余先生廷燦

余廷燦，字卿雯，號存吾，長沙人。乾隆辛巳進士，改庶吉士，授檢討，充《三通》館纂修官。乞養歸。其學兼綜經史及諸子百家、象緯句股、律吕音韻，皆能提要鉤玄。嘗與戴東原、紀文達相切劘。晚主濂溪、石鼓、緑江、城南書院，教以兼通漢、宋爲宗。著有《存吾文集》十六卷。嘉慶三年卒，年七十。參史傳、唐仲冕撰墓表。

文集

旅酬考

凡祭必立尸，必擇賓。賓一人，衆賓無數，爲賓黨，其位在堂下西階之西。凡祭則子姓兄弟咸會。小宗祭則兄弟皆來，大宗祭則一族皆至，爲主人之黨，其位在堂下阼階之東。有司羣執事皆北面立。凡祭必有獻，有酢，有酬。凡受獻必於堂上，受酬必於堂下。自迎尸入，主人初獻尸，主婦亞獻尸，賓三獻尸，訖，事神禮成。此據《特牲饋食禮》言之。於是順神意以達神惠。遂獻賓，獻衆賓，設尊酬賓；獻長兄弟，獻衆兄弟，獻内兄弟。凡六節，乃旅酬。其獻賓也，主人降自阼階，西面，洗爵酌，西階上獻賓。賓受爵，薦脯醢。凡言薦言祭，皆謂脯醢也。賓卒爵，賓酌以答主人，謂之酢。主人受爵卒爵，賓執祭降，西面，奠於其位，位如初。言賓復西階下，東面位也。其獻衆賓也，衆賓升，拜受爵，坐祭，立飲辯。主人備答拜，降，實爵於篚。其設尊酬賓也，尊兩壺於阼階東，爲兄弟之尊；尊兩壺於西階，爲賓之尊。主人洗觶，先酌西階之尊，自西階前北面酬賓。獻賓之禮，以酬副之，其禮乃成。主人先自卒觶以導飲，再洗觶，酌以進。賓西面，主人奠觶於薦北，賓取觶還，東面，奠觶於薦南。此則西階一觶，發自主人，奠而未舉，正開旅酬之端者。其獻長兄弟、衆兄弟也，主人洗爵，獻長兄弟於阼階上，如賓儀；先成賓禮，然後獻長兄弟者，主人之義也。洗，獻衆兄弟，如衆賓儀。其獻内賓宗婦也，内賓，姑姊妹；宗婦，族人之婦。洗，獻内兄弟於房中，如獻衆兄弟之儀。主人西面答拜，更爵酢。主人於賓兄弟並同北面拜，因獻爵酢。而此則主人自西面拜，且易爵而酢也。卒爵降，實爵於篚，入復位。其旅酬也，前主人酬賓，已舉西階一觶，則長賓有酬爵，惟長兄弟無爵，無以相酬。於時兄弟弟子洗，酌，東尊，在阼階前，北面，舉觶於長兄弟。旅酬只有兄弟弟子舉觶，而《中庸》註及賓弟子，蓋兼後無算爵言之。自不合平舉，至棄經從傳。弟子亦先自飲以導，如舉人酬賓儀。此則東階一觶，發自兄弟弟子，亦奠而未飲，正當旅酬之始者。然後賓取前所奠薦南之觶，往阼階前，凡言前，在階下。北面，酬長兄弟。賓立卒觶，酌於東尊，進長兄弟受觶。賓復位，長兄弟即舉賓酬觶，往西階酬衆賓。長兄弟自卒觶，酌於西尊，西面。衆賓受，旅者受，旅，行也。受行酬也。長兄弟復位，衆賓及衆兄弟交錯以辯。此先旅西階一觶也。然後長兄弟又取前弟子所舉觶以酬賓，如賓酬兄弟之儀，以辯，卒受者實觶於篚。此次旅阼階一觶也。蓋賓取薦南之觶酬長兄弟，則長兄弟行旅於衆賓，衆賓及衆兄弟交錯以辯。長兄弟取弟子之觶酬賓，則賓行旅於衆兄弟，衆兄弟及衆賓亦交錯以辯。而內賓旅酬之節又詳於記而經不言者。此旅酬之正也。然賓弟子洗酌西尊，中庭北面，舉觶於其長；前此賓弟子無舉觶於其長之事，至此無算爵時乃有之。兄弟弟子又洗酌東尊，中庭北面，舉觶於其長。前兄弟弟子自行禮於其長，此則因賓弟子行禮於其長而及之，且因將行無算爵而及之也。舉觶者祭，卒觶拜，長皆答拜，舉觶者洗，各酌於其尊，復中庭初位，長皆拜。舉觶者皆奠於薦右，注云：「非神惠。」同於生人飲酒。長皆執以興。舉觶者皆復位答拜，長皆奠觶於其所，將衆相酬也。皆揖其弟子。弟子皆復其東西面之位，爵皆無算。旅酬惟兩觶，交錯以徧。而此則徧後又舉，以醉爲度，故無算也。而此下當有「賓及長兄弟以次各舉其弟子所舉觶，交錯以辯」，其文省耳。此則旅酬之全也。

釋射

張布爲所射布謂之「侯」。侯中方一丈謂之「鄉侯之中」，三分之得三尺三寸有奇謂之「鄉侯之鵠中」。上下各長二丈，横設之，廣二尺，左右各出五尺，謂之「躬」。躬上長四丈，横設之，廣二尺，左右各出躬一丈，謂之「上舌」；躬下長三丈，横設之，廣二尺，左右各出五尺，謂之「下舌」。舌亦謂之「个」。侯上幅謂之「上个」。舌上下有繩維之，各出舌尋，謂之「綱」。下綱去地尺二寸謂之「武」。中人之足長尺二寸。兩旁樹木謂之「植」，籠綱以繫於植謂之「紐」，紐圍寸謂之「縜」，六尺謂之「弓」。量去堂遠近以爲侯道，謂之「量人」。大射侯道九十弓，即虎侯，王自射。弓取二寸，則丈八尺以爲侯中，三分其侯而鵠居一謂之「大侯之鵠」；侯道七十躬，即熊侯，侯所射。弓取二寸得一丈四尺以爲侯中，三分其侯而鵠居一謂之「參侯之鵠」；侯道五十弓，即豹侯，卿大夫以下所射。又卿大夫大射，主臣同麋侯，亦五十弓。弓取二寸得一丈以爲侯中，三分其侯而鵠居一謂之「豻侯之鵠」。爲獲者禦矢謂之「乏」，乏謂之「容」，《爾雅》「容謂之『防』」，在侯西北邪向謂之「侯黨」。於文反「正」爲「乏」。正以受矢，乏以蔽矢。弓淵謂之「隈」，隈者，弓之曲處。《考工記》：「凡角之中恒當弓之畏。畏者必撓。」是也。弓把謂之「弣」，弓末謂之「簫」。「簫」或作「弰」，又曰「彌」。《詩》「象弭魚服」。又曰「弩」，《説文》曰：「弩，弓戾也。」又曰「峻」，《弓人》曰：「凡爲弓，方其峻。」又《爾雅》云：「弓無緣者謂之『弭』。」蓋無緣之弓以骨飾其彌，故謂之「彌」。又簫之飾以金者謂之「銑」，以蜃者謂之「珧」，以玉者謂之「圭」。郭璞曰：「珧，小蚌也。」金鏃翦羽謂之「鍭」，骨鏃不翦羽謂之「志」。矢幹長三尺謂之「笴」，矢末銜弦謂之「括」。四矢謂之「乘」。橫矢於二指之閒謂之「挾」，插於紳帶之閒謂之「搢」。紳之外，革之内，故云「紳帶之閒」。遞取弓矢見威儀謂之「拾」。天子之弓合九成規，往體寡，來體多，謂之「王弓」、「弧弓」；諸侯之弓合七成規，往來體若一，謂之「唐弓」、「大弓」；大夫之弓合五成規，往體多，來體寡，謂之「夾弓」、「庾弓」；士合三而成規，句者謂之「弊弓」。戰守二在前，三在後，其達遠，謂之「枉矢」、「絜矢」；田獵一在前，二在後，其達遲，謂之「殺矢」、「鍭矢」；弋射四在前，三在後，其行高，謂之「矰矢」、「茀矢」；散射四在前，四在後，其行平，謂之「恒矢」、「庳矢」。著右巨指以鉤弦闓體，謂之「決」。朱韋韜食指、將指、無名指以利放弦謂之「朱極韋韝」。著左臂以引弦謂之「遂」，遂蔽膚斂衣謂之「拾」，左免衣謂之「袒」。袒朱襦謂之「君袒」，袒纁襦謂之「大夫袒」。君在，大夫射及士射皆謂之「肉袒」。

堂正中謂之「楝」，次楝謂之「楣」。堂東西柱謂之「楹」，東行過由楹北謂之「鉤楹内」，東行過由楹南謂之「由楹外」。疏數容弓謂之「兩楹閒」。能正方圜者謂之「梓人」。一縱一橫謂之「午」，若丹若墨度尺而午謂之「物」，在左者謂之「左物」，在右者謂之「右物」。履左物者謂之「上射」，履右物者謂之「下射」。左足履物，既視侯而俯，併其右足，謂之「方足」。矢下行者謂之「留」，矢上行者謂之「揚」，矢左右行者謂之「方」。析羽爲之，倚侯中謂之「旌」，雜帛爲之謂之「物」。舉旌唱獲謂之「獲者」，舉旌而大言唱獲謂之「以宮」，偃旌而小言唱獲謂之「以商」。長尺有握者八十謂之「箭籌」，籌謂之「算」。鑿背容八算，釋獲者奉之謂之「中」。君於國中燕射，以翿旌獲，謂之「皮樹中」；郊於太學射，以旌獲，謂之「閭中」；竟與鄰國君射，以龍旜獲，謂之「虎中」。大夫各以其物獲謂之「兕中」，士翿旌以獲謂之「鹿中」。其射之以樂，六耦三侯三獲三容，樂以《騶虞》九節五正，謂之「王射」；四耦二侯二獲二容，樂以《貍首》七節三正，謂之「諸侯之射」；三耦一侯一獲一容，樂以《采蘋》五節二正，謂之「孤卿大夫之射」；三耦豻侯一獲一容，樂以《采蘩》五節二正，謂之「士射」。張幃席爲之謂之「次」。所以撻犯教者謂之「扑」。

執弓以指受者謂之「畢」。大射。左執弣，右執下末，向乏而揚之，以命去侯，謂之「揚弓」；向侯而揖之，推手也。以命取矢謂之「揖弓」。以取矢之器謂之「并夾」，以盛矢之器謂之「箙」。所以承笴齊矢謂之「楅」。設中庭而統於賓，以西爲上，謂之「東肆」。手放而下，備不整理，謂之「順羽」；左右手撫而四四數分之，謂之「撫矢」。釋獲先數右，獲一算謂之「奇」，二算謂之「純」。縮而委之異之謂之「十純」，横諸下者謂之「餘純」。奇又縮諸純下。

若右勝者謂之「右賢於左」，若左勝者謂之「左賢於右」，左右一者謂之「左右鈞」。設於西楹西以奠觶者謂之「豐」，奉豐者謂之「司宫士」。大射則司宫士，鄉射則弟子。袒決遂，執張弓，謂之「勝者」；左執弣，右執弦。襲而説決拾，卻左手加弛弓於其上，遂執弣，謂之「不勝者」。州長春秋以禮會民而射於州序，謂之「鄉射」；將祭，擇士，謂之「大射」；諸侯朝天子而與之射，謂之「賓射」；諸侯相朝而與之射，謂之「燕射」。比兩人對決勝負謂之「耦」，司射選賓黨弟子有德行道藝之高者以誘射謂之「三耦」。席户牖閒南面東上者謂之「賓」，席阼階上西面者謂之「主人」，繼賓席而西居衆賓之長者謂之「三賓」，席於尊東西上者謂之「遵位」，於堂西待比耦者謂之「衆賓」，待命事者謂之「弟子」。在官之士與賓俱來者謂之「公士」，將射，來觀禮者謂之「羣士」。贊主人之命謂之「相」，涖酒禮而尊卑皆受範謂之「司正」，以主人之吏爲之謂之「司射」，掌一射之儀謂之「司馬」。

清儒學案卷八十終

清儒學案卷八十一

天津徐世昌

蘭泉學案

乾隆朝文治極盛，朝士多以學術相尚，宏獎爲懷。蘭泉博通之才，宗主漢學，雖孾經考史未有成書，其説多見諸文集，金石尤爲專家。同時弇山畢氏，嗜學愛士，廣延通儒校釋古籍，續編《通鑑》；甌北趙氏貫串乙部，竝有裨學林，用附著焉。述《蘭泉學案》。

王先生昶

王昶，字德甫，號述庵，一號蘭泉，青浦人。乾隆甲戌進士，以知縣歸班候選。丁丑，高宗南巡，召試第一，授内閣中書，入直軍機處，累遷刑部郎中。因漏洩查辦兩淮鹽引事罷職，赴雲南軍營效力。敍功，復以吏部主事隨征大小金川。事平，仍直軍機處。歷官至刑部右侍郎，以老原品休致。晚年歷主婁東、敷文書院及詁經精舍講席。嘉慶十一年卒，年八十有三。先生於學無所不窺，治經通漢儒之學，《詩》、《禮》宗毛、鄭，《易》宗荀、虞，而言性道則尊朱子，下及薛河津、王陽明諸家，不分門户。性好金石，所藏碑刻凡千數百通，撰《金石萃編》一百六十卷，考訂精博，爲嗜古者所珍。其詩文閎博淵雅，有關於經史文獻，曰《春融堂集》，共六十八卷。又著有《征緬紀聞》三卷、《蜀徼紀聞》四卷、《滇行日録》三卷、《屬車雜志》二卷、《滇詔紀程》一卷、《適秦日録》一卷、《商洛行程記》一卷、《豫章行程記》一卷、《雪鴻再録》一卷、《使楚叢談》一卷、《臺懷隨筆》一卷、《天下書院志》十卷及《青浦縣志》、《太倉州志》、《銅政全書》、《蒲褐山房詩話》等書。所選輯者，有《青浦詩傳》三十二卷、《詞》二卷、《湖海詩傳》四十六卷、《湖海文傳》七十五卷、《明詞綜》十二卷、《國朝詞綜》四十八卷、《琴畫樓詞鈔》若干卷。參史傳、阮元撰神道碑、秦瀛撰墓誌銘、《漢學師承記》。

金石萃編自序

宋歐、趙以來爲金石之學者衆矣，非獨字畫之工使人臨摹把翫而不厭也，跡其囊括包舉，靡所不備。凡經史小學暨於山經、地志、叢書、别集，皆當參稽會萃，覈其異同，而審其詳略，自非輇材末學能與於此。且其文亦多瓌偉怪麗，人世所罕見，前代選家所未備，是以博學君子咸貴重之。歐、趙所采止於五代，後之著録者取以爲法焉。然歐公上至五代僅及百年，《金石録》以劉跂作序之歲數之，亦百有五十年耳。而宋末、遼、金迄今至歷五百餘年之久，其未可引歐、趙之例，斤斤以五代爲斷明矣。且《宋》、《遼》、《金》三史皆成於托克托之手，卒以時日迫促，載者有所弗詳，重者有所未削，方藉碑碣文字正其是非，而可置而不録與？古金石之書具目録，疏年月，加攷證焉爾，録全文者惟洪氏《隸釋》、《隸續》爲然，而明都氏穆、近時吴氏玉搢等繼之。然洪氏隸書之外，篆與行、楷屏而不載，都氏止六十八通，吴氏止一百二十餘通，愛博者頗以爲憾焉。

余弱冠即有志於古學，及壯，游京師，始嗜金石，朋好所贏，無不丐也；鑾陬海澨，度可致，無不索也。兩仕江西，一仕秦，三年在滇，五年在蜀，六出興、桓而北，以至往來青、徐、兖、豫、吴、楚、燕、趙之境，無不訪求也。蓋得之之難如此。然方其從軍於西南徼也，留書簏於京師，往往爲人取去。又游宦輒數千百里，攜以行，間有失者，失則復蒐羅以補之。其聚之之難又如此。而後自三代至宋末、遼、金，始有一千五百餘通之存。夫舊物難聚而易散也，後人能守者少而不守者多也。使瓌偉怪麗之文銷沈不見於世，不足以備通儒之采擇，而經史之異同詳略無以參稽，其得失豈細故哉？於是因吏牘之暇，盡取而甄録之，缺其漫漶陊剥不可辨識者，其文間見於他書則爲旁注以記其全。秦、漢、三國、六朝篆隸之書多有古文别體，摹其點畫，加以訓釋。自唐以後隸體無足異者，仍以楷書寫定。凡額之題字，陰之題名，兩側之題識，胥詳載而不敢以遺。碑制之長短寬博，則取漢建初慮俿尺度其分寸，並志其行字之數，使讀者一展卷而宛見古物焉。至題跋見於金石諸書及文集所載，删其繁複，悉著於編。前賢所未及，始援據故籍，益以鄙見，各爲按語。總成書一百六十卷，名《金石萃編》。

嗚呼！余之爲此，前後垂五十年矣。海内博學多聞之彦，相與摩挲參訂者不下二十餘人，咸以爲欲論金石取足於此，不煩他索也。然天下之寶日出不窮，其藏於嗜古博物之家，余固無由盡覩，而叢祠破冢繼自今爲田父野老所獲者又何限，是在同志之士爲我續之已矣。

文集

與褚舍人搢升書

奴子從都下歸，知動履萬福，并惠手書，具道小學放絶，欲勒《字學》一書，具訓於蒙士，其意甚厚。按漢法，太史試學童，能諷書九千字以上，乃得爲吏。又以六書試之，課最者以爲尚書、御史史書令史。又吏民上書，字或不正，輒舉劾。蓋用之審而核之之精至於如此。今則齒於學舉於鄉者，俾之誦百字中必有謞音焉，俾之書百字中必有謞體焉，而刊雕在簡牘者紕謬疊出。姑以《論語》、《孟子》言之，「親仁」之「親」本从辛从木，監本乃从立从木；「皇皇后帝」之「皇」本从自，監本乃从白；「饔飧而治」之「飧」本从夕从食，監本乃从歹从食；「皞皞如也」之「皞」本从日从皋，監本乃从白从臯，於諧聲、會意之義皆失。至若欲之加心，執之加草，其失更僕數焉不能終也。外此，經史子集之舛誤概可見矣。某常欲綴輯一書，專以《説文》爲本。《説文》所未載，則散附於各部之下，先列音之互異者，次列義之互異者，次列形之互異者，據《説文》以正《玉篇》、《集韻》之失，據經傳以正《説文》之缺。垂六七年，會以官事，未果成。而足下奮然爲之，僕可輟不復作矣。且古無字名，有目爲書者，《周禮・保氏》「養國子，教以六書」是已；有目爲文者，《禮記》「書同文」是已；有目爲名者，《儀禮》「百名以上書於策，不及百名書於方」是已。故《漢・蓺文志》或云《凡將》，或云《訓纂》，率不言字。至漢魏間，而《字詁》、《字指》、《字林》之書乃漸行焉。然則足下之成書也，其名亦庸可忽歟？近長洲布衣江鱣濤名聲，工《説文》之學，見其所書，當與張力臣、陳長發上下。知足下樂得聞之，并以白於左右焉。不宣。

答許積卿書

閲前後兩札，似研究《説文》之學。近爲此學者，海内約有二十餘人，雖皆嗜古好奇之士，然有獵取數十百字，漫誇博奥而詳説絶鮮，折衷指歸究未畫一者不少。竊謂識字所以讀經，《説文》之字非必即同孔子之經也。魯恭王壞孔壁，得蝌蚪書。晉不準發魏安釐王冢，得《周書》，亦蝌蚪文字。似孔子修六經，所書文字皆用蝌蚪。今考《史籀》、《石鼓》、《吉日癸巳》及薛氏《鍾鼎款識》、《宣和博古圖》所載，如齊侯之鍾、季娟、南宫之鼎並與小篆迥别，乃欲執許氏之文以定五經之文，其果有當否歟？夫六書失傳久矣，今惟許氏《説文》最古，固學人所宜服膺者。然必謂《説文》之文本即孔子之書，用以釋經，且以繩諸家之謬，已恐未然。況許氏之文又爲徐氏所亂乎？婆羅門書兩漢時未入中國，故鄭君箋註第曰讀若某而已。徐氏以漢唐後之切音，綴於漢人文字之下，亦寧有當歟？古人韻緩，不煩改字，故往往四聲通用。今徐氏本《切韻》以定音，故如閏字從門，門平聲，乃註如順切；璿字從睿，睿去聲，乃註似沿切。所從之字之音如此，所切之聲如彼，畫四聲爲鴻溝，毋乃益失古人之旨歟？愚常欲作《説文》之學，取羣經所有之字《説文》所無者共若干，周秦鍾鼎古文所有《説文》所無者又若干，然後總鍾鼎、《説文》，辨其偏旁，審其點畫，以釐其異同。又取《説文》中象形者若干字，諧聲者若干字，形而兼聲者又若干字，其指事、轉注、假借亦如之，俾字體較然，字數畫然。惟公事殷繁，年將七十，精神潦倒，無以勝此。願吾賢少年，暇日攷定一書，推見漢以前文字之舊，杜噂喈而息喧嘵，庶爲功於經者大矣。前示近詩清峻排奡，上擬金風亭長，具體而微。黎君詩亦英挺，於嶺南三家中頗近獨漉老人，可與仲則分道揚鑣。見時，幸爲道拳拳之意。相見何時，惟善自愛。不宣。

與畢秋帆制軍論續通鑑書

得來教謂《續通鑑》一書，經二雲諸君纂輯成編，惟舉要未撰，兹屬錢少詹成之。即屬以校讐勘定，付諸梓人，甚慰所望。聞是書搜采緐富，攷據精審，如李燾、徐夢莘、李心傳諸書爲前人所未見者，皆分別甄録，辨其異同，而補其疏略，誠所謂體大而思精，繼温國之後，而前此所未有者也。

竊謂史書之作，在收採之宏富，而尤在持論之方嚴。蓋將以明古今之治亂，而治亂所以肇，實本乎賢奸忠佞之分。温國之《鑑》，如諸葛武侯書以寇魏，於二龔、陶潛之節皆没不書，世尚不能無譏。至宋明之世，玄黄水火，陰疑陽戰，事故煩多，關於國事人心者尤大，斷不可不分别黑白而定一尊。夫班固以附竇而罪者也，范蔚宗以叛而誅者也，然《前書》於蕭望之、周堪、孔光、張禹，《後書》於胡廣、馬融及黨錮之獄分别邪正，磊磊明明，絶無媕娿澳涊其間。蓋古人之書，使頑夫廉，懦夫有立志，不得不於宵小深惡而痛絶之。聖人之言至渾厚也，獨於媢嫉聚斂之小人，一則曰「放流之，不與同中國」，一則曰「彼爲善之，災害並至」。至删《詩》，則「太師皇父」之章亟録而登之。雖至「褒姒滅之」，「閻妻煽處」，未嘗爲先朝少諱。

且於「投虎不食，投北不受」，危言極論，亦皆取以爲後人鑒戒如此。近館閣人議論往往謂李元禮、范孟博爲過激，於明啟、禎之交意又在右崔、魏而詘東林，某每見必力陳其不可。蓋婞婜澒涊之習，千百年來，中於肺腑，匿於膏肓，其始也爲之調停兩可，繼也轉欲以激烈釀成歸過於君子，是尚得爲有是非之心者歟？此時爲世道人心計，正欲主張名教，砥礪廉隅，使人凛探湯之戒，動衣冠塗炭之思。故在北宋，則如丁謂、寇萊公、吕夷簡、富鄭公、夏竦、范文正公及元祐、紹聖之黨論，南宋則黄潛善、李忠定公及慶元黨禁，皆當大書特書。溯其源起，列其善敗，抉魑魅之形，著檮杌之狀，以勖正不勝邪之戒，則後學讀之，必有太息流涕，如蒯通之於樂毅書者。於以感激奮興，歆齒牙而崇清議，其有裨於世，非直攷據精博，超於陳氏桱、王氏宗沐、薛氏應旂、徐氏乾學已也。又如胡忠簡之封事，指陳痛切，爲宋文第一，今聞已加删節；又文信國「黄冠備顧問」之語，乃元人所誣，亦未删去；而柴市大風卷木主，足見英爽如生，亦未補入，皆不足以扶正氣而儆愚頑。是書卷帙重大，須佽助者必多，願以此告少詹，并告同局諸君子，爲世道人心計，不獨以收采宏富爲能。且閣下愛人才，修古學，以文章功績自結於聖明，浩然孑然，雖一行孤立而不懼，非某蓋莫有知之深者。然以身示，不如更以言教，其嘉惠於後學尤深遠也。不然，黑白之不甚明，賢奸忠佞之不甚別，今既無以爲勵，而後無以爲戒。世有賢者，將呰其是非之寡當，輟而不觀，又非但如温國《通鑑》，間有譏議也矣。執事作是書，某備聞緒論久矣。猥以當官事冗，弗獲襄編校之末。今聞書已將成，爲之喜而不寐。又慮同事者侈其繁博，而不足以昭炯戒。且嫸婜淟涊，世俗之爲也，敢忘其愚而言之，願稍留意焉。

與孔葓谷主事書

概自六經燼於秦火，漢儒起而修明之，承孔門諸弟子之傳，仞其師說，人自爲書，家自爲學。沿至魏晉六朝，不絕者如綫。自貞觀中，定《五經正義》，而孟、荀、京、虞之《易》學，服氏之《春秋》，皆亡。其尚可見者，幸存於今之《註疏》爾。《注疏》所言，豈盡能質之羣經而盡合，證之於諸子而皆通，但當求之於理，理無可疑，即與羣經不盡合無礙也。惟其理有所難通，然後采羣經以證之，或采後儒之論以折中之，是爲古人多聞闕疑、博學詳說之旨。然其難通者無多，不必別自爲書也。宋元後儒，患在好著書，取其偶有得而稍異者雜於中，餘乃信手鈔撮，不云本自何人，是後儒之通患也。僕《易》宗王氏，《詩》宗毛、鄭氏，《周禮》宗鄭、賈氏。此後宋元儒先之說及己有所見者采之，附註於章末，以庶幾於信而好古之謂。今先録《周易》一種附呈，惟有以教之。

與汪容夫書

昨過竹西，足下論三禮甚悉，洵矣足下能信古、能窮經也！然不審足下之窮經，將取其一知半解，沾沾焉抱殘守缺以自珍，而不致之用乎？抑將觀千古之常經，變而化之謂之通，推而行之謂之事業乎？古人三年通一經，十五年而五經皆通，盈科而進，成章而達，皆此志也。通五經，實所以通一經。孔、孟謂博學要歸反約。故孔子之後，自周以歷秦漢千有餘年，山東大師多以一經相授受，仞其師說，雖父子兄弟，亦不肯兼而及之。

其兼及者惟鄭君，殊尤絶質，多聞爲富，始於六蓺咸有箋註，甚至及於算術、毖緯。其後孔氏沖遠因之，然《周禮》、《儀禮》仍以讓之賈氏，未嘗侈其淵浩，兼通而並釋者。蓋以兼通必不能精，不精則必不能致於用也。本朝制度，六官沿明之舊，實本之《周禮》；圜丘方澤之祭，亦法之《春官》；朝踐爲祫，移之於歲暮；饋食爲禘，用之於升祔；祀禴烝嘗，四時之祭，定於四孟，不復筮日。其餘隨運會之變而稍加損益焉，是猶周監二代之意耳。士民之禮，著於《會典》，詳於《大清通禮》，頒在禮部，未及通行各省，則禮臣之咎也。昔何休註《春秋》率舉漢律，鄭君注三禮亦舉之，且以光武崇讖緯，故耀魄寶、靈威仰五天帝皆宗緯説。此窮經好古者之則也。至《儀禮》惟《冠》、《昏》、《相見》、《鄉飲酒》、《射》及《士喪禮》以下五篇可以推而致之，餘則皆未備，實有難通。今之學者，當督以先熟一經，再讀《注疏》而熟之，然後讀他經。且讀他經《注疏》，并讀先秦兩漢諸子，并十七史，以佐一經之義，務使首尾貫串，無一字一義之不明不貫。熟一經，再習他經，亦如之，庶幾聖賢循循慥慥之至意。若於每經中舉數條，每《注疏》中舉數十條，抵掌掉舌，以侈淵浩，以資談柄，是躐等速成，誇奇炫博，欺人之學，古人必不取矣。又聞顧亭林先生少時，每年以春夏温經，請文學中聲音宏敞者四人，設左右坐，置《注疏》本於前，先生居中，其前亦置經本，使一人誦，而己聽之，遇其中字句不同，或偶忘者，詳問而辨論之。凡讀二十紙，再易一人。四人周而復始，計一日温書二百紙，十三經畢，接温三史，或《南》《北史》。故亭林先生之學如此習熟而纖悉不遺也。廣陵多聰穎士，幸足下以此教之，毋遽務躐等速成、矜奇炫博之學，則幾矣。

韋顧昆吾考

《商頌》：「韋、顧既伐，昆吾夏桀。」箋：「韋，豕韋，彭姓。顧、昆吾，皆己姓。」《正義》：「《國語》云：『己姓：昆吾、蘇、顧、温、董。彭姓：❶豕韋。則商滅之矣。』故知豕韋即彭姓，顧與昆吾皆己姓也。《鄭語》又曰：『豕韋，商伯。』此已滅之，又得爲商伯者，成湯伐之，不滅其國，故子孫得更興爲伯也。」或言豕韋有三：據《唐書·宰相世系表》「豕韋，風姓，顓頊孫大彭爲夏諸侯，國于彭城」，是有風姓豕韋也。據《左傳》蔡墨云「其後有劉累，賜氏曰御龍，以更豕韋之後」，是有劉姓豕韋也。據《世本》豕韋防姓，是又有防姓豕韋也。按豕韋本彭姓，若加以風姓、劉姓、防姓，則是豕韋有四，亦不止於三也。此三説皆非也。《世本》之防姓，防與彭音相近而譌。《左傳》之劉姓，夏孔甲曾命御龍氏更豕韋之後，一龍死，御龍氏不能致龍，尋遷魯縣，彭姓豕韋復國。終夏之世，皆彭姓。至商武丁五十年，征豕韋，克之，乃以劉累之後代之。賈逵亦云：「祝融之後，封爲豕韋。殷武丁滅之，以劉累之後代之。」當夏桀時，豕韋實彭姓，非劉姓也。《鄭語》「彭姓，彭祖豕韋、諸稽」，韋昭注及《左傳》杜預注皆云「豕韋，彭姓」，不聞有風姓。《唐書·宰相世系表》本諸《國語》而改彭爲風，其謬顯然。《通志·氏族略》以豕韋爲風姓，即沿《世系表》之誤。蓋豕韋在夏以前惟彭姓，彼三説者皆誤也。《元和郡縣志》「滑州白馬縣南有韋城」，即豕韋之國。顧國，據哀二十年

❶「彭姓」，原脱，今據《毛詩正義》補。

《傳》「公及齊侯、邾子盟于顧」，❶《竹書》「帝癸二十九年商師取顧」，杜預云：「顧，齊地。」《國名記》云：「濮州范縣東南有古顧城。」至昆吾之見于典籍者，如《國語》云：「昆吾爲夏伯。」《史記·楚世家》云：「顓頊之後陸終生子六人，長曰昆吾。昆吾氏夏之時常爲侯伯，桀時湯滅之。」《竹書》：「仲康六年，錫昆吾命作伯。帝芬三十三年，封昆吾氏于有蘇。帝廑四年，昆吾氏遷于許。帝癸二十六年，商滅温。二十八年，昆吾氏伐商。三十一年，商自陑征夏邑，克昆吾，戰于鳴條，夏師敗績，桀出奔。」此昆吾氏顛末也。昆吾始封在濮陽，故哀七年《左氏傳》云：❷「衛侯夢于北宫，見人登昆吾之觀。」别封在蘇，《僖十年》「狄滅温，蘇子奔衛」。《唐書·世系表》昆吾之子封于蘇，其地即鄭西蘇城。蘇與温一地而異名，同隸衛境，然温在河北，濮陽在河南，相去數百里，聲勢足以相援，故湯先滅蘇，以弱昆吾，繼克昆吾，以弱桀耳。夫湯都亳，當今歸德商丘。《書序》：「湯征桀，升自陑。」鄭君謂在河曲之南，《正義》謂在潼關左右。當日大勢，湯先自東稍西滅顧，以絶近患。乃渡河，取韋，復西向取温，則東南諸國莫不賓商。昆吾之在濮陽者，或率師入衛，或奉桀以伐商，而不知其地已爲湯所有。即不然，亦路中斷不可通。桀右臂已斷，然後逾王屋，沿河西北，悉鋭以攻安邑，而昆吾自破，夏自舉矣。武王之伐紂也，從西南而東北。湯之伐桀也，從東南而西北。《商頌》二句中，按其地理，當日伐桀之前後瞭如指掌。古人歌頌簡括明肅，後人明辨深思之，

❶「二十」下，據《左傳》當有「一」字。
❷「七」上，據《左傳》當有「十」字。

天下大勢有不煩聚米畫沙而灼然自見。余故考而出之，以明夫湯之所以得天下者。

封建考

《周禮・大司徒》：「凡建邦國，諸公之地封疆方五百里，其食者半。諸侯之地封疆方四百里，其食者三之一。諸伯之地封疆方三百里，其食者三之一。諸子之地封疆方二百里，其食者四之一。諸男之地封疆方百里，其食者四之一。」《職方氏》云：「凡邦國千里，封公以方五百則四公，方四百里則六侯，方三百里則十一伯，方二百里則二十五子，方百里則百男。」《職方》所云與《大司徒》所載脗合無疑。而《禮記・王制》云：「公、侯田方百里，伯七十里，子、男五十里。」《孟子》云：「公、侯皆方百里，伯七十里，子、男五十里。」顯與《周禮》不合。而鄭注以《王制》爲殷制，云武王初得天下，因殷爵三加爲五，建百里、七十里、五十里之封。其後周公攝政，六年致太平，遷大九州之界，益封加地爲五百里、四百里、三百里、二百里、百里之國。蓋當日情形，實如是也。説者謂孟子立論，所以抑當時七雄吞并之勢，故云齊、魯始封方百里。《王制》，漢儒所作，遂祖其説。豈篤論哉？夫《大司徒》、《職方》所言皆周制，周自周公伐奄以後，滅國者五十，斥大九州，天下太平，由是而制《周禮》，故有五百、四百、三百、二百里之制。蓋論其頒布之時，當在成王七年以後。若《周禮》未成以前，則所用者尚仍殷制。周制公、侯、伯或食封疆之半，或食其三之一。而東遷後，王室日衰，諸侯放恣，封疆所出皆以自食，故惡《周禮》之害己，抉而去其籍，而周初所行之殷禮且幸而得存，故孟子舉以告北宫錡。秦、漢儒者集以爲《王制》，而《周禮》之遺佚蓋已久矣。至其食者半、三之一、四之一，鄭注：「大國貢重，正之也；小國貢輕，字之也。」賈疏謂：「市取美物，以貢天子。」竊計公之貢一歲多至四萬夫，幾與春秋晉取衛貢五百家，吴取魯賦八百乘等，非王者無總貨寶之意。蓋所謂其食者，皆以之爲官吏禄用之費。計天子公田三十二萬夫，禄數均十四萬有奇。是王畿方千里，其食者半矣。諸公方五百里，公田八萬夫，爲王畿四分之一。若其朝野官吏亦四而得一，禄數眡王國而不減，應三萬八千四百餘夫。諸侯方四百里，公田五萬一千二百夫，爲諸公三之二而少。若官吏亦三而減一，禄數惟中下士相同，餘俱二而減，應一萬七千有奇。諸伯方三百里，公田二萬八千八百夫，爲諸侯之半而有餘。若官吏亦減半，禄數眡侯國而不減，應九千六百餘夫。諸子方二百里，公田一萬二千八百夫。諸男方百里，公田三千二百夫。若官數仍遞減，則男之官太少，不可爲國。子、男除庶人在官及鄉遂諸官以地計，其他官數約倣《王制》。諸男禄數倣《王制》，而上士四，中士爲有加。諸子惟卿食縣，餘皆倍于諸男。計諸子班禄應三千二百餘夫，諸男應八百七十餘夫。凡公、侯、伯、子、男禄數與所云其食半及三之一、四之一俱不甚遠，則以之爲官吏禄用，較入貢於王爲説長也。

鄭氏書目考

兩漢説經大師，著述繁富莫如鄭君。《後漢書》本傳云：「門生相與撰玄答諸弟子問，依《論語》作《鄭志》八篇。凡所注《周易》、《尚書》、《毛詩》、《儀禮》、《禮記》、《論語》、《孝經》、《尚書大傳》、《中候》、《乾象曆》。又著《天文七政論》、《魯禮禘祫議》、《六藝論》、《毛詩譜》、《駁許慎五經異議》、《答臨孝存周禮難》凡百萬餘言。」今以《隋・經籍志》、《唐・藝文志》核之，惟《乾象曆》、《七政論》不行于世，其他諸書較本傳所載爲多。然隋、唐三《志》各有舛錯，或誤并他人之書，或不載鄭君之名，不可不考正也。《玉海》云：「《唐志》：鄭玄《毛詩譜》三卷，《隋志》二卷，太叔求及劉炫注。」今《隋志》《毛詩譜》二卷，但云「太叔求及劉炫注」，載在徐整《毛詩譜》下，不知是鄭君所撰之《譜》矣。徐整亦非自撰《詩譜》。《釋文敍録》稱：「徐整暢，太叔裘隱。」《國史志》云：「整既暢演，而裘隱括之。」是皆注鄭《譜》耳。《隋志》不言鄭撰，是其疏也。《新唐書・藝文志》云：「鄭玄注戴聖《禮記》二十卷，又《禮議》二十卷，《禮記引》三卷。」攷劉昫舊《志》云：「《禮記》二十卷，戴聖撰，鄭玄注。」又云：「《禮義》二十卷，戴聖等撰。」杜氏《通典》、《政和五禮新儀》並言是戴聖撰，無鄭注。新《志》連屬言之，誤也。《新唐書・藝文志》云：「鄭玄注古文《尚書》九卷。又《釋問》四卷，❶王粲問，田瓊、韓益正。」《舊志》亦云：「《尚書釋問》四卷，王粲問，田瓊、韓益正，鄭玄注。」蓋王粲有疑于鄭學，而問鄭之弟子田瓊、韓益，釋之。所問所正，皆鄭氏之注，故言鄭氏注以申明之。後人誤以爲鄭玄撰者，非也。他如《周禮・大宗伯》賈公彦疏引《爾雅》鄭注云：「天皇，北辰耀魄寶。」鄭未注《爾雅》，此不足據。又朱子《書河圖洛書》曰：「《大戴禮・明堂》篇有『二九四七五三六一八』之語，鄭氏注：『法龜文也。』漢人固以九數者爲《洛

❶「釋」上，《新唐書・藝文志》有「注」字。

書》也。」鄭康成無《大戴禮注》，朱子誤以盧辨注爲鄭注耳。又《玉海》附載《忠經》一卷，馬融撰，鄭玄注，《崇文總目》在小説，此係僞書，不足録。又劉克莊《墨莊漫録》載《漢宫香方》，鄭康成注，尤謬妄也。余向與惠定宇、家鳳喈共講鄭氏學，各取書目考證之，尚多不全不備。今歸田多暇，輒復論定。據《後漢書》本傳、《鄭志目録》、《晉中經簿》、梁《七録》、《隋・經籍志》、《舊唐書・經籍志》、《新唐書・藝文志》，參以《宋・藝文志》、《崇文目》、《玉海》、《御覽》、《釋文》諸書，略訂其誤，俾後之談鄭學者覽焉。

《周易注》、本傳有。《鄭志目録》有，《晉中經簿》有，梁十二卷，《隋》九卷，《舊唐志》九卷，《新唐志》十卷。按《玉海》費氏之後，《易經》上下離爲六卷，《繫辭》而下五篇合爲三卷。《宋・藝文志》：「鄭玄《周易文言注義》一卷。」蓋宋時惟存《文言》、《説卦》、《序卦》、《雜卦》四篇，合爲一卷，餘皆逸也。舊本十二卷，後爲九卷，《新唐志》云「十卷」者，《釋文》所謂「録一卷」也。《易緯注》、梁九卷，《隋》八卷，《宋・藝文志》七卷。《乾鑿度》、《通卦驗》不在七卷内。《乾鑿度注》、李淑《書目》二卷，《宋・藝文志》三卷。《通卦驗注》李淑《書目》二卷，《宋・藝文志》二卷。《稽覽圖注》、《宋志》一卷，《玉海》、《永樂大典》同。《通考》二卷，《書録解題》三卷，《通志》七卷。《通志》言七卷者，合《辨終備》以下四卷及二卷、三卷無標目者，非謂《稽覽圖》有七卷也。《辨終備注》、《玉海》一卷。《是類謀注》、《玉海》一卷。《乾元序制記注》、《玉海》一卷。《坤靈圖注》、《玉海》一卷。按《玉海》云：「今三館所藏《乾鑿度》、《通卦驗》皆別出爲一書，而《易緯》鄭氏注七卷，《稽覽圖》第一，《辨終備》第四，《是類謀》第五，《乾元序制記》第六，《坤靈圖》第七，二卷、三卷無標目。」《尚書注》、本傳有，《鄭志目録》有，《晉中經簿》有。《隋》九卷，唐同。按本傳云：「從東郡張恭祖受古文《尚書》。」《唐志》云：「鄭注古文《尚書》九卷。」《尚書義問》、《隋志》：「梁有《義問》三卷，鄭玄、王肅及晉五經博士孔晁撰。」《尚書大傳注》、本傳有,《鄭志目録》有,《晉中經簿》有,《隋》三卷,《崇文目》同。《書録解題》、《通考》並四卷。《尚書緯注》、梁六卷,《隋》三卷,《唐》三卷。按《唐志》有鄭注《尚書緯》三卷,宋以後亡。其緯書不可考,今略檢諸書,補其目于下。《刑德放注》、見《御覽》六百四十八卷。《帝命驗注》、見《初學記》九卷。《考靈耀注》、見《藝文類聚》一卷。《璇璣鈐注》、見王融《策秀才文》李善注。以上緯書散見各書中頗多,今略舉以概其凡。《尚書中候注》、本傳有,《鄭志目録》有,《晉中經簿》有,梁八卷,《隋》五卷。其名有《握河紀》、《勑省圖》、《我應》、《雒師謀》、《準讖哲》、《合符后》、《運衡》、《覬期》、《考河命》、《義明》、《霸免》、《苗興》、《契握》、《雒余命》、《適雒貳》、《稷起》。《毛詩箋》、本傳有,《鄭志目録》有,《晉中經簿》有,《隋》二十卷。《唐志》云:「箋《毛詩詁訓》二十卷。」《毛詩譜》、本傳有,《鄭志目録》有,《新唐志》三卷,《舊唐志》二卷,《宋》三卷。歐陽修補亡《隋志》二卷,即《鄭譜》,不注鄭玄撰者,誤。《詩緯注》、《唐》三卷。《儀禮注》、本傳有,《晉中經簿》有,《隋》十七卷,《唐》同。《周官禮注》、《晉中經簿》有。《隋志》十二卷,《唐》十三卷。按:本傳云:「從張恭祖受《周官》、《禮記》。」《儒林傳》云:「馬融作《周官傳》,授鄭玄。玄作《周官注》。」本傳稱其注《儀禮》、《禮記》。唐史承節撰《鄭司農碑》,云「注《儀禮》、《周官》、《禮記》」,較爲詳備矣。《答臨孝存周禮難》、本傳有,《鄭志目録》有,《鄭志》作「臨碩」。碩,孝存名也。臨,《正義》作「林」。孝存,史承節《碑》作「孝莊」。《禮記注》、本傳有,《鄭志目録》有,《晉中經簿》有,《隋》二十卷,《唐》同。《魯禮禘祫議》、本傳有。《喪服經傳注》、《隋》一卷。《喪服變除注》、《唐志》一卷。此戴德所撰而鄭注之,孔疏亦多引其文。《唐志》脱一「注」字。《喪服譜》、《隋》一卷,《唐志》作《喪服紀》一卷。《三禮目録》、《隋》一卷,《唐》同。梁有陶弘景注,亡。《三禮圖》、《隋》九卷,《唐》同。❶侍中阮諶等撰。《禮緯注》、《隋

❶「唐」,原脱,今據清嘉慶十二年塾南書舍刻本《春融堂集》卷三四補。

志》云三卷，亡。今取其可考者，補其目。《斗威儀》，見《文選·七啟》李善注。《含文嘉》，見《御覽》，一卷。《禮記默房注》，梁三卷，《隋》二卷。《左傳注》，本傳云：「從張恭祖受《左氏春秋》。」邢昺《孝經疏》引《六藝論·敍春秋》云：「玄又爲之注。」劉孝標《世説》云：「鄭注《春秋傳》未成，盡以與服虔，爲服氏注。」《鍼左氏膏肓》，本傳有，《鄭志目録》有。《唐志》十卷。《釋穀梁廢疾》，本傳有，《鄭志目録》有。《隋志》三卷，《唐》同。《發公羊墨守》，本傳有，《鄭志目録》有。《新唐志》一卷，《舊唐志》二卷。《駁何氏漢議》，《隋》二卷。《唐志》云：「何休春秋漢議》十卷，鄭玄駁。」《春秋左氏分野》，梁一卷。《春秋十二公名》，梁一卷。《孝經注》，本傳有。《隋》一卷，《唐》一卷。《太平寰宇記》作鄭小同撰者，非。《論語注》，本傳有，《晉中經簿》有。《隋》十卷，又九卷，《唐》十卷。《論語釋義注》，《舊唐志》十卷，《新唐志》十卷。《論語孔子弟子目録》，《隋》一卷，《唐志》作「《論語篇目弟子》一卷」。《孟子注》，《隋》七卷，《唐》同。《六藝論》，本傳有，《鄭志目録》有。《隋》一卷，《唐》同。《駁許慎五經異義》，本傳有，《鄭志目録》有。《唐》十卷。《答甄守然書》，《鄭志目録》有。《史通》作「甄子然」。《乾象曆法》，本傳有，《鄭志目録》有。《天文七政論》，本傳有，《鄭志目録》有。《日月交會圖》，梁一卷，又有《日月本次位圖》，疑亦鄭注。《九宮經》，隋三卷。《九宮行棊經》，《隋》三卷。《九旗飛變》，《舊唐志》一卷，鄭玄撰，李淳風注。《漢律章句》，《晉書·刑法志》：「魏時承用漢律，叔孫宣、郭令卿、馬融、鄭玄諸儒章句，十有餘家，家數十萬言。於是下詔但用鄭氏《章句》，不得雜用餘家。」《鄭玄集》，梁二卷，録一卷，《唐》二卷。近盧見曾輯《鄭司農集》一卷，然缺佚者多，如《玉海》所引之《三禮序》、《論語序》、《詩·芣苢》疏所引之《尚書中候序》，皆不可得矣。《樂緯動聲儀》，諸書皆不言鄭有《樂緯注》，然考《御覽》一引《樂緯動聲儀》有鄭玄注，則鄭君曾注《樂緯》，信矣。《鄭志》，鄭小同撰，本傳有。《隋》十一卷，《唐》九卷。

《鄭記》、鄭玄弟子撰。《隋》六卷，《唐》同。《尚書音》、《隋·經籍志》云：「梁有《尚書音》五卷，孔安國、鄭玄、李軌、徐邈等撰。」《釋文·敍録》云：「漢人不作音，後人所托。」《毛詩音》、《舊唐志》：「《毛詩》諸家音十五卷，鄭玄等注。」《釋文·敍録》載鄭等九人。《禮記音》、梁一卷。《舊唐書》二卷，《新唐志》三卷，曹耽解。《釋文·敍録》一卷。《周官音》、《舊唐志》三卷，《新唐志》同。《釋文·敍録》一卷。《儀禮音》。梁二卷，《釋文·敍録》一卷。

乾鑿度主歲卦解

《乾鑿度》云：「乾，陽也。坤，陰也。並治而交錯行，乾貞於十一月子，左行陽時六；坤貞於六月未，右行陰時六，以奉順成其歲，歲終次從於屯、蒙。屯、蒙主歲，屯爲陽，貞於十二月丑，其爻左行，以間時而治六辰；蒙爲陰，貞於正月寅，其爻右行，亦間時而治六辰。歲終則從其次卦。陽卦以其辰爲貞，左行，間時而治六辰。陰卦與陽卦同位者退一辰以爲貞，其爻右行，間時而治六辰。泰、否之卦獨各貞其辰，共北辰，左行相隨也。中孚爲陽，貞於十一月子；小過爲陰，貞於六月未。法於乾坤，三十二歲期而周，復從於貞。」今考其法，主歲之卦以《周易》上下經爲序，而爻之起貞，則以卦氣六日七分爲序。內卦爲貞，外卦爲悔，故從初爻起爲貞，其卦於六日七分在某月，即以某月起初爻。陽卦左行，陰卦右行，兩卦以當一歲，前卦爲陽，後卦爲陰，其行皆間一辰。乾於卦氣在四月巳，坤於卦氣在十月亥，今乾初不起四月，坤初不起十月者，以十一月子陽生，五月午陰生，乾坤尊，不與衆卦耦，故乾初爻貞於十一月子，九二爻辰在寅，九三爻辰在辰，九四爻辰在午，九五爻辰在申，上九爻辰在戌。坤又不貞於五月者，五月與十一月皆陽辰，間辰而次，則相重矣，故退一辰，初爻貞於六月未，六二爻辰在酉，六三爻辰在亥，六四爻辰在丑，六五爻辰在卯，上六爻辰在巳。屯於卦氣屬十二月初候，故初九爻辰在丑，六二爻辰在卯，六三爻辰在巳，六四爻辰在未，六五爻辰在酉，上六爻辰在子。若師於卦屬正月二候，故初六爻辰在寅，九二爻辰在辰，六三爻辰在午，六四爻辰在申，六五爻辰在戌，上九爻辰在子。若師於卦氣屬四月二候，比亦屬四月三候，陰卦與陽同位，陰卦退一辰而貞五月。兑於卦氣屬八月方伯之卦，巽亦屬八月初候，陰卦與陽卦同位，陰卦宜退一辰，而貞九月。巽爲陽，兑爲陰，今兑不退而巽退者，以兑是四正卦，故不退兑而退巽。然不獨同位然也，凡陽卦在陽辰，陰卦亦在陽辰，陽卦在陰辰，陰卦亦在陰辰，皆後卦退一辰以爲貞。小畜貞四月，履貞六月，同在陰辰，則履初貞七月申。同人貞七月，大有貞五月，同在陽辰，則大有初貞六月未。噬嗑貞十月，賁貞八月，同在陰辰，則賁初貞九月戌。咸貞五月，恒貞七月同在陽辰，則恒初貞八月酉。遯貞六月，大壯貞二月，同在陰辰，則大壯初貞三月辰。損貞七月，益貞正月，同在陽辰，則益初貞二月卯。夬貞三月，姤貞五月，同在陽辰，則姤初貞六月未。萃貞八月，升貞十二月，同在陰辰，則升初貞正月寅。困貞九月，井貞五月，同在陽辰，則井初貞六月未。震貞二月，艮貞十月，同在陰辰，則艮初貞十一月子。漸貞正月，歸妹貞九月，同在陽辰，則歸妹初貞十月亥。豐貞六月，旅貞四月，同在陰辰，則旅初貞五月午。皆退一辰也。至泰在正月，貞其陽辰；否在七月，亦陽辰，自宜避之。以兩卦獨得乾、坤之體，故各貞其辰，而皆左行，泰則寅、卯、辰、巳、午、未，否則申、酉、戌、亥、子、丑，三陽在東北，三陰在西南，陰陽相比，共復乾、坤之體也。至中孚，於卦氣在十一月子，小過於卦氣在正月寅，退一辰宜貞二月卯，而貞于六月未者，以六十四卦中取坎、離法乾、坤而爻辰同，終以中孚、小過效乾、坤而爻辰亦同。不用既濟、未濟者，以小過止須一卦易位，既濟、未濟便須兩卦皆易，故不用也。朱震作《十二律圖》，坤初六六月未，六二四月巳，六三二月卯，六四十二月丑，六五十月亥，上六八月酉，是誤解右行之旨，而雜出于京氏納辰之法。國初黄宗羲主歲卦圖，亦沿其誤。不知《乾鑿度》所言左右者，以子午南北言之，則東在左，西在右，乾生子中，自北而東，向左爲左行；坤始未中，自南而西，向右爲右行，其實皆左行，故曰「交錯並行」，非順逆之謂也。

鄭氏爻辰解

《易·乾》九二爻正義云：「諸儒以爲九二當太簇之月，陽氣發見，則九三爲建辰之月，九四爲建午之月，九五爲建申之月，陰氣始殺，不宜稱『飛龍在天』，上九爲建戌之月，羣陰既盛，不得言『與時偕極』，此時陽氣僅存，何極之有？諸儒此説于理稍乖。此乾之陽氣漸生，似聖人漸出，宜據十一月之後至建巳之月已來，乾卦之象，其應然也。」孔氏黜鄭尊王，故有是難。然又云：「陰陽二氣，共成歲功。故陰興之時，仍有陽在；陽生之月，尚有陰存。所以六律六吕，陰陽相間，取象論義，於此不殊。」則又未嘗盡非鄭學也。蓋陰陽大運，無不有互乘交錯之理。以天文言之，日爲陽，月爲陰；歲、熒惑、鎮爲陽，太白、辰爲陰；斗、魁爲陽，尾爲陰；天東南爲陽，西北爲陰。以節候言之，四月純陽用事，陰在其中，故「靡草死」；十月純陰用事，陽在其中，故「薺菜生」。十二辟卦之升降，所以明二氣消息之端。十二鐘律之迭運，所以明萬物化生之本。固有未可執彼而廢此者。今由所謂爻辰者略舉之。

乾初九辰在子，上值中宫天柱五星。《隋志》云「建政教，立圖法之府」，❶故《屯》初曰「利建侯」。九二辰在寅，上值箕尾天江四星。石氏曰：「天江明動，大水不具，津梁不通。」故《需》二曰「需于沙」。九三辰在辰，上值軫。巫咸云：「軫，天車。」故《小畜》三失中曰「輿脱輻」。九四辰在午，上值柳、鬼，與西方白虎七宿近，故《履》四曰「履虎尾」。九五辰在申，上值參、觜。郗萌云：「參，伐星，大則兵起。」故《同人》五曰「大師克相遇」。上九辰在戌，上值中宫五帝座。張衡曰：「五帝同明而光，則天下歸心。」故《大有》上曰「自天祐之」。坤初六辰在未，上值井。《黄帝占》云：「東井如水，用法清平如水。」故《蒙》初曰：「利用刑人，用説桎梏。」六二辰在酉，上值紫微少衛，二内比五，猶少衛之列紫宫，故《比》二曰「比之自内」。六三辰在亥，上值虚哭泣四星，故《履》三曰「咥人凶」。又值司危二星，甘氏云：「司危驕逸亡下。」故又曰「武人爲于大君」。六四辰在丑，上值斗。石氏云：「斗，將相爵禄之位。」巫咸云：「南斗，天機大明，將相同心。」故《泰》四曰「不富以其鄰」。六五辰在卯，卯與九二爻辰比，故《大有》五曰「厥孚交如」。上值角星折威，故又曰「威如」。上六辰在巳，上值内宫天權，天權一名伐星。石氏云：「主天理，伐

❶「立圖法之府」，《隋書・天文志上》作「懸圖法之所」。

無道。」故《謙》上曰：「利用行師，征邑國。」

余撰《鄭易學通》常悉推其説，罔不與天象合。《繫辭傳》謂「仰以觀于天文」及「天垂象，見吉凶，聖人則之」者，於是益信而有徵矣。宋劉光世撰《水村易説》，亦取星象爲證驗。然劉氏取象主于日所躔，鄭君取象主于星所麗，説各不同，而又不及鄭《易》之悉合。且司馬遷《律書》次七政二十八舍以通五行八正之氣，已有是説，而《後漢書》載費直《周易》分野甚備，❶鄭君傳費氏學，則是爻辰之配其來有自。故班固《律曆志》、韋昭《周語注》率與鄭同，何妥註《文言》亦從之。孔穎達之難，其真拘隅之見也夫！

附録

先生撰《羣經揭櫫》、《五代史注揭櫫》，❷皆未成。《揭櫫》取《周禮·職金》注「今時之書，有所表識，謂之揭櫫」之意，蓋以漢學爲表識，而專攻毁漢學者。《漢學師承記》。

先生以文學受純皇帝特達之知，開續三通館、方略館、《通鑑輯覽》，皆預纂修之役。己卯、庚辰、壬午，充順天鄉試同考官。辛巳、癸未，會試同考官。及壬子主試順天，所得皆知名之士。在京師時，與朱笥河互主騷壇，門人著録者數百人，有南王北朱之稱。後來吴門，賓從益盛。同上。

先生早年以詩列吴中七子，名傳海外。初學六朝、初唐，後宗杜、韓、蘇、陸，侍讌賡歌，賜賚稠疊。古文力追韓、蘇，碑版之文照於四裔。所至朋舊文讌，提唱風雅，後進才

❶「甚」，原作「其」，今據《春融堂集》卷三五改。

❷「揭櫫」二字，《漢學師承記》無，疑衍。

學之士執經請業，舟車錯互，屨滿户外。士藉品藻以成名通顯者甚衆。阮元撰神道碑。

先生晚年尤闡性命之旨，以宋儒爲歸。病士習骫骳，風概不立，求東林志，合天下書院萃成一編，以蘄主張名教。秦瀛撰墓志。

蘭泉弟子

江先生藩 别爲《鄭堂學案》。

戴先生敦元 别見《雲門學案》。

王先生紹蘭 别爲《南陔學案》。

汪先生中 别爲《容甫學案》。

案：蘭泉門下極盛，江鄭堂嘗云弟子中以經學稱者三人：其一自謂，餘爲戴、王二人。又蘭泉撰《汪容甫哀辭》云：「作經説數萬言，正於予。予過揚州，輒出以相示。十五年如一日。」又云：「痛微言之將墜兮，匪軫私誼於門牆。」竝据以入録。

汪先生照

汪照，原名景龍，字緲青，嘉定人。貢生。王文端公杰督浙學時，嘗佐其幕。晚歲研窮經義，以《大戴禮記注》向惟盧辯一家，盧抱經、戴東原雖曾釐正其文字，然未及解詁。乃糾集同異，采摭前人諸説，一字之譌必折衷至當，肆力者三十餘年，成《大戴禮記注補》十三卷。蘭泉先生嘗序其書，言「後世有復十四經之舊者，其書當與孔、賈之疏竝行」，推重甚至。他所著有《齊魯韓三家詩義證》、《宋詩選》、《陶春館吟槀》。參史傳。

大戴禮記注補

篇目考

王言第三十九。原注闕。

昭案：王，各本訛作「主」，今據篇內及《孔子家語》訂正。其文與《家語》稍異。

哀公問五儀第四十。原注闕。

昭案：儀，各本作「義」，今據《荀子·哀公篇》「人有五儀」，《説文繫傳》「義者，事之宜，故言從人義」訂定。又案：鄭司農於《周禮注》云：「義讀爲儀，古者書儀但爲義。」洪氏适《隸釋》云：「《周禮注》儀、義二字古皆音莪。」吴氏棫《韻補》亦云：「知古者儀、義通也。」此篇與《家語》、《荀子》略相似。

哀公問于孔子第四十一。原注闕。

昭案：前半篇至「莫爲禮也」句與《家語·問禮》篇相似。「孔子侍坐」以下，與《家語·大昏》篇略同。

禮三本第四十二。原注闕。

昭案：《荀子·禮論篇》有之，視此加詳。或云：「此篇在《三朝記》中。」

禮察第四十六。原注闕。

夏小正第四十七。

昭案：《夏小正傳》，或以爲卜子夏撰，未聞所據。先儒有不信《夏小正》者。祖沖之以夏曆七曜西行，特違衆法。劉向以爲後人所造。朱紫陽疑《夏小正》出迂儒之筆，非孔子所見《夏時》本文，而輯《儀禮》又取《夏小正》而不取

《時訓》。明寧海方氏孝孺以爲此果夏之遺書，孔子曷不編於《禹貢》、《胤征》之間？孔子儻見此書，奚不曰得《夏小正》而曰得《夏時》？其言甚辯。然較之《逸周書》之《周月解》，吕不韋之《月令》，《淮南子》之《時則訓》，尤爲古質，決非周、秦間人所造。特祖龍灰燼，篆隸承訛，脱簡或所不免，其爲古書無庸疑也。舊本經傳參雜，今取諸家校定本及單行《夏小正注》本勘正，傳文皆低一格以别之。

保傅第四十八。

曾子立事第四十九。

曾子本孝第五十。

曾子立孝第五十一。

昭案：《論語》曰：「本立而道生，孝弟也者，其爲仁之本與？」《孝經》曰：「夫孝，德之本也，教之所由生也。」皇氏侃疏云：「若其本成立，則諸行之道悉滋生也。」又云：「以孝爲基，故諸衆德悉爲廣大也。」本孝、立孝之義，殆本於此。

曾子大孝第五十二。

昭案：《小戴·祭義》有此而較詳。

曾子事父母第五十三。

曾子制言上第五十四。

昭案：《説文》：「制，裁也。」曾子之言裁度而合於制度也。

曾子制言中第五十五。

曾子制言下第五十六。

曾子疾病第五十七。

曾子天圓第五十八。

昭案：此篇與《淮南子·天文訓》有相同處。

武王踐阼第五十九。
　　翊案：是篇王伯厚作《集解》，今悉采之。翊所引者，以「翊補」二字别之。又案：前半篇與《六韜》同。
衛將軍文子第六十。
　　翊案：與《家語·弟子行》篇略相似。
五帝德第六十二。原注闕。
帝繫第六十三。原注闕。
　　翊案：序次帝繫與鄭康成、馬昭、張融等不合。《蜀志》：「秦宓見《帝系》之文，五帝皆同一族，宓辨其不然。」然唐虞以上，世次難以臆斷，存而不論可也。
勸學第六十四。原注闕。
　　翊案：與《荀子·勸學篇》略同，後半與《宥坐篇》亦有相似語。
子張問入官第六十五。
　　翊案：與《家語》略同。
盛德第六十六。
　　翊案：蔡邕《明堂月令論》云「《禮記·盛德》篇曰明堂九室」云云，《北史·李孝伯傳》謂：「《考工》得之于五室，而謬于堂之修廣；《盛德》得之于户牖，失之于九室。」《詩·靈台》疏「《大戴禮·盛德》篇明堂者」云云。李覯曰：「《盛德》記九室，蔡伯喈之徒傳之。」知《明堂》本屬《盛德》，非另爲篇第也。又案：篇中與《家語·五刑》《執轡》二篇略相似。
千乘第六十七。原注闕。
　　翊案：劉向《别録》：孔子見魯哀公問政，比三朝，退而爲此記，並入《大戴禮》。《漢志》：「《論語》十二家，《孔子三朝記》七篇。」注：「師古曰：『今

《大戴禮》有其一篇。蓋孔子對魯公語也。三朝見公，故曰三朝。』」《蜀志》：「秦宓曰：『昔孔子三見哀公，言成七卷。』」裴松之注：「案《中經部》有《孔子三朝記》八卷，一卷目録，餘者所謂七篇。」《史記·黄帝紀》《漢高帝紀》臣瓚引《三朝記》，《漢武紀》元光元年注亦引之。《爾雅疏》、《穀梁疏》、《文選注》俱引之，所謂《三朝記》，皆此書也。各本以是篇改作六十八，今訂正。

四代第六十八。原注闕。

昭案：四代，虞夏商周也。各本改是篇作六十九，今訂正。

虞戴德第六十九。原注闕。

昭案：各本改作七十，今訂正。

誥志第七十。原注闕。

昭案：各本改作七十一，今訂正。

文王官人第七十一。

昭案：官人，一作「觀人」。各本改作七十二，今訂正。

諸侯遷廟第七十二。

昭案：是篇或改作七十三，或不改，故陳振孫言有兩七十二也。

諸侯釁廟第七十三。

昭案：釁廟之禮，《小戴》厠于《雜記》，《大戴》另立爲篇，故朱子集《儀禮經傳》取之，互有詳略。是篇或改作七十四，或不改，故吴澄云有兩七十三也。

又案：《周禮·春官·天府》「上春釁寶鎮及寶器」注云：「釁謂殺牲以血血之。鄭司農云：『釁讀爲徽。』或曰：釁鼓之釁。」疏云：「殺牲取血釁之，若《月令》『上春釁龜筴』是也。云『釁讀爲徽』者，《周禮》先鄭皆讀釁爲徽，徽取飾義。或曰『釁鼓之釁』者，讀從《定四年》祝佗云『君以軍行，祓社釁鼓』，釁皆以血血之也。」照謂是篇當讀興，去聲，《說文》所謂「血祭」也。

小辨第七十四。

　　照案：張揖《進爾雅表》，以此篇爲在《三朝記》中。

用兵第七十五。

少閒第七十六。

　　照案：是篇在《三朝記》中，則所謂「公曰」者，必魯哀公也。

朝事第七十七。原注闕。

　　照案：自「聘義」至「諸侯務焉」，❶與《聘義》同。

投壺第七十八。原注闕。

公冠第七十九。

　　照案：較《小戴記》稍略。

　　照案：冠，各本訛作「符」，今訂正。《南史》沈文阿以此篇爲成王冠儀，故篇末附「成王冠，周公使祝雍祝王」之辭，並附漢孝昭冠辭。成王與昭帝皆即位後始冠者也。

本命第八十。

　　照案：《通典》引《本命》篇作逸《禮》，《家語》有是篇而略後半，與《喪服四制》同。

易本命第八十一。

蘭泉交游

王先生鳴盛別爲《西莊學案》。

❶「義」，據《大戴禮·朝事》當作「禮」。

錢先生大昕 別爲《潛研學案》。

朱先生筠 別爲《大興二朱學案》。

翁先生方綱 別爲《蘇齋學案》。

陸先生錫熊 別見《獻縣學案》。

戴先生震 別爲《東原學案》。

畢先生沅

畢沅，字湘蘅，號秋帆，又號弇山，鎮洋人。初由舉人官内閣中書，入直軍機處。乾隆庚辰成一甲一名進士，授修撰。歷官至湖廣總督。值永綏苗民及川楚教匪先後作亂，督師勦捕，出駐辰州。嘉慶二年，卒於軍中，年六十有八。先生愛才如恐不及，當巡撫陝西、河南時，一時名宿如吴中書泰來、嚴侍讀長明、程編修晉芳、邵學士晉涵、錢州判坫、洪編修亮吉、孫觀察星衍等皆招致幕府。少嗜著述，至老不輟。謂經義必有師承，因敍述源流爲《傳經表》一卷，《通經表》一卷。謂讀書必識文字，因考校同異，爲《説文解字舊音》一卷，《經典文字辨正書》五卷，《音同義異辨》一卷。謂編年之史莫善於涑水，續之者有薛、王、徐三家，皆未詳備，因始宋訖元，爲《續資治通鑑》二百二十卷。謂史學必通地理，故於《山海經》、《晉・地理志》皆有校訂，爲《山海經校本》十八卷，《篇目考》一卷，《晉書地理志新補正》五卷；又輯《太康三年地記》一卷，《王隱晉書地道記》一卷，《三輔黄圖補遺》一卷及《關中勝蹟圖志》三十二卷。謂金石可證經史，宦迹所至，加意搜羅，爲《關中金石記》八卷，《中州金石記》五卷。他如《夏小正攷注》一卷，《釋名疏證》八卷，《釋名補遺》一卷，《續釋名》一卷，《吕氏春秋校正》二十六卷，《老子道德經考異》二卷，《墨子校注》十六卷，《篇目考》一卷，皆攷證精密，有功藝林。其詩文下筆即成，不拘一格，有《靈巖山人詩集》四十卷，《文集》八卷。

參史傳、王昶撰神道碑、《先正事略》。

夏小正考注自序

《大戴記》八十一篇，今止四十篇，其篇自三十九始，無四十三、四、五及六十一四篇，有兩七十三，或云兩七十四。《小正》蓋其弟四十七篇也。案：《漢書·藝文志》七十子後學者所記《禮》百三十一篇，别無大、小戴之目。今所計《小戴》有四十九篇，《大戴》有八十一篇，合之正得百三十篇之數，較《藝文志》所説止少一篇，并此二書，即後學者所記歟？唐《大衍曆·日度議》曰：「《小正》雖頗疏略失傳，乃羲和遺蹟。」今檢論經月所列觀象授時諸事，有「正月啟蟄，鞠則見，初昏參中，枓杓縣在下；三月參則伏；四月昴則見，初昏南門正；五月參則見，初昏大火中；六月初昏，枓杓正在上；七月漢案户，初昏織女正東鄉，枓杓縣在下則旦；八月辰則伏，參中則旦；九月内火，辰繫于日；十月初昏南門見，織女正北鄉則旦」云云，與《尚書·堯典》「日中星鳥，日永星火，宵中星虚，日短星昴」之旨合。稽之《明堂月令》，則三月日在胃，參不必伏；五月昏亢中，非大火中；八月日在角，辰亦未伏，有所不同。以宋何承天、隋袁充之説考之，知堯時冬至日在須女十度。劉歆《三統》、揚雄《太玄》又推周時冬至日在牽牛初度。賈逵云：「初度者，牽牛中星也。」然則其間實差十度有奇。又《大衍》推《小正》「三月日在昴，五月日在鬼」，天行遲速今古不能相同，後世歲差之論當有所自矣。《三統》記十二次：「諏訾立春節，驚蟄中；降婁雨水節，春分中；大梁穀雨節，清明中。」《太初後術》則云：「諏訾立春節，雨水中；降婁驚蟄節，春分中；大梁清明節，穀雨中。」又異者，古曆皆如《三統》所稱，改之者自《後術》始。《月令》曰「正月蟄蟲始振，二月始雨水」，不符于《小正》耶？汲郡所出《周書》有《時則解》一篇，云：「雨水之日，獺祭魚。驚蟄之日，桃始華。清明之日，桐始華。穀雨之日，萍始生。」亦次驚蟄、穀雨于雨水、清明後，後人剽取《月令》竄入《周書》，又分五日爲一侯，讖緯之談無所關乎經制焉。《月令》十二月有「雉雊，雞乎卵」，《小正》則在正月；二月有「雁化爲鳩，桃始華」，《小正》亦在正月；五月有「游牝別其羣，執騰駒，班馬政」，《小正》則在四月；九月有「豺祭獸」，《小正》則在十月。天行有不同，物候亦因之換耶？《小正》于天象、時制、人事、衆物之情無不具紀，洵爲一代之巨憲。故夫子稱之曰：「欲觀夏道，吾得《夏時》焉。」又曰：「行夏之時。」司馬遷曰：「孔子正《夏時》，學者多傳《夏小正》。」此書之所由來歟？作者之聖，言辭簡要，後儒爲之訓注，如《周書·王會解》「穢人前兒，良夷在子，揚州禺，發人鹿，周頭煇羝，白民乘黃，歐人蟬蛇」等云經也，其下「前兒，若獼猴，立行，聲似小兒；在子，□身人首，脂其腹，炙之霍，則鳴，曰『在子』；禺，魚名；鹿者，若鹿迅走；煇羝者，羊也；乘黃者，似麟，背有兩角；蟬蛇順，食之美」等云則注也。《山海經》「結匈國」、「南山在其東南」、「北翼鳥在其東」、「三苗國在赤水東」、「鑿齒持盾」等云亦經也，其下「一曰南山在結匈東南」、「一曰在南山東」、「一曰三苗國」、「一曰戈」等云亦注也。經注不分，則習之或誤。《小正》經爲禹，啟所製，歷二千餘年，而戴德始作傳，不加之條晰，必有以傳爲經、以經爲傳之弊。沅所見各家，自今所行《大戴記》外，其傳本有宋朱子本，有關澮本，有傅崧卿本，有王應麟本，有元金履祥本；本朝有故尚書大興黄叔琳本，有故尚書無錫秦蕙田本，有今學士錢塘盧文弨本，有故編修休寧戴震本，有今主事曲阜孔繼涵本，皆分經傳，亦並有異同。案引者又有鄭康成、郭璞、孔穎達、歐陽詢、徐堅、李善、一行諸人，因遴加參校，附以鄙釋，名曰《夏小正考注》。《小正》有戴氏傳之于前，又有北周盧辯注之于後。今經既殘破，傳復譌亂，辯注又不傳，若據考不精，各以私意，類分互證，是誣之矣。沅于詁訓信好雅言，文字默守許解，經禮則專宗鄭學。戴之説是，必曲證以申明之。偶得一間，又求之諸經，以附合本旨，庶得尊經後傳之義。夫由今以溯傳，既二千年矣。由傳以溯經，又二千年。歷四千餘年之久，而通之者卒不多見其人，蓋信古者少矣，可不深歎哉！

經典文字辨證書自序

作是書有五例：一曰正。皆《説文解字》所有者也。二曰省。筆蹟稍省于《説文解字》，簮之爲香，髃之爲腢是也。三曰通。變易其方而不盭于《説文解字》，烁之爲秋，鵻之爲鵻是也。又執不能符于籀篆，不得不從隸楷所行，斉之爲齊，𡩋之爲壺是也。四曰別。經典之字爲《説文解字》所無者也。然紂䚫別而有據，迡䢜別而難依，是亦有兩例焉。五曰俗。流俗所用，不本前聞，或乖聲義，鄉壁虛造，不可知者是也。粤若卟古，造字之初，依類象形謂之文，形聲相益謂之字。日月、上下、武信、江河，其事實繇，其原則一。于是《周官》則保氏教之，漢令則尉律課之。然自八體肇興，乳生蕪穢，卅五篇，故多殊觀。《漢書》小學十家，三十五篇。十三册，式增逸體。揚雄《方言》十三卷。聯邊詭異，識者誚焉。出《文心雕龍》。至于啚俗常譚，讖候別識，馬頭人、馬頭人爲長。黄頭人，王恭。時謡黄頭小人爲恭。誣人滋戾；十日卜、董卓。時謡「千里草，何青青。十日卜，不得生」。十一口，司馬元顯。時謡「當有十一口，當爲兵所傷」。論十始乖。全非則止句、屈中，苛爲止句，虫爲屈中。半得則去衣、負告，《越紐》以去爲姓，得衣乃成。人負告爲造。不審則橫目、田斗，「局縮肉，數橫目」，橫目者，四字。魚羊田斗爲鮮卑。獨異則神虫、巧言。神蟲爲蠶，巧言爲辨。尔既有田，昣字尔有田。車偏無軸。桓温。謡：「車無軸，倚孤木。」成皋有白人羊之印，大亨有二月了之讙。桓玄改年大亨，遐邇讙言曰：「二月了。」更可哂者，昱日爲翌，今人稱翌日，本昱日也，誤羽爲日。脩尾爲翛，《詩》「予尾翛翛」，本脩字。巤變刲形，剝成刹體。蔡中郎不識色絲，蔡中郎，漢末碩學，而云「色絲爲絶」，不知絶字從糸旁刀，刀下巴，非色字。隋文帝罔稽裂肉。隋文帝惡「隨」字爲走，乃去之，不知隋，《説文》訓爲裂肉，其義更不祥。或因仍而改，或卓見而離。蓋舉一以概餘，勿兼該而争辨矣。

至于經籍之文，異傳異寫，叚借之恉不明，偏旁之義遂晦。飛禽安鳥，水族著魚，蟲屬虫旁，草類艹上，行乃用辵，語即從言，重之則璠與爲璵，惡之則獫允爲狁。更有離邊置禹，蔽下加朋，涸支于文，涸孔于冘，魚燕、馬爲、鳥焉、照黑，誰問灬分；魚、燕本作火，象尾形。馬、爲本作𠓜，象四足形。鳥、焉本作匕，象足形。照、黑從火。　豊覃、粟栗、要悪、罨覆，難求西合。豊上作曲，覃上作鹵，粟上覀字，栗上卤字，要本從交、從臼，悪上亞字，罨上作𠔿，覆上西字。　胄胃莫析，陝挾不殊。陝字從夾，夾從大、從兩人。挾字從夾，夾從大、從𠂆刀。　穜種、酢醋之互亂，穜植字從童，種稑字從重，今人以穜爲種，以種爲穜。醯酢字從乍，酬酢字從昔，今人以酢爲醋，以醋爲酢。　蘜蘜、雁鴈之相縣。蘜日精，蘜治牆，今通用菊。鴻雁從隹，䳘鴈從鳥。　如此之類，雖非馬豕之譌，或致究㳚之謬。「究」字本作「沇」，移水於上成六。「㳚」本「浅」字，因形而變。　是貴于考之詳而審之諦也。

余究思典籍，求蹟籀、斯，每概《艸木篇》多變舊文，司馬相如作。　詁訓書積生詭字。《爾雅》十九篇多俗字。　若不折衷南閣，曷繇探本彼《倉》。　故從五百廿部，窮九千餘言，偏討別指，以示專歸。　其義取之魏江式、齊顔之推，其文則較之唐陸德明、顔元孫、張參、唐玄度，周郭忠恕，宋張有諸家爲正矣。　然元孫自謂能「參挍是非，較量同異」，立俗、通、正三例定字而舛失偏多，如以藝藝、閴閴、稧褉爲上俗下正，而不知下正亦爲俗字；　潔潔、槊稍，棹櫂爲上通下正，而不知下正皆非正字；　虫、蟲、畐皆爲正字，綸衲、貽詒、种沖、効效爲並正，而不知綸、貽、种、効本非正字；　塗、途爲並正，而不知皆爲俗字。　翫其所習，蔽所希聞，本無數典之長，斯眩觀文之目，無怪其率由多愆也矣。　張有則以宋徐鉉刊定《説文解字》爲真本，凡徐所參入及新附字概指爲許書。　如㨗、腚、貓、韡、驊、醒、砧、琖、槬、禰、繖、臉、稯、槊、盋、蚝、芍、坳、顛、琲、茢爲許之所無，並云正體。且謂韡爲韡别，繅爲繅别，㤏爲嬛别，莩爲叉别，陀爲闍别，券爲券别，而不知六文皆有兩家，專以匡俗成編，猶有此病，他可勿問焉。

余少居鄉里，長歷大都，凡遇通儒，皆徵碩學。初識故元和惠徵君棟，得悉其世業。繼與今嘉定錢詹事大昕、故休寧戴編修震交，過從緒論，輒以衆文多誣，糾辨爲先，既能審厥時譌，必當紹其絶詣。門生嘉定錢明經坫向稱道吴江處士聲能作通證書，欲以經典異文盡歸許君定字，是猶余之志也。夫處鮑居蘭，薰蕕易剖；生麻入緇，形色弗蒙。若使歧多路惑，則靡所適從；諒彼歸異出同，則自逢指要。爰因暇景，既竭愚才，日省月記，殺青斯竟，舉綱舉目，願無背于往制；去泰去甚，事始契于宿懷。引之能伸，用亦無爽；如云未盡，殆其謂之。或有臨陳，亦無隱焉。

音同義異辨自序

既作《辨正》書，每念經典之文多通假借之道，非必古人字少，以一字而兼數義之用，皆緣隸寫轉譌，避緐文而趨便易所成。《説文解字》所有其音同、其義異者，據形著訓，雜而不逑，分觀並舉，式鏡考資。因另爲一編，附于《辨正》之後，庶不偕邵陵之恉云。

説文解字舊音自序

唐以前傳注家多稱《説文解字音》。《隋書·經籍志》有《説文音隱》，疑即是也。因摭録之，以資考證，并爲之序。曰：漢許君慎作《説文解字》十四卷成，其子召陵萬歲里公乘沖以安帝建光元年上書獻之，且云：「臣父故太尉南閣祭酒慎。」考《後漢書》許君本傳但云「爲郡功曹，舉孝廉，再遷洨長，卒于家」，不及太尉祭酒者，缺也。《漢舊儀》曰：「丞相設四科之辟，弟一科曰：德行高妙，志節清白，補西曹南閣祭酒。」又曰：「太尉東西曹掾，秩比四百石。餘掾比三百石。」然則南閣祭酒爲太尉西曹掾史也。《百官志》曰：「太尉掾史屬二十四人。」《漢書》稱周澤爲太尉議曹祭酒，所謂「比三百石」者是歟？《玉海》曰：「後漢太尉六十四人。」許君自言其書成于永元困頓之年，爲和帝永元十有二年，是時則張酺爲太尉也。沖又云「先帝詔侍中騎都尉賈逵修理舊文」，慎本從逵受古學，逵本傳逵以章帝建初元年承詔入講北宮白虎、南宮雲臺，《本紀》載其事于四年，合《儒林傳》敘云「建初中」，則四年爲是。許君之書大略皆以文定字，以字定聲。其立一爲耑者，皆文也。形聲相益者，皆字也。故云：「文，物象之本。字，言孳乳而生。」其例有云從某某聲、從某某省聲、從某從某某亦聲，又云讀若某。其時如鄭衆、鄭興、杜子春及康成之徒注諸經禮，高誘注吕不韋、淮南王等書皆然。自反音興而讀若之例遂變。❶反音仿自孫炎，李登作《聲類》亦用之。晉吕忱依託許書又作《字林》，其弟静因《聲類》則作《韻集》，韻書實始焉。是編《隋志》次在忱書之下，❷但云有四卷，而不詳撰著姓名及時代。考《詩》「有鷕雉鳴」，鷕，沈重音「雉皎反」，此云「以水」，鷕本音以水，

❶「興」，原闕，今據清嘉慶七年刻本《直隸太倉州志・藝文三》補。

❷據《隋書・經籍志》，《説文音隱》在《字林》之前，故「下」當作「上」。

水字三寫成小，遂爲「以小」，「以小」轉爲「雉皎」，可見沈時已譌讀同幺。又忱音鷺爲「于水」，「于水」與「以水」適合，則是編爲沈以前人所作無疑。唐世言文字聲音者，每兼采許及忱，惟顔籀則文字用許，聲音用《聲類》，故所著《漢書》、《急就章》注及《匡謬正俗》皆無許書音。由可見，是編之流傳更尠，更足貴矣。今考其音，荼爲徒，抵爲紙，掇爲豬劣反，窒爲都節反，戡爲竹甚反，抶爲丑乙反，肇爲大可反，摧爲奴回反，兲爲才廉反，濘爲奴泠反，此皆舌音之正。今閩人猶呼朝夕之朝爲貂，知否之知爲低，通徹之徹爲鐵，纏繞之纏爲田。舌音有舌頭、舌上之別，閩人衆音並歸于舌，故獨于舌音能分深淺，亦其俗然也。其音剽爲數妙反，擎爲方結反，又皆脣音之正。古者脣音不分輕重，故《詩》「匍匐救之」，《禮記》引爲「扶服」。如今沙門讀「南無」爲「那麻」，無屬輕脣，麻屬重脣，寡聞者訝其不類，不知唐時陀羅尼多云「曩謨」，一云「曩莫」，謨、莫亦屬重脣，合之麻音爲近也。曩、南、那，舌音之轉；謨、莫、麻、無，脣音之同耳。其音汔爲巨乞反，挺爲達鼎反，又皆送聲之正。聲有出送收，始發曰出，縱曰送，終曰收。有出則送收兩聲隨之而盡，此得于天而不可强假者也。人生而有形，喉齶舌齒脣五物必備，五聲由此著焉。從五聲而區之，各有其出送收，由輕而重，由清而濁，其輕且清者曰出，重且濁者曰收，重極復輕，濁極復清，故聲能以下爲高，以高爲下，由輕而漸重，由清而漸濁。重分其若輕，濁分其若清，皆謂之送。「緩土之民其聲抒，急土之民其聲疾」，故欽、琴本兩聲，北人呼琴爲欽；通、同本兩聲，亦呼同爲通；潘、盤本兩聲，亦呼盤爲潘。爲緩急之殊俗，故巨乞、達鼎爲南音之分，而亦得北音之合。然據此而論，則是編亦南人所定者矣。反音之法，如正之與乏，因射爲應，但古今語有所殊，或致音有所别，然推厥由來，皆可究知其義，故學貴考其原也。許君之書今所存者，有徐鉉等校定音，並《唐韻》也；有徐鍇《繫傳》音，朱翺所加也；有《五音韻補》音，則鍇所加也。然皆唐以後所改更，唐所用解字書既不行，其音僅一見于戴侗《六書故》「栫」字訓注及宋鼂説之「芥脃之荃」「荃」字論下，亦于古音無涉。是編所輯雖寡，要爲探本之誼，後之人不知珍重者陋也。

釋名疏證自序

劉熙《釋名》，其自序云「二十七篇」。案：《後漢書・文苑傳》：「劉珍，字秋孫，一名寶，撰《釋名》三十篇，以辯萬物之稱號。」而韋曜、顔之推等皆云：「劉熙製《釋名》。」「熙」或作「熹」。案：《三國・吴志・曜傳》：「曜在獄中上辭有云『見劉熙所作《釋名》，信多佳者。然物類衆多，難得詳究，故時有得失，而爵位之事，又有非是』云云。」玩曜之語，則熙之書，吴末乃始流布。是熙之去曜，年代必當不遠。一也。舊本題「安南太守劉熙撰」，近時校者以二漢無安南郡，或云當作「南安」。今考劉昭注《續漢書》稱《三秦記》曰：「中平五年，分漢陽置南安郡。」《元和郡縣志》亦云漢靈帝立，是郡置已在漢末。二也。此書《釋州國》篇有司州。案：《魏志》及《晉書・地理志》魏以漢司隸所部河南、河東、河内、弘農并冀州之平陽，合五郡置司州，是建安以前無司州之名。三也。又云「西海郡海在其西」，據劉昭注，則西海郡亦獻帝建安末立，其時去魏受禪不遠。四也。《釋天》等篇於光武列宗之諱均不避。五也。以此推之，則熙爲漢末，或魏受禪以後之人無疑。又自序云「二十七篇」，而《文苑·劉珍傳》云「三十篇」，篇目亦不甚懸遠，疑此書兆于劉珍，踵成于熙，至韋曜又補《官職》之缺也。其書參校方俗，考合古今，晰名物之殊，辨典禮之異，洵爲《爾雅》、《説文》以後不可少之書。今分觀其所釋，亦時有與《爾雅》、《説文》諸書異者。《爾雅》曰「齊曰營州」，而此云「營州，齊、衛之地」；《爾雅》云「石戴土謂之崔嵬，土戴石爲岨」，而此依毛傳立文曰「石載土曰岨，土載石曰崔嵬」，正與相反，是也。《説文》「錦」从帛、金聲，凡爲聲者皆無義，而此云：「錦，金也。作之用功其價如金，故其制字从帛與金。」是以諧聲之字爲會意。又《説文》「平土有叢木曰林」，而此云「山中叢木爲林」，亦皆異義。且字體出《説文》外十之三，益信熙之時去叔重已遠，其聲讀輕重、名物異同，與安順前又迥别也。暇日取羣經及《史》《漢書》注、唐宋類書、道釋二藏校之，表其異同，是正缺失，又益以《補遺》及《續釋名》二卷，凡三閲歲而成。復屬吴縣江君聲審正之。江君欲以篆書付刻，余以此二十七篇内俗字較多，故依前隸寫云。所以仍昔賢之舊觀，示來學以易曉也。

又序

《隋書·經籍志》云：「《釋名》八卷，劉熙纂。」又《大戴禮記》十三卷下注云：「梁有《謚法》三卷，後漢安南太守劉熙注，亡。」檢《後漢書》無劉熙傳，又《郡國志》無安南郡，惟漢陽郡注引《秦州記》曰：「中平五年，分置南安郡。」則「安南」或「南安」之誤與？晉李石《續博物志》云「漢博士劉熙」。宋陳振孫《書録解題》、馬端臨《文獻通考》並云「漢徵士北海劉熙，字成國」，不知何本。或《釋名》古本所題相傳如此，胡爲與《續博物志》、《隋書·經籍志》又各不同，皆無明文可證。《後漢書·劉珍傳》言「珍纂《釋名》三十篇，以辨萬物之稱號」，今《釋名》二十七篇，見有亡篇，安知非本三十篇也？或劉珍别有《釋名》而已亡與？抑或蔚宗聞之不審，而誤以劉熙爲劉珍與？《三國·吴志·韋昭傳》昭言：「見劉熙所作《釋名》，信多佳者。然物類衆多，難得詳究，時有得失，因作《辯釋名》一卷。」案：《吴志·程秉傳》言秉「避亂交州，與劉熙考論大誼」。又《薛綜傳》言「綜避地交州，從劉熙學」。交州，孫吴之地也。計吴之立國才五十二年，而韋昭下獄時年已七十，則昭少壯時與劉熙並世而同國，或嘗見熙，亦未可知。其謂《釋名》爲熙所作，審矣。范史之言，可弗計也。爰自書契之作，先有聲音，而後有訓詁。《易》曰：「乾，健也。坎，陷也。兑，説也。」《禮記》曰：「仁者，人也。義者，宜也。」皆以聲音相近爲訓。《釋名》一書，盡取此意。故顔之推《家訓》云：「揚雄著《方言》考名物之同異，不顯聲讀之是非。逮鄭康成注六經，高誘解《吕覽》、《淮南》，許慎造《説文》，劉熙製《釋名》，始有譬況叚借以證音字。」則《釋名》之於小學，裨益甚多。如「江，公也，諸水流入其中所公共也」，知古讀江如工矣。「能，該也，無物不兼該也」，知古讀能如台矣。「巳，已也，陽氣畢布已也」，知古辰巳之「巳」與「已止」之「已」通矣。至其論述，按之古籍，多與符合，可謂善矣。今之學者，聲音訓故之不講，名物象數之不知，藉是足以明古字之通借音韻，古制之規模儀法，其可忽乎哉？顧俗本流傳，魯魚亥豕，學者不察，轉生駁議，如「羹，汪也，汁汪郎也」，「羹」誤爲「歎」，遂疑《釋飲食》不當缺羹；碑本葬時所設，「葬」誤爲「莽」，後人强羼「王」字，反引「公室視豐碑」，謂碑不始于王莽。若斯之類，不勝枚舉。余循覽載籍，凡經傳子史有與是書相表裏者，援引以爲左證。又取唐宋人書有引是書者，會萃以相參校，表其異同，正其紕繆，且益以《補遺》及《續釋名》，題曰《釋名疏證》刊印，寄歸屬江君聲審正其字。江君謂必用篆文，字乃克正，請手録之，別刊一本。余時依違未許，既而覆視所刻，輒復删改。適江君又以書請，遂以删改定本屬之鈔寫，并述前敍未盡之意，復爲敍以詒之。

釋名補遺自序

檢閲羣書，輒見有引《釋名》而今《釋名》闕者，輯録以爲《補遺》，附于卷末。因取韋昭所補之《官職訓》及《辯釋名》并附録焉。惟是《官職訓》及《辯釋名》，據昭自言各一卷，則捊然成帙。今雖亡失，其引見唐宋人書者當不止于是，而予之所見僅此而已。儻博雅君子，別有采獲，以補予之不逮，則幸甚幸甚。

續釋名自序

《太平御覽·時序部》引《釋名·釋律呂》之名誼，于春釋太簇、夾鐘，于夏釋蕤賓，于秋釋夷則、南呂，于冬則先引《風俗通》一條，乃後承之以「又曰」，而釋應鐘、大呂，然則三時所引《釋名》，其果《釋名》文與？非與？顧《風俗通》未有律吕，所引律吕之誼，惟《白虎通·五行》篇有其文，且十二律具備，其文法正與《釋名》相類，或所引實《白虎通》與？兹不忍棄置，又不敢羼入，姑就其所引，正之以《白虎通》，參之以《史記》、《漢書》，别纂一篇，不以列于《補遺》，而别爲《續釋名》云。

山海經新校正自序

《山海經》作於禹、益，述於周、秦，其學行於漢，明於晉，而知之者魏酈道元也。《五藏山經》三十四篇，實是禹書。禹與伯益主名山川，定其秩祀，量其道里，類别草木鳥獸，今其事見於《夏書·禹貢》、《爾雅·釋地》及此經《南山經》已下三十四篇。《爾雅》云：「三成爲昆侖丘，絶高爲之京，山再成，英；鋭而高，嶠；小而衆，巋；屬者，嶧；獨者，蜀；上正，章；山脊，岡；如堂者，密；大山宫小山，霍；小山别大山，鮮；山絶，陘；山東曰朝陽。」皆禹所名。按：此經有昆侖山、京山、英山、高山、歸山、嶧皋之山、獨山、章山、岡山、密山、霍山、鮮山、少陘山、朝陽谷，是其山也。《夏書》云：「奠高山大川。」孔子告子張以爲牲幣之物，「五嶽視三公，小名山視子男」。按此經云：凡某山至某山，其祠之禮何，用何瘞，糈用何，是其禮也。《列子》引《夏革》云、吕不韋引《伊尹書》云多出此經，二書皆先秦人著，夏革、伊尹又皆商人，是故知此三十四篇爲禹書無疑也。《海外經》四篇，《海内經》四篇，周、秦所述也。禹鑄鼎象物，使民知神姦，按其文有國名，有山川，有神靈奇怪之所際，是鼎所圖也。鼎亡於秦，故其先時人猶能説其圖以著于册，劉秀又釋而增其文。是《大荒經》以下五篇也。《大荒經》四篇釋《海外經》，《海内經》一篇釋《海内經》，當是漢時所傳。亦有《山海經圖》頗與古異，秀又依之爲説，即郭璞、張駿見而作《讚》者也。劉秀之表《山海經》云：「可以考禎祥變怪之物，見遠國異人之謡俗。」郭璞之注《山海經》云：「不怪所可怪，則幾於無怪矣；怪所不可怪，則未始有可怪也。」秀、璞此言，足以破疑《山海經》者之惑，而皆不可謂知《山海經》，何則？《山海經》《五藏山經》三十四篇，古者土地之圖。《周禮・大司徒》用以周知九州之地域廣輪之數，辨其山林、川澤、丘陵、墳衍、原隰之名物。《管子》：「凡兵主者，必先審知地圖。轘轅之險，濫車之水，名山、通谷、經川、陵陸、丘阜之所在，苴草、林木、蒲葦之所茂，道里之遠近。」皆此經之類，故其書世傳不廢，其言怪與不怪皆末也。《南山經》其山可考者，惟誰山、句餘、浮玉、會稽諸山。其地漢時爲蠻中，故其他書傳多失其跡也。《西山經》其山率多可考，其水有河，有渭，有漢，有洛，有涇，有符禺，有灌，有竹，有丹，有楚，有洋，有弱，有洱，有辱，有諸次，有端，有生，有濫，是皆雍、梁二州之水，見於經傳。其川流沿注，至今質明可信者也。《北山經》其山皆在塞外，古之荒服，經傳亦失其跡，而有泑澤及河原可信。《北次三經》以下，其山亦多可考，其水有汾，有酸，有晉，有勝，有狂，有修，有雁門，有聯，有教，有平，有沁，有嬰侯，有淇，有黄，有洹，有釜，有歐，有清漳，濁漳，有涑，有牛首，有泜，有槐，有彭，有虖沱，有滋，有寇，是皆冀州之水，見于經傳，其川流沿注又至今質明可信者也。《東山經》其山水多不可考，而有泰山，有空桑之山，有灤水，有環水，是爲青州之地也。《中山經》起薄山，是禹所都，故其山水之名尤著。水有渠豬，有滂，有濝，有少，有伊，有即魚，有鮮，有陽，有蓌，有墠渚，有畛，有正回，有兩㶀㶀，有甘，有虢，有浮豪，有熒洛之洛，有元扈，有户，有良餘，有乳，有龍餘，有黄酸，有交觸，有愈隨，有穀，有謝，有少，有瞻，有波，有惠，有澗，有豪，有共，有厭染，有橐，有譙，有菑，有湖，有門，有藉姑，有明，有狂，有來需，有合，有休，有汜，有器難，有太，有役，有沫，是皆豫州之水。《中次八經》起景山，有睢，有漳，有洈。《中次九經》有緜洛之洛，有岷江、南江、北江，有湍，有淯，有潕，有清泠淵，有涀，有汝，有殺，有澧，有淪，有澧、沅、湘、九江，是皆荆州之水，見于經傳，其川流沿注又至今質明可信者也。郭璞之世，所傳地里書尚多，不能遠引。今觀其注釋山水，不按道里，其有名同實異，即云今某地有某山，未知此是非。又《中山經》有牛首之山及勞、濝二水，在今山西浮山縣境，而妄引長安牛首山及勞、濝二水；霍山近牛首，則在平陽，而妄多引濳及羅江、鞏縣之山，其疏類是。酈道元作《水經注》乃以經傳所紀方土舊稱，考驗此經山川名號，按其涂數，十得者六，始知經云東西道里，信而有徵。雖今古世殊，未嘗大異，後之撰述地里者多從之。沅是以謂其功百倍于璞也。然酈書所著，僅述水道所遥，而其他山水紀傳所稱足爲經證者，亦間有焉。《西山經》有女牀之山，薛綜云：「在華陰西六百里。」今山不可考，而道里則合于經也。《西次三經》云：「洱水注洛。」《隋書・地理志》云：「洛原縣有洱水。」必其水也。《北次三經》云：「泜水注彭水。」《隋書·地理志》云：「房子有彭水。」亦必其水也。又《太平寰宇記》云：「保安軍有吃莫川注洛，其水不勝船筏，今在陝西靖邊縣。」按《西次三經》有弱水注洛，其川流既同，又名弱水，合于不勝船筏之説，亦必其水也。《海内經》凌門之山，當即龍門之山，今陝西韓城是。楊汙之山當即秦之楊紆，今陝西潼關是。而古今地里家疑其域外。是由漢魏以來，不知聲轉，斯爲謬也。凡此諸條，皆郭璞所不詳，道元所未取，又沅之有功於此經者也。又《山海經》未嘗言怪，而釋者怪焉。經説鵸鳥及人魚皆云人面，人面者略似人形，譬如經云「鸚母狌狌能言」，亦略似人言，而後世圖此遂作人形。此鳥及魚今常見也。又「崇吾之山有獸焉，其狀如禺而文臂豹虎而善投，名曰舉父」。郭云：「或作夸父。」按之《爾雅》有貜父善顧，是即蠔猱之屬，舉、夸、貜三聲相近。郭注二書不知其一，又不知其常獸，是其惑也。以此而推，則知《山海經》非語怪之書矣。又經所言草木治疾，多足證發《内經》。沅雖未達，是知非後人所及也。《海外海内經》八篇多雜劉秀校注之辭，詳求郭意，亦不能照酈道元注《水經》多連引其文，今率細書以别之。沅不敏，役于官事，校注此書凡閲五年，自經傳子史、百家傳注、類書所引無不徵也。其有闕略，則古者不著，非力所及矣。既依郭注十八卷，不亂其例。又以《考定目録》一篇，附于書。其云「新校正」者，仿宋林億之例，不敢專言箋注，將以俟後之博物也。

老子道德經考異自序

太史公作《史記》爲老子立傳，云：「老

子，姓李，名耳，字伯陽，謚曰聃，爲周守藏室史。西出關，爲關令尹喜著書上下篇而去，莫知其所終。」又云：「或曰周太史儋即老子，或曰非也。世莫知其然否。」沅案：古聃、儋字通。《説文解字》有聃字，云「耳曼也」。又有聸字，云「垂耳也」。南方聸耳之國，《大荒北經》、《吕覽》「聸耳」字並作「儋」。又《吕覽》「老聃」字，淮南王書「聸耳」字皆作「耽」。《説文解字》又有「耽」字，云「耳大垂也」。蓋三字聲義相同，故並借用之。鄭康成云：「老聃，古壽考者之號。」斯爲通論矣。老子與老萊子是二人。老子，苦縣人。老萊子，楚人。《史記》老萊子著書十五篇，《藝文志》作十六篇，亦爲道家之言，且與孔子同時，故或與老子混而莫辨。沅又案：古有萊氏，故《左傳》有萊駒，老萊子應是萊子而稱老，如列禦寇師老商氏，以商氏而稱老義同。當時人能久生不死，皆以老推之矣，亦無異説焉。《莊子》云：「孔子西藏書于周室，往見老聃。」又云：「孔子南之沛，見老聃。」又云：「陽子居南之沛，老聃西游于秦，邀于郊，至于梁，而遇老子。」是孔子問禮之老子，即著《道德書》之老子，不得以其或在沛、或在周而疑之。漢時以黄老爲道家言，故《藝文志》道家中有《黄帝四經》等篇。《列子》以「谷神不死，是謂玄牝」爲黄帝書。而《莊子》有猋氏頌有「聽之不聞其聲，視之不見其形」云云，正與「視之不見名曰夷，聽之不聞名曰希」説合。黄帝號有熊氏，古者熊、猋聲相轉，疑有猋氏即有熊氏。然則老子本黄帝之言，大率多述而不作焉。道書有太上老君，亦即老子也。徐堅案《高上老子内傳》曰：「太上老君，姓李名耳。」又有太上道君，出《本行經》；太上丈人，出《隋書·經籍志》，則與老君實别。《史記》：「老子之子名宗，宗子注，注子宫，宫玄孫假，仕于漢孝文帝。假之子解爲膠西王太傅，家于齊。」《魏書·釋老志》有收圭師李譜文，❶云是老子之玄孫。《隋書》作「李譜」。合之《唐宗室世系表》所載，是老子亦猶夫人耳。《莊子》稱「老聃死，秦失弔之，三號而出」，明老子亦死。《水經注》：「盩厔有大陵，世謂之老子陵。」明老子有葬地。生而爲聖，殁而爲神，不足爲異。必如葛洪《神仙傳》及崔玄山《瀨鄉記》老子爲十三聖師云云，未免好奇行怪，蓋後世虚造之詞，不足徵矣。《藝文志》有《老子》鄰氏經傳四篇，傅氏經説三十七篇，徐氏經説六篇，劉向説四篇，卻無河上公注。《隋書·經籍志》云：「老子《道德經》二卷，漢文帝時河上公注，梁有戰國時河上丈人注二卷。」考《高士傳》：「河上丈人，不知何國人，明老子之術，自匿姓名，居河之湄，著《老子章句》。當戰國之末，諸侯交爭，馳説之士咸以權勢相傾，唯丈人隱身修道，老而不虧。」是謂戰國時人也。《神仙傳》：「河上公者，莫知其姓字，漢文帝時結草爲庵于河之濱。」是謂文帝時人也。《志》畫爲二人。沅所見《老子》注家不下百餘本，其佳者有數十本，唯唐傅奕多古字古言，且爲世所希傳。故就其本互加參校，間有不合于古者，則折衷説以定所是。字不從《説文解字》出，不審信也。近世多讀書君子，然淺近者有因陋而無專辨，或好求異説以討别緒，則動更前人陳蹟，在若信若不信之間，沅不敢爲之也。儻考之不得其精，亦唯曰我過矣！我過矣！

❶「收圭」，據《魏書·釋老志》當作「牧土上」三字。

墨子注自序

《墨子》七十一篇，見《漢·藝文志》。隋以來爲十五卷，目一卷，見《隋·經籍志》。宋亡十篇爲六十一篇，見《中興館閣書目》，實六十三篇。後又亡十篇，爲五十三篇，即今本也。本存《道藏》中，缺宋諱字，知即宋本。又三卷一本，即《親士》至《尚同》十三篇，宋王應麟、陳振孫等僅見此本。有樂臺注，見鄭樵《通志·藝文略》，今亡。案：《通典》言兵有守拒法而不引《墨子·備城門》諸篇。《玉海》云：「《後漢書注》引《墨子·備突》篇，《詩正義》引《墨子·備衝》篇。」似亦未見全書，疑其失墜久也。今上開《四庫》館，求天下遺書，有兩江總督採進本。謹案：亦與此本同。自此本以外，有明刻本，其字少見，皆以意改，無《經上》《下》及《備城門》等篇，蓋無足觀。《墨書》傳述甚少，得毋以《孟子》之言轉多古言古字。先是仁和盧學士文弨、陽湖孫明經星衍互校此書，略有端緒。沅始集其成，因徧覽唐宋類書、古今傳注所引，正其譌謬，又以知聞疏通其惑。自乾隆壬寅八月至癸卯十月踰一歲而書成。世之譏墨子，以其節葬、非儒，説墨者既以節葬爲夏法，特非周制，儒者弗用之；非儒則由墨氏弟子尊其師之過，其稱孔子諱及諸毁詞，是非翟之言也。案：他篇亦稱孔子，亦稱仲尼，又以爲孔子言亦當而不可易，是翟未嘗非孔。孔子之言多見《論語》、《家語》及他緯書傳注，亦無斥墨詞。至孟子始云：「能言距楊、墨者，聖人之徒。」又云：「楊、墨之道不息，孔子之道不著。」蓋必當時爲墨學者流爲横議，或類《非儒》篇所説，孟子始嫉之。故《韓非子·顯學》云：「墨離爲三，取舍相反不同，而皆自謂真孔、墨。」韓愈云：「辯生于末學，各務售其師之説，非二師之道本然。」其知此也。今惟《親士》、《修身》及《經上》、《經下》疑翟自著，餘篇稱子墨子，《耕柱》篇並稱子禽子，則是門人小子記録所聞，以是古書不可忽也。且其《魯問篇》曰：「凡入國，必擇務而從事焉。國家昏亂，則語之尚賢、尚同。國家貧，則語之節用、節葬。國家熹音湛湎，則語之非樂、非命。國家淫僻無禮，則語之尊天、事鬼。國家務奪侵淩，則語之兼愛。」是亦通達經權，不可呰議。又其《備城門》諸篇，皆古兵家言，有實用焉。書稱「中山諸國亡於燕代胡貊之間」，考中山之滅在趙惠文王四年，當周赧王二十年，則翟實六國時人，至周末猶存，故《史記》云：「或曰並孔子時，或曰在其後。」班固亦云：「在孔子後。」司馬貞按：「《别録》云：『《墨子》書有文子，文子，子夏之弟子，問於墨子。』如此，則墨子者，在七十子後。」李善引《抱朴子》亦云：「孔子時人，或云在其後。」今按：其人在七十子後。若《史記·鄒陽傳》鄒陽曰：「宋信子罕之計而囚墨翟。」司馬貞云：「《漢書》作『子冉』，不知子冉是何人。文穎曰：『子冉，子罕也。』《荀卿傳》云：『墨翟，孔子時人，或云在孔子後。』又襄公二十九年《左傳》：『宋饑，子罕請出粟。』時孔子適八歲，則墨翟與子罕不得相輩。或以子冉爲是，不知如何也。」又《文選》亦作「子冉」，注云：「《文子》曰：『子罕也。』冉音任。善曰：未詳。」沅亦不能定其時事。又司馬遷、班固以爲翟宋大夫，葛洪以爲宋人者，以《公輸》篇有爲宋守之事。高誘注《吕氏春秋》以爲魯人，則是楚魯陽。漢南陽縣在魯山之陽。本書多有魯陽文君問答，又亟稱楚四竟，非魯、衛之魯，不可不察也。先秦之書字少假借，後乃偏旁相益。若本書源流之字作原，一又作源；「金以溢爲名」之字作益，一又作鎰；四境之字作竟，一又作境，皆傳寫者亂之，非舊文。乃若「賊螌百姓」之爲殺字古文「遂而不反」合于遂亡之訓，關叔之即管叔，實足以證聲音、文字、訓詁之學，好古者幸存其舊云。如其疏略，以俟敏求君子。

吕氏春秋新校正自序

《漢書·藝文志》：「雜家：《吕氏春秋》二十六卷，❶秦相吕不韋輯智略士作。」原夫六經以後，九流競興，雖醇醨有間，原其意恉，要皆有爲而作。降如虞卿諸儒，或因窮愁託于造述，亦皆有不獲已之故焉。其著一書，專覬世名，又不成于一人，不能名一家者，實始于不韋，而《淮南》内外篇次之。然淮南王後不韋幾二百年，其采用諸書能詳所自出者十尚四五，即如今《道藏》中《文子》十二篇，淮南王書前後采之殆盡，間有增省一二字，移易一二語以成文者，類皆當時賓客所爲，而淮南王又不暇深考。與不韋書在秦火以前，故其采綴原書類亡，不能悉尋其所本。今觀其《至味》一篇，皆述伊尹之言，而漢儒如許慎、應劭等間引其文，一則直稱伊尹曰，一則又稱《伊尹書》。今考《藝文志》道家《伊尹》五十一篇，不韋所本當在是矣。又與《上農》、《任地》、《辨土》等篇，述后稷之言，與《亢倉子》所載略同，則亦周秦以前農家者流，相傳爲后稷之説無疑也。他如采《老子》、《文子》之説，亦不一而足。是以其書沈

❶「卷」，《漢書·藝文志》作「篇」。

博絶麗，彙儒、墨之旨，合名、法之源，古今帝王，天地名物之故，後人所以探索而靡盡與。《隋書·經籍志》雜部《吕氏春秋》二十六卷，高誘注。誘序自言：「嘗爲《孟子章句》及《孝經解》等。」今已不見，世所傳誘注《國策》，亦非真本。唯此書及淮南王書注最爲可信。誘注二書，亦間有不同。《有始覽》篇「大汾、冥阨」解云：「大汾，處未聞。冥阨、荆阮、方城，皆在楚。」而淮南王書注則云：「大汾，在晉。」冥阨，《淮南》作「澠阨」，注云：「今弘農澠池是也。」《先識覽》篇「男女切倚」解云：「切，磨；倚，近也。」淮南王書「倚」作「踦」，注又云：「踦，足也。」《知分》篇解云「魚滿二千斤爲蛟」，而淮南王書又作「二千五百斤」。至于音訓亦時時不同。此蓋隨文生義，或又各依先師舊訓爲解，故錯出而不相害與？暇日取元人大字本以下悉心校勘，同志如抱經前輩等又各有所訂正，遂據以付梓鳩工于戊申之夏，逾年而告成。若淮南王書，則及門莊知縣炘已取《道藏》足本刊于西安，故不更及云。

趙先生翼

趙翼，字耘松，號甌北，陽湖人。初由舉人爲内閣中書，入直軍機處。乾隆辛巳成一甲三名進士，授編修，出爲貴州鎮遠、廣東廣州知府，皆有政績。後擢貴州貴西道，以事鐫級，遂乞養歸。嘉慶庚午，重赴鹿鳴筵宴，加三品卿銜。十九年卒，年八十有八。家居垂三十年，手不釋卷，於經史百家俱有考證，而史學研究尤深。凡史文、史法皆鉤稽同異，悉心勘校。至歷代治亂興衰之故，更於一篇之中三致意焉。著有《廿二史劄記》三十六卷，❶《皇朝武功紀盛》四卷，《陔餘叢考》四十三卷，《簷曝雜記》六卷，《十家詩話》十卷，《甌北詩集》五十三卷。參史傳、《先正事略》。

廿二史劄記自序

閒居無事，翻書度日，而資性粗鈍，不能研究經學，惟歷代史學事顯而義淺，便於流覽，爰取爲日課，有所得輒劄記別紙，積久遂多。惟是家少藏書，不能繁徵博採，以資參訂。間有稗乘脞説與正史歧互者，又不敢遽詫爲得間之奇。蓋一代修史時，此等記載無不蒐入史局，其所棄而不取者，必有難以徵信之處。今或反據以駁正史之訛，不免貽譏有識。是以此編多就正史紀、傳、表、志中參互勘校，其有牴牾處自見輒摘出，以俟博雅君子訂正焉。至古今風會之遞變，政事之屢更，有關於治亂興衰之故者，亦隨所見附著之。自惟中歲歸田，遭時承平，得優游林下，寢饋於文史以送老，書生之幸多矣。或以比顧亭林《日知録》，謂身雖不仕而其言有可用者，則吾豈敢。

陔餘叢考

畫卦不本於河圖

伏羲因《河圖》而畫卦，大禹因《洛書》而演疇，古無是説也。《論語》、《河圖》與鳳鳥並言，但謂王者之瑞耳。其畫卦之由，則《繫辭下傳》明言：「包犧氏仰則觀象於天，俯則觀法於地，觀鳥獸之文與地之宜，近取諸身，

❶ 「二」，原作「一」，今據下文改正。

遠取諸物，於是始作八卦。」並未言因《河圖》而起也。《繫辭上傳》雖有「河出《圖》，洛出《書》，聖人則之」之語，然上文尚有「天地變化，聖人效之」等語，則《圖》、《書》雖亦畫卦所取，而畫卦究非專取《圖》、《書》也。漢儒因有「河出《圖》，洛出《書》，聖人則之」之語，遂疑爲畫卦所本，然亦尚未以畫卦專指《河圖》，演疇專指《洛書》。按《禮緯含文嘉》曰：「伏羲德合上下，天應以鳥獸文章，地應以《河圖》、《洛書》，伏羲則而象之，乃作八卦。」見孔穎達《周易正義》卷首。《春秋緯》曰：「河以通乾出天苞，洛以流坤吐地符。河龍圖發，洛龜書感。」亦見《繫辭》正義。是皆謂《圖》與《書》俱畫卦所本也。自孔安國始析言之，其於《尚書·顧命》之《河圖》、《論語》之「河不出《圖》」，皆曰「《河圖》，八卦也」；其於《洪範》之九疇，則曰「天與禹，洛出《書》，神龜負文而出，列于背，有數至於九。禹遂因而第之，以成九類也」。自此説行，而劉歆宗之，亦以爲伏羲繼天而王，河出《圖》，則而畫之，八卦是也；禹治水，錫《洛書》，法而陳之，《洪範》是也。見《漢書·五行志》。於是馬融、王肅、姚信輩羣奉其説，至今牢不可破矣。不知《繫辭》所言畫卦之本已極明白，漢儒不過因「聖人則之」之語而强爲傅會，安國又析爲卦取《圖》、疇取《書》，其爲臆説，更不待辨。學者不信《繫辭》而轉信漢儒，可乎？即謂禹演疇本於《洛書》矣，《繫辭》、《洛書》與《河圖》並言，則皆上古時事，是神禹千百年以前已有《洛書》，豈直至禹始出乎？《隋書·經籍志》云：「聖人受命，則龜龍銜負出於河洛，以紀易代之徵。」是亦但以爲聖王之瑞，未嘗謂畫卦所本。沈約《宋書·符瑞志》謂：「《龍圖》出河，《龜書》出洛，以授軒轅。」

《隋·經籍志》又謂：「《河圖》九篇，《洛書》六篇，相傳自黄帝至周文王所受。」則又不以《河圖》專屬之伏羲，《洛書》專屬之神禹也。

易不言五行

五行乃天地自然之理，然《易》卦但取天地、風雷、水火、山澤，而不及五行，《尚書》舜、禹授受，始言水、火、金、木、土，而又列以穀爲六府，幾疑唐虞以前尚未以五者爲定名。所謂太皞、炎帝、少昊、顓頊五德迭王者，皆後人追溯之辭也。然《洪範》「鯀堙洪水，汩陳其五行」，則又似鯀以前已有此五行名目者，何以《易》卦初不及之？且澤即水也，坎水兑澤，一物而分配二卦，而金木之爲用於天下者轉不及焉，其理殊不可解。後儒據《繫辭》「天一、地二、天三、地四、天五、地六、天七、地八、天九、地十」指爲《河圖》之數，而以《洪範》所謂「一曰水」者，配《河圖》之天一，謂之「天一生水」，而《河圖》之位一與六居下，故又謂「地六成之」；以《洪範》所謂「二曰火」者，配《河圖》之地二，謂之「地二生火」，而《河圖》之位二與七居上，故又謂「天七成之」。金、木、土皆倣此。又泥於孔安國《易》卦本於《河圖》之説，《河圖》既有此五行，是五行之理已寓於《易》之中。鄭漁仲《六經奥論》因謂：「《月令》之記四時曰木、火、土、金、水者，乃五行相生之數。《虞書》之記六府曰水、火、金、木、土者，乃五行相尅之數。惟《易》與《洪範》所言五行，則天地生成之數。」即所謂「天一生水」、「地六成之」云云也。是漁仲亦以爲五行在《易》中也。然「天一地二」云云，本説大衍之數，並未言生水、生火也。即以《洪範》所謂一水二火配之，適相脗合，然亦係《繫辭》推闡《河圖》之數如此，而伏羲畫卦則但以天、地、風、雷、水、火、山、澤取象，並未及五行也。竊意伏羲畫卦，專推陰陽對待變化之理，言陰陽而五行自在其中，其五行之理則另出於《圖》、《書》。唐虞以前，《圖》、《書》自《圖》、《書》，《易》卦自《易》卦，不相混也。後儒以陰陽五行理本相通，故牽連入於《易》中，而不知《易》初未嘗論及此也。觀此，則余所謂「畫卦不本《圖》、《書》」者，益非好爲創論矣。

易闕文衍文

《易》未遭秦火，最爲完書，然其中闕文、衍文亦不一而足。如《繫辭》「能悦諸心，能研諸侯之慮」，「侯之」二字爲衍文，固人所共知矣。《漢書》杜欽上王鳳書引《易》曰「正其本，萬事理」，今《周易》無此文。沈作喆《寓簡》云：「『公用射隼於高墉之上』，觀孔子言『弓矢者，器也。射之者，人也』，則『公用』句原文應有『弓矢』二字。」今無之。王昭素謂：「《序卦》『離者，麗也』之下，諸本有『麗必有所感，故受之以咸。咸者，感也』，凡十四字。」今亦無之。是皆闕也。《朱子語類》載郭京《易》「即鹿无虞」，「鹿」作「麓」，其《象詞》則云「即麓无虞，何以從禽也」，謂入山麓而無虞人導之，何以從禽也，今作「即鹿無虞，以從禽也」，是誤一「鹿」字，脱一「何」字也。袁楷謂《文言》有錯入《繫辭》者，「鳴鶴在陰」以下七節，「自天祐之」一節，「憧憧往來」以下十一節，皆《文言》也。即「亢龍有悔」一節之重，可以明之矣。是又《易》之錯簡也。王鏊《震澤長語》云：「漢文帝時，《十翼》所存，惟《彖》、《象》、《繫辭》、《文言》。至宣帝時，河上女子掘冢得全《易》上之，内《説卦》中、下二篇汙壞不可復識，十翼遂亡其二。後人以《序卦》、《雜卦》足之。」今按：《説卦》中「乾爲天、爲圜、爲玉、爲金、爲寒、爲冰」之類，朱子亦謂其多有不可曉者，而《荀九家》於乾之下又有「爲龍」、「爲直」之類，坤之下又有「爲牝」、「爲迷」之類，以及震、巽等卦皆然，明是《説卦》已亡而後人雜取以補之者，則《説卦》之原文久缺也。又如《上繫》第十章自「《易》有聖人之道四焉」至「不疾而速，不行而至」，皆是孔子語，其下又有「子曰《易》有聖人之道四焉者，此之謂也」二語，豈有孔子自作《繫辭》，又自引己語以證之，則此「子曰」二字亦衍文也。

古詩三千之非

司馬遷謂古詩三千餘篇，孔子删之爲三百五篇。孔穎達、朱彝尊皆疑古詩本無三千，今以《國語》、《左傳》二書所引之《詩》校之，《國語》引《詩》凡三十一條，惟衛彪傒引武王《飫歌》其詩曰：「天之所支，不可壞也。」謂：「武王克殷而作此，謂之《飫歌》。名之曰支，使後人監戒。」及公子重耳賦《河水》二條是逸《詩》，而《河水》一詩，韋昭注又以爲河當作沔，即「沔彼流水」，取朝宗於海之義也。然則《國語》所引逸《詩》僅一條，而三十條皆删存之《詩》。是逸《詩》僅删存《詩》三十之一也。《左傳》引《詩》共二百十七條，其間有丘明自引以證其議論者，猶曰丘明在孔子後，或據删定之《詩》爲本也。然丘明所述，仍有逸《詩》，則非專守删後之本也。至如列國公卿所引及宴享所賦，則皆在孔子未删以前也。乃今考左丘明自引及述孔子之言所引者共四十八條，而逸《詩》不過三條，成九年，莒恃陋不設備，楚人克其三都。君子引《詩》曰：「雖有絲麻，無棄菅蒯。雖有姬姜，無棄蕉萃。凡百君子，無不代匱。」襄五年，楚殺其大夫公子壬夫，君子謂楚共王失刑，引《詩》曰：「周道挺挺，我心扃扃。講事不令，集人來定。」襄三十年，澶淵之會，以宋災，謀予之財，既而皆不致，君子引《詩》曰：「淑慎爾止，毋載爾僞。」其餘列國公卿自引《詩》共一百一條，而逸《詩》不過五條，莊二十二年，陳敬仲辭卿，引《詩》曰：「翹翹車乘，招我以弓。豈不欲往，畏我友朋。」襄八年，楚伐鄭，鄭大夫或欲從楚，或欲待晉。子駟曰：「《周詩》有之曰：『俟河之清，人壽幾何。』兆云：『詢多職，競作羅。』」昭四年，子產作丘賦，國人謗之，子產曰：「《詩》曰：『禮義不愆，何恤乎人言。』」昭十二年，楚子革引《祈招》之詩曰：「祈招之愔愔，式昭德音。思我王度，式如玉，式如金，形民之力，而無醉飽之心。」昭二十六年，晏子與齊景公論彗星不必禳，引《詩》曰：「我無監夏后及商，用亂之故，民卒流亡。」又列國宴享歌詩贈答七十條，而逸《詩》不過五條。僖二十三年，秦穆納晉重耳，公子賦《河水》。襄二十六年，晉以衛侯之罪告諸侯，齊國子賦「轡之柔矣」。二十八年，齊慶封來奔，叔孫穆子飲之，使工誦《茅鴟》。昭十年宋以《桑林》享晉侯，注：「殷天子之樂名。」二十五年，叔孫昭子聘宋，宋公享之，賦《新宮》。是逸《詩》僅刪存《詩》二十之一也。若使古詩有三千餘，則所引逸《詩》宜多於刪存之《詩》十倍，豈有古詩則十倍於刪存《詩》，而所引逸《詩》反不及刪存《詩》二三十分之一？以此而推，知古詩三千之說不足憑也。況史遷謂古詩自后稷以及殷周之盛、幽厲之衰，則其爲家絃户誦久矣，豈有反刪之而轉取《株林》、《車轔》之近事以充數耶？又他書所引逸《詩》，惟《論語》「素以爲絢」句，《管子》「浩浩者水，育育者魚」四句，《莊子》「青青之麥，生於陵坡」四句，《禮記・射義》「曾孫侯氏，四正具舉」八句，《緇衣》「昔我有先正，其言明且清」八句，韓嬰《詩》有「雨無極，傷我稼穡」二句，《大戴禮》「驪駒在門，僕夫具存」四句，《汲冢周書》「馬之剛矣，轡之柔矣」二句。其他所引皆現存之詩，無所謂逸《詩》也。《戰國策》甘茂引詩曰「行百里者，半於九十」，黄歇引詩曰「樹德莫如滋，除惡莫如盡」，又引詩曰「大武遠宅不涉」，《史記》作「大武遠宅而不涉」。范雎引詩曰「木實繁者，披其枝；披其枝者，傷其心」，《吕覽·愛士》篇引詩曰「君君子，則正以行其德；君賤人，則寬以盡其力」，《古樂》篇有「象爲虐於東夷，周公逐之，乃爲三象」之詩，《權勳》篇引詩曰「惟則定國」，《音初》篇引詩曰「燕燕往飛」，《行論》篇引詩曰「將欲毁之，必重累之；將欲踣之，必高舉之」，《原辭》篇引詩曰「無日過亂門」，漢武詔引詩曰「九變復貫，知言之選」，凡此皆不見於三百篇中，則皆逸《詩》也。按：「行百里」句本古語，見賈誼策。「樹德」二句，姚本作引《書》，則《泰誓》也。「木實」二句，吴師道謂是古語，則皆非詩也。《吕覽》「君君子」二句，全不似詩。「將欲毁之」四句，與《國策》所引《周書》「將欲敗之」數語相同，則亦非詩也。惟「大武遠宅不涉」及「燕燕往飛」數語，或是逸《詩》耳。又《韓非子》：「先聖有言曰：『規有摩而水有波，我欲更之，無可奈何。』」其句法似詩，然曰先聖之言，則亦非逸《詩》也。推此益可見删外之詩甚少，而史遷古詩三千餘篇之説愈不可信矣。按《詩》本有《小序》五百一十一篇，此或即古詩原本。孔子即於此五百一十一篇内删之爲三百五篇耳。《尚書緯》云：「孔子得黄帝玄孫帝魋之書，迄於秦穆公，凡三千二百四十篇。孔子删之爲《尚書》百二十篇，以百二篇爲《尚書》，十八篇爲《中候》。」説見孔穎達《正義》。史遷所謂古詩三千者，蓋亦緯書所云「《尚書》三千二百四十篇」之類耳。惟夷齊《采薇》及介之推《五蛇爲輔》之歌，孔子訂《詩》，曾不收録，此不可解。或以《采薇》歌於本朝有忌諱，而五蛇之事近於誕，故概從删削耶。

春秋時列國多用夏正

春秋時，列國多用夏正。《左傳·隱公三年》：「夏四月，鄭祭足帥師取温之麥。秋，又取成周之禾。」若係周正，則麥、禾俱未熟，取之何用？是鄭用夏正也。《隱六年》「宋人取長葛」，經書「冬」而傳書「秋」，蓋宋本用殷正建酉之月，周之冬即宋之秋，是宋用殷正也。《桓七年》「穀伯綏來朝，鄧侯吾離來朝」，經書「夏」而傳書「春」，是二國不用周正也。《僖五年》「晉侯殺其世子申生」，經書「春」而傳在上年之十二月；《十年》「里克弑其君卓」，經書「正月」而傳在上年十一月；《十五年》「晉侯及秦伯戰于韓，獲晉侯」，經書「十一月」傳書「九月」；又如《左傳·僖二十三年》「九月，晉惠公卒」，《二十四年》「正月，秦伯納重耳于晉」，而《國語》則云：「十月，晉惠公卒；十二月，秦穆公納公子。」魯之月與晉不同，是晉不用周正也。《文十年》「齊公子商人弑其君舍」，經書「九月」傳作「七月」，是齊不用周正。又《管子·立政》篇「正月，令農始作」，《輕重》篇「令民九月種麥」，則齊用夏正也。《史記·秦本紀》「宣公初志閏月」，則宣公以前并有不置閏者，其不用周正可知也。至戰國時，更無有不用夏正者。吕不韋《春秋》是全用夏正，杜預記《汲冢紀年書》係魏哀王時人所作，以夏正爲首，是魏亦用夏正也。不寧惟是，魯號秉禮之國，然《論語》「暮春者，春服既成」，若周正則暮春尚是夏正之正月，安得有换春衣，浴且風之事？是曾點所云暮春即夏正之三月，夏正之三月在周應作仲夏，而曰暮春，則魯亦久用夏正可知也。又《左傳·文元年》「閏三月，非禮也」，三代閏月皆歸於歲終，所謂

「歸餘于終」也。襄二十七年再失閏，哀十二年又失閏。季孫問仲尼，仲尼曰：「今火猶西流，司曆過也。」杜註：「尚是九月，曆官失一閏也。」《十三年》「十二月又螽」，杜註：「季孫雖聞仲尼言而不能正曆，失閏至此年，故十二月又螽。」則魯不惟不用周正，并夏正亦失之矣。劉原父謂《左氏》月日多與經不同，蓋《左氏》雜取當時諸侯史策之文，其用三正參差不一，故與經多歧。可見是時列國各自用曆，不遵周正，固已久矣。凡古制非現行者，閱數十年未有不廢絶。若周改正朔之後，列國皆遵周正，則千年以前之夏正何以尚在人間而行之自若乎？蓋周初雖改歲首，而農事仍以夏正並行。《微子之命》曰「統承先王，修其禮物」，是聽其自用先世之制，杞用夏正，宋用殷正，可知也。《尚書大傳》亦云：「王者存二代之後，與己爲三，所以通三統，立三正。」鄭康成注云：「使二王之後自行其正朔也。」是二王之後不用周正，固不待言，即周制亦自有兼用夏正者，《逸周書·周月解》篇有曰：「亦越我周改正，以垂三統，至於敬授民時，巡狩烝享，猶自夏正焉。」今按「七月流火」之詩，周公所作，而授衣、條桑、烹葵、剥棗、鑿冰、獻韭一一皆以夏正紀節物，然此猶曰追叙祖宗時事也。「四月維夏」、「六月徂暑」，非周中葉之詩乎？「維暮之春」下又即接「於皇來牟，將受厥明」，豈非夏正之三月，其下月即麥熟時乎？《周禮》「仲春會合男女之無夫家」者，若周之仲春爲今之十二月，風雪沍寒，豈能會合於野，奔者不禁乎？則亦豈非夏正之仲春乎？是知周改朔之初，本已兼用夏正，民間習用既久。及東周以後，去開國之時愈遠，王朝又不頒朔，列國遂并忘周正，而各自用夏正，固非一日矣。由此以推，孔子修《春秋》，必書「春王正月」，實以是時列侯多不用周正，故特著之，言此乃王之正月也。若各國咸稟周正，則但書「春正月」，即是王之春正月矣，何必更表之以王？說見「春不書王」條下。告顔子以行夏時，亦以夏時本所當遵。當時已多私用，與其另建一朔，而不能使天下畫一，不如仍用夏正，俾上下通行也。

周禮冬官補亡之誤

《周禮》缺《冬官》一篇，劉歆以《考工記》補之。漢、唐以來，皆無異説。至宋淳熙間，臨川余廷椿始創論以爲《冬官》之屬初未嘗缺，其官皆雜出于五官之中，乃作《復古司空》一篇，朱子亟稱之。永嘉王次點益引伸其說，作《周官補遺》，亦爲真西山所賞。元人吴草廬、邱吉甫又因之，各有撰述，然其間亦各有不同者。今王氏《周官補遺》已不傳，草廬所編則據《尚書》「司空掌邦土」，謂《冬官》不應雜在《地官》「司徒掌邦教」之内，遂取掌邦土之官列于司空之後，其他亦未嘗分割。惟余氏、邱氏則益加割裂。余氏以《天官》、《地官》、《春官》、《夏官》内四十九官改入《冬官》。邱氏則以爲《天官》六十三、《地官》七十九、《春官》七十、《夏官》六十九、《秋官》六十六。若以《周官》三百六十每官六十之數論之，《天官》羨三，《地官》羨十九，《春官》羨十，《夏官》羨九，《秋官》羨六，是五官内共羨四十七官。而所著《周禮補亡》一書，又於五官内稍有裁核，定爲《天官》六十，《地官》五十七，《春官》六十，《夏官》六十，《秋官》五十七，而以大司空、小司空内五十四官改入《冬官》，與余氏大同小異。雖各以意割截舊文，然亦可見先儒之究心也。王鏊《震澤長語》云：「余廷椿、王次點以五官中凡掌邦居民之事，皆分屬之司空，則五官各得其分，而《冬官》亦完，且合三百六十之數。《周官》粲然無缺，誠千古之快也，而余不敢從。何哉？曰亂經。」是鏊亦未敢以爲是也。按《南齊書》有人掘楚王冢得青簡書，廣數分，長二尺，凡十餘簡，王僧虔辨之，云：「是科斗書《考工記》，《周官》所缺文也。」然則《考工記》原非雜於五官内，劉歆以之補《冬官》，亦非。

儀禮

先儒謂《儀禮》文物彬彬，乃周公制作之僅存者。即如《聘禮》篇末「執圭如重」、「入門鞠躬」、「私覿愉如」等語，與《論語·鄉黨》篇相合。晁氏謂：「定公九年，孔子仕魯，至十三年適齊，其間無朝聘事，則《鄉黨》所記未必皆孔子實事，當是門人習禮者本《儀禮》之舊文而記其語耳。」是可見《儀禮》爲孔子以前之書，出於周公所作無疑也。當時必有全書，今所傳十七篇，蓋所謂存什一於千百者。熊朋來謂：「《既夕禮》乃《士喪禮》之下篇，《有司徹》乃《少牢饋食》之下篇。」則十七篇又實止十五篇耳。敖繼公不得全書，遂以爲周公此書專爲侯國而作，而王朝之禮不與焉。如《冠》、《昏》、《相見》、《鄉飲》、《鄉射》、《士喪》、《既夕》、《士虞》、《特牲饋食》九篇，皆侯國之士禮。《少牢饋食》上下二篇，皆侯國之大夫禮。《聘》、《食》、《燕》、《大射》四篇，皆言諸侯之禮。惟《覲禮》一篇，言諸侯朝天子之禮，然主于諸侯而言也。《喪服》篇言諸侯及于公子、大夫、士之服最詳，其間雖有諸侯之大夫爲天子之服，然亦皆主於諸侯與大夫而言也。當時以此書頒于侯國，令其各據此以行禮以教人，是以國無異禮，家不殊俗也。其立論固未爲無見，然此亦第就現在之十七篇而意其專爲侯國設耳。按孔壁中所得古文《禮經》本有五十六篇，其十七篇與《儀禮》正同，餘三十九篇藏在祕府，謂之逸《禮》。哀帝初，劉歆欲以之列學官，而諸博士不肯，遂不得立。孔、鄭所引逸《禮》如《中霤禮》、《禘於太廟禮》、《王居明堂禮》，皆其篇也。則《儀禮》十七篇外，尚有三十九篇，王朝之禮亦必備載，如《禘於太廟》、《王居明堂》之類，不得謂皆侯國之禮也。吴草廬因取大、小《戴記》及鄭氏所引編爲《儀禮逸經》八篇，謂：「《小戴·投壺》《奔喪》篇首，與《儀禮》諸篇之體如一，固爲《儀禮》舊文；《大戴》中《公冠》、《諸侯遷廟》、《諸侯釁廟》三篇雖已不存此例，要是作記者删取正經之節要而存之，其《中霤》以下三篇已不復傳，而名猶見於註家，故亦編爲篇目，而以註家所引片言隻字附之。」此亦見輯禮者之苦心矣。

嚴先生長明

嚴長明，字道甫，號冬有，江寧人。幼奇慧，年十一，應童子試，爲臨川李侍郎紱所賞，令從方望溪游。讀書於揚州馬氏，盡閱其藏書。乾隆二十七年，南巡召試，賜舉人、内閣中書，擢侍讀，充軍機處章京。通古今，多智數，大學士劉文正公奇之，有重獄大政多倚以辦，以才見忌。遭父母憂，服終，不復出。客畢制軍沅幕，爲定章奏。還，主講廬州書院。五十二年卒，年五十七。先生於書無所不讀。嘗語學者曰：「士不周覽古今載籍，不徧交海内賢俊，不通知當代典章，遽欲握筆撰述，縱使信今，亦難傳後。」歷充《通鑑輯覽》、《一統志》、《熱河志》、《平定準噶爾方略》纂修。所著《歸求草堂集》、《西清備對》、《毛詩地理疏證》、《五經纂術補正》、《三經答問》、《三史答問》、《淮南天文太陰解》、《獻徵餘録》、《金石文字跋尾》、《石經考異》、《漢金石例》等書。又嘗纂西安、漢中二《府志》。子觀、晉，並世其學。觀撰《江寧金石記》。參姚鼐撰墓志、錢大昕撰傳。

朱先生文藻

朱文藻，字映漘，仁和人。諸生。少嗜學，漁獵百家，精六書，自《説文》以下及鐘鼎款識無不貫串源流。又通史學，凡紀傳、編年、紀事、《通典》諸書輒能考其缺略，審其是非。王文端公杰延至京第，助校《續西清古鑑》。後游山左，阮文達公元時爲督學，與之商訂金石，爲成《山左金石志》。又自爲《濟寧金石志》。蘭泉先生修《西湖志》，俾之分纂。其爲《金石萃編》，屬以蒐采題跋，商榷考證。其後書成，又與錢同人共任校寫。蓋始終其事也。嘉慶十一年卒，年七十一。所著有《續禮記集説》、《説文繫傳考異》、《東城小志》、《東臯小志》、《青烏考原》、《金箔考》、《苔譜》、《萍譜》、《東軒隨録》、《碧谿叢鈔》、《碧谿詩話》、《碧谿草堂詩文集》，多未刊行。參史傳、《金石萃編跋》。

清儒學案卷八十一終

清儒學案卷八十二

天津徐世昌

讓堂學案

讓堂説經，長於旁搜曲證，不屑依傍傳注，而融會貫通，確有心得。凡考訂名物，往往繪圖列表，以明其真，所以裨益經學，啟迪後人，非淺鮮也。述《讓堂學案》。

程先生瑶田

程瑶田，字易田，一字易疇，晚號讓堂老人，歙縣人。乾隆庚寅舉人，官江蘇嘉定縣教諭，在任四年，以病乞歸。嘉慶元年舉孝廉方正。十九年卒，年九十。先生少師淳安方粹然，後與戴東原、金輔之同學於婺源江氏慎修，篤志治經。東原自言遜其精密。其學長於涵泳經文，得其真解。嘗爲《論學小記》三卷，嚴義利之辨，謂聖教歸於自治。《述性》諸説，於孔子性近習遠及孟子性善之旨均有發明。又《論學外篇》二卷，意在訓誡後生小子，蓋於世教三致意焉。其説經則以《禹貢》揚州之三江實只一江，《漢書·地理志》三見「揚州川」者，是志《職方》之「其川三江」，非説《禹貢》，因主鄭注，正酈道元《水經注》之譌，成《禹貢三江考》三卷。又以《周禮·太宰》之九穀，其稷、粱二者，言人人殊，因詢考農家，並據許氏《説文》釋之，謂粱爲粟，以稷爲秫，成《九穀考》四卷。又以《考工記·磬氏》《冶氏》《車人》《韗人》《匠人》屢言「倨句磬折」，而鄭注未得真解，謂「磬折」不明由於「倨句」不明，欲明「倨句」，先辨「矩」字，矩有直有曲，倨句之云「折其直矩而爲曲矩」，即今木石工所用之曲尺，成《磬折古義》一卷。又以《儀禮·喪服》「緦麻」章末「長殤、中殤降一等」四句，鄭氏誤以爲傳文，故觸處難通；又「不杖期」章、「大功」章中鄭注有以爲傳文失誤及斥爲不辭者，因援據經史，疏通證明，以規鄭失，成《儀禮喪服文足徵記》十卷。又以《周髀算經》言「數出於矩」，因爲《矩數圖注》及《周髀用矩法》，均繪圖詳説，以明用矩之道；並爲天圖規法、日躔宫度諸説，成《數度小記》一卷。其他所著尚有《宗法小記》一卷，《釋宫小記》一卷，《考工創物小記》八卷，《溝洫疆理小記》一卷，《水地小記》一卷，《解字小記》一卷，《聲律小記》一卷，《讀書求解》一卷，《釋草小記》二卷，《釋蟲小記》一卷，《樂記三事能言》一卷，皆考證精確，爲學者所宗。論書則有《九勢碎事》一卷，雜文則有《修辭餘鈔》一卷，課士公牘則有《讓堂亦政録》一卷，統名曰《通藝録》。別有《讓堂詩鈔》十八卷。參史傳、《文獻徵存録》。

論學小記

述性一

有天地，然後有天地之性；有人，然後有人之性；有物，然後有物之性。有天地、人、物，則必有其質，有其形，有其氣矣。有質、有形、有氣，斯有其性，是性從其質、其形、其氣而有者也。是故天地位矣，則必有元亨利貞之德，是天地之性善也。人生矣，則必有仁義禮知之德，是人之性善也。若夫物則不能全其仁義禮知之德，故物之性不能如人性之善也。使以性爲超乎質形氣之上，則未有天地之先先有此性，是性生天地，天地又具此性以生人物。如是，則不但人之性善，即物之性亦安得不善？惟指其質、形、氣而言，故物之性斷乎不能如人性之善。雖虎狼有父子，蜂蟻有君臣，而終不能謂其性之善也。何也？其質、形、氣，物也，非人也。物與物雖異，均之不能全乎仁義禮知之德也。人之質、形、氣莫不有仁義禮知之德，故人之性斷乎其無不善也。然則人之所以異於物者，異於其質、形、氣而已矣。自不知性者見夫質、形、氣之下愚不移，遂以性爲不能無惡，而不知質、形、氣之成於人者無不善之性也。後世惑於釋氏之説，遂欲超乎質、形、氣以言性，而不知惟質、形、氣之成於人者始無不善之性也。然則人之生也，有五官百骸之形以成人；有清濁厚薄之氣質不能不與物異者，以成人品之高下；即有仁義禮知之德，具於質、形、氣之中以成性。性一而已，有善而已矣。如必分而言之，謂具於質、形、氣者爲有善有惡之性，超乎質、形、氣者爲至善之性。夫人之生也，烏得有二性哉？譬之水，其清也，質、形、氣之清也，是即其性也。譬之鏡，其明也，質、形、氣之明也，是即其性也。水清鏡明能鑑物，及其濁與暗時，則不能鑑物，是即人之知、愚所由分也。極濁不清而清自在其中，極暗不明而明自在其中，是即下愚不移者其性之善自若也。知愚以知覺言，全在稟氣清濁上見；性則不論清濁，不加損於知覺，但稟氣具質而爲人之形，即有至善之性。其清，人性善者之清；其濁，亦人性善者之濁也。其知其愚，人性善者之知愚也，此之謂「性相近」也，斷乎其不相遠也。孟子曰：「人之所以異於禽獸者幾希。庶民去之，君子存之。」其存之者存其性善也，非由外鑠我也；其去之者，所謂「舍則亡」者也，非性有不善也。夫非性有不善，故「操之則存」矣。

述性二

氣質之性古未有是名，必區以別之，曰此氣質之性也。蓋無解於氣質之有善惡，恐其有累於性善之旨，因別之曰：有氣質之性，有理義之性也。雖然，性也而安得有二哉？安得謂氣質中有一性，氣質外復有一性哉？且無氣質則無人，無人則無心，性具於心，無心安得有性之善？故溯人性於未生之前，此天地之性，乃天道也。天道亦有於其形、其氣主實有者而言之。有天之形與氣，然後有天之道主於其氣之流行不息者而言之。故曰「一陰一陽之謂道」也。道在於天，生生不窮，因物附物，乃謂之命，故曰「維天之命，於穆不已」也。若夫天人賦稟之際，賦乃謂之命，稟乃謂之性，所賦、所稟並据氣質而言。性具氣質中，故曰「天命之謂性」。豈塊然賦之以氣質，而必先諄然命之以性乎？若以賦稟之前而言性，則是人物同之，犬之性猶牛之性，牛之性猶人之性，何獨至於人而始善也？故以賦稟之前而言性，釋氏之言性也，所謂「如何是父母未生前本來面目」也。是故性善繼然以氣質言。主實有者而言之，是薑則性熱，是水則性寒，是人之氣質則性善，是物之氣質則性不能善。塗之人可爲禹，以其爲人之氣質也。人之氣有清濁，故有知愚，然人之知固不同於犬牛之知，人之愚亦不同於犬牛之愚，犬牛之愚無仁義禮知之端，人之愚未嘗無仁義禮知之端，故曰「乃若其情，則可以爲善也，乃所謂善也」。性善不可驗，以情驗之，人人皆可自驗者也。是故知者知正其衣冠矣，愚者亦未嘗不欲正其衣冠也。其有不然者，則野人之習於鄉俗者也。然野人亦自有知愚，其知者亦知當正其衣冠而習而安焉。此習於惡則惡之事也。其愚者見君子之正其衣冠也，亦有所不安於其心，及欲往見君子，必將正其衣冠焉。此習於善則善之事也。此人所以不可不學，學者習於正也。不習於正則習於邪，彼此相遠，習爲之也。此人所以當謹所習。專習於此，自不習於彼也。

述性三

性不可見，於情見之，情於何見？見於心之起念耳。人只有一心，亦只有一念，善念轉於惡念，惡念轉於善念，只此一念耳。性從人之氣質而定，念從人之氣質而有。若有兩念，便可分性有善惡。今只此一念，善者必居其先，惡則從善而轉之耳。當其惡時，一轉即善，所謂「我欲仁，斯仁至矣」，故曰「性善」也。或謂人之欲乃固有之，安得無惡念居其先者？不知是欲也，必先有善，如耳目口鼻四肢之欲，其先豈必不善？有物必有則，孟子曰「性也，有命焉」，命即則之所從生也。其曰「命也，有性焉」，是性即則之所從生也。「不謂之性」，言不順其性而使之過乎其則，過乎其則斯惡矣。是其性本善而轉而之惡耳。今爲盜賊者，未有不迫於飢寒者也，其初只有謀生一念耳，謀生之事甚多也，夫豈不欲擇其善者而爲之，而乃皆不可得。及至於不得已，然後一切不顧，而甘爲盜賊也。是其初念未嘗不善，而轉而之乎惡耳。又必有一爲盜賊者從而引之，所謂習也。夫人至於甘爲盜賊，真下愚耳。下愚之人縱欲敗度，亦從善念之過乎其則始。故上知不移。彼下愚者，其初亦移而過乎其則耳。既過乎其則，其勢必將大遠乎其則，而至於萬萬不能移。夫豈不可移之謂哉？其可移固未絶也。隱而不見，觸亦不萌，積重之勢使然也。故直謂之曰「不移」而已。然千萬人中或且一人能移，以余所聞間亦有之。惟其未絶，故觸而偶萌，隱而或見耳。然則人性果無不善也。且夫仁義禮知之端，下愚不移者既皆有之，是其心固以爲當然也。心之所然而乃不然，所謂忍也。忍之爲言，反其所然之謂也。其所然之心至死不中絶也，性善故也。

述性四

曷爲乎疑孟子性善之言與夫子之言異也？夫子言「性相近」，不徑言善也；匪惟不徑言善已也，言「下愚不移」。下愚不移，性果善乎？求其説而不得，安得不以孟子之言性爲超乎氣質而言之也？雖然，人皆以夫子之言難孟子，而卒未有以孟子之言證夫子也。如以孟子之言證夫子，而果與夫子之言不相應，則性善之言誠與夫子之言性異矣。今其言曰「乃若其情，則可以爲善也，乃所謂善也」，可以云者，相近之云也。其言情之可以爲善也，則驗之於人，皆有惻隱、羞惡、恭敬、是非之心，是心之爲仁義禮知，非由外鑠我者。蓋驗之於習相遠之人，且驗之於下愚不移者也。故曰：「今人乍見孺子將入於井，皆有怵惕惻隱之心。」其「皆有」者，下愚不移者所不能無也。是孟子之言性善，正爲有此習相遠之人與下愚不移之人而決言之也。且其言曰：「富歲，子弟多賴。凶歲，子弟多暴。」

弟多暴。非天之降才爾殊也，其所以陷溺其心者然也。」降才非殊，猶言「性相近」也。多賴、多暴，猶言「習相遠」也。又言「爲不善，非才之罪」，是不罪性而罪習。夫豈異於夫子之言性乎？其言平旦好惡與人相近，性固未嘗相遠也。其言放其良心，旦晝梏亡，習豈終能相近乎？其言夜氣不存，同於禽獸，則所謂下愚不移而已矣。孟子之言性善，章章若是，有一言不與夫子之言相發明乎？然則孟子之言性善，初未嘗離氣質而言之也。則以夫子之言難孟子，曷不取孟子之言以證夫子之言耶？嗚呼！孔、孟言性，並主實有者而言之。如溯性於未有氣質之前，此所以終日言誠，茫然不解誠之所謂也。

述誠

誠者，實有焉而已矣。天實有此天也，地實有此地也，人實有此人也。人有性，性有仁義禮知之德，無非實有者也。故曰：「誠性善也者，實有此善焉者也。」故曰：「誠者，物之終始。不誠無物。」天無終，故行健不息；人有終，故死而後已。死乃無此人，未死則實有此人，實有此性，實有此性之善。實有此性之善，故曰誠者。能實有此性之善，故曰誠之者。誠之者，自明誠者也。能自明誠，實有此能也。能由教入，實有此能也。故曰「自明誠謂之教」。雖不謂之性，非不實有此性也。如不實有此性，則自誠明者，天下一人而已矣。有誠者，無誠之者，雖有教無益也。惟人皆實有此性，故人人能擇善固執以誠之，而實有此教矣。由是成己，則實有此仁；由是成物，則實有此知。惟其實有此性，實有此性之善而已矣。死而後已，終矣乃無物矣。一息尚存，一息有此性之善，一息可以誠之者也。

嗚呼！非實有此人之氣質，亦安能實有此性？實有此性之善者乎？若乎未死先已、未終先終，不誠矣，惟不實有，故曰無物，是不誠之者也，非不能誠之也。是故不空之謂實，不無之謂有，皆指物而言。而二氏空之、無之，是已無物矣。此不必與辨者也。今乃指其所謂空與無者而曰雖空而實，實雖無而實有，此釋氏所謂「色即是空，空即是色」，其語不反較精妙耶？從空無下轉出實有，異乎吾學從物上致力焉者也。

述情

性善情無不善也，情之有不善者，不誠意之過也。由吾性自然而出之謂情，由吾心有所經營而出之謂意。心統性情，性發爲情，情根於性，是故喜怒哀樂情也，故曰「喜怒哀樂之未發謂之中，發而皆中節謂之和」。其中節也，情也。其未發也，情之未發也。其中也，情之含於性者也。其和也，性之發爲情者也。是故心統性情。情者，感物以寫其性者也。無爲而無不爲，自然而出，發若機括，有善而已矣。自夫心之有所作爲也而意萌焉，其初萌也固未有不善者也。何也？意爲心之所發，而心則統乎性情，故意萌於心，實關乎其性情，則安得而不善？然而意之萌也未有不因乎事者也，事之乘我也有吉有凶，而人之趨事也有利有害，吉凶天降之，利害人權之，君子於此亦未有不思就利而務去害也。主張之者，意而已矣。於是經營焉，曰必如是，然後有利而無害也，然而善從此而亡矣。曰苟如是，則必得利而遠害也，然而不善從此而積矣。且也徇利而不顧害，抑或冒害以求其利，而善於是愈亡，而不善於是愈積矣。而人乃甘於不善，而忍而舍其善者，不慎其獨，自欺焉，不誠意之過也。豈其意之萌也，果遂不善乎？經營之巧習於中，利害之途炫於外，故事觸於情，而喜怒哀樂不轉念而應；情交於利害而取舍疑惑一轉念而淆。慎之又慎，在持其情於獨焉，即事察義，以誠其意而已矣。孟子不云乎，「乃若其情，則可以爲善」。若夫爲不善，非才之罪也。情爲性之所發，才乃情之所施，才且無不善，而況於情乎？孔子曰：「我欲仁，斯仁至矣。」情善之謂也。「今人乍見孺子將入於井，皆有怵惕惻隱之心」，孟子之善言情善也。

述命

仰而望之，可見者非天乎？天非形乎？形非質乎？形質非氣乎？是故天者積氣而已矣。有氣斯有道，有道斯有命，有命斯有性，有性復有道，道一而已，氣之流行者皆是也，莫非氣也，即莫非道也。未有命，已有道。《太傅禮》曰：「分於道，謂之命。」言有道，斯有命也。流行之謂道，賦予之謂命，稟受之謂性。氣之有先後次第者，如是也。然是氣也，曷嘗有須臾不流行者乎？無有始也，無有終也，故人既受命而成性矣，道即從性中流行而不已。《中庸》曰：「率性之謂道。」言有性復有道也。「子罕言命」，然而嘗言之矣。子夏聞之夫子曰：「生死有命。」伯牛有疾，子曰：「亡之，命矣夫。」又曰：「賜不受命而貨殖焉。」又曰：「道之將行，命也；道之將廢，命也。公伯寮其如命何？」此所言命皆以氣數言之，其顯然者也。孟子，學孔子者也，亦曰：「莫之爲而爲者，天也；莫之致而至者，命也。」又曰：「吾之不遇魯侯，天也。」言天即言命也。或有送難者曰：子曰「五十而知天命」，又曰「不知命，無以爲君子也」，亦主氣數言之乎？應之曰：此以氣化言命者也。此言陰陽往來屈伸，無非命也。《詩》所謂「維天之命，於穆不已」，盈天地間，無時無處而不然者也。所謂「分於道，謂之命」也，惟聖人能知之。《中庸》所謂「知天地之化育」，《易》所謂「知鬼神之情狀」者也。《中庸》曰：「至誠之道，可以前知。將興，有禎祥；將亡，有妖孽。見蓍龜，動四體，禍福至善，先知。不善，先知。」孔子之知天命，其是之謂夫。若夫義理，則所以治命者也。《中庸》曰：「君子居易以俟命。」《孟子》曰：「殀壽不貳，修身以俟之，所以立命也。」以義理治之，故曰「立命」，故曰「莫非命也」。順受其正，知命者不立乎巖牆之下，盡其道而死者，正命也。《孟子》曰：彌子曰：「孔子主我，衛卿可得也。」孔子曰「有命」。孔子進以禮，退以義，得之不得，曰「有命」。此皆言以義治命，義、命分說，不以義爲命而合言之也。義、命分說，故孟子性、命亦分説，故曰：「口之於味，目之於色，耳之於聲，鼻之於臭，四肢之於安佚，性也，有命焉，君子不謂性也。仁之於父子，義之於君臣，禮之於賓主，智之於賢者，聖人之於天道，命也，有性焉，君子不謂命也。」

述公

人有恒言，輒曰一公無私。此非過公之言，不及公之義也。此一視同仁，愛無差等之教也。其端生於意必固我，而其弊必極於父攘子證，其心則陷於欲博大公之名。天下之人皆枉己以行其私矣，而此一人也獨能一公而無私，果且無私乎？聖人之所難，若人之所易，果且易人之所難乎？果且得謂之公乎？公也者，「親親而仁民，仁民而愛物」，有自然之施爲，自然之等級，自然之界限，行乎不得不行，止乎不得不止。時而子私其父，時而弟私其兄，自人視之，若無不行其私者。事事生分别也，人人生分别也，無他，愛之必不能無差等，而仁之必不能一視也。此之謂公也，非一公無私之謂也。《儀禮·喪服傳》之言「昆弟」也，曰：「昆弟之道無分，然而有分者，則辟子之私也。子不私其父，則不成爲子。」孔子之言「直躬」也，曰：「子爲父隱，父爲子隱，直在其中。」皆言以私行其公，是天理人情之至，自然之施爲、等級、界限，無意必固我於其中者也。如其不私，則所謂公者，必不出於其心之誠。然不誠則私焉而已矣。《漢書》載或問第五倫曰：❶「公有私乎？」曰：「吾兄子嘗病，一夜十往，退而安寢。吾子有疾，雖不省視，而竟夜不眠。若是者，可謂無私乎？」嗚呼！是乃所謂公也，是父子相隱者之爲。吾黨直躬也，不博大公之名，安有營利之舉？天不容僞，故愚人千慮，必有得焉，誠而已矣。誠不分賢愚也，及其至也，惟聖者能之。嗚呼！等級自然而有也，界限自然而具也，而自然中節，無過不及者，則盛德之至也。非聖人而能若是乎？非聖人而能公乎？而能遂其私乎？

述敬

竊謂敬之全功用在事上，用在動時。人於日用之間，無時無地之非事，即無時無地之非動。語固是事，默亦是事；晝爲固是事，夜卧亦是事。故《帶銘》曰「火滅修容，慎

❶「漢書」，據引文當作「後漢書」。

戒必恭」，是即夜卧時所應爲之事也。蓋一息尚存，即有一息之事。惟釋氏絶去人倫，屏卻世事，專一主静，以求通慧。其實釋氏亦猶人也，亦猶有身也，有身安得無事？其所謂静，自吾觀之，終其身無静時也。聖人之道則不然。其言敬也，道國曰「敬事」，事君曰「敬其事」，論仁曰「執事敬」，論君子曰「事思敬」，又曰「事上敬」、「交久敬」、「行篤敬」、「敬鬼神」、「祭思敬」。其在《孟子》則曰敬君、敬兄、敬叔父、敬弟、敬人、敬上、敬下。蓋悉數之，不能終其物。是故敬之用處甚多。静時涵養以收斂於心，是敬之一事。蓋人生日用之間，動處多，静處少。以三達德行五達道，處處是動，處處當用敬。或有有少閒静時，亦須以敬聯屬之。故曰「君子不動而敬」。「君子戒慎乎其所不睹，恐懼乎其所不聞」，言其用功於動，用功於睹聞。已無絲毫之不敬，而千萬動中或有一静，千萬睹聞中或有一不睹不聞，亦以敬聯屬之。如此言敬，始謂之「修己以敬」，始謂之「敬而無失」。其敬於静，正所以全其動之敬。其敬於不睹不聞，正所以全其睹聞之敬。若專以敬全歸之於静時之涵養，則《中庸》所謂「不動而敬」，「而」字不得力；所謂「戒慎乎其所不睹，恐懼乎其所不聞」，兩「所」字都不得力。且若專以静時涵養注解「修己以敬」、「敬而無失」、「聖敬日躋」以及於「毋不敬」、「莊敬日强」，未免鶻突説去，聖經言語全不得力。即如夫子教顔子以四勿，是欲其省察視聽言動；下四个「勿」字，欲其察得非禮處便勿之，全是欲其由禮看清是禮，然後去視聽言動也。非如釋氏寂守其心，若達摩終日面壁，絶卻視聽言動，如是則安得有所謂非禮者當乎其前？又安所用其勿之之力？

吾儒之所以異於釋氏者，全在事上動處用功。其不已於静處者，乃所以繼續動時之功也。故與仲弓言「出門如見大賓，使民如承大祭」，謂見賓、承祭時純是敬，而出門、使民時之敬亦當如之，以鞭迫其「毋不敬」也。然出門、使民亦是動時，非静時也。所以答子張問行而曰「行篤敬」，又曰「立則見其參於前，在輿則見其倚於衡」，舉立與在輿以該括無事之不敬，無時無處之不敬。然亦是就動處言，非主静之謂也。程子爲人不知收放心，故單説一个「敬」字爲收放心之第一法。其喫緊爲人，實具一片苦心，而用以發明敬之義藴，則程沙隨之説所謂「聖賢無單獨説敬字」者，正須參看，而張敬夫所謂「先須察識端倪之發，然後可加存養之功」，其説亦不爲無所見也。上蔡言「敬是常惺惺法」，亦是專言主静涵養，終不若「修己以敬」、「敬而無失」、「毋不敬」諸説該動静言者之爲完備。而且動多静少，以静時繼續其動時之敬，非主於静而以動時繼續其静時之敬也。《易》言「敬以直内，義以方外」，敬、義是一件事，雖有内外，然實合外内之道也，截然分説便不是。不敢欺慢，尚不愧於屋漏，皆据處事言之，豈主静之謂哉？朱子言洒埽、應對、進退爲存養之事。竊謂此即視聽言動上事，雖小學時便當於此處察而識之，此便是「格物以致其知」。小學、大學雖以年齒分屬，然其事亦未便截然説成兩橛。蓋視聽言動重生疊起，無時無處而不然。學者隨時察識便是下手處。童子、成人無緣異其視聽言動也。格物雖是《大學》條目，然小學時未見不許其格物。曉得要敬，便是此一物能格之，而致其知矣。總之，小學、大學不當有格物、不格物之分，而洒埽、應對、進退事事有義，未見得童子皆不能理會也。

孟子不動心有道，程子以爲心有主。夫心何以有主也？以爲養氣也。氣何以得養？以集義也。義何以集？以格物而致其知也。能致其知，則心有主而義以集，然後見之於行事，事皆合於義。《易》所謂「義以方外」蓋如此。義方外者，必敬直內。敬、義相須，無舍敬而能義，亦無舍義而能敬者。故義雖方外而實謂之內行吾敬，故謂之內。故孟子曰：「告子未嘗知義，以其外之也。」此孟子之論義，即孟子之論敬也。吾故曰敬必在事動處多。静時之敬，所以繼續動時之敬也。吾嘗謂静亦是吾人之一事，事從身起，吾人刻刻修身，寧静時而可不修其身？寧静時而可不有其身？吾儒之道在有其身，釋氏之道在無其身。儒、釋之别惟此而已。敬也者，用其心焉而已矣。夫子曰「無所用心」，心不用，則於不可已者而亦已。故夫子不然之，而斥之曰難。然人止一心，而用之各於其所。君子有九思，是用心有九所，於視則思明，於聽則思聰，於貌則思恭，於事則思敬。夙夜警戒之謂敬，威儀儼恪之謂恭，恭敬異用，各於其所，然不得謂恭一心，敬又一心也。隨其所而名之，非有二心也。孟子言惻隱、羞惡、恭敬、是非之心，隨所感觸發見者，指而名之，曰仁也、義也、禮也、智也，然止一心耳，非有四心也。繼善成性之後，隨所感觸而發見焉。止一事也，而仁者見之謂之仁，知者見之謂之知，然則仁知非有二心也。是故君止仁，臣止敬。五止異用，亦不得謂仁、敬、孝、慈、信有五心也。故《詩》統言之，曰「於緝熙敬止」，是「敬止」得包五止也，是「事思敬」得包九思也。吾故曰「敬之全功，用在事上，用在動時」。《洪範》曰

「敬用五事」，貌、言、視、聽、思可曰五事，恭、從、明、聰、睿可統言之，曰「敬用五事」，思亦可曰事，睿亦統乎敬。其言與夫子「敬事」、「執事敬」、「事思敬」諸言可相發明也。然則吾人之功，無非致力於其動。一念欲敬即是動，察識其動即是敬，而五事、五止、九思即應念而至。是故敬非别有一件物，我去把捉之。只爲君爲臣，則止仁、止敬便是敬；遇視遇聽，則思明、思聰便是敬。五止是敬而無失，九思稍在前，不動而敬，工夫正須於此領取。要知朱子所謂「容貌詞氣上加工」，此便是敬。程子所謂「整齊、嚴肅、正衣冠、尊瞻視」，亦便是敬。所謂箕踞，便是不敬。非敬别是一事，爲要求敬，然後如此加工也。學者能隨事踏實用心，乃所謂「緝熙」也。《孟子》之「不動心」，即《詩》之「緝熙敬止」，非釋氏之專一寂守以主静得以冒其號，而謂之曰「不動心」也。而告子之不動心，所以異於孟子之不動心，一在動處用功，一在静處用功，烏得不相背而馳也哉？

述　己

「爲仁由己，而由人乎哉？」天德、王道一以貫之，喫緊在此二句。己對人言，極而言之，天下皆人，故己又對天下言也。爲仁之實在己之動容周旋中禮而已，故視聽言動，己也，苟其非禮，則隨在皆有害於吾之爲仁。復禮者去其非禮而一一皆有以中乎禮。是禮也，天秩有之，所謂「受天地之中以生」，而具於吾心，以爲吾之性。聖人因其性中天秩之所有者，制爲禮以待其人而行。能行其禮，斯之謂爲仁。自帝王至於黎庶，無貴賤，一也。仁主於愛，而與忍相反，故言仁政則曰「以不忍人之心，行不忍人之政」也。凡視聽言動之入於非禮者，皆生於己心之忍。己之忍則已去仁，己去仁則已去禮，故曰「克己復禮爲仁」，故曰「爲仁由己」。子貢言仁而求之博施濟衆，是求之於天下，是由人以爲仁，非由己以爲仁也。夫子教以己利利人、己達達人，是不求仁於天下，而求仁於一己。所謂「爲仁由己」、「克己復禮爲仁」也。「一日復禮，天下歸仁」，是驗己之仁於天下，而非求仁於天下。「天下歸仁」，是仁及天下，而天下歸心於己之仁，豈空空以仁之名奉之於此人哉？聖人之仁，惟曰「能盡其性」，推之而至於其極，則能盡人性，能盡物性；又推之則可以贊天地之化育，可以與天地參。天德、王道止是一事。今之言學者説成兩橛，此夫子所以歎知德者鮮也。仁之見端止在於事，舍事言仁，此釋氏去君臣父子而求所謂父母未生前本來面目，不求之動而謂動本於静，不求之有而謂有生於無。此至淺至近之説，人苟不至下愚，夫孰不知動之本於静，而有之生於無者？而釋氏乃以此爲第一義，豈聖人之大智反在釋氏通慧之下哉？

述義利

同一善事也，同一善行也，而有義、利之分焉。當之者能不見其利，斯義而已矣。苟不見其義，斯利而已矣。是故同一君臣、父子、夫婦、昆弟、朋友之倫，同一行君臣、父子、夫婦、昆弟、朋友之義，而有義、利兩途分出焉，以待我之決擇。吾烏知其義與利之途之判然有分，而必義之取而利之舍也？嘗試論之。實事求是之謂義，有爲而爲之謂利。吾惟求是而無所爲而爲之，則其心之所默默獨契者有在也，斯不亦喻義之君子乎？吾惟有所爲而爲之，而匪是之求，則其心之所默默獨契者有在也，斯不亦喻利之小人乎？君子上達，小人下達，千古流品於斯定矣。試以人之讀書言之。披書而讀之也，讀書而明乎書中之義也，明其義而能文章也，能文章而知名於時也，知名於時而有以酬人之知，以博取人間富若貴也。此如耕者之必得食，固其所耳。然而君子之讀書也實事求是，其所必得，以至於博取富貴，莫之爲而爲，莫之致而至，蘊之爲德行，發之爲事業，先難後獲，若固有之，其心淡如也。如其不然，舉世無一知我之人，雖巨子者流宜相賞於牝牡驪黄之外，而亦熟視之若無睹也。然而君子讀書已耳，能文章已耳，若將終身焉，其視人間富若貴如浮雲之於我，觸之而未有不散者。蓋終身讀書，其心曾不見有讀書之爲利也。此之謂「君子喻於義」。若夫小人之讀書也，未嘗不得其義而能文章，能文章而知名於時，一旦且博取人間富若貴，於是洋洋得意，以爲讀書固不負人。若是，夫其所以讀書者有爲而爲，爲此富貴而讀之也。若久之而不得富貴，吾見其鬱鬱居此，始則自怨自艾，終則怨天尤人，其視人間富若貴爲吾平生第一事，而借徑於讀書，以爲弋獲之門。其得之也出於僥倖，安能處之泰然，轉益行其杌隉。苟其不得，又烏知吾所性中有所窮居不損者，而讀書尚友有若將終身之樂耶？蓋其心之所喻者專在於利，而曾不見其中有義在也。此之謂小人。嗚呼！「君子終日乾乾，夕惕若厲」，死而後已者，以義制事而已矣。

述名

名有二：有天爵之名，有人爵之名。天爵之名，貴於己者也。人爵之名，人之所貴者也。古之人入學而讀書也，修其天爵，居仁由義，以備大人之事，未嘗有要人爵之心，而人爵無不從之。今之人亦入學而讀書也，然其父兄初不教之修天爵也，以爲此要人爵之門也。其子弟雖日讀思仁言義之書，亦初不聞此之爲修天爵也。已而讀書久，能屬文，則曰我可以出而應試矣，以要人爵，我有其具矣。其不得人爵也，則怨天尤人。其苟得人爵也，則志得意滿。嗚呼！夫固未嘗以爲吾修天爵也。夫安知吾有所謂天爵也而棄之。是故天爵之名，人之稱之者，可得而言也。聖人也、賢人也、君子也、善人也、仁人也、義士也、忠臣也、孝子也，此蓋求則得之者也。人爵之名，在今日爲人之所稱者，亦可得而言也。生員也、舉人也、進士也、翰林也，其在朝六部、九卿，其顯者也；出則最顯者督撫，而司道次之，又其屬則親民之官郡守、州牧、邑宰也。此其得之有命者也。古之人修天爵而人爵從之，故爲公卿大夫，榮華其身，而成其爲人爵之名者，乃所以成其爲天爵之名。大臣於是乎出，大人物於是乎見，而優入聖域，爲泰山、北斗之望，顯揚其親，而光被於四海，豈惟是人爵之名徒稱道於鄉里也哉？今之人汩没於人爵之名，寤寐求之，無論其不得也，苟得之，亦不過人爵之名耳。況乎人之所貴者，人能賤之，事不旋踵，勢所必然。嗚呼！彼其父兄本不以天爵之名屬望子弟，而其子弟顧能特立獨行而興起焉。夫非謂其子弟必無豪傑之士也，然而千里一聖，百里一賢，十室忠信，鮮能好學，離羣絶類，間氣所鍾，是世之能得人爵之名者，夫固不能以天爵之名强而附離之也。蓋父兄之教不先之過也。吾觀今世童子，於其發蒙之始，衆惟以吉祥之語券之，曰三元而已矣，鼎甲而已矣。嗚呼！不教之喻於義而專教之喻於利，以先入之言填其胸而爲之主。夫其所喻在利，其於天爵之名去而萬里矣，而人爵之名又豈能孤立也哉？嗚呼！義之不喻而惟利之喻，以喻利之身出而加諸民，是以利導民而民皆喻於利矣。以一喻利之身而加諸億萬喻利之民之上，夫喻利之民之足以傾我之爵之貴而賤之也，豈必多人，而況乎其人之多，乃至於億萬也哉！孔子曰：「君子疾没世而名不稱焉。」此合天爵、人爵之名，渾而言之也。名之義本如此也。屈原曰：「恐修名之不立。」欲藉人爵之名以全其天爵之名也。夫名之義，天爵、人爵之間固未可以分而言之也。

述術

人不可以不學，然學必有術。術在學中，不在學外也。如言《中庸》者之時中，執中者之必有權也。且以人子事父母言之，孝乃庸行之常，然有學焉，其疏節在《曲禮》、《内則》、《論語》諸篇者，夙興適所問燠寒，佐視具，冬温夏凊，昏定晨省，出告反面，遊必有方，能養者別之以敬，能愛者難又在色，此小小者，皆學中之術也，不學不知也。父母有過當諫，諫又當幾，是其學也，而又必「敬而不違」於「見志不從」之後，且又必不怨於勞之之餘，若曰直情徑行，禮道不然也，是皆學中之術也，不學不知也。術之言法也，又道也，如道路之可由也，與「教亦多術」之「術」字同。霍光不學亡術，故曰「術在學中」也。世人之言術也，未嘗學問，而能示人以不可測；蕩然於禮法之外，而使人不得不入其彀中，以言餂人而發其覆，以不言餂人而人無不自吐其情。猶之與人也，而再三吝之，則取者雖貪而疲於屢告；猶之與人也，而姑且吝之，知取者將請益而徐以示其施惠之無窮。時而以柔制人，而不得不受其縛；時而以强屈人，而不能不俯而從。捷則猝不及防，緩則迎不見首。術耳！術耳！學云乎哉！此孟子所謂「機變之巧，無所用恥」者，何法之足云？又烏能如道路之可由也哉？

述儉

天下之至冒上至亡等者，其始由於不儉。夫一不儉也，胡爲而至於此極哉？積漸使然也。今人不知省嗇，無論食貧也，即家故多金而不能量入爲出，久之則筐篋告匱矣，而向之豪華揮斥固已習實生常，一成而不可變。然且因此之不省嗇，牽連而及於彼，曰是日何能末減也。於是出者愈多而入者愈少，無財不可以爲悦，而求悦之心益熾，倉皇告人而稱貸之，已而人亦稍稍知其日就落寞也。然而權子母之黠者曰無虞，稱貸之如故也。然且變易其權子母之常法，則不止於貪賈三之也。《史記》三之，謂三分其母而取一以爲子；五之，謂五分其母而取一以爲子。故五之爲廉賈，三之爲貪賈也。舊注誤釋，余有文辨正之。以語人曰：「若肯如我言，則質劑焉唯所欲。」蓋至是未有不甘受其剥蝕，由不勝其求悦之心之日熾也。循是以往，其不能省嗇也如故，而其取財也勢不能不多方致之。及其卒也，乃至於不可思議。在《易·坤》之初六曰：「履霜，堅冰至。」《象》曰：「初六履霜，陰始凝也。馴致其道，至堅冰也。」《文言》曰：「臣弑其君，子弑其父，非一朝一夕之故，其所由來者漸矣，由辨之不早辨也。」嗚呼！彼不省嗇者，其究至於不可思議，此之謂也。夫一不省嗇也，胡爲而遽及於是耶？天下事固有非初心之所及料者，由來者漸，勢所必至也。

止不嘗藥，《春秋》之義凜然，惡其漸也。漸斯至矣，堅冰之去履霜又遠乎哉？此所以辨之不可不早辨也。

述　静

余言敬之全功用在動時，作《述敬》篇，反復以明吾儒實事求是之義，而不憑主静之説。然則「人生而静，天之性也」，《樂記》之言又何説之辭？間嘗論之，請還即《樂記》之言而繹之。其言不云乎，「感於物而動，性之欲也」，功夫喫緊在此一語。是故物至知知，好惡形而不知節，則悖逆詐僞生於心，淫泆作亂見諸事。感物而動，静於何有？不力持於動之時，据實事以求其是，而空言主静，庸有幸乎？先王制爲禮樂，所以節其性之欲也而已矣。禮樂斯須不去身，則物至而不爲物化。《艮》之《象》曰「君子思不出其位」，《中庸》曰「素其位而行，不願乎其外」，又曰「所求乎子以事父，所求乎臣以事君，所求乎弟以事兄，所求乎友以先施」，《曲禮》曰「恭敬撙節退讓以明禮」，孜孜焉從事於動，有百密而無一疏；及其至也，動容周旋皆中禮，坦然由之而無疑。於斯時也，反而求之於其心，所謂「人生而静，天之性也」者，不將旦暮遇之乎？動而合矩於其外，斯静如止水在其中，「淵淵其淵，浩浩其天」，静之至也。若夫終日枯坐，屏事息勞，閉目凝神，無所用心，是求静於外，以幾於吾之喪我，吾儒無是學也。撰《述静》以爲《論學小記》諸述篇之殿。

禹貢三江考自序

《禹貢三江考》者，所以别異於諸説，三

江必分三條水也。故凡言某江爲北、某江爲中、某江爲南者，皆非《禹貢》經文之三江。据《禹貢》經文考之，明有三水納彭蠡中，納三出三，決不以其溷爲一流，而疑其所出者之非所納之三也。故夫彭蠡以下亦決不能劈空劃開三條水，而《禹貢》乃於不劃開中生其分别，曰此爲北江，此爲中江，則亦不得不指中江之南一分而曰此爲南江也。何也？納三出三，自然之理。如漢既入江，或乃疑之，曰止一江耳，安得曰「江漢朝宗于海」。必經文譌也。豈其然乎？經文於彭蠡甫納三水下，竝未劃開之時，即分而名之曰北江、中江，不但爲一水三江下註脚，且爲一江兼漢見圓光。蘇氏以爲三江止一江，其識卓矣，乃曰於味辨之。夫水信有味，味信可辨，然既目驗其三水入彭蠡，何不可於其入之三而信其出之三。夫三入三出，其顯焉者也；三出三味，其微焉者也。舍其顯者而辨其微者，豈惟上智，雖愚者亦斷不出此。

九穀考自序

鄭康成氏注《周官・大宰》職之九穀：黍、稷、稻、粱、麻、大豆、小豆、麥、苽，蓋据《食醫》之職與《月令》而知之。南方無黍，而稷、粱二者言人人殊，披攬舊章，彌增其惑。乾隆甲午夏在武邑，採許叔重《説文解字》中言九穀者，類聚録之，次其先後而觀之，有異名者竝存之以備考。於黍、稷、粱三事尤瞭然如指上旋渦。《説文》爲治經津筏，由今觀之，真寶書也。夫説經者之於一名一物，所据而知者，秦、漢諸儒之説耳。鄭氏注三禮及爲《詩箋》，獨不詳稷之形狀。吕氏、淮南子其所著書往往言諸穀之得時及夫太歲所值之年，穀之或昌或疾，東西朔南之地之各有所宜種矣，而獨不及於稷。氾勝之種殖書，鄭氏頗引其説，乃亦不言稷。而鄭衆、班固、服虔、孫炎、韋昭、郭璞之流，其言稷者類皆冒粟之名。陸德明、孔穎達、賈公彦、顔師古竝承襲前人之説，無能正之者。陶通明注《本草》，言：「書多云稷，與黍相似。」又云：「如此穀尚不能明，何況芝英？」是不自以爲知，而又深疑於其所承襲之説矣。然觀其所著書，其所謂與黍相似者猶是指粟言，不謂稷在黍中也。至唐之蘇恭誤解陶氏「與黍相似」之云，遂欲於黍中求稷，乃曰「《本草》載稷不載穄」，因以穄爲稷，而謂與黍爲秈秫，破冒粟爲稷之非，轉致强分黍爲二穀。不知黍中之有穄，猶稷中之有秫、稻中之有秔也，一穀自兼二種，安可以黍之不黏者而冒爲稷乎？自時厥後，陳藏器因之謂稷如黍黑色，豈以秬鬯用黑黍，準黍言稷，亦當用穄之黑者。審是，則陳氏冒穄爲稷，但冒其黑色者。而王沈《魏書》所謂烏丸宜青穄者，將安歸乎？歸於黍，必不可得也，則將孤懸一青穄之名乎？且穄類多黄者，陳氏又將何以處之？至於宋之蘇頌則直謂「黏者爲秫，不黏者爲黍」，而孟詵、寇宗奭之徒亦踵蘇恭之繆，而與蘇頌相反。然其意皆依稀原本於陶氏以申其説，顧所見不同，均之爲誤也。明李時珍著《本草綱目》，説與孟、寇二君同，而欲折衷之，以爲定論。難矣！由唐以前，則以粟爲稷。由唐以後，則或以黍之黏者爲稷，或以黍之不黏者爲稷。二千年來，展轉相受，余何敢知焉？今讀《説文》較然不可相冒。及搜尋鄭氏説，稷、粱兼收，黍、稷不溷，實與《説文》之義相表裏，足正諸家之繆。乃復求之諸經傳中之説，以反復疏證之。既又博稽農民相沿之語，驗之播穫之時，參諸五方土宜之同異而論説之，以著於篇。遲之又久，輒有潤削。辭不能徑省，語不厭淩雜者，以舊説紛紜舛互，非言重辭複，不足以盡其致也。

磬折古義自序

羣經皆有古義，自似是而非之説興，而古義隱矣。然而未隱也，苟無真，安有似？似者非而真者是，是非弗可改也。吾日見其真，而懼似者之亂吾目，其誰信之？「磬氏爲磬，倨句一矩有半」，真矣，人固謂其語渾渾爾，申之以半矩而遞加之，以至於一矩有半，又加真矣，人猶疑其語未見端緒也。至「車人爲耒，其長六尺有六寸」，度又真矣，乃三折之，可倨也，亦可句也，倨句有定形哉？從而弦之，限以六尺，而倨句之形定矣。磬折之倨句，亦因之而定矣。真者得，似者烏得而淆之？嗚呼！抱殘拾瀋，所貴多聞闕疑。而羣經之完善者，既無脱簡，非有爛文，雖復大音聲希，豈類艱言文淺？綴學之士慧辯填胸，主其先入，以莠亂苗，過矣！斯文未墜，古義難湮，卒亦安能忍而與之終古哉？

儀禮喪服文足徵記自序

治經不涵泳白文，而惟注之徇，雖漢之經師一失其趣，即有毫釐千里之繆。吾於《喪服》末章「長殤、中殤降一等」四句，知其確是經文，而鄭君誤以爲傳，故觸處難通，不得不改經文以從其説。今余拈出，則文從字順，全篇一貫。孔子欲説夏、殷之禮而嘆杞、宋之無徵，則文獻不足之故。今《喪服》經文具在，足則能徵。知其解者，旦暮遇之可也。作《儀禮喪服文足徵記》。

宗法小記

宗法表

宗之道，兄道也。大夫、士之家，以兄統弟而以弟事兄之道也。别子爲祖，祖，始也，爲後世子孫之所共尊之，以爲吾家始於是人也。繼别爲宗，宗，主也，繼别者一人，而爲羣弟之所主者也。由是，繼别者與其羣弟皆各爲其子之禰，而其子則各有一人爲適繼其禰，以各爲其庶弟之所宗，是之謂小宗。而諸繼禰之宗，其爲繼别子之所自出者，猶是繼别之宗也，衆小宗各率其弟而宗之，世世皆然。蓋繼别爲宗，百世不遷之宗也。與天子、諸侯之太祖廟及大夫之有太祖廟者同義。

若夫諸小宗者，自後世而溯之，則同父之適兄曰繼禰之宗，同祖之適兄曰繼祖之宗，同曾祖之適兄曰繼曾祖之宗，同高祖之適兄曰繼高祖之宗。我之高祖，吾父之曾祖，則吾父之高祖於我爲「姓别於上」，而於是「戚單於下」矣。戚單於下，斯不同其小宗，所謂「五世則遷」之宗也。而彼繼别者爲收族之大宗，則一族之人所同於别子之適兄也。尊祖故敬宗，宗之者，兄之也，故曰「宗之道，兄道也」。若吾既君之矣，則不敢兄之，故君有合族之道，雖天子有宗廟之禮，以序昭穆。是故繫姓綴食，百世不通其昏姻，而族人則不敢以其戚戚君。雖諸侯之昆弟皆以君道事之，而不得以之爲兄而宗之也。

今夫宗道，先王之所以一天下者也。

自大夫以下達於庶人，而君之昆弟乃猶散無友紀焉，可乎哉？此公子之宗道所由立也。其宗道何也？「公子之公爲其士大夫之庶者，宗其士大夫之適者也」，此所謂「有大宗而無小宗」也。禮，如「宗其繼別子之所自出」，親則如其月筭者。若無適而宗庶，則禮如小宗。此所謂「有小宗而無大宗」也。其無宗亦莫之宗者，唯公子一人已耳。所以然者，諸侯之子稱公子，公子不得禰先君。先君不得禰之，於今君安得兄之？此宗法之通其窮者也。此自卑而別於尊之義也，此別子之名所由起也。是故此三公子者，其所謂宗，但盡公子之世則宗之，至於其子則自各有其所繼之宗，而前所立大小宗之子既不得祖諸侯，則不得謂之繼祖之宗，而羣公子之後人亦不得相率而宗之。蓋是三公子者，其初本自別於尊矣，故至於後世，皆得各自爲祖，而歸於大同之宗法，因爲《宗法表》以明之。

世次順數説

《大傳》曰：「四世而緦，服之窮也。」言曾祖至於曾孫四世，而爲之服緦，於是服窮於曾孫。「五世祖免，殺同姓也」，言高祖至於玄孫五世，同庶姓而將別於上也，於是殺其服，但爲之袒免而已。「六世而親屬竭」，言高祖之父至於玄孫之子六世，祖孫皆出五屬，而親屬之名於是乎竭。皆順而數之之文也。鄭氏注：「四世共高祖，五世高祖昆弟。」於經義未得其審，後之人亦不深察其指，因之等而上之，以爲世次，呼曾祖爲四世祖，呼高祖爲五世祖。其又上之則曰六世祖、七世祖。意蓋謂順而下之，但可言四世之孫、五世之孫，而不知等而上之以倒次其祖者之大繆不然也。夫世之爲言代也，聞子代父矣，未聞父代子。又三十年爲一世，則六十年爲二世，而顧可曰百年爲一世、七十年爲二世乎？經傳之數世多矣，《詩》曰「本支百世」，《左傳》曰「五世其昌」、「八世之後」。子張問「十世」，子曰「百世可知」，又言禮樂征伐之出於諸侯以下有十世、五世、三世之失，又言「禮去公室者五世，❶政逮大夫者四世」，無有不順以數之者也。其有向上稱者，若《詩》言「在夏后之世」，《孟子》言「上世嘗有不葬其親者」，蓋指世之在吾先者，然皆不得以一二三四次第之。以次第之義，若伯仲叔季之不可以倒行也。今之爲碑版文者，悉以韓、歐諸家文爲例，見今人家族譜稱始祖爲一世祖，遞之曰二世祖、三世祖者，則斥之以爲不符經說。吾昔嘗不然之，謂可上數之，亦可下數之。由今以觀，則固不可以上數之矣。《淮南子·道應訓》言：「武王伐紂後，天下歌謠而樂之，諸侯執幣相朝，三十四世不奪。」《氾論訓》言：「武王克殷，欲築宮於五行之山。周公不可，所以三十六世而不奪。」皆順下數之也。其有疑下數之難以稱祖者，是殆不然。鄭康成氏注《檀弓》嘗引《易》說曰：「《易》之帝乙爲成湯，《書》之帝乙六世王。」自繼世之君目之，則曰「六世王」；自後世子孫目之，則曰「六世祖」，其義一也。

宗法表補義

余著《宗法表》，曰：「宗之道，兄道也。大夫、士之家以兄統弟，而以弟事兄之道也。」其所爲表，義確而言詳。或乃就余獻其

❶「禮」，《論語·季氏》作「祿」。

疑，余曰：無疑也。世以「不杖麻屨」章「世父母、叔父母」一條，言昆弟無分者以明之。其傳曰：「父子一體也，夫妻一體也，昆弟一體也，故父子首足也，夫妻牉合也，昆弟四體也，故昆弟無分。」此蓋以父子、夫妻之一體取譬昆弟之一體，以明昆弟之無分也。又曰：「然而有分者，則辟子之私也。子不私其父，則不成爲子，故有東宮、西宮、南宮、北宮異居。」句。蓋言昆弟無分而有不得不分者，以昆弟各有其子，義當各私其父。若皆同居不分，其何以辟子之私？故昆弟不得不分東西南北之宮以異居，萬不能如父子、夫妻之一體必無分也。「異居」下又曰「而同財，有餘則歸之宗，不足則資之宗」，此言昆弟雖異其居，而必當同其財，故衆昆弟之有餘財者必歸之適昆弟；其不足於財者，則資之適昆弟。夫是故雖異居也，而猶然同財，是昆弟無分之義也。吾謂「宗之道，兄道也」，是其例也。乃鄭氏注「歸宗」、「資宗」二「宗」字，則曰「宗者，世父爲小宗，典宗事者」，以小宗屬之世父，與上文「昆弟無分」之旨大相齟齬，而於吾所謂「宗之道，兄道也」者扞格而不通矣。此之不可不辨也。又世以「女子子適人者爲其昆弟之爲父後者」一條，重言以明之。其傳曰：「爲昆弟之爲父後者何以亦期也？婦人雖在外，必有歸宗。曰小宗，故服期也。」据此言女子子適人者之小宗，亦以適昆弟爲宗，與我所謂「宗之道，兄道也」同其條貫。是又例之旁穿交通，無可獻疑者也。或曰：同禰衆昆弟容有先繼禰之宗而卒者，其子得不以世父爲典宗事者乎？曰：此隨時變義，事所必至，理有固然，不可爲典要。今以立宗之始言之，則昆弟無分，異居同財。此經乃宗法之義例。

今人説書，不首正義，而糾纏變義，此道之所以不明也。如以變義言，則四小宗中人多而事錯出，處處請析其疑，不知費幾許辭矣。

溝洫疆理小記

遂人匠人溝洫異同考

《遂人》職云：「凡治野，夫間有遂，遂上有徑。十夫有溝，溝上有畛。百夫有洫，洫上有涂。千夫有澮，澮上有道。萬夫有川，川上有路，以達于畿。」鄭氏注：「以南畝圖之，則遂縱溝横，洫縱澮横，九澮而川周其外焉。」按：畝，長畝也。一夫之田，析之百畛，以爲百畝。南畝者，自北視之，其畝横陳於南也。南畝故畛横。畛流於遂，故遂縱。遂在兩夫之間，故謂之「夫間」。夫間，東西之間也。其南北之間，則溝横連十夫，故曰「十夫有溝」。不可謂二十夫之間，故變間言夫也。溝經十夫，流入於洫，洫之長如溝，縱承十溝，十溝之水皆入焉，故曰「百夫有洫」也。洫之水入澮，澮長十倍於洫，而横承十洫之分布千夫中者，故曰「千夫有澮」也。澮十之，横貫萬夫之中，十澮之水，竝入於川，故曰「萬夫有川」。澮横，川自縱也。鄭氏謂九澮而川周其外，恐不然矣。川上有路，以達於畿，安得有縱路，復有横路耶？其横者則二萬夫間之道也。澮但言九，亦考之不察矣。

《匠人》：「爲溝洫，耜廣五寸，二耜爲耦；一耦之伐，廣尺深尺，謂之畎。田首倍之，廣二尺、深二尺，謂之遂。九夫爲井，井間廣四尺、深四尺，謂之溝。方十里爲成，成間廣八尺、深八尺，謂之洫。方百里爲同，同間廣二尋、深二仞，謂之澮。專達於川，各載其名。凡天下之地勢，兩山之間必有川焉，大川之上必有涂焉。」按：甽在一夫百畝中，物其土宜而爲之。南畝甽横，順其畝之首尾以行水，入於遂，故遂在田首。井田，夫三爲屋，三夫田首同枕一遂，遂在屋間，非夫間也。謂之屋者，三夫相連綿如屋然。三夫三百甽，如屋霤。一遂共納之，如承霤，但以一木行水也。但疆之以别夫而已，不若《遂人》夫爲一遂，以受甽水。此所以别夫間而言田首也。而鄭氏猶以「遂者，夫間小溝」釋之，遂非不在夫間，而記變其文者，蓋自有義，不宜襲用《遂人》之文矣。遂流井外，溝横承之，井中無溝，溝當兩井之間，故以井間命之。其長連十井，《司馬法》云「井十爲通」，言有溝通于洫也。不嫌井間之稱溷十井之縱者，其縱亦遂之在屋間而受甽水者也。不受甽水者，方爲井間之溝。溝十之含百井爲一成，十溝之水咸入於洫，洫縱當兩成之間，故曰「成間有洫」也。洫之長連十成，《司馬法》云「十成爲終」，言有洫通于澮而終也。終通互相足，通爲小終也。同成亦互相足，成爲小同也，同爲大成也。亦不嫌成間之稱溷十成之横者，其横亦溝之在井間而受遂水者也。不受遂水者，方爲成間之洫。洫十之含萬井爲一同，十洫之水咸入於澮，澮横當兩同之間，故曰「同間有澮」也。澮達於川，川在山間，命之曰兩山之間，以例澮在同間、洫在成間、溝在井間，其事相同，厥名斯稱矣。況夫間爲兩夫之間，人所共知，遥相疏證，辨惑析疑，舊聞舛互，砦安辭哉！是故萬井之田，一澮界兩同之間；萬夫之田，十澮納百洫之水。故一同之澮，獨著「專達於川」之文；而萬夫有川，但準溝承十遂之目。形體之端緒不同，標録自爾殊致矣。

賈公彦云：「井田之法，甽縱遂横，溝縱

洫横，澮縱川横。」余謂縱横無定法，視其畝之東南而爲之。如賈説，是東畝法耳。《左傳》晉使齊盡東其畝，以晉伐齊必向東，東畝則川横，而川上路乃可東西行，故曰「唯吾子戎車之利也」。此畍縱爲東畝，畍横爲南畝之確證，《遂人》、《匠人》二法所同者。賈氏不明《匠人》於遂不命夫間之故，而以爲夫間縱者，但分其界而無遂，又不明《遂人》夫間之遂亦於田首爲之，而以爲田首必在百畝之南，故必易其縱横以通其説。若然，是井田之制必無南畝矣。豈其然乎？賈氏亦主一澮達川，三夫同遂，於諸「間」字未誤解也。而後世解斯記者，亦由不明田首之遂不命夫間之故，而以爲與《遂人》夫間之遂同其實而横爲之，於三夫相連之中，因置間字之義勿復深考，而强以屋間之遂當井間之溝，以井間之溝當成間之洫，以成間之洫當同間之澮，而以同間之澮當兩山之間之川，而於是「專達於川」之一澮不得不十倍增之，而又或以爲九矣。

又按《遂人》、《匠人》兩篇文義皆互相足者也。夫間有遂，見遂在兩夫之間，兼辭也。十夫有溝，百夫有洫，千夫有澮，萬夫有川，但就小水入大水言之，偏辭也。若以偏辭言遂，則曰一夫有遂矣。以兼辭言溝洫澮川，則必曰二十夫之間、二百夫之間、二千夫之間、二萬夫之間矣。田首謂之遂，偏辭也。井間謂之溝，成間謂之洫，同間謂之澮，兼辭也。若以兼辭言遂，則曰屋間謂之遂矣。以偏辭言溝、洫、澮，則遂在田首，溝在井首，洫在成首，澮在同首，當云「井首謂之溝，成首謂之洫，同首謂之澮」矣。惟澮所專達之川，則必曰兩山之間，難舉偏辭，故溯洄相從，澮、洫、溝亦皆以間言之。此古人造言之法，出於自然，治古文者可求而得之者也。

井田溝洫名義記

余既考定《匠人》爲溝洫之制，乃復取鄭氏注《小司徒》職所引《司馬法》之文而讀之，然後歎聖人立法之精，其命名爲不苟也。畝百爲夫，夫之名命於受田之人也。夫三爲屋，屋之名命於三夫之遂同承畎水，象屋霤之垂於檐也。屋三爲井，井之名命於疆別九夫，二縱二横如井字也。井十爲通，通之名命於十井之溝下通於洫也。通十爲成，成之名命於縱横十里爲方百井，井田之制於是乎成也。十成爲終，終之名命於洫納百溝，行百里以入於澮，井田水道之長終於此矣。十終爲同，同，大成也，一澮上承洫、溝、遂、畎之水，以專達於川。其有一畎之水不入於遂，一遂之水不入於溝，一溝之水不入於洫，一洫之水不入於澮者乎？以此言同，同之名爲弗可易矣。神禹之治水也，濬畎、澮以入於川，是故水之行於地中也，小大之形三者而已。故制字以象形，一水爲ㄑ，畎。二ㄑ爲巜，澮。巜巜爲川。及其盡力於溝洫也，則以爲非多其廣狹淺深之等，不足以盡疏瀹之理，而奠萬世農業之安。於是由川而澮，又等而增之，而洫、而溝、而遂，乃以承夫百畝中之畎。夫然後一旦雨集，以大受小，遞相承焉，不崇朝而盡達於川矣。其承畎者，明之以遂，何也？慮其蓄而弗暢也，故遂之。曷爲承之以溝也？一縱一横，乃見交暢之義。溝，冓也，縱横之説也。名之曰溝，所以象其形。象形曰溝，會意曰洫，洫字从血，以洫承溝，謂是血脈之流通也。澮，會也，會上衆水以達於川，初分終合，所以盡水之性情，而不使有汎溢之害也。鄭氏注《小司徒》云：「溝洫爲除水害。」余亦以爲備潦，非備旱也。歲歲治之，務使水之來也，其涸可立而待。若以之備旱，則宜豬之，不宜溝之；宜蓄之，不宜洩之。今之遞廣而遞深也，是溝之法，非豬之法；是洩之，非蓄之也。故使溝洫之制存而不壞，豈惟原田之利農？無水潦之患，而天下之川亦因之而治矣。夫川之淤塞也，有所以淤塞之者也。溝洫不治，則入川之水皆汙濁之渾流，實足以爲川害。然則溝洫不壞，即謂天下之川永無崩決之虞可也。夫神禹之治水也，既疏九河，又瀹漯川，此何故哉？覩其盡力於溝洫，可想見神禹之用心矣。

遂人匠人溝洫形體記

《遂人》「夫間有遂」，以南畝圖之，東西之間也。而《匠人》之遂在屋間，屋間亦東西之間。蓋南畝畛横，遂之長短雖不同，其受東流之畛水則同也。屋間爲東西，則其南北之間但疆之以別夫。賈氏所謂「夫間無遂」是也。鄭氏注《匠人》「田首之遂」爲「夫間小溝」，承用《遂人》之文，非有誤也。以井間可通十井命之，則夫間亦可通三夫命之。然是記脩辭之法，恐人誤以兩遂之形體爲同其實，故別之曰田首而不名夫間。又井田有夫三爲屋之名，其遂實在屋間，則夫間之名移之三夫南北疆別之處，適符其實。此賈氏命井中無遂者爲夫間，亦因事立名也。但拘於《遂人》「南畝遂縱」，以縱者爲夫間。今圖《匠人》亦必謂夫間之縱者無遂，而易其「遂縱」者爲「遂横」。夫遂横則畛必縱而爲東畝矣。後人南畝、東畝每致互譌，蓋由賈氏此圖滋之惑也。然以賈氏《匠人》東畝之圖，與鄭氏《遂人》南畝之圖互較之，則二法形體之異同益明。鄭圖《遂人》夫間遂縱，賈圖《匠人》夫間無遂者縱也；《遂人》十夫溝横，《匠人》三夫遂横也；《遂人》百夫洫縱，《匠人》井間之溝，溝連十井者縱也；《遂人》千夫澮横，《匠人》成間之洫，洫連十成者横也；《遂人》萬夫川縱，鄭圖川周其外者，誤。《匠人》同專達於川之澮，縱也。是故《匠人》以一澮納萬井中之十洫，視《遂人》以一川納萬夫中之十澮；《匠人》十洫每洫納千井中之百溝，視《遂人》十澮每澮納千夫中之十洫；《匠人》千井中之百溝，每溝納十井中之三十遂，視《遂人》千夫中之十洫，每洫納百夫中之十溝；《匠人》十井中之三十遂，每遂納三夫中之三百畎，視《遂人》百夫中之十溝，每溝納十夫中之十遂，相較而遞相升降者一等。蓋以賈氏《匠人》東畝之圖，其縱者起於畎；鄭氏《遂人》南畝之圖，其縱者起於遂，故其始也，《匠人》以畎配《遂人》之遂，而其終也，《匠人》以澮配《遂人》之川；其始也，《遂人》之畎獨横爲之而無所配，其終也，《匠人》之川亦獨横焉而無所配矣。然其所以不能相同之故，則以《匠人》井間之溝直連十井，至成間之洫亦準之而連十成，《遂人》之溝自一夫連及十夫，至百夫之洫則止於百夫，不準之而連及千夫。故《遂人》百夫有洫，千夫則有澮，不若《匠人》百井此洫，千井亦猶是此洫。至於萬井，始以一澮上承十洫，而下專達於川，而《遂人》萬夫乃以一川上承十澮。二法澮數相懸，遂至於十倍。此《遂人》、《匠人》溝洫形體之大致，而鄭、賈二氏之圖可互證者如此。

解字小記

秀采孚三字義説

《太傅禮・少閒篇》云：「苟本正，則華英必得其節以秀孚矣。」《内經・四氣調神大論》

云：「使華英成秀。」據《爾雅》「榮而不實謂之英，不榮而實謂之秀」，英、秀二字，義固殊矣。然當春時，萬物以榮，則雖不榮而實者，其未成秀之先，生意勃發之始，亦得謂之華英。此《太傅禮》、《内經》之文所以於物之秀者竝以「華英」言之。余以謂物類稱名有不可爲典要者，往往而是。然皆物理自然之大致，古人因其勢而任之，無所更易於其間，而變通之義於是乎在。抑余因《太傅禮》秀、孚二字連文而紬繹之，略得「孚」字之義，乃益信余曩者論「秀」字爲得其旨。又悟「孚」字與采字並从「爫」者，其義同也。余之論「秀」字也，其言曰：「秀，禾作采也。采，蓋「穗」本字。从禾。禾下乃者，象禾作采，鬒蘂外吐之形。」余嘗目驗禾作采時，先生其所謂孚，而未成孚者，兩葉中含鬒蘂數莖，不得以花名之。故《爾雅》云「不榮而實謂之秀」也。昔之人因象其敷蘂蕤蕤之形而制「秀」字，然秀即其采也。命其孚中之所含者曰秀，竝其孚而言之則曰采。故制采字从禾上爫者，象其秀含於孚中之形也，孚則其成實甲然者矣。然孚甲亦有别包於甲外者爲孚，而或甲外無所包，則甲即其孚也。《説文》孚从禾旁者，後人益之。《太傅禮》去禾乃其本字。秀既實矣，中含子而包乎外者，乃得孚名，故制字从爫、从子，言是吐秀之采今又甲然含其子矣。《説文》釋采字云「禾成秀」是也。又云「从爪、禾，人所以收」，失其義矣。方作采，遂言收耶？矧收禾以銍刈，不得言手爪之也。唯以爫爲象采之形，而孚上之爫亦不作手爪之爪，則三字皆得其條貫。證之以《太傅禮》，而古義爛然。《説文》釋「孚」：「卵孚也，从爪、从子。一曰：孚，信也。」而徐鍇增成其説曰：「鳥之孚卵，皆如其期，不失信。

鳥裒恒以爪反覆其卵。」此恐於《説文》之指亦猶未得也。案：《方言》：「北燕、朝鮮、洌水之間，謂伏雞曰抱。其卵伏而未孚，始化曰涅。」《淮南子》：「夫鴻鵠之未孚於卵也，一指蔑之，則亡形矣。」然則孚爲將成雛之名，如禾秀成實也。抱卵曰伏，不謂之孚。《莊子》亦作「伏卵」。《漢書・五行志》亦曰：「雌雞伏子。」伏，古音同「匐」。今吾歙言伏卵猶呼匐音。安得以鳥裒釋「孚」字耶？且亦不足明「孚，信」之義。夫信之言實也，孚中有子曰實，莫信於是矣。乃遂決然定此三字之義，不敢舍孚甲之云而皮傅於抱卵之説也。鄭氏《月令》注云「麥實有孚甲」、「莢實孚甲堅合」。《釋名》云：「覆，孚也，如孚甲之在物外。」抑余於《説文》中又得「𠬪」字，許氏解之云：「物落，上下相付也。讀若《詩》『摽有梅』。」余謂華英開後及秀不實者，動則落焉，謂之𠬪，从兩爫相承，下倒者，已落飄飛之象也。「𠬪」从兩爫相承，與「非」从兩爫相背，其意竝同，而「非」之制字則在「𠬪」字之先，其原皆从屮而化焉者也。又見趙邠卿《孟子》「塗有餓莩」注引《詩》云「莩有梅」，莩，零落也，易摽爲莩。孫奭《音義》載丁公《音》，以爲《韓詩》也。雖王伯厚言「摽」與「莩」通，非是破《韓詩》作「莩」之義。然余以爲《韓詩》所謂「莩」者，即「𠬪」字轉寫之異。𠬪，落也，故落實亦因謂之𠬪。《韓詩》未可遽非，而《孟子》「塗有餓莩」乃言人飢腹中空而死，如華秀不實者之𠬪落也。如此，則𠬪爲不實而落之義，與「孚」字正相反，斯爲不失古人制字之本。而采、孚字从爫，余謂非手爪之爪，得「𠬪」字一證，其義更明矣。又案：象形之字，有可直象其形者，有象其形猶必从其所屬之字者。如「秀」字徒象其形曰不从禾，則與乃字溷；果、朵字使不从木，與田、几字無以異矣。故衰字冄象形，又必从衣者，意蓋如此。亦有象形字後人益以所屬之字，若厷之爲肱，囱之爲窗，此類甚多，然「秀」字非其例也。

果蓏通義説

高誘注《吕氏春秋》曰：「穖，禾穗果蓏也。」果蓏之云，猶華英作苞時，呼蓓蕾、孤毒之云也。然散文則果、蓏二字異義。《説文》蓏作蓏，云：「在本曰果，在地曰蓏。」鄭康成注《儀禮·既夕》篇同。《廣韻》又引應劭云：「木實曰果，草實曰蓏。」張晏云：「有核曰果，無核曰蓏。」《漢書·食貨志》師古注引應劭、張晏二説，下又云：「臣瓚曰：案木上曰果，地上曰蓏也。」《集韻》又云：「一説：有殼，果；無殼，蓏。」説固紛然雜出矣，皆依聲命名，蓋不可爲典要，不得是此而非彼也。然以字言之，⊕在木上曰果，❶別果於木，則謂草實曰蓏，其説該備，故《玉篇》亦云：「蓏，草實也。」合二字以爲言，則成雙聲疊韻。里諺所稱，雖婦人孺子見物之果蓏然者，皆知以果蓏呼之。雖微草木之實，苟類是，即無不可與之以是名也。是故果蓏之實栝樓，栝樓者，瓜之合聲。瓜，古音孤。果蓏者，瓜音孤。之合聲也。瓜之制字象形，則从𠕁而屈其中，畫爲瓜形也。「果蓏，蒲盧」，《爾雅》在《釋蟲》。《説文》以爲細腰土蜂。《方言》云：「螻蛄，南楚或謂之蛞螻。」聖人之繫《易》，惟變所適，而況其凡乎？作《果蓏通義説》。

不字義説

《小雅·常棣》篇「鄂不韡韡」，鄭氏箋云：「承華者曰鄂不，當作拊，拊，鄂足也。」不字義，人鮮知者。鄭氏以拊曉人，非謂

❶「⊕」，原作「田」，今據嘉慶刻《通藝録》改。

「拊」譌爲「不」，而欲改其字也。故《左氏傳》云「三周華不注山」，酈氏《水經注》言「華不注山，單椒秀澤，不連陵以自高」，而説者以爲山如華跗之著於水。又《爾雅·釋山》曰：「再成，英。一成，坯。」蓋亦以華狀之，坯即不。一成者，如華之有鄂足。華英在不上，故山再成者如鄂不之承華英也。此皆不字本義，見於經傳可考者。不字象形，一下形，❶象鄂足著於枝莖；三𠃊，象其承華之鄂蕤蕤也。然則孚之與不音同義異。❷含實曰孚，鄂足曰不。惟變所適，則二字恒相通也。鄭氏答張逸問「秠，一稃二米」，曰：「秠即其皮，稃亦皮。更無異稱。」《詩·芣苢》、《逸周書·王會》篇作「稃苡」，且不惟孚、不通也，付與孚、不亦相通；故鄭氏言「鄂不」當作「拊」，而《玉篇》亦云「柎，花蕚足也」。《説文》「稃」又作「粖」。乘桴，字書或作「泭」。覆車之罦，字書亦作「罘」。蓋付字从ヨ，與孚从爪者同義。余故曰叉从兩爪，順逆相承，非从左ヨ之ヨ也。王伯厚難《韓詩》「莩有梅」，謂莩是零落之意，摽乃擊之使落，與「痞辟有摽」之訓爲拊心同意。蓋謂二文全不相涉。不知莩、拊之从孚、从付，其義自通。《九歌》「揚枹拊鼓」，王逸注：「枹，一作桴。」字書諸从孚、不者，❸又或从包。考古者無拘無鑿，殊未可以輕心掉之，然而其指微矣。

度數小記

周髀矩數圖注

客有問余《周髀筭經》言「數出於矩」及

❶「形」，黄山書社二〇〇八年版《程瑶田全集》本《解字小記》作「𠃊」。
❷「異」，原作「略」，今據《解字小記》改。
❸「諸」，原作「該」，今據《解字小記》改。

用矩之道，得聞其詳乎？余乃爲之句斷而節注之，並爲圖以附於後焉。

《周髀筭經》云：「昔者周公問於商高，曰：『竊聞夫大夫善數也，請問古者包犧立周天曆度，夫天不可階而升，地不可將尺寸而度，請問數從何出？』商高曰：『數之法出於圜方，圜出於方，方出於矩，矩出於九九八十一。

矩出於九九八十一，故製一矩，分其度爲九寸，寸又九分之爲九九八十一也。

其博一寸。

「『故折矩，

折所製矩爲二，一爲五寸，一爲四寸。

「『以爲句廣三，股修四，徑隅五。

橫其四寸者，縱其五寸者，膠合之以爲曲矩，其博一寸。故内横者得爲句廣三，内縱者得爲股修四，其徑隅自然得五也。下文復申言之，以終其義。

「『既方之外，半其一矩，環而共盤，得成三四五。

縱横爲之成曲矩，兩曲矩合之則成方。即下文所云「積矩」也。外猶後也。半之爲言判也。謂既方之後，乃於兩矩中取其一矩，判去其句，以其縱者五寸環而合於句三、股四之曲矩，而爲徑隅之五，是之謂「半其一矩，環而共盤，得成三四五」也。

「『兩矩共長二十有五，是謂積矩。

矩之博一寸，故合兩曲矩，縱横皆五，乘之爲五五二十五。是兩矩之所積，故命之曰積矩。《荀卿書》所謂「五寸之矩盡天下之方」是也。伸其所積，則共長二十有五也。

「『故禹之所以治天下者，此數之所由生也。』

「周公曰：『大哉言數！請問用矩之道。』

問萬有不齊之數。圜、方之法皆出於矩，則矩之用有其道也。

「商高曰：『平矩以正繩，

平之言正也。平正設之，而植其矩之股以正繩，因以爲測高深遠之臬也。

「『偃矩以望高，

偃其矩，令股端衺行指所測處，以望高也。

「『覆矩以測深，

覆其矩，令股端下指所測處，以測深也。

「『卧矩以知遠，

先以平矩正其繩，而因以準其地，乃卧其測遠之矩衺指所測處，然猶必以平矩正卧之，合於測矩，以知遠也。然則曲矩蓋兼繩準之用矣。

「『環矩以爲圜，

以矩句爲樞，環其股端以爲圜，規其出於曲矩乎？

「『合矩以爲方。

矩之博一寸，故合兩曲矩得爲方也。

「『方屬地，圜屬天，天圜地方。方數爲典，以方出圜。

割圜弧矢弦之法，蓋以句股徑隅推測而知其度。典，常也，即推測之道也。徒圜不能知其數，以方之數而出之，故曰「圜出於方，方出於矩」也。

「『笠以寫天，天青黑，地黄赤，天數之爲笠也。青黑爲表，丹黄爲裏，以象天地之位。

「『是故知地者智，知天者聖。智出於句，句出於矩。夫矩之於數，其裁制萬物，惟所爲耳。』」

折其矩而句之，乃成句股徑隅，而彼此互求之法，皆由此出，故曰「智出於句」也。規之繩之，而又準之，皆曲矩爲之也，可不謂智乎？「周公曰：『善哉。』」

周髀用矩述

昔歲在己巳，余始與戴東原交，東原與余言準望之法，余遂學焉而未知其審也。其後九年，館汪在湘家，因推求準望重測用較爲法之理，乃疏記之而爲三圖：曰《測高之圖》、曰《因遠知深之圖》、曰《高遠廣三者皆不知用三測互求之圖》。在湘奇之，爲儀觀焉。東原見而嘆余用心之甚細也。壬午，客揚州，寓居洪杭原僑舍。杭原謂余曩曾爲《準望圖記》，盍開雕焉？余諾之而未果也。今年歲在己亥，潘仿泉館余豐潤官舍，暇日取《周髀筭經》，注其首章言矩數及用矩之法，且爲圖明之。蓋句股，準望之極則，如黄河之星宿海，江之所濫觴者也。仿泉因令其子燀奕甲受句股之術。乃取前圖及所疏記披其卷，則汪二爲爲余書之者。稍按理之，加《初測》、《重測》二圖於前，又因遠知深，非知深正術，亦非知遠正術也，加《測深》、《測遠》二圖，而測廣之術即包《測遠圖》中。《周髀》用矩無測廣法，非逸之也，舍卧矩其能知廣乎？然施於重測，則知廣之與知遠，其用卧矩之法亦殊異也。故又加《測廣》之圖。交測之法粤蘖於《三測互求圖》中，遂演之，亦爲偃測、覆測、卧測三法，加三圖。又演之加交重測之法，亦三圖。凡爲圖十有四，附圖二。圖成，又一一詳説之，題曰《周髀用矩述》。回憶寓居揚州之時，蓋去今十八年。先是，館汪在湘家爲丁丑之歲，則去今廿有三年。又先是，而與戴東原交也，則去今三十有一年矣。乃辛卯、壬辰間，余居京師，在湘、二一爲、杭原三人者相繼物故，二爲、杭原皆與余同年爲博士弟子者也。其後，東原爲翰林京師，則時時相見，有所疑，輒質正之。丙申之冬，余別東原南歸。其明年夏五月，東原又去人間世。是書之成，不及是正於吾友。思念往事，余將何以爲懷耶。遂書之，以誌余悲，而弁諸篇首。

附録

先生少入塾，塾師謂：「孺子盍言爾志？」曰：「無志。窮達由天命，窮爲匹夫，不得曰非吾志而卻之也。達爲卿相，不得曰吾志不及此而逃之也。」師曰：「是聖賢之志也。」先生曰：「讀書不當師聖賢耶？」《文獻徵存録》。

先生官嘉定縣教諭，顔其室曰「讓堂」。乞病歸，王鳴盛贈以詩曰：「官惟當湖陸，師則新安程。一百五十載，卓然兩先生。」其推重如此。同上。

先生善鼓琴，有《琴音記》。晚既失明，復爲《琴音記續編》，口授其孫寫之。同上。

案：讓堂所刻諸書，其《論學小記》、《論學外篇》、《禹貢三江考》諸目，後均有及門洪糤識語。《解字小記》、《釋蟲小記》諸目後均有及門洪印綬識語。惟二洪籍貫著作未詳，誌其姓名待攷。

讓堂交游

金先生榜別見《慎修學案》。

汪先生肇龍別見《慎修學案》。

丁先生杰 別見《抱經學案》。

王先生鳴盛 別爲《西莊學案》。

戴先生震 別爲《東原學案》。

段先生玉裁 別爲《懋堂學案》。

焦先生循 別爲《里堂學案》。

阮先生元 別爲《儀徵學案》。

汪先生萊 別見《四香學案》。

程先生際盛

程際盛，原名琰，字焕若，長洲人。乾隆庚子進士，授内閣中書，官至監察御史。奉職三十餘年，退食而歸。閉關卻掃，惟以窮經爲務。深研鄭學，摘鄭語之要，爲《周禮故書考》一卷，《儀禮古文今文考》一卷，《禮記古訓考》一卷。書成，在段若膺《漢讀考》未出以前，而讀經之法與之暗合。蘭泉先生嘗稱其書有功學者。又著《説文引經考》一卷，《説文古語考》一卷，《續方言補正》一卷，《古韻異同》一卷，《清河偶鈔》四卷，又有《駢字分箋》、《稻香樓集》。參史傳。

三禮鄭註考序

漢鄭康成經各有註，自孔穎達撰《五經正義》後，鄭《易》《書》《論語註》皆不傳，傳者《毛詩》《三禮註》而已。康成云「傳書世異，古字時有存者，則亦有今誤」者。故《周禮》

有數本，劉向未校之前，或在山巖石室爲古文，考校後爲今文。古今文不同，鄭據今文作註，每云「故書作某」。又杜子春、先鄭鄭司農，鄭衆。鄭大夫，鄭少贛。讀音有各異者。《儀禮》高堂生傳十七篇爲今文。武帝末，得亡《儀禮》五十六篇，其字皆篆書，爲古文。古文與高堂生所傳者同，而字多不同。鄭註每云「古文作某，今文作某」。《禮記》出自羣儒，有字同義異、字同音異，鄭註咸爲引證。蓋三禮互異，諸儒各記所聞，不可强合。康成或以今文易之，仍載古文古音，不輕易一字，以爲古經不可改。其《易註》、《論語註》往往散見于三禮註疏中，又足資考据。今人于《周禮》第知旁訓、節訓；《儀禮》襲先儒説，謂多誤難讀；《禮記》惟宗陳澔《集説》，鄭註三禮束書不讀，可爲太息。暇日輯成三册，曰《周禮故書考》、曰《儀禮古文今文考》、曰《禮記古訓考》，由識字審音以知其義，亦讀經之一助。且漢註甚古，後人莫曉，輒肆譏評，多見其不知量也。

説文引經考敍例

獨體爲文，合體爲字，鄭夾漈言之。六書象形、指事，文也；會意、諧聲、轉注，字也。假借者，文與字也。此許氏所以既曰「説文」，又曰「解字」也。古時字少，往往借用。六經中通叚之字最多，而識字甚難。董彦遠謂：「孔安國以隸古易科斗，故漢人不識古字。開元又廢漢隸，易以今文，故唐人不識隸古。」李陽冰于《説文》妄肆譏評，俗人信之，不知古文也。蓋許氏師賈逵，所引《尚書》乃孔氏真古文。慎又學《孝經》孔氏古文説，故敍云：「其稱《易》孟氏、《書》孔氏、

《詩》毛氏、《禮》《周官》、《春秋左氏》、《論語》、《孝經》，皆古文也。」且王伯厚謂：「開元中修五經文字，『我心慘慘』爲『懆』，『伐鼓淵淵』爲『鼘』。」皆宗《説文》，與陸德明《釋文》異。他如「人之陰氣有欲者爲情，人之陽氣性善者爲性」，「外得于人，内得于己爲德」，「丣爲春門，萬物已出。丣爲秋門，萬物已入」，解經有出前儒意表。《説文》一書，何可忽哉？顧其間訓解異説，古今異形，以及俗刻淆亂，有可以專宗《説文》者，有可以兼宗《説文》者，有可以校正《説文》者。憑臆塗改，失之僭妄；承訛闕疑，何以受教大方？暇日因惠紅豆先生校正《説文》本，摘其與經書異同之句，集爲一册，顔曰《説文引經考》。以《説文》爲主，以經語注其下，羣經次第略依《經典釋文》，而升《孟子》于《爾雅》前，綴《逸周書》于《尚書》後，《國語》于《左傳》後，《老子道德經》與屈原《離騷經》暨《山海經》咸載焉。管窺所及，附注于經語下。至《説文》未引而可以與經語旁通者，附録如左。當世學者匡不逮焉。

聖人之言，自《論語》外，載在六經。《説文》中如「一貫三爲王」、「推十合一爲士」、「美哉璵璠！遠而望之奂若也，近而視之瑟若也」、「牛羊之字以形舉也」、「烏，盱呼也」、「黍可爲酒」、「凡在人下故詰屈」、「杲之爲言續也」、「貉之爲言惡也」、「狗，叩也」、「視犬之字如畫狗也」，皆諸經所不載。

「有輻曰輻，無輻曰輇」，康成引之以注《禮》。闇闇訓和説而静，紺訓深青，揚赤色，十萬曰億，三女曰奻，朱子引之以注《詩》與《論語》。

《書》「亦行有九德」，謂以九德扶掖其行也。今人以「亦」爲「亦然」之「亦」，而别作

「掖」。《説文》「亦，象人之兩臂」，明「亦」與「掖」通。按：古文作「亦」，篆文作「掖」，《説文》兩存。《詩》「降此鞠訩」，毛傳云：「訟也。」《説文》：「訩，説也。」蓋爲王窮究其説，按《六書故》引唐本《説文》云「訩，訟也」，❶與《毛傳》合。「韓侯出祖，出宿于屠」，毛氏不言屠所在。潏水，李氏以爲同州鄜谷。《説文》有左馮翊鄜陽亭，同州，漢馮翊地也。《儀禮》「賓爲苟敬」，鄭注：「苟，且也，假也。」《説文·艸部》：「苟，艸也。」《苟部》注：「自急敕也。」「苟敬」之「苟」，當訓自急敕，于「敬」字義相比附。《玉篇》引《論語》「佊六尺之孤」，《説文》「佊」字，「寄也」。厇，古文「宅」字，今作「託」。《説文》㫃，古「偃」字，「旌旗之游，㫃蹇之皃。❷古人名㫃，字子游」。今作「偃」者，乃《説文》訓僵者也。此皆可以補經書之解。

《易》姤卦古文作「遘」，獨王弼本作「姤」，晉《易》多俗字，以此。《説文》無「遘」字，有「媾」字，姤即媾也。今姤，徐注作新附，似重出。《書》「分北三苗」，今作「分北」，北謂分別也。《説文》：「北，古文別也」。按：古文「北」字，从二人。別字重八，八𠔁兆，字相似，因誤作「北」。《史記》「周公既得嘉禾，魯天子之命」，今《書序》「魯」作「旅」。《説文》「旅，古文旅」，古文以爲「魯、衛」之「魯」。按：古「旅」字皆作「𣃨」，故「旅」字亦作「魯」。《秦和鐘》曰「以受毛魯多釐」，董逌曰：「魯，古文旅。秦時已誤魯爲旅。」司馬襄秦、晉文故也。《詩》「往近王舅」，「近」讀與「迒」同，古「記」作「迒」，故《詩》誤爲「近」。《玉篇》云：「迒，今作記。」今《釋文》、唐石經皆作「近」，此傳寫之誤。又《詩》「彼迒」之字，从俗爲「記」，或爲

❶「六」，原脱，今據影印文淵閣《四庫全書》本《六書故》及下引文補。

❷「皃」，原作「貌」，今據宋本《説文解字》改。

「其」，皆誤。《説文》作「近」。《公羊傳》「自鹿門至于爭門」，《説文》作「淨」，「淨，魯北城門池也」。淨省作爭，後人讀作靜，不復知魯之爭門矣。《説文》軨，《左傳》作「靈」，陽貨「載蔥靈」，有窗車也。《説文》：「輾，車耳反出也。」《漢書》作「轓」，皆从車，以反、番得聲，讀爲藩。應劭引此注《漢書》。《左傳》「以藩車載欒盈」是也。藩者，車耳也，見《太玄經》，故曰「車耳反出」。《説文》無「拋」字，徐注爲新附。案：《左傳》通用摽，《後漢書》「同拋財産」，似方言，起後漢，不見先秦書。《説文》無「寰」字，故徐注爲新附，似縣即寰也。又「縣」字注云「此本是縣挂之縣，借爲州縣之縣」。按《釋名》：「縣，❶懸也，古作寰。」《廣韻》「縣」引《説文》云：「『繫也』，相承借爲州縣字。」《集韻》寰通作縣。《汗簡》「寰」字注音縣。攷此寰爲古「縣」字無疑。「然」字徐注今俗別作「燃」，而以「然」爲虚字。《漢書》「燃」字皆作「爇」，當從火難。朋、鵬皆古文「鳳」字，《莊子音義》「崔譔云鵬音鳳」。此皆古今字異，而可以與經書互證。

炁，今作愛，古作㤅。《詩》「伊余來㤅」，傳云：「㤅，息也。」《玉篇》亦訓㤅爲息。俗僞爲塈，失之。㙜，古握字。《淮南子·詮言訓》曰：「㙜無所鑒，謂之狂生。」高誘曰：「㙜，持也。」俗刻《淮南子》因誤爲持，亦無高注。見《文選》李善注。「冣，積也」，古「聚」字，才句反。「冣，❷犯而取也」，俗僞爲「最」字。《玉篇》于《冖部》遂去冣字，失之甚矣。「顥」注作「面色顥顥皃」，❸《類篇》引《説文》云

❶「縣」，原作「懸」，今據《釋名·釋州國》改。
❷「冣」，原作「最」，今據《説文解字》及上下文義改。
❸「皃」，原作「藐」，今據《説文解字》改，下同。

「顛，面色顛顛皃」，❶似「顛」誤刻爲「顛」。《説文敍》「尉律試八體」，《漢・藝文志》謂「太史試學童以六體」，非漢興之法，當从《説文》改六爲八。此皆可援《説文》以正諸書之誤。

《説文》：「臭，白澤也。」《詩》「鶴鳴于九臭」，俗作「臯」失，當作「臭」。莫，古「暮」字，从日在茻中，今作「暮」，日下又加日，不成文矣。「歬，从止在舟上，不行而進謂之歬」，俗作「前」。又「歬，斷也。从刀，歬聲」，作「剪」。《周禮・春官・巾車》「木路前樊鵠纓」，注：「前讀爲緇翦之翦。」似歬、前同，歬即今「剪」字。《五經文字》作三同者，亦誤。但訓裼也，「袒裼」之「袒」，古作「但」，俗作「袒」。「弔，問終也。从人持弓會敺禽。」俗省「人」作「弔」，非。「巍，高也」，魏同。世俗以从山者爲巍，不从山者爲魏，非也。其實二字皆當从山，蓋一字兩音耳。溺，古「弱」字，注「水自張掖删丹西至酒泉合黎，餘波入于流沙」，作溺水。休，古「溺」字。按《方言》「出休爲抍」，又「湟，休也」，此皆今字之訛，亟當正之。以上皆可宗《説文》者也。

《説文》「姑」字注「百鮍」，《左傳》作「伯鯈」。「葌」字注「魏郡有葌陽鄉」，《左傳》「戲陽」，《後漢書》作「葌陽」，葌與戲同音。「蓁」字注，《説文》作「月尔」，《尔疋釋文》引此作「土夫」。按《尔疋》「芏夫王」句，「蓁月尔」句。《釋文》所引，是許氏原文，似讀「芏夫」爲一句。今本《説文》係後人據郭注而改者。錢大昭云：❷「《説文》『蓁，月尔也』，與《釋艸》同。陸氏《釋文》引作『土夫』，或陸氏本引《尔雅》二句，

❶「文」，原脱，今據文淵閣《四庫全書》本《類篇》及《説文解字》補。「皃」，原作「貌」，今據《類篇》及《説文解字》改。

❷「大昭」二字，原爲空格，今據清同治刻本《説文解字義證》所引補。

而傳寫者脱誤耳。」「爝」字注，引《吕氏春秋・本味》篇「湯得伊尹，爝以爟火，釁以犧猳」，《風俗通》引《吕覽》、劉昭注《後漢書》下句皆作「熏以萑葦」。「厎諸，治玉石也」，《淮南子・説林訓》作「礛諸」。「絟，細布也」，《漢書》作「荃」，南方箭布之屬，皆爲荃也。「毀」字注云：「窑毀」，《玉篇》引之作「窒毀」。「蜥，蜥離也」，《玉篇》亦作「蜥蠬」，楊慎引《説文》作「蜥胡」，又云「陸産」，今《説文》無之，楊妄引也。按《集韻》：「蜥蠬，虫名。一曰蜥胡，似猨。」楊説本此，而詭云《説文》。

此文字與諸書互異者。

𢼸，《玉篇》作「微」，引《書》「側微」，訓賤也。《説文》「𢼸」訓「妙」也，《周官》「詔王𢼸」是也。《毛詩》注「直言曰言，答述曰語」，鄭注《周禮》「發端曰言，答述曰語」，《説文》「直言曰言，論難曰語」。《禮記》「八十、九十曰耄」，按《釋文》：「或作：八十曰耋，九十曰旄。」似《曲禮》脱「曰耋」二字。又按《易》「則大耋之嗟」，馬云：「七十曰耋。」王肅云：「八十曰耋。」《詩》「逝者其耋」，毛云：「八十曰耋。」《左傳》「伯舅耋老」，服虔曰：「七十曰耋。」先儒之説不同，當以《尔雅》、《説文》爲正。《爾雅・釋言》「八十爲耋」，《説文》「年八十曰耋，九十曰𦒿」。《周官》：「王崩，大肆以秬鬯渳。」杜讀爲泯，非飲也。《説文》「渳」字注「飲也」。豶注「羠豕也」，《尔疋注》「俗呼小豶豬爲豧子」，似非羠豕。《韓非・五蠹》曰：「蒼頡之作書也，自環者謂之私，背私謂之公。」《説文》引《韓非》「背厶爲公，自營爲厶」。此解説與諸書互異，而可以兼宗《説文》者也。

有謂《説文》非全書者，《集韻》「蓼」字注載《説文》引《詩》「蓼蓼者莪」，李舟説《玉篇》引《説文》「勳」字注云「《書》『其亢有勳』」，今本孔注《尚書》「亢」作「克」。《詩・六月》疏引《説文》云「隼，鷙鳥也」，今《説文》皆無之。《詩》

「詵詵兮」，《釋文》云：「詵，《説文》作『㚷』，衆多也。」今《説文》多、辛兩部皆無「㚷」字。《爾雅釋文》「蜼」下引《説文》云「從蚰」，今《説文》無蜼、蚰字。《玉篇》引《説文》云「塔，西域浮屠也」，今徐注爲新附。《廣韻》引《説文》云「荆，罰皋也。刑，剄也」，《初學記》引《説文》云「刀守井也。飲水之人入井陷于川，刀守之，割其情也」。《論衡・四諱篇》：❶「或説以爲刑之字，井與刀也。厲刀井上，井刀相見，恐被刑也。」但未注引《説文》。《集韻》引《説文》云「化，古作㕦」，按《詩》「四國是吪」，毛傳「吪，化也」，㕦或可化字，可參攷。温公《類篇》亦引之，今本《説文》皆無之。又曹憲《文字指歸》引《説文》云「尊字从酉、寸，酒官法度也」，今亦闕，則《説文》不全明矣。

有注説之可參者，如《易》「乃統天」，鄭注：「統，本也。」《公羊傳》「大一統也」，何注：「統，始也。」《説文》「統」訓爲「紀」。《易》「繼之者善也」，虞翻注云：「繼，統也。」《説文》「繼」訓爲「續」，皆俗訓也。「貯」字《説文》注「積也」，《字林》云「貯，塵也」。塵訓久義甚古，以積易塵，此俗訓也。「婁」字注云「空也」，从母中女。空之意本是屢字，《漢書》「屢」皆作「婁」，顔注：「婁，古屢字。」經傳屢字皆婁，後人加尸，故《説文》無「屢」字，徐注爲新附而訓爲數，是本何晏説，然非古訓也。徐鍇謂《説文》無「劉」字，今「瀏」字注「从水，劉聲」，「鎦」字注「从竹，劉聲」，有「劉」字。又「杙」字下引《爾雅》文，亦有「劉」字，似後人亂之。又按留以邑氏，《公羊》説也，又見《王風》毛傳，則畱即劉。卯金刀之説見于讖緯，按劉本从丣，讖緯卻从丣。《説文》無

❶「諱」，原作「緯」，今據《論衡》改。

一言及之。《玉篇》：「鐳，古劉字。」《説文》「鐳」字，徐注謂「傳寫誤」者，失之。《髟部》「鬏」字注云「彖，籀文魅」，《鬼部》「魅」字下以「彖」爲古文「魅」，以「㣇」爲籀文「魅」，似有誤。「䠠」字注「長踞也」，按《玉篇》「䠠，或作跽」，當作「長跪也」。按：《説文》「跽，長跪也」，跽訓長跪，䠠亦當作長跪。「醬」字注「鹽也」，古本云「醢也」。按：《爾雅・釋器》「肉謂之醢」，李巡曰：「以肉作醬曰醢。」今作「鹽」，爲不讀《周禮》者所改也。

《説文》未有翻切，按徐序云：「《説文》之時，未有翻切，後人附益，互有異同。」徐鉉以孫愐音切有定其訛者。如詖，古文以爲「頗」字，以皮得聲，讀若「披」，古文假借「詖」作「頗」，音同故也，注爲「彼義切」者，失之。能，《説文》奴登切，按西漢、先秦之書未有能作「奴登」之音者。怕，「葩亞切」爲正，注又作「匹白切」者，後人加俗音也。渴本「竭」字，故訓「盡也」，音「苦葛切」者失之。

《説文》今本流傳謬訛，如「相時思民」，見《書・盤庚》，引以爲《詩》。「山木不槎」，或見《國語》，「山不槎蘖」。引爲《春秋》。字之重出，「狷」古作「獧」，徐注又載「狷」字作新附。𡯁即《足部》「跛」字，𡰝即《手部》「攜」字。蓋《尢部》多古文，因倉頡舊部故重出者多。至若俗刻之乖誤，如《辵部》「遣」字注，《玉篇》作「这遣」，誤刻「迹遣」。《齒部》「齺」字注「馬口中糜」，誤爲「糜」。《言部》「謯」字注「謯，娽也」，《類篇》引之作「謯録」，按錢云：「娽，《類篇》引作『録』，疑《類篇》之誤。《説文》無『録』字，故不作『録』。」《廣雅》「録，謯也，謯也」，此誤刻「娽」。《羊部》「羌」字注「西戎牧羊人也」，誤刻爲「从」。按：《書・牧誓》釋文引《説文》作「牧」。李文仲《字鑑》亦引作「西域牧羊人」。「䍧」字注「屍也」，一本作「尻也」。「平」字注「爰禮説一本作『又正也』」。「桶」字柱「木器，❶受六升」，今作「木方」。「秙」字注「爲粟二十斤」，斤字，一本皆作升。「緆」字注「細布」，一本作「細麻」。按：錫與緆通。《燕禮》云：「鼏用綌若錫。」注云：「今文錫爲緆。」《儀禮・喪服傳》云：「錫者何也？麻之有錫者也。」即此「緆」字，當細麻，且此「緆」字下又有「鬄」字，从麻益可見。「蟣」字注「蟣蠓，細蟲也」，一本作「螘化飛虫也」。「轈」字注「兵高車，加巢以望敵也」，一作「車高如巢」，衍「兵」字，訛「加」字。按《春秋註疏》注「一作『兵車高如巢，以望敵也』」，《字林》同。「餟」字注「民祭祀曰厭餟」，一本「祀」作「祝」，作「祝」者是。此皆坊刻之失，開卷即知，亦不可不拈出，爲《説文》校正者也。

《法言》曰：「古之人耕且養，三年而通一經。」某少而不學，長復無成，于《倉》、《雅》之學未能研究。許氏所傳《説文》未得宋槧善本參校，不免孤陋貽譏。然晁以道晚年日課識十五字，宋元憲寶翫《佩觿》三篇。讀書須是識字，固有讀書而不識字者，是編所集，正以識字也。其所援引，本諸惠氏者多，非私説也。且《説文》所引經書，皆唐宋以前之字，非若薛季宣之《書古文訓》字多不足據也。讀經者取是編以覆對，不必考石經而識古字，亦小學之一助云。

劉先生玉麐

劉玉麐，字又徐，寶應人。乾隆丁酉拔貢生，歷官廣西鬱林州州判，知象州、龍門、北流等縣，所至有政聲。嘉慶二年，貴州興

❶「柱」，據上下文當作「注」。

義府苗亂，延及泗城，先生襄理軍儲，爲賊礮所擊，殁於軍，年六十。先生砥行礪學，博通經史。游京師，獲聞戴東原、程易疇諸人緒論，又就正於劉端臨，所學日進。著有《爾雅補疏》、《粤西金石録》等書。殁後散佚，後人掇其説經之文爲《甓齋遺稾》，阮文達刻入《經解》中。參史傳。

甓齋遺稾

《周禮・漿人》：「共王之六飲：水、漿、醴、涼、醫、酏。」按：《禮記・内則》飲有「醴、酏、漿、水、醷、濫」，注云：「濫，涼也。」疏云：「鄭司農以醷與醫爲一物。」然則《内則》所稱與《漿人》之六飲符矣。或曰：鄭康成曰：「紀、莒之間名濫爲諸。」是「濫」即「諸」也。王肅曰：「諸，菹也。」劉熙曰：「諸，儲也。」然則濫非諸之謂與？案：孔沖遠曰：「菹，「桃諸、梅諸，謂桃菹、梅菹。」《説文》：「菹，酢菜也。」《齊民要術》云：「酢漿煮菜爲菹也。」《周禮》七菹，「一曰韭菹，二曰菁菹」，菁，韭華也。《内經・素問・藏氣灋時論》以韭爲酸物，岐伯曰：「心色赤，宜食酸。小豆、犬肉、李、韭皆酸。」故虀字从韭，韭性本酸，故取用爲虀，亦爲菹。然則古人菹用桃、梅，蓋亦以其性酸與？又案：《大戴禮・夏小正》曰：「五月煮梅，以爲豆實。六月煮桃，以爲豆實。」《詩毛傳》曰：「豆薦菹醢。」《醢人》羞豆以菹實之。然則豆實惟菹，煮桃、梅以充之，則爲桃菹、梅菹。菹與諸、儲聲相邇，故爲諸，亦爲儲爾。孔氏又謂：「桃諸、梅諸，❶即今之藏桃、藏梅。《周禮》謂之乾穛。」《説文》：「穛，乾梅

❶ 二「諸」字，《毛詩正義》作「菹」。

之屬。」諸爲乾橑，可藏可儲，故《釋名》曰：「桃諸，藏以爲儲，待給冬月用之也。」又曰：「桃濫者，水漬而藏之，其味濫濫然而酢也。」藏諸乾橑，漬之以水，其酢乃出，鄭氏所謂「濫，以諸和水」者此與？乾之爲諸，漬之爲濫，實並屬一物，此諸之即爲濫也。《管子》曰：「冬日不濫，夏日不煬。」不煬畏熱，不濫畏寒，故濫亦爲涼，涼與濫義相通而聲因以轉，此濫之即爲涼也。又案：《後漢書・郭玉傳》曰：「醫之言意也。」故醫又爲醷。鄭氏曰：「醷，梅漿。」《左氏傳》曰：「醓醢鹽梅，以烹魚肉。」孔注《尚書》曰：「鹽鹹梅醋。」❶古無醋，古之梅即今之醋，然則梅漿者，梅醋也。又案：劉氏謂桃濫味酢，《說文》曰：「酢，醶也。」《玉篇》曰：「酢，酸也。」古之酢即今之醋，《說文》曰：「醋，客酌主人也。」徐鍇引《易》曰：「可以醻醋。才各反。」《玉篇》曰：「酢，且故切。」今音昨，爲酬酢字。然則桃濫者，桃酢也。《晉公遺語》云：「唐世風俗最重桃花酸。」此亦桃可作酸之證。《尚書・洪範》「木曰曲直，曲直作酸」，孔傳曰：「酸，木實之性。」《月令》「春其味酸」，鄭注曰：「酸，木之味。」《內經・陰陽應象論》岐伯曰：「風生木，木生酸。」然則酸出于木，桃、梅尤甚，故取以作之。蓋亦從其類與？然而亦有別矣。桃、梅並能作酸，而其味之成也曰濫、曰涼，其字从水，味稍薄矣；曰醫、曰醷，其字从酉，味較厚矣。《酒正》「辨四飲」曰「掌其厚薄之齊」，故《漿人》、《內則》並析而二之歟？或曰：涼、醫并爲酸物，《周官》何以不列于《醓人》與？案：《說文》曰：「醓，酸也。」《列子》：「蠛蠓，一名醓雞。」《荀子》：「醓酸蚋聚。」然則醓爲酸物，

❶「鹹」，原作「酸」，今據《尚書正義》改。

故蚋以之聚，蠛蠓亦以之名也。醢與涼、醫并爲酸物，而《周官》分掌之者，一以佐食，一以佐飲故也。許叔重曰：「作醯以鬻。」《説文》：「鬻，鬻也。从䰜，鬻聲。」徐鍇曰：「麋即鬻也，融六反。鬻或省从米作鬻。」以酒鬻即鬻也。煮米爲之而加以酒，味之醲厚可知，味醲則濁。食宜濁，飲宜清，醢與涼、醫《周官》分掌之，義至精矣。故不可以無辨。

《尒疋》「蜺爲挈貳」。案：《京房易傳》曰：「蜺，日旁氣也。」《河圖稽耀鉤》曰「霓者，氣也。起在日側」是已。《尚書考靈耀》鄭康成注曰：「日旁青赤者爲蜺。」《漢書》「永和六年正月己卯，日暈兩耳，中赤外青」是已。《春秋元命苞》曰：「陰陽之氣，聚爲雲氣，立爲虹霓，離爲倍僪，分爲抱珥。」《漢書·天文志》曰「抱珥，虿蜺」是已。揚雄《太玄經》曰：「紫霓圍日。」《吕氏春秋》「日有暈珥」，高誘注曰「暈，讀如君。氣圍遶日周市，有似軍營相圍守，故曰暈」是已。此皆以蜺爲日旁氣者。《詩含神霧》曰「瑶光如霓，貫月正白」，《易識》亦曰「虹霓貫月」，袁崧書曰「興平二年十二月，月在太微端門中，重暈二珥，兩白氣，廣八九寸，貫月東西南北」是已。此又以蜺爲月旁氣者。《演孔圖》曰：「天子外苦兵威，内奪臣無忠，則天投蜺。」《後漢書·五行志》：「和光元年六月丁丑，❶有黑氣墮北宫庭中，《御覽》引《名臣奏詔》作「温殿東庭中」。如車蓋。蔡邕對曰：『所謂天投蜺也。』」此蜺之以黑色見者。又有所謂紫蜺、揚子曰：「紫蜺喬雲朋圍日。」絳蜺、潘岳《雨賦》曰：「收絳蜺于漢陰。」素蜺、司馬相如《大人賦》曰：「乘絳幡之素蜺兮。」彩蜺。李商隱詩曰：「祕殿崔巍拂彩蜺。」《易識》

❶「和光」，據《後漢書》當作「光和」。

亦曰：「蜺，其色青、赤、白、黄。」此蜺之以采色見者。謹案：史傳説蜺者多原于讖緯。建武以來，諸儒侈言玄象，以稽占候，而實不能定物之名。夫蜺，一物也。氣之見于日者蜺，何見于月者亦蜺也？色之黑者蜺，何色之青、赤、白、黄者亦蜺也？然猶但謂之蜺而已。蔡邕《月令章句》乃曰「蜺常以蒙濁見日旁。白而直曰白虹」，是直以白虹貫日者爲蜺，蜺且有虹之名矣。然名之曰白虹，尚有别于虹耳。辭賦之家不葵名義，益用棼如。如江淹賦虹，而云「赤蜺電出」，序又云「親弄絳蜺」，是直不辨虹、蜺之爲二物矣。竊攷《尒疋》曰「螮蝀謂之雩」，螮蝀，虹也。「蜺爲挈貳」，虹之與蜺，殊非瞢然無别者。《漢書・天文志》注：「如淳曰：『雄曰虹，雌曰蜺。』」孫奭《孟子疏》引《尒疋》曰：「雲出天之正氣，蜺出地之正氣。雄謂之虹，雌謂之霓。」此蓋注《尒疋》家舊説。孔穎達《禮記疏》引郭氏《音義》曰：「虹雙出鮮盛者爲雄，雄曰虹。闇者爲雌，雌曰蜺。」注家以雄雌别虹、蜺，其説甚明。然雄虹之狀鮮盛易見，若雌蜺則尠有能言之者。惟《楚詞・遠游》曰「雌蜺便娟以增橈兮」，洪興祖《補注》引《集韻》云：「橈，纏也。」《天問》曰「白蜺嬰茀」，王逸注曰：「蜺，雲之有色似龍者也。」注又云：「茀，白雲逶迤若蛇者。言比有蜺茀氣，逶迤相嬰。」頗與《説文》脗合。許眘曰「霓屈虹」，即《遠游》之謂「便娟」，王叔師之謂「似龍者」也。又曰「白色陰氣」，即《天問》之謂「白蜺」，王叔師之謂「雲之有色」者也。天蜺爲雌屬，能柔故屈，毗于純陰，其氣上隮，有似雲物繚繞而呈白色者，雨之徵也。故《孟子》曰：「若大旱之望雲霓。」雲霓昭見雨施滂沱，故大旱望之。今趙岐注曰：「霓，虹也。雨則虹見。」是無論不辨虹、霓，抑思旱既太甚，民情孔棘，惟求得可以徵雨者而已，何暇計及雨止而虹見乎？此所爲見雞卵而求時夜者也。或謂余曰：子以爲蜺見雨施，虹見雨止，《詩》曰「朝隮于西，崇朝其雨」，孔沖遠引《周禮・眡祲》後鄭注，訓隮爲虹，非與？余曰：《周禮》十煇，九曰隮，先鄭云隮爲升氣，此義最確。故康成用以釋《詩》，亦云「朝有升氣于西方，終其朝則雨氣應自然」。然則因升氣而致雨者，霓也，非虹也。虹不得爲雨徵也。或又曰：「虹蜺紛其朝覆兮，夕淫淫而霖雨」，亦《楚詞》之言也，明以虹爲雨徵，安見趙氏謂「雨則虹見」者非與？余曰：「雨自三日已上爲霖」，霖雨連晨，一雨初濟，一雨復零，薄雲漏日，則虹來，濁氣升霄則蜺見。故《楚詞》謂之曰「紛」，謂之曰「覆」，則虹與蜺雖並舉而實較然殊矣。天道幽玄，五行錯迕，未必無虹先雨後之時。然學人讀書，道厥常道，是豈足以相難哉？況「蜺」字《尒疋》从虫，《孟子》與《説文》从雨，亦以霓其爲雨之徵乎？至若虹之别名螮蝀者，《釋文》曰：「螮，丁計反。蝀，丁孔反。」郭璞《鰠魚贊》曰：「壯士挺劍，氣激白虹。鰠魚潛淵，出則邑悚。」虹與悚韻，是虹讀去聲，正與《釋文》之音螮蝀協。螮蝀乃虹字反音也。蜺之别名挈貳者亦然。《釋文》曰：「挈，苦結反。貳，而至反。」張衡《東京賦》曰：「龍輅充庭，雲旗拂蜺。夏正三朝，庭燎晣晣。」晣音之世反。是蜺與晣韻也。曹植《七啟》曰：「凌轢諸侯，驅馳當世。揮袂則九野生風，慷慨則氣成虹蜺。」是蜺與世韻也。蜺與晣、世爲韻，是蜺讀去聲，正與《釋文》之音挈貳協。挈貳乃蜺字反音。《尸子》曰：「虹霓爲析翳。」去聲。析翳即挈貳之轉。此挈貳爲反音之證也。《甘氏星經》又曰：

「蜺爲蛪示。」示音旗。「蛪示」二字反音亦爲蜺。此又蜺字反音讀平聲之證也。《史記・天官書》曰：「其蛪者類闕旗。」《索隱》曰：「蛪，亦作蜺。」蜺之爲闕旗，猶蜺之爲蛪示、爲析翳、爲挈貳耳。《南史》曰：「沈約作《郊居賦》示王筠，讀至『雌蜺連蜷』，曰：『嘗恐人讀作平聲。』」此後世聲病之説，不可與論古音也。凡一音具有四聲，古人未嘗泥也。兩字合爲一音，古人未嘗無也。世既以沈約作四聲，又以孫炎作反音爲椎輪之始，不知逸《詩》以不來爲貍，齊人以終葵爲椎，及《尒疋》云「不律謂之筆」、「扶搖謂之猋」，並此「螮蝀爲虹」、「蜺爲挈貳」，皆反音也。學人不稔乎此，則簡册中處處成町畦矣。段玉裁曰：「霓先雨而致雨，虹後雨而致生，分别不可易。今里俗所云『挂龍』者，即霓也。王叔師云『雲之有色似龍者』是矣。但古人對文分别，散文互言。許慎曰：『霓，屈虹。』趙岐曰：『霓，虹也。』後鄭訓『隮』爲『虹』。《楚詞》『虹霓朝覆，淫淫夕雨』，是皆散文不分别，而邠卿尤爲語病。」

清儒學案卷八十二終

清儒學案卷八十三

天津徐世昌

潛研學案上

當惠、戴學説盛行吴皖，而潛研崛起婁東，於訓詁、音韵、曆算、金石無不淹貫，尤邃於史。後儒分其一節，皆足名家，乃兼擅衆長，不自矜詡，著述宏富，闇然日章，其德養爲不可及。羣從子弟互相砥礪，樸學風尚萃於一門，可廬、溉亭尤深造焉。述《潛研學案》。

錢先生大昕

錢大昕，字曉徵，一字辛楣，號竹汀，嘉定人。年十五，御史王峻主紫陽書院，聞其才，言於巡撫雅爾哈善，檄召至院，試以《周禮》、《文獻通考》，兩論悉中典要，遂留肄業。又從元和惠定宇、吴江沈冠雲游，研治古經義、聲音、訓詁之學。乾隆十六年，高宗南巡召試，賜舉人，授内閣中書。甲戌成進士，改庶吉士，散館授編修，入直上書房，授皇十二子讀，官至詹事府少詹事。四十年，丁父憂歸，遂不復出。歷主鍾山、婁東、紫陽諸書院，在紫陽最久，弟子著藉甚衆。嘉慶九年卒，年七十有七。先生不專治一經，而無經不通；不專攻一藝，而無藝不精。凡訓詁、音韵、天文、輿地、典章、制度、職官、氏族以及古人官爵、里居事實莫不錯綜貫串。在京師，與同年褚搢升、吴樧亭講明算學。尚書何國宗年已老，聞其善算，先往拜之，歎爲不及。先生於中西諸法剖析無遺，用以觀史，自《太初》、《三統》、《四分》，下迄《大衍》、《授時》，朔望薄蝕、淩犯進退强弱，皆抉摘知誤，昭若發蒙。在館時，奉敕與修《音韻述微》、《續通志》、《續文獻通考》、《一統志·熱河志》、《天球圖》諸書。又嗜金石文字。同時畢秋帆、孫淵如、王蘭泉、武虚谷各有記撰，而先生熟於歷代地理官制沿革及遼金元國語世繫，故考據精密，度越諸家。常病《元史》冗襍漏落，欲倣范蔚宗、歐陽永叔之例，因搜羅元人詩文集、小説、筆説、金石碑版，别爲編次更定，屬草未成。而《二十二史攷異》一百卷，尤爲平生精力所萃。常曰：「自惠、戴之學盛行於世，天下學者但治古經，略涉三史，三史以下茫然不知，得謂之通儒乎？」蓋有爲而作也。他著有《三史拾遺》五卷，《諸史拾遺》五卷，《修唐書史臣表》一卷，《元史氏族表》三卷，《元史藝文志》四卷，《四史朔閏攷》四卷，《通鑑注辨正》二卷，洪文惠、洪文敏、陸放翁、王伯厚、王弇州《年譜》各一卷，《疑年録》四卷，《金石文跋尾》二十卷，《金石文目録》八卷，《聲類》四卷，《十駕齋養新録》二十卷，《餘録》三卷，《三統術衍》三卷，《鈐》一卷，《風俗通義逸文》一卷，《恒言録》十卷，《文集》五十卷，《詩集》十卷，《續集》十卷，合爲《潛研堂全書》。别刻者，唐、五代《學士年表》各一卷，《宋中興學士年表》一卷，《鳳墅帖釋文》一卷，《竹汀日記鈔》二卷，又三卷，又一卷。又著有《經典文字考異》三卷，《唐石經攷異》一卷，《南北史雋》一卷，《金石文附識》一卷，《天一閣碑目》二卷，

《吴興舊德録》四卷,《先德録》四卷,《日記》六十卷,《詞垣集》四卷。參《漢學師承記》、《續疇人傳》,阮元《國史儒林傳稾》,王昶撰墓志銘。

廿二史攷異自序

予弱冠時,好讀乙部書。通籍以後,尤專斯業。自《史》、《漢》迄《金》、《元》,作者廿有二家,反覆校勘,雖寒暑疾疢未嘗少輟,偶有所得,寫於别紙。丁亥歲,乞假歸里,稍編次之,歲有增益,卷帙滋多。戊戌,設教鍾山,講肄之暇,復加討論,間與前人闇合者削而去之;或得於同學啟示,亦必標其姓名。郭象、何法盛之事蓋深恥之也。夫史之難讀久矣。司馬温公撰《資治通鑑》成,惟王勝之借一讀,它人讀未盡十紙,已欠伸思睡矣。況廿二家之書,文字煩多,義例紛糾。輿地則今昔異名,僑置殊所;職官則沿革迭代,冗要逐時。欲其條理貫串,瞭如指掌,良非易事。以予儜劣,敢云有得。但涉獵既久,啟悟遂多,著之鉛槧,賢於博弈云爾。且夫史非一家之書,實千載之書。祛其疑乃能堅其信,指其瑕益以見其美,拾遺規過,匪爲齮齕前人,實以開導後學。而世之攷古者,拾班、范之一言,擿沈、蕭之數簡,兼有竹素爛脱,豕虎傳譌,易「斗分」作「升分」,更「子琳」爲「惠琳」,乃出校書之陋,本非作者之諐,而皆文致小疵,目爲大創,馳騁筆墨,夸曜凡庸,予所不能效也。更有空疏措大,輒以褒貶自任,强作聰明,妄生疻痏,不叶年代,不揆時勢,强人以所難行,責人以所難受,陳義甚高,居心過刻,予尤不敢效也。桑榆景迫,學殖無成,惟有實事求是,護惜古人之苦心,可與海内共白。自知檠燭之光,必多罅漏,所冀有道君子理而董之。

文集

答問

問：八卦方位何以有先天、後天之殊？曰：《說卦傳》孔子所作，其言曰「震東方，巽東南，離南方，乾西北，坎正北，艮東北」，唯不見坤、兑二方。兑爲正秋，則必正西方矣；坤介於離、兑之間，亦必位西南矣。伏羲畫卦以來，蓋已有之。伏羲以木德王，而傳稱「帝出乎震」，是震東、巽東南之位，必出於伏羲，不當别有方位也。漢、唐以前，儒家與方士均未有言《先天圖》者，宋初方士始言之，而儒家尊信其說，欲取以駕乎文王、孔子之上，毋乃好奇而誣聖人乎？天地、水火、雷風、山澤各有相對，本無方位之可言。後儒援「天地定位」四語，傅會先天之說，尤爲非是。夫天高而尊，地下而卑，古今不易之位也。地勢北高而南下，君位北而南面，臣位南而北面，信如乾南坤北之說，上下傎倒甚矣，安得云「定位」乎？

問：今文《尚書》本有《太誓》三篇，馬季長言「《太誓》後得，按其文若淺露」，又舉《春秋》、《國語》、《孟子》、《孫卿》、《禮記》所引五事以疑之。至東晉古文出，别有《太誓》三篇。唐儒尊信古文，遂以今文《太誓》爲僞。若晚出古文未可信，則今文《太誓》轉可信乎？曰：《太誓》伏生所傳雖無之，然伏所撰《大傳》有「八百諸侯俱至孟津，王升舟，入水，鼓鐘亞，觀臺亞，將舟亞，宗廟亞」，及「白魚入王舟」事，俱與今文《太誓》同。武帝初，董仲舒對策引《太誓》「白魚入于王舟，有火復于王屋，流爲烏。周公曰『復哉！復哉』」

二十二字，可證伏生壁藏百篇之《太誓》，與後得之《太誓》本無二本，以不在伏生口授二十八篇之數，故云「後得」。其實景、武之世已有之。或謂宣帝本始中河内女子所得者，妄也。孔安國得壁中古文，以考二十九篇，得多十六篇，所云二十九篇者，即伏生之二十八篇與《太誓》也。史遷嘗從安國問故，所載多古文説，而《周本紀》稱：「武王上祭于畢。東觀兵，至于盟津。爲文王木主，載以車，中軍。武王自稱太子發，言奉文王以伐，不敢自專。乃告司馬、司徒、司空、諸節：『齊栗，信哉！予無知，以先祖有德臣，小子受先功，畢立賞罰，以定其功。』遂興師。師尚父號曰：『總爾衆庶，與爾舟楫，後至者斬。』武王渡河，中流，白魚躍入王舟中，武王俯取以祭。既渡，有火自上復于下，至于王屋，流爲烏，其色赤，其聲魄云。是時，諸侯不期而會孟津者八百諸侯。諸侯皆曰：『紂可伐矣。』武王曰：『女未知天命，未可也。』乃還師歸。」又《齊世家》稱：「武王欲修文王業，東伐以觀諸侯集否。師行，師尚父左杖黄鉞，右把白旄以誓，曰：『蒼兕蒼兕，總爾衆庶，與爾舟楫，後至者斬！』遂至盟津。諸侯不期而會者八百諸侯。諸侯皆曰：『紂可伐也。』武王曰：『未可。』遂還師，與太公作此《太誓》。」此二篇皆采今文《太誓》之文，《齊世家》又明云「作此《太誓》」，然則孔壁中所得，安國所傳者，即此《太誓》，古、今文初無二本也。許叔重《説文序》云其稱《書》孔氏，而引《周書》「王出涘」，又引「孜孜無怠」，又引「師乃搯」，皆在今文《太誓》篇。然則孔氏古文《太誓》與今文正同，而東晉晚出之古文斷非孔氏古文也。晉有樂安亭侯李長林集注《尚書》，於今文《太誓》篇每引「孔安國曰」，知安國嘗爲《太誓》作傳。安國親見壁中古文，使果識其僞，必不爲作傳。以是知今文《太誓》之非僞，而孔穎達詆爲僞者，妄也。《書序》稱「武王作《太誓》三篇」。史公《周本紀》所載「武王上祭于畢」云云，此《太誓》上篇也。又云：「居二年，武王徧告諸侯，曰：『殷有重罪，不可以不畢伐。』」此《太誓》中篇也。又云：「十一年十二月戊午，師畢渡孟津，諸侯咸會。曰：『孳孳無怠！』武王乃作《太誓》，告于衆庶：『今殷王紂乃用其婦人之言，自絶于天，毁壞其三正，離逷其王父母弟，乃斷棄其先祖之樂，乃爲淫聲，用變亂正聲，怡説婦人。故今予發惟共行天罰。勉哉夫子！不可再！不可三！』」此《太誓》下篇也。唐初作疏時，今文《太誓》尚存，而疏云「上篇觀兵時事，中、下二篇伐紂時事」，可證《史記》所書本于《太誓》。史公既親見古文，則今文《太誓》之爲真《太誓》，審矣。

問：孟子言「孔子成《春秋》而亂臣賊子懼」，愚嘗疑之。將謂當時之亂賊懼乎，則趙盾、崔杼之倫，史臣固已直筆書之，不待《春秋》也。將謂後代之亂賊懼乎？則春秋以後亂賊仍不絶於史册，吾未見其能懼也。孟氏之言，毋乃大而夸乎？曰：孟子固言：「《春秋》者，天子之事也。」述王道以爲後王法，防其未然，非刺其已然也。太史公曰：「撥亂世，反之正，莫近乎《春秋》。」又曰：「有國家者不可以不知《春秋》，前有讒而不見，後有賊而不知。爲人臣子者不可以不知《春秋》，守經事而不知其宜，遭變事而不知其權。」《春秋》之法行，而亂臣賊子無所容其身，故曰懼也。凡篡殺之事，必有其漸。聖人隨事爲之杜其漸。隱之殺也，於翬帥師戒之。子般之弒也，於公子慶父帥師伐於餘丘戒之。此大夫不得專兵柄之義也。尹氏立王子朝在昭公之世，而書「尹氏卒」於隱之策；崔杼弒君在襄公之世，而書「崔氏奔衛」於宣之策，此卿不得世之義也。「齊侯使其弟年來聘」，再見於《春秋》，爲無知之弒君張本也，母弟雖親，不可使踰其分也。趙穿弒君而以趙盾主惡名，穿之弒由於盾也。胥甲父與穿同罪，盾於甲父則放之，於穿不惟不放，且使之帥師侵崇，盾尚得辭其罪乎？侵崇小事，不必書而書之，所以正盾之罪，且不使穿得漏網也。鄭公子宋弒君而以歸生主惡名，歸生正卿，且嘗帥師敗華元矣，力足以制宋，而從宋之逆，較之趙盾又有甚焉，不得託於本無逆謀也。楚公子比之弒君，棄疾成之，而比獨主惡名者，奸君位也，而棄疾之惡終不可掩，故以相殺爲文，著其罪同。然比與棄疾皆楚靈之弟，靈逐比而任棄疾，卒死於二人之手。先書「比奔晉」，又書「棄疾帥師圍蔡」，明君之昆弟不可以愛憎爲予奪也。衛孫甯出其君而以出奔爲文，衎有失國之道也，貶衎則嫌於獎剽，故先書「公孫剽來聘」以見義，公孫而干正統，其罪不可掩也。楚商臣、蔡般之弒，子不子，父亦不父也。許止不嘗藥，非大惡而特書弒，以明孝子之義，非由君有失德。故楚、蔡之君不書葬，而許獨書葬，所以責楚、蔡二君之不能正家也。楚成之事與晉獻略同，子孝則爲申生，子不孝則爲商臣，而晉亦尋有奚齊與卓之弒，未有家不齊而國治者也，故晉獻之卒亦不書葬也。書閽弒吳子餘祭，戒人君之近刑人也。書盜弒蔡侯申，戒人君之疏大臣而近小人也。欒盈之入曲沃，趙鞅之入晉陽，書之以戒大都耦國之漸，人臣不可專其私邑也。楚子虔弑于乾谿，書其地著役之久也。君親出師久而不歸，禍之不旋踵，宜矣。楚之强莫强於虔，伐吴執慶封，滅賴，滅陳，滅蔡，史不絶書，而無救於弑者，無德而有功，天所惡也。宋襄公用鄫子，楚靈王用蔡世子，皆特書之，惡其不仁也，且以徵二君之强死非不幸也。宋公與夷、齊侯光、楚子虔以好戰而弑，晉侯州蒲以誅戮大臣而弑，經皆先文以見義，所以爲有國家者戒至深切矣。《左氏傳》曰：「凡弑君稱君，君無道也。稱臣，臣之罪也。」後儒多以斯語爲詬病。愚謂：君誠有道，何至於弑？遇弑者皆無道之君也。其賊之有主名者，書名以著臣之罪。其微者不書，不足書也。無主名者，亦闕而不書，史之慎也，非恕臣之罪也。聖人修《春秋》，述王道，以戒後世，俾其君爲有道之君，正心修身，齊家治國，各得其所，又何亂臣賊子之有？若夫篡弑已成，據事而書之，良史之職耳，非所謂其義則竊取之者也。秦漢以後，亂賊不絶於史，由上之人無以《春秋》之義見諸行事故爾。故惟孟子能知《春秋》。

問：周人百畝而徹，以方里畫井計之，是爲九而取一，而孟子云「其實什一」。先儒因有公田二十畝爲廬舍之説，然於經無正文，何故？曰：鄭康成注《周禮》嘗引《孟子》「野九夫而税一，國中什一」之文，孔穎達《詩正義》申其旨云：「周制有貢有助，助者九夫而税一夫之田，貢者什一而貢一夫之穀。通之二十夫而税二夫，是爲什中税一也。九一而助爲九中一，知什一自賦非什中一者，以言『九一』即云『而助』，明九中一助也，國中言『什一』乃云『使自賦』，是什一之中使自賦之，明非什中一爲賦也。《孟子》又云：『方里而井，井九百畝，其中爲公田，八家皆私百畝，同養公田。公事畢，然後敢治私事，所以別野人也。』言『别野人』者，别野人之法，使與國中不同也。《爾雅》云『郊外曰野』，則野人爲郊外也。野人爲郊外，則國中爲郊内也。郊内謂之國中者，以近國故，繫國言之，亦可。地在郊内，居在國中故也。」見《甫田》疏。按：郊外，國中人各受田百畝，或九而取一，或什一而取一，通外内之率則爲什而取一，故曰徹，徹之爲言通也。康成之義，得孔氏而益明。若分公田爲廬舍，八家各二畝半，其説始於班固，而何休注《公羊》、趙岐注《孟子》、范甯解《穀梁》、宋均注《樂緯》皆因之，非鄭義也。

問：許叔重《説文解字》十四篇，九千三百五十三文，不見於經典者幾十之四，文多而不適於用，竊所未喻。曰：今世所行九經，乃漢、魏、晉儒一家之學。叔重生於東京全盛之日，諸儒講授，師承各别，悉能通貫，故於經師異文采摭尤備。姑即予所知者言之。如塙即《易》「確乎其不可拔」之「確」，昏即「括囊」之「括」，彶即「跛能履」之「跛」，捊即「裒多益寡」之「裒」，扴即「介于石」之「介」，戠即「朋盍簪」之「簪」，檔即「觀我朶頤」之「朶」，覞即「虎視眈眈」之「眈」，儵即「其欲逐逐」之「逐」，酺即「咸其輔頰舌」之「輔」，睇即「夷于左股」之「夷」，蚑即「婦子嘻嘻」之「嘻」，趀即「其行次且」之「次」，《論語》「造次必於是」亦从此。櫭即「繫于金柅」之「柅」，趣即「漸進」之「進」，❶嬬即「歸妹以須」之「須」，菩即「豐其蔀」之「蔀」，❷豐即「豐其屋」之「豐」，❸磬即「極深研幾」之「研」，㮇即「探

❶ 下「進」字，據清嘉慶十一年刻本《潛研堂文集》卷一一當作「漸」。
❷ 「之蔀」，原脱，今據《潛研堂文集》卷一一補。
❸ 「豊」，原作「豐」，今據《潛研堂文集》卷一一改。

賾索隱」之「索」，㢘即「天地定位」之「定」，《周禮》「奠繫世」亦从此。匃即《書》「方鳩僝功」之「鳩」，敫即「明明揚側陋」之「揚」，瀕即「類於上帝」之「類」，支即「扑作教刑」之「扑」，訇即「詢于四岳」之「詢」，䭫即「稽首」之「稽」，偰即「稷契」之「契」，莳即「播時百穀」之「時」，敷即「典朕三禮」之「典」，兆即「分北三苗」之「北」，攱即「翕受敷施」之「施」，絑即「粉米」之「米」，❶脞即「叢脞」之「脞」，会即「厥貢檿絲」之「檿」，沱即「沱潛既道」之「潛」，㲹即「岷山導江」之「岷」，墺即「四隩既宅」之「隩」，槙即「若顛木」之「顛」，恉即「不匿厥指」之「指」，肜即「高宗肜曰」之「肜」，昱即「翌日乃瘳」之「翌」，郇即「王來自奄」之「奄」，黸即「盧弓」之「盧」，縒即《詩》「參差荇菜」之「差」，現即「左右芼之」之「芼」，薵即「于以湘之」之「湘」，鬺即「維錡及釜」之「錡」，黖即「素絲五紽」之「紽」，俆即「舒而脫脫」之「舒」，眝即「佇立以泣」之「佇」，跔即「母氏劬勞」之「劬」，飆即「北風其涼」之「涼」，篓即「愛而不見」之「愛」，婉即「燕婉之求」之「婉」，橋即「椅桐梓漆」之「椅」，薄即「綠竹猗猗」之「竹」，邲即「有匪君子」之「匪」，䶇即「且往觀乎」之「且」，媛即「子之還兮」之「還」，緉即「葛屨五兩」之「兩」，媞即「好人提提」之「提」，滜即「彼汾沮洳」之「洳」，茮即「椒聊之實」之「椒」，趨即「獨行睘睘」之「睘」，羍即「五楘梁輈」之「楘」，㪋即「蒙伐有苑」之「伐」，澤即「與子同澤」之「澤」，嫽即「佼人僚兮」之「僚」，迅即「神之弔矣」之「弔」，虁即「雨雪霏霏」之「霏」，澉即「載渴載飢」之「渴」，岊即「節彼南山」之

❶「之米」，原脫，今據《潛研堂文集》卷一一補。

「節」，惕即「我心憂傷」之「傷」，溯即「不敢馮河」之「馮」，昪即「弁彼鸒斯」之「弁」，疛即「惄焉如擣」之「擣」，刌即「予忖度之」之「忖」，巽即「無拳無勇」之「拳」，嬥即「佻佻公子」之「佻」，瞷即「監亦有光」之「監」，牂即「無將大車」之「將」，晻即「有渰萋萋」之「渰」，楑即「天子葵之」之「葵」，飼即「如食宜饇」之「饇」，髍即「綢直如髮」之「綢」，瞂即「其麗不億」之「麗」，睢即「白鳥鶴鶴」之「鶴」，㚔即「先生如達」之「達」，𢍰即「于豆于登」之「登」，筥即「篤公劉」之「篤」，惛即「以謹惛怓」之「惛」，齌即「天之方懠」之「懠」，枼即「荏染柔木」之「荏」，疹即「瘨我以旱」之「瘨」，貇即「既成藐藐」之「藐」，鄘即「出宿于屠」之「屠」，扔即「仍執醜虜」之「仍」，𢍏即「佛時仔肩」之「佛」，暀即「烝烝皇皇」之「皇」，猶即「百禄是遒」之「遒」，挻即「松桷有梴」之「梴」，傿即《春秋》「鄭伯克段于鄢」之「鄢」，❶餲即「隧而相見」之「隧」，衛即「帥師」之「帥」，屰即「去順效逆」之「逆」，鄻即「觀魚于棠」之「棠」，戴即「伐戴」之「戴」，劇即「工則度之」之「度」，鄦即「鄭伯入許」之「許」，郗即「温原絺樊」之「絺」，瞻即「祝聃射王」之「聃」，𧖴即「不疾瘯蠡」之「蠡」，埭即「涖盟」之「涖」，彶即「生急子」之「急」，豫即「余心蕩」之「蕩」，摠即「批而殺之」之「批」，殼即「殼於菟」之「殼」，爪即「築臺臨黨氏」之「黨」，讀如掌。郯即「盟於葵丘」之「葵」，趄即「作爰田」之「爰」，斁即「終朝而畢」之「畢」，❷鼉即韇，䀹即「刖鍼莊子」之「刖」，徥即「匹夫逞志」之「逞」，宔即「作僖公主」之「主」，蹞即

❶「之鄢」，原脱，今據《潛研堂文集》卷一一補。

❷「之畢」，原脱，今據《潛研堂文集》卷一一補。

「請食熊蹯」之「蹯」，琀即「來含且賵」之「含」，鄝即「舒蓼」之「蓼」，菡即「埋諸馬矢」之「矢」，瘤即「三進及溜」之「溜」，眯即「提彌明」之「彌」，𡢃即「寡君須矣」之「須」，鋙即「西鉏吾」之「吾」，耴即「鄭公孫輒」之「輒」，玎即「君出自丁」之「丁」，翜即「四翣不蹕」之「翣」，鞣即「轡之柔矣」之「柔」，凴即「馮滑」之「馮」，盭即「罪戾是懼」之「戾」，叁即「糞除」之「糞」，蓪即「蘧氏之篷」之「篷」，郳即「祭公謀父」之「祭」，匔即「周走而呼」之「周」，嫥即「琴瑟專壹」之「專」，乾即「乾祭之門」之「乾」，顧即「使髡之」之「髡」，竭即「渴葬」之「渴」，偏即「及者何累也」之「累」，𥦕即「怵也」之「怵」，貼即「卒怗荆」之「怗」，𢉣即「賁渾之戎」之「賁」，覺即「視歸乎齊侯」之「歸」； 劗即《禮記》「恭敬撙節」之「撙」，薹即「悼與耄」之「耄」，宭即「羣居五人」之「羣」，箟即「不同椸枷」之「椸」，餂即「毋嚃羹」之「嚃」，弜即「笑不至矧」之「矧」，猝即「大夫曰卒」之「卒」，𨅎即「四足曰漬」之「漬」，夋即「拜而蓌拜」之「蓌」，瞿即「瞿瞿如有求」之「瞿」，休即「畏厭溺」之「溺」，抴即「負手曳杖」之「曳」，寑即「寑苫」之「寑」，❶顝即「不爲魁」之「魁」，僢即「疑女於夫子」之「疑」，踊即「喪之有踊」之「踊」，癖即「辟雍」之「辟」，迾即「山澤列而不賦」之「列」，迻即「移之郊」之「移」，疏即「其器疏以達」之「疏」，秳即「鈞衡石」之「石」，斛即「角斗甬」之「角」，笛即「具曲植」之「曲」，篴即「籧筐」之「籧」，魖即「命國儺」之「儺」，雿即「天多沈陰」之「沈」，彣即「黼黻文章」之「文」，雩即「其音羽」之「羽」，㜷即「是察阿黨」之「阿」，僟即「數將幾終」之

❶ 下「寑」字，原作「苫」，今據《潛研堂文集》卷一一改。

「幾」，蹭即「夏則居橧巢」之「橧」，趫即「則烏不猶」之「猶」，匋即「器用陶匏」之「陶」，鎏即《玉藻》「十有二旒」之「旒」，㬎即「繭繭」之「繭」，脜即「柔色以温之」之「柔」，䰰即「免蓌」之「免」，洏即「濡魚醢醬」之「濡」，耑即「朝玄端」之「端」，䟽即「疏屏」之「疏」，鬜即「夏后氏楬豆」之「楬」，牒即「聶而切之」之「聶」，繟即「其聲嘽以緩」之「嘽」，傷即「嘽諧慢易」之「易」，姁即「煦嫗覆育」之「煦」，㚔即「冋邪曲直」之「冋」，鄭即「封黃帝之後於薊」之「薊」，朧即「其輔有裧」之「裧」，跬即「頃步」之「頃」，遳即「率性之謂道」之「率」，叡即「陷阱」之「阱」，䀹即「睆而視之」之「睆」，儌即「行險以儌倖」之「儌」，佋即「序昭穆」之「昭」，㤏即「恂慄」之「恂」，巹即「合卺而酳」之「卺」，瑮即「縝密以栗」之「栗」；愲、諝皆即《周禮》「府史胥徒」之「胥」，媄即「女奚」之「奚」，𡚁即「匪頒」之「頒」，醓即「盎齊」之「盎」，蒗即「湠蒲」之「湠」，楃即「帷幕幄帟綬」之「幄」，黫即「夏纁玄」之「纁」，翇即「教帗舞」之「帗」，翌即「教皇舞」之「皇」，撞即「恤民嬉阨」之「嬉」，娓即「以娓詔王」之「娓」，㮄即「騂剛用牛」之「騂」，誋即「以詔辟忌」之「忌」，瓛即「公執桓圭」之「桓」，趧即「鞮鞻氏」之「鞮」，䶵即「掌三兆」之「兆」，絛即「龍勒條纓」之「條」，揟即「犬禚尾櫜疏飾」之「疏」，蒖即「素車棼蔽」之「棼」，軿即「苹車之萃」之「苹」，倗即「爲邦朋」之「朋」，鏦即「夫遂取明火」之「遂」，这即「諸侯邦交」之「交」，枒即「輪牙」之「牙」，䡖即「雖敝不匡」之「匡」，橾即「捎其藪」之「藪」，権即「參分較圍」之「較」，絹即「刺兵欲無蜎」之「蜎」，瑒即「裸圭尺有二寸」之「裸」，珇即「駔琮七寸」之「駔」，餵即「弓之畏」之「畏」；擡即《儀禮》

「賓厭介」之「厭」，❶粈即「朱羽粈」之「粈」，搞即「苴經大鬲」之「鬲」，投即「坌用塊」之「坌」，酌即「酳尸」之「酳」；匙即《論語》「鮮矣仁」之「鮮」，捆即「因不失其親」之「因」，𢢆即「郁郁乎文哉」之「郁」，蹎即「顛沛」之「顛」，遞即「行不由徑」之「由」，敕即「策其馬」之「策」，柧即「觚不觚」之「觚」，隿即「弋不射宿」之「弋」，攩即「君子不黨」之「黨」，諰即「慎而無禮則葸」之「葸」，啓即「啟予足」之「啟」，舉即「與與如也」之「與」，纔即「紺緅」之「緅」，坿即「附益」之「附」，筏、衙皆即「不踐迹」之「踐」，詧即「察言而觀色」之「察」，券即「無倦」之「倦」，隤即「溝瀆」之「瀆」，憰即「譎而不正」之「譎」，傆即「鄉原」之「原」，簙即「博弈」之「博」；殍即《孟子》「野有餓莩」之「莩」，踤即「卒然問曰」之「卒」，彉即「擴而充之」之「擴」，鄯即「蓋大夫」之「蓋」，陘即「隱几而卧」之「隱」，婞即「悻悻然」之「悻」，鬵即「以釜甑爨」之「甑」，薚即「艸木暢茂」之「暢」，憭即「眸子瞭焉」之「瞭」，悪即「忸怩」之「忸」，忞即「自怨自艾」之「艾」，茻即「草莽」之「莽」，❷業即「僕僕爾亟拜」之「僕」，㞜㞜亦即僕僕也，詑即「人皆曰訑訑」之「訑」，歆即「自視欿然」之「欿」，踵即「摩頂放踵」之「踵」，銛即「以言餂」之「餂」；埱即《爾雅》「俶落權輿」之「俶」，訒即「孯仍」之「仍」，柴即「咨呰」之「呰」，傜即「鬱陶繇」之「繇」，垑即「恀侈」之「恀」，猱即「狃復」之「狃」，遙即「駬傳」之「駬」，姄即「怟怟惕惕」之「怟」，梠即「楣謂之梁」之「楣」，坋即「墳大防」之「墳」，潐即「水醮曰厬」之「醮」，茉即「朮山

❶「介之厭」，原脱，今據《潛研堂文集》卷一一補。
❷「之莽」，原脱，今據《潛研堂文集》卷一一補。

薊」之「朮」，芧即「芧麻母」之「芧」，蔬即「莞苻蘺」之「莞」，苦即「栝樓」之「栝」，芫即「杬魚毒」之「杬」，梶即「栲山樗」之「栲」，櫾即「柚條」之「柚」，楧即「時英梅」之「英」，薾即「長脊而泥」之「泥」。又如滭泧即觱發之異文，溧瀨、颲颲皆即栗烈之異文，徲徬即㝵夆之異文，篸縒即參差之異文，彳亍即躑躅之異文，遺讉即攅瀆之異文，丂丂即節奏之異文，趁趧即屯邅之異文，柖榣即招摇之異文，哥䛐即歌謡之異文，蔽頪即蒯聵之異文，匽爣即提攜之異文，嫛婗即嬰兒之異文，揃搣即翦滅之異文，弓嘾即菡萏之異文，营藭即鞠窮之異文，跱躇即踟蹰之異文，跌踢即佚宕之異文，醮顇即蕉萃之異文。今人視爲隱僻之字，大率經典正文也。經師之本互有異同，叔重取其合乎古文者，稱經以顯之。其文異而義可通者，雖不著書名，亦兼存以俟後人之決擇。此許氏所以爲命世通儒，異於專己守殘、黨同門而妒道真者也。

問：漢初功臣侯者百四十餘人，其封邑所在，班孟堅已不能言之，酈道元注《水經》，始攷得十之六七，小司馬又以《漢志》、《表》證之，所得尤多，似可補孟堅之闕。曰：此史家之謹慎，即其闕而不書，益知其所書之必可信也。酈氏生於後魏，距漢已遠，雖勤於采獲，未必皆可盡信。如成安侯韓延年在《汝水》篇以爲潁川之成安，在《汳水》篇以爲陳留之成安；安成侯劉蒼在《贛水》篇以爲長沙之安成，在《汝水》篇以爲汝南之安成；桃侯劉襄在《沛水》篇以爲酸棗之桃虛，屬東郡。在《濁漳水》篇以爲信都之桃縣；建成侯劉拾在《淮水》篇以爲沛之建成，在《贛水》篇以爲豫章之建成，果孰是而孰否乎？《河水》篇以臨羌爲孫都封國，不知孫都本封臨蔡侯，其地在河内，不在金城也。《濁漳水》篇以辟陽亭爲審食其封國，攷本傳云「辟陽近甾川」，則非信都之辟陽也。《汾水》篇以河東之平陽爲范明友封國，攷《漢表》明友本封平陵侯，其地在南陽之武當，不在河東也。《淮水》篇云：「山陽城即射陽縣之故城也，漢世祖封子荆爲山陽公治此。」攷漢之山陽郡，本治昌邑，其僑治射陽乃在晉安帝之世，以典午之僑郡爲東漢之故封，其誤更不待辯矣。《索隱》雖知討尋《表》、《志》，亦多疏漏。如城陽有陽都，北海有都昌，遼西有海陽，東萊有曲成，膠東有昌武，楚有武原，東海有戚，南陽有山都，沛有廣戚，臨淮有盱眙，涿有阿武、樊輿，《志》文具在，而小司馬皆以爲闕。南陽、清河皆有復陽，南陽、濟南皆有朝陽，平原、琅邪皆有平昌，而小司馬僅舉其一。又如傅寬封陽陵侯，非馮翊之陽陵；蟲達封曲成侯，非涿郡之曲成；吴程封義陵侯，❶非汝南之義陽；劉勃封安陽侯，非馮翊之安陵；父城侯劉光，❷非遼西之文城，❸名同實異，小司馬皆不能别白，乃知班氏得古文闕文之遺意矣。

問：蒯成侯周緤，或讀蒯爲「菅蒯」之「蒯」，則字當从艸、从㕡；或讀陪、憑二音，則字當从崩、从邑。且《漢表》云在長沙，而小司馬引《晉書地道記》屬北地，讀史者將奚從？曰：《説文》：「鄘，❹右扶風鄠鄉。」又沛城父有鄘鄉，讀若陪。」《晉書·地理志》始平郡有蒯成縣。蓋析鄠之鄘鄉置，字譌爲蒯

❶「程」，《潛研堂文集》卷一二作「程」，《漢書·高惠高后文功臣表》作「郢」。
❷「父城」，《漢書·王子侯表》作「文成」。
❸「城」，《漢書·地理志》作「成」。
❹「鄘」，《説文解字》作「鄘」。

耳。《索隱》以爲屬北地，誤矣。然周緤之封，則當在長沙，不在扶風。何以明其然也？高祖功臣百四十七人，班《表》皆不言封邑所在，獨緤父子之封於蒯成，❶則云「在長沙」，於酇則云「在沛」，其必確有所據矣。長沙之蒯成它無所見，然《楚漢春秋》作憑城侯，陪、憑聲相近，亦當作蒯無疑也。或又疑長沙爲吴芮封國，何以緤得食邑其間？此又不然。彭城，楚王封地也，而張良封彭城之留；琅邪，齊王封地也，而周定封琅邪之魏其；鉅鹿，趙王封地也，而任敖封鉅鹿之廣阿；曲逆縣亦在燕、趙之間，而陳平得食之。然則漢初列侯食邑，豈皆在天子所有十五郡之内乎？而又何疑於蒯成之封焉？景、武以後，王國日益削，而王子封侯者皆割屬漢郡，自是列侯食邑無有在王國者矣。

問：《乾象術》推卦用事日：「因冬至大餘，倍其小餘，坎用事日也。加小餘千七十五，滿乾法從大餘，中孚用事日也。求坎卦，各加大餘六，小餘百三。其四正各因其中日而倍其小餘。」此條恐有譌舛，其算例亦可推否？曰：此即漢人六日七分之法。《易稽覽圖》甲子卦氣始中孚，每六日七分而易一卦。❷坎、離、震、兑爲監司之卦，獨用事於分至之首，得八十分之七十三。冬至坎始用事，又加中孚六日七分，而復卦用事，合於《易》「七日來復」之數。其説始於京房。六十卦以中孚、復、屯、謙、睽、升、臨、小過、蒙、益、漸、泰、需、隋、晉、解、大壯、豫、訟、蠱、革、夬、旅、師、比、小畜、乾、大有、家人、井、咸、姤、鼎、豐、涣、履、遯、恒、節、同人、損、否、

❶「蒯」，《漢書・高惠高后文功臣表》作「鄘」。
❷「卦」，原作「封」，今據《潛研堂文集》卷一四改。

巽、萃、大畜、賁、觀、歸妹、无妄、明夷、困、剥、艮、既濟、噬嗑、大過、坤、未濟、蹇、頤爲次，每卦皆六日八十分日之七，惟頤、晉、井、大畜皆五日八十分之十四，較他卦少七十三分，此所少之數，即四正卦坎、離、震、兑。用事之分數也。《乾象術》推卦用事，以乾法千一百七十八當一日，千一百七十八分日之千七十五即八十分之七十三强也，千一百七十八分日之百三即八十分之七弱也。必倍其小餘者，《乾象》推冬至術，以紀法五百八十九爲日法，今以乾法千一百七十八爲日法，則倍紀法之數，故必倍其小餘，以入算也。「求坎卦」當作「次卦」，字之譌也。《景初術》推卦用事日，因冬至大餘六，其小餘，與《乾象》異，何也？曰：《景初》推冬至以紀法千八百四十三爲日法，其推卦用事則以元法萬一千五十八爲日法，元法乃六倍紀法之數，故亦六，其小餘，無二理也。坎卦用事，萬一千五十八分之萬九十一，即八十分日之七十三强也。中孚卦用事，大餘六即六日也，小餘九百六十七者，萬一千五十八分之九百六十七，即八十分日之七也。《正光術》推冬至與推卦用事竝以蔀法六千六十爲日，故即因冬至大、小餘與《乾象》、《景初》實無異也。

問：五歲再閏與十九年七閏之率，孰爲密合？曰：五歲再閏，聖人不過言其大略。如《堯典》云「期三百有六旬有六日」，其實祇有三百六十五日四分之一弱。若以十九年七閏之率計之，須五年又五个月而得再閏也。然十九年一章，亦是秦漢以前麤率，驗之天行，尚非密合。蓋古術皆用《四分》，章、蔀、紀、元之率，皆《四分術》也。自劉洪作《乾象》，減歲實以合天行，而章閏猶因舊法。何承天雖病其數微多，猶以用算滋繁，未及更易。祖沖之始剏新率，改章法，三百九十一年有一百四十四閏，以舊法校之，則七千四百二十九歲之中，舊法當有二千七百三十七閏，新法只有二千七百三十六閏，此戴法興所詆以爲七千四百二十九年輒失一閏者也。中朔與閏，本相表裏。歲實既減於四分，則章法自難因乎古，法興未達天行，故有此難。嗣後張賓、張胄元、劉焯之徒所立章歲、章閏各有不同，要皆本沖之之遺意。古率十九年七閏，閏分太多。沖之率又似太少。張賓率四百二十九歲百五十八閏，張胄元率四百二十歲百五十一閏，劉焯率六百七十六歲二百四十九閏，皆强於沖之。李淳風《麟德術》乃去章歲之名，並氣朔、閏餘通爲一術，但以歲實與十二朔實相校所多之數，即爲一歲之閏積，而不更求齊同之率。此亦術家變古之一大端也。然與其存章歲之名而仍未密合，不若實計中盈朔虛之分而累積以求閏。淳風於此，極爲有識。元人《授時術》不用積年與日法，亦即此意。長慶《宣明術》雖有章歲、章月、章閏之名，然其所謂章歲者乃歲實也，章月者朔實也，章閏者一歲之閏分也，與古法名同而實異。此後無有言章歲者矣。宋咸淳六年十一月三十日冬至，至後爲閏十一月。有臧元震者，妄稱術家以章法爲重，自淳祐壬子至咸淳庚午凡十九年，是爲章歲，閏月當在冬至之前。詔遣元震與太史局辨正，太史詞窮，乃轉元震一官，而議更憲。元震於推步之原了無所得，摭拾經生膚淺之談，皆祖沖之、李淳風輩所唾棄不屑道者，而疇人子弟已瞪眙不能置對。元震又稱一大一小爲平朔，兩大兩小爲經朔，三大三小爲定朔。不知經朔即平朔也，平朔有兩大無兩小，三大兩小皆爲定朔。既用定朔，則十九年七閏之恒率自不能拘，而有司亦不知也。當時局官淺陋如此，欲其改憲以合天，難矣！

問：吴才老於《三百篇》有叶韻之説，而朱文公因之。厥後陳季立撰《詩古音》、《屈宋古音》，始知《三百篇》自有本音。至崑山顧氏撰《音學五書》，而古音粲然明白矣。然同時毛奇齡已有違言，豈古今音果大相遠乎？曰：古今音之别，漢人已言之。劉熙《釋名》云：「古者曰車聲如居，所以居人也。今曰車聲近舍。」韋昭辯之云：「古皆音尺奢反，從漢以來始有居音。」此古今音殊之證也。但劉、韋皆言古音，而説正相反，實則劉是而韋非。蓋弘嗣生於漢季，漸染俗音，因疑車當讀尺奢切，不知讀華爲呼瓜切，亦非古音也。古讀華爲敷，《詩》「有女同車」與華、琚、都爲韻，「攜手同車」與狐、烏爲韻，則車之讀居斷可識矣。自齊、梁之世，周彦倫、沈休文輩分别四聲，以制《韻譜》。其後沈重作《毛詩音》，於今韻有不合者謂之協句。如《燕燕》首章「遠送于野」云「協句，宜音時預反」，二章「遠送于南」云「協句，宜乃林反」。所云協句，即古音也。陸德明《釋文》挪爲「古人韻緩，不煩改字」之説，於沈所云協句者，皆如字讀，自謂通達無礙，而不知《三百篇》之音諧暢明白，未嘗緩也。使沈重音尚存，較之吴才老叶韻，豈不簡易而可信乎？協句亦謂之協韻。《邶風》「寧不我顧」，《釋文》：「徐音古，此亦協韻也。後放此。」陸元朗之時亦有韻書，故於今韻不收者，謂之協韻。協與叶同。顔師古注《漢書》又謂之合韻，合猶協也。是吴才老叶韻之所自出矣。叶韻實由古今異音而作，而吾謂言叶韻不如言古音。蓋叶韻者以今韻爲宗，而强古人以合之，不知古人自有正音也。古人因文字而定聲音，因聲音而得詁訓，其理一以貫之。漢魏以降，方俗遞變，而聲音與文字漸不相應，賴有《三百篇》及羣經、傳記、諸子、騷賦具在，學者讀其文，可以得其最初之音。此顧氏講求古音，其識高出于毛奇齡輩萬倍，而大有功於藝林者也。但古人亦有一字而異讀者。文字偏旁相諧謂之正音，語言清濁相近謂之轉音。音之正有定，而音之轉無方。正音可以分別部居，轉音則祇就一字相近假借互用，而不通於它字。其以聲轉者，如難與那聲相近，故儺从難而入歌韻；難又與泥相近，故鸛从難而入齊韻，非謂歌、齊兩部之字盡可合於寒、桓也。宗與尊相近，故《春秋傳》伯宗或作伯尊；臨與隆相近，故《雲漢》詩以臨與躳韻；鞏與固相近，故《瞻卬》詩以鞏與後韻，非謂魂、侵、侯之字盡可合於東、鍾也。其以義轉者，如躳之義爲身，即讀躳如身，《詩》「無遏爾躳」與天爲韻；《易·震》「不于其躳，于其鄰」，躳與鄰韻，非謂真、先之字盡可合于東、鍾也。賡之義爲續，《說文》以賡爲續之古文，蓋《尚書》「乃賡載歌」，孔安國讀賡爲續，非陽、庚之字盡可合于屋、沃也。又如《溱洧》之溱本當作潧，《說文》潧水出鄭國，引《詩》「潧與洧，方涣涣兮」，此是正音，而《毛詩》作溱者，讀溱如潧以諧韻耳。溱即潧之轉音，不可據《說文》以糾《詩》之失韻，亦不可據《詩》以疑《說文》之妄作。又吾言不信，❶則試引而伸之。夫增與潧皆曾聲也，毛傳于《魯頌》「烝徒增增」云「增增，衆也」，此《爾雅·釋訓》之正文，而于《小雅》「室家溱溱」亦云「溱溱，衆也」，文異而義不異，豈非以溱、增聲相近而讀增爲溱，

❶「吾」，原作「不」，今據《潛研堂文集》卷一五改。

不獨假其音，并假其字乎？古人有韻之文正音多而轉音少，則謂轉音爲協固無不可，如以正音爲協，則僨到甚矣。顧氏謂一字止有一音，於古人異讀者輒指爲方音，固未免千慮之一失。而於古音之正者，斟酌允當，其論入聲尤中肎綮。後有作者，總莫出其範圍。若毛奇齡輩不知而作，嘵嘵聱聱，置勿與辯可也。

問：雙聲昉於魏晉以後，古人未之知也。《三百篇》中間有近似者，祇是偶合，初非先覺。子乃謂雙聲之祕，肇於《三百篇》，毋乃矜管蠡之智，以强附古人乎？曰：人有形即有聲，聲音在文字之先，而文字必假聲音以成。綜其要，無過疊韻、雙聲二端。而疊韻易曉，雙聲難知。「股肱」、「叢脞」，虞廷之賡歌也；「次且」、「劓刖」，文王之演《易》也。至《詩》三百篇興，而斯祕大啟。《卷耳》之次章「崔嵬」、「虺隤」兩疊韻，三章「高岡」、「玄黄」兩雙聲；《碩人》之次章「巧笑」疊韻，「美目」雙聲；《大叔于田》之次章上句「磬控」雙聲，下句「縱送」疊韻；《出其東門》之首章「綦巾」雙聲，次章「茹藘」疊韻；《七月》之「觱發」、「栗烈」雙聲兼疊韻，上下相對；《東山》之「伊威」、「蠨蛸」、「町畽」、「熠燿」四句連用雙聲；「佻兮達兮」、「哆兮侈兮」、「既敬既戒」、「既霑既足」、「如蜩如螗」、「如蠻如髦」、「不吳不敖」、「不競不球」、「允文允武」、「令聞令望」、「宜岸宜獄」、「式夷式已」、「之綱之紀」、「以引以翼」，隔字而成雙聲；「嘽嘽」、「哼哼」、「禹禹」、「卬卬」疊字而成雙聲，「與與」、「翼翼」隔句而成雙聲；「居居」、「究究」隔章而成雙聲；「死生契闊」、「搔首踟蹰」，一句而兩雙聲；「旅力方剛」、「山川悠遠」，一句而一疊韻、一雙聲。其組織之工，雖七襄報章，無以過也；其意節之和，雖壎篪迭奏，莫能加也。其尤妙者「角枕粲兮，錦衾爛兮」，不獨粲、爛韻，而枕、衾亦韻，錦、衾疊韻，角、錦又雙聲也。「不敢暴虎，不敢憑河」，暴、憑雙聲，虎、河亦雙聲也。此豈尋常偶合者可比？乃童而習之，白首而未喻，翻謂七音之辯始於西域，豈古昔聖賢之智乃出梵僧下耶？四聲昉於六朝，不可言古人不知疊韻；字母出於唐季，不可言古人不識雙聲。自《三百篇》啓雙聲之祕，而司馬長卿、揚子雲作賦益暢其旨。於是孫叔然制爲反切，雙聲、疊韻之理遂大顯於斯世。後人又以雙聲類之而成字母之學，雙聲在前，字母在後，知雙聲則不言字母可也，言字母而不知雙聲不可也。而雙聲已昉於《三百篇》，吾於是知六經之道，大小悉備，後人詹詹之智，早不出聖賢範圍之外也。

問：古人一字兩讀出于轉音，是固然矣。又有一音而平側異讀，如觀瞻、觀示有平去之分，好惡、美惡有去入之別，以至先後上下、高深遠近、見聞視聽之等，並以動静區爲兩音，不審古人制字之始，已有之乎？曰：昔倉頡制字，黄帝正名，各指所之，有條不紊。許氏《説文》，分别部居，以形定聲，不聞於聲之中更有輕重異讀。《易》觀卦六爻，「童觀」、「闚觀」、「觀我生」、「觀國之光」、「觀其生」，皆從卦名取義，人之觀我與我之觀於人義本相因，而魏、晉以後，經師强立兩音，千餘年來遵守不易，唯魏華父著論非之，謂未有四聲反切之前，安知不皆爲平聲？此可謂先覺者矣。《離騷》「好蔽美而稱惡」，與固、悟、古爲韻；「孰云察余之美惡」，與宇爲韻，是「美惡」之「惡」亦讀去聲。《左傳》隱三年「周鄭交惡」，陸德明無音，是「相惡」之

「惡」亦讀入聲。《孝經》「愛親者不敢惡於人」、「行滿天下無怨惡」，陸德明並云「惡，烏路反，舊如字」；又「示之以好惡而民知禁」，陸云「好，如字，又呼報反。惡，如字，又烏路反」。蓋好惡之有兩讀，始于葛洪《字苑》，《顔氏家訓》言之。漢魏諸儒本無區别。陸氏生於陳、隋之世，習聞此説，而亦不能堅守，且稱爲舊，則今之分别非古音之舊，審矣。「予我」之「予」，「錫予」之「予」，今人分平、上兩音，而《詩》三百篇、《楚詞》皆讀上聲。「當直」之「當」、「允當」之「當」，今人分平、去兩音，而孔子贊《易》皆讀平聲。漢儒言「讀若」者，正其義不必易其音，如鄭康成注《禮記》「仁者人也」，「讀如相人偶之人」。自古訖今，未聞「人」有别音，可見虚實動静之分皆六朝俗師妄生分别，古人固未之有也。顔之推譏江南學士讀《左傳》，口相傳述，自爲凡例，軍自敗曰敗，打破人軍曰敗，補敗反。此爲穿鑿。而《廣韻》十七《夬部》敗有薄邁、補敗二切，以自破、破它爲别，即用江南學士穿鑿之例。蓋自韻書興而聲音益戾于古，自謂密于審音，而齟齬而不安者益多矣。

問：鄭樵《七音略》謂華人知四聲而不知七音，以所傳三十六字母爲出于西域。後儒又謂字母出于《華嚴經》，其信然乎？曰：字母兩字固出《華嚴》，然唐玄應《一切經音義》所載《華嚴經》終於五十八卷，初不見字母之説。今所傳《華嚴》八十一卷，乃實叉難陀所譯，出于唐中葉，又在玄應之後。而漢末孫叔然已造翻切，則翻切不因于字母也。翻切之學以雙聲、疊韻紐弄而成音，有疊韻而後人因有二百六部，有雙聲而後人因有三十六母。雙聲疊韻，華學非梵學，即三十六母亦華音，非梵音也。宋世儒家言字母者，始于司馬温公，而温公撰《切韻指掌圖》無一言及于西域，則三十六母爲華音又何疑焉？且《華嚴》之母四十有二，與三十六母多寡迥異，其所云二合、三合之母，華人皆不能解，而疑、非、敷、奉諸母，《華嚴》又無之，則謂見、溪、羣、疑之譜本於《華嚴》者，妄矣。特以其譜爲唐末沙門所傳，又襲彼字母之名，夾漈不加詳攷，遂誤仞爲天竺之學耳。予嘗讀《一切經音義》載《大般涅槃經》，有比聲二十五字，曰舌根聲、舌齒聲、上咢聲、舌頭聲、脣吻聲，頗與見、溪、羣、疑之序相似，而每聲各五字，與今譜異。別有字音十四，則今所謂影、喻、來母也。日母列于舌齒聲，不別爲類，亦與今譜異。竊意唐末作字母譜者，頗亦采取《涅槃》，而有取有棄，實以華音爲本。蓋《華嚴》之字母則與今譜風馬牛不相及矣，《華嚴》雖有字母之名，而《涅槃》實在《華嚴》之前，其分部頗有條理，不似《華嚴》之雜糅。今人但知《華嚴》，不知《涅槃》，是逐末而遺本也。

問：牙、舌、脣、齒、喉之別昉于何時？

曰：凡聲皆始于喉，達于舌，經于齒，出于脣。天下之口相似，古今之口亦相似也。「間關」、「契闊」、「馨香」、「厭浥」，人知其出于喉；「顛倒」、「挑達」、「荼毒」、「栗烈」，人知其出于舌；「參差」、「輾轉」、「灑掃」、「悉率」，人知其出于齒；「蔽芾」、「匍匐」、「黽勉」、「反覆」，人知其出于脣。即喉、舌、齒、脣之分，而聯之以雙聲，緯之以疊韻，而翻切之學興焉。後人欲以宫、商、角、徵、羽相比附，乃於喉、舌、齒、脣之外別出牙音，然《玉篇》卷末所載沙門神珙《四聲五音九弄反紐圖》，喉、舌、齒、脣、牙五聲各舉八字以見例，喉聲則何、我、剛、鄂、謌、可、康、各也，牙聲則更、硬、牙、格、行、幸、亨、客也。此二聲者，分之實無可分，吾是以知古無牙音也。翁从公聲，扦从千聲，鎬从高聲，浩从告聲，《廣韻》卷末載《辯字五音法》以綱、各爲喉聲，與神珙同。嫌从兼聲，酣从甘聲，挾从夾聲；見有現音，降有洪音，皋有浩音，茄有荷音，囂有敖音，亢有杭音，感有憾音，甲有狎音，夏有賈音，然則牙音，喉音本非兩類，字母家別而二之，非古音之正矣。自喉而舌、而齒、而脣，聲音已無不備。增牙音而爲五，又析出半齒、半舌而爲七，皆非自然之音也。

太陰太歲辨

漢初人多以太陰紀歲，亦曰歲陰。閼逢等十名，攝提格等十二名，古人本從太陰得名。《淮南》云：「太陰元始，建於甲寅。」故以攝提格居首。漢太初改元，詔云「復得閼逢攝提格之歲」，蓋以太陰表歲也。而下文即云「太歲在子」，是太陰自太陰、太歲自太歲，詔書未嘗并而爲一也。《太史公書》載《曆術甲子篇》，起太初元年閼逢攝提格，盡七十六年而止，皆以太陰紀歲。或疑爲褚少孫所補，即果出於少孫，亦是元、成間人，身在郎署，必非妄説，是西京猶用太陰紀歲矣。劉子駿造《三統術》，云：「欲知太歲，以六十除積次，餘不盈者，數從丙子起。」則是以丙子爲肇端，自太極上元至太初元年，復得丙子，與武帝詔「太歲在子」之文相應。一術不當有兩元，故不別立求太陰法。乃後人但以太歲紀歲，不復知有太陰。

《漢書·天文志》承史公之文，而改歲陰爲太歲，由是歲陰、太歲並爲一事，而不知其有大不可通者。其言曰「太陰在寅曰攝提格。❶ 歲星正月晨出東方，石氏曰『在斗、牽牛』，甘氏在建星、婺女，《太初曆》在營室、東壁」云云，兼存三家之學，驟讀之似無可議，及細攷之，則石氏與《天官書》同，甘氏小有出入，《太初》則常差兩次，其故何歟？史公以太陰紀歲，其言歲陰在寅者，太歲實在子，故歲星以天正十一月出斗、牽牛，即丑宮星紀之次。其月斗建子，賈公彦所云「子上有太歲」也。《太初》以太歲紀歲，太歲在寅，則歲星在娵訾矣。寅與亥合。當以斗建寅之月，太歲晨出營室、東壁，所謂「歲星與日常應，太歲月建而見」也。同一攝提格也，一爲太陰，即歲陰。一爲太歲，相差兩辰；同一正月也，一爲建子，一爲建寅，相差亦兩次，夫亦冰炭之不相入矣。志家亦知其難通，故强爲之説，曰：「星有贏縮，各録所見。」曾不思歲星每歲行一次，即有贏縮，不過數度；甘、石異同，可以贏縮解之，若《太初》之與甘、石，立法本殊，何容並爲一談？《春秋傳》云「歲棄其次而旅於明年之次」，此星有贏縮之説也。烏有歲在星紀而淫於娵訾之口者乎？此《志》或云馬續所作，非孟堅之文，要其昧於太歲、太陰之辨，貽誤後賢，則志家不得辭其咎矣。張揖、晉灼諸人又在馬續之後，承譌襲謬，仞太陰爲太歲，又何怪焉？

或曰：太陰紀歲、太歲超辰之法，東漢已廢而不用，子何爲斷斷於此？予應之曰：推步之學，古疏而今密。謂古法必可行於今者，非也。謂古無此法者，亦非也。井田、封建，後世萬不能行，豈可謂三代之前無此制哉？予恐讀《淮南》、《太史公》者之不得其解而詳攷之，知其誤自《漢志》始，因書以諗同

❶ 「陰」，《漢書・天文志》作「歲」。

志者。

秦三十六郡攷

秦三十六郡之名，當以《漢書·地理志》爲據。自裴駰誤解《史記》，别南海、桂林、象郡於三十六之外，而《晉志》因有四十郡之説，紛紛補湊，似是實非。今依《漢志》列其名目如左。

《漢志》稱秦置者二十有七：

河東郡　太原郡
上黨郡　東郡
潁川郡　南陽郡
南郡　九江郡
鉅鹿郡　齊郡
琅邪郡　會稽郡
漢中郡　蜀郡
巴郡　隴西郡
北地郡　上郡
雲中郡　雁門郡
代郡　上谷郡
漁陽郡　右北平郡
遼西郡　遼東郡
南海郡

稱秦郡者一：

長沙郡漢爲國。

稱故秦某郡者八：

三川郡漢更名河南郡。　泗水郡漢更名沛郡。
九原郡漢更名五原郡。　桂林郡漢更名鬱林郡。
象郡漢更名日南郡。　邯鄲郡漢爲趙國。
碭郡漢爲梁國。　薛郡漢爲魯國。

以上共三十六郡，《志》云「秦置」者，謂因其名不改者也。云「秦郡」者，因其郡名而立爲國者也。云「故秦某郡」者，因其地而改其名者也。此外無稱秦者。

讀古人書，須識其義例。此《志》首云「漢興，承秦制度」，故述郡名斷自秦始，如雲中、代、上谷、漁陽、右北平、遼西、遼東諸郡，以《匈奴傳》攷之，乃戰國燕、趙所置也，而《志》皆云「秦置」，蓋以秦三十六郡爲斷，非與彼傳相矛盾也。

三十六郡之名，皆據始皇時。若二世改元以後，豪傑竝起，復稱六國，分置列郡，多有出於三十六郡之外者，不久仍復并省，故班《志》略而不言，如吴郡之類是也。亦有漢興仍其名者，則歸之高帝置。此尊漢之詞也。凡稱故秦者，皆據始皇三十六郡，其稱故齊、故趙、故梁、故楚者，皆據漢初封國，非戰國之秦、齊、趙、梁、楚也。

秦四十郡辨

言有出於古人而未可信者，非古人之不足信也，古人之前尚有古人，前之古人無此言而後之古人言之，我從其前者而已矣。秦四十郡之説，昉於《晉書》。《晉書》爲唐初人所作，自今日而溯唐初，亦謂之古人，要其去秦、漢遠矣。《太史公書》：「秦始皇二十六年，分天下爲三十六郡。」未嘗實指爲某某郡也。班孟堅《地理志》列漢郡國百有三，又於各郡國下詳言其沿革，其非漢置者，或云「秦置」，或云「故秦某郡」，或云「秦郡」，并之正合三十六之數。是孟堅所説，即始皇所分之三十六郡也。《志》末又總言之，云：「本秦京師爲内史，分天下作三十六郡。漢興以其地太大，稍復開置，又立諸侯王國。武帝開廣三邊，故自高帝增二十六，文、景各六，武帝二十八，昭帝一，迄於孝平，凡郡國一百三。」以秦三十六郡合之高、文、景、武、昭所增置，正得百有三。是秦三十六郡之外，更無它郡，安得有四十郡哉？司馬彪《郡國志》本沿東觀舊文，亦云：「《漢書・地理志》承秦三十六郡，後稍分析。至於孝平，凡郡國百三。」蓋自後漢至晉，史家俱不言秦有四十郡也。許叔重《說文》、應劭《風俗通》、高誘《淮南子注》、皇甫謐《帝王世紀》述秦郡皆云三十六。諸人博學洽聞，豈有不讀《史記》者？使南海三郡果在三十六郡之外，何故舍多而稱少？故知西晉以前，本無四十郡之說。自裴駰誤解《史記》，以略取陸梁地在分郡之後，遂別而異之。其注三十六郡，與《漢志》同者三十三，別取內史、鄣郡、黔中三郡以當之，而秦遂有三十九郡矣。《晉志》又增入閩中一郡，合爲四十。嗣後精於地理如杜君卿、王應麟、胡三省輩，皆莫能辨。四十郡之目遂深入人肺腑，牢不可破矣。地理之志莫古於孟堅，亦莫精於孟堅，不信孟堅而信房喬、敬播諸人，吾未見其可也。即泝而上之，肇自裴駰，駰亦劉宋人也，豈轉古於孟堅哉！

或曰：子言古人有前後之殊信矣，太史公在孟堅之前，乃《始皇紀》「分天下爲三十六郡」在二十六年，而略取陸梁地爲桂林、象郡、南海則在三十三年，是三郡固在三十六郡之外矣。信《漢書》而不信《史記》，未見其信古也。

予應之曰：讀古人書，當尋其條貫，未可執單詞以爲口實。史公紀事，皆言其大者。始皇二十六年，秦初並天下，丞相綰請封諸子。李斯言封諸侯不便，遂廢封建之制，諸郡置守、尉、監，皆領於天子。此秦變古之一大端，故特於是年書「分天下爲三十六郡」，猶言廢封建爲郡縣耳。言三十六郡則統乎天下矣，非謂三十六郡盡置於是年也。即以此《紀》證之，始皇即位之初，秦：「已并巴、蜀、漢中，置南郡矣；北收上郡以東，有河東、太原、上黨郡；東至滎陽，滅二周，置三川郡矣。」其五年，又置東郡矣。十七年，又置潁川郡矣。二十五年，又置會稽郡矣。此諸郡者皆在裴駰所舉三十六郡之數，子不疑前文之重沓，而獨疑後文之預數，所謂知其一未知其二者也。始皇自謂以水德王，數以六爲紀，郡名三十六，蓋取六自乘之數。若四十郡，則漢人無言之者，無徵之言，置之弗聽可矣。

或又曰：《史記・東越列傳》：「秦已并天下，以其地爲閩中郡。」閩中爲始皇置，史公有明文，而《漢志》不載，豈非班氏之漏？予應之曰：《南越傳》亦云：「秦已并天下，略定楊越，置南海、桂林、象郡，以謫徙民，與越雜處十三歲。」其云「十三歲」者，自二十五年滅楚之後數之也。閩中與南海三郡皆置於王翦定百越之時，但其初雖有郡名，仍令其君長治之，如後世羈縻州之類。其後尉屠睢擊南越，殺其君長，始置官吏，比於內地；而閩中則仍無諸與摇治之，是以不在三十六郡之數，非班史有遺漏也。

或又曰：❶《漢志》「丹陽郡，故鄣郡」，不云「故秦鄣郡」，則非秦置可知。《志》凡稱故者，皆據漢初而言，如故齊、故趙、故梁、故楚、故淮南，竝漢初封國也。泗水國云「故東海郡」，與此文正同。東海郡既高帝置，則鄣郡亦必漢置矣。此三難者，舉不足以申四十郡之説，而世猶以其出於《晉志》，不敢輒議。夫《晉志》之誤亦多矣，《漢志》郡國百三，而

❶ 「曰」下，據《潛研堂文集》卷一六當脱「漢志鄣郡不言高帝置此可爲秦置之證予應之曰」二十字。

誤以爲百十有一；《續漢志》郡國百五，而誤以爲百八。東晉僑立州郡，未嘗有「南」字，宋永初詔書始加，而《晉志》襲沈約之文，弗能攷正。近事且猶踳謬，況能溯秦、漢而補孟堅之闕乎？吾故曰言四十郡甚難而實非也，言三十六郡甚易而實是也。讀《史記》者當以孟堅書解之，而毋惑乎裴駰之單辭可矣。

跋北齊書

《北齊書》本紀八，列傳四十二。今惟本紀第四，列傳第五、第八、第九、第十、第十一、第十二、第十三、第十四、第十五、第十六、第十七、弟卅三、弟卅四、弟卅五、弟卅六、弟卅七、弟四十二，凡十八篇，乃百藥元文。其列傳弟十八、弟十九、弟廿一、弟廿二、弟卅二、弟卅八、弟卅九、弟四十、弟四十一文與《北史》異，而無論贊，似經後人删改，或百藥書亡，而以高氏《小史》補之乎？其餘紀七篇、傳十六篇，大率取諸《北史》。《庫狄千傳》末附見其孫士文，士文仕于隋代，不應入《齊書》，蓋鈔撮《北史》之文而失於刊去。此漢人所譏「作奏雖工，宜去葛龔」者也。裴讓之、張晏之、陸卬、王松年、辛術皆失書本貫，此亦鈔《北史》而不知其宜增入者。當時校刊諸臣鹵疏至此，真令人絶倒也。紀傳中有史臣論及贊及稱高祖、世宗、顯祖、肅宗、世祖廟號者，皆百藥之舊，其稱神武、文襄、文宣、武成者，❶則後人取《北史》之文以補之。晁公武謂百藥避唐朝名諱不書世祖、世宗之類，不知百藥修史在貞觀初，其時世字

❶「文宣」下，據清乾隆四十五年刻本《廿二史考異》卷三一、《北齊書》卷六校勘記，宜有「孝昭」二字。

竝不回避。李勣之名，亦高宗朝所改也。《梁》、《陳》、《周書》皆不避世祖、世宗字，百藥與思廉、德棻同時，何獨異其例乎？蓋嘉祐校刊諸史之時，此書久已殘闕，而雜采它書以補之，卷首《神武紀》即是《北史》之文，晁氏不加詳審，遽以爲例有不一，其實非也。

跋宋史

自史遷以經師相授受者爲《儒林傳》，而史家因之，洎宋洛閩諸大儒講明性道，自謂直接孔孟之傳，嗣後儒分爲二：有説經之儒，有講學之儒。《宋史》乃剏爲《道學傳》，列于《儒林》之前，以尊周、二程、張、邵、朱六子，而程、朱之門人附見焉。豫章、延平非程氏弟子，以其得程之傳而授之朱氏，亦附見焉。其它講學宗旨小異于朱氏者，則入之《儒林》，不得與于《道學》。其去取予奪之例，可謂嚴矣。愚讀之而不能無疑焉。夫劉彦沖、胡原仲、劉致中，朱子之師也，而不與。吕東萊、陸子静，朱子之友也，而不與。其意以爲非親受業于程朱者，皆旁支也，不得以干正統也，而獨進張南軒一人。南軒非受業于程氏者也，南軒與東萊俱爲朱子同志，進南軒而屏東萊，此愚之所未解也。程氏弟子首稱游、楊、吕、謝，而與叔兄弟獨不與，以附出《大防傳》故也。列傳固有附見之例，然南軒不附于父，二吕獨附于兄，一篇之中忽變其例，謂非有意抑吕乎？此又愚之所未解也。朱氏門人多矣，獨進黄榦等六人，而蔡元定父子、葉味道、廖德明祗列之《儒林》。夫蔡氏父子之學，自黄直卿外，殆鮮其匹，而屏之不與《道學》之列，此亦愚之所未解也。邵伯温不附于《康節傳》，而張戩附于《横渠傳》，此亦史例之未一，而愚之所未解也。嘗聞之鄭康成云：「儒者，儒也，❶以先王之道能儒其身。」故《儒行》之篇載于《禮記》。《莊子》云：「以魯國而儒者一人。」説者以爲指孔子也。周、程、張、朱之學雖高出于後儒，方之孔子則有間矣，謂之曰儒，又何慊焉？韓子云「道與德爲虚位」，故道有君子小人，而德有凶有吉。自黄老之學興，其徒皆自號道家。馬樞有《道學傳》二十卷，乃列仙集、仙傳之類爾。謂道學之名必美于儒林者，非通論也。雖然，周、程、張、朱之學固高于宋諸儒矣，史家欲尊之，何如而可？曰史家之例，凡道德文藝顯著者，各有專傳。其列于《儒林》、《文苑》者，皆其次焉者也。孔子與七十二弟子，《史記》未嘗列于《儒林》也，漢之董仲舒、唐之韓愈皆自有傳，元儒無出許衡、吴澄之右者，亦自爲傳。愚以爲周、程、張、朱五子宜合爲一傳，而於論贊中著其直接聖賢之宗旨，不必别之曰「道學」也。自五子而外，則入之《儒林》可矣。若是，則五子之學尊而五子之道乃愈尊，五子不必辭儒之名，而諸儒自不得並于五子。彼修《宋史》者徒知尊道學，而未知其所以尊也。

與戴東原書

前遇足下於曉嵐所，足下盛稱婺源江氏推步之學，不在宣城下。僕惟足下之言是信，恨不即得其書讀之。頃下榻味經先生邸，始得盡觀所謂翼梅者，其論歲實、論定氣，大率祖歐邏巴之説，而引而伸之，其意頗不滿於宣城，而吾益以知宣城之識之高。何也？宣城能用西學，江氏則爲西人所用而

❶「儒」，據《禮記正義》孔疏引鄭玄《目録》，當作「濡」。下「儒其身」之「儒」同。

已。及觀其冬至權度，益啞然失笑。夫歲實之古强而今弱也，漢以前四分而有餘，漢以後四分而不足。而自《乾象》以至《授時》，歲實大率由漸而減，此皆當時實測，非由臆斷。故以古法下推，則必後天，由於歲實强也。以今法上攷，亦必後天，由於歲實弱也。楊光輔、郭守敬輩知其然，故爲百年加減一分之率以消息之，雖過此以往，未之或知，而以之攷古，則所失者鮮，是其術未始不善也。西人之術止實測於今，不復遠稽於古，然其所謂平歲實者，亦復累有更易，則固非以爲永遠可守之歲實也。江氏乃掛爲本無消長之説，極詆楊、郭以傅會西人。然史册所書景長之日班班可攷，難以一人手掩盡天下之目也。於是爲定冬至加減之説以加之，加之而仍後天也，於是又爲本輪均輪半徑古大今小之説以加之，加之而仍後天也，詞遁而窮，則直斷以爲史誤，毋乃如公孫龍之言「臧三耳」，甚難而實非乎？

天道至大，非一時一人之術所能御。日月五星之行，皆有盈縮，古人早知之矣，各立密率以合天行。郭太史之垛積新法之本輪、均輪、次輪皆巧算，非真象也，約加減之數，而假象以爲立算之根，合則用之，小不合則增減之，大不合則棄之，本無輪也，何有於徑？本無徑也，何有古大而今小？且夫兩輪半徑之數之減也，西人固疑其初測之未合而改之，非定以爲古多今少之率也。就如江説兩半徑古大而今小，則仍是楊、郭百年消長之法，以矛陷盾，其何説之辭？夫以兩春分攷歲實，較之兩冬至爲近，然小餘二四二一八七五者，回回之舊率，而地谷所用也。崇禎時，嘗改爲二四二一八八六四矣，今則又改爲二四二一三三四四二矣。只此百年之中，西士已不能守其舊率，而江欲以地谷所用之數上孜千載以前，謂必無消長也，有是理乎？本輪、均輪本是假象，今已置之不用，而別挪擴圜之率，擴圜亦假象也，但使躔离交食，推算與測驗相準，則言大小輪可，言擴圜亦可。然立法至今未及百年，而其根已不可用，近推如此，遠孜可知。而江氏取其已棄之筌蹄，爲終古之權度，其迂闊亦甚矣。西士之術固有勝於中法者，習其術可也，習其術而爲所愚弄不可也。有一定之丈尺而後可以度物，有一定之衡石而後可以權物。今江所持以衡量者，有一定乎？無一定乎？言最言平歲實，則其數可多可少也；言最卑行，則其行忽遲忽疾也；言輪徑差，則借象而非真象也。以槼爲日而詆羲和，以錐指地而嗤章亥，持江氏之權度以適市，必爲司市所撻矣。

向聞循齋總憲不喜江說，疑其有意抑之。今讀其書，乃知循齋能承家學，識見非江所及。當今學通天人者，莫如足下，而獨推江無異辭，豈少習于江而特爲之延譽耶？抑更有說以解僕之惑耶？請再質之足下。

答孫淵如書

足下研精小學，於許叔重之書深造自得，求之今之學者，殆罕其匹。乃復虛懷若谷，欲求千慮之一於僕。僕中歲而讀《說文》，早衰善病，偶有所得，過後輒忘，坐是不能成一家言，何足以益足下乎？

來教謂：抔即掊之省，槷、槸本一字。又謂仿佛、髀㬹乃古通寫字，徐鉉以髀爲俗，失之太泥。皆極精當。《春秋》祊、邴異文，即仿、佛相通之例。《說文》引《詩》「不敢不蹐」，又作「䟶」，脊、朿亦通寫字也。足下疑迺、仍、恖、存、才之類非諧聲。以僕攷之，則古文諧聲本有二例：同音謂之諧聲，同聲亦謂之諧聲。同聲今人所謂同母也，存取才聲，恖取囟聲，鳳取凡聲，皆聲之正轉。翬从軍聲，翬轉爲熏也。祈从斤聲，祈轉爲芹也。乃竷即坎字，坎與空相轉，故贛爲竷省聲。乃與能相轉，故仍以乃得聲。曾與重相轉，故曾以囨得聲。《説文》艘，叜聲而讀若宰；鞊，蚩聲而讀若騁；鞥，弇聲而讀若膺；耇，占聲而讀若耿；倗，朋聲而讀若陪；璹，壽聲而讀若淑；諽，革聲而讀若戒；敳，豈聲而讀若豤；蹁，扁聲而讀若苹；奚，八聲而讀若頒，又讀若非；古音非如悲。睼，是聲而讀若瑱；楈，胥聲而讀若芟；𨛍，年聲而讀若寧；蜦，侖聲而讀若戾；棪，炎聲而讀若導。「三年導服」，導即禫之轉。皆聲轉之例也。《大學》「命也」之「命」，鄭云「當作慢」，命即慢之轉。宋儒讀爲怠者，非也。唐本《説文》「元，从一，兀聲」，今本無聲字，元即兀之轉，故髡从兀，亦从元。車軏字，《説文》作軏，宋人疑兀非聲而刪之，亦非也。古之詁訓音與義必相應。許氏訓春爲推，攷爲敂，聲爲欬，启爲開，瀰爲滿，莫非同聲。艸根爲荄，木頂爲槙，禾芒爲秒，瓜當爲蔕，亦皆同聲，則仍有乃音，恖有囟音，又何疑焉？但此義自陽冰、二徐已莫能聞。夾漈陋儒，遂謂七音之學乃自西域而來，此與窮子之舍衣珠而乞食無異。崑山顧氏之言古音善矣，而於聲音文字之本則猶得其半而失其半也。若夫舍諧聲而言會意，二徐之後流爲介甫，大率穿鑿傅會，自通人觀之，直可覆醬瓿耳。足下既悟同母之可諧，而又疑而不信，仍以會意求之，愚以爲聲諧而意自不悖。叔重明云諧聲，則必無出於非聲者。雙聲、疊韻皆天籟也，裒从求而讀「渠之切」，那从冄而讀「諾何切」，侮从每而讀「文甫切」，倩从青而讀「倉見切」。母「無鄙切」而《蝃蝀》與雨叶，難「那干切」而《隰桑》與阿叶，興「許應切」而《小戎》、《大明》與音林叶。凡一字而兩讀者，皆聲之轉。三百篇之例具在，引而伸之，非無稽之言也。足下以爲然乎？不乎？僕前《跋楊大眼造像記》未詳㵒字，足下謂「震㵒」即「振旅」之異文，敬聞命矣。頃見江都汪容甫亦如足下之言，即當刊正，以志不忘。

與孫淵如書

足下在西曹緐劇之地，而撰述甚富，性情當於古人中求之。謂「一行作吏，此事便廢」者，即不作吏，亦未必不廢也。尊集中《太陰攷》一篇，不信太陰與太歲爲二，蓋用張揖《廣雅》之説。愚謂古人既以太陰紀歲，《天官書》又謂之歲陰，即以當太歲，似無不可。然《漢志》述太初改元事，既云「復得閼逢攝提格之歲」，又云「太歲在子」，則當時實以太陰紀年，而别有太歲，昭然察矣。乃自太初而後，以太陰紀年者僅見於《天官書》甲子篇，而劉歆《三統術》無推太陰法，即翼奉封事亦似以太陰當太歲，則自太初改憲而閼逢十名、攝提格十二名移於太歲，相承已久。稚讓魏人，安得不云爾乎？足下謂《淮南》紀歲星出月在《史》、《漢》前兩月，以爲《淮南》之誤。按《淮南》、太史公皆以太陰紀歲，《漢志》則以太歲紀歲，兩法不同。《漢志》依《太初》術，太歲在寅，則歲星在營室、東壁，以正月晨出東方，所謂「歲在娵訾」也。太歲在卯，則歲星奎婁以二月晨東方，所謂「歲在降婁」也。推之十二辰皆然。此真太歲所在也。《淮南》、史公所謂攝提格歲者，太歲在寅，太歲本在子也。其歲歲星舍斗、牽牛，即星紀之次，當以十一月出東方。《淮南》之文本無誤，而史公云正月者，以天正言之，其實與《淮南》無別也。《漢志》與史公文同而實異，依石氏則與史公不異，但當云「歲陰」，不當云「太歲」也。《淮南》與史公文異而實同，知太陰、太歲之有別，則相説以解矣。古法太歲左行於地，歲星右行於天，其相應於月建月將之相應同。鄭康成注《周禮》：「歲謂太歲。歲星與日同次之月斗所建之辰也。」今按歲星舍斗、牽牛，爲星紀丑宫，十一月日躔星紀，是爲歲星與日同次之月，其月斗建在子。吾是以知太歲之本在子也。而《淮南》、史公明云攝提格歲，吾是以知太陰、太歲之必有別也。《淮南》云：「太陰在四仲，則歲星行三宿；在四鉤，則歲星行二宿。」與《天官書》正合。晉灼改太陰爲太歲，遂有兩歲之差矣。《淮南》「斗杓爲小歲，咸池爲大歲」，大與小對。今本亦作「太歲」，此轉寫之譌，非別有太歲，如世俗所云月太歲也。漢碑「歲在戊午，名曰咸池」者，咸池右行四正，子午卯酉皆咸池所在也。

足下所撰《太歲歲星左右周天圖》，依《天官書》次之，但可云太陰，或云歲陰，若指爲太歲，則恐未合於古，且與鄭康成亦相矛盾。歲星十二年而一周天，不過約其大率，其實歲行一次尚有餘分，積至百四十四年，而行百四十五次，古人謂之超辰。服虔謂「有事於武宫之歲，龍度天門」，此超辰之證也。足下不信歲星有跳辰，則《左氏》所紀歲在之文，不幾前後不相應乎？古法不獨歲星有超辰，而太歲亦有之。自後漢四分術行，而太歲無超辰之法，相沿到今。然通儒如鄭康成者猶能言之，故有「今曆太歲非此」之語。即如《淮南》「元年太一在丙子」，以今法推之，當爲丁丑。漢《太初》元起丙子，後人亦命爲丁丑。蓋其時距後漢百有餘年，當超一辰故也。《吕氏春秋》「維秦八年，歲在涒灘」，高氏謂秦始皇即位八年也。以今法推之，當爲壬戌，而云涒灘者，秦初距後漢二百餘年，當超兩辰，故差二年也。又溯而上之，武王克商，歲在鶉火，先儒以爲辛未歲，見孔穎達疏。而今人命爲己卯，自周初至後漢千有餘年，當超八辰，其年數固無多寡也。古人不以甲子紀歲，亦以太歲有超辰，無一定之幹枝，不如歲星之垂象，章章可稽耳。後代棄超辰之法，而歲星不與太歲相應，則用歲星誠不如用太歲之簡易。然而古書之難通者遂多，則古法不可不講，故願與好古君子盡其同異，惟足下幸教之。

答大興朱侍郎書

蒙閣下垂詢，以《國語》伶州鳩言「武王克商，歲在鶉火」，此周人述周事，必無差誤，而它書或云歲在己卯，或云辛卯，似不相應。大昕嘗習劉子駿《三統術》，於《國語》所云「歲在鶉火，日在析木之津，月在天駟，辰在斗柄，星在天黿」者，推驗其時、日、次、度，無不脗合。古法歲星與太歲常相應，歲星自丑右行，太歲自子左行，歲移一次，周則復始。如歲星在星紀，則太歲必在子；歲星在鶉火，則太歲必在未。《三統術》上元起丙子歲，依歲術步之，則武王克商之年當直辛未。孔穎達《詩正義》云：「文王受命十三年辛未之歲，殷正月六日殺紂。」孔疏所言與《國語》「歲在鶉火」之文正相合矣。自周受命以後，至於秦、漢皆有紀年可攷，非若夏、商以前之茫昧，而後人譜紀年者皆以周克殷爲己卯歲。相較差八年者，蓋古術太歲與歲星皆有超辰之法，歲星百四十四年而超一辰，則太歲亦超一辰，積年逾久，則超年亦漸多。今人以漢高帝元年爲乙未，武帝太初元年爲丁丑，而班孟堅於漢元年引《漢志》曰「太歲在午」，於太初元年引《漢志》曰「歲名困敦」。孟堅所引者西京之注記，則西京猶用超辰之法，而東漢臺官已鮮知之。故虞恭、宗訢輩言「太初元年，歲在丁丑」，又言「歲無由超辰」，蓋太歲不用超辰，昉於東漢，而相沿到今。以今法溯古年，則武王克商固宜在己卯矣。然鄭康成注《馮相氏》「十有二歲」云：「歲星與日常應，太歲月建以見，然則今術太歲非此也。」今之太歲異於古之太歲，鄭於《周禮注》中已明言之，非大昕臆説也。《吕氏春秋》「維秦八年，歲在涒灘」，以今法推之，秦始皇八年當爲壬戌，而云「涒灘」，相差兩年，亦以太歲超辰故也。超辰之法廢於東漢，東漢距西漢尚在百四十四歲以內，故差止一年。其距秦始皇則已在百四十四歲以外，故差至二年。積至周初已閱千有餘歲，故差至八年。以今法言之，則己卯歲本不誤；而在古法則必爲辛未，不得爲己卯。若《竹書》辛卯、皇甫謐乙酉之説，則誕而不足信矣。

閣下謂歲星在午，則太歲爲作噩。此據《淮南・天文訓》、《史記・天官書》之文，然《淮南》言太陰，史公言歲陰，俱不言太歲，太陰即歲陰也，亦周行十二辰，而常在太歲後二位。古人制攝提格以下十二名，本言太陰所在，而後人移屬之太歲，失其舊矣。何以言之？《淮南》云：「太陰在酉，歲名曰作鄂歲，星舍柳七星、張，以六月與之，晨出東方。」夫柳七星、張者，鶉火之次也。六月日在鶉火，歲星與日同出東方，是月斗建未而太歲亦在未，故鄭注《馮相氏》謂「太歲者歲星，與日同次之月斗所建之辰」也，而歲名則曰作噩。此古人以太陰紀歲之證也。推之十二月盡然。《淮南》雖未明言太歲所在，而其上文云「太陰在寅，寅爲建，子爲開，主太歲」，則知太歲之非太陰，又知太歲常在太陰之前二辰矣。以《淮南》、史公紀歲之例推之，則謂周克商之歲歲名作噩固可，要是太陰所在，非太歲所在也。漢太初元年，《史記》以爲閼逢攝提格之歲，此以太陰言之，而班史謂歲名困敦，則指太歲所在。讀《史》、《漢》者往往於此致疑，其實無可疑也。東漢以後，術家不用太陰，但用太歲，又去其超辰之法，于入算雖便捷，而古書之難通者多矣。鄙箸《史記攷異》曾一及之，而語焉不詳。茲因閣下之詢，爰述所聞以對，惟幸裁察。

與謝方伯論平水韻書

某向有所疑，茲願聞於典謁者。近儒論韻學者，皆謂今韻二百六部併爲一百七部，始於平水劉淵。今案：劉淵《壬子新刊禮部韻略》不見於《欽定四庫書目》，惟邵長蘅《古今韻略》卷首歷敍所見韻書曾載之。然某五十年來，徧訪南北藏書家，俱無有著録者，獨吴門黄孝廉家有《平水新刊韻略》五卷，係元刊本，前載河間許古序，乃知爲平水王文郁所撰。序末題「正大六年己丑」，則金哀宗年號也，於宋爲紹定二年，其時金猶未亡。至淳祐壬子，則金亡已久矣。己丑在壬子前二十四年，淵所刊者殆即文郁之本，或失其序文，而讀者誤以爲淵所作耳。黄公紹《韻會敍例》並舉江南毛晃、江北劉淵兩家，而每部增字，於毛則云毛氏韻增，於劉則云《平水韻》增，然則劉淵乃刊《平水韻》之人，而後人乃以《平水》屬之劉淵，毋乃誤耶！且使淵而果宋人也，在稍通古今者豈有慕於元海之名而效之耶！惟坊賈鐫工未嘗學問，乃無足怪耳。然某究以未見劉書，不敢決其然否。浙中博洽之彦多在閣下幕府，試一爲咨訪，順風之呼，或可得此書下落，以訂向來沿習之譌。幸閣下留意焉。

附　録

國初以來，諸儒或言道德，或言經術，或言史學，或言天學，或言地理，或言文字、音韻，或言金石、詩文，專精者固多，兼擅者尚少。嘉定錢辛楣先生能兼其成。先生講學上書房，歸田甚早，人倫師表，履蹈粹然，此人所難能，一也。先生深於道德性情之理，持論必執其中，實事必求其是，此人所難能，二也。先生潛揅經學，傳注疏義無不洞徹原委，此人所難能，三也。先生於正史、雜史無不討尋，訂千年未正之譌，此人所難能，四也。先生精通天算，《三統》上下，無不推而明之，此人所難能，五也。先生校正地志，於天下古今沿革分合，無不考而明之，此人所難能，六也。先生於六書、音韻觀其會通，得古人聲音、文字之本，此人所難能，七也。先生於金石無不編録，於官制、史事考核尤精，此人所難能，八也。先生詩古文詞，及其早歲久已主盟壇坫，冠冕館閣，此人所難能，九也。阮元《養新録序》。

戴東原嘗謂人曰：「當代學者，吾以曉徵爲第二人。」蓋東原毅然以第一人自居。

然東原之學以肄經爲宗，不讀漢以後書。若先生學究天人，博綜羣籍，自開國以來，蔚然一代儒宗也。江藩《漢學師承記》。

先生素不喜二氏書，嘗曰：「孔子言『疾没世而名不稱』，聖人豈好名哉！立德、立功、立言，吾儒之不朽也。先儒言釋氏近於墨子，以爲釋氏亦終於楊氏爲己而已。彼棄父母而學道，是視己重於父母也。」史傳。

清儒學案卷八十三終

清儒學案卷八十四

天津徐世昌

潛研學案下

潛研家學

錢先生大昭

錢大昭，字晦之，一字宏嗣，竹汀弟也。國子生。博通經史，治《爾雅》。竹汀與之書，略言六經皆以明道，未有不通訓詁而能知道者。欲窮六經之旨，必自《爾雅》始。先生所著有《詩古訓》十卷，《爾雅釋文補》三卷，《廣雅疏義》二十卷。又著《説文統釋》六十卷，書未刊，但《自序》及《徐氏新補新附考證》行世。治經之暇，兼力於史。嘗謂：「注經以明理爲宗，注史以達事爲主。」故著《三國志辨疑》三卷，《漢書辨疑》二十二卷，《後漢書辨疑》十一卷，《續漢書辨疑》九卷。王光禄鳴盛最賞之，稱其突過三劉。他所著尚有《後漢書補表》八卷，《後漢郡國令長考》一卷，《補續漢書藝文志》一卷，《邇言》六卷。又有《信古編》、《嘉定金石文字記》、《尊聞齋雜識》、《尊聞齋文集》、《得自怡齋詩集》。竹汀修鄞、長興二《志》未成，《鄞志》但有辨證，《長興志》先生爲補成之。生平不慕榮利，名其讀書之所曰可廬，欲蘄至於古之隨遇自足者。嘉慶元年，以孝廉方正徵，賜六品頂戴。十八年卒，年七十。參《潛研堂文集》、《漢學師承記》、邵晉涵撰序、《小謨觴館集》。

後漢書補表自序

古者五等之封，或以功，或以德，或以先世之德，見於史傳，尚矣！漢興，高帝約非劉氏不王，非有功不侯。迄於中葉，外戚五侯，天爲晝霧。自平津富民而後，以丞相侯者指不勝屈，封已濫矣。中興，大縣侯視三公，小縣視上卿，❶鄉亭視中二千石。都亭者，城內亭也。其城外者爲離亭，但謂之亭。建武之初，鄧、賈、吴、竇兼食數縣。降及後世，紹封者食故國半租，有功者食鄉亭，得縣益寡。和帝始封鄭衆，而奄尹日恣。厥後貂璫之徒口含天憲，分茅裂土，駢肩接踵，至有同日十九侯之盛。順帝又聽養子襲爵，小人道長，作福作威，固寵乘權，由來者漸。魏武因之，遂遷九鼎。故於諸侯，特立宦者一門，以著履霜之不可不慎也。范氏本無年表，《東觀記》、謝承、華嶠諸書今竝不得見。至宋熊方始作《補表》，以彌蔚宗之闕。其時古籍散佚尚少，乃所據者祇《後漢書》、《三國志》二書，取材既隘，體例亦疏，因别撰斯編。正史而外，兼取山經、地志、金石、子集，得諸侯王六十一人，王子侯三百四十四人，功臣侯三百七十九人，外戚恩澤侯八十九人，宦者侯七十九人。偶有異同，加辯證焉。班書《百官公卿表》，前敘百官沿革，後列公卿姓名，最爲詳善。司馬《續志》惟載百官，於公卿姓氏則仍闕如。今則三公拜罷，各依《本紀》臚列；其列卿之可攷者，亦以次補入。謂之《公卿表》，不言百官者，表所不及也。彙爲

❶「卿」，原作「鄉」，今據中華書局《二十五史補編》本《後漢書補表》改。

八卷，以踵班氏，後之讀史者或有取云。

條　例

《前書》諸侯王、王子侯分爲二表，井然不紊。熊氏合同姓王、侯爲一，於體例亦多未當，今仍依班氏。

熊表脱漏甚多，於同姓王、侯則脱東海王陽、濟陰王保、陳留王協、恒農王辯、東海王祇、東安平侯茂、梧安侯譽、臨邑侯讓、原鄉侯平、皖侯閔、六安侯盱、俞鄉侯平、湖陸侯某、❶脩侯巡、防子侯章、安壽亭侯崇、孝陽亭侯成、蠡吾侯悝、參户亭侯博、新昌侯佗、合肥侯某、繒侯敞、曲成侯建、成平侯某、平通侯某，凡二十五人。於異姓諸侯則脱列侯寇張、平阿侯王述、長羅侯常翕、爰戚侯趙牧、建平侯杜憲、高昌侯董永、率義侯張暐、❷平阿侯耿阜、滑侯公賓就、高柳侯堪、列侯谷崇、列侯滿頭、武進侯趙慮、赭亭侯李愔、海昏侯沈崇、守節侯崇楊、鄉侯王賞、建忠侯彭寵、僮侯葛文、衛公姬、常北平侯王元才、安喜侯王益才、蒲陰侯王顯才、新市侯王仲才、唐侯王季才、潁陽侯申屠志、餘汗侯陳靖、利取侯畢尋、首鄉侯段普、夕陽侯邢崇、簡陽侯某、平林侯某、邔鄉亭侯蔣澄、陽羡西亭侯蔣通、歸義侯滇岸、率衆侯其至鞬、陽平侯桓焉、列侯陳省、列侯羅横、羌侯號封、廣鄉侯摯填、曲成侯王暠、祁鄉侯黄瓊、❸東陽亭侯宣酆、壽成侯皇甫規、高陽侯陳蕃、列侯張奂、臨潁侯賈某、富波侯周均、西鄉侯鮑吉、鍾離侯馮邯、無錫侯陰盛、安次侯王敏、都亭

❶「陸」，《後漢書補表》作「陵」。

❷「暐」，《後漢書補表》及《後漢書·馮岑賈列傳》注引《續漢書》作「瞱」。

❸「侯」上，《後漢書補表》有「忠」字。

侯張納、元鄉侯張温、亭侯田疇、宜春侯彭翼、宜春侯施游、列侯傅巽、列侯劉岱、清苑鄉侯劉若、高樂鄉侯鄧展、南鄉亭侯董蒙、西鄂都鄉侯吕某、好畤侯楊秋、都亭侯閻柔、華鄉侯靈中、陽鄉侯夏侯楙、都亭侯祖湟、鄉亭侯題尉、猛亭侯當樂、鄉亭侯生元、就亭侯神、都亭侯衢成、遷亭侯慎、常樂侯俊高、梁亭侯昺、長安亭侯豐、平陵亭侯夏侯尚、濩澤侯鄧鯉、脩侯董重、亭侯劉廣、都鄉侯吕强，凡八十四人。今悉補入。凡熊表所無之侯，概注出處，以便檢尋。

關内侯《前書》不列表中，東京尤不足貴。《本紀》：安帝永初三年，吏人入錢穀，得爲關内侯。桓帝延熹四年，賣關内侯。靈帝光和元年，開西邸，賣關内侯。中平四年，賣關内侯，假金印紫綬傳世，入錢五百萬。熊氏亦概收之，失於濫矣。然所收十九人之外，尚有高峻、戴涉、鄧彪、陰興、曹成、黄儁、李休、桓典、翟歆、《太平御覽》二百一引《東觀記》。耿氏三人之類，何以又遺脱也？今關内侯概不收入，惟桓榮世襲罔替，兼有户邑，不得不録。

熊氏《同姓王侯表》云：「安衆二人，海昏一人，見《前書·王子侯表》。」《異姓諸侯表》云：「平陽、高昌、歸德二人，凡四人見《前書·功臣侯表》。平昌、周承休、紅陽凡三人見《前書·恩澤侯表》。」予謂《前》、《後》各自爲書，熊氏既爲《後漢》作表，凡《後漢》所有之侯俱宜載入。且既云已見《前書》，而安衆一侯又見《異姓表》中，何自相矛盾也？今一一備載，以資考證。

《前書》凡王侯輩，其人後爲帝者，表内不書名，所以尊君也。熊氏不明此例，一概書名，失矣。今胥尊班例。

《前書》凡言隨父者，必是别封。熊氏於

世傳勿替之王侯，概言隨父，且言隨祖，不知而作，殊失班氏本旨。

《前書》别封之侯，由其父推恩者，例得隨父。若其子孫自立功業得侯者，只宜另編。乃熊氏於例應隨父之費亭侯曹操，則爲另編，而於例不應隨父之郕侯趙謙、江南亭侯趙温，附於趙戒之下，亦失史法。如此之類不可枚舉。

《前書》高祖約非有功不侯，故班氏於功臣之外别立外戚恩澤一門，極有深意。熊氏不知其例，合爲異姓一表，今仍依班氏分出。

恩澤追封之王侯，班氏不載，蓋以慎名器也。熊表亦竝收之，非史法矣。今從孟堅之例，❶如齊武王縯、魯哀王仲、平壽敬侯鄧訓、安陽侯鄧香、壽張敬侯樊重、宣義恭侯陰訢、宣恩哀侯陰陸、安成思侯竇勳、褒親愍侯梁竦、陽安思侯郭昌、當塗穆侯宋揚、安陽鄉侯周景、舞陽宣德侯何真、族亭侯張遐《鄱陽記》。皆不載，惟征羌節侯來歙、則鄉哀侯侯霸，皆自立功勛，與推恩追封者不同，故録之。

順帝陽嘉四年初，聽中官得以養子爲後，世襲封爵，故宦者嗣封，例得注養子某嗣。熊氏概不注出，於史法亦疏。今於宦者侯二世，則列「養子」二字，以别他侯。

熊表於某王下皆書州名，非《前書》例也。然即其所載攷之，亦多不合。如淮陽王聖公下列「陳州」二字，案兩漢俱無陳州之置，説者謂州字當是衍文，然淮陽在前漢已爲國，至章和二年始改爲陳國，建武時淮陽地屬豫州，不得稱陳也。況襄邑、成陽又皆沇州之部乎？盧抱經學士云：「《濟北惠王

❶「孟」，原作「益」，今據《後漢書補表》改。

壽傳》云『分太山郡爲國』，則當係以太山，而熊氏則注云沇州；《河間孝王開傳》云『分樂成、勃海、涿郡爲國』，則當竝係三郡之名，而熊氏則注云冀州，皆非也。」今竝不載，一依班氏。

列侯下注郡名，本班氏之例也。侯之都鄉，即都亭之類耳。熊氏因常山國有都鄉縣，凡封都鄉者，概云「常山」，則大不然。

熊表又多謬誤。盧學士云：「列侯注郡邑名，自當求之本傳。乃有章懷注中引據舊書，自有明係所屬者。如武邑侯耿植，注云『屬信都』，而熊氏署云『安平』；不其侯伏湛，注云『屬琅邪』，而熊氏署云『東萊』。蓋熊氏但知以《續漢書・郡國志》爲據，不知事實之有不符也。至於鄉亭之侯，但當先考其本縣有是亭否，其亭之名固有與縣名同者，不可混也。范《書》中有明指其爲某縣之鄉侯，如抗徐之爲烏程東鄉侯，楊茂之爲烏傷新陽鄉侯。烏程、烏傷，皆會稽屬也，二人所封，皆其縣之鄉也。熊氏於抗徐不係以烏程，而係以南陽，蓋誤以爲南陽之東鄉縣也；於楊茂兼書烏傷新陽鄉侯下，係以會稽，又係以汝南，是誤以茂爲兩縣之侯也。夫既明曰鄉侯，而可曰縣侯乎？即二人之體例已錯出謬妄如此。」學士又云：「熊表置臨邑侯復於王威之上，而其子騊駼之嗣侯反遺之。本傳竝不言國除。錫光封鹽水侯而但稱列侯，又没其不從王莽之大節，而泛稱曰降；征羌侯來歙爲光武祖姑之子，而以爲甥；宣城侯美襲其兄之封，而以爲隨父；鄧騭諸弟竝未受封，而書其子皆曰嗣；袁逢嗣侯謚曰宣文，而以爲宣父，與鄉亭一例；宜城、漢壽皆書叛，曹操所害亦云誅，皆其謬之甚者也。」

熊表有不當載而妄載者，如譜汝陰侯信云：「以起兵定江南，詣降封。」案：信自有始封之事可述，起兵定江南更始時事，與後漢無涉。如此之類甚多。

西京無鄉侯、亭侯，故郡名下不著縣字。兹有之者，所以確指其封地所在，且以别於縣侯也。

桃鄉侯福、當塗鄉侯亢皆任城考王子，當列同姓中。熊氏載入功臣表，而云姓闕。文慎靖侯隆本傳明云南陽宗室，而入異姓，紕繆極矣。

熊表云：「褒成侯孔僖，以夫子後元和二年賜侯。」案：《孔僖傳》元和二年拜僖郎中，賜褒成侯損及孔氏男女錢帛。褒成侯損，即孔建壽，未嘗賜僖爲侯也。熊氏將損字誤屬下句，可爲噴飯。馬端臨《封建攷》亦沿其誤。

《前書·公卿表》三公九卿外，兼及列於九卿之水衡都尉、右扶風、左馮翊、京兆尹，其餘長樂等官皆不收，所以衛尉載李廣而不載程不識也。熊表於太僕、衛尉、少府兼載長樂并太子太傅、中二千石。太子少傅、二千石。大長秋、二千石。將作大匠、二千石。城門校尉、比二千石。北軍中候、六百石。司隸校尉比二千石。等官，亦竝采之，由不明官制故也。今則四府九卿外，止取河南尹、執金吾，其他不敢闌入。

熊表既載長樂等官於前，則後當云「長樂某官某爲某官」，庶可分别。今熊氏於此類但云「某官某爲某官」，不復載「長樂」二字，後之讀史者其惑滋甚。

熊氏《百官表》中亦多舛誤。盧學士云：「如何苗本不與何進同意，而乃以謀誅張讓，并歸之。虞栩代陳禪爲司隸校尉，而反謂禪實代栩。袁敞代劉愷爲司空，而敞之拜反在愷未遷官之前。若夫遺漏之處，又指不勝屈矣。」《前書·百官表》凡其人郡國表字已見列傳者，表不重出，史法之簡而該也。熊氏無之。予所作表，有可攷者不論傳中有無，一概書之，以表與紀傳非出一人之手，不妨互見也。

表中有互異之處，必加攷異，以定折衷。

近人鄞縣萬斯同《補歷代史表》，於後漢有《雲臺功臣表》，但取二十八將，附以馬援一人，疏漏淺率甚矣。《外戚》、《宦者》二表，從可概見。

萬氏分《將相》與《九卿》爲二表，已非史例，而將相大臣中又濫取不常置之强弩、虎牙、建威、建義等雜號將軍，熊表更自鄶無譏矣。

凡九卿不得拜罷之年者，太常則有南陽任愷、《任延傳》。巴郡馮緄、本傳及碑。南郡胡廣、前後三任。蜀郡趙典；由太僕遷。光禄勳則有汝南周舉、由大鴻臚遷。河内杜喬、《荀淑傳》。琅邪伏黯、《儒林傳》。南陽岑杞、《岑彭傳》。賈建，《賈復傳》。汝南周暢、永初時。袁敞，安帝時。東海劉嘉；《劉虞傳》。衛尉則有馬廖、靈帝時。《江革傳》。馮石、順帝時。楊彪，靈帝時。太僕則有杜密、桓帝時，坐黨事免。朱儁、靈帝時，前後三任。楊彪、靈帝時。种拂、韓融、獻帝初。侯昱、永平時。《侯霸傳》。袁敞、安帝時。鄧康、順帝時。《鄧禹傳》。宗俱、《宗俱碑》。袁基、獻帝時。趙典、楊秉；廷尉則有馮緄、前後三任，見《緄碑傳》。作兩任誤。郭賀、郭楨、郭僖、延熹時。吴訢、吴恭、霍諝；桓帝時。大鴻臚則有魏郡馮順、沛國陳寵、永元中。南陽樊梵、東萊劉寵、安定梁棠、蜀郡趙典、由少府遷。陳留爰延、桓帝時。沛國曹嵩；靈帝時。《魏志》注。宗正則有劉松、琅邪劉猛、劉匡，永平時。陳留劉軼、建初時。東萊劉寵、兩任竝桓帝時。江夏劉焉；靈帝時。大司農則有南陽卓崇、陳國何熙、南郡胡廣、劉據，《左雄傳》。琅邪伏質、桓帝時。魏郡李暠君遷、桓帝時。《蘇不韋傳》。上黨鮑德、由南陽太守遷，卒於官。濟陰張馴子儁、靈帝時。任初平中，卒於官。河南尹勳伯元、《延熹傳》。沛國曹嵩、靈帝時。《魏志》注。廬江周忠嘉謀、獻帝時。朱寵、《陳忠傳》。元賀；《第五倫傳》。少府則有安定梁雍、朱儁，南陽宗俱、房植，《荀淑傳》。梁太后臨朝，日食地震之時。淮陽朱鮪、光武時。《岑彭傳》。中山鮭陽鴻孟孫、《洼丹傳》。永平時。蜀郡趙典、章帝時，由將作大匠遷。南陽鄧褒，桓帝時。《鄧禹傳》。魏郡霍諝、王璋；桓帝時。《黨錮傳》。執金吾則有段熲、汝南袁逢；靈帝時。河南尹則有郭鎮、楊秉、段熲、朱儁、霍諝、馮緄、歐陽祉、應順，京兆宋嵩、杜密，遷太僕。恒農楊懿，南陽朱野、《朱穆傳》。郭唐、《任光傳》。鮑吉、《御覽》二百一引《魯國先賢傳》。袁術。附記於此。

說文統釋自序❶

上古結繩，文明之端未啟；中古造字，書契之象聿宣。峋嶁瑂戈，紛紜莫辨；蟲書鳥跡，茫昧難知。迨八體既分，而六書益盛。視犬畫狗而形舉，見禾中人而字成。一貫三爲王，十合一爲士。重日爲疊，重夕爲多。臼辰爲晨，丮夕爲夙。不爲上去，至爲下來。羊則爲羣，犬則爲獨。自營爲私，背私爲公。古人制作，具有精微；後學迂疏，漸滋謬誤。洎乎隸、楷日興，以至篆、籀失講。沿及陳隋，迄夫唐宋，六經家自爲說，三史人自爲書，討論愈疏，乖盭益甚，總而計之，其失蓋

❶ 此文底本文字訛誤較多，今據乾隆五十五年刻《說文統釋序》校正，不一一出校。

三十有四焉。

蜀爲苟身，陳爲東體，出爲二山，昌爲兩日，王爲千一，昂爲日十，坐爲二土，火爲八人，單爲尖口，四爲横目，富爲同田，敬爲文苟，蝨爲一虱，狄爲二犬，楊爲木易，羅爲四維，棗爲二來，相爲兩木，眞爲直人，卑爲田斗，王爲一土，天爲二人，䏝爲三刀，晉爲兩口，步爲止少，思爲田心，犯爲犬旁己，角爲刀下用，桑爲四十八，乇爲三十一，米爲斗下木，蘭爲門東艸，整爲來力正，徐爲未入人，𠂉爲牛兩尾，合爲人一口，呈爲王有點，氏爲民無上，丙爲天加刂，朱爲木止一，係爲人只十，地爲土力一，篤爲竹鞭馬，袁爲去得衣，内有人爲肉，山上絲爲幽，十夾一爲士，八推十爲木，吴爲天有口，坡爲土有皮，日爲口含一，火爲人散子，粟爲西合米，董爲千里艸，貞爲与上人，史爲屈中一，萅爲一日夫，皇爲一日王，松爲十八公，昉爲一萬日，吉爲十一口，寺爲十一寸，尹爲甲不全身，亘爲車已脱軸，朝爲十月十日，德爲人十四心，牛角及鼻爲公，芊去角尾爲王，一人負戈爲成，兩口銜士爲喜，白水眞人爲泉文，黄頭小人爲恭。此穿鑿之失也。

魯三寫而爲魚，虚三寫而爲虎，史志謁於三豕，印文誤於四羊。《毛詩》以雨爲雲，《史記》以湯爲暘，《尚書》以熒爲榮，《漢書》以合爲部，以𠃬爲鳥，以虘爲䖒，以育爲冑，以仁爲人，以髦爲毳，以擘爲腕，以已爲以，以水爲川，以圁爲圜，以畫爲晝，以銛爲銛，以螻爲漏，以篆爲琢，以筮爲巫，以疋爲匹，以屯爲毛，以五爲七，以三爲四，以妟爲要，以禴爲禘，以屋爲屋，以朱爲木，以荃爲魚笱，以芊爲蹲鴟，犬臺爲太壹，壹关爲壺矢，榮駕鶩爲駕，乘乘䮦爲鴇，爰其爲奚其，視諸爲示諸，次非爲欿飛，挻埴爲埏埴，宣髮爲寡髮，堅仌爲堅冰，見謊爲見疏，往迓爲往近，禮告爲禮吉，授玉爲授王，奄鼊爲奄䵷，楬柮爲檮杌，鈞者爲鈞著，執玉爲執王，户之爲尸之，遂跣爲遂扶，日及爲白芨，俎祭爲俎嚌，和臣爲私臣，畫齋爲畫齋，涅水爲湟水，祁亭爲邳亭，贙誤而虎逆施，伏誤而犬外嚮，以升爲斗，又誤爲斗；以織爲注，又誤爲芒；續牙爲續身，又爲續耳；仲虺爲中蘬，又爲中畾，烈風淫雨，疑義滋生；丁尾鉤須，字形乖則。此轉寫之失也。

馬頭人爲長，人持十爲斗，虫爲屈中，苛爲止句。蕭子雲改易字體，邵陵王頗行僞字，前上加艸，能旁作長，百念爲憂，言反爲變，不用爲罷，追來爲歸，更生爲蘇，先人爲老，亂旁爲舌，揖下無耳，黿鼉从龜，奮奪从雚，席中加帶，惡上安西，鼓外設文，鑿頭生毁，離則配禹，壑乃施豁，巫混經旁，皋分澤片，獵化爲獦，寵變爲竈，業左益土，靈底著器，小兒爲魏，神蟲爲蠶，用支代文，將无混旡，文子爲學，老女爲母。平聲則窂、靈、濡、還、遍，上聲則嚮、覽、柬、砦、毋，去聲則嬓、裔、盉、驗、㚑，入聲則術、属、鷩、懟、靈。雄作雄，垂作垂，農作辳，肺作胇，啟作䂻，膝作脎，耨作耨，東作東，矩作短，潛作灒，馴作巡，啄作喙，洋作庠，鶩作務，蔑作薎，蔽作蘒，菊作菊，寔作寔，往作住，厥作厥，顛作巔，辛作亲，因作囙，桴作桍，翱作翶，曳作电，葩作葩，慮作慮，螭作蟃，帶作帶，訴作訢，雛作雛，瀏作溜，闔作闔，隨作隨，轡作䜌，闚作闚，睇作睇，騶虞爲騶虞，漂摇爲漂飈，黎作䔧，野作埜，剗猾作戔，孤竹作菰，姑臧作藏，河間作澗，龍驤作驨，驃騎作驃，踐阼作祚，何人作河，伽藍作籃，五臺作吾，鷹揚作陽，萬頃作傾，羽儀作議，疾瘳作抽，齊固作個，禁旅作襟，葺作蒨，騰作灩，薨作蔑，躧作蹝，師作師，無作無，岡作崛，央作史，那作邮，濟作濟，儒作儒，宴作宴。不長爲矮，不食爲齋，門坐爲穩，小兒爲仦，人瘦弱爲㚈，人亡絶爲歪，人不能行爲㐎，大女及姊爲妭，山巖窟爲岙，門横關爲閂，浮在水上爲氽，没入水下爲汆，身隱忽出爲閃，口上多髭爲毣，不正爲竵，小大爲鐵，目水爲淚，合手爲拏，轉舌呼曰嗶，捻鼻膿曰擤，難人以言曰嗤，謀人之財曰賵。取其少而易於書寫，則爲〡〢〣〤〥〦〧〨〩，取其多而不可改移，則爲壹貳參肆伍陸柒捌玖。此委巷之失也。

䎱國爲郡，䣊里爲隣，龍準爲龍，虎變爲虒，麌麀爲鹿，熊羆爲熊，叐朋爲友，叔伯爲卝，恆久爲恒，耇考爲壽，萬季爲年，千歲爲歲，京師爲京，城鄗爲郭，堯舜爲舜，夏商爲夏，菉竹爲竹，芝蘭爲蘭，韓魏爲韓，鄒魯爲鄒，兵甲爲兵，矛戟爲戟，前後爲前，老少爲老，淺深爲深，本末爲本，棗栗爲栗，麰麥爲麦，面目爲面，血脉爲脉，出入爲出，有無爲無，俊乂爲俊，彥聖爲彥，朝廷爲朝，鄉里爲鄉，太尉爲尉，刺史爲刺，甲乙爲甲，辛庚爲庚，兼愛爲愛，好善爲善，表裏爲表，直曲爲曲，信陵爲陵，曲阜爲阜，既稟爲既，醇醪爲醕，尋繹爲尋，思念爲思，勝必爲勝，不敢爲敢，葢有爲盖，孰謂爲孰，括囊爲括，繼序爲繼，古昔爲昔，僊神爲僊，藝才爲藝，除襄爲襄，要領爲要，掖臂爲掖，布帛爲布，器皿爲器，千千爲千，萬億爲萬，者也爲者，夜夙爲夙，參贊爲贊，制作爲制，寒暑爲寒，秋冬爲冬，傳寫爲寫，誦讀爲讀，乞醯爲乞，宣髮爲宣。鳥用灬則與馬不殊，林用人則與林莫辨，俞用刂則與刀無別，燹用火則與火相侵，㚇、𡙇、𡚒、𦍒、𡗝、䜮之皆从夫，[illegible]、[illegible]、[illegible]、天、[illegible]、亢之胥似大，覃、㚖、舆竝作西頭，章、亯、䜩皆爲享字。[illegible]、[illegible]市[illegible]、久夂[illegible]、门冂H之相混，皃曳臾、王壬壬、月月冃、攴攴攴之相淆，冃月、[illegible]、艸[illegible]、[illegible]八、先先、[illegible]、谷谷、囱囧、[illegible]勹、[illegible]丰、朿朿、[illegible]、林秝、[illegible]、囟囪、由田、畁畀、[illegible]之交亂，亣而、二二、卌卅、公台、[illegible]、[illegible]、[illegible]、[illegible]、[illegible]、[illegible]、[illegible]、[illegible]、[illegible]、[illegible]、[illegible]、米釆、普普之易譌，肙肎、鬱鬱、粤粤、正足、云[illegible]、[illegible]、䨲䨲、目囬、戊戉、攺、[illegible]、易勿、[illegible]、佰伯、卣卤、[illegible]、冉㶣、柬東、兀亢、亘亙之近似，圯圮、[illegible]、医医、栝栝、网兩、苗苗、鼓鼔、洎汨、菽菽、晨晨、氏氏、厎底、專専、[illegible]、丂丏、佰佰、晉晉、[illegible]、屺岉、耶取之不分，買、賣、罘、罳、詈、罵、罷、罰之類从网而譌爲三四之四，堉、墫、毒、吉、壯、莊、仕、在之類从士而譌爲土地之土，舩船、冄再，體或不分；皿皿、朋多，形常莫辨。此隸變之失也。

黄絹幼婦，外孫齏臼；談馬礪畢，王田數七；鄔爲烏飛左，寺爲日隱西；[illegible]爲三梁四柱烈火然，婦爲横山倒出左右七。此隱謎之失也。

以雷、寅、跙、寇命名，以蔺、霄、盈、[illegible]表字，干禄、知道、求己之爲[illegible]、[illegible]、[illegible]，弘文、盧乳、如愚之爲弦畋、[illegible]、[illegible]，天作[illegible]，地作埊，人作𤯔，臣作恵，日作[illegible]，星作〇，正作缶，應作[illegible]，載作[illegible]，年作[illegible]，國作圀，照作曌，生作[illegible]，司作[illegible]，承作[illegible]，禎作[illegible]。聖作[illegible]，或作[illegible]，君作[illegible]，或作[illegible]；月作[illegible]，或作[illegible]；初作[illegible]，或作[illegible]；授作[illegible]，或作[illegible]，證作[illegible]，或作[illegible]，又作[illegible]。[illegible]、[illegible]

不列於字書，菩薩莫正於梵夾。《潛虛》以天爲蒐，《真誥》以卷爲弓。奚氏避難，山上施秋；瞿氏篆書，吾旁加广。此造字之失也。

次敍爲序，从家爲遂，亲栗爲榛，麒麐爲麟，坶野爲牧，羿卦爲咢，分兆爲别，夾持爲夾，沛濕爲濟，滕薛爲薛，賫賈爲商，童僕爲僮，辤受爲辭，叚借爲假，符弓爲節，鐘鼓爲鍾，威義爲儀，鱗敘爲秩，朔望爲望，佋穆爲昭，安寧爲寗，敚眇爲微，凥處爲居，修齊爲脩，晏安爲晏，分椒爲散，銖兩爲兩，弈棊爲奕，生霸爲魄，卟疑爲稽，盅虛爲沖，絜瀞爲淨，附婁爲培，平邍爲原，盡液爲津，气象爲氣，嫥壹爲專，管厚爲篤，梓桼爲漆，榑桑爲扶，破瓶爲碎，與敓爲奪，勉彊爲彊，欺詒爲紿，邌先爲率，偁揚爲稱，歌畬爲畬，鈞雉爲弋，尗季爲叔，罤弟爲昆，絑綠爲朱，仁誼爲義，刱造爲創，肁始爲肇，㝬守爲典，㚷保爲阿，豐屋爲豐，廟宔爲主，鬫門爲杜，索隱爲索，叒木爲若，乘泭爲桴，眈眈爲耽，戹戹爲僕，減媘爲省，積絫爲累，朋攩爲黨，宭居爲羣，金欄爲柅，玉璪爲藻，耑頤爲朵，䭫首爲稽，三旬爲周，五緉爲兩。蔡中郎以豊同豐，李丞相持束爲宋。此借用之失也。

陶淵明謂不求甚解，陶元朗謂不可不知，顔黄門謂從正則惟恐不識，張司業謂相承則不敢改爲，訥言謂可知而不可行，瑩中謂可觀而不可泥。元孫《字書》，正俗相半；彦升《字樣》，雅俗適中。趙宧光以正俗互出爲不得已，包希曾以綴補花字爲不可少。趙文深轉學王褒之體，北宋人專宗田敏之書。此隨俗之失也。

《論語》郁郁爲耶耶，《爾雅》泄泄爲洩洩，《急就篇》漢彊爲代彊，《水經注》廣漢爲廣魏，紛紜爲紛煙，梧桐爲白鐵，謂正月爲一初，改敬氏爲苟文，純易蓴爲露葵，鏐變榴爲金罌，城乃爲墻，戊乃爲武，虎頭爲武頭，虎子爲豹子，伯淵爲伯深，天淵爲天泉。此避嫌之失也。

始皇改辠爲罪，王莽加疊爲疊，漢文帝以對从口而改對，唐玄宗以鄭似鄭而易奠，杞避難而改把，棘囚仇而易棗，昌黎生以金根爲金銀，《州郡志》以逡遒爲逡道，以壯月爲牡丹，以拓拔爲柘枝，以燒炭爲燒灰，以蜚遯爲肥遯，以王夫爲壬夫，以于莘爲羊辛，以水排爲水橐，以臧繈爲臧鏹，以蒲地爲菩提，以司吾爲桐梧，以磋爲課，以驅爲駐，以帆爲席，以裝爲仗，《老子》更載爲哉，《洪範》變頗爲陂。此妄改之失也。

以求莫爲求瘼，以寶刀爲寶力，以繕完爲繕宇，以禿髮爲秃髮，以能下爲足三，以切旁爲數十，以圯爲从巳午，以般爲取丹青，以子衿爲衾，以竈突爲突，竹姓改竺，庫姓改庫，玉王互判，肏肖妄分。此臆説之失也。

《切韻》之三百體襍廁部居，謙字之二十形好爲奇異。七十一家之書，忠恕都爲依據；十五萬言之籍，孫强又欲增加。正度則襍字有書，顯卿則襍字有指，張推則俗音可證，王邵則俗語可編。出七十五篇於魏家，真僞莫分；傳五十二體於蕭家，穿鑿孰正。此貪多之失也。

揚子雲之識字，務在好奇；韓退之之爲文，僅云略識。顏元孫未知符融之符，陸士衡不識樹背之背。謂終葵如葵艸，謂六駁是駮獸，謂螘蜞爲可食，謂勺藥爲無香。此淺率之失也。

顏介非一莖六穗之稾，戴侗議不行而進之前，鄭漁仲論武非止戈、乏非反正，顧寧人譏童非有罪、弔非持弓。此疑古之失也。

薛尚功以商鼎爲皆真，王子弁以漢鑑爲無僞，張舜民以方鼎爲夏時器，劉原父以簠銘爲張仲作，董彦遠以虎彝爲非虞是周，趙德甫以六器爲周初商末，此泥古之失也。

梵刹僧塔，西域之野文；釵釧襖衫，閨閣之俗號。勘辨椿打，出於吏牘；抛攤賭謎，行於街談。繾綣、逍遥、崑崙、邂逅，皆有經典之正文；芙蓉、璀璨、倜儻、蹉跎，悉是詞章之綺語。姤卦本遘，梔木本桅，蟋蟀本悉，螳蜋本當，橦牛本童，虦猫本苗，九罭本域，八佾本溢，十笏本回，九齡本聆，蔬食本疏，餕餘本餐，蟪蛄本惠，蠛蠓本蔑，虚鰈本鰨，文魮本玭，幄帟本弈，旗幟本識，魑魅本螭，幺麽本髍，楚些本呰，巴歙本俞，狂猘本獧，劬勞本趯，謏聞本宵，讜言本當，左塾本埻，坳堂本窔，閥閲本伐，臺榭本謝，疏篦本比，巾幗本槶，琲珠本蜚，椸枷本杝，釦砌本切，填館本鏝，塗泥本涂，畺場本易，紺緅本纔，馥芬本苾，犍爲本楗，朐忍本朐，炮烙本格，礪鍛本厲，竹筠本縜，露溥本團，浹洽本挾，賻助本傅，貽贈本詒，贍給本澹，車轍本軼，楫櫂本濯，柔韌本刃，主辨本辨，銘旌本名，詢謀本訇，刀鞘本削，日暈本暉，糟粕本魄，妃嬙本牆，稱債本責，獻琛本深，嫠婦本釐，眸子本牟，東廂本箱，峻嶺本領，伺候本司，芊瞑本谸，蔵事本苟，迄今本汔，祖禰本昵，廟廊本郎，荀卿本郇，石碏本踖，怠遑本皇，市價本賈，琡璋本璹，搢紳本薦，闃静本室，顛倒本到，闤闠本營，塘隄本唐，高門有閌本伉，遠廟爲祧本濯，君子屢盟本婁，黶妻煽處本偏，遐不謂矣本瑕，詎能入乎本巨，賈用不售本讎，其容有蹙本蹴，家人嗃嗃本熇，有車轔轔本鄰，雨雪霏霏本蘘，蘊隆爞爞本蟲，小山岌大山本岋，嵩高爲中嶽本崇，壁大六寸之瑄本宣，馬高八尺之駥本戎。此新附之失也。

璠璵本與，趑趄本且，顚頳本蕉，膺對本應，志記本識，刳剔本鬄，迎迓本訝，巧笑本芺，酒醆本淺，椕木本粘，鼜巾本絣，睆目本睅，緻密本致，假借本藉。此新補之失也。

蛇虫之虫爲蟲豸，蟲豸之豸爲獬廌，獬廌之廌爲舉薦，鍊鏞之鍊爲鍛鍊，墮張之墮爲惰慢，獸名之獦爲田獵，堤滯之堤爲隄防，奔趍之趍爲進趨，逮及之逮爲殆且，艸名之萆爲箄札，人姓之受爲承受，麋鹿之鹿爲精麤，湏爛之湏爲斯須，蚯蚓之蚕爲蠶繭，欂櫨之閈爲闗楗，聶語之咠爲胥徒，疋直之疋爲匹敵，迎這之這爲者回，刺戡之戡爲戕難，容皃之皃爲完全，牝牡之牡爲壯麗，美羊之美爲美惡，僬僥之僥爲儌倖，振旅之嗔爲瞋怒，美鐵之鉛爲鉛錫，僭侻之僭爲踰僭，木栅之砦爲指擦，帆舡之舡爲舟船，莸蔣之莸爲瓜果，鈇椹之椹爲桑葚，啚吝之啚爲圖謀，交互之互爲氏宿，水名之泒爲宗派，下卸之卸爲郵亭，烏鳴之咬爲齩齧，毆擊之毆爲敺逐，邊徼之徼爲儌倖，竈杖之栝爲栝柏，水名之濕爲下溼，地名之邢爲邢矦，草名之苞爲厥包，盻恨之盻爲盼兮，深宓之宓爲虙戲，科厄之厄爲困戹，進趨之夲爲本末，三十之卅爲百卅，來假之假爲假手，校尉之校爲比挍，冥昧之昧爲見昧，夭折之夭爲夭如。此襲謬之失也。

《禾部》以穜爲種，以種爲穜；《西部》以酢爲醋，以醋爲酢；漢俗以豖爲彘，以彘爲豕；毛傳以岵爲屺，以屺爲岵。此顛倒之失也。

以趙爲肖，以齊爲立，以釜爲金，以亢爲六，以齎爲衣，以襢爲旦，以鰑爲鰂，以悳爲直，此壞字之失也。

以几爲机，以樵爲穛，以杜爲𣏌，以算爲竿，登升爲昪，邊疆爲迲，梁木爲良，視肉爲宍，衡漳爲彰，瀛碣爲竭，蘭苕爲𢹂，膏腴爲腴，僊佛爲仏，神靈爲灵，驕諂爲嬌，軀榦爲傴。地名則溢城爲盆城，采石爲採石；人名則羊侃爲羊侃，世標爲世𣙗。此俗別之失也。

金華則金畔著華，㯳扇則木旁作扇，飛禽即須安鳥，水族便應著魚，蟲屬要作虫旁，艸類皆从兩屮，來麥加禾，州渚加水，聯叕加糸，日莫加日，字書莘尾增魚，縣名咸驩从馬，《虞書》大鹿舊本無林，《泰卦》包巟後人加艸。彡益景旁，非始《字苑》，金添監下，已見《嶽碑》。此增益之失也。

以幹爲干，以枝爲支，《石門頌》以斜爲余，《婁壽碑》以爵爲肘，李氏《鏡銘》以鏡爲竟，《太室石闕》以暜爲竝，此減省之失也。

楊烏本𪇆，見閒本覸，刺齒本齧，孫心本愻，子夏本夒，正心本忘，三十本丗，五十本卒。此離析之失也。

閏是門五，讋乃龍言，鮝實小魚，份非文武，章邊加貢，昬右著荒。此合併之失也。

漢光武易地名，改河南之洛爲雒；隋文帝立國號，減漢東之隨爲隋；高邑一也，漢帝析之；无、火二也，道家合之。宋明改騧爲駈以避禍，漢主易龔爲龔以應讖。仉𩖖㪅蜀，四公之後各異；炅香桂炔，四子之氏有分。此立意之失也。

名暹自稱爲纖，名琨自稱爲衮，名洸自稱爲汪，名劉自稱爲𤠣，颸異涼風，段非干木，此語言之失也。

於戲、嗚呼，誤分爲兩；食其、異基，實當是一。同出一姓，分屬宫商；複姓數字，莫辨徵羽。訓壇爲除地封土，訓貳爲貳心則疑。涣、洹、汎、灌之字殊，避、譬、孌、辟之音異。此歧異之失也。

朱點爲毋，方形爲曰，杕杜讀杖，弄璋書麞。唐有伏獵侍郎，宋有抵授賢良，敕主試未識麐名，辛職方欲爲鼮賦。此不學之失也。

韓姓爲何，蔡姓爲呰，小孤爲小姑，澎浪爲彭郎，拾遺爲十姨，河鼓爲黄姑，黄公爲惶恐，路金爲露筋。此音譌之失也。

同是一語，而有東齊、中齊、褋齊、齊右、南楚、西楚、關東西、山東西、趙、魏、周、晉、秦、隴、宋、鄭、韓、燕、代、魯、衛、陳、邠、陶、吴、越、蜀、漢、東甌、西甌、麥屋、黄石野、朝鮮之不同。本是一音而有青、徐、沇、冀、揚、衡、幽、涼、荆、雍、梁、益、豫州、嵩嶽、海岱、大野、平原、徐土、邳圻、東海、河濟、河陰、河汾、河北、江淮、江湘、江沔、江湖、淮汭、淮汝、汝潁、沅湘、周洛、洌水、泲水之攸異。荆州曰梅，揚州曰枏；滕、薛謂葴爲頍，紀、莒謂諸爲濫，常山謂伯爲穴，涼州謂鬻爲餰，吴、楚之間謂娣姒爲妯娌，宋、魯之間謂婚姻爲兄弟，沛、魯以南謂螳蜋爲蟷蠰，三河之域謂蟷蠰爲螳蜋，鄭人謂玉未理者爲璞，周人謂鼠未腊者爲朴，東方謂以物揷地爲傳，南方謂整船向岸爲檥。關西謂衺爲襬，謂掌物爲弆，關東謂輞爲輮，謂弆物爲去；北方謂薄爲曲，謂匕爲匙；河北謂待爲徯，謂食爲粲；江淮謂士爲武，謂庾爲藪；魯人謂篋爲頍，謂其爲姬；江南謂刀擊爲剘，謂犁刀爲館；河東謂東西爲阡，謂南北爲陌；南陽謂穿地爲窶；謂雨止爲霽；陳留謂舉田爲秖，謂茅蒐爲蒨；蜀人謂巾爲冒絮，謂櫝爲苦茶；吴人謂善伊爲稻緩，謂塵土爲拔趺；三

輔謂遥爲隃，謂甹爲鎶，謂欆爲檯，謂梁爲
極；秦人謂猶爲摇，謂至爲實，謂諈爲諉，謂
溲爲滫，謂雎禮爲祀祝，謂鼰鼠爲小鱸；幽
州謂額爲鄂，謂葑爲芥，謂老嫗爲媪，謂小武
爲瓦，謂雞頭爲雁頭，謂黄鳥爲黄鸝，謂苿苜
爲牛舌，謂蘿芃爲雀瓢；青徐謂厚爲後，謂
立爲偉，謂兄爲荒，謂女爲婄，謂膢爲脰，謂
癬爲徙，謂籬爲椐，謂簿爲曲，謂犢爲牰，謂
麋爲麔，謂小驪爲鯢，謂鰕魚爲鰝；齊人謂
火爲燬，謂涼爲惠，謂病爲瘼，謂瘠爲痃，謂
苞爲積，謂豉爲嗜，謂篋爲幌，謂祝爲孿，謂
榱爲桷，謂楹爲輕，謂庫爲舍，謂鏑爲鏃，謂
耡柄爲檻，謂釭羽爲衛，謂韋屨爲扉，謂小甖
爲儋，謂綃頭爲帷，謂茹蘆爲茜，謂道多爲逵
師，謂詨訏爲掉磬，謂栝樓爲天瓜，謂木槿爲
王蒸，謂四齒杷爲欋，謂小兒被爲裖；江東
謂語爲行，謂號爲呼，謂緍爲綸，謂詈爲罵，

謂苦爲蓋，謂帳爲幬，謂滓爲涊，謂華爲荂，
謂粟爲粢，謂糧爲粻，謂獵爲獠，謂益爲增，
謂藏爲挾，謂大爲駔，謂病爲瘵，謂暖爲燠，
謂高堆爲敦，謂暴雨爲涷，謂蝃蝀爲雩，謂麋
鹿爲肉，謂蘈爲牛蘈，謂莙爲馬藻，謂拔爲虎
葛，謂茭爲烏蓲，謂蕳爲落帚，謂蠰爲齧髮，
謂瓬甂爲瓬甓，謂蘧蔬爲瞿葽，謂拔蘢爲龍
尾，謂緐馬爲雁齒，謂鶬鷂爲鶂鵝，謂鷗鳩爲
鶻鵃，謂鴿爲烏鷃，謂鶾爲白雉；楚人謂乳
爲穀，謂多爲夥，謂滿爲憑，謂轉爲邅，謂圜
爲摶，謂倨爲倦，謂住爲傺，謂逮爲遝，謂火
爲燥，謂濯爲湨，謂袍爲短，謂被爲扆，謂澗
爲潭，謂冢爲琴，謂極嘑爲嗄，謂相笑爲咍，
謂中庭爲壇，謂户限爲轔，謂土塵爲垺，謂池
澤爲瀛，謂靈子爲巫，謂長婦爲熟，謂扇篓爲
翣，謂刀頓爲銖，謂襌衣爲襹，謂敗羹爲爽，
謂澤中爲夢中，謂長劍爲長鋏，謂冬生艸爲

宿莽，謂天門冬爲馬韭；南人謂錢爲涎，謂石爲射，謂賤爲羨，謂是爲舐；北人謂庶爲戍，謂如爲儒，謂紫爲姊，謂洽爲狎。那有奴諧、奴弟、奴紅，則皆四切；母有莫比、莫下、莫回、即瓦四音。吴曰句吴，越曰於越，居楚而楚，居夏而夏。熊安生，河朔人，其反切多北音；陸德明，吴縣人，其音釋多南音。公羊子，齊人，其傳《春秋》，如、昉、惐、累、化、我、樵之、脰、漱、浣、踴、詐、黨、筍、棓、殆、于諸之類，皆齊語。鄭康成，北海人，其注三禮全菹爲芋、祭爲墮、麯麩曰媒、疾爲戚、麇爲獐、漚曰溇、終葵爲椎、手足掔爲骹、題肩爲擊征、滑曰髓、無髮爲禿楬、穅爲相、殷聲如衣、祈之言是、至之爲資之屬，皆齊語。《荀子》每言案，《楚詞》每言羌。孫詳、蔣顯曾習《周官》而音乖楚夏，則學徒不至；李業興學問深博而舊音不改，爲梁人所笑。吴、楚失於輕，燕、趙失於重，秦、隴則去聲爲入，梁、益則平聲似去。是非信其所聞，輕重因其所習。此方音之失也。

白裒不識皮蕃，陳壽不知是氏，鄭仲師以匪爲篚，陸德明音隰爲習，顔師古以忉爲切，韓退之以杜同度，顓頊之頊爲許緣切，陶甄之甄爲之人切；滙誤作匯，遂切胡賄；鼻爲言畐，宜音力求；音嬹爲意興之興；讀典爲典賣之典；混蕲爲筋；謁治音雉；讀廿爲念；稱緪爲恒；酇、鄌異聲；風、風各義；悉謁爲述，竟作述音；妒誤爲妬，直爲妬切。《倉頡訓詁》，反粺爲逋賣，反娃爲於乖；吕忱《字林》音看爲口甘，音伸爲息鄰；李登《聲類》以系音羿；劉昌宗《周官音》讀乘若承；《戰國策音》刎爲免；《穆天子傳音》諫爲間；徐仙民音易爲神石；郭景純反餤爲羽鹽。如、而靡異，邪、也弗殊。莫辨復復，寧論過過。登、升共爲一韻，公、攻分作兩音。摶則團、博兼收，峘則恒、桓莫別，菆則陬、陬立列，汜則凡、祀難分。謝舍人不知旭、勖同聲，胡景參未識司、吾別體。此音釋之失也。

不敢言敢，不如言如，奈何言那，於戲言於，噫嘻言噫者也，言也。此聲急之失也。

蒺藜爲茨，鞠藭爲芎，不來爲貍，不可爲叵，壽夢爲乘，勃鞮爲披，舌職爲殖，包胥爲麃，顓孫爲申，邾婁爲鄒，不承承也，不顯顯也，無念念也，無寧寧也。此聲緩之失也。

夫《周禮》之教國子，先以六書；尉律之課學僮，試以籀字。六書者，一曰指事。一者數之始也，加一爲二，加一爲三，加一爲三。十者數之終也，加一爲廿，加一爲卅，加一爲卌。指其木之下者爲本，指其木之上者爲末。增丨於一上爲丄，增丨於一下爲丅是也。二曰象形。日爲太陽之形不虧，加之爲旦；月爲太陰之形有闕，減之爲夕；水之形爲巛，加之爲沝；流之形爲巜，減之爲く；自爲無石之形，減之爲𠂤；山爲有石之形，加之爲屾；屮之形爲屮，加之爲艸，又加之爲茻；木之形爲木，加之爲林，又加之爲森，是也。三曰形聲。江、河、岵、屺，則左形右聲；鶬、鵝、鸚、鴿，則右形左聲；蔛、莒、菌、藺，則上形下聲；堂、坒、襞、裂，則下形上聲；團、圓、園、圃，則外形內聲；衡、衙、問、聞，則內形外聲；㺃、㵐、讟、䜌，則中聲左右形；龜、爽、畫、悶，則中形左右聲；𡗜、與、晨、𦦨，則上聲左右下形；亳、亭、鬩、寤，則下聲左右上形；衺、㐭，則中聲上下形；匍、哀，則中形上下聲；𦥑，則中聲左右下形；欒、䜌，則中形左右上聲；匿、匱、匡、匧，則中聲上下左形；可、勺、句、㔾，則中形上下右聲；𦥑𠀬，則中聲上下左右形；莽、䨻，則中形上下左右聲，是也。四曰會意。兩人相比爲从，兩人相背爲北，倒子爲𠫓，倒𡿺爲県，倒上爲下，倒㞢爲帀，反止爲𡳿，反欠爲旡，反人爲𠤎，反亅爲𠃊，向左爲右，向身爲㐆，向后爲司，向虱爲屈，背己爲㔾，背夂爲𠬞，背臣爲𦣝，背𣥂爲𣥠，日在木爲東，日處茻爲莫，兩户相向爲門，兩手齊下爲拜，力田爲男，女帚爲婦，人言爲信，人爲爲僞，是也。五曰轉注。轉則同條共貫，注如挹彼注兹。略舉四科，以俟三反。老爲建類之首，老與耆、耊同意，而耆、耊相受焉。高爲建類之首，高與高、亭同意，而高、亭相受焉。履爲建類之首，履與屨、屩同意，而屨、屩相受焉。寢爲建類之首，寢與寤、寐同意，而寤、寐相受焉是也。六曰假借。文字由音聲而起，不能字各一聲。音聲由文字而明，不能聲皆制字。自假借之道出，而事物之用全。内外爲收内，伯仲爲王伯，占卜爲占奪，女子爲爾女，美惡爲愛惡，長短爲長幼，骨肉爲肉好，房舍爲取舍，蜥易爲變易，貨財爲財成，幬張爲覆幬，邠岐爲岐異，琅邪爲語助之邪，於烏爲語詞之於，女之爲女、妻之爲妻、飲之爲飲、食之爲食，是也。且夫止戈爲武，反正爲乏，皿蟲爲蠱，人三爲眾，二首六身爲亥，王居門中爲閏，古説固相宜於今。蚩之从㞢，邑之从巴，黎之从𥝩，薛之从𠂤，鼎之从析木，益之从横水，今字亦不戾於古。𡶁、衇、覛、䀢、駁、䮍、猶、猷、𤝞、翄、巍、魏、蛾、蝥、姓、妵、𦣞、訛、鵞、𪁉、莪、峨、縠、縠、松、枀、獨、獸、朗、朖、秋、烁、崇、㝿、膺、𩪁、穆、穌、崒、崪、𪾣、𪾣、怛、𢙇、李、杍、和、咊、朞、期、徒、𨑒、妣、𡜕、融、𧖁、鍫、鍬、㰃、槩、虹、蝱、謨、譽、豁、𧮰，則可以互移。杲、杳、桑、榛、睹、暑、椎、集、裹、裸、伐、戍、芹、斳、易、昒、諆𦍋、怡怠、棘棗、櫳龒、詳善、步𣥠、裒袍、怒恕、妃改、拱拲、玭𤤕、慕慔、忠忡、旰旱、栞栞、吟含、召叨、占卟、㕓垢、訒唁、咠咠、叶古、襲襱、䙝褻、侜舟、則難於變易。雖窮原探本，代有專家，而希古抗心，當宗許氏。求制作之大意，五百四十部已得其全；攷經典之微言，九千三百文必窮其奧。

大昭識慚檮昧，學愧豹窺，積二紀之勤劬，殫一生之精力，覃思研精，欣然有得；探賾索隱，卓爾末由。撰集斯編，聊附述者。定名《統釋》，以示來兹。蓋卷有六十，例成二五焉。一曰疏證，以佐古義。二曰音切，以復古音。三曰攷異，以復古本。四曰辨俗，以正譌字。五曰通義，以明互借。六曰從母，以明孳乳。七曰别體，以廣異義。八曰正譌，以訂刊誤。九曰崇古，以知古字。十曰補字，以免漏落。今於許氏本注升爲大字，而仍用楷書，於自撰《統釋》附於分行而比諸經疏。大抵讀書以通經爲本，通經以識字爲先。經學必資於小學，故鄭司農深通六經而先明訓詁；小學必資於經學，故許祭酒專精六書而竝研經義。苟學者以此爲指歸，斯通儒無難於幾及矣。

後漢郡國令長攷序

《漢書・百官表》云：「萬户以上爲令，萬户以下爲長。」《續漢志》云：「每縣邑道大者置令一人，千石。其次置長，四百石。其次置長，三百石。侯國之相秩次亦如之。」應劭《漢官儀》又云：「三邊始孝武皇帝所開，縣户數百而或爲令。荆揚、江南七郡惟臨湘、南昌、吴三令耳。及南陽穰中土沃民稠，四五萬户而爲長。桓帝時，以南陽安爲女公主邑，改號爲令。主薨，仍復其故。」大昭案：前漢令、長見於紀傳者少，故不具論。後漢則本史之外復有碑碣可證。雖其間亦或有沿革，而東都制度可見一斑。故作《郡國令長攷》，注以出處，其所不知則闕如也。

三國志辨疑自序

史有二體，紀傳、編年是也。紀傳中有二體：陳氏《三國志》、李氏《南》、《北史》之與諸史是也。諸史中班《書》約而仍明，略而勿陋，敍事最爲肅括。蔚宗史才已不逮古，而自稱「體大思精，自古未有」者，蓋謝承、華嶠、司馬彪諸書竝在范前，取資既多，用功益密，又因而非創，易於措辭也。陳承祚之於《三國》，疆宇鼎立，地醜德齊，兼之互相詆毁，各自誇張，斯其載筆誠難折中；又列國雖有史録，多詳魏而略吴，華曹而陋蜀，其匯而修成一史者，承祚爲創。是以用力尤難，乃能彙實録、小説家之所言，有條不紊，類事無頗，宜乎時人稱其「善敍事，有良史才」。范頵等表稱「辭多勸戒，明乎得失，有益風化」，而夏侯湛、張華輩竝相推重也。裴世期鳩集羣籍，以注此書，其所徵引，于漢有華嶠、謝承《後漢書》，司馬彪《續漢書》，張璠、袁彦伯《後漢紀》，劉艾《靈帝紀》、《獻帝紀》，袁思光《獻帝春秋》，樂資《山陽公載記》，孔衍《漢魏春秋》，習鑿齒《漢晉春秋》、《獻帝起居注》、《獻帝傳》；于蜀有譙周《蜀本紀》，王隱《蜀紀》，孫盛《蜀世譜》；于魏有王沈《魏書》，吴人《曹瞞傳》，郭頒《魏晉世語》，孫盛《魏氏春秋》、《魏世譜》、《魏世籍》，魚豢《魏略》，陰澹《魏紀》，毌丘儉《志紀》、《魏武故事》、《魏名臣奏》；于吴有張勃《吴録》，胡沖、吴曆、韋昭《吴書》，環濟《吴紀》；于晉有王隱、虞預《晉書》，干寶《晉紀》，習鑿齒《晉陽秋》，孫盛《晉陽秋》，陸機《晉惠帝起居注》，又李軌《泰始起居注》，傅暢《晉諸公贊》；于地理有司馬彪《九州春秋》，荀綽《九州紀》，虞預《會稽典録》，趙岐《三輔決録》，摯虞《三輔決録注》，常璩《華陽國志》，王範《交廣二州春秋》，王隱《交廣記》，左思《蜀都賦》、《魏都賦》，庾闡《揚都賦》、《太康三年地紀》、《襄陽記》；于人物有皇甫謐《帝王世紀》、《高士傳》、《逸士傳》、《列女傳》，魏文帝《列異傳》，王粲《英雄記》，張隱《文士傳》，葛洪《神仙傳》，周斐《汝南先賢傳》，張方《楚國先賢傳》，陳壽《益都耆舊傳》，陳術《益都耆舊雜記》，蘇林《陳留耆舊傳》，虞溥《江表傳》、《零陵先賢傳》、《先賢行狀》、《漢末名士傳》、《魏末傳》；于官制有山濤《啟事》，無名氏《晉百官名志》、《晉百官表》、《褒賞令》；于雜書有顧愷之《啟蒙注》，晉武帝《中經簿》，荀勖《晉中經簿》，張儼《默記》，張華《博物志》，東方朔《神異記》，楊孚《異物志》，干寶《搜神記》，傅休奕《傅子》，葛洪《抱朴子》，袁準《袁子》，劉向《説苑》、《新序》，衛恒《四體書勢序》，殷基《通語》，陸氏《異林》，應璩《書林》，虞喜《志林》，司馬彪《戰略》，應劭《風俗通》，徐衆《三國評》，孫綽《評蔣濟萬機論》，孫盛《異同評》、《異同雜記》，魏文帝《典論》、《決疑要注》；于文章有摯虞《文章志》，荀勖《文章敘録》；于别集有孔融、高貴鄉公、陳思王植、嵇康、石崇、潘岳、諸葛亮、姚信、王朗、傅咸、張超等集；于家傳有王朗、傅暢、荀氏、廬江何氏、會稽邵氏等族，又有杜氏《新書》、山濤《行狀》、袁氏《世紀》、裴氏

《家記》、陸氏《世頌》、陸氏《祠堂像讚》；于譜牒有孫氏、嵇氏、劉氏、王氏、諸葛氏、庾氏、阮氏、孔氏、陳氏、郭氏、崔氏諸譜；于别傳有濟北王志、鄭康成、荀彧、禰衡、邴原、吴質、劉廙、任嘏、孫資、王弼、嵇康、華陀、管輅、趙雲、費禕、虞翻、諸葛恪、荀勖、程曉、潘岳、潘尼、孫惠、顧譚、盧諶、鍾會母張氏、陸機、陸雲諸家。外此羣經傳注、倉雅訓詁、方言土語、諸子百家之説，無與史事而引以詮釋字句者，又不下數十種。夫世期引據博洽，其才實能會通諸書，别成畦町。若依後世《新唐書》、《五代史》之例，可自作一史，與承祚方軌竝駕，乃不自爲而爲之注者，謙也。竊嘗論之：注史與注經不同。注經以明理爲宗，理寓于訓詁，訓詁明而理自見。注史以達事爲主，事不明，訓詁雖精，無益也。嘗怪服虔、應劭之于《漢書》，裴駰、徐廣之于《史記》，其時戔戔于訓詁，豈若世期之博引載籍，增廣異聞，是是非非，使天下後世讀者昭然共見乎？予舊于兩《漢書》有《辨疑》四十四卷，于地理、官制頗有所得，名儒碩士時或許之。近日復于《三國志》輯録得三卷，仍仿《漢書辨疑》例，不敢立議論以測古今，不敢妄褒貶以騁詞辨，而其詳略不能與《漢書》盡同者，蓋史事藉注證而申，兩《漢》之注簡，簡則易滋疏略；《三國》之注博，博則疑義鮮存，有無待辨證而明焉者也。雖然，校書如掃落葉，隨掃隨積。以予之見聞有限，無論志中罅隙，更俟補苴；即拙著内，亦豈無紕繆待指者，《漢書刊誤》所望吴斗南爲之補遺云。

附録

先生著《兩漢書辨疑》，族子塘跋之曰：

「攷史之學始於清江三劉氏之《兩漢刊誤》，自後漸多，雖不必各有專書，而自《史記》以降二十一史攷之者，亦既徧矣。然竊謂攷兩漢特難，何者？《史記》所據惟《世本》、《楚漢春秋》已亡，如《尚書》、《左氏春秋》内外傳、《戰國策》固童子之講習者也。《三國志》裴氏之注已詳，晉、唐而下史才不逮於古，不能爲簡奥之文，而載記亦日繁。其近者去古未遠，其軼猶時時見於他説，故攷之恒易。兩漢之書，不通訓詁，則文字之叚借不明；不熟悉其典章，則掌故之沿革不備；不能徧得其遺碑斷刻之文詞，則一人之歷官行事固有不得其詳者矣，而星曆器數之術、圖讖緯候之書，又儒者所謂隱僻迂怪不足道者，實皆兩漢之絶學，後之人不能以意通之者也。然則何從而攷之乎？劉氏《刊誤》雖佚不傳，前明北雍雕板尚采其説入注中，繼之者有崑山吴斗南之《補遺》。全書具在，今取而覆案之，如前所云者，果能得其十之一二乎？大抵劉氏失之淺，吴氏失之支。蓋劉氏所刊者不過文詞異同、羨闕之間，吴氏則膚引衆説而不能自知其當否。二家雖爲學者所稱道，其爲功於班、范之史猶未也。夫顔師古之於《漢書》、章懷太子之於《後漢書》，皆集衆家之長注之，亦既備矣。後之攷者誠難，然使不能合注所已言，别有依據，以釐正其是非，又何足云攷哉？故非學博而思精者不能爲也。從父可廬先生研精史學，尤致力於兩漢，爲《辨疑》四十餘卷，自周、秦以迄唐、宋，遺書之存於今者，無不綜覽。其徵引既博，又深於六書經訓之學，熟於金石刻劃之文，故攷核尤精密。異時傳讀史者之家，其功過於三劉、吴氏遠矣。」

先生補《續漢書・埶文志》，吴江沈楙悳

跋之曰：「范氏《後漢書》無志，宋乾興中取司馬彪《續漢志》以補之。彪《志》不及《藝文》，讀史者憾焉。得可廬先生是補，而後東京典籍粲然可攷。昔熊廣居作《補漢書年表》，取材不出范《書》。先生此志，自本史外，更復旁搜博采，其功尤難於熊氏，足與竹汀宫詹《元史·藝文志》並傳不朽矣。然明帝嘗詔伏無忌、黄景作《地理志》而先生略之，殆不信余靖之説耶？」

錢先生塘

錢塘，字學淵，一作岳原，又字禹美，號溉亭，竹汀族子。幼受經於竹汀。父桂發，乾隆庚子進士，當得知縣，自以不習吏事，就教職，授江寧府教授。初工詩，繼乃肆力於經史，實事求是，九經、小學、天文、地理靡不綜覈，於聲音、文字、律吕、推步之學尤有神解。著《律吕古義》，謂：周本八寸尺，不可以制律，律必用十寸尺，即昔人所云夏尺。古律無異度，十寸尺爲二帝三王時律尺，周尺傳而律尺傳，律尺傳而古律無不傳。著《史記·律》、《歷》、《天官》三書釋疑，皆究其原本，而以他書疏通證明之。《律書》「上九，商八，羽七，角六，宫五，徵九」數語，小司馬以下注家皆不能曉。先生以《淮南子》、《太玄經》證之，始得其解。嘗以《淮南·天文訓》多《周官》馮相、保章遺法，高氏注頗闕略，作《補注》三卷。晚年讀《春秋左氏》經傳，精心有得，作古義若干卷。又著《説文聲系》、《説文坤傳》、《古均正》、《泮宫雅樂釋律》。所爲古文，亦多放訂，如疏證卦位爻辰、《堯典》中星、漏刻，辨三江，攷周初歲朔、三代田制、《周禮》軍政、田賦、魯禮禘祫之屬，皆根本經文，反覆推究，而務得其實，次爲《溉亭述古録》。先生深於算學。古法圜周徑率皆徑一周三，一四，先生獨創爲三一六之率。談教諭階平，算學名家，曾作一丈徑木板，以量其周，正得三丈一尺六寸奇，以先生之説爲然。别有《易緯稽覽圖考正》、《春秋三傳釋疑》、《續漢書律曆志補注》、《溉亭詩文集》、《四益齋詩》、《默耕齋吟稿》。卒年五十六。參《溉亭别傳》、《疇人傳》。

淮南天文訓補注自序

《淮南鴻烈解》有許慎、高誘兩家注，《隋書·經籍志》竝列于篇，至劉昫作《唐書·經籍志》，唯載高注，則許注已佚于五季之亂矣。而《新唐書》及《宋史·蓺文志》仍竝列兩家，謂唐時許注猶存，歐陽氏得其故籍以爲志可也；宋時安得復有許注，而修史志者猶采入之歟？觀陳氏《書録解題》有曰「既題『許慎記上』，而序文則用高誘」，然則許注既佚，宋人以其零落僅存者羼入高注，遂題許慎之名，而其未羼入者仍名高注，可知也。今世所要其冠以高誘之序，則高注爲多矣。今世所傳高氏訓解已非全書，而明正統十年《道藏》刊本首有高誘之序，内則題「太尉祭酒臣許慎記上」，一如陳氏所云，是即宋時羼入之本。以校高注增多十三四，其間當有許注也。夫以淮南王之博辯善文辭，爲武帝所尊重，復得四方賓客，如九師八公者，廣采羣籍，作爲是書，固已極魁瑋奇麗之觀，而東漢兩大儒各以博識多聞之學事爲之證，言爲之詁，亦既疏解略盡矣。《道藏》本雖不全，而雜有二家之注在焉，猶愈于訓解之止出一家，而又爲庸妄子之所芟削者。獨《天文訓》一篇，《道藏》本未嘗增多訓解一字，而中有「誘不敏也」之文，其注亦遂簡略。蓋此篇決出于誘之所注，而誘于術數未諳，遂不能詳言其義耳。然吾謂三代古術往往見于《周禮》、《左氏春秋傳》、《史記·律》《曆》《天官書》中，其可以相質證者賴有此篇，儒者而弗明乎是，即經史之奧旨何由洞悉而無疑也哉？竊不自揆，推以算數，稽諸載籍，于高氏所未及者皆詳言之，亦時正其舛謬，如天一元始、正月建寅，日月入營室五度。天一以始建，即是《顓頊曆》上元，則天一當爲太一，而高氏無注。二十四時之變反覆比十二律，故一氣比一音，而注以十二月律釋之。「淮南元年，太一在丙子，冬至，甲午立春，「丙子」，曆術所無，蓋時已酉冬至，脱其日名，甲子自爲立春之日，❶重言丙子，本與下文「二陰一陽成氣二，二陽一陰成氣三」相連，即釋太一丙子之義，而截「立春丙子」爲句，闋以注語，似立春僅去冬至四十二日。此皆舛錯尤大者。予之補注，不爲高氏作疏，正不妨直糾其失耳。書成于己亥之夏，戊申秋復改正數條，遂繕爲定本焉。

溉亭述古録

律吕論一

律吕曷由生乎？生于鬯即「秬」字，《説文》作「鬯」。黍也。黍皆種以大暑，屬長夏，中央土，鬯可釀爲鬯酒，而兼爲矩，蓋至中正之品也。累黍成度，用度制律。黄鍾之長九寸，即九十黍之廣。九者天數，因而九之，數以十成。故黄鍾之管内積八百一十分，緯家言

❶ 「子」，據上文當是「午」之訛。

天周九九八十一萬里，即其義也。置黄鍾之中積如其長，則分有九分，是之謂幎律、幎圜。圜有徑，不可以術知也，則切以方，方亦有幎。圜田術圜三方四，非實測也，實測宜從密率。密率方四則圜三一四有奇，故圜十萬則方十二萬七千三百二十四。黄鍾外切之方冪爲十一分四氂六毫弱，開之得徑則三分三氂八毫强也。有徑則有周。圜田術方四圜三，故徑一周三。密率方四圜三一四有奇，則徑一亦周三一四有奇，徑百一十三者，周三百五十五，黄鍾内圜之周十分六氂三毫强。此周徑之定法也。《漢志》不言周徑，然其周徑必如是，何者？八百一十分之中積不可增減，則九分之圜幎亦不得而增減也。曰徑三分周九分者，漢末陋儒之語，《漢志》無是説也。夫徑三分而積八百一十分，則九分爲方冪，而律豈方體耶？固勿問其周之必爲九分與否矣。且漢非徒制律也，兼制斛。漢斛内方尺而圜其外，即周徑之率也。漢能制斛而顧不能制律歟？必不然矣。黄鍾之龠容千二百黍，與累尺度律，《漢志》皆言用中者，顔監謂之不大不小，果何等黍耶？曰勿問黍，先問能容與否耳。宋胡瑗以大黍累尺，小黍實管，爲丁度所譏，瑗不能解。然實黍體使然，度與瑗俱不悟耳。黍有廣長，廣必不如長；又有厚薄，厚必薄于廣。以廣爲分，長過之厚，殺之則似能容，然如管中之有隙處何？管中之積分，密比之分也，黍居之而隙生焉。三四黍其一隙，千二百黍居管中，其爲隙也多矣。八百十分之所容數，必過于其積黍，圜使然也。容不能盈千二百黍，又與累尺無異之故也。且夫期於容千二百黍者，豈不以十二爲天之大數乎？然則惟其千二百黍而已矣，遑問其爲累尺之黍否哉？若必累尺之黍，則古今未有能容者。近世朱載堉制律，黄鍾長一尺而積九百八十二分，尚不能容累尺之大黍，易以中黍始能容，況止長九寸而積八百十分乎？范鎮之論律曰：「瑗未嘗得真。黍能容者必一稃二米之黍。」夫漢世所用，誠不知二米一米否？然《漢志》固明言秬黍矣，《爾雅》曰「秬，黑黍；秠，一稃二米」，則秬自一米，豈二米也？秬多而秠少，漢以秠爲瑞物，特貴之，經師多主其説，於是秠遂爲秬。此鎮所據也。然《詩》言「惟秬惟秠」，猶曰「惟虋惟芑」，虋非即芑，則秬非即秠，欲制律而舍經傳之明文，徇後儒之曲説，豈可謂卓然不惑者歟？近世秠未嘗絶，視秬差小而長。夫小則累尺益短，長則侵地益多，恐愈不能容矣。朱載堉言潞州人謂之鴛鴦黍，亦曰黑格楞黍，多狹長，間有圜者。是故《漢志》皆曰中黍者，❶意累尺用中等，實龠則取中用乎？毋庸過泥之可耳。或曰實管必千二百黍者，所以驗其八百十分。否也。非是惡由知其弗誤歟？曰所容既非累尺之黍，雖盈千二百，遂可以爲八百十分耶？且八百十分而取驗于累尺之千二百黍，又何故耶？以千二百黍除八百十分得六百七十五氂爲一黍，即九百氂之四分三也。就陽奇陰偶推之，則六七五爲陽而九爲陰，然九實陽也，殊爲舛駁。勿乃別爲權量之本，而非以驗律也。若夫驗律則有法焉，制龠方九分深一寸，以其所容内之管中而適盈焉，斯真八百十分矣。雖非千二百黍可也，以之嘉量而五量成，以之謹權衡而五權立，何必計其大小多寡也哉？

律吕論二

黄鍾之律既成，遂無古今之異乎？曰：

❶「曰」，原作「口」，今據《清文選樓叢書》本《概亭述古録》改。

惡能勿異？異乎尺度之不同也。《隋志》列十五等尺，以晉前尺爲主。此尺本之劉歆銅斛尺及建武銅尺，又謂之周尺，於十五尺中爲最短。其最長者有元魏諸尺，開皇時以此諸尺攷律，能容千二百黍者，惟蔡邕銅籥尺、錢樂之渾天儀尺而已。然渾天儀尺短於銅籥尺幾盈晉前尺之一寸，《隋志》銅籥尺實長晉前尺一寸五分八氂，渾天儀尺實長晉前尺一寸六分四氂。何以所容無異？若短者適盈，其長者必過之，然則邕籥之容千二百黍，特據籥銘之自言，而非得之實驗乎？所可疑者，晉前尺本於古尺，制律實黍容受宜符而止容八百八黍，豈尺過短耶？曰：不然。三分爲徑誤之也。夫黄鍾之能容千二百黍者，以積八百十分之故。積八百十分，則徑不止三分。若徑三分，則積止六百三十六分强而已。密術徑三分，其方九分，其圓七分零七氂八十六毫强。長九寸，乘之止積六百三十六分强也。況所容者未知爲何等黍而責其必盈哉？然是隋時驗律時則然，非荀勖制律時已然也。何以明之？勖校驗古尺，中書有姑洗、小吕、玉律，武庫有銅斛；又與劉徽同時，密術方圜周徑之率首倡於徽，勖制律之周徑不攷於律，即攷於斛，否則尚可以算得之，何至頓減其積哉？積頓減必尺頓長，邕之籥是也。邕亦以六百三十六分爲籥積，而尺長晉前尺一寸五分八氂，則邕尺之一分即勖尺之一分五六氂間也。何者？課中積必兩尺，各再自乘以乘之，然後差數無誤。晉前尺再自乘得百萬分，銅籥尺再自乘得百五十五萬二千八百三十六分三百一十二釐。然則邕籥實積晉前尺九百八十九分半强也。邕以《漢志》不言周徑，特倡徑三分、周九分之説，度其制籥，必先以千二百黍實管中，進退求合，然後定尺。蓋即宋之房庶也。本是律家變法，且必不可用黍尺，用黍尺則自有正法矣。隋人不審尺之短長，法之正變，一依邕説制管，不知邕法止宜于邕尺，可施之于他尺耶？唐人用後周鐵尺爲大黍尺，王朴復用中黍，與晉前尺相近；宋尺屢變，莫長于李照之用三司布帛尺，然皆三分爲徑，猶用蔡邕之説，唯胡瑗首知律圜幎爲九方分，而累尺用大黍，亦與鐵尺相近。蓋累尺之用大黍，自後周始。制律之從正法，自胡瑗始也。鐵尺與宋氏尺、錢樂之尺同長。晉前尺一尺六分四釐，其前杜夔尺已長於晉前尺四分五釐，似大黍累尺不始後周。但牛弘論鐵尺始言用大黍，故以爲據。胡瑗制律用十二開方得徑，徑一周三，得周尚不合于密術。此節取其長。近世朱載堉目漢錢尺爲秠黍尺，律尺爲秬黍尺，營造尺爲秬黍從尺，得于手驗，而今之營造尺即明之營造尺，今世所傳建初六年慮俿銅尺，即漢錢尺，又予之所手驗者也。載堉律尺得營造之八寸一分，今營造尺微有短長，長者慮俿尺得七寸四分，短者七寸五分，以短者之八寸一分爲律尺，則慮俿尺之百八分即百分也。得此二尺，即古今之律具在矣。聖祖仁皇帝累尺定律，秬黍横累百分，即從累之八十一分，以横者爲律尺，從者爲營造尺、慮俿尺，較之即七寸五分也。制管一準密術，合乎《漢志》所傳正法。夫《漢志》所傳，豈繄劉歆之言，殆伶倫、后夔之舊術，而三代以爲樂經者歟？

律吕論三

古今尺度不同，則律必有短長，而聲亦有高下，果孰是孰非耶？曰皆是也。一朝有一朝之黍尺，即自成一朝之律吕，不必同也。漢晉皆中黍尺，劉宋始用大黍。《漢志》明言中黍，不言大黍，豈可謂中者非耶？中黍律高，大黍律下，高近悲激，下則和平，豈可謂下者非耶？唯用黍尺，則制律必依正法。周黍尺而不依正法，斯蹈隋人之覆轍矣。且古尺之短于今者有故焉，古制律非徒施於聲樂也，度量權衡莫不本于是焉。黄鍾一龠之所容，量之本也。黄鍾一龠所容之重，權之本也。黄鍾之積八百十分，又準諸度而不容損益者也。是八百十分者，分皆立體，即其尺之再自乘以成一算者也。尺益一分止百分之一耳，而再自乘之，復八百十之所益者，豈特百分之一哉？依此律而爲權量衡，則二千律也，鈞則三千八百四十律也，是止十斗百二十斤已耳。而固已如是，上以取乎下，下以應乎上，所係豈不桓甚哉？是故寧使其聲之稍抗，而毋取權量之逾制，此古人之微意也。隋唐以後，度量權衡必自爲法，而特制一尺以爲造律之用，不惟其聲之和而奚取焉？若就聲覈之，則與其高也毋寧下。是故漢律高，蔡邕制銀錯題銅籥以抑之；晉以後之律高，萬寶常作水尺律以抑之。夫二子者，世所號爲知音之首也。其抑而下之，豈不以樂聲雅淡，君子聽之可以平心也哉？故曰「鞉鼓淵淵，嘒嘒管聲。既和且平，依我磬聲」。夫鼓以節曲，而管則成曲者也；至平惟磬，管依乎磬，平之甚矣，斯聖王之樂也。今之律非即邕之龠與寶常之律，而聲則似之，何者？以漢尺推其中積而數不甚遠也。邕龠積漢尺之九百八十七分，寶常律積漢尺之一千六十餘分，今律積漢尺之一千二十餘分，皆以三尺再自乘，以乘積得之，今律積用八百十分，其二律用六百三十六分，各就其周徑立算。若漢律之于今律，則黄鍾僅爲姑洗而已矣。試以古今二尺各制八百十分之龠，漢至五倍，今則四倍，其容受必等。夫四倍之黄鍾，非即五倍之姑洗乎？雖有盈歉，所較無多矣。然則今律之黄鍾，即漢律之倍夷則也。八倍之夷則與五倍之黄鍾，其所較亦無多耳。四倍黄鍾三千二百四十分，五倍姑洗三千二百分，五倍黄鍾四千五十分，八倍夷則四千分。五倍者，角也。四倍、八倍者，宫也。長律四之，短律八之，而十二律之宫、角俱得矣。曰：今律與漢律若是别乎？曰：其聲異，其法同。漢晉而後，律法失傳，至聖朝而復古，而聲又下于漢律製作之善，何以加焉！

律吕論四

今律制法與古無異，而用法特殊，古以律吕倍半相應，故十二律外，别無異名，亦無異聲，立宫定調，則變宫適周十二位，而一均七律，宫爲均主，其商、角、變徵同類爲從聲，徵、羽、變宫異類爲變聲。蓋取宫所生之六律爲均，而下上相生，陰陽兼備，故有三從三變也。如黄鍾爲宫，則太族商，姑洗角，蕤賓變徵，俱陽律爲從聲。林鍾徵，南吕羽，應鍾變宫，俱陰吕爲變聲。陰吕爲宫反是。説見沈括《筆談》。至變徵所生，則與前宫相次而又爲宫矣。如蕤賓生大吕，與黄鍾相次，不入黄鍾之均，而又自爲宫。所謂「三分損益，隔八相生」是也。今以律吕倍半不相應，則十二律外雖無異名，實有異聲，立宫定調，則變宫越在十三辰，而一均七律，陽則皆陽，陰則皆陰，蓋取宫聲以往，聲隔一位，備七成均，而不泥于宫之所生也。如黄鍾半律不應正律，爲無異名有異聲，黄鍾爲宫則半黄鍾爲變宫，在第十三位。黄鍾宫、太族商、姑洗角、蕤賓變徵、夷則徵、亡射羽、半黄鍾變宫爲陽均七律。大吕宫、夾鍾商、中吕角、林鍾變徵、南吕徵、應鍾羽、半大吕變宫爲陰均七律。十二律陰陽相間，陽均無陰吕，陰均無陽律，故二聲之間，必隔一位，而均中七律不取相生也。至律吕相配，則清濁合爲一聲，而七聲既周，無復它聲矣。如黄鍾爲濁宫，大吕爲清宫，大族爲濁商，夾鍾爲清商，以至半黄鍾爲濁變宫，半大吕爲清變宫，則七音已周矣。是則謂之隔八相生，而非三分損益也。如黄鍾均七律一周，至第八者爲半大族，與黄鍾應是「隔八相生」，非謂黄鍾下生第八位之林鍾，如舊説云云也。三分損一以下生，三分益一以上生，今亦用之，但不謂之「隔八相生」。故古惟十二律，今則有十四律，然而實豈有十四也哉？二律之不同聲者，即其半律耳。半律近靡，則易以倍。倍律退二辰，而始與半律應，故十二律而有十四律之用也。如半黄鍾不應正黄鍾，故爲變宫；變宫不用半律用倍律，退二辰得倍亡射爲變宫。又半大吕不應正大吕，故爲變宫；亦不用半律而用倍律，退二辰得倍應鍾爲變宫。六律六吕之前有倍律、倍吕各一，凡十四律吕也。聲以七而周，器以八而備，古用四清聲者，今易以四倍律，則七音之外覆一音，而調起于下羽焉。鍾磬十六成簴，鳳簫十六成編，與古同，但古倍、半相應，故用黄、大、族、夾四清聲而止爲七聲。今倍、半不相應，則用夷、南、射、應四倍律而遂有八聲也。夷、南、射、應四倍律，即射、應兩正律，黄、太兩半律，以其聲相應也。兩半律不用，所用正倍，十六一律一吕，共爲一聲，凡八聲。七音之外，一音重出，以七音成均，變宫用倍律，其前更有倍律，則下羽也，調遂由之起。如黄鍾宫，以倍亡射爲變宫，則倍夷則爲下羽。大吕宫，以倍應鍾爲變宫，則倍南吕爲下羽。無下徵倍律，故無下徵調法也。下羽起調不爲宫，宫聲立宫不起調。月轉一宫，故下羽無四正律，宫聲無四倍律也。下羽起調不用正羽，應鍾之月以倍應鍾爲商，則中吕爲徵而林鍾爲下羽，夷則以後四正律未嘗爲下羽也。至其四倍律，自不當爲宫聲。若是者有故焉。律之爲物也，半其長則下一聲，倍其長則高一聲，故宫之半律不應宫，而商之半律應之。半律不用則應宫之半律者，羽之倍律也。羽之倍律不爲羽，則爲變宫而已矣。半其長即半其積，半其積不能應，則四其積亦不能應，能應者必八其積也。八其積者，倍其徑。倍其長四與半之者，體徑不能倍，則不相應矣。是故聲者，積與體徑之所爲也，非徒積之謂也。古惟徒積而已，是以謂之應焉耳。于何徵之？徵諸字譜。字譜之作，其來久矣。《楚詞》曰「四上競氣，極聲變只」，是字譜也。字譜之用，莫要于笛。今笛六孔，最高孔，最下孔之半也，而譜不應。應最高孔者，翕聲也。翕聲宮則最下孔商，而最高孔爲半宮。半宮非即半律，故曰「半其長下一聲，倍其長高一聲」也。如翕聲合字爲宮，則最下四字爲商，其最高孔六字爲半宮，卻止四字之半體，非半翕聲之長也。此民間笛法。大樂笛則翕聲五字，最高乙字。字譜七納于六孔，則翕聲爲覆，譜用翕聲，即用最高孔矣。大樂笛六孔，從下而上，納乙、上、尺、工、凡、六、五七字，上爲附孔，必最高孔與第三孔同發。最高孔獨吹，則五字也。翕聲在最下孔之下，亦爲五字。從下四字數至第八聲仍爲四字。笛下羽起于翕聲，則第二孔上字爲宮，是建申月調法。子、丑、寅、卯、辰、巳、午、未八月，之下羽爲工、凡、六、五四字借用，第四、第五、第六、第三同發，及第一、四孔一字皆兼律呂，故工爲黄鍾大呂。凡爲大族、夾鍾，至尺則爲半黄鍾、半大呂。用倍律，則爲倍亡射、倍應鍾也。古笛五孔而宮居最高，其上乃有後出，則商也。宮商居上，則餘者皆下，故翕聲爲下角。荀勖笛用角，體其修長者四之，短者八之，蕤賓、林鍾之角最短，亡射、應鍾。故八之也。其實長者八之，短者十六之。蕤賓以後之宮皆短，故十六之也。八之者，倍其宮之長，四其宮之積。十六之者，四其宮之長，四其宮之積。如黄鍾笛以尺八寸爲宮，是倍其長。蕤賓以二尺五寸三分一氂爲宮，是四其長。宮長一倍，則下角長四倍。宮長四倍，下角長八倍者二，長四倍者四。如是，則黄鍾至中吕六笛反短，蕤賓至應鍾六笛反長。長律宮宜長而反短，故四其積。短律宮宜短而反長，故十六其積。然後周徑無異，俱見《晉史》。是爲倍半相應，要亦古術則然矣。夫八其積者倍其徑、倍其長，誠必應矣。十六之，則倍其徑，四其長，能必應乎？必應者，四其徑，四其長，非六十四之弗得也。應不應驗于用不用，勖笛久廢，則不應之驗也。今笛不始于今，因笛而知律之不應者，則自今始。甚矣！審音之密也。字譜易以工商則近雅，是當知七調、旋宫調各一之法，而以黄鍾一均爲主則不惑。調從下羽起，則曰羽、宫、商、角、徵者，宫調也。曰變宫、商、角、變徵、羽者，商調也。極而至于曰徵、變宫、宫、商、變徵者，變宫調也。此今皇帝之盛制也。

錢先生坫

錢坫，字獻之，一字篆秋，號十蘭，溉亭弟。乾隆甲午副榜貢生，官陝西乾州、直隸州州判，攝興平、韓城、大荔、武功知縣，乾州、華州知州。在華州，武功教匪犯境，有全城功。得末疾歸，卒於蘇州。先生通小學，博覽羣書，在畢制府沅陝幕最久，與洪亮吉、孫星衍孴討訓詁、輿地之學，著《史記補注》，詳於音訓及郡縣、山川。將歸，總督松文清筠求著述，先生出此付之，曰：「三十年精力盡於此書矣。」又有《詩音表》、《車制考》、《内則注》、《論語後録》、《爾雅釋地》以下四篇注、《十經文字通正書》、《説文斠詮》、《異語異音》、《新校注漢書地理志》、《漢書十表注》、《聖賢冢墓志》、《古器款識考》、《鏡銘集録》、《篆人録》。工作篆，既病痹，以左手書，尤爲世所珍云。參《漢學師承記》、《文獻徵存録》諸書。

新斠注地里志敍録

秦始皇二十六年兼并六國，分天下爲三十六郡，曰河東、太原、上黨、三川、東郡、潁川、南陽、南郡、九江、長沙、泗水、薛郡、碭郡、鉅鹿、邯鄲、齊郡、琅邪、會稽、漢中、蜀郡、巴郡、隴西、北地、上郡、九原、雲中、雁門、代郡、上谷、漁陽、右北平、遼西、遼東、南海、桂林、象郡，以内史爲宰，制首善之區，不爲郡。後又略取閩中，置閩中郡。秦敗，南海三郡爲趙佗所得，閩中爲亡諸所得，故漢初郡國入版圖者雖仍秦三十六郡之舊，而邊竟或不及焉。高帝二年，分秦内史置渭南、中地、河上三郡，改項羽殷國爲河内，三川爲河南，分長沙置桂陽郡；三年，置常山郡；四年，以黥布王淮南國，彭越王梁國，改邯鄲爲趙國王張耳，置沛、汝南二郡；五年以盧綰王燕國，置武陵郡；六年，以從父弟賈王荆國，弟交王楚國，置江夏、涿郡、平原、千乘、豫章、廣漢、定襄七郡；九年，并渭南、中地、河上三郡復爲内史；十一年，以子友王淮陽國；十二年，改荆爲吴，以兄子濞王吴國，置魏郡。終高帝之世，析置郡國，更有清河、勃海、東萊、東海、信都、泰山、中山七郡，凡國三，增置者二十六。其河東、太原、上黨、東郡、潁川、南陽、南郡、鉅鹿、齊郡、琅邪、漢中、蜀郡、巴郡、隴西、北地、九原、雲中、雁門、上郡、代郡、上谷、漁陽、右北平、遼東、遼西、薛郡、長沙凡二十七郡如故。又十一年，罷東郡，頗益梁；罷潁川郡，頗益淮陽者，因立子恢爲梁王，友爲淮陽王也。然淮陽立二年，即徙趙；梁立十六年，亦徙趙，而《志》不言改置，疑當時徑以二郡滋益二王，實未除二郡之目，徙國之後仍復還漢，故不致詳焉。高后元年，改薛郡爲魯國，王張偃，其餘如故。孝文二年，以趙幽王子辟彊王河間國，齊悼惠子章王城陽國，興居王濟北國；十六年，以辟光王濟南國，賢王菑川國，印王膠西國，熊渠王膠東國，以淮南厲王子賜王盧江國，凡置國八。孝景二年，内史分左、右，以子閼王臨江國，彭祖王廣川國；四年，徙汝南王非王江都國；中六年，以梁孝王子明王濟川國，彭離王濟東國，不識王濟陰國，定王山陽國；又中二年，置北海郡，凡置郡國亦八。孝武建元六年，開夜郎，置犍爲郡；元朔二年，收河南地，置朔方郡；四年，置西河郡；元狩元年，置陳留郡；二年，以故匈奴休屠王地置武威、酒泉郡；六年，置臨淮郡；元鼎三年，置天水、安定郡；四年，置弘農郡；以常山憲王子平王真定國，商王泗水國；六年，以故匈奴昆邪王地置張掖、敦煌郡，分桂陽置零陵郡，定西南夷，置越巂、牂柯、武都、沈黎、文山郡；定越地，置南海、鬱林、蒼梧、交趾、合浦、九真、日南、朱崖、儋耳郡。元封二年，平西南夷未服者，置益州郡，分淮南故鄣地，置丹陽郡。三年，平朝鮮，置玄菟、樂浪、臨屯、真番郡。征和二年，以趙敬肅王子偃王平干國。凡置郡國三十六。又元朔元年，置蒼海郡，三年旋罷。天漢四年，罷沈黎郡。又元狩元年，除淮南國爲九江郡。二年，改衡山國爲六安國。三年，改江都國爲廣陵國。元鼎元年，除濟東國爲大河郡。凡改置郡國又四。又太初元年，分内史爲京兆尹、左馮翊、右扶風，是爲三輔。孝昭始元六年，取天水、隴西、張掖郡各二縣置金城郡。先一年，臨屯、真番、儋耳三郡皆罷。《本紀》又言「元鳳五年，罷象郡，分屬桂林、牂柯」，然自高帝以來，象郡地爲蠻夷所據。孝武于其處置日南郡，並未別著象郡之稱，未知其何所指也。孝宣本始元年，改膠西國爲高密國。五鳳二年，改平干國爲廣平國。甘露元年，改大河郡爲東平國。三年，復廣川國爲信都國。凡改更者四。又地節元年，改楚國爲彭城郡。黄龍元年，復故。三年，省文山郡并蜀。孝元初元三年，❶罷珠崖郡。孝平元始二年，立代孝王玄孫如意爲廣宗王，❷江都易王孫宫爲廣世王，廣川惠王曾孫倫爲廣德王。司馬彪《郡國志》鉅鹿郡有廣宗縣，當即如意之所封。酈元注《水經》「渦水東逕廣鄉城北圈稱曰襄邑，有蛇丘亭，故廣鄉矣，改曰廣世」，當即宫之所封。廣德則即丹陽黟縣。惟廣德，四年即絶。廣宗、廣世，王莽篡位以後始除。是時莽又諷諸羌獻地置西海郡，而《志》皆不别出。蓋漢世增建郡國，自昭、宣以下無足道者。

《志》以元始二年册籍爲斷，故定郡止八十三，國二十。以孝武所置司隸校尉及十二部刺史監之，亦云十三部也。司隸校尉部監三輔、弘農、三河凡七郡。豫州刺史部監潁川、沛、汝南、梁、魯，凡三郡二國。冀州刺史部監魏、鉅鹿、常山、清河、趙、廣平、真定、中山、信都、河間，凡四郡六國。兖州刺史部監陳留、山陽、濟陰、泰山、東郡、城陽、淮陽、東平，凡五郡三國。徐州刺史部監琅邪、東海、臨淮、泗水、廣陵、楚，凡三郡三國。青州刺史部監平原、千乘、濟南、北海、東萊、齊、菑川、膠東、高密，凡六郡三國。荆州刺史部監南陽、江夏、桂陽、武陽、零陵、南郡、長沙，凡六郡一國。揚州刺史部監廬江、九江、會稽、丹陽、豫章、六安，凡五郡一國。益州刺史部監漢中、廣漢、武都、犍爲、越嶲、益州、牂柯、巴、蜀，凡九郡。涼州刺史部監隴西、金城、天水、武威、張掖、酒泉、敦煌、安定、北地，凡

❶ 下「元」字，原作「年」，今據同治十三年刻《新斠注地理志》改。
❷ 「玄孫」下，《漢書・平帝紀》有「之子」二字。

九郡。并州刺史部監太原、上黨、上、西河、朔方、五原、雲中、定襄、雁門，凡九郡。幽州刺史部監勃海、上谷、漁陽、右北平、遼西、遼東、玄菟、樂浪、代、涿、廣陽，凡十郡一國。交州刺史部監南海、鬱林、蒼梧、交趾、合浦、九真、日南，凡七郡。秦時曰監御史，初省，孝武復之。其十二部，元封五年所置。司隸則征和四年置也。至孝昭始元元年，又改司隸之河内屬冀州，河東屬并州，斯爲異耳。

紀載多端，糾紛互起。裴駰《史記集解》説秦三十六郡有鄣郡、黔中，攷《秦本紀》昭襄王三十年蜀守若伐取巫郡及江南爲黔中郡，是黔中昭襄之時郡名，非始皇所置。《高帝本紀》以東陽郡、鄣郡、吴郡五十三縣立劉賈爲荆王，以碭郡、薛郡、郯郡三十六縣立弟文信君交爲楚王，以膠東、膠西、臨淄、濟北、博陽、城陽郡七十三縣立子肥爲齊王。秦無東陽、鄣、吴、郯及膠東、膠西、臨淄、濟北、博陽、城陽諸郡，皆是楚漢之間諸侯王自爲割置，非故立也，不在三十六郡之列。此《集解》之誤。《晉書・地理志》：「漢祖龍興，置郡國二十三：曰桂陽、江夏、豫章、河内、魏郡、東海、楚國、平原、梁國、定襄、泰山、汝南、淮陽、千乘、東萊、燕國、清河、信都、常山、中山、勃海、廣漢、涿郡。」攷河内本殷國，故《項羽本紀》言「立司馬卬爲殷王，王河内，都朝歌」。高帝不過復其故稱，與改三川爲河南、邯鄲爲趙、荆爲吴同例，不在分置之列。且《志》明言增二十六，又明言沛、武陵二郡爲高帝置，《表》明言荆、淮南二王爲高帝立矣，是置二十三之説非也。又云「文增厥九：廣平、城陽、菑川、濟南、膠東、膠西、河間、廬江、衡山」，廣平，孝武征和二年始置爲平干國，哀帝建平三年爲廣平國，孝文無此國也。又云「景加其四：濟北、濟陰、山陽、北海」，濟北，孝文二年所置，旋以王興居謀反，國除，孝景四年徙衡山王勃王之，非孝景所始。文、景分置郡國各八，《志》云「各六」，「六」字誤耳。然無此參差也。又云：「武帝開越攘胡，初置十七：南海、蒼梧、鬱林、合浦、交阯、九真、日南、珠崖、儋耳、牂柯、越巂、沈黎、文山、犍爲、益州、武都、零陵。拓土分疆，又增十四：弘農、臨淮、西河、朔方、酒泉、陳留、安定、天水、玄菟、樂浪、廣陵、敦煌、武威、張掖。」攷廣陵，孝武以江都改名，亦不在分置之列。沈黎一郡隨廢。孝武所置郡國三十六，實爲三十五，與所分三輔爲三十八。《志》云「二十八」，「二」字誤耳。然不止三十一也。此《晉志》之誤。《通典》：「秦制天下四十郡，漢加六十三，與秦合百三。」攷《志》仍秦舊置者二十六郡，高帝改置者仍二十五郡國，高后改置者仍一國，文帝改置者仍七郡國，景帝改置者仍四郡國，武帝改置者仍三十五郡國，昭帝置者一郡，宣帝改者四國，凡漢所改置者仍七十七郡國，然秦本無四十郡之説也。此又《通典》之誤。至於張守節、司馬貞、章懷太子、李吉甫、樂史諸家及地形、州郡隋唐以下諸史志有可爲本志發明者，即有顯與本志分背者，今或隨手互正，勿具論焉。但《志》於內史下云「武帝建元六年分左右」，《百官公卿表》作「景帝二年」，當從《表》。于張掖、酒泉下云「太初元年開」，武威下云「四年開」，敦煌下云「後元元年分酒泉置」，與《本紀》皆不同，當從《本紀》。《匈奴傳》云：「單于怒昆邪王、休屠王居西方，爲漢所殺虜數萬人，欲召誅之。昆邪、休屠王恐，謀降漢。漢使票騎將軍迎之，昆邪王殺休屠王，并將其衆降漢。」是元狩二年事也。又云：「是時漢東拔濊貉、朝鮮以爲郡，而西置酒泉郡，以隔絶胡與羌通之路。」是元鼎六年事也。《紀》云：「元狩二年，昆邪王降，置五屬國以處之，以其地爲武威、酒泉郡。元鼎六年，遣浮沮將軍公孫賀出九原，匈河將軍趙破奴出令居，皆二千里，不見虜而還，乃分武威、酒泉地置張掖、敦煌郡。」與傳説皆合。惟云「西置酒泉郡」誤耳。賀以元朔五年封南窌侯，元鼎五年坐酎金失侯，復以浮沮將軍出九原。破奴以元狩二年封從票侯，元鼎五年坐酎金失侯，後一歲爲匈河將軍，攻胡無功。並見本傳，與紀亦合。

于「丹陽丹陽」下云「楚之先熊繹所封，十八世，文王徙郢」，《史記·楚世家》「熊繹居丹陽」，徐廣、潁容並云：「在南郡枝江。」顧野王《輿地志》云：「秭歸縣東有丹陽城，周回八里，熊繹始封也。」攷丹陽之丹陽，《元和郡縣志》以爲宣州當塗縣枝江，則荆州縣秭歸則歸州縣也。《括地志》以下諸家並主秭歸自熊繹啟疆，五世至熊渠伐庸、揚、越，至于鄂，爭長南服，不應履蹟東圻。故注《水經》亦有「吴楚悠隔，鑑縷荆山」，無容遠在吴境之議焉。于「河南中牟」下云「趙獻侯自耿徙」，此獻侯所徙不應在鄭地中牟。攷《春秋傳》「晉趙鞅伐衛，圍中牟」，是中牟爲衛地。《晏子春秋》「晏子之晉，至中牟」，是後爲晉所取，與鄭南北相去絶遠。于「南郡臨沮」下云：「漳水出荆山東，至江陵入陽水，陽水入沔。」陽水，注《水經》作揚水，云：「水上承江陵，北注于沔。」漳水出臨沮縣，于當陽縣東南百餘里右會沮水，「東南逕長城東東南流，注于江」。是陽水自入沔，漳水乃入江耳。是皆《志》之誤。又于廬江下云「金蘭西北有東陵鄉」，攷《禹貢》「岷山道江，❶東別爲沱，又東至于澧，過九江，至於東陵，東迆北會于匯，東爲中江，入于海」，説者皆以巴丘當東陵，以彭蠡當匯。按沱在今枝江縣，澧在今華容縣，九江今九江府也。過九江始得東陵，不應反出岳州府之上。且《志》明言在廬江矣，江自今望江、東流二縣境始東迆北，然則匯亦非彭蠡也。北江今經流江，南江今吴松江。中江自蕪湖縣下流逕高淳、溧陽、廣德、宜興入于震澤，然則匯即震澤耳。于「隴西氐道」下云：「《禹貢》養水所出，東至武都爲漢。」于武都下云：「東漢水受氐道水，一名沔，過江夏謂之夏水，入江。」于「沮縣」下云：「沮水出東狼谷，南至沙羡南入江。」東漢有兩原：一原出氐道曰漾水，一原出沮縣曰沮水，合爲漢水。《志》于沮水下著過郡行里，于氐道下不復詳者，明沮、漢爲一也。又于「隴西西縣」下云：「《禹貢》嶓冢山在西，西漢水所出，南入廣漢白水，東南至江州入江。」白水即墊江水。西漢亦有兩原：一出廣漢甸氐道徼外，曰白水，東至葭萌入漢；一出嶓冢山，《志》：「東漢于沙羡入江，西漢于江州入江。」是二漢之分也。證以《禹貢》嶓冢道漾東流爲漢，證以《山海經》：「嶓冢之山，漢水出焉，東南流注于沔。」證以《水經》「釋禹貢山川地名」嶓冢山在氐道南諸説，知二漢本出一原，亦猶漆水同出俞山，一流南入杜，一流北入涇，俱得漆水之名；駱水同出駱谷，一流北入渭，一流南入漢，俱得駱水之名，其例一耳。漢氐道故縣在上邽、下辨南北，上邽之西南即嶓冢，下辨之東北亦嶓冢耳。是養水爲東漢正原，而東漢亦出

❶「岷」，原作「汶」，今據《尚書·禹貢》改。

嶓冢無疑也。論者見《志》以嶓冢專屬之西漢，而不言氐道水所出之山，遂疑《禹貢》之文與《志》不合，注《水經》者以庾仲雍云「漢水至關城合西漢水」，又云「諸言漢者多云西漢水至葭萌入漢」；又以常璩云「西原會白水，逕葭萌入漢」，以下流通之，而不知上流亦無二出焉。《漢中記》曰：「嶓冢以東水皆東流，嶓冢以西水皆西流，是以俗稱嶓冢爲分水嶺。」今西漢出嶓冢西，水始西流；東漢出嶓冢東，水即東流；故易辨耳。惟是《水經》以沮水爲東漢正原，注又以河池故道等水屬之西漢，乃顯與志義不符，而後世因之迷惑。是所不解者一也。又今兩當、略陽二縣之間凡水皆應入東漢，而並爲斜谷河所據，其津通互亂不加關證。其不解者二也。又《水經注》有獻水，即庾仲雍所稱「通東西二漢之水」，今山坂糾雜，莫肯究求。其所不解者三也。又《地形志》華陽郡有嶓冢縣，《隋書・地理志》漢川郡有西縣，俱云「縣有嶓冢山」，隋西縣即魏嶓冢縣，在今寧羌州，故葭萌縣地也，而並云「有嶓冢山」者，是求東漢之原于氐道，而不得遂移漢之西縣于葭萌之地，又妄指其縣有嶓冢山。《通典》因之，亦謂嶓冢有兩山，一在天水上邽，一在漢中金牛。金牛即隋西縣，後世通人咸爲所惑。其不解者四也。是東漢水之原，以《禹貢》、《山海經》暨《志》而定，以《水經》暨注而始譌，以魏、隋二《志》暨《通典》而大謬。于「金城臨羌」下云「西北至塞外，有西王母石室，僊海、鹽池，有昆侖山祠。」❶攷《禹貢》「織皮、昆侖、析支、渠搜」，王肅云：「昆侖在臨羌。」蓋互證言之。僊海即西海，王莽所置西

❶「祠」，原作「詞」，今據《新斠注地理志》改。

海郡在此。注《水經》云：「今謂之青海。」臨羌，今西寧府，故城在府城西二百餘里。《十六國春秋》前涼張駿、酒泉守馬岌上言酒泉南山即昆侖丘也。周穆王見西王母在此有石室王母堂、珠璣樓，嚴飾若神宫。此一昆侖也。臨羌西北直酒泉幾七百餘里，而云酒泉南山者，山在今肅州東南二百五十里，正在西寧府之西，故得隸于臨羌耳。于「敦煌廣至」下云「宜禾都尉治昆侖障，廣至在今肅州西沙州衛地」，此又一昆侖也。然不言西王母國在此。于「河關」下云「積石山在西南，河水出」，《志》無域外之談，故河水始于此。凡此皆足以破歷代之疑而增稽古之識者。後人讀書即爲迂遠者多乖信好，拘守小言者又乏真知，班氏之書洵能發揮六經，垂示百代，而折衷之家絶少，辨折之士無聞。坫資稟愚魯，獨學寡羣，猶思于二千年前探賾索隱，惟班氏之書于郡國縣道而外，凡山川奇異、都邑鄉聚、祠壇雜祀、三代别國、土地來往、世系本末、户口官市、風俗因革，罔不畢具。

論注之體要在先覈故實，并發新義。輪廣之術尤爲最宜，約舉大綱，蓋有八焉。一曰攷故城。杜預注《春秋》，酈元注《水經》，每詳遺蹟，而注《水經》按引京相璠《列國地名》、闞駰《十三州志》，采擇尤精。又《通典》、《括地志》、《史記正義》、《後漢書注》、《元和郡縣志》、《太平寰宇記》等書所載故縣，當備録也。二曰攷水道。凡《志》云某水出某山入某水，當以注《水經》條證之。或有互異改流，必據辨也。三曰攷山經。郡縣每多改易，水道歷有遷移，惟山則確乎不拔，然古者水無定形，山無定名。水無定形而有定名，山無定名而有定形，當以無定者證有定，有定者證無定，彼此各證，庶得其實。凡《志》云在某縣南、某縣北，必以本朝見在府聽州縣核表也。四曰尊時制。縣道地址亦以見在府聽州縣核表也。五曰正字音。凡服虔、應劭、韋昭、蘇林、如淳、孟康、晉灼、鄭德、包愷、伏儼、蔡謨諸人音讀皆相傳舊説，當具載也。六曰改誤刊。凡傳刻譌謬相沿，脱落必校正補足也。七曰破謬悠。凡顔籀所妄注、妄改、妄音之處，必盡削使勿存，庶後人不疑惑也。八曰闕疑闕。凡所不知，難求他助，則闕之也。究此八義，乃無悖班氏之旨。班書惟郡縣名大書，他皆以細字分注。今則俱進爲大字，其分析語釋以次降格書之，便于閲也。班書本爲第八卷次上下，今畫一至十六爲卷。椒始于乾隆四十三年戊戌之歲，以五十七年壬子之歲汗青始竟。若夫後世諒余苦心，則同志曰友，亦惟德爲鄰矣。

錢先生東壁

錢先生東塾

錢東壁，字星伯，號飲石，竹汀子。諸生。工詩古文，善書。著《夢漁隨筆》、《三休亭長遺詩》。弟東塾，字學仲，號石橋，諸生。攝吴縣訓導，亦能詩，善畫，分隸行草樸茂，得古法。著《石橋偶存稿》、《琴道堂詩鈔》、《月波堂題畫詩》。東塾子師康，字鄭鄉，少力學，選拔貢生，由武英殿校書敘官祁門教諭。掩關卻軌，攻苦如諸生。著《鄭鄉詩文集》、《游京草》。師慎，字許庭。著《説文繫傳刊誤》。又竹汀從孫師徵，字鑑人，著《五代史補注》、《金石文管見録》、《漢玉剛卯考》。竹汀曾孫慶曾，字又沂。以歲貢生官江陰教諭。通小學，著《古今字假借考》、《説文部居表》、《隸通方名别考》、《嘉定藝文録》、《魚衣塵文稿》、《詩稿》。

錢先生東垣

錢東垣，字既勤，號亦軒，可廬子。嘉慶戊午舉人，官浙江松陽、上虞知縣。先生與弟繹、侗皆通經史，治金石，時目爲三鳳。嘗與繹、侗及同縣秦鑒勘訂《鄭志》，又與桐鄉金錫鬯輯釋《崇文總目》，世稱善本。先生爲學沈博而知要，以世傳《孟子注疏》繆舛特甚，乃輯劉熙、綦毋邃、陸善經諸家注及顧炎武、閻若璩並同時師友之論，附以己見，正其音讀，考其異同，爲《孟子解誼》。又著《小爾雅校證》、《錢志》、《菁華閣帖考異》、《豐宫瓦當文字》、《吴興著述類聚》、《補經義考》、《稽古録辨譌》、《列代建元表》、《建元類聚考》、《勤有堂文集》。

錢先生繹

錢繹，初名東墉，字子樂，一字以成，號小廬。諸生。少承家學，嘗以諸經句讀，徵引家互有異同，據武億《經讀考異》，參稽羣籍，爲《十三經斷句考》。弟侗治《方言》，未竟而卒。先生取其遺稿，删補釐正，爲《方言箋疏》。又著《爾雅疏證》、《説文解字讀若考》、《字詁類纂》，並《釋大》、《釋小》、《釋曲》諸篇，觸類引申，時稱精博。工諸體書。卒年八十。

方言箋疏序

《方言箋疏》之作也，余弟同人實首創之，未及成而即世，其本藏之篋笥者十有餘年。及賦梅姪弱冠後，始出以示余。余閲其本，簡眉牘尾如黑蟻攢集相襍於白蟫趁趁之中，幾不可復辨。余憫其用力之勤而懼其久而散佚也，乃取而件繫之、條録之。凡未及者補之，複出者删之，未盡者詳之，未安者辨之。或因此而及彼者，則觸類而引伸之。譬之築室，其基址、材木、陶埴之資則同人已具之。若陰陽向背、體立覆蓋、牆垣黝堊、户牖門橛，則予實成之。竭數年心力，始得脱稿。

自後時加釐正，而塗乙纂改者又十之六。書成後，間嫌有繁宂處，思欲更爲删節重復鈔寫，多事卒卒，殊少暇晷，兼之手戰目眩，不能捉管，蓋是時余年亦已耄矣。同邑吴子嘯庾與余爲忘年交，於儕輩中獨好訓詁之學。余出此稿示之，囑爲參訂，頗有條理，且録清本貽余。後爲壽陽祁相國索去，吴子又爲余録有此本。我子孫其弆之，毋任鼠傷蟲蝕也。昔毛西河有弟纂《易傳》，未卒業而殁，西河爲續成之，今所傳《仲氏易》即其本也。余之學視西河無能爲役，而事適相類，亦愈以增鴒原之戚矣。爰述其緣起及成書之本末如此。

錢先生侗

錢侗，初名東野，字同人，號趙堂。嘉慶中召試賜緞，充文穎館校録，授知縣，以憂歸，卒。少即以《大學》鄭注校朱子《章句》，能舉其同異。治《説文》，通曆算。竹汀撰《宋遼金元四史朔閏考》未竟，先生證以羣書及金石文字，凡非月朔而有干支可推者，如生日、聖節、射柳、擊毬、御殿、游幸、廷試皆有一定日期。又僞齊用金正朔，其朔可攷，金必相同，計補輯一千三百餘條，廢寢食而後成。王侍郎昶撰《金石萃編》，所論地理、官制多採先生説。

又著《孟子正義》、《九經補韻考證》、《説文音韻表》、《説文重文小箋》、《説文孳乳表》、❶《方言義證》、《釋聲》、《吴語詮》、《羣經古音鉤沈》、《正名録》、《至聖世系表》、《金石録》、《續隸釋》、《趙堂日記》、《歷代錢幣圖考》、《古錢待訪録》、《集古印證》、❷《樂斯堂詩文集》、《蓬萊山館詩草》。子師璟，字子宋，著《錢氏藝文志》。參《續疇人傳》諸書。

潛研弟子

孫先生星衍 别爲《淵如學案》。

邵先生晉涵 别爲《南江學案》。

鈕先生樹玉 别見《艮庭學案》。

談先生泰 别見《里堂學案》。

吴先生東發 别見《儀徵學案》。

任先生兆麟 别見《釣臺學案》。

李先生鋭 别爲《四香學案》。

朱先生駿聲 别爲《豐芑學案》。

瞿先生中溶

瞿中溶，字萇生，一字木夫，嘉定人，竹汀女夫也。諸生，官湖南布政司理問，翁元圻、

❶「説」，原作「記」，今據《書目答問》改。
❷「印」，原作「師」，今據《嘉定縣志》改。

吴榮光、左輔先後爲湖南大吏，均敬禮之。權辰州通判，安福知縣。富收藏，精考證。承修《湖南通志》金石一門，最爲賅備。蓋先生所長也。著《三體石經辨證》、《吴郡金石志》、《古泉山館題跋》、《百鏡軒圖録》、《錢志補》、《續彝器圖録》、《古官印考證》諸書及《奕載堂詩文集》。晚境迍邅，多未刊行。參繆荃孫題跋記。

文集

孔子生卒年月辨

《公羊》襄公廿一年十月經文後云：「十有一月庚子，孔子生。」案此非《春秋經》，故《左氏》無此文。《公羊疏》解云：「《左氏》經無此言，則公羊師後記之。」是也。然《穀梁》亦有此文，上無「十有一月」四字，《公羊》、《穀梁》散傳附經，經傳上皆不加經傳字爲別。且古本三家經與傳皆别行，故漢石經《公羊》無經文，與唐石經異。唐石經《公羊》此文直接上文經「會於商任」之「任」字下。《穀梁》亦然。此文直書其事，與傳之體例不同，是擬於經也。擬於經雖不得謂之經，然又不得謂之傳。《注疏》本既以此文跳行低一字而直加「傳」字於上，非也。又攷陸德明《公羊釋文》亦止標「庚子，孔子生」，與《穀梁》文同。下注云：「傳文上有『十月庚辰』，此亦十月也。一本作『十一月庚子』，又本無此句。」陸氏但云一本，竝不言《穀梁》，且於《穀梁釋文》又不標此與《公羊》異文，可見唐初《公羊傳》本已自不同，不定有此「十有一月」四字，而與《穀梁》有異也。且攷孔穎達《尚書序》正義引《穀梁》以爲魯襄公二十一年冬十一月庚子，孔子生，則《穀梁》亦有有十一月者矣。又可見世俗傳寫二傳之本，皆有此異文矣。惟唐石經《公羊》本有此四字，與陸氏所云之一本同，而今本又皆與之合，後人因據以爲《公》、《穀》異月者，亦非也。《春秋經》是年上文明記「冬十月庚辰朔，日有食之」，則是月當有庚子乃十月二十一日，故《釋文》云：「上有『十月庚辰』，此亦十月也。」然則孔子之生可定爲襄公二十一年十月庚子無疑。且攷《公羊序》疏引顔安樂以襄公二十一年孔子生後即爲所見之世。又王應麟《困學紀聞》引二十一年賈逵注經，亦以爲孔子生於是年，并引昭公二十四年服虔述賈逵語，云「仲尼時年三十五」，竝本《左傳》襄公三十一年孔氏正義。惟《史記・孔子世家》則以爲生於襄公二十二年，卒於哀公十六年，年七十三，其於《世表》及《魯世家》所載皆同。中溶又攷《隸釋》載延熹八年《老子銘》云：「孔子以周靈王二十年生，到景王十年，年十有七。」趙德甫《金石録跋》云：「碑云孔子以周靈王二十年生，今以《世家》攷之，孔子以魯襄公二十二年生，實靈王二十一年，未知孰是？」據此諸文，則漢人所説無不以爲襄公二十一年生也。惟晉杜預注襄公三十一年傳「仲尼聞是語也」，云「以二十二年生，於是十歲」；及後經書「哀公十六年夏四月己丑，孔丘卒」，云「魯襄二十二年生，至今七十三」，皆本《史記》爲説也。并據《釋文》云：「本或作魯襄二十三年生，至今七十二。」則與《史記・孔子世家》異，此本非也。又司馬貞《史記索隱》以《公羊》與《史記》不同，因又爲之説云：「蓋以周正十一月屬明年，故誤也。」又云：「若孔子以魯襄二十一年生，至哀十六年當爲七十三。若襄二十二年生，則孔子年七十二。」經傳生年不定，致使孔子壽數不明。中溶攷《史記・年表》魯襄公二十一年乃周靈王二十年，是歲己酉至哀公十六年壬戌實七十四，而非七十三，陸元朗、小司馬不知就《年表》細攷而正定之，皆爲隨俗不經之語，可笑也。

又案：何休注《公羊》，此文下云「時歲在乙卯」，疏引注文則作「己卯」，皆與《史記・年表》己酉不合。而疏下又解云：「何氏自有《長曆》，不得以《左氏》難之。」中溶案：此作疏者因己卯與杜氏《長曆》己酉不合，故强爲之解耳。攷《説文》篆書「卯」作「丣」，象開門之形；古文「酉」作「丣」，象閉門之形。「丣爲春門，萬物以出；丣爲秋門，萬物以入」，是其義也。故《管子・幼官》篇云：「春三丣同事，秋三丣同事。」卯、酉二字即作丣、丣。何氏係漢人，當時尚知古文，故隸書「酉」猶或作丣，與丣字形相似。後人不知丣爲「酉」，乃譌作「卯」，故《公羊疏》有此説。《毛詩・泮水》「薄采其茆」之「茆」，《説文》引作「茆」，从古文「酉」，徐仙民音柳。又柳、留等字皆从古文「酉」之丣，而今皆誤从卯，可知「己卯」實「己酉」之譌，而乙卯則又因乙、己形相近而譌也。且疑古音卯、酉二字相近，故《詩》「維參與昴」，毛傳「昴，留也」，孔疏引《元命包》云：「昴之爲言留也。」《史記・樂書》「北至於留」，《索隱》云：「留即卯也。」而《樂書》又云「牛者，冒也」，與毛傳「昴，留也」同爲聲相近之字。古音宵、肴、豪字與尤、侯往往相混，故二字聲亦易混。《春秋》年代干支史家記載甚明，即杜注《左氏》以《長曆》推算，亦無不合。如前成公十七年「十一月壬申，公孫嬰齊卒於貍脈」，《公羊傳》曰「非此日月也」，何休注云：「據下丁巳朔，知壬申在十月。」《穀梁傳》則直曰：「十一月無壬申，壬申乃十月也。」而杜注《左氏》亦云：「十一月無壬申日，誤。」

《長曆》推壬申乃十月十五日。謂《公羊》、《穀梁傳》及諸儒皆以爲十月十五日。據此，則何氏所推與杜氏亦無不合之處。豈有何氏別有《長曆》，并太歲干支不符之理？此亦作疏者之謬説也。乙卯必己酉之譌。且攷哀公十四年「西狩獲麟」，《公羊傳》曰：「《春秋》何以始乎隱？」何注云：「據得麟而作。」疏解云：「正以《演孔圖》云『獲麟而作《春秋》，九月書成』，是也。而《揆命》篇云『孔子年七十歲，知圖書，作《春秋》』者，何氏以爲年七十歲者，大判言之，不妨爾時七十二矣。」據疏此文，則卒於十六年正合七十四歲。然則何邵公亦以爲孔子生於襄公二十一年，此其明證也，與顏、賈、服諸漢儒及漢碑之言無異矣。杜氏哀公十六年注又云：「四月十八日乙丑，無己丑，己丑五月十二日，日月必有誤。」愚謂：己丑當亦即乙丑之譌，其誤與何注己酉爲乙卯同。後昭公二十二年十二月癸酉朔，杜以《長曆》校前後當爲癸卯朔，書癸酉誤，蓋又誤丣爲丣，亦即以丣、丣二字形相近而誤也。杜氏不明六書，以致難通。凡《春秋傳》以卯、酉二字錯誤不合而皆可案。杜氏《長曆》而證之者甚多也。

愚以謂孔子生卒年月日，當定以生於襄公二十一年己酉十月庚子，卒於哀公十六年壬戌四月己丑，則與三傳皆合，而數自己酉至壬戌實七十四歲，非七十三歲。從《史記》自不若從三傳之爲古而可信矣。明宋學士濂著有《孔子生卒年月辨》一篇，生主《公》、《穀》歲己酉，卒主《左氏》歲壬戌，相距七十四年，其言不爲無見。而近代閻氏若璩乃謂黄太沖以曆上推斷生於襄公二十二年建酉之月二十七日庚子，與羅泌《路史》脗合，因歎爲定論。予謂《路史》之言多不可信，改二十一年爲二十二年，并改爲酉月，黄氏所推曆法之是否不可得而知，而要與《公羊》、《穀梁》不合，且與《春秋經》所紀之朔日干支全不合，豈可信其言而全改《春秋經》之理乎？外舅錢少詹先生批《困學紀聞》云：「以《三統術》推襄公二十一年十月癸酉朔，庚子月二十八日也，是爲宣尼生之日。年從《公羊》，月從《穀梁》，與《左氏》賈、服説亦合。《史記》作二十二年，或是傳寫誤一爲二。」先生後又以此説刻入《養新録》作：「十月己卯朔，二十二日庚子。」中溶攷春秋朔日干支如有錯誤，杜注以《長曆》推得必於注中舉出，此「十月庚辰朔，日有食之」，及上文「九月庚戌朔，日有食之」，經連書兩朔下杜皆不言其誤。班氏《漢書・律曆志》歷舉《春秋》朔食之誤，亦不及此文。而九月既是庚戌朔，大盡則十月當爲庚辰朔無疑。豈有《春秋經》連書之朔及《公》、《穀》所紀之日皆不可信者邪？且《史記・世表》及《魯世家》竝與《孔子世家》文同，《世家》之字猶或可譌，而《表》則横行隔斷，先後難於移錯，不可僅據《世家》直行之字以爲誤一爲二也。且據《世家》言魯昭公二十年孔子年三十，又孔子年四十二，昭公卒；定公九年，孔子年五十一；今本脱「一」。又定公十四年，孔子年五十六；又魯哀公三年，孔子年六十；又孔子年六十三，哀公六年，皆與襄公二十二年生之説合。楊氏《穀梁疏》謂：「馬遷之言與經典不同者非一，故與此傳異年。」其言最爲明通。愚謂《春秋》爲史官所記，其司曆失閏之處，《左氏傳》已言之，而其日月不合者，則《公羊》、《穀梁傳》又言之。何邵公近生漢代，聞見自真，而杜氏《長曆》所推亦皆與之合，可見杜氏《長曆》灼然不謬。據文公元年孔氏正義云：「春秋之世曆法錯失，所置閏月或先或後，不與常同。杜惟勘經傳上下日月以爲《長曆》，若日月同者，則數年不置閏月；若日月不同，須置閏乃同者，則未滿二十二月頻置閏，所以異於常曆，故《釋例》云：『《春秋》日有頻月而食者，有曠年不食者，理不得一一如算，以守恒數，故曆無有不失也。始失於毫毛，尚未可覺，積而成多，以失弦望朔晦，則不得不改憲以順之。《書》所謂「欽若昊天，曆象日月星辰」，《易》所謂「治曆明時」，言當順天以求合，非苟合以驗天者也。故當修經傳日月以攷晦朔，以推時驗。』下又云：『據經傳微旨，考月辰晦朔，以相發明，爲經傳《長曆》，未必得天。蓋春秋當時之曆也。』是杜自言不與常曆同矣。」自唐一行爲《大衍曆議》，斥杜氏置閏爲謬，於是後代之儒紛紛訾議，不思謂杜氏所推未必盡然則可，而謂《春秋經》連書朔日干支皆誤則不可。《春秋》修於孔子，傳於三家，又經漢、晉諸儒注解發明，而後儒生於數千百年之後，乃欲假託推算之術，擅改宣聖所修之經，似乎於理有背，亦難傳信將來。且即如一行所斥杜氏《長曆》日子不在其月，則改易閏餘以求合，而此年九月、十月兩紀朔日干支，杜氏竝不言誤，亦未移日就月，後儒不知細心攷核，輒望文生義，人持異説以爲是，而乃轉委咎於經傳生年不定，致使孔子壽數不明。如唐之司馬貞者，豈不可歎！

中溶質愚學淺，不能深究算學，何敢指駁前賢，特以此爲宣聖生卒年壽不可不辨，而又辨之不可不明也，故詳論之。後人祇以年月不合則改年月以就庚子之日，而獨不以庚子之日爲疑者，則以有齊時臧榮緒庚子日拜五經故事故也。不知既是庚子，則逆數至前二十一日朔日，正合庚辰，有何可疑？皆因今本《公羊》有「十有一月」四字，惟知執此以論，而不將陸氏《釋文》等細讀，是以難通耳。夫六甲周旬必須兩月，此顯而易見者。十月庚辰朔，故此月有庚子。若改十一月，豈得尚有庚子日乎？後人又但信唐之司馬貞及啖助、陸淳輩之説，以周正、夏正爲二十二年解，獨不思若是十一月應否有庚子日，可謂鹵莽之至矣！

李先生賡芸

李賡芸，字生甫，又字書田，號許齋，江蘇嘉定人。少事繼母孝。從竹汀學通六書、《蒼》、《雅》、三禮。乾隆庚戌進士，官孝豐、德清、平湖知縣。巡撫阮元以守潔才優薦，累遷嘉興知府，以憂去。起授汀州知府，調漳州，擢汀漳龍道，遷福建按察使。先生能勤其官，所至有政聲。其在漳州，屬縣龍遊民械鬭，知縣朱履中不能治，先生以兵往。事定，費帑與履中分任之。監造戰船，飭駮重修，會受代，家人貸於履中，竟其事先生不知也。及權布政使，以甄别改履中教職。履中指前事訐先生，讞屢不定。總督汪志伊持之急，先生自經死。事聞上，遣大臣熙昌、王引之按治得實，履中等抵罪，福建士民請爲建祠。著《炳燭編》四卷、《稻香館詩文稿》。竹汀所著洪、陸、王五譜，先生所校刻也。參阮元撰《良吏李公傳》、《先正事略》。

炳燭篇

桌氏冶氏錯簡

《攷工記》云：「攻金之工，❶桌氏執下齊，

❶「攻」，原作「攷」，今據《周禮注疏》改。

治氏執上齊。」又曰：「四分其金而錫居一，謂之戈、戟之齊；五分其金而錫居二，謂之削、殺矢之齊。」削與殺矢同齊也，戈與戟同齊也，乃築氏爲削不爲殺矢，而治氏爲殺矢，又爲戈、爲戟。是以後鄭疑之，注云：「殺矢與戈、戟異齊而同其工，似補脱誤在此。」賡芸聞諸江徵士曰：「當云：『築氏爲削長尺博尺，合六而成規。欲新而無窮，敝盡而無惡，爲殺矢、爲削。』治氏當云：『爲戈、爲戟則同齊同工，異齊異工矣。』《記》有錯簡，鄭君偶未省耳。」

麻冕

孔安國注以緇布冠釋麻冕，非也。按禮，首服有冕、有弁、有冠，其制不同。《周禮·弁師》：「掌王之五冕，皆玄冕，朱裏，延紐，五采繅，十有二就，皆五采玉十有二，玉笄，朱紘。」蓋冕之爲制，以木爲幹，以玄布衣其上，故曰玄冕。以五采繅繩貫五采玉，垂於延前後，爲之邃延。衮冕十二斿，鷩冕九斿，毳冕七斿，希冕五斿，玄冕三斿。至天子祭天大裘之冕無斿，則不在五冕之數。諸公斿九就以下，諸侯以下遞殺，一命之大夫冕而無斿，士變冕爲爵弁。弁服有爵弁，制略同於冕，惟無斿，又爲爵頭色耳。冕者，俛也，低前一寸二分。爵弁前後平，故不得冕稱。又有「皮弁，會五采玉璂，象邸，玉笄」。又有韋弁，以韎韋爲之。若冠則以緇布，《儀禮·士冠禮》云「缺項，青組纓屬於缺。緇纚，廣長六尺」是也。蓋緇布冠，始冠之冠，凡士以上始冠冠之。冠訖，不復用，惟庶人猶著之。即《詩·都人士》之「緇撮」、《禮記》謂「不蕤，委武，玄縞而後蕤」是也。

它　也

「它」與「也」二字形既不同，聲亦不一，然篆形相似，古音相轉，後來未免溷淆。如訑之爲詑，沱之爲池，佗之爲他，此皆當从「它」而今易从「也」，非也。阤之爲陀，當从「也」而今易从「它」，亦非也。段氏玉裁《六書音均表》於第十七部歌麻韻内謂：「池字也聲，在此部。」今入支，殆忘《說文》之無「池」字也。然段氏謂也聲亦入歌戈韻，猶未的確。蓋「也」字音近毆，而從「也」之字，若弛爲弜之重文，髢爲鬄之重文，易聲在五寘；弛重文作彇，虒聲在五支；地籀文作墬，漢碑及《漢書》皆用籀文「墬」字，乃从自，从土，彖聲，《說文》「彖」讀若弟，彖聲在十二霽，《漢書・丙吉傳》「西曹地忍」之借地爲弟，明古地、弟同聲，弟聲在霽，皆不得入歌戈韻也。由斯例之，則也聲當入支韻無疑矣。《毛詩》如《鄘風・柏舟》「之死矢靡他」，「他」當作「佗」，與河、儀叶，《小雅・小旻》六章、《頍弁》首章、《漸漸之石》三章同；《陳風・東門之池》篇首句亦當作「沱」，《小雅・無羊》二章、《大雅・皇矣》六章同。然亦有從「也」之字與歌戈韻叶者，若《邶風・新臺》「得此戚施」，施與離叶；《王風》「丘中有麻」首章「將其來施」，施與麻、嗟叶；《小雅・車攻》六章「不失其馳」，與駕、猗、破叶；《大雅・卷阿》十章亦同，《小雅・小弁》六章「析薪杝矣」，與掎、佗叶。離聲、麻聲、差聲、加聲、奇聲、皮聲、它聲皆歌戈韻，此蓋轉音而非正音也。如《尚書・禹貢》之「青黎」，《漢書・地理志》作「青驪」；《左》成十八年傳「匠麗氏」，《大戴禮・保傅》篇作「匠黎」，麗聲歌戈麻韻，黎聲齊韻也。《詩・小雅・四牡》「周道倭遲」，《文選注》引《韓詩》作「周道威夷」，即委蛇也，遲聲、夷聲脂韻，蛇聲戈歌韻。凡此可以類推。

氏　氐

「氏」與「氐」兩字也，而形聲相近，每易致誤。从氏之字祇、《示部》有祇、有祇，祇訓神祇，祇訓敬。《易》「祇既平」，《説文》作「禔」；「无祇悔」，王肅作「禔」。案：古「是」與「氏」通，凡從「氏」之字或亦從「多」，如《左傳》「祇見疏也」，即《論語》之「多見其不知量也」。又如《爾雅》「忯忯」，《漢書》孟康注作「恀」。《説文・女部》「姼」，重文作「㚦」。是凡與「是」通者，以皆當作「氏」，不當從「氐」。 芪、跂、狋、豛字之重文。疧、忯、恀字之重文。 汦、紙、抵、案：抵字，《説文》訓側擊，《廣韻》引《説文》作「側手擊」，「抵掌而談」即此字。今皆作「抵」，讀如牴，譌。 㚦、姼字之重文。 蚔、坻。 从「氏」之字祇、牴、呧、趆、迏、詆、此與「呧」字皆訓「呵」，當爲重文。 羝、柢、邸、眡、「視」字之重文，見《周禮》，當从「氏族」之「氏」。 覗、《説文》讀若迷。 底、厎、重文作「砥」，即《詩》「周道如砥」之「砥」，《孟子》引作「厎」，今讀如「底」字。疑从「氏」不从「氏」。 衹、泜、紙、蚳、螘子也，讀若祁，籀文作蟁，古文作䗣，从䖵。❶ 坻、即《詩》「宛在水中坻」「坻」字，重文作「汝」，从夂，又作「渚」，从者。 阺。 按《説文・示部》有祇、祇，《水部》有泜、泜，《虫部》有蚳、蚳，《土部》有坻、坻。

唐節度軍號

唐初，兵之戍邊者大曰軍，如平盧軍、横海軍、天雄軍之等是也。其官曰某軍使，如天德軍使、江寧軍使、餘杭軍使之等是也。自睿宗景雲二年，始置節度使，至玄宗開元時，已有八九鎮。安史亂後，所置益多。或

❶「𡋍」，《説文解字》作「辰土」二字。

以道名，如隴右、劍南之等是也；或以州名，如邠、寧、汴、滑之等是也。厥後又有軍額之賜。然用地名者少，以嘉名者多。每每更改，或易帥則去之。兹取《唐書·方鎮表》所載，羅列於左，以前後爲次，覈以紀傳，並以《資治通鑑》訂焉。

平盧。開元七年，治營州。

天兵。開元八年，當治太原。秋，并州長史、天兵節度大使張說。

朔方。開元九年，是歲置朔方軍節度使，領單于都護府、夏、鹽等六州，定遠、豐安二軍，❶三受降城。

興平。至德元載，治上洛郡。

振武。乾元元年，領鎮北大都護府、麟勝二州。

鎮國。上元二年，治華州，亦曰關內節度。

成德。寶應元年，治恒州。王溥《唐會要》：「鎮州節度使大曆十四年四月名曰成德。」

昭義。大曆元年，治相州。至中和三年，有兩昭義：一治邢州，一治潞州。

永平。大曆七年，賜滑、亳節度使號。貞元元年更號。

淮寧。大曆十四年，賜號淮寧軍，尋號申、光、蔡。

鎮海。建中元年，賜浙江東西兩道節度使號，治潤州。貞元三年，罷。《會要》：「六月以團練爲節度，尋改軍。」

宣武。建中二年，賜宋、亳、潁節度使號，治宋州。《會要》：汴、宋、潁、亳節度，建中三年二月二日名其軍曰宣武。

義武。建中三年置。按：罷成德軍而析其所領之易、定二州置也。《會要》：五月。

保義。建中四年，賜興、鳳、隴節度使號，貞元三年罷。

奉義。建中四年，以隴州置，尋廢。

❶「豐安」、「軍」，原作「安豐」、「年」，今據《新唐書·方鎮表》改。

保寧。興元元年，賜河東節度號，貞元三年復爲河東。

奉誠。興元元年，以同州置，當年罷。

義成。貞元元年更永平號。《會要》：四月。

横海。貞元三年置，領滄、景，治滄州，大和三年罷。

忠武。貞元十年賜陳、許節度號。《會要》：貞元二《會要》：貞元二年二月改淮西。十年四月。

彰義。貞元十四年賜申、光、蔡節度號，元和十二年改淮西。《會要》：正月。

奉義。貞元十九年賜安黄節度號，元和元年罷。

武昌。元和元年，升鄂、岳觀察使爲武昌軍節度使，《會要》：二月。五年罷。

保義。元和元年，升隴右經略爲節度，賜號，尋復舊名。

武寧。元和元年，置領徐、泗、濠，治徐州。《會要》：貞元二十一年三月名徐州軍，咸通四年四月降爲支軍，隸兗州。

鎮海。元和二年，升浙江西道都團練觀察使爲鎮海軍節度使，四年廢。

保信。元和四年，置領德、棣二州，此蓋升都團練守捉使爲之。五年廢。

天平。元和十五年，賜鄆、曹、濮節度使號。《會要》：十年三月平李師道，以十二州分三節度，馬總爲天平軍。

保義。大和元年，升晉慈觀察使爲保義軍節度，是年即罷。

義昌。大和五年，賜齊、德、滄節度號。《會要》：大和五年正月，以滄、景、德置。

鎮海。大和九年復置，數日，廢。❶既而復置，踰月又廢。❷

歸義。會昌二年，升天德軍使爲歸義軍節度使，尋

❶「廢」，原脱，今據清《滂喜齋叢書》本《炳燭編》卷四補。
❷「踰月又」，原作「數日」，今據《炳燭編》改。

廢。《會要》：四月，天德都防禦使田年，又天德都團練副使。據《通鑑》六月甲申，以嗢没斯所部爲歸義軍，以嗢没斯爲左金吾大將軍充軍使。三年二月，停歸義軍，以其士卒分隸諸道。

武昌。大中元年復置，三年罷。

武昌。大中四年復置，六年罷。

歸義。大中五年置歸義軍節度使，領沙、瓜、甘、肅、鄯、伊、西、河、蘭、岷、廓十一州，❶治沙州。十月，沙州防禦使張義潮以河、湟十一州歸，十一月置軍沙州，以義潮爲節度觀察使。《會要》作八月。

鎮海。大中十二年。

鎮海。咸通三年復置，八年廢。

天雄。咸通五年，升秦、成兩州經略天雄軍使爲天雄軍節度，觀察、處置、營田、押蕃落等使。

鎮南。咸通六年，升江南西道團練觀察使爲鎮南軍節度使，乾符元年廢。五月辛丑置，壬申以桂管觀察使嚴譔爲使。

浄海。咸通七年，升安南都護爲浄海軍節度使。十一月置，浄作静，仍以高駢爲使。

定邊。咸通八年，置定邊軍節度，觀察、處置、統押近界諸蠻，并統領諸道行營兵馬制置等使，領嶲、眉、蜀、邛、雅、嘉、黎七州，治邛州。十一年廢。九年六月，以鳳翔少尹李師望之奏置於邛州，即以師望爲嶲州刺史，充節度使，十一年正月癸酉廢，以七州歸西州。

大同。咸通十年十月，上嘉朱邪、赤心之功，置大同軍於雲州，以赤心爲使。注：「會昌中已置大同軍團練使。」

感化。咸通十一年，升徐、泗觀察使爲感化軍節度使，光化元年罷。舊紀其徐州都團練使改爲感化軍節度，徐、宿、淮、泗等州觀察處置等使。《通鑑》：十一月丁卯，復以徐州爲感化軍節度使。《會要》：十一月。

鎮海。咸通十一年，復置景福。二年徙治杭州。光化元年二月，錢鏐請徙鎮海軍於杭州。

泰寧。乾符三年正月，賜兖海號。

定難。中和二年，賜夏州節度號。《會要》：元年十

❶「鄯」，原作「鄭」，今據文淵閣《四庫全書》本《大事記續編》卷五七改。

二月。

保大。中和二年，賜渭北節度號。三月，賜鄜坊號。渭北即鄜坊。

鎮南。中和二年五月，復置，以湖南觀察使閔勖爲使，因高安人鍾傳逐江西觀察使高茂卿據洪州也，勖辭不行。

保塞。中和二年，以延州置。光化元年，更名。五月置，以授保大行軍司馬、延州刺史李孝恭賞破黄巢復京城之功。《通鑑》作「三年」。

奉國。中和二年，升蔡州防禦爲奉國軍節度使。元年八月，楊復光奏升蔡州爲奉國軍，以秦宗權爲防禦使。復光、忠武監軍也。

代北。中和三年賜雁門節度號。

欽化。中和三年，升湖南觀察使爲欽化軍節度使，光啟元年改名。八月置，觀察閔勖爲使。

義勝。中和三年，升浙江東道觀察使爲義勝軍節度使，光啟三年改名。十二月，以劉漢宏爲使。

昭義。中和四年八月，李克用請以弟克修爲昭義軍節度使。由是昭義分爲二鎮：澤、潞爲一，邢、洺、慈爲一。天復元年，合爲一。

武安。光啟元年，改欽化軍爲武安軍。二年七月，更以授衡州刺史周岳。

武定。光啟元年，置洋州。❶

感義。光啟二年，升興、鳳二州防禦使爲感義軍節度使。乾寧四年改名。正月置，以楊晟爲使，守散關。時僖宗再幸蜀。

護國。光啟元年，賜河中節度使號。

静難。光啟元年，賜邠寧節度使號。中和四年十二月。

宣義。光啟二年，改義成軍節度使號，朱全忠請改，以避其父名。

感義。光啟二年。

佑國。光啟三年，升東畿觀察兼防遏使爲佑國軍節度使，光化三年復舊。文德元年六月，置於河南府，以張全

❶「置」，據文例當作「治」。

義爲使。

忠義。文德元年，賜山南東道號。天祐三年，復舊名。五月，趙德諲以山南東道降，泰宗權遺據襄陽者。朱全忠請爲蔡州四面行營副都統，乃置此軍。

威勝。光啟三年，改義勝軍爲威勝。

永平。文德元年置，領邛、蜀、黎、雅四州，治邛州。大順元年廢。十二月丁亥置，以授王建。大順十月癸未廢，以王建爲西川節度使，其志也。

威戎。文德元年，升彭州防禦使爲威戎軍節度使，領彭、文、成、龍、茂五州，治彭州。十二月，田令孜假威戎節度使，使守彭州。

忠國。文德元年置，治湖州。乾寧三年十一月，湖州刺史李師悦求旌節，乃置忠國軍，告身旌節未入境，師悦卒。

保義。龍紀元年，賜陝、虢節度號。四月。

鎮南。龍紀元年，復升江南西道觀察使爲鎮南軍節度使。

宣義。大順元年六月，更義成名。

武泰。大順元年，升黔州觀察使爲武泰軍節度使。天復三年，徙治涪州。❶

寧國。景福元年，升宣歙團練使爲寧國軍節度使。天復三年，廢爲都團練觀察使。大順元年三月，賜號，以楊行密爲使。景福二年九月，以鏐爲鎮海軍節度升武勝防禦也。

威勝。乾寧元年，以乾州置。

匡國。乾寧二年，以同州置。四年四月，賜同州號。以防禦李繼瑭爲節度。注：「王行約已爲匡國節度，行約死，復爲防禦使耳。」

彰義。乾寧元年，賜涇原號。《通鑑》：「大順二年，賜涇原號。」

清海。乾寧元年，賜嶺南東道節度使號。七月，以薛王知柔爲使，同平章事，仍權知京兆尹，判度支，充鹽鐵轉運使。俟反正日赴鎮。時昭宗駐石門鎮。

寧國。乾寧元年，升容管觀察使爲寧國軍節度使。

❶「涪」，原闕，今據中華書局本《資治通鑑》卷二六四補。

鎮東。乾寧三年十月，錢鏐請兼浙東，乃以爲鎮海、威勝兩鎮使。丙子，更威勝曰鎮東。

昭武。乾寧四年，更感義軍名。三月，更名，治利州，以前靜難節度使蘇文建爲使。

武信。乾寧四年置，領遂、合、昌、渝、瀘五州。光化元年五月甲午，置于遂州，王建之志也。

泰寧。乾寧四年，賜沂海號。

寧遠。乾寧四年六月，置寧遠於容州，以李克用大將容管觀察蓋寓爲節度。

威武。乾寧四年，升福建都團練觀察處置使，爲威武軍節度使。三年九月庚申，升以觀察使王潮爲節度。按梁克家《淳熙三山志》亦以爲三年。

昭信。光化元年，升昭信軍防禦使爲節度，治金州。

寧塞。光化元年，更保塞軍名，又更衛國。

衛國。光化元年，更寧塞名。

鎮國。光化元年，以華州置，兼興德尹，天祐三年廢。閏十二月。

武貞。光化元年置，領澧、朗、漵三州，治澧州。❶

靜江。光化二年，升桂管經略使爲靜江軍節度使。九月，升以經略使劉士政節度。

保勝。天復元年，升隴州防禦使爲保勝軍節度號。

佑國。天祐元年，以京畿置領金、商二州。二年三月，朱全忠奏以長安爲佑國軍，以韓建爲使。三年閏十二月乙丑，廢鎮國軍，以金、商隸佑國，以華州隸匡國。

天雄。天祐元年，賜魏博號。

戎昭。天祐二年，賜昭信軍號。十月本置金州，時已爲王建所有。《會要》云：「天祐二年九月，以金州置。三年四月，復以爲州。」

武安。天祐二年，更戎昭號。

武順。天祐二年，更成德號，十月以朱全忠父名誠也。《會要》云「九月」。

義勝。天祐三年置，領鼎、耀二州。

---

❶「治」，原作「置」，今據《炳燭編》改。

李先生文藻

李文藻，字素伯，一字茝畹，號南澗，益都人。乾隆庚辰進士，選廣東恩平縣知縣，擢桂林同知，未幾卒，年四十九。調潮陽縣，居官以清白强幹稱。購書籍，置書院中，以教學者。止械鬬，禁盜牛，以印烙牛角登簿爲驗，無得隱者。大吏嘗下其法於所部行之。平生窮經志古，肆力於漢唐注疏。聚書數萬卷，皆自校讐，丹鉛不去手。聞王蘭泉有惠氏《易漢學》諸書，揮汗借鈔，不以爲苦。嘗訪張蒿菴、江慎修、惠定宇遺書，刻之名曰《貸園叢書》。尤嗜金石，崖洞寺觀椎拓無遺。詩文自攄所見，不傍人門户，亦不道前輩之短。所著有《南澗文集》二卷及恩平、潮陽、桂林《詩集》。潛研先生爲己卯鄉試座主，過從最密。既别，書問無逾月。故嘗論之曰：「湛思著書，欲以文學顯，而世顧稱其政事，爲三反之一也。」參史傳、錢大昕撰墓志銘。

文集

姑幕攷

昔商侯國有姑幕之名，漢置縣，爲都尉治，王莽時曰季睦。其故城，元于欽謂當在密州，明公鼐則謂姑幕即東莞之境，且援《春秋》杜注「姑幕縣東北兹亭」及《水經注》爲證。《水經注》引京相璠曰：「瑯琊姑幕縣南四十里員亭，故魯鄆邑。」《郡國志》東莞有鄆亭，而後齊時嘗并姑幕入東莞。如謂姑幕在密州，則去東莞二百餘里，安得有四十里之鄆亭乎？此鼐所以正《齊乘》之失也。然魏收《地形志》、《博物志》皆曰「姑幕城東南五里有公冶長墓」。《寰宇記》則謂長墓在密州西北五十里，姑幕在莒縣東北百六十里，是《齊乘》所云當在密州者，原未爲無據。夫一曰在密州，一曰在東莞，二説不同，而安丘舊志獨稱姑幕在今諸、莒之交，故《青州府志》屬之莒州，辨其非石埠路古城，而以在莒東北百六十里十字路者爲確。蓋從劉璞《野述》之説，則思容、孝興可不相背。即推之《後漢書·劉盆子傳》自莒而姑幕，自姑幕而青州，亦無不與道里相脗合。甚矣！其説之得也。若顔師古《地理志》注及《晉志》、《通典》、《十道紀》、章懷太子俱以姑幕爲薄姑。薄姑乃古爽鳩氏之地，成王時與西國作亂，因滅之，以益太公，六世胡公徙居之，遂爲齊郡邑。《路史》曰：「在臨淄西北五十里。」今博興縣北十五里有薄姑城。」而諸説以姑幕當之，其説謬誤，又不待智者而知也。夫姑幕故址雖若難知，而《水經》謂「浯水過姑幕北」，《博物志》謂「城東有公冶長墓，去錫山不遠」，夫錫山、浯水依然在也，就其地求之，非今十字路郚而何哉？至酈云「姑幕故城東有五色土，王者封建諸侯，隨方授之」，今其□湮没久矣。

滸山濼水利議

滸山濼在鄒平縣西二十里，其源自章丘縣之萬家口小清河水分支溢入濼，周四十里，爲地可數百頃，東南近長白山，西北地勢亦高，伏秋數面坡水皆匯於中，其北近清河溝。《山東通志》云「濼由清河溝仍入小清河」，而今濼水經歲不涸，則其下流不能通暢之故也。小清河自新城縣以下累歲汎溢爲害，故無敢主導濼入清之議者。按濼地廣闊，附近居民僅收魚蝦微利，一望森茫，盡爲茂草，求其如章丘縣之繡江、博興縣之錦秋湖，蒲葦藕稻爲民重利者萬不及一。其故貧民知其利而不爲，富民能爲而不敢爲。以周四十里之地僅有數尺之水，輒棄爲澤國而不爲之計，深屬可惜。治之之法，似宜先塞萬家口，俾小清河水不得溢入。更疏清河溝爲之尾閭，必無不洩之坡水矣。如以妨於下游爲患，則擬就濼治濼，倣井田遺制，多開溝渠，以容積水。以高田固可禾黍，下者亦宜穇稻，最下仍不失菱藕蒲葦之利。以本縣之民墾本縣之地，不及半年，應有成效。然後量其地之多寡與其高下，分給附近邨民，陸續升科，俾爲世業，數年以後，其利當有倍於高田者。

蔡先生雲

蔡雲，字鐵耕，元和人。諸生，從竹汀肄業紫陽書院。著《人表攷校補》一卷，《癖談》六卷。敍古泉源流，多本師說。又有蔡邕《月令章句》輯本。陸準《癖談序》、陶濬宣《漢書人表攷校補跋》。

陳先生詩庭

陳詩庭，字令華，一字蓮夫，號妙士，江蘇嘉定人。以學行著於時，爲竹汀入室弟子。嘉慶己未進士，未謁選，卒。通六書之學，謂六書之始依類象形，形聲相益而聲亦有義，聲同義同，聲近義近，文字、聲音、訓詁一以貫之。討論經義精審詳確。著《說文聲義》、《讀書瑣記》。參葛其仁《五友傳》。

潛研交游

盧先生文弨別爲《抱經學案》。

王先生鳴盛別爲《西莊學案》。

戴先生震別爲《東原學案》。

紀先生昀別爲《獻縣學案》。

王先生昶別爲《蘭泉學案》。

朱先生筠別爲《大興二朱學案》。

翁先生方綱別爲《蘇齋學案》。

段先生玉裁別爲《懋堂學案》。

汪先生中別爲《容甫學案》。

梁先生玉繩別爲《錢塘二梁學案》。

褚先生寅亮

褚寅亮，字搢升，號鶴侶，長洲人。祖思，縣學生，治《穀梁春秋》；父省曾，歲貢生，治《毛詩》，皆有論著。先生九歲爲《諸葛武侯論》，父見而心喜之。入塾，自力於學，爲府學諸生。乾隆十六年南巡，召試，賜舉人，授内閣中書，從都御史梅㲄成受算術，遷刑部主事，監督本裕倉，進員外郎。三十六年，居父喪，年已近六十，哀毁盡禮。服闋，補原官。

四十年夏，以病辭歸，主常州龍城書院。久之，又以病辭。五十五年卒。先生少以博雅稱，心力精鋭，讀諸史訂其譌繆。中年治經，讀《儀禮》，以鄭注精深，非後儒可及，遂以「宗鄭」自號。嘗謂宋人説經好爲新説，惟《儀禮》爲樸學，空談義理者不能措辭，而朱子以下又崇信之，故鄭學未爲異義所汩。及敖繼公撰《集説》，與康成立異，特其巧於立言，含而不露，若無意於排擊者。説有不可通，甚且改竄經文，曲就其意。學者苦《注疏》難讀，喜其平易，乃盛行於世。萬斯大、沈彤於鄭注亦多所糾駁，張爾岐、馬駉但粗爲演繹，於繼公之説似是而非者，均未能正其失。乃撰《儀禮管見》，推闡鄭學，匡繼公之謬。又謂三傳註解惟《公羊》爲漢學，孔子作《春秋》，本爲後王制作，後儒訾議之者，實違經旨。依何注撰《公羊傳釋例》十卷，發揮五始、三科、九旨、七等、六輔、二類之義。又因何劭公言禮有殷制，有時王之制，與《周禮》不同，撰《周禮公羊異義》。於天文推步測算之學尤有神解，撰《句股三角術圖解》、《句股廣問》，皆有心得。他所著有《周易一得》、《四書自課録補遺》、《穀經》、《訂定朱子年譜》、❶《十三經、諸史、諸子、諸家文集筆記》、❷《宗鄭山房詩文集》、《雜記》。參史傳。

儀禮管見

《鄉飲酒·記》：「立者東面北上。若有北面者，則東上。」經明言「東上」，故註以「統

❶「訂定」，清光緒九年刊本同治《蘇州府志》卷一三七作「重訂」。

❷「家」上，同治《蘇州府志》有「名」字。

於門」解，門在東，則不得以西爲上也。敖氏改經「東」字爲「西」字，以生曲説，不可從。

《鄉射・記》：「勝者之弟子洗觶，升酌，南面，坐奠於豐上。降，袒執弓，反位。」經云「勝者之弟子」，則即是射賓中之年少者矣。以是勝黨故「袒執弓」。降時始執者，前洗酌有事也。先反射位者，事畢也。註皆依經立訓，敖氏以此弟子爲設楅、設豐之輩，位在堂西，而不與射，故以「袒執弓」三字爲衍文，而以「反位」爲反堂西之位，删經破註，非上「司馬袒決執弓」之比，斷不可從。

《燕禮》：「媵觚於賓。」凡獻以爵者，則酬以觶。今獻既辟正主而不用爵，則酬亦不用觶矣，安可改「觚」爲「觶」？

《大射儀》：「揖以耦，左還，上射於左。」上射位在北，下射位在南，兩禮同也。但《鄉射》位在楅西，從楅向西，則北爲右，故云「上射於右」。《大射》次在楅東，從楅向東，則北爲左，故云「上射於左」。敖氏乃改「於左」「左」字爲「右」字，謂與《鄉射》同，亦昧於東、西之别矣。

《喪服・記》：「公子爲其母練冠，爲其妻縓冠。」練冠冠紕，亦緣以縓，《間傳》所云「練冠縓緣」是也。就其質而言之，直曰練冠；就其紕而言之，亦曰縓冠。母重故言其質，妻輕故言其紕，其實一也。「縓冠」之「縓」不必改爲「練」。

《士虞・記》：「明齊溲酒。」注以「明齊溲酒」爲酒而無醴。敖氏謂有醴無酒，蓋據《郊特牲》「明水涚齊，貴新也」。以「明齊」爲醴，以「溲酒」爲衍，删經破注，決不可從。下云「普薦溲酒」，專言酒不及醴，斯可知無醴矣。

《特牲饋食禮》：「三拜衆賓，衆賓答再拜。」敖氏欲改再爲一，謬也。《鄉飲酒》「衆賓答一拜」者，大夫爲主人也；《有司徹》之

「答一拜」者，大夫爲祭主也；此則士禮，安得以彼相例而妄改經文乎？下經「主人拜賓，如初」，亦同。

令華家學

陳先生瑑

陳瑑，字聘侯，一字恬生，號小蓮，令華子，舉人。亦通六書，兼習《九章》，自號六九學人。著《説文引經考》、《説文舉例》、《春秋歲星算例》、《國語翼解》、《六九齋譔述稿》，卒年五十九。參葛其仁《五友傳》。

清儒學案卷八十四終

清儒學案卷八十五

天津徐世昌

大興二朱學案

笥河提倡《説文》，請開《四庫全書》館；南厓甘盤舊學，致君澤民，又宏獎士林，敦崇實學，皆乾嘉間主持風會之人，宜當世奉爲泰山北斗也。述《大興二朱學案》。

朱先生筠

朱筠，字竹君，一字美叔，號笥河，大興人。乾隆甲戌進士，改庶吉士，授編修，累遷侍讀學士。督安徽學政，以實學教士。謂讀書必先識字，特取舊本《説文解字》重爲校刻，自製序文，揭以四端：曰部分，曰字體，曰音聲，曰訓詁，爲學六書者指示塗徑。又以稽古莫如金石文字，可以證古書之譌，補史事之軼，而篆隸變革，其源流亦可考見。所在搜訪，得裒集千餘種。時朝廷詔求遺書，因疏言：「翰林院藏有《永樂大典》，中多古書，宜就加採録。」且條畫搜輯之法甚備。上嘉之，乃命開《四庫全書》館，從事編纂。後《全書》告成，其得之《大典》中者至五百餘部，自先生發之也。又請仿漢唐故事，擇儒臣校正十三經文字，勒石太學。會以某生欠考事降級調用，復爲編修。嘗言翰林以立品讀書爲職，故終歲足不至達官門。惟聚書數萬卷，考古著録。乾隆四十六年卒，年五十有三。生平博聞宏覽，解經宗鄭、孔，而兼參宋元諸儒之説；論史宗涑水，而歷代諸史亦皆考究貫串，證其同異。迴翔詞苑二十年，所至以人才、經術、名教爲重，承學之士翕然向風。著有《十三經同異》若干卷，《笥河文集》十六卷，《詩集》二十卷。參史傳、朱珪撰墓誌銘、王昶撰墓表。

文集

請正經文勒石太學以同文治摺子

臣備員詞館，出任學臣，伏念安徽大省，務思以實學訓迪多士。校藝之餘，輒舉御纂、欽定諸經及《康熙字典》與之講習，諸生亦頗蒸蒸嚮風。第其中詞彩可觀，而樸學未盡，每閲數卷，俗體別字觸目皆是，其尤甚者，瑕瑖不分，謟諂莫辨，據旁著處，適内加商，良由經訓之未深，以致字體之罔定。江南且然，何況小省？其何以識字通經，由鄉、會兩試進，應殿廷之對乎？臣竊惟書契之作，聖人所以治百官而察萬民。周禮、漢律童子試誦，職在小學。漢嘉平中，詔蔡邕等書石經，立太學門下。觀視筆寫，至於填塞街陌，傳爲盛事。晉唐以後，代有石經，而開成之刻現存陝西，窮經之士奉爲依據。然則欲多士字體之正，非本經文以示之準，或不可缺。我皇上稽古右文，超越往代。武英頒刻，嘉惠士林，無不詳具。惟上庠之書，未刻於石，臣愚以爲，聖人文德武功美備之後，必將著金櫝、鏤玉版，用式於典謨，以一同文之治。矧六籍所垂，學官弟子朝夕誦法者，敢請敕下儒臣取十三經正文，依漢許慎《説文》、梁顧野王《玉篇》、唐陸德明《釋文》校定點畫，選擇翰林、中書之工書者以清、漢二體書書之，摹勒上石，刊於國子監之壁，永永昭示萬世。行見多士益將踴躍於變，於文思之化，鴻都之書不足道也。臣知識短淺，是否可採，伏冀睿鑒施行。

謹陳管見開館校書摺子

竊惟載籍重於左史，目録著於歷代，典至鉅也，制至詳也。我皇上念典勤求，訪求遺書不憚再三。凡在鼓篋懷槧之倫，莫不蒸蒸然思奮勉，獻一得。矧臣蒙恩，職廁文學，敢竭聞見知識一二，爲我皇上陳之。一，舊本鈔本，尤當急搜也。漢唐遺書存者希矣，而遼、宋、金、元之經注文集，藏書之家尚多有之，顧無刻本，流布日少。其他九流百家、子餘史別，往往卷帙不過一二卷，而其書最精，是宜首先購取，官鈔其副，給還原書，用廣前史藝文之闕，以備我朝儲書之全，則著述有所原本矣。一，中祕書籍當標舉現有者，以補其餘也。臣伏思西清、東閣所藏，無所不備。第漢臣劉向校書之例，外書既可以廣中書，而中書亦用以校外書。請先定中書目録，宣示外廷，然後令各舉所未備者以獻，則藏弆日益廣矣。臣在翰林，常繙閲前明《永樂大典》，其書編次少倫，或分割諸書以從其類，然古書之全而世不恒覯者，輒俱在焉。臣請敕擇其中古書完者若干部，分別繕寫，各自爲書，以備著録。書亡復存，藝林幸甚。一，著録、校讐當並重也。前代校書之官，如漢之白虎觀、天禄閣，集諸儒校論異同及殺青，唐宋集賢校理官選其人，以是劉向、劉知幾、曾鞏等並著專門之業。歷代若《七略》、《集賢書目》、《崇文總目》，其書著有師法。臣請皇上詔下儒臣分任校書之選，或依《七略》，或準四部，每一書上，必校其得失，撮其大旨，敘於本書首卷，並以進呈，恭俟乙夜之披覽。臣伏查武英殿原設總裁、纂修、校對諸員，即擇其尤專長者，俾充斯選，則日有課，月有程，而著録集事矣。一，金石之刻，圖譜之學，在所必録也。宋臣鄭樵以前代著録陋闕，特作二《略》以補其失。歐陽修、趙明誠則録金石，聶崇義、吕大臨則録圖譜，並爲考古者所依據。請特命於收書之外，兼收圖譜一門。而凡直省所存鐘銘碑刻，悉宜拓取，一併彙送校録良便。臣檮昧之見，是否可採，伏冀睿鑒施行。

說文解字敍

漢汝南召陵許君慎，范蔚宗《儒林傳》不詳，惟曰：「五經無雙許叔重。爲郡功曹，舉孝廉，再遷除洨長，卒於家。作《說文解字》十四篇。」本書召陵萬歲里公乘許沖上書言：「先帝詔侍中騎都尉賈逵修理舊文，臣父故太尉南閤祭酒慎本從逵受古學，博問通人，考之於逵，作《說文解字》凡十五卷。慎前以詔書校書東觀，教小黄門孟生、李喜等，以文字未定，未奏上。今病，遣臣齎詣闕。建光元年九月己亥朔二十日戊午上。」徐鍇曰：「建光元年，安帝之十五年，歲在辛酉也。」按《賈逵傳》：「肅宗建初九年，❶詔逵入講北宫白虎觀、南宫雲臺。」「八年，詔諸儒各選高才生受左氏、穀梁《春秋》，古文《尚書》，《毛詩》，皆拜逵所選弟子及門生爲千乘王國郎，朝夕受業黄門署。」據此知許君校書東觀、教小黄門等，當在章帝之建初八年，歲在癸未也。本書許君自敍言「粤在永元困敦之年孟陬之月朔日甲申」，「次列微辭」。徐鍇

❶「九」，據《後漢書》當是「元」字之訛。

曰：「和帝永元十二年，歲在庚子也。」按《逵傳》逵以永元八年自左中郎將「復爲侍中、騎都尉，内備帷幄，兼領祕書近署」。據此知許君本從逵受學，其考之於逵作此書，正當逵爲侍中之後四年。其後二十一年，當安帝之建光元年，歲在辛酉，君病在家，書成，乃令子沖上之也。其始末略可考見如此。

夫許君之爲書也，一曰「世人詭更正文，鄉壁虚造不可知之書」，一曰「諸生競説字解經，誼稱秦之隸書爲倉頡時書」，一曰「廷尉説律至以字斷法」，「皆不合孔氏古文，謬於《史籀》」，恐巧説衺辭使學者疑，於是依據宣王太史籀《大篆》十五篇、丞相李斯《倉頡篇》、中車府令趙高《爰歷篇》、太史令胡毋敬《博學篇》、黄門侍郎揚雄《訓纂篇》諸書，又雜采孔子、楚莊王、《左氏》、《韓非》、《淮南子》、司馬相如、董仲舒、京房、衛宏數十家之説，然後成之。又曰「必遵舊文而不穿鑿」，又曰「非其不知而不問」，蓋其發揮六書之意指，使百世之下，猶可以窺見三古制作之意者，固若日月之離天，江河之由地。其或文奥言微，不盡可解，亦必明者之有所述，師者之有所授，後學小生區文陬見，不得而妄議已。《易》曰：「書不盡言，言不盡意。」瞰其大要，約有四耑，一曰：部分之屬而不可亂。敍曰：「其建酋也，立一爲耑，據形系聯，引而申之，以究萬原，畢終於亥。」是以徐鍇作《繫傳》有《部敍》二卷，本《易·序卦傳》爲之，推原偏旁所以相次之故，使五百四十部一字不紊。今起東既疑韻書，而比類又從字體，便於檢討，實昧聲形。自李燾之《五音韻譜》作，而部分紛然，自亂其例矣。一曰：字體之精而不可易。夫篆本異文而今同一酋者，奉、奏、春、秦、泰是也。篆本同文而今異所从者，辵、從、赴、徒是也。賊之从戈，則聲而改从戎，賴之从貝，刺聲而改从負，半譌也。䑞之爲舜，壺之爲壺，𠙹之爲曲，[illegible]之爲爵，全譌也。以「气化」之「气」當乞，而「氣牽」之「氣」遂當气，於是有俗「餼」字；以「萎飼」之「萎」當餧，而「饑餧」之「餧」遂當萎，於是有俗「餒」字。此因一字以譌數字者也。匈已从「勹」而又从「肉」，州已从「川」而又从「水」，既重其類；亞从「土」而加土，蜀从「虫」而加虫，又重其从。此并二字以譌一字者也。从者失从，滋者不滋。自隸一變之，楷再變之，而字體莫之辨識矣。一曰：音聲之原可以知。農之从晨、囟聲，《玉篇》囟、窗同，《考工記·匠人》「四旁兩夾窗」，窗一音悤，徐鍇以爲當從「凶」乃得聲，非也。移之从禾、多聲，古音「弋多反」，《楚辭》：「夫聖人者不凝滯於物，而能與世推移，舉世皆濁，何不淈其泥而揚其波。」徐鍇以爲多與移聲不相近，非也。能之足似鹿，从肉、㠯聲，古音奴來、奴代反，《詩》：「其湛曰樂，各奏爾能。賓載手仇，室人入又。酌彼康[illegible]，以奏爾時」，徐鉉等以爲㠯非聲，疑象形，非也。擿之從手、啻聲，陟革反，去聲則陟寘反，啻與商同文，擿與適同聲，《詩》「勿予禍適，稼穡匪解」，徐鉉等以爲當从適省乃得聲，非也。此音聲之可據者也。一曰：訓詁之遺可以補。《易》「其牛觢」，觢，一角仰也。《爾雅》「皆踴觢」，郭注：「今竪角牛也。」《書》「西伯既𢦟黎」，𢦟从戈、今聲，殺也，不當作「戡」，戡，刺也。《詩》「深則砅」，砅从水、从石，履石渡水也；「在彼淇厲」，蒙梁而言，亦此訓也。「得此䵶鼀」，䵶，一爲鼀，鼀鼀，詹諸也；「縞衣綥巾」，綥从糸、畀聲，未嫁女所服，處子也。《周禮》「垗五帝於四郊」，垗，畔也，爲四時界祭其中也。《春秋傳》「修涂梁溠」，溠，荆州浸也。《職方氏》豫州「其浸波溠」，鄭注：「《春秋傳》曰『楚子除道梁溠』，則溠宜屬荆州，在此非也。」「闞砦之甲」，砦，水邊石也。《論語》「小人窮斯嚂矣」，嚂从女，監聲，過差也。《孟子》「呭呭猶沓沓」，呭呭，多言也；沓沓，語多沓沓也，所謂「言則非先王之道」也。《爾雅》「西至汃國，謂四極」，汃从水、八聲，西極之水也。《廣韻》：「汃，府巾切，西方極遠之國。又普八切，西極水名也。」不當作「邠」，邠，周大王國也。此訓詁之可據者也。

部以屬之，體以别之，音以審之，訓以絜之，文字之事加諸蔑矣。後之非毁許君者，或摘其一文，或泥其一説，歷代以來，不量與撼，要無足論。惟近日顧氏炎武修紹絶業，學者所宗，而於是書，亦有不盡然之言。竊恐瞽説附聲，信近疑遠，是不可以不辯。今如所舉秦从禾，以地宜禾，宋从木爲居，辥从辛爲辠，威爲姑，也爲女陰，殹爲擊聲，困爲故廬，晉爲日無色，貉之言惡，犬之字如畫狗，有曰不宜有，褭爲解衣耕，弔爲人持弓會敺禽，辱爲失耕時，臾爲束縛捽抴，罰爲持刀罵詈，勞爲火燒門，宰爲辠人在屋下執事，冥爲十六日月始虧，刑爲刀守井，凡此諸説，皆始造文字取用有故，必非許君之所創。作書契代遠，難以强説，復不當删。是以觀象闕文之訓，明著於敍，豈得以勦説穿鑿横暴先儒乎？至若江别汜、洍，舄殊掔己，逑、救各引，載斾爲坺，當時孔壁古文未亡，齊、魯、韓三家之《詩》具在，衆音雜嗽，殊形備視，豈容廢百舉一，去都即鄙邪？又言别指一字，以鎦當劉，以甹當由，以絻當免，此説亦非。按本書之例，从某者有其部也，某聲者有其字也。瀏之从水、劉聲，紬之从糸、由聲，勉之从力、免聲，具著於篇，乃知書闕有間，傳寫者之過。謂「別指一字以當之」者，謬矣。《記》曰：「今人與居，古人與稽。」居不當爲法古乎？《易》曰：「是興神物，以前民用。」用不當爲卜中乎？《費誓》之「費」改爲「粊」，訓爲惡米。按：陸德明《經典釋文》《曾子問》注作「粊誓」，粊音祕，鄭君說也。童爲男有辠，按《易》「喪其童僕」作童，至僮之字，《國語》「使僮子備官而未之聞」，韋昭注：「僮，僮蒙，不達也。」《史記・樂書》「使僮男僮女七十人俱歌」，本書《敍》「尉律學僮十七已上」亦同，當知僮子之僮从人，辠人爲奴者正作童也。訓參爲商星，乃連大書讀「參、商，星也」。即如《水部》「河水出焞煌塞外」，「泑澤在昆侖下」之例，明參與商同爲星，非參、商亦不知也。其引齊之郭氏及樂浪事，古人往往隨事博徵，不拘拘一說也。至援《莽傳》及讖記以劉之字爲丣金刀，謂許君脱其文。按劉之字从刀、从金、丣聲，丣，古「酉」字，非丣也，讖記不可以正六書。《後漢書・光武紀》論王莽以錢文有金刀改爲貨泉，或以貨泉字爲「白水真人」，於篆貨或近真人，泉豈得爲白水邪？《五行志》：「獻帝初，僮謡曰：千里草，何青青。十日卜，不得生。」以千里草爲董，十日卜爲卓。按：重字从𡈼、東聲，非「千里草」。早爲日在甲上，非「十日卜」。又可據以爲證乎？又援魏太和初，公卿奏「於文，文武爲斌」，言古未嘗無「斌」字。按：彬从彡、从林，爲文質備。文武之字，經典闕如，不知所从，無以下筆，徐鉉列之俗書是也。又可據魏以疑漢乎？凡顧氏所說，皆不足以爲許君病，輒附疏之，用詔學者。

漢西嶽崋山廟碑跋尾

余讀歐陽氏、趙氏、洪氏、董氏稱引集靈宫所見，與夫顧氏考左尉之制、京兆尹遣掾佐之事，及「勑若」、「仲若」、「登假」之文，詳哉其言之也！而余同年友錢君曉徵又據洪氏《隸釋》挍此本文之亡者九十七，其殘缺者又數字，蓋宋末拓本也。此本明萬曆中嘗藏陝西東肇商雲駒、蔭商雲雛兄弟家，尋以贈平武郭宗昌允伯，允伯命侍史史朗、靈偃輩重裝之，❶時天啟元年正月四日也。一時名流書跋者十餘人。入國初，華陰王宏撰無異得之，戒子孫不得輒乞人跋尾。其後自北而南，歸歙之何氏。上海黄文蓮星槎爲徽州學官，乾隆丙戌此本與山谷手書同時並獲。癸巳，余在江南，將北旋，星槎自全椒來謁，曰：「山谷書吾家物也，此碑吾與之數年，俱足矣，奇物當以歸公。」余乃攜之北行，書跋其尾。

按碑云：「高祖初興，改秦淫祀。」《史記·封禪書》高祖詔曰：「吾甚重祠而敬祭，今山川諸神當祠者，各以其時禮祠之如故也。」碑云：「太宗承循，各詔有司其山川在諸侯者以時祠之。」《封禪書》：「文帝即位，始名山大川在諸侯，諸侯各自奉祠，天子官不領。及齊、淮南國廢，令太祝盡以歲時致禮如故也。」碑云：「孝武皇帝巡省五嶽，禋祀豐備，故立宫其下。」《漢書·郊祀志》：「於是濟北王以爲天子且封禪，上書獻泰山及其旁邑，天子以他縣償之。常山王有罪遷，天子封其弟真定以續先王祀，而以常山爲郡。然後五嶽皆在天子之郡。」又曰：「自封泰山後十三歲，而周徧於五嶽、四瀆也。」

❶ 「朗」，清嘉慶二十年椒華吟舫刻本《笥河文集》卷五作「明」。

又考《武帝紀》南嶽巡省惟見於元封元年之詔，曰：「朕用事崋山，至於中嶽。」餘不數書者，則以弘農郡近在畿内故也。碑云：「仲宗之世，重使使者持節祀焉，歲一禱而三祠。」《郊祀志》：「宣帝五嶽、四瀆皆有常禮，惟泰山與河歲五祠，江水四，餘皆一禱而三祠也。」《志》又稱：宣帝立三年，「尊孝武廟爲世宗，行所巡狩郡國皆立廟告祠世宗」。而碑稱孝武不稱世宗。至仲宗，仲字通中，見《平帝紀》：「元始四年，安漢公奏尊孝宣廟爲中宗，孝元廟爲高宗，天子世世致祭。」此則莽舉之，而東漢建武以後承尊之者也。按碑所引漢制歷歷粲然，與遷、固二書相發，所謂徵而益信者與？

碑又云：「袁府君諱逢，字周陽，汝南女陽人。」按：逢，安曾孫。《後漢書·袁安傳》：「安子京，字仲譽。京子湯，字仲河。湯次子逢，字周陽也。」按：湯，桓帝初爲司空，以豫議定策封安國亭侯，食邑五百户。卒謚曰康侯。長子成早卒，次子逢嗣，故碑稱逢曰安國亭侯也。傳又稱：「靈帝立，逢以太僕豫議，增封三百户，後爲司空，卒於執金吾，贈車騎將軍印綬，加號特進，謚曰宣文侯。」而碑載逢自弘農太守遷京兆尹在延熹八年，越三年而靈帝入即位，爲建寧元年，時逢已以太僕豫議，則是桓帝永康之末，逢自京兆尹遷太僕，其自京兆尹以前之官，傳悉略而不載也，然則此碑之足補益范《書》者又如此。

若夫碑字之工爲漢隸冠，姑不必論。今竊據六書以考是碑，其可以見篆、隸、楷之遞變者有六：一曰本字，二曰古通字，三曰與小篆合，四曰變篆而意則存，五曰變篆作俗書之偭，六曰篆變而楷不从。按：「虚」爲本字而今作「墟」，《詩》「升彼虚矣」，《爾雅》「有崑崙虚之璆琳琅玕」可證也。「礿」爲本字而今作「禴」，《公羊傳》「夏曰礿」注「薦尚麥魚，始熟可礿」，揚雄《箴》「東鄰殺牛，不如西鄰麥魚」可證也。「崋」爲本字，而今作「華」，《山海經》「大崋之山削成而四方」可證也。「凴」爲本字，而今作「憑」，今經典所載惟《尚書・顧命》「凴玉几」作俗「憑」字，餘皆作「凴」可證也。此本字，一也。壹與一通，《詩》「壹發五豝」是也。脩與修同，《易》「脩辭立其誠」是也。假與遐通，《郊祀志》「假逖合處」師古曰「假即遐字」，其字從彳是也。趾與址通，《左傳》「略基趾」注「城足」是也。亨與享通，《易》「公用亨于天子」是也。摩與磨通，《左傳》「摩厲以須王出」是也。大與太通，《詩》「大無信也」是也。共與恭同，《詩序・柏舟》「共姜自誓」，《禮記》「是以爲共世子」是也。女與汝通，《漢書・地理志》汝南郡其縣女陽、女陰，師古曰「女讀曰汝」是也。此古字通，二也。其矦字从人、从厂，象張布。殷字从反身，興字从同，秦字从禾，𢦏字从止戈，䂓字从兆，風字从凡，瘢字从疒，𧼮字从夭、从止、从巳，精字从丹，銘字从今、从金在土中，甘字从口，奋字从田，州字从重川，惟字从篆文心，恭字从心，尉字从 灬，陰字从今、从云，臨字从臥、从峆省，會字从古文囱。此與小篆合，三也。其寖字作𨔣而不作寖，其字作丌而不作其，秊字作丯而不作年，農字作農而不作農，制字作制而不作制，逵字作逹而不作達，巖字作巖而不作巖，荒字作巟而不作荒，粱字作梁而不作梁，雝字作雝而不作雍，展字作展而不作展，斂字作斂而不作斂，香字作香而不作香。此變篆而意則存，四也。至於周从用而作周，禮从示、从豊而作禮，屮从中、从一而作之，逼从马从用而作通，气象形而作氣，歲从步、戌聲而作歲，憂从頁、从臼、从夊而作夏，㬰从巳、从𢦏、从手而作承，詔从刀、从口而作詺，時从㞢、从寸而作時，豐从豆上象形而作豊，僊从䙴而作僊，歬从止在舟上而作前，亾从入而作亡，卤爲鳥在巢上象形而作西，深从穾而作深，垩从土、巫聲而作垂，亏从丂、从一而作于，桑从叒而作桒，舞从舛、無聲而作舞，灘从𦰩而作漢，兼从秝、从又而作𠔉，章从音、从十而作章，馨从香而作馨，吉从士而作吉，𠑹从亾、霖聲而作無，明从日月而作明，京从高省而作京，陵从夌而作陵，得从見、从寸而作得，掾从象而作掾，德从直而作德，勑从束而作勑，潁从水而作潁。此變篆作俗書之佣，五也。又施作㢮，昰作昰，虞作虞，原作原，峻作峻，朔作朔，致作致。此篆變而楷不从，六也。《記》曰「瑕不掩瑜，瑜不掩瑕」，謂之君子之貴玉。故具言此碑得失是非之不相掩，輒録如右，以質諸深於六書者考之。

大宗間代立後議

《儀禮》傳曰：「大宗者，收族者也，不可以絶。」何休《公羊》注曰：「小宗無子則絶，大宗無子則不絶，重適之本也。」小宗者，繼禰者也。大宗者，繼其始祖者也。《傳》曰：「何如而可以爲人後？支子可也。」明乎繼禰者不可以爲人後也。又曰：「何如而可爲之後？同宗則可爲之後。」明乎宗子之族人皆可以後宗子者也。宗子在殤而死，如之何？曰：以殤子之族同昭穆者後殤子之父，而爲殤子服兄弟之服。《傳》曰：「爲殤後者，以其服服之也。」言殤子無爲人父之道，而大宗不可絶也。宗子殤而族人之同昭穆無在者，如之何？曰：宗子在殤而既冠昏矣，有成人之道，可勿殤也。不然其擇諸殤子之兄弟之子以爲殤子之父後乎？古之人蓋有間代以立後者，不獨後其祖父而已，雖曾祖高祖可也，此禮之變也。《晉書・荀顗傳》：「無子，以兄孫徽爲嗣。」何琦之從父以孫紹族祖，琦議以爲宜，且曰：「禮緣事而興，不應拘常以爲礙也。」雷次宗釋《喪服》爲人後者之文，以爲不言爲所後之父者，所後其人不定，或後祖父，或後曾高祖，故闕之也。次宗與琦所言，可謂達禮之變矣。或曰：殤不立後，疑無母也。間代以立後，不疑於無父乎？曰：宗子者，繼祖者也。去其父而爲族人之子，且爲之服斬衰三年者，凡爲祖故也。夫惟虛其世以立之後，而不使或紊乎昭穆之次序，然後可以傳宗祀之重，而收族之道於是乎在。收族所以敬宗，敬宗所以尊祖，又何疑於爲父乎？苟不通乎禮意之變，而堅執乎疑無父之說，則大宗或可以無後，大宗無後，其絶之矣。

與賈雲臣論史記書

前夕足下與鑒戌相過，辯《史記》之名自遷始，前古無之。且以《周本紀》「伯陽讀史記」爲遷所妄加者，雖一時之論，筠頗不以爲然。然足下方持論甚堅且力，筠時亦未有實據以對，恐不足以折足下之口而服其心，故辭云徐考之。及退而考之，果非也。古之王者必有史官，其所書爲史記，尚矣。《記》曰：「動則左史書之，言則右史書之。」《藝文志》曰：「左史記言，右史記事，事爲《春秋》，言爲《尚書》。」《史記》之名不始於遷，猶《春秋》不始於孔子也。杜預云：「《春秋》者，魯史記之名。楚謂之《檮杌》，晉謂之《乘》，而魯謂之《春秋》，其實一也。」孔穎達云：「據周世法，則國有史記，當同名春秋，獨言魯史記者，仲尼修魯史記，所以爲《春秋》也。」賈逵云：「周禮盡在魯矣，史法最備，故史記與周禮同名。」如三説者，信可謂史記始於遷乎？然足下必謂三子皆後於遷，承遷説也。孔安國《尚書序》云：「先君孔子約史記而修《春秋》。」班固贊《遷傳》亦云：「孔子因魯史記而作《春秋》。」然則《春秋》之先有史記，可謂自遷始乎？足下又必謂《孔傳》爲僞作，且安國與遷同時，或附會遷説而爲之，且如是，是亦未得史記之書之可見而徵者。《逸周書·史記解》：「穆王命左史戎夫取古之亡國華氏以下二十八君以爲戒，俾戎夫朔望以聞。」其序曰：「穆王思保位維艱，恐貽世羞，欲自警悟，作《史記》。」《逸周書》雖後出，然劉向所録及班固《志》並著《周書》七十一篇，謂孔子所論百篇之餘。而司馬遷《周本紀》述武王克殷事，正與之合，其可以得《史記》之名所自出矣。然筠又有所考者，不獨《史記》之名不自遷始，而遷書之名《史記》，或反出於後世。遷之自序其父談之言曰：「自獲麟以來四百餘歲，諸侯相兼，史記放絶。」又曰：「遷爲太史令，紬史記金匱之書。」李奇注亦云：「遷爲太史令，後五年，適當武帝太初元年。」此時述「史記」，曰放絶，曰紬，曰述，則知當時實有其書，而非遷始作之明甚。至其歷舉所著本紀、表、書、世家、列傳之名，既皆列於篇，而又曰：「凡百三十篇，五十二萬六千五百字，爲《太史公書》，序略以拾遺補蓺，成一家之言。」未嘗自列之爲「史記」也。班固作《傳》亦仍之云：「遷死後，其書稍出。宣帝時，遷外孫平通侯楊惲祖述其書，遂宣布焉。」《贊》稱遷「有良史之材，其善序事理，謂之實録」，而《藝文志》《春秋》家有《太史公》百三十篇，十篇有録無書，未嘗言

《史記》百三十篇也。至《隋·經籍志》云「《史記》、《漢書》師法相傳，並有解釋」，於是並列。裴駰、徐野民、鄒誕生三家所注撰，始以遷書謂之《史記》。然遷書自名《太史公書》，不名《史記》，而後人特重其書，以爲自黃帝以來迄於楚漢，古史記之書皆賴是以存，遂以《史記》之名當之，相傳於世。其後韓退之、柳子厚出，倡爲立言明道之文，獨仍其書爲「太史」而不改，故其言曰「下逮莊、騷、太史所録」，曰「參之太史，以著其潔」，尤其足爲據而無疑者。夫古者曰書、曰春秋、曰史記、曰語、曰志、曰意、曰紀不同，大抵史家者流，要皆各有承述指義，隨所得以名其書，非如後人輒喜新異，更自標置，曰吾著某書某名，不惟其實而名之求，比考其名以求其書之所言，或實不足以稱之。古人不若是也。足下當思吾輩讀書平心博覽，以求古人之用意，猶懼不得。一時放然喜議論，往往是非顛倒失實不足據。或又從而執之，此大不可。斯辯所爭甚小，然名實之際，好古者所講求，而筠竊大懼足已不學之患將中於是，所當與足下以爲切戒。

附　録

先生爲諸生時，嘗館劉文正統勳家。及文正爲相，先生絶不通謁。一日遇於朝，文正呼之曰：「不念老夫耶？」先生曰：「今某已服官，非公事不敢見貴人，懼人之議其後也。」文正歎息稱善。李威撰《從游記》。先生視學安徽，以故歲貢生婺源江永、故處士歙縣汪紱皆皖中名宿，著作等身，特躬拜其主，請祀鄉賢。並於亳州陳烈女、阜陽張烈女、和州薛孝子諸墓各爲立碑致祭，以樹風聲。聞之莫不興起。孫星衍撰行狀、汪中撰《學政記》。

先生在福建時，有閩清某生爲攝令某鍛鍊入獄，坐以殺人罪。先生發其覆，言之大吏，冤得雪，士林爲之氣振。朱珪撰墓誌銘、余廷燦撰傳。先生提倡風雅，振拔單寒，於後生小子見一善行及詩文之可喜者，即稱道不去口。饑者食之，寒者衣之，有廣厦千間之槩。一時才人學士從之如歸焉。《漢學師承記》。

朱先生珪

朱珪，字石君，號南厓，筠河之弟。乾隆戊辰進士，改庶吉士，授編修，官至體仁閣大學士。先生官翰林時，直上書房，侍仁宗讀書，進五箴於藩邸，曰養心、曰敬身、曰勤業、曰虚己、曰致誠。上嘗置諸座右。及親政，由安徽巡撫以吏部尚書入京供職。即於途次疏言：「親政伊始，遠聽近瞻，伏願以上天之心爲心，祖考之志爲志，思修身嚴誠欺之介，於觀人辨義利之防。君心正而四維張，朝廷清而九牧肅。身先節儉，崇獎清廉，自然盜賊不足平，而財用不足阜矣。」上嘉納之。既爲相，凡國家大政有所諮詢，皆造膝自陳，不草一疏，不沽直，不市恩。軍機大臣不相關白。在户部，上禁浮收漕米之弊。外省以運丁貧，仰資州縣，州縣取民，不得不浮。於是安徽有加贈銀，江蘇有加耗米之請。先生思之不寐，綜其數，較原徵加倍，乃決。駁曰：「小民未見清漕之益，先受加賦之害，不可行。」并令曹司凡事近加賦皆駁，以體損上益下之意。病中作《芻獻詩》云：「天道誠難測，民心惟一中。知人可安衆，居所自持公。」嘉慶十一年卒，年七十六，贈太傅，入祀賢良祠，特謚文正。詔曰：「大學士朱珪，官翰林時，皇考簡爲朕師傅。其所陳說，無非唐虞三代之言，不特非法不道，即稍涉時趨之論，亦從不出諸口，啟沃良多。撰諸謚法，實足當正字而無愧。」先生弱冠登第，敭歷中外五十餘年，清介忠正，遇事能持大體。其於學無所不通，凡漢儒之傳注，宋儒之性道，皆精研而實踐之。每衡文必誠心鋭力以求樸學，經生名士一覽無遺。遇有佳文末薦被落者，輒爲歎息稱道不置。海内士心嚮往悦服。著有《進呈文稿》二卷，《知足齋文集》六卷，《詩集》二十四卷。參史傳、《揅經室集·神道碑》。

文集

重修藍田書院記

藍田一曰杉洋，距古田縣治東百里，而遠昔設同知巡檢司於此，有石城周六里，居民千家。城東有書院阯，創始於南唐建陽令余公焕。宋時，其裔孫復有記。相傳慶元間，紫陽文公嘗至此，手書「藍田書院」刻於石壁。其西五里爲西齋，書曰「擢秀書齋」。當時余公偶，字占之，偕其兄亮從文公游，與東萊、勉齋爲友，著《克齋集》。同邑蔣康國、林夔孫、林師魯、林大椿、林用中皆游文公門。蓋地鄰延、建，近大賢之居，宜乎一時賢喆聞風蔚興，而晦翁手跡如聚星引月，徧於高巖深厂間也。閲四五百年，至明季燹焉。官既裁徙，則舉廢難。予自庚辰宦閩，壬午攝郡試，擢余生席珍。及庚子來視學，明春，余生以重修書院告。又明年，工竣，摹石繪圖具説，請爲記。予惟文公之學，以窮理爲先務。數傳以後，家讀其書，流爲口耳瑣細之辯，不克返諸身心，見諸實事。故明儒起而矯之，復古本《大學》，曰知行合一。然公之得力在於慎獨躬行，而必先以致知格物者，豈未嘗灼見乎内外標本之故，確然相因而不可闕耶？蓋君子無不欲爲善，而每誤於不知；小人或敢於爲惡，其甚必由於知之謬妄。今有憂其子之疾，而誤投以藥者，非不仁也，不知害之也。雖甚饑渴，不爭蛇虎之食者，知之真也。譬如登高適遠者，知其曲折險易，則危峻幽隘必達焉。苟不辨其東西高下，冥行而擿埴，則跬步不免於顛躓。故知行還相爲用，猶志氣之交也。竊謂聖學之要，以孔子著者爲定。大賢以下有爲言之，則輕重畸。《文言傳》曰：「忠信，所以進德也。修辭立其誠，所以居業也。知至至之，可與幾也。知終終之，可與存義也。是故居上位而不驕，在下位而不憂。」此天德、人道、誠明合一之功，獨於乾之九三發之也。今之學者既汩於時俗鄉市之陋，蕲其卓然振拔於聖賢之徒，不欺其志者，鮮矣！諸生知復書院於五百餘歲之後，甚韙。抑知復文公之所以爲教，以求人之所以爲人者曷在。蓋古今無二性，而知行無二學，義利明則趨向正，由是而上溯進德居業知幾存義之真傳，庶幾不悖乎希賢希聖之士也夫！

無前知論

前知之説何昉乎？《易》曰：「神以知來，知以藏往。」又曰：「數往者順，知來者逆，是故《易》逆數也。」知《易》者莫如周公、孔子，則能前知者宜莫如周公、孔子矣。然而周公使管叔監殷，孔子不止子路仕衛，未有知兄之必叛且誅而姑使之，知門人之必醢而不固止之者也。子曰：「不逆詐，不億不信，抑亦先覺者，是賢乎？」子張問：「十世可知也？」子曰：「殷因於夏禮，所損益可知也。周因於殷禮，所損益可知也。其或繼周者，雖百世可知也。」聖人之所謂前知者如是而已，故有可知者，天不變，道亦不變，千歲之日至，可坐而定。「惠迪吉，從逆凶」，「善不善必先知之」是也。有所不知者，封建變而爲郡縣，晉、楚變而爲項、劉，二氣之災祥，五行之錯幻，人心朝舜而暮蹠，人事昨矢而今函是也。世之好異者作爲讖緯以附會孔子，曰吾師蓋嘗知之云爾。夫孔子之聖不必前知，使其前知，則當與回終日言時已灼知其不久矣，何待其死而慟耶？孟子以下，其書具在，其不能前知，不待辨也。

或曰：儒者則不必前知矣，二氏之道其必能之。曰：否，否。老子曰：「前知者，道之華而愚之始也。」是老子不必前知也。《楞嚴經》曰：「此閻浮提除大海水，中間平陸有三千洲，若復此中有一小洲，只有兩國，惟一國人同感惡緣，則彼小洲當土衆生覩諸一切不祥境界，或見二日，或見兩月，其中乃至暈適珮玦，彗孛飛流，但此國見，彼國衆生不見不聞。」夫日月之食，後代推測益精，不如經之所説也，是如來亦有所不知也。或曰鬼神之道無不前知，然爲因果之説者，凡人之吉凶禍福一視其人之善惡而乘除推遷之。夫既可轉移矣，則亦烏能前知之？如不可移，是人事之修省無益也。或曰卜筮之術，精靈之物，皆能前知。曰：不然。「神龜能見夢於元君，而不能避余且之網；能七十二鑽而無遺策，不能脱刳腸之患。」眭孟、京房皆不自知其死，是智有所不逮也。千年之狐其辨足以屈張華，而不料其將見殺，是物鬽固有所不知也。必曰無一機之先兆，無一物之先覺，則誠拘於墟矣，然而有知有不知之理，不可易也。是以「君子素其位而行，不願乎其外」，居易以俟命，不爲萬變所惑，豈不卓哉！

不得已而之景丑氏宿焉解

孟子不受齊王之召見而託疾不朝，及明日出，而王使來，仲子飾詞以對，又爲要路之請。孟子不聽，則徑歸耳。歸而不冐朝之跡自著，何不得已哉？趙岐注云：「孟子迫於仲子之言，不得已而心不欲至朝，因之其所知齊大夫景丑之家而宿焉，且以語景丑氏。」朱子《集註》無釋，後之講家乃皆以孟子爲終不朝，而「不得已」三字懸而無著，心竊疑之。夫孟仲子，孟子之從弟而受業者也。以其對其要爲非，則斥之可矣，何嫌何迫？況既迫其言而無歸，又何違其請而不朝乎？是兩無處也。既不朝矣，齊王怪而究其故，則不召之義自可徐陳，又何不終日而亟白於景丑氏耶？蓋聖賢之言動不遠人情。前者齊王就見，寒疾之詞本婉，而孟子不幸有疾之拒亦晦。及明日出弔，以使之聞之，乃問疾醫來，既近於禮，而趨造之對、要路之請，又迫於信，必矯而拂之，非情也，此不得已而遂朝也。既朝，則前次之一辭一弔俱屬無謂，故不得已而申其説於景子也。鄙意以爲不得已實兼此二意。然苦無以爲質，偶檢《儀禮・鄉飲酒禮》疏引《孟子・公孫丑》篇「齊王召孟子不冐朝，後不得已而朝之，宿於大夫景丑氏之家」云云，不覺狂喜，乃知唐賢賈公彦早作如是解，真先獲我心矣。故讀書者不可執一自蔽，而不深思參考也。

易言心解

《易》之言心者十一卦：泰象乾坤之交，

六四傳曰：「不戒以孚，中心願也。」謙取艮，六二：「鳴謙，貞吉，中心得也。」復取震，《彖傳》曰：「復，其見天地之心乎？」坎之彖詞曰：「有孚，維心亨。」《傳》曰：「乃以剛中也。」《説卦傳》：「坎爲心病，其於木也爲堅多心。」咸取兑、艮，《彖傳》曰：「聖人感人心而天下和平。」明夷取離，其六四《象》曰：「入於左腹，獲明夷之心。」《傳》曰：「獲心意也。」益取風雷，九五曰：「有孚惠心，勿問元吉。」《傳》曰：「有孚惠心，勿問之矣。」其上九曰：「立心勿恒，凶。」《繫詞傳》曰：「易其心而後語。」井取坎、巽，九三曰：「爲我心惻。」艮之九三曰：「厲熏心。」《傳》曰：「危熏心也。」旅取離，九四曰：「我心不快。」《傳》曰：「得其資斧，心未快也。」中孚取中虚，其九二之《傳》曰：「中心願也。」同人取離，其九五《繫詞傳》曰：「二人同心，其利斷金；同心之言，其臭如蘭。」《繫傳》又曰：「聖人以此洗心，退藏於密，能説諸心。」又曰：「中心疑者其辭枝。」合而言之，八卦皆可以心言矣。乾坤之心見於静中之動，風雷之交見於益、恒，有孚惠之則吉，立心勿恒則凶。坎離之交誠，則「維心亨」，不則爲心病。天火則斷金如蘭，地火則獲心入腹。澤山之交虚，則感人心而和平；窒則艮其限而熏心。虚實動静之間，心之妙用盡之矣。孔子曰：「操則存，舍則亡；出入無時，莫知其鄉。惟心之謂歟？」以此洗心，以此説心，「易其心而後語」，「中心疑而辭枝」，言爲心聲，可不慎歟？

孔子不出妻解

有問於予曰：孔子出妻之事有諸？予曰：傳者之譌也。何以證之？吾曾謁衢州孔廟，有子貢手雕楷木聖像暨聖配亓官夫人像，其家世祀之。夫出則與廟絶，其後人何爲而世祀之也？曰：孔氏三世出妻之説不然乎？曰：有之。其一叔梁公也。其二謂伯魚。施氏無子而出，是孔子之嫡母也。其二謂伯魚。所謂：「子思之母死於衛，子思哭於廟門。人曰：庶氏之母死，何爲哭於孔氏之廟乎？」其三爲子思。《記》曰：「子上之母死，門人問諸子思，曰：『子之先君子喪出母乎？』」此指孔子喪出母施氏也。故曰「道隆則從而隆，伋則安能」是也。若孔子亦出妻，則是四世出妻矣。故曰「傳者譌也」。然則《記》稱伯魚之母死，期而猶哭，夫子曰：「誰也？」門人曰：「鯉也。」子曰：「嘻！甚也。」是何解歟？曰：父在爲母期年，屈於所尊也，故夫子節之。曰：伯魚何爲出其妻？曰：古者不以出妻爲忌，或伯魚死而改適，聖人不之禁也。總之，聖人以五倫示人，則必不出妻。

書孟子四考後

予在杭時，海寧周孝廉耕厓以所著《孟子四考》示予校勘。比予將行來索，則爲僕人誤束諸書簏矣。及到京師，耕厓屬蘇生琳趣此稟甚迫。已託阮編修元爲予作題辭應之，然鄙意本欲有所質於周君，故復申之。竊謂孟子道不行，退而與萬章之徒著書七篇，皆實事也，非同莊生之寓言與《戰國策》之錯記諸國事者，故當仍以本書爲據。孟子言「由孔子而來，至於今百有餘歲」，孔子卒於周敬王四十一年壬戌，則孟子之生當在周安王世，是矣。又言「由周而來七百有餘歲」，此語發於去齊之歲，燕人既叛之後。案：《竹書》爲隱王元年丁未。《竹書》以武王十三年壬辰周有天下，至是當七百九十六年。若以《通鑑》己卯爲周元年，則八百餘九年矣，殊不符也。閻百詩不信《竹書》而信《史記》。司馬温公取《竹書》惠王改元之事。顧氏曰：「據《紀年》，周慎靚王之二年而魏惠王卒，其明年爲魏襄王之元年，又二年燕王噲讓國於其相子之，又二年齊人伐燕取之，又二年燕人畔，而《孟子》之書先梁後齊，其事皆合。然孟子在二國皆不久，書中齊事特多，又嘗爲卿於齊，當有四五年。若適梁在惠王之末，而襄王立即行，故梁事不多。謂孟子以惠王三十五年至梁者，誤以惠王後元年爲襄王之元年也。」竊謂《孟子》前二卷即其自敍去就先後本末之跡，故始於梁惠王，而襄王，而齊宣王，而鄒穆公，而滕文公，而魯平公。論世者當以此爲倣。或謂滅燕者湣王，孟子曾再入齊見湣王。夫孟子自言久於齊，非吾志也，而惓惓於王由足用爲善。若湣王者，烏可與爲善哉？又《孟子》言公侯皆方百里，太公、周公始封皆方百里，今魯方百里者五，與子産諸侯一圻之言合，而與馬氏千乘之國方三百一十六里有奇，《周禮》封侯以方四百里，《明堂位》魯封方七百里諸説大相徑庭。竊謂亦當以《孟子》爲可信。何也？孟子與慎子辨而斥其在所損乎，若所言不實，則慎子將掩口而笑之，曰：子不聞周制封侯則方四百里乎？何不讀《周官》耶？故鄙見以爲《周禮》疑非周書也。況地里古今相距不甚懸絶，可案跡而稽也。昔奉使道出山東者屢矣，自東平州四十八里渡汶河，齊魯之交界也。十二里爲汶上縣，九十里爲兖州府治之滋陽縣，又三十里爲中山店，又二十里爲鄒縣，徑魯境者計不過百二十里耳。案：今曲阜即舊魯國都，自曲阜而西三十里爲兖州府，又西六十里爲濟寧州，又西五十里爲嘉祥縣，獲麟堆在縣西二十五里。又州西北百五十里爲鄆城縣，舊城在縣東十六里，魯西境也。成四年「城鄆」。是魯之西境得二百二十四里。自曲阜而東六十里爲泗水縣，又東五十里爲卞城，魯卞邑。又沂州府之費縣，在曲阜縣東二百四十里，蒙山在縣西北五十里。是魯之東境不過二百里。自曲阜而南五十里爲鄒縣，是魯之南境不過五十里。又魚臺縣在府南百七十里，武唐亭在縣東北十二里。「矢魚於棠」，遠地也。又單縣在府西南二百十里，魯單父邑，是魯之西南二百里而强也。自曲阜而北寧陽縣，菟裘在寧陽西北。在府北五十里，魯闡邑。又東北九十里曰鉅平城，魯成邑。又府西北九十里汶上縣，魯中都。又府北百三十里泰安府，是魯之北境百四十里而近。案：魯之東西約共四百里，其南北約共二百里，不能方也。此則兼併之後，所謂「方百里者五」近之，實不過方二百十里有餘耳。想其初封，蓋方百里而嬴焉。馬、鄭、《周禮》、《明堂位》之言不如《孟子》之近確也。

附録

先生祖登俊，與高安朱文端公同官湖北知縣。父文炳，學於高安，故先生十一歲即傳高安之學。阮元撰神道碑。

先生文筆奥博，國家有大典禮，撰進雅頌詩册文跋，高宗必親覽之，以爲能見其大，頌不忘規。或陳座隅，或命諸皇子皇孫寫爲副，聖製詩或示命和。先生官督撫時，仁宗在書房常頒手札積凡一百三十九函，裝六卷。歸朝，繳進。上亦書數年見懷詩數十首爲二册，上册題《蒹葭遠目》，下册題《江海遐思》。先生跋曰：「臣之蕪陋，何足以當非常眷注，惟有此心不敢欺耳。於《大學》義利之辨，《通鑑》治亂之由，天命呼吸可通，民情憂樂無間，反覆敷宣，不以爲迂闊而遠於事情也。」同上。

先生取士務以經策較四書文。嘉慶己未典會試，阮文達爲之副，所得士如姚文田、王引之、湯金釗、程同文、張惠言、胡秉虔、陳壽祺、許宗彦、張澍、劉台斗、郝懿行諸人皆一時樸學之選，人才之盛，空前絶後。至道光初，阮文達由雲南入覲，重與典試，人才遠遜。文達亦以先生爲不可復見也。阮元撰神道碑及《雷塘庵弟子記》。

先生學兼漢宋，曾與孫淵如書論學，曰：「四科之四則文學，亦不悖乎上三者。」又謂：「考据非詞章之上乘。」又謂：「正心誠意或短在不能致知格物。」又謂：「不講格致，則雖有仁心廉操，何從著手以察吏、治獄、安民？」又謂：「僞《尚書》無損益於人心風俗。」又謂：「今之耆學自以爲高出前賢。」淵如覆書於諸條皆有諍議，然先生宗旨之正大，於斯具見矣。孫星衍《覆座主朱石君尚書書》。

笥河弟子

任先生大椿別見《東原學案》。

汪先生中別爲《容甫學案》。

武先生億別爲《授堂學案》。

孫先生星衍別爲《淵如學案》。

洪先生亮吉 別爲《北江學案》。

程先生晉芳

程晉芳，字魚門，號蕺園，歙縣人。寄籍江都。乾隆壬午以召試賜舉人，授内閣中書。辛卯成進士，改吏部主事，晉員外郎。《四庫》館開，以薦爲纂修官。書成議敘，特擢翰林院編修。乾隆四十九年乞假游西安，❶遽卒，年六十七。程氏先世業鹺於淮，素豪侈，先生獨好儒，嘗購書數萬卷，招致方聞綴學之士朝夕探討，其後綜覈百家，出入貫串於漢宋諸儒之説，故於學無所不窺。初與筠河先生交素篤，且長之十年。及會試，出門下，乃執弟子禮甚恭，益與討論治經之學。著述宏富，年踰六十，猶日有課程。生平廣交游，好施予，敦尚氣節，有古人風。著有《周易知旨編》三十卷，《尚書今文釋義》四十卷，《尚書古文解略》六卷，《詩毛鄭同異考》十卷，《春秋左傳翼疏》三十二卷，《禮記集釋》二十卷，《諸經答問》十二卷，《羣書題跋》六卷，《桂宧書目》二卷，《勉行堂文集》六卷，《蕺園詩》三十卷。參史傳，袁枚、翁方綱撰墓誌銘，徐書受撰墓表。

文集

周易知旨編序

晉芳非能注《易》者也，學《易》而已。學之既久，于漢唐以來講貫有得者好之甚，斯著之。其不合者，間有辨論，亦記于篇。積

❶「十九」，原脱，今據民國十七年清史館鉛印本《清史稿》補。

以歲月，遂成卷軸，將以自誨，疇敢誨人。獨念《易》經輔嗣之廓清，又得康伯、仲達纂續疏解，宋賢輩出，大義愈明。我朝安溪講肄于前，家綿莊剖晰于後，凡諸乘承比應之拘牽，陽位陰位之傅會，與夫互卦、卦氣、卦變、方圓、先後圖位，固已一舉而空之，宜乎四聖人之心思昭揭千古矣。而三十年來，學士大夫復倡漢學，云《易》非數不明，取輔嗣既掃之陳言一一研求，南北同聲，謂爲復古。使其天資學力果能上逮九家，吾猶謂之不知《易》也，況復好奇騁異，志在争名，徒苦其心，自墮于茫曶之域，不可歎耶？且六十四卦，象既備矣；《繫辭》、《説卦》所發揮，數可知矣，而學者必欲于所既有之外，闡所本無，曰「不知數，無以知來也」。噫！諸君子窮極漢學，果克知來也耶？京傳焦學，而焦謂得其道以亡身。程子謂邵子别是一種學問，就令數學造極精微，尚與周、孔間隔數層，而況聖人所不及知者，後學轉欲知之，蘄勝于聖人，毋乃蹈至愚之誚乎？愚之爲是編也，蓋欲潛窺古聖作《易》之初，謂人秉性以生，性專而欲雜；天秉理以運，理正而數奇，以多欲之人遇多奇之數，其能有吉無凶，免于悔吝乎？賢人君子有可亨之道，而值至困之時，其何恃而不恐乎？夫是以寫憂患于文辭，寄占驗于卜筮，因筮以明義，而全體大用不專在乎蓍；即數以知來，而盡化窮神必根極乎理。扶陽抑陰，其大旨也。履險處困，其大用也。其所以該三極而彌六合者，似奇而實平，似遠而實近。學者得其一節而行之，修己治人，恢乎裕矣！晉芳雖能言之，而檢束身心，未能力行一二也，安敢以爲教人之術乎？

尚書今文釋義序

二帝三王之道莫備於《書》，自天文、輿地、職官、樂律、禮制、刑罰之大者皆在焉，由其道則治，反其道則亂，得其片言微義，皆足以措天下于磐石之安，而綿翼子孫于世世。要其大旨，不過二端，知人、安民而已。非惇德允元，則不能知人。人不知，則民無自而安，而安民之要，未有過于省刑薄税者也。余檮昧寡學，何足以窺聖籍之淵深。然幼時幸從篤古者游，側聞緒説，好集經書，剖别其得失。丁亥、戊子間，取伏《書》反復讀之，意若有會，取諸家注釋擇其尤者，次第著于篇，凡五載而第一稿成。癸巳之夏，從事《四庫》書，所見書益多，重加裒輯，三年而第二稿成。又三年，增删改易，第三稿成，而余年已六十餘矣。竊謂士君子治經之道，必鉅細弗遺，本末該貫，而後其學成。孔子之教人讀《詩》也，曰「可以興，可以觀，可以羣，可以怨」，是言性情之觸發也；曰「邇之事父，遠之事君」，是言著效之大也；曰「多識于鳥獸草木之名」，是言其纖悉必貫也。明乎此，則豈獨學《詩》爲然哉？凡治經者視此矣。《孔傳》雖晚出，而得于周秦漢之舊聞者多，數典辨物，中者十之六七。宋人取諸心得，不免武斷之譏，而于漢、晉詁訓蔽塞叢結處，亦頗爬梳一二，均未可偏廢也。矧説九族者，不明九族之定制；論五刑者，不知肉刑之非古。其有關于世道尤大。余之爲是編也，豈敢自謂跨軼前賢，然平心審擇，二千年來講説之善者，遐採旁搜，遺漏者罕矣。其言之謬誤，足熒聽聞者亦屢□焉。凡爲書四十卷，録而藏之。其耑釋二十八篇者，伏之與梅去若霄壤，在今日已爲定論，學者固宜分別觀之，正無俟讕言詮釋也。

尚書古文解略序

梅氏晚出《書》，元明諸賢雖間一辨之，而未極其致。我朝閻百詩、程綿莊、惠定宇輩出，始抉摘無遺蘊。雖以西河之博識多聞，爲之奮臂大呼，莫能翻已成之案也。然近儒沈果堂謂是書必不能廢，余獨有取乎其言，以爲匪特不能廢，亦不可廢也。蓋其書雖成于襞績之功，鍼綫之迹顯然，而一一皆有自來。如《説命》諸篇，氣象矜貴，言皆有物。士生宋明以降，凡六代三唐詩文小集片紙隻字，猶或珍襲之，況其彙輯三代以前嘉言懿訓，聯珠貫璧而出之，而遂視同土苴，可乎？特其不足信而能貽弊者，亦有數端，前人固已詳辨之，學者要當分別觀之，且不宜與伏《書》相混耳。辛丑初夏，排纂《今文釋義》第四稿竣，爰取梅《書》讀之，因孔、蔡二傳略爲去取，參以別家之説，凡六閲月而成《解略》六卷。蓋其文義本自平順，詮釋無難。惟《泰誓》三篇，雖非張霸僞《書》，而以臣訐君，類後世檄文露布體，湯、武並稱，《湯誓》、《牧誓》其辭略近，此《泰誓》果武王作耶，則武王之志荒矣。故僅載白文，弗加詮釋，而于諸家辨駁僞撰之詞，亦弗一載。學者第從本書觀之，此則當存釋經之體也。噫！予嗜經成癖，矻矻汗青，垂四十年，自謂持擇之功，視諸家差爲平允。後之覽者，或有訾其兼愛，又或□其曲意調停，則弗敢避責矣。

毛鄭異同考序

今之學者類稍知讀注疏，不盡從事宋學矣，然即一經之中注疏之異同得失，亦未易辨也。即如小毛公之于《詩》，得六世之傳于子夏，其言簡質而深密，誠有如李清臣、葉夢得所稱者。康成出而申毛以難三家，遂使三家坐廢，然箋之與傳異者且四五百條。宋賢謂康成以《禮》釋經，與毛乖迕。然豈無鄭得而毛失者乎？王子雍《詩》學五種，今皆不傳。孔疏中間存一二，述毛非鄭爲多。王基申鄭以駁毛，孫毓朋王而難毛、鄭，陳統又申毛、鄭以駁孫。諸家之説雖皆不得其全，然一班時見，後人奉若殊珍，而曲直之分往往淆而莫定。譬之兩造既備，師聽兩辭，惟事模棱，莫分曲直，遂欲以兩是存之，詎足以了讞案乎？且宋賢之説經也，一則苦于瀾翻，一則好爲臆斷，然去取毛、鄭之間，亦間有合者，而自出新義，有復出毛、鄭之外，足以勝之者。士人或泥古以疑今，或是今而棄古，皆未可爲平心善學者也。余以暇日，瀏覽説《詩》諸家，因即毛、鄭傳箋條其同異，雜取諸家辨正，復斷以己意，既卒業，編成十卷。非敢謂己之所説必不倍於經言，蓋欲告人以學經之法，不可專執一家。由此以斷杜、服之《春秋》，先、後鄭之《周禮》，庶幾是非疑似若觀火之明，爲不死章句下也。

春秋左傳翼疏序

余年九歲，受《左傳》于宜興儲風崇先生。于時經師課弟子尚遺讀全書，不似後來取坊間選本約略教之也。先生既爲講析大義，余日讀五六十行，見其事蹟殊異，心頗好之，如韓之戰，秦穆姬使告穆公及晏子、叔向論齊晉，輒感激隕涕不自禁。徐州張岵瞻先生，余兄師也，年過七十，時來坐余側聽誦聲，拍手笑歎，告儲師曰：「是兒若深解《左傳》者。異日其以文鳴乎？」聽久則倦而鼾息，余讀自若也。稍長，與顧震滄先生往還，因知解《左氏》者自趙東山以下可十數家，購而藏之。顧先生有《左氏》癖，撰《春秋大事表》，自號曰左畬。每與余談論《左氏》事，至忘寢食。余入都後，甲戌乙亥間，始取《左傳注疏》反覆讀之，乃知元凱之注尚意而不尚辭，于典物猶多未備；孔仲達不長于地學，詮釋多遺；賈、服遺文往往散見他書，未及收録。是皆可爲補葺者也。丙申之秋，治《尚書》漸有端緒，乃取唐以前書詳加校閲。其有關于《左氏》者皆摘録之。又録宋以降諸家數十種，補正高氏《春秋地名攷略》三百餘條。荏苒四年，得書三十二卷，命之曰《春秋左傳翼疏》，非敢規杜也，埤孔而已。噫！余今年六十有二矣，回憶受讀時，越五十餘年，使儲、張二公而在，皆百數十歲人，即顧先生亦百有一歲矣，而余頭童齒豁，矻矻不休，視幼時精進之志，如草萌木芽，勃發不自已者，已遠弗及，敢謂博取無遺憾耶？姑識數語于簡端，别編《凡例》，以志作書之指焉爾。

禮記集釋序

余撰《禮記集釋》成，爲三説以弁其端。其一曰，所見異辭，所聞異辭，所傳聞又異辭，《春秋》之事也。不特《春秋》，即《禮記》有然矣。蓋《周官》雖多厖雜不經，而出自一人，無相矛盾處。《儀禮》則記一時儀節次序，秩然無可疑。《禮記》自周秦歷兩漢，作者非一人，傳者非一時，或親得之于孔子口授，或轉相授受，譌以傳譌，其精深博大者有之，其互相牴牾者有之，必欲比而同之，既有弗能；欲悉斷其得失是非，亦未易易。此康成于難析之義，遂以夏、殷之禮爲歸也。其二曰，宋賢謂《儀禮》爲經，《禮記》爲傳。此其說亦非定論。《禮記》中如《冠》、《昏》、《聘》、《射》、《燕》、《鄉飲》諸義，自是《儀禮》之傳，然《儀禮》本自有記，記即傳也。如《冠義》諸篇亦可名爲傳耳。若夫《王制》、《月令》則近于史，《表記》、《坊記》、《緇衣》則近于子。至如《内則》、《奔喪》、《深衣》、《投壺》之類，自宜與《儀禮》相匹，各自爲經，何由作傳？故欲舉一言以括古書之全旨，未易云然也。其三曰，天之生宋賢也，既使彰孔孟之絶學，以昭示來兹，又使闡注疏未罄之藏，刮垢而磨光，使人不蔽於章句，而又將開數百年制藝之學，爲士子登仕之階。故其所著書，不獨理明典備，而亦簡括易讀。假使以注疏爲功令，俾士子習以作時文，必有難于措手者矣。然宋賢之自成一書，非謂世之人但讀己書，不必更從漢唐學也。而自有宋賢諸著以來，注疏束高閣者且數百年，無論程朱片言隻字，奉若圭璋，即蔡氏之《書傳》、陳氏之《禮記集說》亦以淵源有自，遂爾户誦家絃，至于今弗絶。夫蔡、陳之作，其于古注疏豈無救正釐剔處，然又何至惟知蔡、陳，若齊人之知管、晏耶？余之編《集釋》也，于諸家同異偏列之，因以考證其得失；丁典物鉅細必有詮注，使人知《禮記》之卓然爲經，非盡取材于《周官》、《儀禮》也。于漢唐以及本朝注釋諸家苟有可存，必録焉。而汎言義理，不待多方以釋者，則置而弗道。蓋欲于制義而外，别存古人淹雅一門，使三代以上文物聲名可稽諸簡册。惜乎！精神衰薾，汎覽者無多，謏聞之譏所不敢謝也。

李先生威

李威，字畏吾，龍溪人。乾隆戊戌進士，

由刑部主事官至廣東廉州府知府。師事笥河先生十有一年，嘗爲《從游記》以誌厓略。講求六書，著有《説文定本》十五卷。晚宗陸王之學，爲《嶺雲軒瑣記》，其警切處讀者比之吕氏《呻吟語》云。參史傳。

章先生學誠別爲《實齋學案》。

案：笥河弟子往往亦有列文正門下者，當時二朱爲衆流歸仰，文正歙歷中外，親承傳業，計無幾人，故不復分列焉。

二朱交游

翁先生方綱別爲《蘇齋學案》。

紀先生昀別爲《獻縣學案》。

姚先生鼐別爲《惜抱學案》。

清儒學案卷八十五終

清儒學案卷八十六

天津徐世昌

公復學案

公復政事、文學皆能自立，罷官後講學山中，嚶鳴相應，研求義理，砥行清純，在乾嘉漢學極盛之際，可謂空谷足音矣。述《公復學案》。

韓先生夢周

韓夢周，字公復，號理堂，濰縣人。乾隆丁丑進士，授安徽來安縣知縣。始至，懲蠹役，斥淫祀，勸農功，訓民節儉，逐商之以窳物罔民者。歲饑當賑，大吏謂可已。日一申狀，卒得請。刱江清書院，又立恤孤院。地故産椿、槲以爲薪，止之，曰：「是宜蠶。」手訂育蠶及種樹法，募沂、兖工師教其民，民用以饒。嘗欲開黑水河以利圩田，事成，當爲百世利。會鄉試奉檄爲同考官，而縣有蝗災，監司遂以捕蝗不力罷之。歸，講學於程符山中，凡二十六年。嘉慶四年卒，年七十。先生爲學篤守程朱，律己必嚴，教士以恥求利達爲尚。嘗言：「三代以上，士皆務道德，自治而已。其措諸事業者，自治之餘。世譏儒者不知時務，空談無補，非也。」又曰：「戴東原謂程朱説性即理也，其視性如人心中有一物，此即老氏之所謂無，佛氏之所謂空，稍變而爲此説，孔孟無之。然孟子有曰『仁義禮智根於心』，彼疏《孟子》字義，并此句忽之，何也？」先生工古文，表章名賢忠節，皆有關於世道。言知言行，不稍假借。於往來手札，或是或非，或規或勸，不離於辨陸王，宗洛閩爲大要。著有《理堂集》、《日記》。參《先正事略》、《國朝學案小識》。

日記

人固不可以虛憍欺世，然亦不可自小立心卑退，讓第一等事與别人，卒之悠忽没世，縱有善名，亦只是謹愿之人而已。

人日在熱鬧場中，焉辨所行汙潔？須常令胸中如一盆清水，乃能辨得是非，存得恥心在。

涵泳乎其所已知，敦篤乎其所已能，朱子以爲存心之屬。蓋培養本源，蓄之深，植之厚，成性存存，而道義出矣。程子所謂静中有物者，於此體之可見。蓋存心薄者必無惻隱之發，存心戾者必無辭讓之行，致中以立大本，義蓋如此，非空空存此無爲之心，使不放馳而已也。

「震驚百里，不喪匕鬯」，誠敬之效也。能誠敬則心之理得矣。心便是無形的身，身便是有形的心，養心與修身其理一也。身若亂爲，不在義理上，便不成箇身；心若亂思，不在義理上，便不成箇心。「敬以直内，義以方外」，交養之道也。

任你聰明蓋世，事業掀天，只有此心問不過，其餘都成妝點敗闕。

小不忍則亂大謀，婦人之仁，匹夫之勇，皆不能忍。匹夫之勇，其發尤暴，古來僨事者坐此甚多。何以能忍？曰：思慮其始也，維其終也，擬之而後言，議之而後動，烏有輕發之患哉？

萬事之理出於自然，順其自然故無事；以私智鑿之，則紛如矣。

事之難易，盡吾誠以爲之，不可雜一毫智術。人之善惡，盡吾誠以化之，不可添一分喜怒。

目不遍視，故能視；耳不遍聽，故能聽；心不遍思，故能思。

養心之道在敬，敬之道在安，矜迫反失之。

俗學少心一邊，異學少事一邊，所以上下隔絶，本末乖違。

太史公以《春秋》爲禮義之大宗，謂「禮禁未然之前，法施已然之後，法之所用者易見，禮之所禁者難知」，所見甚精。彼紛紛然言利害賞罰者，知不足以及此。又説：「《春秋》別嫌疑，明是非，定猶豫，善善惡惡，賢賢賤不肖。」他作《史記》便是仿此意，其用意深遠處人多不能識。如《伯夷傳》是説伯夷不怨，《淮陰侯傳》是記淮陰不反，其記漢事有顯有隱，「是非頗不謬於聖人」，所以爲良史。班固所譏多不中，只是未得他用意所在。六經黄老、處士奸雄之云爲尤舛，後人勿爲所罔。

爲陽明之學者有二：其一學問空疏，不耐勞苦，樂其簡易而從之；其一博覽典籍，不知切問近思，勤而無得，見其立教專主向裏，遂悔而從之。前者多高明之人，後者亦沈潛之士，皆有造道之資，乃陷於一偏，不復見古人之大全，可惜也。

學陸王之學者多歸於佛，不止當時，後來亦然，交游中如彭允初、汪大紳、羅臺山皆是。其大決藩籬，至以念佛爲教，求生西天，惑亦甚矣。

程朱以理爲我所本有，用學以復之；戴

氏以理爲我所本無，但資之於學。即此觀之，孰爲得失，亦不待煩證深辨也。

文集

寄閻懷庭書

來札云：「静坐對古人，便覺心清志定。及應酬俗事俗人，又不覺從習俗去。」此學者通患也。其弊在動静分爲二端，動時大小事判爲兩途。動静分爲兩端者，如静時心清志定，此時之心不是別處換得箇心來，即動時不清不定之心也。緣静時加一番操持，客氣既消，自然有此寧謐氣象。及至動時，此心一放，便無主宰，習心復來，自然又向熟處走。於此細細體察分明，静時是一心，動時又是一心，此涵養功疏，不能純一之驗也。若能於静時存得極其專一，動時更加一番提撕，一言一行，處處照管得到，則動時之心仍是静時之心。蓋以之爲主於内，原不曾教他放馳去。如此久之，自成一片，所謂「静亦定，動亦定者」是也。其要只在敬而無失，不敬則失，敬則無失。動時無失的，即静時無失的，非有二也。除一敬字，更無用力處。所謂大小判爲兩途者，如人當静時存得此心在，忽有大事來感觸者，如承大祭，見大賓，此心依舊不敢放馳，即不能如静時湛然純一，當亦不至大遠。至對俗人，應俗事，便純不同，緣事小不覺生輕忽心。夫子所以説「出門如見大賓，使民如承大祭」，蓋事有大小，理有大小，心無大小，須是要無衆寡，無大小，無敢慢，方能操持得此心定。又如人要以敬存心，自然有嚴威儼恪氣象。此時見新識人，尚能持得住。儻遇平日褻狎人，便不覺放倒，復入舊習去。此皆是志不帥氣，隨境遷流之弊。既知其病，更不須別處求藥。立則見其參於前，在輿則見其倚於衡，如雞伏卵，如貓捕鼠，心存誠敬，死生不以動其心，此外更有何事？弟用工粗疏，偶有所見，不曾有真切得手之處。蒙兄下詢，不敢不竭其愚，要皆常法，兄所夙以此自勉，不敢以無得而苟止。如有未允，祈即賜教。同心離居，無緣面質，何勝悵結。

復王震青書

惠書以動静不得其方，不能無所昏蔽，欲從事於敬義夾持之功，以祛妄動邪思之累。此見賢者志道懇篤，已得其端，而知所用力矣。竊謂古聖垂訓立教，道有千變，法亦各殊，其總要莫不統於一心。敬義者，所以事心之方，非所以爲心也。不知心之所以爲心，敬義將何所加哉？「敬以直内」者，所以存之也。方其敬時，此心爲有乎？爲無乎？以爲有，所有者何物也？敬又如之何其存之也？「義以方外」者，所以發之也。當見義時，與心爲一乎？爲二乎？以爲一，則所謂義者，於内求之乎？於外求之乎？此事要使通徹分明，一有障蔽，如暗中索物，茫無端倪，盲參瞎練，從何入手？程子謂「釋氏有敬以直内，無義以方外」，不知彼所謂「直内」者，與聖賢果同乎？否乎？陽明以窮理爲義外，不窮理則是不思而得，其將能乎？無精義之學，遽言「義以方外」，所謂義者果不差乎？且敬義互發，其爲一貫者安在？此皆當辨之祈之，使明著於心，然後可以從事也。來書又言處貧之道，則既得之矣，内重者外輕，得道者不累於物。君子之爲學，不逐事而忘本，必執要以御末。子貢、子路從貧富上用功，顔子從道德上用功，審於二者之間者，可以得師矣。

與羅臺山書

去冬允初寄示足下與鏡野書，讀之甚暢，其有功於學者甚大。蓋道之敝久矣，人各據一術以自是，狃於其方，不能相通；如有所競，不能相下。至於體用乖隔，本末横決，由不知道之一故也。道之一，非一於人，一於天也。《易》曰：「乾道變化，各正性命。」又曰：「乾以易知，坤以簡能。易簡而天下之理得矣。」易簡之理，天地之道，民物之性命也，聖人之所不能盡、愚夫愚婦之所與知與能者也。或乃不求諸聖人之所不能盡，而嫌其與愚夫愚婦同科，於是背常離經，造爲高深玄遠，自以爲道之至，而不知其違於天。夫道可公，而不可私也；可知而行，非可虚而寄也。天地之道，「鼓萬物而不與聖人同憂」者，公也。「乾知大始，坤作成物」，可知而可行者也。今乃不求之公，不求之可知而可行，而但以其私而虚寄者以爲道，則固與天地不相似矣。與天地不相似，則違天，違天則道如之何其能一也？彼豈以天之外爲有道乎哉？人者天之所生也，天之外無人也，則無道也。是之謂迷其本而失其用。三代之盛，人皆務道德，自治而已矣。其措諸事業者，自治之餘也。故曰：「天之生此民也，使先知覺後知，使先覺覺後覺也。」春秋時，先王道衰，人各騖於功利，管、晏之徒豔稱於世，道德、功名裂而爲二。自是以降，才智倍出，漢唐君臣乘時建樹。考之春秋五霸之義，功罪各不相掩。或以其有濟於世而業可述，忘其所以致此者，皆逢時遇主，一切以救時弊，而但炫於揚厲之迹，遂欲左顯右隱，譏儒者不達時務，空言無補，等諸匏瓜繫而不食。若然，是顏、曾劣於管、晏，而孫、吴、商、李之徒賢於孟子也。《記》曰：「能盡其性，則能盡人之性；能盡人之性，則能盡物之性；能盡物之性，則可以贊天地之化育；可以贊天地之化育，則可以與天地參矣。」《春秋》之義係王於天，王者之道，天之道也，故聖人一出，必將奉天道，正萬類，立人極，非苟且隨俗以就功名也。故或施不及一物而道侔帝王，或功蓋天下而不足媲於五霸，其故何哉？道德有無於己，能達於天與不能達之殊也。是之謂逐其用而棄其本。凡此二者，道所由敝之大端也，皆不求其本於天之故也。故能知天者，則知道之一而不二矣。嗚呼！此孔孟以來相傳之統緒，惟程朱能得其宗。而世之騁私智起而亂之者，紛糾而不可詰，此君子之所大懼也。因足下道一之説，竊推其旨如此，惟不棄而教之。

與李叔白書

夢周頓首叔白足下：僕伏處山林，都與世隔，雖鄉國知名之士亦無因會合，莫由獲其教益。足下不鄙棄，惠然枉顧，語以學術之辨，欣幸殆無以過。然足下啟其端，未竟其緒，豈將以發予而使之獻其愚乎？僕敢陳所見，惟足下教焉。陽明之學世以爲禪舊矣，至禪之浸漸爲陽明，其端末則未之詳也。六朝文人竊莊、列緒餘作爲佛書，口説曼衍，不可究詰。達摩入中國，窺此間隙，乃一埽除文字，直指心體；傳至六祖，又從而張之。其説愈辨，其惑人愈深，唐宋學者趨之若狂，然其時固自別於儒，分門立限，不相假冒，而儒者已往往浸淫於經訓而不知。宋南渡，而杲堂出於佛徒，最爲黠傑。其得術在援墨入儒，其語張子韶之言曰：「侍郎把柄在手，便須改頭換面，以誘來學。」子韶欣然從之。於是儒、墨之界始大亂，談儒者混於禪，談禪者亦混於儒。推其始終，殆有三變。其始也，倡爲清談而已；一變而淨智圓妙，體自空寂；再變則真空能攝衆有而應變矣；至三變則《中庸》、《大易》之微言與《楞嚴》、《圓覺》相表裏，而兩家之郵通矣。此皆佛氏之徒思以其術角勝，自彌其罅隙，而文飾其淺陋，始竊莊、列，繼竊吾儒，而不知其說之多變也。論禪學者謂其近理，而不知其得於竊也。然子韶之徒其智不足以自全，每自供其敗闕。象山、陽明則倚傍釋氏之所竊，妄意其不殊於儒，遂陰證釋氏之諦，而巧爲改換之術，以掩其跡。於是世之惡常嗜異者羣起倡和，於以誹詆程、朱，自居顏、孟，非真洞悉於儒、釋分途，確然不惑，鮮不炫於其說而助之者矣。夫禪學歷千餘年，數經變易，始成一家學術。其人又皆信心自是，固宜其流而不返也。然則陽明之入禪，殆所謂認賊作子；禪之流爲陽明，則蜾蠃之肖也。或者以禪學不言理，陽明雅言之，以明其非禪。愚嘗讀其書，反覆以究其旨，陽明之即心即理與釋氏之即心即佛，其有異焉？否耶。此即改換頭面之術。其詞異，其實同者也。故凡爲陽明之學者，高者流於剛愎，爲巧詐，爲誕妄，下者頹然自放而已。此禪病也。何者？任心而動，有不謬者幾何哉？或又以陽明功業軒爍，爲儒者之效。此古豪傑雄略之士優爲之，不必盡由講學也。陽明本豪傑，夙究於經世之務，又能内定其心，足以乘機制變，故成功如此。至於聖賢體用之全，爲學之方，則不可一毫借也。足下以爲何如？有不合，祈往復。不宣。

與彭允初書

接十一月一日札，知兄且遲南還，昆季聚首，天倫至樂，深爲慕羨。❶ 教益諄諄，無任愧荷厚愛至誼，寧可言謝？弟自初知講學，懲少年狂肆之弊，力爲規矩束縛其身，處處檢點，使寧拘勿肆，行之數年，頗自謂無顯過大惡，然每反驗心中，與道理未能真實有得，蓋實缺得涵養本源一段工夫。及見兄，首以此旨相示，瞿然有深省，知年來悠忽不進，大病全在於此，將力求所未至者以自勉，雖有他說，亦不敢雜陳其間矣。既又思之，學必講而後明，譬之於醫，必自述其受病之由，雖至隱匿，不以自昧，然後醫者得施其方。兄之於僕，蓋不待其自述，固已洞見五臟癥結。今試更一陳之，益可知其求醫心切，坦然施其治之之術而無疑矣。周竊謂聖賢之學，其大要有三：以存養爲根本，以督察爲修治，以窮理爲門户。曾子言正心誠意，必言致知；子思言固執，必言擇善；孟子言存心養性，必言盡心、知性。《論語》一書言知者不一端。至《易》之《文言》既釋乾九二爲「閑邪存其誠」，而又釋之曰「學以聚之，問以辨之」。蓋知行交資，明誠互需，從古聖賢相傳爲學之方，周備無弊，未有易此者也。自近世儒者譏程朱格物致知之訓爲支離，後人和之，不復致察，至閉口不言「窮理」二字，乃考其生平所服習，雖自謂别有宗旨，卒亦未有絶聖棄智以爲學者。何者？所謂窮理者非他，蓋即窮其所存養者而已矣，窮其所省察者而已矣。人之初生，其象爲

❶ 「深」，原漫漶不清，今據清道光二十六年刻本《學案小識》引補。

蒙。及知識漸開，始教之學，即其良知以導其所不知，使由此以致力於聖賢之道，於是五品之倫、五常之性莫不講明而切究之。隨其所講明而敬以存之於心，則謂之存養；隨其所講明發於意，施於行，慎以審之，不使其有雜，則謂之省察。存養熟、省察密則知愈精，知愈精則存養、省察亦益熟且密。三者所以致力之方不同，而其所致之理則一也。蓋非存養無以立知之本，非省察無以善知之用，盡知之實。然非知則將昏蒙否塞，無所通曉，亦何所存，何所察哉？夫非生知不能無賴於學，學則未有不以知爲先者。故曰「或生而知之，或學而知之，或困而知之」，言無人可外於知也。自古未有不讀書，不講明義理，而可至聖賢者，此固不待深辨而明矣。然則程朱格物致知之訓，果支離否乎？若曰是，惡夫以博涉記誦，不切身心以爲知者？則亦就其所非者，闢而正之可矣，又何可因彼之非而遂諱言吾之是哉？近與臺山論此，其説至辨，終不能破弟之惑。故略述鄙見，以陳於左右，惟決其是非，以發其錮蔽。幸甚幸甚！

附　録

先生少孤，力學揭「毋不敬」、「思無邪」二語於齋壁，跬步必以禮。《先正事略》。

先生初讀諸儒書，於朱、陸以來學術之辨不得其是非。及交淮安任先生瑗，自謂釋然無疑。同上。

嘗有友人謁選吏部，以爲貧而仕爲言。先生規之曰：「足下之出處當問其義不義，不當問其貧不貧。若遂計較於此，恐臨利害不能無畏，顧將成患得之鄙夫矣。」同上。

公復交游

任先生瑗

別見《高安學案》。

閻先生循觀

閻循觀，字懷庭，昌樂人。少孤，有至性。及長，每承祭，哀慕累日。年十八，舉於鄉。其學初好佛氏，既讀宋儒書，乃一奉程朱爲宗。與公復講學於程符山中，刻苦自立，而戒近名。乾隆己丑成進士，授吏部主事。當官議事務，持大體，意所不可，持之甚力。同年生爲外官，餽以金，不受，曰：「忝居議吏之地，何敢辱君惠。且不可以貧故累君也。」居二年，引疾歸，歸一月而卒，年四十有五。先生之學以克己爲主，名其堂曰「去惰」。爲三目以自勵：曰存省勿忘，曰躬行勿怠，曰常業勿廢。自作記，發明爲學之次第焉。不囿於俗學，不惑於心宗，一本規矩準繩，内直外方，不詭不激，循循然醇儒也。著有《困勉齋私記》、《西澗文集》。又有《尚書讀記》、《毛詩讀記》、《春秋一得》、《名人小傳》諸書。《參先正事略》、《國朝學案小識》。

困勉齋私記

居敬窮理是一事，静坐學有閑念即是不敬，正念相發即是窮理。

寢後，將一日言語行事存心思其是非善惡，而内自賞罰之。日日如此，必有進益。

不真知則勉持之而不能久，真知而行之如饑渴之於飲食矣，故知止而能得也。

存心處事當與古人較得失，不可與今人

較得失，恐臨深爲高，小善自足。

謹小慎微非迂也，大小巨細總是一理，些小不在理上，便是欲。小事苟，則大事必苟矣。理欲大小之分，一故也。故一事不慊，他事做來都覺費力，致曲之功可不務哉？

譽有益於名，無益於實；毁有損於名，無損於實。故君子務實而已，不以毁譽動於中也。

有人待我以横逆，便當思聖賢處横逆是如何。有人愛我、敬我，便當思聖賢處人愛敬是如何。推之凡接物應事皆然，隨處精察而處之，務當於理則近道矣。

林氏逋曰：「涉世應務有以横逆加我者，譬猶行草莽中，荆棘之在衣，徐行緩步而已。」此最爲處横逆之善法。

程朱只是教人主敬，所謂主敬非迫促束縛之謂，但要時時提醒此心在這裏，便能照管許多道理。《詩》云「於緝熙敬止」，只常明處便是敬，不敬則中無主而昏。《書》曰「顧諟天之明命」，亦緝熙之義也。

隨其所處須想現前是甚境地，古人必有以詔我矣。

聖門爲學只是從事物樸實頭力行去。一貫之旨、性道之奥，聖人罕言，學者亦未嘗妄意。今爲學多是躐等，欲不禪，得乎？

聖門高弟，顔、曾爲最。三省之語、四勿之箴，抑何親切平實也。學者可以知所用力矣。

上蔡云：「去卻不合做的事，則於用敬有功。」予補其意云：「存得常不散的心，則於集義得力。」程子所謂敬義夾持。

學者於此理既知之矣，更反覆思之，體驗既久，函養既熟，自然中心悦豫。若方稍稍知得即置之而他求，如有所迫而然者，心氣勞耗所必然矣。

數刻之言，不終日之事。有初能自立而漸失其本心者，氣易勝而志易奪乃如此。

凡人做一事，能全然不用權術者鮮矣。明道謂：「人之患在用智也。」一用權術，雖是好事，皆爲不誠無物。

言語行事一一反之於心，此善邪，惡邪，誠邪，詐邪？

忿欲不能不過，懲窒之道未盡也。於不當忿之忿，猶或知所遏抑，至事之當忿則遂過矣。於不當欲之欲，猶或知所裁制，至欲之可求則遂過矣。須於氣已動時，更持其志。

教民之道在躬行以率之，自處於貪，不能責民之廉；自處於肆，不能責民之恭；自處於僞，不能責民之信。

明不可學，而可學寡欲、窮理、習事，明之方也。

血氣之勇非必不正也，何以異於義理之勇？此幾微之界，須自精察。

文集

去惰堂記

善醫者必察知病之所在，度其虚實，審其緩急，而後可治。疑而試以藥，未有能去者也。既察知病之所在矣，又期於力攻而必去之。夫風寒暑濕，旦而感，午而發者，易攻也。至於極虚勞憊，其本由於情欲飲食之不度。近者數年，遠者數十年而後發，其積之也久，則其中之也深，而藥之也難。幸而治之，得其道且攻之力矣，則又必謹其所養，而後幸其不復。不然，則將不旋踵且加厲焉。

何則？氣血寖薄而不支也。爲學者何以異於是？觀二十後乃有意於克己之學，始而求其惡以爲喜，攻異氏爲邪僻之説。於是取聖人賢人之書伏讀而繹之，究其明達正直之旨，志念稍稍就實，然於吾道階級尚罔然不識其安放。久之，知心實多欲，以多欲之心求道，是狼羊同牧而莠禾並蓺也。於是强制吾欲，省之念慮，察之行事，庶幾效法於克伐怨欲之不行焉者。然時復横決，其決也或旋能自制，或久之不能制。復自念曰欲之所起，由於爲善不誠，不誠則不知爲己而欲潛伏。因從事於謹微而求誠，一念也必勉以勿欺，一事也必要諸忠信，自是私僞之萌頗少於前，萌亦易除，然終不能禁其萌也。年來屢興屢躓，德不加進，業不加脩，每一念及，輒獨坐嗟咨，發憤流涕。或夜未半而耿耿不寐以至曙，困極横極，忽若有誘其中者，乃知吾之惡曰惰，要在去惰而已矣。惰於實踐，故終不能釋然於異説；惰於矯其所便安，故力不能繼惰於去僞，故恒心不堅。夫不力警其惰而第浮游從事於三者，譬治病者昧其本而姑試之於標，其不至劇則幸矣。雖然，惰之爲惡，陰弱而難扶，其中於吾心者三十年矣。是皆平日頽放恣佚之所積，不任譙訶督責之所致，如勞億然，非終身克治以藥之，未易變；非戒謹恐懼培其根本以養之，未易强。且恐年力日衰，心神彌耗，中道而廢，將一蹶不可復振。其終流於小人之歸，則大可哀也。乃名其堂曰去惰。且臚爲三目以自詔云，其目曰：存省勿忘、躬行勿怠、常業勿廢。

醉醒語序

醉醒語者，安丘文超劉子之所著也。其

言多辨流俗之惑，而於闢浮屠也尤力，可謂自信者也。浮屠之説足以怵天下愚夫愚婦而使之必從，而先王之禮多因之以壞，士大夫雖知其非而往往效之，非獨牽於俗，亦其無以自信而動於禍福故也。觀劉子之書，不惑於此，豈非難哉？佛入中國幾二千年矣，唐以前其患猶在於禮俗，至宋乃並爲學術之害。自程門高第弟子已浸淫其中，朱子所以力辨也。有明王氏更唱異説，以掊擊朱子，後學師之，其失彌甚。由嘉靖以及崇禎，門户繁興，各標宗旨，大半支離於無善無惡而已。夫所謂無善無惡者，即《金剛經》之離一切相，《維摩詰》之法無好醜，《圓覺》之性自平等，無平等皆是物也，故達摩、慧可輩以爲覓心了不可得，覓罪了不可得。覓心了不可得則無善矣，覓罪了不可得則無惡矣，無善無惡則妄行而任智矣。近世士大夫猶多好其説，至或昌言訶《章句》，詆《集注》，尤可駭歎。昔者明王氏見門人非朱，輒怒止之。蓋平日之掊擊，特欲以伸己説，而終不欲自絶，故摘取緒言以竊附焉。今則横議無忌矣，陽明所快一時之論，而不知禍之至此與？劉子所闢佛之粗者也，有能本聖賢以來之旨，明中正，以黜邪淫，以正人心，如劉子之不惑者，豈非劉子所待於後者哉？

文士詆程朱論

予觀近代文士以著述自命者，往往傅會經義以立言，然於程朱之學，則或者尋釁索疵而深寓其不好之意，予惑焉。夫程朱之言即六經也，學者苟近思而求之，則有見其理之一，而本末之無殊致矣。然而攻之惟恐不勝者，則是未嘗致思於其間也。夫未嘗致思於其間，宜若六經之言皆有所不好焉。然而崇之惟恐其不致者，則是劫於勢而不敢犯也。夫人雖甚愚，聞有非毀聖人者，則怒斥之矣。衆人皆以爲嚴，而一人以爲侮而不之顧，將如大惡、大罪之犯衆誅焉。至於程朱去今未遠，無聖人之號，稍有異議亦不甚怪，於是以其宿怒積忤於六經之義，盡發舒於程朱，而不能復忍者，其勢也。又有説焉，文士所愛者辭也，六經之辭古雅深奥，利於引据，增文章之光悦，故雖棄其實而猶取其華。程朱之言直陳事理，或雜以方言，無彫琢之觀，華實兩無取焉，而其言又顯切近今情事，足以刺譏吾之所爲，而大有所不利，則安得不攻也哉！然不敢攻其大者何也？其大者君臣、父子之經，修身、治人之理，皆燦著於經，詆之則爲詆經，詆經則犯衆誅，故不敢。乃考其訓詁字義，考論故實之異於他説者，窮極其辨，至刺刺累幅不已，或詆之爲愚爲愎。嗚呼！六經、程朱之所傳者，非字義故實而已也。其道在於君臣、父子之經，修身、治人之理。人道之所以經緯，天地之所以貞固，鬼神之所以昭明者皆在焉。如以字義故實而已，則古之善是者，宜莫如記醜而博之少正卯，而見棄於聖人，何也？況其所據以攻程朱之説，又多程朱所辨而廢之者，而非其博聞之有不及也。然且呶呶焉不知止，多見其嵬瑣陋劣而不智也。甚矣！秦人有敬其老師而慢其師者，或問之，曰：「老師衣紫，師衣褐。」或曰：「然則子非敬其老師也，敬紫也。」今之尊六經以辭華而侮程朱者，是敬紫之類也。

與法鏡野書

今之陽尊程朱者多出於爲科舉之俗儒，稍知講學，未嘗不惟王氏之從。王氏之書僕皆讀之矣，其發明知行合一之旨，最爲有味。然由其説，終任心而廢講習，言雖高而非貞則也。聖人之教人也，使人賓賓焉於博文好古、言行禮樂之間，至性命一貫，非其時則弗語，蓋多爲之方，以服擾其聰明思慮之間；及其久也，内外馴習，欲棄之而有不可得，故能强立而不返。其機之欲達，然後發其本原，使知夫道之極焉。今義理未明，持行不諳，而驟使之專事其一念一時之至，非不適適然如有自得之樂也，然過焉而易忘，震焉而易變，無所以馴習之故也。僕嘗有志於學，取先正矩矱而淺求卑行者數年，雖無得，亦庶幾免於大惡。及得王氏之書，遽悦而從之，盡舍其一切課程，而求之於精微，數月之後，乃頽然喪其所守，然後知其學或上哲者有取焉，中人以下如僕者殆不宜究心也。吾聞聖人之道愚夫與能，其事不異，其説不高，孔孟及程朱是也。王氏不然，故竊以爲非貞則矣。今之爲王氏者，得勿悦其言而未見其害乎？或上哲之取精，能融通陶冶而不拘其方，非愚者所能測耳。以上二説私心所願進於足下者，然半年以來，所新知亦竭於此，幸教而誨之。

法先生坤宏

法坤宏，字鏡野，號迂齋，膠州人。乾隆辛酉舉人，少爲學即不肯事章句。讀諸儒論學書，以爲如己意。所欲出行，事必準古人。與人言，陳誼至高。世類以爲迂，因自號迂齋。嘗以《春秋》者，聖人不得已之書，一筆一削心法存焉，没於經師講説，遂使聖人之心不可復見。於是發奮究討，以折衷至是，閲三十年而書始成，名曰《春秋取義測》。又以朱子《綱目》自爲《提要》，孔子《春秋》，家法也。門人纂分注，效傳體。凡例後出，當時即有異議。因取朱子《提要》，略加删訂，於事關勸懲者揭而録之，期還朱子之舊。曰《綱目要略》。少治古文，學嚴於義法。《史記》八家外，好歸震川、方望溪，餘子不屑也。有《迂齋學古編》四卷。先生與公復、懷庭交最篤，公復、懷庭專守洛閩之説，先生則出入姚江，辨論往復，輒相規云。參《公復集》撰小傳、《學古編序》、《綱目要略序》、《國朝學案小識》。

春秋取義測自序

《春秋取義測》，測孔子竊取魯《春秋》之義也。孔子之時，禮教衰微，先王經世大法蕩然已無復存，欲述古以明其義，而徒託空言無徵也，乃博求當代大人有禮教之責，諸侯大夫見諸行事之實效，比義類，明是非，折而衷之以立教。而諸侯大夫行事備載列國諸史，子曰：「我欲觀夏道，是故之杞，而不足證也。我欲觀商道，是故之宋，而不足證也。我觀周道，幽、厲傷之，吾舍魯何適矣？吾猶及史之闕文也。」蓋魯秉周禮，文武之舊典禮經載在册府，太史職之，是是非非，無敢失周公之遺法，故魯之《春秋》雖與晉之《乘》、楚之《檮杌》並稱，而辭約義該，信以傳信，疑以傳疑，考諸故府之藏，可以述往聖、詔來學，孔子獨有取焉。當是時，王室東遷，周之子孫日失其序。魯國積弱，無能自强於政治，其見諸行事，區區國故而外，惟承奉伯主之文告而已，故曰「其事則齊桓、晉文」。而史家記事之法自有文例，君舉必書，諸侯之會，其德刑禮義無國不記，故曰「其文則史」。所以魯之《春秋》雖能有懲惡勸善之義，而其事其文無關教義，拘於史例，過而存焉者，固已多矣。孔子於是筆而削之，筆其事、文之足爲法戒者，削其事、文之無足爲法戒者，故曰「其義則丘竊取之矣」。其義，魯之《春秋》之義。《春秋》本自有義，孔子以筆削取之，故曰「取義」。蓋《春秋》之教，主於屬辭比事，據事直書，而其義自見。而説經者紛紛謂孔子作《春秋》，假魯史以譏貶當世，隱、閔之薨，舊史實書弑，孔子諱其事，改曰「公薨」；温之會，舊史實書召王，孔子嫌其文，改曰「天王狩于河陽」；又謂例當書爵，或黜而稱人；例當稱名，或進而書字。是孔子以己意變亂舊章，創作一部《春秋》，取義之旨隱矣。

或曰：若然，孔子直鈔寫魯史耳，何以謂之作《春秋》？曰：魯史以勸懲舉王法，《春秋》以筆削章聖教，取義之旨寓於筆削，故曰：作魯史舉法而是，《春秋》特筆之以章其是。如趙盾之忠與州吁、宋督之弑同書，許止之孝與商臣、蔡般之弑同書，孔子並取之。此義明而亂臣賊子之黨無所逃其誅矣。如魯史舉法而非，《春秋》特削之以章其非。如魯翬公之錫命則書王，使召伯廖賜齊侯命，王子虎策命晉侯爲侯伯，則不書，蓋孔子削之。此義明，而假仁襲義之奸無敢僭其賞矣。然則誅賞者法也，是非者教也，法非天子不敢行，教雖庶人亦可明。《春秋》，天子之事也。筆削之《春秋》，庶人明天子之事也。故孔子嘗曰：「知我者，其惟《春秋》乎？罪我者，其惟《春秋》乎？」《記》曰：「屬辭比事，《春秋》教也。」韓子曰：「《春秋》書王法，不誅其人身。」此知孔子者也。若紛紛之論，皆罪孔子者也。坤宏束髮授經，即蓄此疑，不揣譾陋，爲《取義測》，以爲孔子作

《春秋》，一因魯史舊文，有筆削而無改易。凡所謂筆者，筆其舊；凡所謂削者，削其繁。至其義，則具見於文、事。吾之於人也，誰毁誰譽。子亦猶行三代之直道而已矣。於戲！此取義之微旨也夫。

文集

見事春秋自序 案即《綱目要略》。

或謂朱子修《綱目》，大書以提要，分注以備言，發凡起例，以正褒貶，三者備而後大義明，爲能得孔子作《春秋》之意。此不知《綱目》，併不知《春秋》者也。孔子作《春秋》，因魯史舊文，大書特書，義取見事，非徒託空言。三傳言煩義支，至執日月名爵，曲爲傅會，傳例興，《春秋》亂矣。司馬温公憂史事之失實，奉敕修《通鑑》、《長編》正史而外，博採百氏之書，參互考訂，取其信不取其疑，晚年輯舉要歷，詞簡義該。朱子因之，作《提要》以著明其事，事具而善惡昭，勸懲立，孔子《春秋》，家法也。門人纂分注，效傳體而爲之。朱子不欲僭作經之名，兼收並録，以成《綱目凡例》，後出，書之真僞，在當時即有異議。《綱目》本以擬《春秋》，《春秋》不可以傳例求，《綱目》詎可以凡例定乎？是故得孔子修《春秋》之意者，斯可與知《綱目》矣。孔子曰：「其或繼周者，雖百世可知也。」自秦并天下，焚燒《詩》、《書》，削封建，夷井田，窮極後王之變，更不尊前王之舊典，要其間天人相與之微，倫類相維相繫之故，世道汙隆之效，夷夏中外之防，國家治亂安危之機，君子小人進退消息之理，聖賢出處去就、生死存亡之道，雖滄海横流而經常大義確乎其可知者，昭然具在。有心世教者第取昔人行事修而明之，垂爲訓典，固非從來國史之所能與，而君子以爲性命之文者不其在兹乎？間嘗竊取朱子《提要》原本，略加删訂，於其中事關勸懲，與《春秋》義法相應者，揭而録之，以還朱子之舊。起秦始皇帝二十六年，迄五代之季，名曰《繼周以來見事春秋》，而分注別存之，以備參考。其拘牽文字，爲凡例所亂，如考異、考證之類，則概從削，俾學者勿泥褒貶之説，以晦大義。乃《春秋》之法而朱子修《綱目》之本意也。後之君子，其亦有樂乎此焉？

答閻懷庭書

遠辱華函，注念殷切，教之大章，兼索不佞邇日新得，慚負慚負，如何可言。

不佞少時酷愛古文學，縱筆放言，摹其近似。後獲觀海陽蓮隱鞠先生史評，束以規矩，授之義法，祕而玩之有年，所見頗別，學亦竟不能工也。蓋文之爲道微矣，古今稱能文之士，其人類有獨至之才，殫畢生精力僅而能工；既工矣，輒復自悔。歐陽子所謂「草木榮華之飄風，鳥獸好音之過耳」是也。昔人云「文到相如始類俳」，夫豈必淫辭靡麗乃始爲累哉？觀夫八家之文，斟經酌雅，滙衆派以成一家，亦信乎其能工矣，而有識者譏之，以爲古文之法變於韓。蓋文至而實有未至，雖曰不背乎六經之旨，吾正病其演六經文以爲俳矣。

憶甲戌之役，足下曾語不佞爲文勿浪費精神，當效宋儒作議論文字，期以明道。不佞竊惟道之至者，不可以言傳，亦不待言而顯。文爲載道之器，未爲盡道之實也。邵子曰：「吾終日無言。」天下文章不出乎是。夫以初無庸言者，强爲之言以爲文，曰將以明道，吾又病其演道學，文以爲俳矣。所以古人稱「經天緯地曰文」，古聖人以文稱者曰文王、曰孔子，文王之文在《周易》，孔子之文在《春秋》。文王演《易》，祇取伏羲八卦重復之，未嘗於畫爻外有所加。孔子作《春秋》亦祇取魯史舊文筆削之，未嘗於事文中有少益。孔子曰：「文王既没，文不在兹乎？」分明道自己作《春秋》與文王演《易》同功。然他日又曰：「我欲託之空言，不如見諸行事之深切著明也。」孔子所删録《詩》、《書》，備載經常大道，述前聖已事，垂之典訓，爲後學所誦法，所謂空言也。即《大易·繫辭》發揮六爻，義文義藴孔子爲贊而明之，亦所謂空言也。《春秋》二百四十二年，諸侯大夫之行事，篡弑、争奪、奔走、滅亡不保其國家者不可勝數。君臣、父子、夫婦、昆弟五倫之變亂至此極矣，經常大道所不及載，學者誦法所不敢齒，一經孔子之修明，而微文大義，百王千聖所不能易，故曰「撥亂世，反之正，莫近乎《春秋》」。是固「天之經，地之義，人之行」，斯文所以未喪，孔子之見諸行事，蓋如此。今之世猶夫古之世也，周、孔大聖人所謂經世之大法，昭然具在也，即此日用往來，當身之酬酢，平心而體察之，雖事屬創見，其必有通乎道而適於宜者。議而擬之，化裁生焉；順而施之，成章達焉。所謂大文于斯焉取？何事虚談名理，演優孟衣冠，徒以悦人耳目爲哉？足下文大體已具，必欲竿頭更進，功夫應别有在，不必斤斤於此益求工，而蹈於自悔也。邇日觀國朝諸公全集，其間純駁不無異同，時有起予處，輒爲標出，附以陋解，恨散見各書，急不得彙録呈教。不宣。

爲人後者爲之子

天子、諸侯有國，大夫有家，而莫不有繼，繼則有後矣。殷人及，周人世，繼世以子，周人加嚴焉。《禮經》曰：「爲人後者爲之子。」通於爲繼者言之也。有立爲後者，自立之也。立子必嫡，嫡子死，立孫。無孫，以序立其兄弟之同倫者，年鈞以德，德鈞以卜。立則子矣，不言爲之子也。有爲之後者，人爲之也。明德百世祀，不幸而世繼者，或以滅絶，或以罪廢，則爲選建明德之後之堪爲後者後之，不必子也。繼其世，承其統，有子道焉。緣子之義，充類以至於盡，曰爲之子也云爾。蓋主於後，不主於子。同其實，故同其名，禮之所由立乎？考諸史傳，爲後非子，而以子爲言，其一爲大夫後。仲嬰齊之於歸父，弟後兄也，《公羊》直以父子言之，曰「爲人後者爲之子」。其一爲國君後。僖繼閔以有國，兄後弟也。《左氏》亦以父子例之，曰「子雖齊聖，不先父食」。其一爲天子後。光武中興，繼哀、平也，自以昭穆爲宣、元後。三者均失，而光武爲尤甚，何言之？僑如之奔，豹爲之後矣，後叔孫氏不後僑如也。紇之奔爲爲之後矣，後臧孫氏不後紇也。若嬰齊，則實後歸父也，氏系之，廟饗之，子孫承祧焉，同於子矣，故曰子。然君命也夫，有所受之也。僖繼閔，受之國矣，薨葬稱先公焉，臣子一例名之，有可言者也。光武崛起田間，爲天人所歸，雖曰高帝之苗裔，遠矣。如以父子爲義者，追尊其本祖，而別封高帝之後，統承先王，修其禮物，如武王之命微子不爲過。如以君臣爲義者，先帝以弑崩，光武漢之臣子，仗義討賊，以興復爲名，不得因緣遂代其位，近遷成、哀，而遠後宣、元，則繼體三君，煢然等於厲鬼。準之經義，兩無説以處矣。有明大禮之議興，世子受詔，以弟繼兄，楊、席諸公何得改本生而稱伯叔？此之謂無父。且所承繼者，武宗之統，張、桂諸公何得循私親而蔑公義？此之謂無君。《公羊》之義，世藉爲口實久矣，故爲之辨。

驕吝

「如有周公之才之美，使驕且吝，其餘不足觀也已。」古來多材多藝無過周公，故孔子亟稱之。但周公之才之美，初未嘗靳人以能，「有」、「如」字是實指神吻，不是虚擬口氣。謂周公可觀處，原不在才，其所以用才者爲可觀耳。試想有周公之才而能不驕不吝，是何等氣概！何等器識！以謙沖樂易之心，盡泛應曲當之才，所以赫赫奕奕，做出一番緯地經天事業。然在周公心中不自見是才，是就天理當然處發出來，自然條件，更從何處著得驕吝？朱子曰：「《周禮》一部，是天理爛熟之書。」就其米鹽醯醢無不周至，足見才美。細觀之，卻純是天理當然，絶非矜心作意做出，絶不見其驕吝。後人見周公無所不知，無所不能，以爲周公可觀處純是才也，要於才上與他比擬争美。至於知識漸多，能事漸廣，踵事而增華，變本而加厲，便覺得自己才大，縱使周公復起，亦不讓美於前，何況他人？不知其夸人處已成驕心，其矜己處已成吝心，驕吝一生，則是有周公之才，而適成其驕吝之藉。然則才者驕吝之餘而何以觀哉？所以古人説：「德成而上，藝成而下。」古之六藝，皆德成也。自人不尚德而崇藝，然後諸子之書紛紛競出，分而爲百家，别而爲九流，淫而爲詞章，濫而爲訓詁，下至方伎小説，亦各有書，矜能炫技，互相誇美。玩其理趣所在，未始不原本聖人，而究其末流，彼此不相通，而不可與適道。子夏所謂：「雖小道，必有可觀者焉，致遠恐泥。是以君子弗爲也。」此是僞學轉關、歧路分手處，學者不可不知，不可不慎。

李先生觀瀛

李觀瀛，字湘友，號十洲，膠州人。雍正乙卯舉人，晚官萊蕪縣教諭。爲人質直，義所不可，不以利害阻，侃諤，出之以誠。以争逮繫生員，自求去官。初爲學，與同里張進士山民游，折衷經史及先儒書，學以大就。其教人必宗朱子，曰：「孔孟正傳在是，烏可舍康莊而由曲徑也。」法迂齋文集多經其手勘，公復推其學有本原。生平不喜著作，曰：「古今事變，義理精微，先儒論之詳矣，深求自得之。」異於炫詞華以邀名者。參《公復集》撰傳。

彭先生紹升別見《南畇學案》。

羅先生有高別見《南畇學案》。

清儒學案卷八十六

鳴謝

《儒藏》精華編惠蒙善助，共襄斯文；謹列如左，用伸謝忱。

本焕法師　壹佰萬元

智海企業集團董事長　馮建新先生　壹佰萬元

NE・TIGER 時裝有限公司董事長　張志峰先生　壹佰萬元

張貞書女士　壹佰萬元

方正控股有限公司、金山軟件有限公司創始人　張旋龍先生　壹佰萬元

北京大學《儒藏》編纂與研究中心

本册審稿人　王豐先　李峻岫

本册責任編委　甘祥滿

圖書在版編目(CIP)數據

儒藏.精華編.一六七/北京大學《儒藏》編纂與研究中心編.—北京：北京大學出版社，2022.4

ISBN 978-7-301-11885-6

Ⅰ.①儒… Ⅱ.①北… Ⅲ.①儒家 Ⅳ.①B222

中國版本圖書館CIP數據核字（2022）第044894號

書　　名	儒藏（精華編一六七） RUZANG（JINGHUABIAN YILIUQI）
著作責任者	北京大學《儒藏》編纂與研究中心　編
責任編輯	吴冰妮　周　粟
標準書號	ISBN 978-7-301-11885-6
出版發行	北京大學出版社
地　　址	北京市海淀區成府路205號　100871
網　　址	http://www.pup.cn　　新浪微博：@北京大學出版社
電子信箱	dianjiwenhua@126.com
電　　話	郵購部 010-62752015　發行部 010-62750672　編輯部 010-62756449
印 刷 者	北京中科印刷有限公司
經 銷 者	新華書店
	787毫米×1092毫米　16開本　57印張　553千字
	2022年4月第1版　2022年4月第1次印刷
定　　價	1200.00元

ISBN 978-7-301-11885-6
9 787301 118856 >
定價：1200.00元